国家社科基金
后期资助项目

黄世仲革命生涯和小说生涯考论

上

Huang Shizhong, A Revolutionary and
A Novelist

颜廷亮 著

人民出版社

黄世仲著长篇小说《镜中影》封面

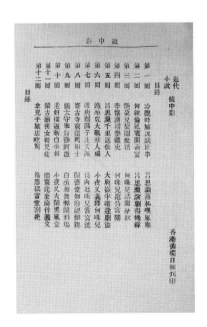

黄世仲著长篇小说《镜中影》目录首页

丁未年《时事画报》第21～25期所刊黄世仲
所著长篇小说《廿载繁华梦》和《党人碑》广告

黄世仲为其所著长篇小说《廿载
繁华梦》所写《弁言》(原载丁未年九月
《时事画报》本《廿载繁华梦》,后来的各
种版本均未载)

1906年9月22日《香港少年报》始刊之
黄世仲所著中篇小说《宦海冤魂》报影

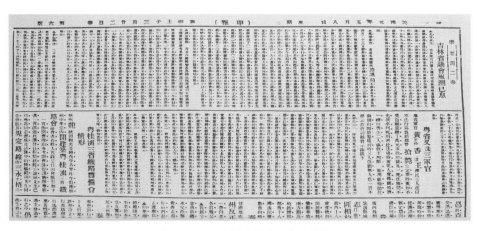

1912年5月8日上海《申报》关于黄世仲等人
被枪杀的《粤省又诛三军官》报道

1912年5月3日香港《华字日报》刊登的《黄世仲在押留中遗书》

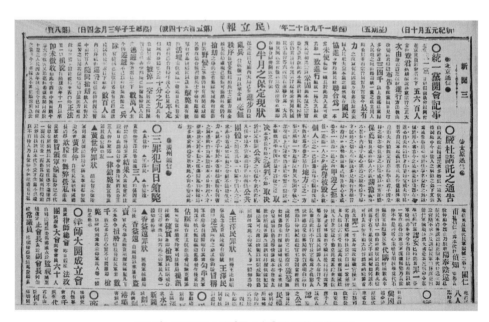

1912年5月10日上海《民立报》关于黄世仲等人
被枪杀的《三罪犯同日枪毙》报道

国家社科基金后期资助项目
出版说明

后期资助项目是国家社科基金设立的一类重要项目,旨在鼓励广大社科研究者潜心治学,支持基础研究多出优秀成果。它是经过严格评审,从接近完成的科研成果中遴选立项的。为扩大后期资助项目的影响,更好地推动学术发展,促进成果转化,全国哲学社会科学规划办公室按照"统一设计、统一标识、统一版式、形成系列"的总体要求,组织出版国家社科基金后期资助项目成果。

全国哲学社会科学规划办公室

目　　录

黄世仲革命生涯和小说生涯考论（上）

黄世仲革命生涯和小说生涯考论(下)

序　一

记得是 2009 年初秋,甘肃省社会科学院研究员颜廷亮先生来信,说及他的几部书稿,其中有关黄世仲革命生涯及小说生涯的一部是他的自选课题成果,篇幅很大,约有八十万字,也已经完稿,命我写序。我初甚犹豫,后又转念,因思廷亮先生与我本是同行故旧,以文会友,也属古训,于是我欣然回复,承允从命。去年秋天,他又函告喜讯,他的专著定名为《黄世仲革命生涯和小说生涯考论》,已获准列入国家社会科学基金后期资助项目,正作必要的修订和调整。今年秋日,他的这部专著最后定稿交付人民出版社,印刷有日,我在分享他的愉悦的同时,谨为走笔,略陈读后感言,权以为序。

黄世仲是清末民初杰出的民主革命家和民主革命派中首屈一指的小说家。但由于各种原因,他不像近代一些著名小说家那样声名彰显,尽管他的《洪秀全演义》在南洋、美洲华侨社会中早就流传,但直到"五四"时期,著名的或比较著名的文学史、小说史著作中几乎没有它的地位。20 世纪 30 年代末、40 年代初,他的事功和文学业绩才受到阿英和杨世骥等学者关注。杨世骥在《文苑谈往》中说黄世仲的小说"宛若经天的虹彩,在近代文学史上发放着瑰异的光芒",应是那时的最高评价。到了 20 世纪 60 年代,有关高校新编的中国文学史和小说史著作中黄世仲的名字更多地出现。最近三十年,黄世仲研究取得长足发展,一批有价值的学术论著相继问世。此一阶段,廷亮先生所取得的成就最为引人注目。"文化大革命"之初,时在兰州大学任教的廷亮先生就开始阅读黄世仲的作品,并重视有关资料的挖掘搜集,那时他尚不满 30 岁。四十余年来,虽然廷亮先生的学术重心和任职单位几经调整,但他始终不曾忘情于黄世仲研究。2000 年,他将多年研究成果结集,以《黄世仲与近代中国文学》为题出版。现在付梓的这部《黄世仲革命生涯和小说生涯考论》更是他的力作,在全面掌握已有研究成果和发现新材料的基础上,对黄世仲研究中历来未曾涉及的问题和莫衷一是的观点,做了深入考辨,取得了一系列突破,多有心得,多有识见,多有创获。

经过廷亮先生考辨,黄世仲革命生涯中不少隐晦不彰的情节浮出历史地表,清晰地呈现在读者面前。黄世仲出生于正在走向没落的粤中望族,受过良好的教育。22岁那年(1893),他远赴南洋,备历艰辛。在异国十年间,他受兴中会会员尤列等人的影响,逐步接受民主共和思想,在新加坡加入兴中会外围组织中和堂。从海外归来(1903)直至被冤杀(1912)的近十年间,黄世仲置身民主革命漩涡,是同盟会香港分会的主要领导者之一和同盟会南方支部的联络员。他除了从事实际革命活动外,积极参与或独立创办了多种革命报刊。他所撰写的大量报章文字,批驳以康有为为首的保皇派论点,传播民主共和思想,在海内外引起广泛反响。

正是经过廷亮先生的考索和论证,黄世仲在中国近代小说史上的重要地位更加得到充分凸显。黄世仲在短暂一生中,发表了数量可观的戏曲、散文、小说和文艺理论作品。在其整个文学事业中,小说创作成就最为辉煌,光是中长篇小说就有《洪秀全演义》、《镜中影》、《廿载繁华梦》、《党人碑》、《宦海升沉录》、《五日风声》和《吴三桂演义》等二十余种。他的小说著作,无论取材于现实生活,还是取材于历史故事,都充满了浓郁的民族革命思想和民主革命激情,体现了一个共和主义者希冀祖国走向文明、繁荣的热望。他的多部以近事为题材的小说,反映了从鸦片战争到辛亥革命这段动荡时期的社会、政治巨变,实际上构成了一幅斗争历史的宏伟画卷。其代表作《洪秀全演义》以成熟的艺术手法,对那场波澜壮阔的太平天国革命战争做了全景式抒写,暴露了清廷无道、官吏贪庸的黑暗,展示了太平军将士戮力同心、救民水火的功勋,塑造出一系列光辉的人物形象,描绘出震天撼地的革命气势。章太炎将它与"文辞骏骤"的《太平天国战史》相提并论,热情地肯定了它的成就功绩。廷亮先生把这部小说定位为晚清民主革命派小说的代表作,是符合历史实际的有识之见。确实,黄世仲的小说创作实绩,使其置身于中国近代小说大家之林而无愧。

关于黄世仲之死，学界一直聚讼纷纭。廷亮先生以超过十余万字的篇幅，对此事的来龙去脉做了详尽考述。廷亮先生认为，广东辛亥光复后，黄世仲为建设和巩固新生的共和政权而不懈工作。由于他坚决反对陈炯明背离民主共和精神的专制行径，又在都督人选推举问题上成为陈氏心头之患而深遭忌恨，于1912年4月9日被以莫须有的罪名羁押。最终，在一场政治博弈中，胡汉民遵照陈炯明之意，将刚迈入40之年的黄世仲于5月3日枪杀。黄世仲为捍卫民主共和理想而献出了宝贵生命。廷亮先生关于黄世仲之死的结论持之有故，分析精当，具有很强的说服力。早先冯自由在《革命逸史》第2集中说到当年已有人为黄世仲遭受"重典"呼冤。现在，此一政治冤案已经水落石出，廷亮先生的考辨工作功不可没。

廷亮先生是陇上著名学人，他在敦煌文学、中国近代文学和甘肃古代文学等领域均有建树，各类著述逾五百万言。在敦煌文学研究方面，他不仅独立撰写了诸多论著，而且花费心血，凝聚学界力量，对一些重要课题做了开拓性研究，有助于推动敦煌文学研究的进展。他主编的《敦煌文学概论》受到季羡林等学者的高度评价。在中国近代文学研究方面，他最先提出"晚清革命派小说理论"和"小说理论近代化"的命题，又是最早提出"中国文学近代化"命题的学者之一。廷亮先生治学既善于宏观论断，也精于微观考证。因而，他能提出新的有价值的学术命题，又能发前人未发之覆。他在黄世仲研究中取得重大突破，还同他锲而不舍的学术钻研精神分不开，这部专著正是廷亮先生数十年研究心得的结晶，也不妨说，它是近代文学研究界有关这一论题的最新创获和代表性成果。

廷亮先生与我相交30年。他原任教于兰州大学，1980年调往甘肃省社科院工作。我记得和他初次相识是在20世纪80年代初举行的全国省（区、市）社科院文学研究所负责人联席会议上，那次会议是由时任中国社科院文学研究所第一副所长的陈荒煤同志建议召开的，至今已逾30年。1982年冬，全国第一届近代文学学术讨论会在河南开封举行，研究近代文学的学人自此有了一个定期会面、切磋学问的平台。廷亮先生经常到会，我那时因工作关系也时常与会，我们之间见面的机会也就更多了。1988年，在敦煌举行第三届近代文学学术讨论会并成立中国近代文学学会，廷亮先生和其他甘肃学人为这个重要会议的顺利召开付出了很多辛劳。我在那次会议的开幕式上做了一个发言,我说:新时期以来近代文学的研究成果,包括学会的成立,继往开来,是一个重要的里程碑。我还说:我有幸结识了近代文学研究界的许多朋友,受到很多教益。自那次会议到现在,二十多年过去了,当时担任学会常务理事的朋友们大抵已退休,廷亮先生和我都已年过七旬,但他几乎精力依旧,这部专著的出版是他在近代文学研究工作上取得的又一重大成绩,当会引起学界同行的注意和重视。我愿意借撰写这篇序文的机会,向他表示我热烈的祝贺之情,我也想把这篇小序来作为一种纪念,纪念廷亮先生和我笔墨之交 30 年。

邓绍基

2011 年 10 月 18 日

序 二

　　远在祖国大西北兰州工作的颜廷亮教授来信告诉我说,他实际上断断续续地用了长达四十多年之久时间撰写的有关黄世仲的专著已经完成,希望我能为该专著写篇序文。我不仅觉得不可推诿,而且很乐意为之。所以如此,需要从头说起。

　　黄世仲是我的外祖父。在辛亥革命中,他不仅在革命政治斗争、舆论宣传等方面建立了不朽的功勋,而且创作了大量革命文艺作品,尤其以在革命小说创作方面的卓越成绩而为其同时代人所称道。然而,在辛亥革命在广东取得胜利仅仅半年的时候,他就因为反对时任广东军政府代都督陈炯明的若干专制独裁行为而被其罗织罪名加以拘押,并在不到一个月之后被胡汉民下令枪杀。他的死,实际上是一位坚定的民主主义革命家为了保卫新生的民主共和政权纯洁性的死;他的冤案,实际上是中华民国成立后全国范围内的第一个大冤案。

　　外祖父被冤杀后,我当时还年幼的母亲的悲苦之情可想而知。一直到多年之后,母亲每提及此事,都是泪如雨下,并希望我能够在为外祖父昭雪方面做些事情。然而,在直到1984年最后一天母亲去世时为止的很长一段时间中,由于力有未逮,我都还没有在实现母亲的愿望方面做多少事情,母亲的希望成了她的遗愿。不过,我并没有忘记母亲的遗愿。恰好,我这时候已多少有了实现母亲遗愿的条件。于是,便筹划为外祖父雪冤的工作,并着手进行。

　　其实,自外祖父被杀害的时候起的许多年中,就已有不少人为外祖父喊冤叫屈,一些晚清小说史研究者也撰文介绍外祖父在小说创作方面的贡献、肯定其在晚清小说史上的地位。然而,大约由于客观条件还不怎么成熟吧,这一切似乎还不成气候。一直到 20 世纪 80 年代前半期,也就是我们筹划并着手进行为外祖父雪冤工作的时候,情况才开始有较大变化,一些专家学者陆续发表了一些颇有份量的学术文章。虽然这类文章当时仍然不算多,却给我的工作提供了一个很好的学术基础,我也正是在这样一个学术基础上进行工作的。

十多年来,我所做的工作有好多项。主要的是:亲自撰写纪念文章和组织撰写学术文章在香港几家主流报纸和刊物上发表;建立黄世仲事迹陈列馆;举办大型黄世仲学术讨论会;重印黄世仲遗著和所办文艺刊物;力所能及地帮助专家学者研究黄世仲。正是在此过程中,我才有幸知道并在 1998 年 1 月认识了颜教授。之后,我和颜教授间的书信和电话往来日多,颜教授还多次到广州和香港参加有关黄世仲研究的活动。久而久之,我对颜教授形成了很好的印象,觉得他是一位既谦虚厚道、又严谨治学,既尊重前贤时哲的研究成果、又注重资料的艰难发掘和善于提出新的见解,既敢于坚持自己的看法、又勇于对自己先前曾有过的不确看法自我纠正的学者,从而和他建立起了深厚的友谊。

1999 年 5 月,黄世仲事迹陈列馆布馆完成并开馆,我邀请颜教授和夫人赵淑妍教授到广州出席开馆典礼。典礼举行后出席嘉宾到佛山参观时,颜教授告诉我说,他想写一本《黄世仲评传》;并说:这本《黄世仲评传》也许是他此生要写的最后一本书,因而想尽可能写得好一些。接着,在午餐会上,颜教授又当众宣布了他的想法。由于对颜教授的为人和治学态度及其在黄世仲研究方面的成果已有一定了解,相信他是经过认真考虑之后才敢于将其宣示于众并一定能做到言必信、行必果,所以我当即对他的想法表示支持。现在,十多年时间过去了,颜教授果然拿了大家希冀已久的这本书。他不仅没有食言,而且拿出的是这样一部厚重的、对黄世仲革命生涯和小说生涯进行全面、系统、深入考析的专著。

当然,他现在拿出的这部专著,并不是《黄世仲评传》。然而,在我看来,拿出这样一部书,也许比拿出一部《黄世仲评传》更有意义。因为,还是在 2005 年春节期间,颜教授告诉我说,由于资料仍然不足,对黄世仲革命生涯和小说生涯的许多环节还不十分清楚，所以写评传还不是时候；与其勉强为之而写成一部不理想的评传，不如仍然写成全面、系统、深入的考析性著作为好。我以为，他的想法很对，不仅体现了学术研究应有的实事求是态度和严肃认真的学风，而且写成考析性著作更有助于黄世仲研究实质性的深入。就此我曾征询过胡志伟先生的意见，胡先生说他也持有同样看法。事实上，还是在1999年5月黄世仲事迹陈列馆开馆的时候，方志强先生的《黄世仲大传》已经出版。方先生的这部书，是第一部部头甚大的黄世仲传记，对黄世仲研究来说无疑是有重要贡献的。然而，由于写作和出版时间过于匆促以及受当时黄世仲研究总体水平限制等原因，事后看来，该书存在的问题相当多，除了不够规范外，对黄世仲革命生涯和小说生涯的许多问题都有误判或臆断，还有许多问题未曾涉及或虽涉及但却过于约略。存在此类问题虽然可以理解，却毕竟是一大遗憾。颜教授现在拿出的这部书，虽然肯定还会存在某些问题，但却是他断断续续四十多年心血的结晶，其中有丰富的资料依据，有正确的理论指导，有明晰的学术史梳理，有缜密的逐事辨析，确实是一部全面、系统、深入地考析黄世仲革命生涯和小说生涯的著作；其中不仅确认了专家学者的若干已有结论、纠正了专家学者的若干不确看法，而且特别值得注意的是还有他在断断续续四十多年研究中不少新资料的陆续发现和以这些新资料为据而陆续得出的新结论。比如，有关黄世仲与作为辛亥革命前奏的保路运动之关系、有关黄世仲在广东军政府成立后所任职务、有关黄世仲被枪杀的具体日期等等问题的具有学术说服力的考证结论，就都是其前从未公开见诸出版物的，其中有不少问题在他之前甚至还从未有人进行过严谨科学的考析。现知黄世仲所写二十多种小说中，有占总数三分之一以上的9种，都是经他长期辛勤查寻在被分藏于多地图书馆的大量报刊或私人手中发现书名或原文的，其中被发现的原文中有6种还经他的研究点校而得以重新面世。他用了整整两章约9万字、外加资料附录约5万字的篇幅对黄世仲被杀害一案所进行的辨析，在我看来，更是迄今对此案最翔实和最具说服力的分析论证，其结论当也最接近当年事态发展的实际。当然，限于资料，对有些问题他自己说只是进行推论，事实上也只能如此和确实如此，但他进行的是科学的推论而非毫无根据的臆测。所以，我深信这部专著的出版,标志着黄世仲研究又上了一个新台阶。我深为黄世仲研究中有此一书的出现而高兴,为我在实现母亲的遗愿方面又前进了一步而高兴。我想,我的外祖父和母亲如泉下有知,也是一定会为这部书的出版而高兴的。

正由于此,我也就很乐意地写出以上这些话,既权充这部书的序文,又以之向颜教授表示祝贺。

陈　坚

2011 年 10 月 30 日

黄世仲革命生涯和小说生涯考论

（上）

代绪论：黄世仲研究及其对中国
近代小说史研究的启示

"黄世仲研究及其对中国近代小说史研究的启示"是一个大题目,其所包括的内容主要有两个方面,一个是黄世仲研究的历史和现状,另一个是黄世仲研究对中国近代小说史研究的启示。这两个方面的内容,都是很丰富的,笔者在这里只能比较概括地谈谈,以之作为本书之代绪论。

一

近代文学史研究界现在都已知道,黄世仲是清末著名的资产阶级民主革命派小说家。自然,如同大家可能都知道的,黄世仲毫无疑问不仅是小说家,他的贡献绝不只是在小说方面。实际上,他先后作为尤列在新加坡所组建的兴中会外围组织中和堂的成员和冯自由奉孙中山之命在香港所组建的同盟会香港分会的主要领导人之一,进行了大量政治革命活动,参与或独自创办了一系列革命报刊,创作了大量各种形式的革命文学作品,把自己的一生贡献给了我国近代民主革命事业,贡献给了我国近代进步文学事业,是当年在岭南地区、全国范围乃至海外都具有重要影响的民主革命活动家和文学家。然而,他的贡献主要还是在小说理论、特别是在小说创作方面,他所创作的《洪秀全演义》、《镜中影》、《廿载繁华梦》、《党人碑》以及最新发现的《义和团》等为数至少也在二十多种以上的中、长篇革命小说,使他既成为清末民主革命派小说首屈一指的代表人物,又成为整个晚清小说最有代表性的作家之一。

然而,对于这样一位重要的清末民主革命派小说家,在国民党统治时期的很长一段时间中却很少有人进行研究,甚至在清末小说史研究界中对黄世仲其人其作,知之者也并不多。这当然不是没有原因的,但原因并不在黄世仲的小说理论、特别是小说创作成绩是否多和贡献是否大方面,而是在别的方面。原来,黄世仲是在辛亥革命胜利、中华民国成立的当年,因被陈炯明和胡汉民以莫须有的罪名枪杀而离世的,而这个中华民国成立后头一桩大冤案长时期未能得到昭雪,在国民党统治时期也不可能得到昭雪。既然如此,大约是由于投鼠忌器吧,人们自然也就不仅不便谈论黄世仲在辛亥革命和中国近代文学史上的地位和贡献,而且不便谈论他在清末民主革命派小说界以及在整个中国近代小说史上的成绩和贡献,其结果自然只能是黄世仲其人其作几乎湮没无闻、很少为世人所知了。

当然,这并不是说在国民党统治时期,没有任何人对黄世仲进行过研究、没有一点有关黄世仲的研究成果。不过,除过陈汝衡、陆丹林等很少几位先生在有关文章中略有叙说外,较重要的只有:阿英的《晚清小说史》,其中论及黄世仲的《宦海升沉录》、《大马扁》和《廿载繁华梦》,还指出黄世仲写有《洪秀全演义》①;冯自由的《〈洪秀全演义〉作者黄世仲》②,该文大概是第一篇全面论述黄世仲生平及其著作的文章;杨世骥的《黄世仲》③,该文也是一篇全面论述黄世仲生平及其著作的文章。阿英、冯自由、杨世骥等三位先生的论述,所涉及的黄世仲小说自然还很有限:冯自由仅涉及 1 种,即《洪秀全演义》;杨世骥涉及 3 种,即《洪秀全演义》、《大马扁》和《廿载繁华梦》;阿英涉及最多,但也只有 4 种。不过,他们对黄世仲研究确实颇有贡献,因为正是他们的论著把黄世仲及其在小说创作方面的贡献,较早较全面地记载了下来。

然而,他们的这几种著述,出现的时间均在抗日战争时期。在此前的很

---

① 阿英:《晚清小说史》,上海,商务印书馆 1937 年初版;北京,人民文学出版社 1980 年 8 月新 1 版,第 83、135～138、168 页。

② 冯自由:《〈洪秀全演义〉作者黄世仲》,北京,中华书局 1981 年 7 月第 1 版,第 41～45 页。

③ 杨世骥:《黄世仲》,《文苑谈往》第 1 集,重庆,中华书局 1945 年第 1 版,第 65～74 页。

长时间中,并无同类著作出现。黄世仲是1912年5月3日被枪杀的。从那时起的二十多年间,虽然也有诸如陈少白、陈春生、郭孝成等人所写的一些记述辛亥革命史事或岭南史事的文字,或多或少地记载了有关黄世仲的一些史实,但是这些文字的主题均不在黄世仲及其小说创作方面,所记黄世仲史实也均甚为零碎,与专门的黄世仲研究著作有别。另外,当时香港也有报纸记者鲁直之等人发表过关于黄世仲被诬杀问题的文字;这些文字自有参考价值,但这些文字是在以揭露陈炯明叛变革命的历史为主旨的《陈炯明叛国史》①中写出的,所记似乎多得自黄世仲已被诬杀十年之后的耳闻而非严格的调查或事发当时之目睹,难云为专门的黄世仲研究论著,几十年间黄世仲研究界也很少有人知之。可以称之为专门的黄世仲研究著作的,只能从上述30~40年代阿英、冯自由和杨世骥的几种论述黄世仲的著作算起。但是,即使是这几位先生的几种著作,虽然可以称之为专门的黄世仲研究著作,凤毛麟角,弥足珍贵,对后来的研究来说可以说是一个良好的开端,但不仅出现得相当晚,而且还写得过于简括,所涉及的黄世仲小说还不到今天所知的总数的五分之一,因而仍然只能算作初步的研究著作。总之,中华人民共和国成立以前的黄世仲研究,还只是刚刚开始,仅仅为黄世仲其人其作勾勒出了一个大致的轮廓。如果要对黄世仲研究的历史划分阶段的话,那么中华人民共和国成立以前可以称之为第一阶段,即草创阶段。

黄世仲研究的深入发展,是1949年中华人民共和国成立以后的事情。在整个20世纪50年代,黄世仲研究还是相当寂寞的。除了阿英在《晚清小说目》②中著录有黄世仲小说、陈则光在《中国近代文学的社会基础及其特征》③中对黄世仲略有论述之外,据知只有苏兴在讲义《清代文学》第4节《黄小配和曾朴》④中对黄世仲的生平及其小说创作有较多的专门论述。苏兴把黄世仲其人其作带进了大学中文系的课堂,自然是做了一件很有意义

---

① 鲁直之等:《陈炯明叛国史》,北京,中华书局2007年6月第1版。

② 阿英:《晚清小说目》,《晚清戏曲小说目》,上海,上海文艺联合出版社1954年8月初版;上海书店出版部:《〈晚清小说大全〉编印计划》(征求意见稿),1985年8月内部印行,第1~44页。

③ 陈则光:《中国近代文学的社会基础及其特征》,《中山大学学报》1959年第1、2期合刊。

④ 苏兴:《黄小配的生平、思想、作品》,《清代文学》第4节《黄小配和曾朴》,长春,东北师范大学1956年内部排印,第136~137页。

的工作。不过,整整十年间,对黄世仲其人其作有较多的专门论述的文字,不仅仅此一见,而且现在看来苏兴的论述也还只是大致重述前人即冯自由和杨世骥等先生的论述而已,并没有什么新的内容。这种情况表明,黄世仲研究当时还未被重新提上日程。只是在进入 60 年代之后,情况才发生了很大变化。

20 世纪 60 年代的这一变化,主要表现在两个方面:一是黄世仲的小说的重印。在整个 50 年代,黄世仲的小说一直未见重印,而刚一进入 60 年代,黄世仲的两部小说即《大马扁》和《廿载繁华梦》,便因被阿英的《晚清文学丛钞·小说三卷》①收录而得以重新与世人见面。二是出现了不少研究论著,其中较为重要的有:北京大学中文系 1955 级编写的《中国小说史稿》②和复旦大学中文系 1956 级编写的《中国近代文学史稿》③等两部书中的有关章节,宋平的《黄世仲的几种革命历史小说》④,阿英的《黄小配的小说——辛亥革命文谈之四》⑤,陈华新的《黄世仲与〈洪秀全演义〉》⑥,李远(李育中)的《五十二年前的一篇报告文学》⑦等。可以说,在进入 60 年代之后的头几年中,出现了一次黄世仲研究的虽然不大、却可注意的高潮。这不仅是从出现的有关论著的数量方面讲,而且是从更重要的方面即质量和作用方面讲的。值得加以强调的是:黄世仲生平及其著作正式进入了中国小说史和中国文学史研究的专著;在我国最高权威的报纸《人民日报》上出现了名家所写论述黄世仲及其小说的专文;新揭出了黄世仲的小说六种⑧,

① 阿英:《晚清文学丛钞·小说三卷》,北京,中华书局 1960 年版,上册第 213～312 页、下册第 313～568 页。

② 北京大学中文系 1955 级:《中国小说史稿》第十七章《资产阶级民主主义革命小说》第三节《其它革命小说》内之《讲史题材的革命小说》即主要论述黄世仲及其革命小说。《中国小说史稿》,北京,人民文学出版社 1960 年版,第 483～485 页。

③ 复旦大学中文系 1956 级:《中国近代文学史稿》第四章第一节《资产阶级民主主义革命中的文学活动》内有专门论述黄世仲及其小说的文字《黄小配》,北京,中华书局 1960 年版,第 306～308 页。

④ 宋平:《黄世仲的几种革命历史小说》,《羊城晚报》1960 年 11 月 11 日。

⑤ 阿英:《黄小配的小说——辛亥革命文谈之四》,《人民日报》1961 年 10 月 30 日。

⑥ 陈华新:《黄世仲与〈洪秀全演义〉》,《南方日报》1962 年 5 月 20 日。

⑦ 李远(李育中):《五十二年前的一篇报告文学》,《南方日报》1963 年 4 月 14 日。

⑧ 这六种是《陈开演义》、《岑春煊》、《五日风声》、《镜中影》、《宦海潮》和《黄粱梦》。

并辨明黄世仲自己称之为"近事小说"的《五日风声》其实是一篇杰出的早期报告文学作品。60 年代初期出现的黄世仲研究的这个不大的高潮，虽然因文化大革命而中断，却在一定程度上推动和加深了黄世仲研究，提高了黄世仲在中国小说史和中国近代文学史上应有的地位。

顺便要指出的是，20 世纪 50 和 60 年代，香港报刊上也有一些黄世仲研究论著发表。对此，香港和内地近代文学研究界一向情况不明。直到最近几年，设立于香港的纪念黄世仲基金会有关人士才注意搜集这类文字，并在《黄世仲与辛亥革命国际学术研讨会论文集》第 2 辑①中附录了已经搜集到者。这样，人们才得以约略地知道一些情况，特别是对曾经倾心研究黄世仲并留下了有关黄世仲生平的珍贵资料、给予黄世仲在香港文学乃至中国文学史上以重要地位的著名前辈学者罗香林在黄世仲研究方面的情况②，才得以有较多的了解。当然，当年香港的黄世仲研究，其影响在香港本地似乎就不怎么大，在内地就更是微乎其微，甚至无从谈起。然而，香港人士的研究还是有应予注意的成果的，罗香林留下的有关黄世仲家世和生平的调查资料以及有关论述、劳纬孟等关于黄世仲被诬杀原因和经过等情事所写的文章，都有一定的参考价值。

二

1966 年文化大革命开始以后，和文学研究的所有其他子学科以及整个社会科学一样，很可能由小高潮发展为大高潮的黄世仲研究也沉寂了下来。然而，文化大革命一结束，黄世仲研究的大高潮便很快出现了。还是在1977 年 11 月，汤志钧在《章太炎政论选集》中就收入了章太炎为《洪秀全演

---

① 《黄世仲与辛亥革命国际学术研讨会论文集》第 2 辑所附《五、六十年代专栏》所收，有玉壶撰写的《黄世仲被陈炯明枪毙之里因》等九篇、鲁直之等编纂的《陈炯明叛国史》有关部分，香港，纪念黄世仲基金会 2002 年第 1 版，第 223～265 页。

② 《黄世仲与辛亥革命国际学术研讨会论文集》第 2 集所收马楚坚的《黄世仲与〈南汉演义〉》和《宣传辛亥革命之文字功臣：黄世仲行实考》，香港，纪念黄世仲基金会 2002 年第 1 版，分别见第 115～162、163～195 页。

义》所写的序言,并为该序言加写了说明文字。① 在紧接着的 1978 年和 1979 年,即出现了好几种论介黄世仲生平及其著作的文字,如北京大学中文系编写的《中国小说史》②、南开大学中文系编写的《中国小说史简编》③和"十三所高等学校中文系"编写的《中国文学史》下册④等三部书各自有关黄世仲的章节,李育中的《〈洪秀全演义〉作者黄小配》⑤等;始刊于同年的李默辑《辛亥革命时期广东报刊录》⑥中则有对黄世仲创办或参办的报刊的相当全面的介绍。此后,有关论著以及相关资料不断出现。据不完全统计,从 1976 年到 1996 年的整整 20 年间,有关黄世仲的论著、资料等发表和出版共约 170 篇(部、条)。其中,以较多文字论及黄世仲的专著有 16 部⑦,收入黄世仲著作的书刊有六部⑧,国家级报刊如《文学遗产》等发表的专门论文有三篇,国外刊物如日本《清末小说》等发表的中外人士所写专门论文有七篇,还出现了一部专论黄世仲的专著⑨。综合观之,可以看到,不仅研究黄世仲的专家学者人数大大增加,而且令人兴奋的是还有外国专家学者如日本的森川登美江、瑞典的加惠子等加入了黄世仲研究队伍;论著数量大大增多,其中有一些还是发表在很高级别的刊物上的很有分量、很有深度的力作;研究的范围大大扩展,既涉及黄世仲的生平,又涉及他的作品和小说

---

① 汤志钧编:《章太炎政论选集》上册,北京,中华书局 1977 年 11 月第 1 版,第 307 ~ 308 页。

② 北京大学中文系:《中国小说史》,北京,人民文学出版社 1978 年 11 月第 1 版,第 365 ~ 368 页。

③ 南开大学中文系:《中国小说史简编》,北京,人民文学出版社 1979 年 5 月第 1 版;方志强:《黄世仲大传》,香港,夏菲尔国际出版公司 1999 年 3 月第 1 版,第 488 ~ 491 页。

④ 十三所高等学校中文系:《中国文学史》下册,南昌,江西人民出版社 1979 年版,第 781 页。

⑤ 李育中:《〈洪秀全演义〉作者黄小配》,《广东小说家杂话》,《随笔》第 1 集,广州,广东人民出版社 1979 年版,第 197 ~ 200 页。

⑥ 李默:《辛亥革命时期广东报刊录》,《新闻研究资料》第 1 ~ 3 辑,北京,中国社会科学出版社 1979 ~ 1980 年版,分别见各辑之第 143 ~ 171 页、第 162 ~ 171 页、第 164 ~ 173 页。

⑦ 如任访秋主编的《中国近代文学史》(开封,河南大学出版社 1988 年版)、管林等主编的《中国近代文学发展史》(北京,中国文联出版公司 1991 年版)、郭延礼撰著的《中国近代文学发展史》第 3 卷(济南,山东教育出版社 1993 年版)等。

⑧ 如钟贤培等编《中国近代文学作品选》(广州,广东人民出版社 1984 年版)、黄霖等编《中国历代小说论著选》(南昌,江西人民出版社 1985 年版)、中国社会科学院文学所编《近代文学史料》(北京,中国社会科学出版社 1985 年版)等。

⑨ 赵明政:《黄小配与〈洪秀全演义〉》,沈阳,辽宁教育出版社 1992 年 10 月第 1 版。

理论,其中研究他的生平已不再限于报刊宣传和文艺活动方面,而是还注意到他作为革命活动家的各个方面,研究他的作品也不再限于先前人们常谈的几部小说,而是还新钩稽出他的小说六种①以及政论等体裁作品,并首次对他的作品进行了研究和系年工作。黄世仲研究不仅比建国前有很大的进步,而且比文化大革命之前有长足的发展。可以肯定地说,黄世仲研究确实迈上了一个新台阶。

特别令人感到高兴的是,从1997年开始,黄世仲研究由于得到了一股强劲的东风而以更快的速度和更大的气势发展。在这年的1月31日,黄世仲的外孙陈坚先生便在香港《文汇报》发表了长文《纪念我的外祖父——黄世仲》,并在此前已经开始筹划如何促进黄世仲研究工作和进行其他相关工作。从那时开始到现在的十多年间,陈坚先生凛遵母训并以弘扬辛亥先烈伟大革命精神和优秀文学遗产的极大热诚,先后以私蓄进行了大量相关工作,主要的有:①在黄世仲的故乡广州芳村区西塱村(原属番禺)修建黄世仲事迹陈列馆②;②成立"纪念黄世仲基金会"③;③以"纪念黄世仲基金会"的名义,单独举办、资助举办或联合有关单位、社团一起数次举办有关黄世仲的学术活动,其中最重要的一次,是2001年8月24～25日在香港成功举办的、黄世仲研究史上规格和学术水平都相当高的"辛亥革命九十周年纪念暨黄世仲投身革命百周年国际学术研讨会";④组织编印或资助出版与黄世仲研究有关的著作。其中,纪念黄世仲基金会斥资出版或资助出版了《黄世仲与近代中国文学》④、《黄世仲与辛亥革命——辛亥革命九十周年纪念暨黄世仲投身革命百周年国际学术研讨会论文集》的第1辑⑤和第2辑⑥、《黄世

---

① 即《宦海冤魂》、《党人碑》、《朝鲜血》、《广东世家传》、《十日建国志》和《新汉建国志》。

② 黄世仲事迹陈列馆开馆仪式1999年5月15日在广州芳村区举行。

③ 香港纪念黄世仲基金会正式成立于2000年6月30日。

④ 颜廷亮:《黄世仲与近代中国文学》,兰州,甘肃人民出版社2000年9月第1版。

⑤ 《黄世仲与辛亥革命——辛亥革命九十周年纪念暨黄世仲投身革命百周年国际学术研讨会论文集》第2辑,香港,纪念黄世仲基金会2001年8月第1版。

⑥ 《黄世仲与辛亥革命国际学术研讨会论文集》第2辑,香港,纪念黄世仲基金会2002年2月第1版。

仲黄伯耀弟兄南洋诗文集》①、《报王黄世仲》②、《重印黄世仲小说六种》的上册《镜中影》和下册《党人碑·宦海冤魂·朝鲜血·十日建国志·妾薄命》③、《黄世仲弟兄反清文集》④、《真本吴三桂演义》⑤、《黄世仲年谱长编》⑥；香港特区政府斥资、纪念黄世仲基金会经办出版了《黄世仲大传》⑦和《中外小说林》上、下两册⑧；⑤资助建立黄世仲研究机构。湛江师范学院2000年12月成立的黄世仲研究所以及该所举办的两次学术活动⑨，均是由纪念黄世仲基金会资助的。除上述五方面外，陈坚及其成立的纪念黄世仲基金会还在香港《文汇报》、《大公报》和《香港笔荟》等报刊上，或发表文章、或支持这些报刊编发纪念专刊和专辑以宣传黄世仲；有时还邀请内地有关专家学者到香港或广州写文章、做报告、参观黄世仲事迹陈列馆，或资助内地一些专家学者到香港或内地一些地方的图书馆、博物馆查找资料。陈坚和以他为主席的纪念黄世仲基金会的所有这些以及其他一些举措，本身就属于黄世仲研究范畴，标志着黄世仲研究的大踏步前进，同时当然也会对黄世仲研究的发展起到积极的促进作用。据笔者的不完全统计，加上上述诸多著述，十多年时间中新发表的黄世仲研究论文和资料等，至少也在百篇以上；新出版的黄世仲研究专著或作品校点整理著作，至少也有十余部⑩，有专门章节论述黄世仲或著录黄世仲作品、收有黄世仲及其作品词条的专

---

①　张克宏编：《黄世仲黄伯耀弟兄南洋诗文集》，香港，纪念黄世仲基金会2001年11月第1版。

②　申友良编著：《报王黄世仲》，北京，中国社会科学出版社2002年3月第1版。

③　颜廷亮、赵淑妍校点：《重印黄世仲小说六种》上、下册，香港，纪念黄世仲基金会2003年2月第1版。

④　《黄世仲弟兄反清文集》，香港，纪念黄世仲基金会2003年2月第1版。

⑤　《真本吴三桂演义》，香港，纪念黄世仲基金会2003年2月第1版。

⑥　郭天祥：《黄世仲年谱长编》，北京，中国社会科学出版社2002年10月第1版。

⑦　方志强：《黄世仲大传》，香港，夏菲尔国际出版公司1999年3月第1版。

⑧　《中外小说林》上、下册，香港，夏菲尔国际出版公司2000年4月第1版。

⑨　即2000年12月在湛江举办的第一届黄世仲学术研讨会、2001年5月在广州举行的第二届黄世仲学术研讨会。

⑩　其中包括赵明政《黄小配》（沈阳，春风文艺出版社1998年版）、郭天祥《黄世仲年谱长编》（北京，中国社会科学出版社2002年10月第1版）以及香港廖书兰的《黄花岗外——〈党人碑〉与孙中山首次起义》（香港，商务印书馆香港有限公司2009年10月第1版）。

著或目录、辞书类著述至少也在八、九种以上①。特别可喜的是,在这些年间,又新发现黄世仲所写小说还有《妾薄命》、《孽债》、《南汉演义》、《吴三桂演义》和人们知之最晚的《义和团》等,另外还可能有一部《梨春梦》;还发现黄世仲写有其名为《南北夫人传奇》的剧本②;黄世仲所写一些从未重印的小说如《党人碑》、《镜中影》等以及黄世仲弟兄所编《中外小说林》今之存世部分的绝大多数均得以重印,黄世仲弟兄在南洋以及港穗地区报刊上发表的政论和其他形式的作品也都被整理出版③;以黄世仲生平和小说作为学位论文选题的高等学校中国文学史研究生至少也有八、九位,其中好几位的论文写得都相当好;黄世仲临终遗言的发现,更是一件很有意义的事情,因为这篇遗言十分有力地驳斥了或很有助于驳斥某些人所谓黄世仲之死乃是罪有应得的看法,表明黄世仲之死实为一大冤案。所有这一切都很有价值,实际上使人们更进一步提高了对黄世仲在近代革命史、特别是在近代小说史上的地位之重要的认识,使长期束缚着晚清小说史研究界的那种认为晚清只有并不包括黄世仲在内的四大小说家即李伯元、吴趼人、曾朴和刘鹗的观念,以及资产阶级革命派在小说领域中并无多么大建树的观念,进一步被动摇。也许可以说,前些年间已经出现的在近代革命史、特别是在晚清小说史上给予黄世仲以重要地位的势头,在黄世仲研究走过了近八十年艰难历程的今天,必将继续保持和更快发展。也许会有那么一天,研究者们会发现和承认,黄世仲其实才是晚清小说史上特别应当予以重视的小说家——无论从创作的数量或质量方面来看,均是如此。就黄世仲研究来说,这无疑是一个伟大的胜利。

当然,这并不是说黄世仲研究已经十全十美了。不仅不能说十全十美,而且不能说已经很好了。事实上,存在的问题还很多。黄世仲生平的一些

---

① 其中包括欧阳健《晚清小说史》(杭州,浙江古籍出版社 1997 年版)、谢飘云《中国近代散文史》(北京,中国文联出版公司 1997 年版)等。

② 曾有人说黄世仲曾以"黄叔尹"一名和黄鲁逸等合编过《火烧大沙头》等剧本,恐不确,因为"黄叔尹"其实另有其人。详见本书后文。

③ 其中在南洋所写诗文不仅大大填补了黄世仲早年著述以前虽知而未见这一空白,而且解决了黄世仲何时出国和何时归国等问题。

环节现在仍然还不很清楚或很不清楚①；黄世仲作品还有不少现在仍不知道②，已知的作品中有的还未找到③或者还未找全④或者还未整理出版⑤；对黄世仲作品的研究，研究者们目前仍然只是把精力主要集中在少数作品上，许多作品还未得到较好研究或者还未得到研究。同时，迄今为止还没有一部真正写得既能反映当前研究水准、又有学术上的厚重感、还符合学术规范和学术道德的黄世仲传记类著作⑥。这一切都表明，黄世仲研究目前所达到的水准还没有达到学术界习称的晚清四大小说家研究已达到的水准，和黄世仲研究本身所应达到的水平相比差距就更大了。不过，无论如何，黄世仲研究的当前形势应当说还是很好的，这表明离世而去的黄世仲终于又回来了——他的卓越的业绩、他的伟大的英灵终于又回来了，回到他在中国旧民主主义革命史、在中国近代文学史、特别是在中国近代小说史和晚清民主革命派小说史上所应占据的重要地位上来了。一去一来，历时虽已达百年之久，却毕竟是历史的必然，人们当然应当为之感到高兴、受到鼓舞。

三

自黄世仲被冤杀迄今百年间的黄世仲革命生涯和小说生涯研究史，是一个起步较晚、起步后发展缓慢、只是到后来才有较快发展的历史。其间，有经验，也有教训，而无论是经验还是教训，不仅对黄世仲研究很有启发，而且对中国近代小说史研究也很有启示。

第一，必须继续解放思想，从由于各种原因而形成的若干框框条条的束

---

① 如黄世仲和反美华工禁约运动、粤汉铁路路权之争、新军起义、黄花岗起义的关系，黄世仲是否如有人所说的那样曾被清政府逮捕入狱和赴日见章太炎等问题。

② 如一些记载中所说的就洪全福起义与《岭海报》论战的文字。

③ 如《陈开演义》、《新汉建国志》。

④ 如《朝鲜血》、《妾薄命》。

⑤ 如《黄粱梦》、《义和团》。

⑥ 已有的两种中，一种存在着较明显的学术自律方面的问题；另一种比较好，包含着许多新的发现和见解，但也还存在着一些尚需讨论的问题。

缚中解放出来。

黄世仲研究的漫长发展过程本身,就是解放思想、冲破各种条条框框束缚的过程。开始的时候,尽管有人为黄世仲鸣不平,但杀害黄世仲的陈炯明和胡汉民还在台上,孙中山关于黄世仲"多方煽惑,结党营私"①云云的说法也还在起作用,黄世仲的冤案未得平反,其真相对一般人来说并未大明,黄世仲研究因而也就迟迟未能起步。陈炯明叛变革命、胡汉民倒向国民党右派之后,有人起来为黄世仲呼冤,孙中山似乎也对杀害黄世仲时的陈炯明其人的本性有所反省,虽然黄世仲冤案仍然未得平反,孙中山也并未明确地收回先前的说法,而客观形势已有利于重新思考黄世仲问题,一些专家学者也就实事求是地起而研究黄世仲,促成了黄世仲研究的起步。新中国成立以后,国民党统治时期的那种政治方面的束缚自然不再存在,客观环境变得有利于黄世仲研究。然而,不仅黄世仲冤案之真相仍然未能大明,而且还有别的条条框框存在,诸如认为晚清只有四大小说家的观念之类。然而,一些专家学者们却还是研究黄世仲,并且在 20 世纪 60 年代之初形成了一个虽然不大、却值得注意的高潮。文化大革命结束之后,解放思想、实事求是的认识路线在全国范围内得到恢复,黄世仲研究也就重又发展起来。总之,没有实事求是、冲破条条框框的精神,就不会有黄世仲研究的发展。黄世仲研究如此,现在要继续推进中国近代小说史研究,显然也应如此,即还是要首先解决认识路线方面的问题。

事实上,在中国近代小说史研究中,现在在某种范围、某种程度上还存在着某些应当继续和彻底冲破的条条框框。这些条条框框,我以为主要的是:①中国近代小说史上并没有产生过太过值得重视的小说家和作品的观念,持有这种观念的人往往对研究中国近代小说缺乏热情;②晚清小说及其理论基本上是资产阶级改良派小说及其理论之天下的观念,持有这种观念的研究者,总是把晚清小说及其理论看成改良派的一统天下,把当时的所有小说及其理论这样那样地归入改良派名下②;③和上一观念直接有关的所

---

① 《告粤中父老昆弟书》,《神州日报》1912 年 5 月 15 日。

② 如影响很大的《中国古代小说百科全书》(北京,中国大百科全书出版社 1993 年 4 月第 1 版)中的《王钟麒》条释文把王钟麒划归革命派,但在别的有关词条释文中却有把王钟麒算入改良派的情形。

谓晚清只有资产阶级小说及其理论而没有革命派和改良派之分的观念,持有这种观念的人甚至认为把晚清小说及其理论区分为革命派和改良派有什么方法论方面的错误;④晚清小说史上的大小说家只有李伯元、吴趼人、曾朴、刘鹗等四家的观念,这种和鲁迅、胡适等的相关论述有关的、很早就形成的观念,直接影响了和仍在影响着对李、吴、曾、刘以外的小说家的研究,直接导致对诸如黄世仲、陆士谔这样的小说家的研究和评价,而陆士谔、特别是黄世仲,从某种角度来说,其在中国近代小说史上的地位,与李、吴、曾、刘相比,并不见得就怎么低;⑤还有一个没有怎么为人们意识到的观念,就是:在研究界现在所知道并加以研究的小说家和小说作品以外,大约不会再有什么小说家和小说作品,特别是不会再有值得注意的小说家和小说作品了;这种无形中存在的观念,实际上束缚了研究者进行新的发现的努力,而实际上发现新的小说家、新的小说作品是完全有可能的。比如,当年的香港和广州,似乎存在着或确实存在着一个以黄世仲为核心的革命小说家群体,这个群体中不仅包括有郑贯公(著有《瑞士建国志》等小说)、黄伯耀(著有《武汉风云》等小说)等晚清小说史研究中还常被研究者提起的人士,而且还包括有曾出版过小说集《斧军说部》的王斧以及岑学侣、欧博鸣等至少八、九位和黄世仲一起创编报刊、创作小说,而在晚清小说史研究中极少有人提及乃至被忘却的人士,如果能下些工夫,必定会有至少在岭南地区近代小说史研究方面有价值的发现和成果。

当然,不能说研究者们的头脑中都有这些条条框框。然而,这些条条框框不仅在相当多的一些研究者头脑中明显或不明显地存在,而且在某些研究者的头脑中存在得还十分顽固。在近些年中出现的、包括中国近代小说史在内的中国近代文学史著作中,有一些已在某种程度上开始抛开了上述这些观念,但也还有一些并未抛开或并未完全抛开,在这些著作中中国近代小说史的理论架构并无根本性的改变,拒绝承认晚清小说及其理论存在着一个由改良派到革命派的发展过程就是其表现之一。因此,继续解放思想仍是中国近代小说史研究界的要务之一。还应当看到,不仅原有的一些条条框框应当继续冲破,而且新出现的一些现在看来颇有见地、颇为科学的结论,弄不好也还会变成新的条条框框,束缚研究者的手脚。因此,不仅现在,而且今后也还要不断解放思想。科学研究就是实事求是，而实事求是是永无止境的。真正的科学研究，就是要不唯古、不唯权威、不唯已有之结论，敢于和善于进行以客观事实和记载客观事实的资料为基础的独立思考，在这样的独立思考中得出自己的结论。

第二，必须继续下大工夫挖掘资料，用以大量新发现的资料为基础而进行的研究对那些仅仅依靠原先所知资料得出的结论，进行补充、修正或根本性改造。

本来，中国古代小说史研究中就仍然还有资料问题。然而，相对而言，中国近代小说史研究中的资料问题更为突出。当然，前人在这方面已经做了许多工作，阿英等先生由于在这方面所做的大量工作而令人十分尊敬。然而，中国近代小说史距今毕竟较近，许多资料工作还未来得及做。特别是散见于广州、上海、香港等地图书馆和博物馆中的清末民初大量报刊和藏书中的资料，诸如小说作品、小说理论文字、相关报道和广告、有关某些小说家生平及活动等的记载，以及一些从清末民初走过来的人物的回忆录等是很多很多的。挖掘这些资料，不仅会大大丰富中国近代小说史的内容，包括至今仍知之不多或还不知道的小说家和小说作品、小说理论文字的发现之类，而且极有可能使研究者不得不重新审视先前中国近代小说史研究所得出的某些结论。黄世仲研究就是一个极好的例子。别的且不说，单就黄世仲小说创作的总数问题而言，就很能说明问题。如同前面已经说过的，在新中国成立以前，黄世仲当年所创作的小说，专家学者们所知者不过四种，即《洪秀全演义》、《廿载繁华梦》、《大马扁》和《宦海升沉录》。到了 20 世纪 60 年代，所知数量增至十种，增加了《陈开演义》、《岑春煊》、《五日风声》、《镜中影》、《宦海潮》、《黄粱梦》等六种。再后，到了 20 世纪 80 年代，又增至十六种，新增的六种是《宦海冤魂》、《广东世家传》、《党人碑》、《朝鲜血》、《十日建国志》、《新汉建国志》。到了最近几年间，数量又有增加，即增加了《南汉演义》①、《妾薄命》、《孽债》、《吴三桂演义》②、《义和团》五种以及可能写成

———————————

① 《南汉演义》最迟在 50 年代就已为香港学者罗香林发现，但内地无人知道。
② 《吴三桂演义》学术界早已见到且有多种刊本，但一直不知其作者就是黄世仲。

或写了一部分的《梨春梦》,总数已达 22 种以上,另外还发现了黄世仲所写短篇小说若干篇。① 从仅知 4 种到知道至少 22 种,数量多出了 4 倍多,这自然是很大的进展。然而,这种进展是怎样实现的? 说到底,还是同专家学者们泡图书馆、博物馆分不开的。当然,像《陈开演义》和《岑春煊》这样的迄今虽然知道而仍未找到的小说,那是出于一些老专家、老学者如李育中等先生的回忆的。但是,更多新知道的小说如《宦海冤魂》、《朝鲜血》、《十日建国志》、《妾薄命》等,如果没有人做蹲图书馆和博物馆的工夫,恐怕至今还是无人知道或者知道而又无法整理出版的。像《党人碑》,由于最初连载该小说的《时事画报》分藏于广州、杭州和香港,人们从知道有这部小说到知道这部小说的作者是黄世仲,就是泡图书馆的结果;从知道黄世仲是其作者到将其录校出版,就更是与泡图书馆分不开了。其实,不仅是小说作品,而且黄世仲在南洋和在广州、香港报刊上发表的大量政论和其他形式的作品现在能够整理出版②,也凝结了好多位专家学者多次长时间蹲图书馆的大量劳动和心血。总之,黄世仲研究当前的水准,是和资料的艰苦挖掘和大量掌握分不开的。不仅如此,而且甚至可以说,黄世仲之终于被重新发现这件事本身,正是资料挖掘工作重要性的一个重要表现。同理,要使中国近代小说史研究继续发展,没有不怕吃苦、挖掘资料的工夫,那也是很难达到目的的,而只要能钻到图书馆、博物馆所保存的大量报刊和书籍堆中去,那就不仅研究者自己必有收获,而且整个中国近代小说史研究也必定会因此而有新的发现、新的发展。黄世仲研究对中国近代小说史研究的最大启迪之一,也就在这里。

第三,必须端正学术风气,遵守学术规范,严守学术道德。

---

① 有专家发现黄世仲还有一部《梨春梦》和另一部《西林传》,其中前者情况不明但可能已写完或至少写出了一部分,后者或以为可能就是以前所知之《岑春煊》。故我们说黄世仲所写小说至少在二十二种以上。

② 一部是张克宏先生编的《黄世仲黄伯耀弟兄南洋诗文集》(香港,纪念黄世仲基金会 2001 年 11 月第 1 版),共收政论文 114 篇,诗 13 题 36 首,其中黄世仲政论文 57 篇、诗 2 题 8 首;另一部是胡志伟编的《黄世仲弟兄反清文集》(香港,纪念黄世仲基金会 2003 年 2 月第 1 版),共收政论文 113 篇,文艺杂著如班本、粤讴、故事、谐文、挽联、广告等 159 题 210 篇(则),其中黄世仲政论文 73 篇(内存目 1 篇、遗言 1 篇),文艺杂著 137 题 188 篇(则)。

在近八十年的黄世仲研究中，总的来说，学术风气还是相当好的。特别是一些前辈学者和一些在黄世仲研究中做出突出成绩的中年学者，在这方面做出了榜样。这也是黄世仲研究能够取得今天这样的成绩的一个重要原因。然而，在最近的一些年间，确实也出现了一些令人忧虑不安的现象。比如，不做艰苦细致的资料工作，而是急于求成，甚至是急于求名，靠一星半点资料就为文下结论，甚至靠走快捷方式撰书为文，以致制造出平庸无用之作，有的甚至还闹出笑话。又比如，不尊重学术史，不了解前人和同时代人已经做了一些什么工作、取得了一些什么成绩，闭门造车，以致进行一些重复无效的劳动，其中有的与前人和同时代人相比甚至还有所倒退。再比如，使用他人研究成果，却不加任何说明，似乎一切资料都是他自己发现的、一切结论都是他自己得出的；更有甚者，就是违背学术道德，仅仅依靠剪刀加糨糊或更现代化的电脑剪切复制手段，公然抄袭剽窃，还有人竟然把抄袭剽窃者的所谓论著再事抄袭剽窃。所有这一切，无疑不仅不能为黄世仲研究带来好处，而且简直是在败坏黄世种研究的声誉，极有损于黄世仲研究的发展。不幸的是，黄世仲研究中不同程度上存在的这种情况，在整个中国近代小说史研究中也在一定程度上存在着。这就提醒我们，不仅在黄世仲研究中，而且在整个中国近代小说史研究中，必须十分强调学风问题和学术规范、学术道德问题。学术规范和学术道德问题现在已经受到学术界的普遍关注，这里不想再说什么。这里想特别说几句的，是学风问题，是必须要有高度的学术责任心的问题，或者说是必须要有为真理而严肃认真地做学问的问题。当然，有了这样的学风，未必在学术上一定不会出错。因为，有许多因素都有可能导致错误，而并非只有学风不正才会导致得出错误结论。然而，有了好的学风，那就必定可以少出错，出了错也必定可以自我发现并有勇气自我纠正；自我发现、自我纠正本身也正是学术上的一种进步；自己没有发现而为他人指出的，也必定会勇于承认，这种勇于承认本身同样也是学术上的一种进步。不仅如此，而且归根到底，中国近代小说史研究要想求得进一步的发展，还是要靠具有勤于挖掘资料、勇于独立思考、善于吸收已有成果而又不囿于已有结论、甘于坐冷板凳等良好学风的研究者。总之，我们必须大力提倡和发扬严肃谨慎、求真求实、尊重前贤、勇于创新的学风，坚决反对学术研究中的浮躁、失范和失德行为。这样,中国近代小说史研究必定会迎来新的大好局面。

另外,笔者还想再强调一点,即:无论黄世仲研究,还是中国近代小说史研究,虽然都取得了很大成绩,而在我看来,总的来说还都有待于提高到一个更高的层次,即理论研究层次。在以往的研究中,当然也有理论层面上的研究。但是,全面地审视一下,就不能不承认,专家学者们进行的主要工作或基本工作,仍然还是处于资料挖掘整理刊布和若干具体事象的考析层次。这个层次的工作很有意义,迄今仍然做得很不够,有必要继续加强。然而,这个层次的工作,如同笔者也曾涉足于其中的敦煌学研究界所比拟的,毕竟还有点"看图识字"的味道,而研究工作是不能停留在这一步的。应当上升到理论研究的层次,进行宏观的概括、规律的探讨、经验的总结。既要继续进行"看图识字"式的工作,又要上升到理论研究层次,这就是说应当做和可以做的事情很多,投身此中,前途无量。

笔者在撰写本书的过程中,就是尽力吸取近百年黄世仲研究历史上所有这些对黄世仲乃至整个中国近代小说史研究很有启示的经验和教训,希望使黄世仲研究能够更上一个层次的。

四

如同本书书名所示,本书重在考证辨析,即在尽可能全面地掌握学术界已有研究成果和新挖掘发现出的新资料的基础上,力求对在历来的黄世仲研究中未曾涉及或虽已涉及而各家观点不一的、包括学术史在内的各种问题进行梳理辨析,以提出笔者以为可能较为符合实际的看法。因此,本书在撰写中也就注意在遵循学术研究一般应当体现的基本原则外,还力求遵循以下几个具体原则:①既要讨论重大和较大的问题,又要讨论可能会被有的研究者视为没有必要提出的细枝末节式的小问题。②对研究者们已有共识的问题一般不再多费笔墨,对未经涉及或虽已涉及而各家看法不一的问题则更多地加以关注。③在引用用以疏理辨析的资料和各家对问题的看法时,往往不避可能会被认为大可不必的繁复,因为这样做其实不仅是出于疏理辨析的需要,而且既是出于对学术史的尊重,也可使一般读者和研究者在思考时免除查阅之劳。④对于黄世仲小说作品的讨论,重点放在今所能见的中长篇作品上;其中的个别作品如《南汉演义》、《孽债》等,由于原作难以觅读或只能读到很少一部分,且可资参考的资料极少,故只好略采已有研究成果述之,或仅对其存世情况简要地加以介绍,已见则约略出之,以示黄世仲存世中长篇小说中尚有此类作品;对其短篇小说和现已不存或虽可能存世而尚未觅得的中长篇小说如《陈开演义》、《广东世家传》、《岑春煊》、《新汉建国志》、《梨春梦》等,则只点到为止、不加讨论。⑤黄世仲非中长篇小说作品已有研究者辑集为《黄世仲黄伯耀弟兄南洋诗文集》和《黄世仲弟兄反清文集》二书,但二书所收尚有遗漏,故于书末附刊《〈黄世仲黄伯耀弟兄南洋诗文集〉和〈黄世仲弟兄反清文集〉未收之黄世仲非中长篇小说作品知见录》,以供参考。⑥为便利研究者研究时检索参考,书末另附《新编黄世仲研究论著目录》。⑦黄世仲既是中国近代的民主革命家,又是著名的革命派小说家并以小说家名世,故本书分为上、下两册,上册主要是对其生平事迹进行系统考论,下册则重在对其中长篇小说作品大致按照创作和发表、出版的时间顺序进行讨论,同时兼及其所创办的文学刊物和小说理论主张。

笔者研究黄世仲,从 20 世纪 60 年代开始,断断续续地已有长达四十多年的时间,本书可以视为此一研究的一个粗粗的总结。书中在吸收不少先贤时哲的研究成果的同时,对一些先贤时哲的某些看法加以讨论并提出异议,完全是出于学术探讨的需要而别无他意,尚望得到理解。实际上,没有这些先贤时哲的、包括哪怕是其结论不很确切乃至错误的看法在内的研究在先,笔者也不可能把黄世仲研究做到目前这个程度。而且,即使如此,本书仍然不仅未能和不可能穷尽一切,而且对所涉及的问题的认识仍然难免有这样那样的不足和错误。因此,笔者诚恳地希望能够得到有识之士的补充和教正。

第一章　从粤中名门望族末世
走出的一代英才

——黄世仲的家世和早岁生活

黄世仲是资产阶级民主主义革命时期功勋卓著的革命家、宣传家和小说家。然而关于黄世仲的家世和早岁生活，由于相关资料奇缺，一向很不清楚。中华人民共和国成立前后，虽有人进行过深入研究，但研究者并不多，据现有资料可知，内地仅有冯自由和杨世骥两位先生做过这一工作。早在20世纪30和40年代之交，冯自由就在《〈洪秀全演义〉作者黄世仲》①一文中写道：

> 番禺黄世仲，字小配，别号禺山世次郎。少颖悟好学，读书过目成诵。

之后，杨世骥在《黄世仲》②一文中写道：

> 他的祖若父均以理学著称，本为粤中望族。年十六，从南海朱次崎（按：当为朱次琦）受学……甲午、乙未（1894～1895）间，他的家道中落了，就只身前往南洋谋业。

---

① 冯自由：《〈洪秀全演义〉作者黄世仲》，《革命逸史》第2集，北京，中华书局1981年7月第1版，第41～45页。
② 杨世骥：《黄世仲》，《新中华》复刊第1卷第12期；《文苑谈往》第1集，重庆，中华书局1945年4月第1版，第69页。

二位先生的记述虽甚简略,却十分珍贵。此后的许多年中,再未见到过相关记述,包括笔者本人在内的研究者们一般均是从两位先生之说而已。直到1999 年 9 月香港夏菲尔国际出版公司出版的方志强著《黄世仲大传》中,才有如下较详的记述:

> 黄世仲……祖父名仕华,生有四子一女,长子有忠,次子有财,三子有腾(世仲之父),四子有滔,女名礓姑。曾高祖名号已失传。高祖原籍顺德金(甘)竹勒流,后分枝(支)番禺,曾在鹤洞设塾馆教书。溯其先祖渊源,据嘉庆二十五年仲冬十六传孙步圣(曾与方献夫有诗唱和)谨志世系图(黄垂宪堂族谱)载:"始祖(至治三年)黄元甫,字道宏,号郎峰,姚施氏。郎峰太祖先自江夏迁五粤之雄州,世次邈哉,弗可纪矣。公生于保昌珠玑里,宋季始迁顺德甘竹楼,卜居右滩罗香坊,是为我族之始祖。始祖升遐之后,有婿千户牛氏点穴与姚施氏合葬新会曲蒔园。"
>
> 道光咸丰同治年间,战争频繁,高祖迁居番禺大桥,家道渐中落。至世仲父辈,已穷至连锅铲都无一把,且已目不识丁。世仲父亲只好挑菜往佛山等地出售,以维生计。其往来佛山途中,常将瓜菜寄放佛山一纸厂老板店中。老板见其忠厚勤恳,便收留在厂打工,且为之取(娶)妻。后来又将纸厂交给世仲父亲打理。

另外,方志强在其大著中还设有专节,以记述黄世仲早岁生活情况。据知,方志强的所有记述,是在参阅一些文字记载,并在从黄世仲后人如外孙陈基、陈坚和侄儿黄鉴泉等先生处获得的回忆性文字或口述材料、特别是黄世仲的女儿黄福莲所遗留下来的有关回忆材料的基础上做出的,因而不仅较详,而且相当可贵。

不过,在内地,有关的记述不仅只此而已,而且大约由于受客观条件限制,方志强和杨世骥的记述相比,不仅互有不同,而且抛开其是否确当一层不说,但就详略度一层而言,方志强的记述已嫌简括,冯自由和杨世骥二位先生的记述就更是如此,因而也就仍使人们对黄世仲的家世和少年时代若明若暗、所知无多。

令人深感高兴的是,很早以前,香港就有专家学者对黄世仲的家世和早岁生活进行过长期的、内地专家学者一向不知的研究。据马楚坚所著《黄世仲与〈南汉演义〉》①、《宣传辛亥革命之文字功臣:黄世仲行实考》②等文宣示,在杨世骥之后、方志强先生之前,身在香港的罗香林先生不仅在20世纪30年代就对黄世仲的家世和少年时代进行过考察,并在之后将其考察所得,在所撰《乙堂劄记》③等著作中予以记述,而且由于他的考察更为周密,因而他的记述也就更为详细、更为可信。另外,关国煊的《黄世仲(1872~1912)传略》④也有相关记述,而马楚坚更在罗香林记述的基础上,进一步对黄世仲的家世及其少年时代进行了辨析梳理,从而使黄世仲的家世及其少年时代更是黥然大白。因而,笔者也就拟以罗香林、关国煊、马楚坚等三位先生的记述为基础,对黄世仲的家世和少年时代加以记述。

当然,学术研究的规律决定:即使是罗香林、关国煊、马楚坚三位先生,其记述也还是会有若干可以再行商榷之处,再加上他们的记述与其前专家学者的记述间有不同,因而笔者在记述的过程中还将进行若干辨析。

一、黄世仲的生年

黄世仲名谟,字世仲,又字小配,号棣荪、禺山次郎,以世仲行;笔名黄帝嫡裔、禺山世次郎,别署棣、隶、棠、配工、棣荪、辕孙、腾澜、驾萧、亚尧、老棣、笑评、拾言、黄棣荪、世次郎、嵋山次郎、世次郎小配、世界之个人等。生于广东番

---

① 马楚坚:《黄世仲与〈南汉演义〉》,《黄世仲与辛亥革命国际学术研讨会论文集》第2辑,香港,纪念黄世仲基金会2002年2月第1版,第115~162页。

② 马楚坚:《宣传辛亥革命之文字功臣:黄世仲行实考》,《黄世仲与辛亥革命国际学术研讨会论文集》第2辑,香港,纪念黄世仲基金会2002年2月第1版,第163~195页。

③ 罗香林:《乙堂劄记》。笔者未见。此处以及下文所引该书中文字,均转引自上注马楚坚《宣传辛亥革命之文字功臣:黄世仲行实考》,《黄世仲与辛亥革命国际学术研讨会论文集》第2集,香港,纪念黄世仲基金会2001年8月第1版,第163~195页。

④ 关国煊:《黄世仲(1872~1912)传略》,《黄世仲与辛亥革命——辛亥革命九十周年纪念暨黄世仲投身革命百周年国际学术研讨会论文集》,香港,纪念黄世仲基金会2001年8月第1版,第33~45页。

禺茇塘司崇文二十四乡大桥,即今广东省广州市芳村区东漖街西塱大桥。

黄世仲当生于19世纪70年代初。其具体究竟是哪一年,这是黄世仲研究中首先碰到的问题之一。一直到现在,关于这个问题,研究界的回答不一,主要有:

1871年说。见李育中《〈洪秀全演义〉作者黄小配》①、张解民《黄小配》②、司徒彤《辛亥革命宣传家黄小配》③、陈泽泓《小说亦作革命言——清末小说家黄世仲》④。

1873年说。北京大学中文系《中国小说史》⑤、黄钧等主编《中国文学史》⑥、符实《晚清小说家黄小配生平》⑦、钟贤培主编《中国文学知识宝鉴近代卷》⑧、羊阜广东人民出版社本《洪秀全演义》之《前言》⑨等均主此说。

---

① 李育中:《〈洪秀全演义〉作者黄小配》,《广东小说家杂话》,《随笔》第1集,广州,广东人民出版社1979年6月第1版,第197~200页。

② 张解民:《黄小配》,陈永正主编《岭南文学史》民主革命时期第五章第二节,广州,广东高等教育出版社1993年9月第1版;方志强:《黄世仲大传》,香港,夏菲尔国际出版公司1999年3月第1版,第522~525页。

③ 司徒彤:《辛亥革命宣传家黄小配》,广州市白云区政协文史资料研究委员会编《白云文史》第7辑,1992年8月内部印行;方志强:《黄世仲大传》,香港,夏菲尔国际出版公司1999年3月第1版,第655~658页。

④ 陈泽泓:《小说亦作革命言——清末小说家黄世仲》,《广东历史名人传》,广州,广东人民出版社1998年3月第1版;方志强:《黄世仲大传》,香港,夏菲尔国际出版公司1999年3月第1版,第690~693页。

⑤ 北京大学中文系编:《陈天华、黄小配的资产阶级革命小说》,《中国小说史》第五编第十八章第六节,北京,人民文学出版社1978年11月第1版,第367页。

⑥ 黄钧等主编:《资产阶级民主革命小说》,《中国文学史》,武汉,华中师范大学出版社1989年5月第1版;方志强:《黄世仲大传》,香港,夏菲尔国际出版公司1999年3月第1版,第496~498页。

⑦ 符实:《晚清小说家黄小配生平》,《芳村文史》第3辑,广州市芳村区政协《芳村文史》编委会1991年2月内部印行;方志强:《黄世仲大传》,香港,夏菲尔国际出版公司1999年3月第1版,第650~653页。

⑧ 钟贤培主编:《武昌起义前的枪声》,《中国文学知识宝鉴》近代卷,广州,广东人民出版社1996年9月第1版;方志强:《黄世仲大传》,香港,夏菲尔国际出版公司1999年3月第1版,第685~686页。

⑨ 羊阜:《洪秀全演义》前言,《洪秀全演义》,广州,广东人民出版社1982年1月第1版;方志强:《黄世仲大传》,香港,夏菲尔国际出版公司1999年3月第1版,第425~427页。

1874 年说。见姚福申《黄世仲疑案新探》①。

不详说。《中国新闻年鉴》(1983)②之《新闻界名人介绍》、秦亢宗主编《中国小说辞典》③之《黄世仲》条等均主此说。

光绪初年说。冼玉清《广东文献丛说》④谓黄世仲"生于光绪初年"。

1872 年说。此说出现较早。姜亮夫在 20 世纪 30 年代所撰《历代人物年里碑传综表》⑤中,就已以 1872 年为黄世仲生年。

鉴于诸说纷陈,还是在 20 世纪 80 年代初,笔者就曾据黄世仲本人的一个说法撰写《黄世仲〈辨康有为政见书·弁言〉》⑥一文,赞同 1872 年说。此后,笔者虽然于此并不动摇,但大约是由于人微言轻吧,研究者们虽然持此说者越来越多,而直到不久之前,持不同说法者依然存在。马楚坚在上揭《黄世仲与〈南汉演义〉》中就说:

> 黄氏生年,冼玉清氏称为光绪初年,然据黄撰《辨康有为政见书·弁言》自称年三十二,而稿自署癸卯年,即清光绪二十九年、西元一九〇三年,以此上推,当生于清同治十五年(一八七一)(按:"十五年"当为"十一年"之误),足证冼氏之误。陈坚氏则作一八七二年,大抵依颜廷亮先生等说,以陈为黄外孙或承自母氏,世有从之者。

---

① 姚福申:《黄世仲疑案新探》,《复旦学报》(社会科学版)1998 年第 2 期;《学海泛舟二十年》,香港,语丝出版社 2001 年 3 月第 1 版,第 214 ~ 226 页。

② 《新闻界名人介绍》,《中国新闻年鉴》(1983),北京,中国社会科学出版社 1983 年 10 月第 1 版,第 593 页。

③ 秦亢宗主编:《黄世仲》,《中国小说辞典》,北京,北京出版社 1990 年版;方志强:《黄世仲大传》,香港,夏菲尔国际出版公司 1999 年 3 月第 1 版,第 473 页。

④ 冼玉清:《广东文献丛说》,香港,中华书局 1965 年版;方志强:《黄世仲大传》,香港,夏菲尔国际出版公司 1999 年 3 月第 1 版,第 580 页。

⑤ 姜亮夫:《历代人物年里碑传综表》,上海,商务印书馆 1937 年版;北京,中华书局 1959 年版,第 353 页。

⑥ 颜廷亮:《黄世仲〈辨康有为政见书·弁言〉》,《晚清小说议琐(十题)》,《关陇文学论丛》第 1 集,兰州,甘肃人民出版社 1982 年 3 月第 1 版,第 230 ~ 231 页。

在上揭《宣传辛亥革命的文字功臣：黄世仲行实考》中，马楚坚的说法大致相同，唯一的不同是将末句"世有从之者"改为"从之"。显然，马楚坚虽正确地指出光绪初年说不正确，但他自己却是主张 1871 年说的；所谓"世有从之者"表明他其实并不同意 1872 年说；改"世有从之者"为"从之"，似乎同意了 1872 年说，但并非由于据其考辨出之，而仅是由于陈坚氏持 1872 年说、而"陈为黄外孙或承自母氏"，其所具勉强之情似仍有之。

然而，马楚坚的说法是值得商榷的。马楚坚主张 1871 年说的根据，是黄世仲在"癸卯年冬月"即 1903 年冬所写《辨康有为政见书·弁言》①中的如下一语：

> 余生三十二年，无一事可以告国民者。

其实，笔者在 20 世纪 80 年代初撰文赞同 1872 年说时，也是以黄世仲此语为据的。另外，黄世仲与此相同的说法还见于其更早一些时间即 1903 年 3 月 12 日发表于《天南新报》上的《保寿命说》②，其中说：

> 余尝告人曰，今年虚度三十二矣……

可见黄世仲确实以 1903 年为自己年 32 岁之年、研究者也确实可以据以推算黄世仲的生年。问题是，既然根据相同，那么在黄世仲生年问题上为什么马楚坚会主张 1871 年说，而笔者则迄今仍要坚持 1872 年说呢？原来，马楚坚是以现今的年龄计算法推算黄世仲的生年，而笔者是按照中国传统的年龄计算法推算黄世仲的生年的。按照现今的年龄算法，所谓多少岁乃是实岁，即到出生之第二年才计为一岁；推算下来，黄世仲自然出生于 1871 年。按照中国传统的年龄计算法，所谓多少岁指的乃是虚岁，即出生当年就已计

---

① 黄世仲：《辨康有为政见书·弁言》，《辨康有为政见书》（校点本）；颜廷亮：《黄世仲与近代中国文学》，兰州，甘肃人民出版社 2000 年 9 月第 1 版，第 139～189 页。
② 黄世仲：《保寿命说》，张克宏编《黄世仲黄伯耀弟兄南洋诗文集》，香港，纪念黄世仲基金会 2001 年 11 月第 1 版，第 101～102 页。

为一岁；推算下来，黄世仲就应生于 1872 年。而在 20 世纪初，年龄乃是取中国传统的计算法的。因而，笔者仍然认为黄世仲的生年乃是 1872 年，而不是马楚坚以及别的一些先生所主张的 1871 年或某些先生所主张的 1873 年、1874 年、光绪初年，当然也并非《中国新闻年鉴》（1983）等所说的"不详"。

二、黄世仲的家世

关于出生于其中的黄世仲的家世，杨世骥在上揭《黄世仲》一文中说是其祖和父均以理学著称，本为粤中望族，至甲午、乙未（1894～1895）年间家道中落；方志强在上揭《黄世仲大传》中则据嘉庆二十五年（1820）仲冬黄氏撰《黄垂宪堂族谱》等资料，历叙其太祖自江夏迁至粤之雄州、宋至治三年（1056）出生之始祖黄元甫于宋末又迁至顺德甘竹楼、"原籍顺德金（甘）竹勒流"之高祖"道光咸丰同治年间"再分枝（支）番禺而"家道渐中落"乃至黄世仲祖辈和父辈的大致情况，以为黄世仲先代虽为粤中望族，而从高祖辈起家道已渐中落，至父辈已穷困非常且已目不识丁，已难说是以理学著称、粤中望族。显然，杨世骥和方志强两位先生的记述互有不同。那么，黄世仲家世如何？其祖与父是否以理学著称？其家族是否本为粤中望族？

马楚坚在上揭《宣传辛亥革命的文字功臣：黄世仲行实考》中，据上揭罗香林《乙堂劄记》所收《革命宣传家小说名家黄世仲家世访记》及其所引录之清嘉庆黄氏撰《黄垂宪堂族谱》、清郭汝诚撰《顺德县志》[①]之《黄民準传》及《黄士俊传》等资料，对黄世仲的家世进行的详细而可信的考析和勾勒，实际上已对这个问题作出了很好的回答。

马楚坚先是征引《黄垂宪堂族谱》中的如下文字：

---

① 清嘉庆黄氏撰《黄垂宪堂族谱》。笔者未见。此处据马楚坚《宣传辛亥革命之文字功臣：黄世仲行实考》（《黄世仲与辛亥革命国际学术研讨会论文集》第 2 辑，香港，纪念黄世仲基金会 2002 年 2 月第 1 版，第 164 页）引罗香林《革命宣传家小说名家黄世仲家世访记》述之。《黄民準传》及《黄士俊传》，清郭汝诚撰《顺德县志》，香港，顺德联谊总会己酉年景印清咸丰癸丑年刻本。笔者未见。此处据马楚坚《宣传辛亥革命之文字功臣：黄世仲行实考》（《黄世仲与辛亥革命国际学术研讨会论文集》第 2 辑，香港，纪念黄世仲基金会 2002 年 2 月第 1 版，第 164～166 页）所引述之。

　　吾先为粤中望族,以理学见著于世。传至十六世邦直,师事湛子甘泉,以贡仕训令、教谕,爱民造士,有令誉於地方;步圣,好学,不重名利金帛,教读毓秀为乐,尤与方献夫友善,时相酬唱,尝志世系图曰:"始祖元甫,字道宏,号郎峰,生于至和三年,姚施氏。郎峰太祖先自江夏迁五粤之雄州,世次邈哉,弗可纪矣。公生于保昌珠玑里,宋季始迁顺德甘竹堡,卜居右滩罗香坊,是为我族之始祖。始祖升遐之后,有婿千户牛氏点穴与姚施氏合葬新会曲萌园。"邦子珠江,领嘉靖戊午乡荐,令武昌,历官兵备副使,祀乡贤。圣曾孙亮垣,万历丁未科状元及第,历官文渊阁大学士,加太子太保。

然后参考《顺德县志》之有关记载写道:

　　由是可知黄世仲先世黄元甫出世(生)於江夏保昌珠玑里,时宋仁宗至和三年(一五〇六),及长,初移广雄州,至晚年逢金人侵宋之际,再迁顺德,遂为顺德黄氏始祖。邦直,名民准,以字行,号慎斋,嘉靖元年(一五二二)岁贡,任福建政和司训令;九年(一五三〇)秩满迁广西平乐府训导,调富川教谕,以丁继忧不出。为人洁己爱民,虚怀造士。好学能文,八十犹手不释卷,著有《心性解》。子应龙,字珠江,承父训,弱冠领嘉靖戊午(三十七年,一五五八)乡荐,令武昌,肃清弊政,擢户部主事、叙马泸兵备副使,平奢酋、靖女夷。父子所至皆有政绩。步圣讳斌,《顺德县志》称:

　　　　斌,教读邻县,撤帐归,遇失金投水者,尽所携脩脯,与以救之,不以语人。诸从阅主酿命,被累及,自投谷谓已赀尚可苟延待白,诸从贫难任讼也。
《谱》称斌又与名臣方献夫相唱和交游,合準民(民准)父子观之,则甘水黄氏非有家学传承,弗能以德以学、以政绩鸣于一方,则其家世自属耕读传承者流也。斌子廷玑,捐产于兄瑾、廷珣,白父累横逆不校,好吟咏为师邻里,称祭酒,著有《淑里集》、《伦谊编》。机(玑)子镐,博学能文,不求闻达,能以文验人修短,尝以田宅让兄弟,筑石围捍水,人称黄公堤，辄赈贫者，卒祀乡贤。此种家风，其影响子孙自深。

马楚坚接着又征引《顺德县志》而对黄步圣之曾孙黄亮垣加以记述：黄士俊即亮垣，号玉崙；七岁能文辞，万历丁未第进士，廷对第一，补国史修撰，崇祯二年己巳，官至礼部尚书，后乞归；崇祯九年丙子，复被召授光禄加太子少保、户部尚书，后因与权相意见相左而以病二次乞归；南明桂王永历三年，再次被召入辅台；有子昌祯、昌祺、昌禧，昌祺与弟昌禧皆早卒，但昌祺有子承珣。然后，又以黄东等编《河源双江黄氏族谱》①所附《明万历进士、状元及第、文渊阁大学士士俊於天启三年修谱序》等为据而进行考证并写道：

据之，则黄元甫迁至顺德，传家自有义方，至黄士俊，家世最为兴盛，官至宫保。士俊，以明亡，奋起参与抗清运动，方志避讳略之，余于《明末何吾驺相国之生平与志节》②一文，考释黄士俊与何吾驺伪降，游说清将李成栋反正，使陷于清手之广东，不费吹灰之力，重回南明怀抱中，于改变永历态势，与有功焉。据黄士俊著述，黄元甫，为久康之后，久康为黄化之后，化为黄峭山之支，峭山则源出战国春申君也。黄士俊既参与抗清复明运动，清顺治七年（一六五〇）末以永历兵败远走广西、而云贵，己老不能随南明军转移，孑然退隐山林，数年足不下楼，至八十五岁去世后，子孙承其忠孝之身教，不忘先人忠烈精神，及民族气节，故凡裔终清世皆无仕者，盖以耕读自励也。据罗香林教授《乙堂劄记》云：

尝访知士俊孙承珣悯祖母潘氏而亡，其子侄傅善等皆隐而不仕，对

---

① 黄东等编：《明万历进士、状元及第、文渊阁大学士士俊於天启三年修谱序》，《河源双江黄氏族谱》，《河源双江黄氏年谱》编委会 1993 年印行。笔者未见，此处马楚坚《宣传辛亥革命之文字功臣：黄世仲行实考》（《黄世仲与辛亥革命国际学术研讨会论文集》第 2 辑，香港，纪念黄世仲基金会 2002 年 2 月第 1 版，第 165 页）所引述之。

② 马楚坚：《明清边政与治乱》，天津，天津人民出版社 1994 年 8 月第 1 版，第 199～220 页。该文引何士俊撰《大明进士、特进光禄大夫、左柱国太傅兼太子太师、吏、礼、兵三部尚书、中极殿大学士、赐敕印尚方剑、便宜行事、省辅象冈何公墓志铭》中关于何吾驺相国等密谋相机说李成栋反正、李成栋称"引公（按，指何吾驺）偕余（按，系黄士俊自称）就议密室"、终成李成栋背清而归南明的记载，以考释何吾驺和黄士俊之伪降李成栋实系游说李成栋反正之举。

外人绝口不涉祖事,士俊著述亦密藏,致为文网漏鱼。善子棣兆,生文荪。道光间,文荪迁家番禺茭塘大桥村,遂为番禺黄氏分枝(支)之宗焉。文荪卜居后,置塾于鹤洞课徒,教授里人子弟。荪子仕华,华生子:有忠、有材、有腾、有滔。有腾,好学,师事九江先生。仕华逝,众以食指繁而分爨,各得十余亩田以自立,自之家道中落矣。惟此甘水分枝(支),未闻有支谱,惜哉。

据此所云,可知黄世仲系出黄士俊之后,殆清宣宗在位时,其高曾祖棣兆、曾祖父文荪徙禺,自为新枝奕叶之宗支。然则为何而迁家,此当一八四一年中英鸦片战争起后,避地所然。惜数传分家,致家道中落,影响黄世仲至巨。

此下,马楚坚又引出罗香林《乙堂劄记》中如下一段记述,以明番禺黄氏"有"字辈以及包括黄世仲在内的再下一辈的情况:

有忠生迪洪,有材生大郎,有腾生伯耀、世仲、小灿,有滔生燕章、燕金……先是,于仲十岁时,祖父遭匪劫勒索金,家道为之衰落。祖回,未几病逝,诸父分爨。仲父忍贫训子笃於学行,仲及冠,尝欲赴乡试,父以祖仇满扶南明之风节,诲之再三,志遂不伸而有所拓焉。既长,昆仲亦尝执教鞭以协家用。仲年十九,娶麦氏为室。

以上马楚坚的考析和勾勒,实际上把黄世仲从远祖以迄父辈的家世展示了出来。根据他的考析和勾勒,笔者试将黄世仲世系表列如下:

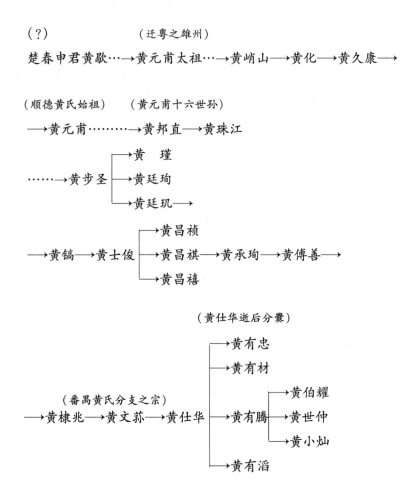

（?）　　　　　　　　（迁粤之雄州）

楚春申君黄歇…→黄元甫太祖…→黄峭山→黄化→黄久康→

（顺德黄氏始祖）　　（黄元甫十六世孙）

→黄元甫………→黄邦直→黄珠江

────→黄步圣
　　　　┌→黄　瑾
　　　　├→黄廷珣
　　　　└→黄廷玑→

→黄镐→黄士俊
　　　　┌→黄昌祯
　　　　├→黄昌祺→黄承珣→黄傅善→
　　　　└→黄昌禧

（黄仕华逝后分爨）

（番禺黄氏分支之宗）
→黄棣兆→黄文荪→黄仕华
　　┌→黄有忠
　　├→黄有材
　　├→黄有腾
　　│　　┌→黄伯耀
　　│　　├→黄世仲
　　│　　└→黄小灿
　　└→黄有滔

　　该世系表容有不尽准确之处,但当大致无误。结合罗香林、马楚坚两位先生的记述,可以看出:

　　第一,黄世仲先代疑可远溯至战国楚春申君黄歇;至黄元甫之太祖,南迁至粤之雄州(今广东省南雄县);至宋至和三年(1056)出生之黄元甫,再南迁至顺德(今广东省顺德市),是为黄氏顺德始祖;至黄世仲之曾祖黄文荪,于清道光年间(1821～1850)迁至广东番禺茭塘司崇文二十四乡大桥(今广东省广州市芳村区东漖街西塱大桥),是为黄氏番禺分枝(支)之宗;黄文荪生黄仕华,黄仕华生黄有忠、黄有材、黄有腾、黄有滔四子①,另外还生有一女名黄蘊姑②;黄仕华四子中黄有腾生黄伯耀、黄世仲、黄小灿。由此可知,黄文荪乃黄世仲之曾祖,黄仕华乃黄世仲之祖,黄有腾乃黄世仲之父。经罗香林、马楚坚两位先生的考析和勾勒,黄世仲之家世,已大致清楚。

第二,清嘉庆黄氏撰《黄垂宪堂族谱》既谓"吾先为粤中望族,以理学见著于世",又历叙顺德黄氏始祖黄元甫十六世,包括著有《心性解》之黄邦直和本人与明弘治至嘉靖间名臣方献夫(1484～1544)相唱和交游、其子黄廷玑著有《淑里集》和《伦谊编》之黄步圣的德、政、学行,而马楚坚先生据兹谓至明嘉靖前后黄世仲十二世祖即黄步圣一代,"甘水黄氏非有家学传承,弗能以德以学、以政绩鸣於一方,则其家世自属耕读传承者流也"。又,清郭汝诚《顺德县志》、《河源双江黄氏族谱》所附《明万历进士、状元及第、文渊阁大学士士俊於天启三年修谱序》等既载生活于明末清初之黄步圣曾孙黄士俊官至宫保等事,而马楚坚先生更从中揭示出黄士俊曾伪降清将李成栋,以游说李成栋反正归南明等情。如此看来,谓黄世仲祖上以理学著称、本为粤中望族,当无不妥。

第三,马楚坚既谓黄士俊子孙"凡裔终清世皆无仕者,盖以耕读自励也",又征引出罗香林《乙堂劄记》中所记如下诸事:道光年间(1821～1850)黄世仲曾祖黄文荪迁番禺后,置塾于鹤洞课徒;光绪七年(1881)黄世仲年十岁时,其祖黄仕华遭匪劫勒索金,家道为之衰落;黄仕华于归后未几,大约次年(1882)即逝,黄世仲父辈乃以食指繁而分爨;黄世仲父黄有腾本"好学,师事九江先生",分爨后又"忍贫训子笃於学行"。由此可见,黄世仲家道之中落,既不是在杨世骥所说的甲午、乙未(1894～1895)间,也不是在方志强所说的道光、咸丰、同治年间(1821～1874);杨世骥谓黄世仲之祖和父均以理学著称,虽未免有点言过其实,却还是事出有因,而方志强所谓黄世仲父

---

① 黄有忠、黄有材、黄有腾、黄有滔四兄弟之行次排列,在黄世仲之侄黄鉴泉先生所遗黄氏《族谱》(系稿本,笔者藏有复印件)中作黄有滔、黄有忠、黄有材、黄有腾。
② 《黄世仲大传》一《家世》中云黄世仲之祖父"生有四子一女,……女名蘊姑"。方志强:《黄世仲大传》,香港,夏菲尔国际出版公司1999年3月第1版,第19页。

辈已穷困非常且已目不识丁,则与实情未符;杨世骥谓黄世仲家族直至黄世仲幼时仍为粤中望族,完全符合实际,而方志强所谓黄氏家族从黄世仲高祖辈起家道已渐衰落、至黄世仲出生时已难称粤中望族,也难以称为的论。说到底,黄世仲出生及童稚时期,其家庭仍属于处于末世的粤中名门望族,只是在其十岁以后才成为普通的贫穷之家;李育中谓黄世仲"是旧式所谓'读坏书'人物,出身破落地主家庭,少年时已陷于穷困"①,倒是较为符合实际。

三、黄世仲的早岁生活

关于黄世仲的早岁生活,即黄世仲从出生到弱冠后远走南洋以前二十来年间幼、童、青年时期的乡居生活,如前所述,冯自由、杨世骥、方志强和罗香林、马楚坚等先生均有过详略不一的记述。然而,冯自由、杨世骥、方志强三位先生的记述,相互本有不一致之处,与罗香林、马楚坚两位先生的记述相比也互有不同。笔者以为,冯自由、杨世骥、方志强三位先生的记述虽各有可取之处,而罗香林、马楚坚两位先生的记述却既更详细、又更可靠一些。按照罗香林和马楚坚两位先生的记述,黄世仲这二十来年间的乡居生活,大致可以分为三个小的阶段,即从1872年出生起到1881年家道衰落前的第一阶段、从1881年家道衰落起到1888年止的第二阶段、从1889年往来粤澳间起到1893年赴南洋前止的第三阶段。

第一阶段可以称之曰童稚阶段 当黄世仲出生的时候,其曾祖父黄文荪已举家迁居番禺且置塾鹤洞课徒。当时,其高祖黄棣兆尚健在,其祖父黄仕华也还未遭匪劫勒,其家道虽然比不上先代最兴盛的时期即黄士俊时期,却当还是比较好的五世同堂幸福之家。因而,黄世仲也就有接受良好的童蒙教育的家庭条件。事实上,黄世仲也确实接受了良好的童蒙教育。冯自由

---

① 李育中:《〈洪秀全演义〉作者黄小配》,《广东小说家杂话》,《随笔》第1集,广州,广东人民出版社1979年6月第1版,第197~200页。

在上揭《〈洪秀全演义〉作者黄世仲》中云：

> （黄世仲）少颖悟好学，读书过目成诵。

马楚坚所引罗香林《乙堂劄记》之文字中更有如下记述：

> （黄仕华）诸孙中，以伯耀、世仲赋能读书，尤以仲聪敏过人，过目不忘，志异于同龄，而为其高祖所钟爱，躬为二人开蒙……仲至九岁已能阅《通鉴纲目》、《通鉴纪事本末》，十岁则读《史》、《汉》而《通鉴》，十二岁则萧《选》、《唐宋八家文》皆能诵。

其高祖既为之开蒙，黄世仲当已年五、六岁，时在 1876～1877 年左右。至 1879 年八岁时，已读《通鉴纲目》、《通鉴纪事本末》；至 1880 年九岁时，已读《史记》、《汉书》乃至《通鉴》；至 1883 年 12 岁时，则更进一步，已能诵读萧统《文选》和唐宋八大家古文。由此看来，冯自由先生谓其"少颖悟好学，读书过目成诵"、罗香林谓其与兄黄伯耀皆"赋能读书"而"尤以仲聪敏过人，过目不忘，志异于同龄"，乃非虚语。

然而，黄世仲在童稚阶段并非只是接受正统儒家教育，而是还接受普通社会流行之历史传说和戏剧小说的民间通俗教育。罗香林在上揭《乙堂劄记》中说：

> （黄世仲）……幼嗜说部，致野史、小说无不寝馈。并好谈论太平天国事、戏剧所演于长辈，每得必笔而录之，高曾父老莫不以龙象视焉。

其实，黄世仲自己后来也曾经说过：

> 孩童随父兄入于演剧之场，见夫傀儡登台，忠奸贤佞，神形毕肖，为之心往神怡，遇忠者爱慕之，奸者怒嫉之。演至富贵荣华，而心为之炫；唱至生离死别，而神为之酸。若见夫贪官污吏、土豪恶

棍鱼肉乡民,忽不觉悲咽之何所;一经报应不爽,则又以为天眼昭昭,而心为之大快。①

孩提随父兄入于剧场,伶人之做手如何,腔口如何,本不甚能分辨。然其装面具、饰须眉,一举一动,观者当场无不眉飞色舞。及观剧既毕随父兄回寓,犹津津焉谈道弗衰。较夫授以诗书,使口通心维,其过耳目而不忘者,诚不及观剧感情之万一也。②

童时与高曾父老谭论洪朝,每有所闻,辄笔记之。③

可见罗香林所说诚为确凿不二之论。如果说其高祖为之开蒙的正统儒学教育对黄世仲后来文史兼通是一个良好开端的话,那么这种民间通俗教育对黄世仲后来喜爱并长于小说以及其他形式的文艺创作当是甚有影响的。

第二阶段可以称之曰校读阶段 1881年黄世仲十岁时,家道发生重大变化。这一年,黄世仲的祖父黄仕华遭土匪绑票,成为人质;被赎还家后未几,也许就在次年(1882)逝世,黄世仲之高、曾祖想亦在此前后魂归道山。事态的这一发展,对番禺黄氏分枝(支)米说,无疑是一个极大的打击,家道从此开始骤然衰落;未久,黄世仲父辈也以食指甚繁而分家,黄世仲父黄有腾以子女最多而自然成为兄弟四人中负担最重者。这样一来,黄世仲自然也就失去了其在童稚阶段所曾有过的接受童蒙教育时的那种良好的家庭条件。然而,兄弟分爨后的黄世仲父亲黄有腾本"好学,师事九江先生",是位读书人,对子女教育自然也是重视的。其时家境虽然不好,但方志强自己就说黄有腾遗有田地十多亩④,所以恐怕也还未贫困到像方志强所说的"连锅铲都无一把"的地步。故也就能"忍贫训子笃於学行",从而也就使黄世仲

---

① 黄世仲:《小说种类之区别实足移易社会之灵魂》,《中外小说林》丁未年第13期。
② 黄世仲:《改良剧本与改良小说关系于社会之重轻》,《中外小说林》第2年第2期。
③ 黄世仲:《〈洪秀全演义〉自序》。
④ 《黄世仲大传》称"黄世仲……为革命,连十多亩祖田都卖掉为国捐资"。按,此当系据在黄世仲侄儿黄鉴泉先生等处调查所得而记。方志强:《黄世仲大传》,香港、夏菲尔国际出版公司1999年3月第1版,第19页。

能够在因家境清贫而不得不力所能及地帮助其父维持家庭生计的同时，不仅能继续接受家庭和普通社会之通俗教育，而且还能接受正规的学校教育。

关于黄世仲早岁生活的这个阶段，冯自由未记什么，杨世骥仅记了一句"年十六，从南海朱次崎（按：当为朱次琦）受学"。方志强则所记稍多：

> 世仲自十二、三岁起便与兄长在佛山纸厂商店执笔为父收帐（账）记帐（账），处理业务，父亲甚感欣慰，并赞曰："我养两个仔如此能干，很安乐，不枉费心机！"

> 光绪十一年乙酉（1885），黄世仲十四岁，曾入读佛山书院，与陈千秋（名冕，号礼吉，康有为的高足弟子）"同研两载"。

罗香林《乙堂劄记》也有记述：

> （黄世仲）十二岁则萧《选》、《唐宋八家文》皆能诵。……稍长，送佛山书院随朱九江先生门下深造。

黄世仲自己后来也曾分别在《辨康有为政见书·结论》①和《论张之洞之禁〈新民丛报〉》②二文中说过：

> 陈氏原名冕，号礼吉，向寓佛山。其未受业于康氏以前，与仆同研两载。

> 某与《新民丛报》记者，向同受业于陈坪梅先生之门，自后天各一方，我在西时他已北，我到南时他又东，以故十余年来未曾一谈，未通一

---

① 黄世仲：《辨康有为政见书·结论》，《辨康有为政见书》（校点本）；颜廷亮：《黄世仲与近代中国文学》，兰州，甘肃人民出版社2000年9月第1版，第230～231页。

② 黄世仲：《论张之洞之禁〈新民丛报〉》，张克宏编《黄世仲黄伯耀弟兄南洋诗文集》，香港，纪念黄世仲基金会2001年11月第1版，第104～105页。

问。虽所谋各异,志向亦殊,然而文字神通,犹得于报纸中观其言论宗旨。

从上述这些记述以及本文开始时所引方志强关于黄世仲之父先是"挑菜往佛山等地出售"、后被佛山一纸厂老板收留打工、再后又将纸厂商店交其打理等情形的记述,可以理出有关黄世仲校读阶段生活道路的一个线索,即:自家道衰落、父辈分爨以后,黄世仲在继续接受家庭教育以及普通社会通俗教育,且在 12 岁时(1883)已能诵读萧统《文选》以及《唐宋八家文》的同时,先是与其兄黄伯耀一起在已由其父打理的佛山纸厂商店帮助父亲收账记账、处理业务,后又被送入佛山书院读书且曾与梁启超、陈千秋为同窗。不过,诸家对一些具体情况的记述并不一致或尚待确认,故需略加辨析。

首先是关于黄世仲与兄黄伯耀在佛山纸厂商店执笔为父收账记账问题。方志强当是根据在黄世仲后人处得到的传闻予以记述的。问题是,这一记述可信吗? 看来当是可信的。按,方志强谓此系黄世仲"自十二、三岁起"、即自 1883 年或 1884 年开始之事。而黄世仲之祖父黄仕华大约逝世于黄世仲 11 岁时的 1882 年,黄世仲父辈分家大约也在这一年,那么黄世仲之父黄有腾也就当在这一年或次年即 1883 年开始在耕种分家时所得田地的同时,又挑菜到佛山等地出售,未久即又为佛山一纸厂老板所赏识且终于被委打理纸厂商店。如此看来,黄世仲与其兄到纸厂商店助父收账记账、处理业务,也就是可能的了。不过,方志强关于佛山纸厂老板曾为黄有腾娶妻的记述却令人怀疑。因为,考虑到黄世仲生于 1872 年、黄世仲之兄黄伯耀生于 1863 年①,如果黄有腾若因得佛山纸厂老板帮助而成家,那么黄有腾之到佛山等地卖菜,就当在家道尚未衰落以前约二十来年,而当时黄氏家道既未衰落,兄弟更未分爨,黄有腾恐怕既不一定要挑菜到佛山等地出售,也未必在娶妻一事上要靠佛山纸厂老板给予帮助。看来,方志强关于佛山纸厂老板为黄有腾娶妻一事的记述,实系取自传闻,未必可信。

---

① 符实:《近代革命小说家黄伯耀》,《人物春秋》2000 年第 3 期。又,《中外小说林》影印本上册(香港,夏菲尔国际出版公司 2000 年 4 月第 1 版)封底勒口的黄伯耀并简介,云其生于 1861 年,未知所据。但即使所说正确,也不影响此处所论。

其次是关于黄世仲进佛山书院读书的时间问题。黄世仲入佛山书院读书的时间,杨世骥说是在1887年黄世仲16岁时,方志强说是在光绪十一年即1885年,罗香林仅说是"稍长,送佛山书院……深造"而未明具体年份,黄世仲本人也未明确说是哪一年。但黄世仲本人说陈千秋"未受业于康氏以前,与仆同研两载",又说自己"与《新民丛报》记者"即梁启超"向同受业于陈坪梅先生之门",却为弄清其入佛山书院读书的时间问题提供了线索。按,陈千秋、梁启超受业于康有为,都是在1890年。但梁启超之入佛山书院,是在1886年,第二年即已进广州学海堂读书。既然如此,那么黄世仲也就至迟应在1886年入佛山书院读书,因为只有如此才有可能与梁启超"同受业于陈梅坪先生之门";考虑到黄世仲年长梁启超一岁,那么其早于梁启超一年即在1885年入佛山书院当是可能的。又,陈千秋生于1869年,至1885年已17岁,其入佛山书院至迟也当在这一年,从而也就可以与黄世仲"同研两载"。这就是说,黄世仲入佛山书院读书的时间,当以方志强所主之1885年为近是,而杨世骥所说的1887年,看来是有点迟了的。

再次是关于黄世仲入佛山书院受业于谁的问题。杨世骥很早前就不仅说黄世仲"年十六,从南海朱次崎(按,当为朱次琦)受学",而且说黄世仲"和康有为既属通家,又有同门之雅,而两人性情皆极诡诞,常因细故发生斗殴,日后彼此政见更复不同,以致势如水火"①。后来,郑逸梅也说"撰《洪秀全演义》之黄小配,曾师事朱次琦"②。钱仲联主编之《中国文学大辞典》③《黄世仲》条也说黄世仲"少从名学者朱次琦学"。但还在20世纪70年代末,李育中就已指出:

> 他(按:指黄世仲)小于康有为十多岁,有人说他和康有为同师朱九江(按:即朱次琦),有私怨,向积不相容,论年纪完全没有这种可能。

---

① 杨世骥:《黄世仲》,《新中华》复刊第1卷第12期;《文苑谈往》第1集,重庆,中华书局1945年4月第1版,第69页。

② 郑逸梅:《艺林散叶》,北京,中华书局1982年12月第1版,第1714条。

③ 钱仲联主编:《中国文学大辞典》,上海,上海辞书出版社1997年7月第1版,第483页。

他之反对康梁,全然是政治立场关系。①

后来,关志昌也说:

> (杨世骥)所记未尽可信,缘朱次琦生于一八〇七年,卒于一八八二年,终年七十六岁,时黄世仲年十一,康有为(长素,1858～1927)年二十五,黄世仲十六岁之时,朱次琦墓木已拱。②

到了近几年,马楚坚在上揭《宣传辛亥革命之文字功臣:黄世仲行实考》中于征引罗香林的有关记述后更指出:

> ……杨世骥所以称其"祖若父均以理学著称,本为粤中望族。年十六,从南海朱次琦受学"之说,非空穴之谈,前者是,后者受学则属耳食待榷之随笔所书。

其实,从朱次琦受学者,乃黄世仲之父而非黄世仲。马楚坚在同文中于考辨佛山书院历史发展过程之后说:

> ……九江先生有门人尝振铎于此,世仲父有腾,尝受业于九江礼山草堂,今仲则继受学于朱门之徒。世仲承若祖若父之教,踵武受学于斯脉,则当师事朱门高弟若朱通儒者流,杨世骥则随笔所闻将其父子混为一,疏于以年岁推之也,此关志昌氏亦有详论其非,及世仲与康有为同门之谬,所言甚笃也。

---

① 李育中:《〈洪秀全演义〉作者黄小配》,《广东小说家杂话》,《随笔》第 1 集,广州,广东人民出版社 1979 年版;华南师范大学近代文学研究室编:《中国近代文学评林》第 1 辑,郑州,中州古籍出版社 1984 年 11 月第 1 版。

② 关志昌:《黄世仲》,《民国人物小传》第 15 册,台北,传记文学社 1994 年印行。后作者又先后改写其为《黄世仲传略》(《香港笔荟》第 11 期)和《黄世仲(1872～1912)传略》(《黄世仲与辛亥革命——辛亥革命九十周年纪念暨黄世仲投身革命百周年国际学术研讨会论文集》,香港,纪念黄世仲基金会 2001 年 8 月第 1 版,第 33～45 页),改写后其内仍然均有与此相似的文字。

不过,李育中、关志昌、罗香林、马楚坚等先生虽然不认为黄世仲在佛山书院受业于朱次琦,而李育中、关志昌两位先生却均未指明黄世仲究竟受业于何人,罗香林、马楚坚两位先生也只是分别说黄世仲是"随朱九江先生门下深造"、"受学于朱门之徒"。倒是黄世仲本人对这里的问题作出了回答,其所说"某与《新民丛报》记者,向同受业于陈坪梅先生之门"①一语,明确地告诉人们他在佛山书院是受业于陈坪梅的。可惜的是,在很长很长的时间中,研究者未见黄世仲此语所从出之文,致既有的不确之论长期流行,又有辨而未明之说多时存在,令人不能不相信真理之探索实不易也。

第三阶段可以称之曰谋生阶段　黄世仲在佛山书院读书,已难确知其究竟终止于何时。郭天祥《黄世仲年谱长编》②1887 年下载"先生(按:指黄世仲)继续在佛山书院读书",1888 年下以上揭方志强《黄世仲大传》所说为据载"先生(按:指黄世仲)继续读书",1889 年下载"是年前后先生(按:指黄世仲)开始一边读书,一边为生计奔波,往来于粤港澳之间"。其谓黄世仲 1887 年读书时,说是"继续在佛山书院";谓黄世仲 1888 年读书时,却只是说"继续读书"而未明是否仍在佛山书院,但看来似乎仍是视黄世仲在佛山书院读书的;到讲黄世仲 1889 年前后情况时,则说是"开始一边读书,一边为生计奔波,往来于粤港澳之间",也就是说黄世仲之读书,已不是在佛山书院而是自学,因为如果仍在佛山书院读书的话,恐怕就很难"为生计奔波往来于粤港澳之间"了。郭天祥的说法,虽然尚非的论,但也并非全然无据,当是大致可从的。事实上,1889 年黄世仲已经 18 岁,也到了应当考虑已经陷入贫穷多年的家庭生计并为之奔波的年龄,很难继续再到佛山书院或像梁启超一样到广州某一书院读书了。据此,则黄世仲当大约从 1889 年开始,进入了他的早岁生活的第三阶段。

那么,黄世仲在其早岁生活的这个阶段上的情况如何呢?方志强在上揭《黄世仲大传》中说:

---

①　黄世仲:《论张之洞之禁〈新民丛报〉》,张克宏编《黄世仲黄伯耀弟兄南洋诗文集》,香港,纪念黄世仲基金会 2001 年 11 月第 1 版,第 104～105 页。

②　郭天祥:《黄世仲年谱长编》,北京,中国社会科学出版社 2002 年 10 月第 1 版,第 23 页。

黄世仲亦曾参加过三次科举考试,但皆名落孙山。

世仲亦与清朝"八股取士"格格不入,但他迫于生计,曾替人当枪手即枪替,……考举人而获售,新会某氏为此而送来大米一担和白银礼金致谢。

……为寻求生计和觉世之路,他曾往来于粤港澳之间,后又去番禺麦村,入其兄黄耀恭开设的私塾中帮助教书。其所取妻室亦麦村人氏。光绪十七年辛卯(1891),黄世仲二十岁时,其长男黄福荫生于番禺大桥乡。

关国煊在上揭《黄世仲(1872~1912)传略》中说:

……世仲尝三次应童子试,不售。(光绪)十七年(一八九一),子福荫生于番禺。

罗香林在上揭《乙堂劄记》内有关文字中云;

……仲及冠,尝欲赴乡试,父以祖仇满扶南明之风节,诲之再三,志遂不伸而有所拓焉。既长,昆仲亦尝执教鞭以协家用。仲年十九,娶麦氏为室。

这些记述涉及黄世仲早岁生活第三阶段的好几个问题。其中,关于黄世仲娶妻和长子出生两事,虽叙及者方志强只叙及后者、罗香林只叙及前者、关国煊亦仅叙有关黄世仲子福荫出生之事,而方志强和罗香林两位先生系据调查而记、关国煊当据方志强之说而述,三位先生所记又相互吻合,应是可信的。就是说,关于黄世仲娶妻成家和长子出生两事,几位先生的记述是清楚的,即:黄世仲在年19岁的光绪十六年(1890)娶妻麦村女子成家,其长子福荫于此后一年(1891)出生于番禺大桥家中。然而,关于黄世仲是否参加科举考试问题,几位先生的记述却互有出入,故也需要在此加以辨析。

　　关于黄世仲是否参加过科举考试问题。方志强说黄世仲"曾参加过三次科举考试,但皆名落孙山",关国煊据方志强所述亦谓黄世仲"尝三次应童子试,不售",而罗香林却说"仲及冠,尝欲赴乡试,父以祖仇满扶南明之风节,诲之再三,志遂不伸而有所拓焉"。方志强和罗香林两位先生均是据调查而书的。然而,罗香林的调查是在20世纪30年代进行的,当时黄世仲之兄黄伯耀还健在,且是罗香林先生调查时主要调查对象之一,因而其记述较之方志强据晚约半个世纪之久的调查所做的记述来,自当更为可信。就是说,在年20的时候,黄世仲虽曾想赴乡试,而因其父"以祖仇满扶南明之风节"诲之,未预科举。马楚坚不仅同意罗香林的记述而不取方志强的说法,而且于黄世仲"不预科举"的原因有所补充。在上揭《宣传辛亥革命之文字功臣:黄世仲行实考》中,他写道:

　　　　朱九江之学重力行进德以修业,明体以达用,五学四行无汉无宋,惟精专一,旨蕴经国济世,民族主义,由是黄氏沐熏而学问德行、文辞经济、融会庭训,及汾江学风宗旨之传统,别有所得,而异于同侪,然亦因此而不预科举(马楚坚原注:"有论者称黄世仲尝三次参加科举考试及为人捉刀代考试,语不知何所据,不从"),致"以居乡不得志",不得不另谋出路,而应天下国家之用也。

马楚坚既从黄世仲所受学校教育之精神方面进行论述,又注意到黄世仲所受之"庭训"即罗香林所谓"父以祖仇满扶南明之风节,诲之再三"云云,从而谓黄世仲"不预科举",这就更是增加了黄世仲并未参加过科举考试这个结论的说服力。

　　至于黄世仲为寻求生计而往来于粤港澳之间以及之后在麦村助其兄执教鞭以协家用的时间问题,上引方志强和罗香林两位先生的记述中虽然叙及,但却都是笼统言之,缺乏明确的答案;在没有发现更为详细的相关资料的情况下,实在也无法给出一个明确的答案。不过,以情理论之,黄世仲大约在1890年娶妻成家前后就应当考虑生计问题。笔者推测,大约从其年18岁的1889年进入其早岁生活的第三阶段起,就应当先是为生计奔波来往于粤港澳之间,然后在拟参加科举考试而不得的情况下,到其兄在离家不远的麦村开设的私塾中协助教学;考虑到罗香林所说"仲及冠,尝欲赴乡试"而不得一语,也许其到麦村助兄教学就在其"及冠"之年即1891年吧!

　　黄世仲的家世和早岁生活,自然还有一些细节尚不清楚;即使是上面的诸多辨析中,有的仍然带有推测成分,未必都那么十分确凿。但限于资料,目前也只能辨析到这一步。这里,笔者也只能以上述辨述为根据,将黄世仲的家世和早岁生活加以概述。

　　黄世仲出生于清同治十一年(1872),广东番禺茭塘司崇文二十四乡大桥(今广东省广州市芳村区东漖街西塱大桥)人。其家族世系疑可远溯至战国的楚春申君黄歇,由黄歇开始至黄世仲一代之直系血统可表列如下:

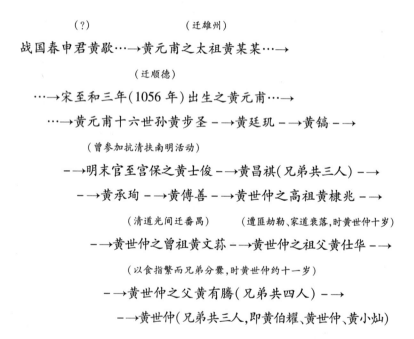

　　由此可见,直到黄世仲年10岁前,不仅其家道一直富裕,而且耕读传家,完全可称粤中望族。黄世仲在童稚时期,既受到良好的家庭教育,又接受了普通社会的通俗教育。1881年10岁时,因其祖父黄仕华遭匪劫勒,黄世仲家道衰落;大约在次年即 1882 年,其父辈以食指繁而分爨,然其父仍忍贫训子笃于学行,黄世仲仍能在不得不力所能及地以在佛山纸厂商店收账记账等方式帮助其父维持家庭生计的情况下受到良好的家庭教育,到 1885 年 14 岁时还被送入佛山书院从陈坪梅接受正规学校教育。然一则由于朱氏之学蕴含经国济世和民族主义,二则由于其父以祖仇满扶南明之风节诲之,黄世仲"未预科举",大约从 1889 年 18 岁时开始,走了一条与曾经同学于佛山书院的梁启超不同的生活道路,一边为生计而奔波于粤港澳之间,一边仍然坚持读书自学,并于 1890 年娶妻麦村女子成家;大约从次年即 1891 年 19 岁时开始,又到其兄在麦村开设的私塾中助兄执教。

1893 年,黄世仲与其兄一起,离乡背井、远赴南洋,从而结束了自己的早岁乡居生活。一个广阔的新天地正在等着他。

第二章　在社会思想政治剧烈
变动的年代里

——黄世仲的十年南洋生活行踪

19 和 20 世纪之交的中国,正处于社会思想政治剧烈变动的时期。资产阶级改良派的维新改良思潮和资产阶级革命派的民主革命思潮先后盛行,与之相应的维新变法和民主革命先后风起云涌。对黄世仲来说,这是其生活道路上的一个重要时期。其时的黄世仲正好谋生南洋十年,并在此期间完成了从拥护维新改良到信奉民主革命的重大思想转变。研究这十年间黄世仲的生活行踪,无疑是黄世仲研究中的重要课题之一。

还是在 20 世纪 30 和 40 年代之交,冯自由在《〈洪秀全演义〉作者黄世仲》①中就说:

> 番禺黄世仲……弱冠后,以居乡不得志,偕乃兄伯耀先后渡南洋谋生,初至吉隆坡,充某赌馆书记,华侨各工界团体以其能文,多礼重之。时闽商邱菽园发刊《天南新报》于星洲,鼓吹维新学说,风动一时。世仲于工作余暇,常投稿该报发抒所见,辄被采录,文名由是渐显。
>
> 庚子辛丑(1900~1901)间,尤列创设中和堂于南洋英属各埠,工界从之者如归市,世仲兄弟预焉。中和堂固兴中会之别派,其楼顶高悬青天白日旗,揭櫫革命排满,至为明显。世仲遂亦倾心民族主义,尤喜读香港《中国日报》,恒不去手。壬寅(1902)冬,以尤列介,归香港任

① 冯自由:《〈洪秀全演义〉作者黄世仲》,《革命逸史》第 2 集,北京,中华书局 1981 年 7 月第 1 版,第 41 页。

《中国日报》记者，……

之后，杨世骥在《黄世仲》①中也说：

> 世仲……甲午、乙未（1894～1895）间，他的家道中落了，就只身前往南洋谋业。其先在星加坡、麻六甲诸地开设赌窟，收入甚丰，旋一夕输去数万金，乃破产，祗好投稿当地报纸以维生计。己亥（1899），陈少白等在香港创办《中国日报》，这是海外最早的革命宣传机构，他看见国内政治混乱，义和团正在闹事，而自己对于康有为领导的维新运动又感到不满，颇苦于思想没有出路，一旦读到那样堂堂正正的议论，耳目为之一新，亦慨然以从事革命排满为己任。由于尤列的介绍，他加入兴中会的外围组织——三和堂，并回到香港充任《中国日报》记者、编辑诸职。

在此后的长时间中，研究者多从冯自由和杨世骥两位先生之说，以记述黄世仲南洋生活之情况。然而，冯自由和杨世骥两位先生的说法，不仅均只是个轮廓，而且互有抵牾，而此后据以记述黄世仲南洋生活情况者，又大约由于受所见资料限制而未能深究其情。笔者本人在《黄世仲生平诸问题小辨》②中曾涉及黄世仲南洋生活之行踪，然而同样由于受所见资料限制，也只是涉及其中之点滴，无助于从根本上改变研究者记述中既笼统含混、又互相不一的整个情况。

令人深感高兴的是，近几年间，马楚坚、辜美高和张克宏等几位先生在黄世仲十年南洋生活行踪的研究方面，做了很有意义、很有成绩的工作，他们在各自为纪念黄世仲基金会等团体和单位 2001 年在香港举办的"辛亥革

---

① 杨世骥：《黄世仲》，原载《新中华》复刊第 17 卷第 12 期，未见；《文苑谈往》第 1 集，北京，中华书局 1945 年 4 月第 1 版，第 69～70 页。

② 颜廷亮：《黄世仲生平诸问题小辨》，《近代文学史料》，北京，中国社会科学出版社 1985 年 12 月第 1 版，第 229～241 页；《黄世仲与近代中国文学》，兰州，甘肃人民出版社 2000 年 9 月第 1 版，第 41～53 页。

命九十周年纪念暨黄世仲投身革命百周年国际学术研讨会"提交的论文《黄世仲与〈南汉演义〉》、《宣传辛亥革命之文字功臣：黄世仲行实考》①、《黄世仲昆仲在〈天南新报〉所发表的社论、诗歌探索》②和《黄世仲与〈天南新报〉》③中，首次比较全面、完整地提供了黄世仲在《天南新报》上发表的论著目录，并据黄世仲的这些论著，较为详细地考察了黄世仲在南洋的生活行踪；后来，张克宏还将黄世仲及其兄黄伯耀在《天南新报》等报纸上发表的诗文汇编为《黄世仲黄伯耀弟兄南洋诗文集》④，为研究黄世仲的南洋生活行踪提供了丰富的资料。这就为进一步研究黄世仲在南洋生活的这段经历，提供了一个良好的基础。这里，笔者就拟在此基础上对黄世仲的十年南洋生活行踪进行若干讨论。

一、黄世仲赴南洋的时间

结束早年乡居生活之后，黄世仲离乡背井，前往南洋谋生，从此开始了自己生活道路上的一个新的时期。这里，首先遇到的问题，便是其前往南洋究竟在哪一年？在上揭《洪秀全演义》作者黄世仲》中，冯自由说是在"弱冠后"，未明究竟是"弱冠后"的哪一年。但在上揭《黄世仲》中，杨世骥说是在"甲午、乙未（1894～1895）间"；后来，在20世纪70年代末，还出现了

---

① 马楚坚：《黄世仲与〈南汉演义〉》、《宣传辛亥革命之文字功臣：黄世仲行实考》，《黄世仲与辛亥革命国际学术研讨会论文集》第2辑，香港，纪念黄世仲基金会2002年2月第1版，第115～162、163～195页。

② 辜美高：《黄世仲昆仲在〈天南新报〉所发表的社论、诗歌探索》，《黄世仲与辛亥革命——辛亥革命九十周年纪念暨黄世仲投身革命百周年国际学术研讨会论文集》，香港，纪念黄世仲基金会2001年8月第1版，第220～226页。

③ 张克宏：《黄世仲与〈天南新报〉》，《黄世仲与辛亥革命——辛亥革命九十周年纪念暨黄世仲投身革命百周年国际学术研讨会论文集》，香港，纪念黄世仲基金会2001年8月第1版，第243～250页。

④ 张克宏编：《黄世仲黄伯耀弟兄南洋诗文集》，香港，纪念黄世仲基金会2001年11月第1版。

1896 年说,见李育中《〈洪秀全演义〉作者黄小配》①。这样,便有了两种说法。针对这种情况,笔者 20 世纪末在上揭《黄世仲生平诸问题小辨》中指出:

> 从黄世仲自己的说法可知:后一种不对,前一种也欠准确。癸卯年冬月,黄世仲在《〈辨康有为政见书〉弁言》中说:"曩居异国,将越十年。"癸卯年即 1903 年。这年春天黄世仲从新加坡回到香港(说详后)。从 1903 年春天上推十年,是为 1893 年春天。照"将越十年"的说法上推,则黄世仲旅居异国的起始时间,当在 1893 年春天以后,至迟不会晚于 1894 年。故 1896 年之说固误,1894 ~ 1895 年之说亦未尽当。

然而,在此之后,虽有一些专家学者采用笔者的看法,而说法仍然不一,不仅有专家学者在对笔者的看法提出异议时提出新说,而且还出现了前往南洋是在 1891 年或 1892 年前后等新的说法。其中,1891 年说见黄世仲外孙陈坚的《怀念我的外祖父——黄世仲》②,1892 年前后说见吴锦润的《黄世仲的革命生涯、文学成就及其编辑的〈中外小说林〉》③,而对笔者的看法在表示异议的同时提出新说的则主要有关志昌、郭天祥等先生。关志昌在《黄世仲传略》④中即在引述笔者的看法后写道:

> 引案:据前引《洪秀全演义》自序记识璜山上人于粤垣事,传主谋生南洋,应在一八九五年秋后,"当在一八九三年春天以后,至迟不会晚于一八九四年"之说,说未可从。

---

①　李育中:《〈洪秀全演义〉作者黄小配》,《广东小说家杂话》,《随笔》第 1 集,广州,广东人民出版社 1979 年 6 月第 1 版,第 197 ~ 200 页。

②　陈坚:《怀念我的外祖父——黄世仲》,《中外小说林》重印本上册,香港,夏菲尔国际出版公司 2000 年 4 月第 1 版,序文第 8 ~ 10 页。

③　吴锦润:《黄世仲的革命生涯、文学成就及其编辑的〈中外小说林〉》,《中外小说林》重印本上册,香港,夏菲尔国际出版公司 2000 年 4 月第 1 版,导论第 101 ~ 134 页。

④　关志昌:《黄世仲传略》,《香港笔荟》第 11 期。

《黄世仲传略》后来增补为《黄世仲(1872~1912)传略》①,其中仍保留了此段文字,可见其看法未变。郭天祥的《黄世仲生平诸问题再辨——兼与颜廷亮先生商榷》②也就笔者的看法写道:

> 颜先生的结论虽然十分肯定,但实际上仍有再探讨的余地。因为有确凿的证据证明,1895年秋天,黄世仲仍在广州活动过。黄世仲本人写的《洪秀全演义》"自序"中,对这一点有过清楚的说明,他写道:"乙未之秋识×〔一作'璜'〕山上人于羊垣某寺中,适是年广州光复党人起义,相与谈论时局,遂述及洪朝往事,如数家珍,并嘱余为之书。"由此看来,颜先生的"至迟不会晚于1894年"的说法,仍然早了一点。我认为,黄世仲下南洋的时间,当在1895年秋后某个时期,可能最晚也不会晚于1896年。

其对笔者的看法提出异议的理由和关志昌相同,不同的是提出了新说。后来,在《黄世仲年谱长编》③中,郭天祥实际上仍坚持自己的说法。他在其书中"1893年"下,据本书下文将会叙及的罗香林的说法,谓"是年先生与兄长伯耀等人结伴赴南洋谋生"。然而,在"1895年"下,他又说"是年冬或来年春先生重返南洋",似乎是以为黄世仲前往南洋的时间是1893年;不过,他在为"先生重返南洋"一语所加的一条注文中,却说"由'曩适异国,将越十年'来推断,黄世仲始下南洋的时间也许就在1895年秋后。此处暂依罗香林'光绪十九年'下南洋之说,故谓之重返南洋"。既曰"也许就在1895年秋后",又曰"暂依罗香林'光绪十九年'下南洋之说",那么其将黄世仲前往南洋的时间定在1893年,实在是勉强为之而未必是出于真心。

---

① 关志昌:《黄世仲(1872~1912)传略》,《黄世仲与辛亥革命——辛亥革命九十周年纪念暨黄世仲投身革命百周年国际学术研讨会论文集》,香港,纪念黄世仲基金会2001年8月第1版,第33~45页。

② 郭天祥:《黄世仲生平诸问题再辨——兼与颜廷亮先生商榷》,《湛江师范学院学报》2001年第1期。

③ 郭天祥:《黄世仲年谱长编》,北京,中国社会科学出版社2002年10月第1版,第25、28页。

那么,关志昌和郭天祥两位先生的说法是否真有道理呢? 笔者以为,他们的说法是错误的。他们忽视了如下一个情况,即黄世仲从前往南洋到最后离开南洋期间,并非一定是一直在南洋,而是有可能会回国一次两次的。实际上,黄世仲已于1890年娶妻成家,且于次年得子黄福荫,因而只要经济条件许可,到南洋一段时间后是会回国探视亲人的;而按照笔者据黄世仲自己1903年冬月"曩适异国,将越十年"的说法所做的其于1893年春或再稍晚一点前往南洋的推测,到1895年在南洋生活已两年左右,当已积蓄了回国探视亲人所需的费用且已有回国探视亲人的必要,加上从南洋回国的交通又并非怎么过于不方便,故1895年回国一次,于情于理于实际实施当均是可以说得通的。既然如此,黄世仲1895年在广州某寺结识璜山上人一事,也就绝对不会成为得出黄氏于1893年春或再稍晚一点前往南洋这个结论的一个障碍。

不仅如此,而且除了黄世仲1903年冬月说过"曩适异国,将越十年"这样的话之外,黄伯耀在发表于1903年12月2日《天南新报》的《秋暮感怀》诗中,也有"寄迹天南愧壮游,惊人风信海门秋,十年故剑谁青眼? 一枕香衿负白头"①这样的诗句,其中之"十年"当指自己"寄迹天南"已十年。黄世仲和黄伯耀是同时前往南洋的,黄伯耀1903年12月既云"十年故剑谁青眼",那么黄世仲其时也当在南洋十年。由此亦可推知,笔者谓黄世仲于1893年春或再略晚一点前往南洋当可成立。至于陈坚当得自其母亲不够准确的回忆的1891年说、吴锦润的未知何据的1892年前后说以及郭天祥的"1895年秋后某个时期,可能最晚也不会晚于1896年"说,均是并不怎么妥当的。

其实,罗香林早已有过同样的结论。据马楚坚前不久发表的《黄世仲与〈南汉演义〉》②和《宣传辛亥革命之文字功臣——黄世仲行实考》③宣示,

---

① 黄伯耀:《秋暮感怀》,张克宏编《黄世仲黄伯耀弟兄南洋诗文集》,香港,纪念黄世仲基金会2001年11月第1版,第196页。

② 马楚坚:《黄世仲与〈南汉演义〉》,《黄世仲与辛亥革命国际学术研讨会论文集》第2辑,香港,纪念黄世仲基金会2002年2月第1版,第116、166页。

③ 马楚坚:《宣传辛亥革命之文字功臣——黄世仲行实考》,《黄世仲与辛亥革命国际学术研讨会论文集》第2辑,香港,纪念黄世仲基金会2002年2月第1版,第163~195页。

罗香林在其以 20 世纪 30 年代所做调查为基础而写成的、收入其《乙堂劄记》①中的《革命宣传家小说名家黄世仲家世访记》等中就已说过：

> 殆光绪十九年，与兄伯耀、从弟大郎、迪洪暨里人先后结伴赴南洋谋发展。

光绪十九年也就是 1893 年。罗香林的调查是在 20 世纪 30 年代进行的，其时和黄世仲一起前往南洋的黄世仲兄长黄伯耀尚健在，且是主要调查对象之一，故罗香林的记述当是可信的，由此也足见笔者的推测当无大谬。可惜，笔者在推测黄世仲离乡背井、前往南洋的起始时间时，和内地研究者一样，尚不知道罗香林的这个结论；否则，笔者也就没有必要为黄世仲前往南洋的起始时间问题多费笔墨了。

二、吉隆坡·新加坡·《天南新报》

黄世仲前往南洋，最先到达的是什么地方、后来又到什么地方？其在南洋从事过哪些工作？冯自由在上揭《〈洪秀全演义〉作者黄世仲》中说黄世仲"初至吉隆坡，充某赌馆书记"，又说"时闽商邱菽园发刊《天南新报》于星洲，……世仲于工作余暇，常投稿该报发抒所见"。由于《天南新报》发刊于星洲即新加坡，所以看来冯自由认为黄世仲是先到吉隆坡、后又转到新加坡的。杨世骥在上揭《黄世仲》中的说法略有不同，认为黄世仲到南洋后"先在星加坡、麻六甲诸地开设赌馆，旋……破产，祇好投稿当地报纸以维生计"，既未叙及吉隆坡，又于星加坡即今译之新加坡和麻六甲即今译之马六甲等地未分先后。到了 20 世纪 70 年代末，李育中在上揭《〈洪秀全演义〉

---

① 罗香林先生的《革命宣传家小说名家黄世仲家世访问记》收入其《乙堂劄记》的第 17 册，笔者未见。此处以及下文所引其中文字，均转引自上揭马楚坚《宣传辛亥革命之文字功臣——黄世仲行实考》，《黄世仲与辛亥革命——辛亥革命九十周年纪念暨黄世仲投身革命百周年国际学术研讨会论文集》第 2 集，香港，纪念黄世仲基金会 2001 年 8 月第 1 版，第 163～195 页。

作者黄小配》中有过这样的记述：

> （黄世仲）少年时已陷于贫困，一度在广州谋食，约于一八九六年
> 到南洋找出路，在马来西亚的吉隆坡待过，有人说他在赌馆当过差事，
> 后来到新加坡，才开始写稿生涯。从投稿到当记者，供职在新加坡著名
> 文人邱菽园所办的《天南新报》。

其看法大致与冯自由之说相类。再后，大约是受资料不足的限制吧，研究者
一般也都于黄世仲最先到达和后来又到何处，以及从事过一些什么工作的
问题，未予深究，笔者本人在上揭《黄世仲生平诸问题小辨》中，也只是笼统
地说黄世仲"……因家道中落，与其兄黄伯耀一起到南洋谋生，在新加坡开
设赌馆。与此同时，常为华侨巨商邱菽园在新加坡所办宣传保皇的报纸
《天南新报》撰文，因而文名颇盛"。总之，专家学者们的记述既十分简括，
又互有矛盾；长时期中，问题未能得到解决。

　　其实，还在很早的时候，就已有研究者已经弄清了这个问题。罗香林在
上揭《革命宣传家小说名家黄世仲家世访记》中就明确地说：

> 殆光绪十九年……（黄世仲）赴南洋谋发展。登陆马六甲，初充吉
> 隆坡赌间书记，以能文为社团所敬重，先后为陈楚楠及张永福聘为文
> 案，兼为各工界团体之义务文书，后为邱菽园、阮添筹氏延揽，与兄伯耀
> 先后入《天南新报》；旋主笔政。初认同维新，旋以尤列导之，入兴中会
> 中和堂，观念为之转型……

这里，罗香林的记述显然较他人的记述完整，讲清了黄世仲到南洋后先后旅
居之所在，以及先后所从事的工作，即从马六甲登陆后，先在吉隆坡充某赌
馆书记，后被新加坡华侨陈楚楠和张永福聘为文案，再后又受聘到新加坡华
侨邱菽园创办的《天南新报》工作并很快就主其笔政，此外还曾在新加坡义
务担任各工界团体的文书。鉴于如前所述罗香林记述之可信性，其在这里
的记述，自然既使黄世仲到南洋后的行迹得到较为完整的勾勒，又有助于纠

正包括笔者的说法在内的一些说法中的、诸如谓黄世仲到南洋后"在新加坡开设赌馆"之类说法的不确之处,因而应当在黄世仲生平研究中加以采用。

不过,不仅冯自由、李育中等先生并没有明确黄世仲从吉隆坡到新加坡的时间(当然更没有明确黄世仲先后充任陈楚楠和张永福文案和到《天南新报》工作及主其笔政的时间),而且就连罗香林的记述亦复如此。那么,情况到底如何呢?

首先是黄世仲何时从吉隆坡到新加坡的问题。黄世仲本人的说法给回答这个问题提供了可能。在发表于 1903 年 3 月 19 日《天南新报》上的《拟请慎办照会中官移文捕犯事》①中,黄世仲写道:

> 某中国民也,观光上国,目睹文明,凡寄治于斯者七年矣。

这里的"上国",当指新加坡;"凡寄治于斯者七年矣",当是说在新加坡生活已有七年。黄世仲的话写于 1903 年 3 月。按照实有时间计算,从 1903 年春天上推整七年,当是 1896 年春天;如按中国传统的年数计算办法即头、尾各计一年,从 1903 年上推七年,也可以说是 1897 年。也就是说,黄世仲从吉隆坡到新加坡的时间当在 1896 年春天以后,最迟不会晚于 1897 年。

叙述及此,笔者想起一事,即前文曾经说到过的黄世仲至迟曾于 1895 年秋天回国一事。笔者猜想,黄世仲此次回国,当是由于已经在新加坡找到了新的工作,即到陈楚楠和张永福处充当文案,因而也就是其在吉隆坡生活的终结;重返南洋以后,当未再去吉隆坡谋食,而是到新加坡开始新的生活。按照常情,黄世仲重返南洋,很可能是在过完 1896 年春节之后,也就是 1896 年春天。这个时间,正好与前面所说按照实有时间计算即从 1903 年上推整七年所得结果相符。据此看来,虽然不能肯定黄世仲到新加坡充当陈楚楠和张永福文案的时间究竟是在 1896 年春天到 1897 年的什么时间,

---

① 黄世仲:《拟请慎办照会中官移文捕犯事》,张克宏编《黄世仲黄伯耀弟兄南洋诗文集》,香港,纪念黄世仲基金会 2001 年 11 月第 1 版,第 102~104 页。

但笔者以为1896年春天的可能性似乎更大一些。

其次是黄世仲加入《天南新报》以及主持该报笔政等的时间问题。关于这个问题,在很长时间中都没有专家学者给予具体回答。只是到了前不久,才有几位先生分别把他们各自的答案摆到了人们面前。在上揭《黄世仲昆仲在〈天南新报〉所发表的社论、诗歌探索》中,辜美高指出:

……初步的探索,《天南新报》1900~1901年的副刊并未有署名黄世仲的诗、文。黄世仲可能在1901年中或年底到《天南新报》任职,当时《天南新报》的主笔是丘菽园(按:当为邱菽园),是保皇党的支持者,与康有为往还甚密。1902年下半年,始出现署名黄世仲的社论,其兄长黄伯耀的社论、诗歌则于较后期出现。

1901年年底《天南新报》出了问题,邱菽园辞去主笔职,黄世仲继任主笔,1903年3月才回香港。

在上揭《黄世仲与〈天南新报〉》中,张克宏指出:

《天南新报》是南洋侨领、诗坛祭酒邱菽园于1898年5月26日创办于新加坡的,1905年4月29日突然停刊。按现有的资料记载,在该报创刊的时候,黄世仲应该是在新加坡或马来西亚。不过,从该报创刊之日起直到1902年7月18日之前,我们没有看到黄世仲以真名或笔名在该报发表过一篇政论或其他体裁的文章。……

《天南新报》上最早刊登黄世仲的政论是在1902年7月18日。是日,该报发表了署名"世仲稿"的政论《作气论》。19日又发表了他的《裴景福照会英领事转致港督禁报书后》,文首署名"星洲世仲稿"。从这连续两天的政论的署名,我们至少可以看出以下三点:一是此文为黄世仲所写;二是此时黄世仲旅居在新加坡,而不在马来西亚;三是黄世仲此时还没有加入《天南新报》,还没有成为该报的记者或编辑,否则肯定不会署"世仲稿"或"星洲世仲稿",而一定是署名"世仲"或其他别名。由此我们也就可以间接地得出一个结论,即1902年7月18日之前,黄世仲在工余常向该报投稿的可能性不大,否则,凭黄氏的才华,不可能没有一篇文章不被采纳。

1902年7月29日,《天南新报》第一版的《添延主笔》这样写道:

> 启者:本馆向延新宁黄兆元君帮理报务。今黄君于月初已告辞回唐(即中国,笔者注),本馆以报务繁兴,因添延番禺黄君世仲,俾与林君紫虬同襄笔政。专此布闻,伏希鉴照。
>
> 《天南新报》启

从这则布告中我们不难明了:

(一)在1902年7月29日之前,黄世仲虽然已经向《天南新报》投稿(发表出来的并不多,只有5篇),但其时还并不属于该报馆人士,黄世仲加入《天南新报》应该是1902年7月29日以后的事情。具体来说,可能是1902年8月8日或8月12日前后,因为8月8日,该报发表了最后一篇署名"世仲稿"的政论《英皇加冕颂并序》,而8月12日,黄世仲则第一次直接以"世仲"署名,发表政论《答客问三》,这种变化标志着黄世仲与《天南新报》的关系已发生根本转变。

(二)黄世仲加入《天南新报》时的职位,并非如现有著述所说的那样是一般的"记者"或"编辑",而是"笔政"(即主笔)。不过,就当时的实际情况来看,黄世仲在专门为该报撰写政论的同时,可能也会负责一些编辑方面的工作,而不是只负责政论一项。

在文章的《结论》中,张克宏又说:

> 黄世仲的报业生涯开始于新加坡的《天南新报》,不过,在该报创刊的头四年里,该报并没有刊登黄世仲任何体裁的文章,这间接表明此前黄氏可能没有积极向该报投稿。《天南新报》最早刊登黄世仲的作

品是 1902 年 7 月 18 日,此时,黄氏还只是作为一般投稿人而已。黄世仲正式加盟《天南新报》是在 1902 年 8 月 8 日或 8 月 12 日前后,其职位是"笔政"(即主笔),而非现有著作所说的记者或编辑。黄世仲加入《天南新报》与邱菽园的器重、推荐关系可能不大,相反与其自身的才华及机遇等倒息息相关。

在上揭《宣传辛亥革命之文字功臣:黄世仲行实考》中,马楚坚指出:

考《天南新报》为南洋侨领、闽商兼诗人邱菽园于新加坡所创办,发刊于一八九九年五月廿六日(按:当为"一八九八年五月廿六日"),其旨欲在星洲鼓吹中国民族主义、文化,旋拥护维新学说,并为立论助澜,风动一时,社会人士参与投稿讨论,蔚为风气,黄氏亦撰文唱和,尤爱康有为之倡扫文盲,与办学堂为急务之议,奋笔参与,以为文中肯,所论言之有物,行文雅洁清丽,为该报所重。自后工余,"常投稿以抒所见,辄被采录,文名由是渐显",遂为邱菽园发现其为良马而延聘入该报。然则,何时入该报?此则难以稽考,就前引《谒邱菽园观察以诗为赞》①视之,黄氏之入天南,当在邱氏主政时。稽《天南新报》一九〇一年九月二十三日刊有《告辞总理》启事(按:实际上九月十二日已刊出),曰:

启者:本《天南新报》各股友原举弟为总理人,今弟自因多病,两年以来久不视〔事〕,情愿告辞总理之席,以待能者。谨此声明,统惟亮察。

光绪廿七年七月三十日天南新报馆邱菽园启

同日并刊《天南新报告白》,称总理今即另由股友徐季钧继理其事。一九〇一年十二日(按:当为"一九〇一年十一月十二日"),又刊《徐季钧

---

① 此诗诗题《谒邱菽园观察以诗为赞》,张克宏编《黄世仲黄伯耀弟兄南洋诗文集》(香港,纪念黄世仲基金会 2001 年 11 月第 1 版,第 192 页)中作《谒邱菽园观察以诗为赞》。下文所引马楚坚文中凡作"赞"或"赞"者,同此。

告示》称其因预受《日新报》订聘,不得已辞谢天南报馆笔政,改由阮添筹接办。据此,推知黄氏当在一九〇一年九月初,或稍前任职该馆。邱、徐虽相继离该报,然新总理阮添筹于一九〇二年七月二十九日,却刊《添延主笔》于该报第一版,曰:

> 启者:本馆向延新宁黄兆元君帮理报务,今黄君于月初已告辞回唐,本馆以报务繁兴,因添延番禺黄君世仲,俾得与林君紫虬同襄笔政。专此布闻,伏希荃照。
>
> 光绪二十八年七月初二日《天南新报》启

是幕后刀手,至此始以有缺而为当局擢用于适当职位上,自始遂公然署名黄世仲于社论。其论始于一九〇二年七月三十一日之《论广西矿务不宜给法商办理》,至其离星前,最后一篇为一九〇三年三月二十五日之《论张之洞之禁(新民丛报)》,凡六十二篇。按在此之前,一九〇二年七月十八日有《作气论》等六篇,亦署真名之作。一九〇二年十月二日又刊《赞》诗以颂邱菽园之学养与知人之能,其意所在,不喻可知。

几位先生的记述,均主要是以《天南新报》刊登黄世仲作品的时间等情况以及《天南新报》所刊登的有关广告文字为据推测而来,因而都很值得重视。不过,仔细对照即可发现,他们的说法互相并不完全相同。其主要不同处是:

第一,关于黄世仲加入《天南新报》前是否向该报投稿,辜美高似乎认为没有;张克宏认为可能性不大;马楚坚认为有之,且认为因此被"邱菽园发现其为良马而延聘入该报"。

第二,关于黄世仲加入《天南新报》的时间,辜美高认为是1901年年中或年底;张克宏认为应在1902年7月29日以后,可能是8月8日或8月12日前后;马楚坚认为当在邱菽园主报政而又生病期间的1901年9月初或稍前到1900年年初或1899年年末。

第三,关于黄世仲加入《天南新报》后的职务,辜美高认为是主笔;张克宏认为是"笔政"即主笔；马楚坚认为先是为邱菽园幕后捉刀，后又成为主笔。

第四，关于黄世仲成为主笔的具体时间，三位先生的看法也不相同，辜美高认为是 1901 年年中或年底；张克宏认为是 1902 年 7 月 29 日以后，可能是 8 月 8 日或 8 月 12 日前后；马楚坚认为是 1902 年 7 月 29 日。

那么，情况到底如何呢？

首先，关于黄世仲加入《天南新报》的时间，辜美高认为是 1901 年年中或年底，张克宏认为是 1902 年 7 月 29 日以后，可能是 8 月 8 日或 8 月 18 日前后，马楚坚认为黄世仲加入《天南新报》充当邱菽园的幕后捉刀人当在邱菽园主报政而又以病不能视事期间，即 1901 年 9 月初或稍前到 1899 和 1900 年之交。看来，辜美高和马楚坚两位先生的看法比较接近，其中马楚坚的看法当更有道理。因为，邱菽园虽病，而报纸必须不断发表的、由主笔负责撰写的政论形式的社论是不能缺少的，总得有人捉刀才行。而从当时的情况看，黄世仲当是最佳人选，也确是入选者。马楚坚对此进行的分析是有说服力的：

> 检该报，自始刊〔至〕一九〇二年七月十七日前，未见以黄世仲名、字及前所列笔名之文章，当有所别署，则待考，然从之上推，并合邱氏自称"多病，两以来年（按：'两以来年'应为'两年以来'）久不视事"观之，邱氏当时不但为总理，主持行政，且为该报主笔。虽病，报纸则照常刊行，每期馆论则亦日新日日新，个中必有臂助，而且必全权授予致期期不绝而出，反顾黄氏《赞》①诗之颂邱氏以伯乐待之，"岂谓文章为知己"等所蕴义，助邱氏署理社论及其他文章者，已是呼之欲出，若是，则社论仍署邱氏名，黄氏经（按："经"当为"终"）始无名，亦理之所然。是则，黄氏之入职，当在邱氏生病时，所谓"两年"之一九〇〇年年初或一八九九年年末。再就《赞》诗观之，中蕴悯国物与共鸣之欣怡（按：原

---

① ②　诗题中心"赞"、"赘"二字均为"赞"字之讹。下文凡同诗题中作"赞"、"赘"者同此。

文如此,似有衍字或夺字),跃然纸上,可推知邱氏思想之变而弃维新保皇,与黄氏不无相关影响,致有此赞焉。若是,则邱氏于一九〇一年十月二十二日所发表《论康有为》一文,一改以前之拥护维新态度,并公然与康氏割席者,当出自黄世仲之大手笔。邱、徐虽相继离该报,然新总理阮添筹于一九〇二年七月二十九日,却刊《添延主笔》于该报第一版,曰:

> 启者:本馆向延新宁黄兆元君帮理报务,今黄君于月初已告辞回唐,本馆以报务繁兴,因添延番禺黄君世仲,俾得与林君紫虬同襄笔政。专此布闻,伏希荃照。
>
> 光绪二十八年七月初二日《天南新报》启

是幕后刀手,至此始以有缺而为当局擢用于适当职位上,自始遂公然署名黄世仲于社论。

马氏于文中称"新总理阮添筹于一九〇二年七月二十九日,却刊《添延主笔》于该报第一版"、引文末题"光绪二十八年七月初二日……",但前者和后者并不对应(前者应是光绪二十八年六日二十五日,后者应是1902年8月5日),而无论是前者或后者,亦均误。经查,新总理阮添筹在《天南新报》刊《添延主笔》是在光绪二十八年六月二十八日即1902年8月1日,而不是1902年7月29日即光绪二十八年七月初二日。

事实上,黄世仲对邱菽园的关系,并非如有的专家学者所说的那样,因邱菽园接待康有为而中途有变,即所谓"脱离邱菽园而去"①,而是一直保持着十分亲密的关系。可以说,正是邱菽园发现了黄世仲,并将黄世仲导入其终生热爱的诸多事业之一的报刊生涯,而黄世仲也因此而对邱菽园怀有发自内心深处的知遇之感和推赞之情。一直到1902年10月2日即邱菽园发

---

① 方志强:《黄世仲大传》四《出洋谋生,寻求出路》,香港,夏菲尔国际出版公司1999年3月第1版,第30页。

表马楚坚推测当出自黄世仲之手的《论康有为》①一文与康有为彻底绝交、康有为已离开新加坡近一年,而黄世仲本人也即将离开新加坡而到《中国日报》任职之前约半年的时候;黄世仲写有上引马楚坚文中已提及的《谒邱菽园观察以诗为赞》一诗表达对邱菽园的深厚情意,就是明证。

其次,关于黄世仲加入《天南新报》后所任职务问题。辜美高未说任何职;张克宏说是"笔政"(即主笔);马楚坚说是邱菽园的幕后捉刀者,后来在1902年7月29日(按:实应为1902年8月1日)才被宣布出任主笔。看来,马楚坚的说法更合情理。因为,黄世仲如果没有为邱菽园充当幕后捉刀人的一段经历,恐怕不大可能突然间被擢任为主笔,也不大可能马上就能胜任主笔一职。事实上,也有迹象表明,在其成为主笔之前,是在《天南新报》上发表过充当社论的政论文字的。除马楚坚以《谒邱菽园观察以诗为赞》为基本资料进行的分析外,还有一个线索表明这一点,即在发表于1903年2月7日即癸卯正月初十日《天南新报》上的《开新说》②中,黄世仲曾说:

> 某于去年结报之日,著《除旧说》一篇。

按:上揭张克宏所编《黄世仲黄伯耀弟兄南洋诗文集》,收有1902年7月18日至1903年3月25日期间黄世仲发表于《天南新报》的几乎全部充当社论的政论文字,然而其中却无题为《除旧说》者。可见,所谓"去年结报之日",并非壬寅年的结报之日,事实上壬寅年年底至癸卯年年初即春节前后黄世仲曾回国探视亲人而不在新加坡(说详后);所谓"去年结报之日",应是辛丑年腊月最后一天即十二月二十九日(辛丑腊月为小月),这一天是西历的1902年2月7日。当时,黄世仲并未出任主笔,却发表了题为《除旧说》的政论;发表了题为《除旧说》的政论,却未被张克宏发现并收入其书中,当是由于未署本名或所用字、号、笔名:足见黄世仲当时当是邱菽园的幕后捉刀者。

---

① 邱菽园:《论康有为》,《天南新报》1901年10月22日。
② 黄世仲:《开新说》,张克宏编《黄世仲黄伯耀弟兄南洋诗文集》,香港,纪念黄世仲基金会2001年11月第1版,第86～87页。

再次，关于黄世仲充任《天南新报》主笔的时间问题。辜美高未明确谈这个问题；张克宏认为黄世仲加入《天南新报》后即成为主笔，时间在 1902 年 7 月 29 日以后，可能是 8 月 8 日或 8 月 12 日前后；马楚坚认为是在 1902 年 7 月 29 日。按，如前所说，马楚坚认为是在 1902 年 7 月 29 日，其实应是 1902 年 7 月 28 日。《天南新报》该日所刊的《添延主笔》广告中既称"添延番禺黄君世仲"与林紫虬"同襄笔政"，那就应当认为黄世仲是在 1902 年 8 月 1 日或前一、二天被擢任主笔的；马楚坚虽弄错了《添延主笔》的时间，但其推断黄世仲出任主笔的时间时以《添延主笔》为据，却是有道理的。至于张克宏说可能在 8 月 8 日或 8 月 12 日前后，因其系以《天南新报》所刊黄世仲文章的署名中有无"稿"字为据推测而来，未必妥当。据上揭张克宏编《黄世仲黄伯耀弟兄南洋诗文集》，《天南新报》从 1902 年 7 月 18 日起，始刊署名明确为黄世仲的充当社论的政论，其到 8 月 12 日止所刊及其署名如下：

《作气论》 1902 年 7 月 18 日 署"世仲稿"

《裴景福照会英领事转致港督禁报书后》 1902 年 7 月 19 日 署"星洲世仲稿"

《裴景福照会英领事转致港督禁报书后》续前稿 1902 年 7 月 21 日（《黄世仲黄伯耀弟兄南洋诗文集》之目录作 7 月 19 日，误；此处据正文该篇题后所注日期） 署"世仲稿"

《论语武王乱臣辨》 1902 年 7 月 24 日 署"世仲稿"

《外交情形论》 1902 年 7 月 26 日 署"世仲稿"

《说势》 1902 年 7 月 28 日 署"世仲稿"

《论广西矿务不宜给法商办理》 1902 年 7 月 31 日 署"世仲稿"

《答客问一》 1902 年 8 月 5 日 署"世仲稿"

《答客问二》续前稿 1902 年 8 月 7 日 署"世仲稿"

《英皇加冕颂并序》 1902 年 8 月 9 日 署"世仲稿"

《答客问三》再续前稿 1902 年 8 月 12 日 署"世仲"

自 8 月 12 日开始,黄世仲在《天南新报》上发表的政论均署"世仲",而不再有"稿"字。张克宏很重视署名的这一变化,认为署名中有"稿"字与无"稿"字的变化"标志着黄世仲与《天南新报》的关系已发生根本变化",即从署名中无"稿"字的时候起,黄世仲既加入了《天南新报》,又成为《天南新报》主笔,而发表此前诸文时黄世仲"还并不属于该报馆人士",当然更不是主笔。然而,这样判断恐不一定妥当,因为黄伯耀任主笔后在同一报上所写文章署名就均有"稿"字,因而以署名中有无"稿"字为据而认为黄世仲可能是 8 月 8 日或 8 月 12 日前后才加入《天南新报》并充任其主笔,恐难成立。

最后,关于黄世仲加入《天南新报》前是否曾向该报投稿问题。冯自由最早说黄世仲工余常向《天南新报》投稿。对此,马楚坚是同意的。笔者以为,此说于情于理似皆相合。因为,如同前文所说,黄世仲大约在 1896 年春天以后,至迟在 1897 年,就已由吉隆坡到新加坡先后充当陈楚楠、张永福的文案,当时《天南新报》尚未创刊。但是,到了 1898 年《天南新报》就创刊了;又过了两三年,大约在 1899 年和 1900 年之交或再晚点的 1901 年 9 月初,黄世仲就加入了《天南新报》。黄世仲在加入《天南新报》以前从未从事过报纸工作;如果在加入之前未曾投稿且因此而得以展示其文才,其被发现并被延入《天南新报》充当邱菽园之幕后捉刀人并在不久之后成为主笔,实在是不大可能的;只有曾经投稿《天南新报》展示其文才,才有可能。前文已叙及的黄世仲 1902 年 10 月 2 日在《天南新报》发表的《谒邱菽园观察以诗为赞》①中有这样的诗句:

> 苍茫万里人何处,我所思兮出至诚。
> 岂谓文章有知己,未遑世事论交情。
> 荒难遍入刘琨聪,良马终依伯乐鸣。
> 回首前尘了惆怅,好聆高妙慰平生。

———————

① 黄世仲:《谒邱菽园观察以诗为赞》,张克宏编《黄世仲黄伯耀弟兄南洋诗文集》,香港,纪念黄世仲基金会 2001 年 11 月第 1 版,第 192 页。

所谓"岂谓文章为知己",所谓"良马终依伯乐鸣",也透露出系以"文章"而成为邱菽园之"知己",且从而作为"良马"而在邱菽园这个"伯乐"身旁施展为文才华的消息。当然,现在还没有发现当时有黄世仲以本名或常用字、号、笔名发表的作品。然而,这种情况恐怕还难以说明黄世仲并未投过稿,而很有可能如同马楚坚所说其文"当有所别署",惟其"别署"尚"待考"而已。

三、黄世仲和中和堂

上面所考察的黄世仲在十年南洋生活中所经历的这一切,自然都是重要的。然而,最为重要的还不是这一切,而是黄世仲终于走上了民主革命道路,即加入尤列所组织的兴中会外围组织,成为一名坚定的民主革命家。

问题是,黄世仲所加入的革命组织是什么组织?是什么时候加入的?最早记述此事的冯自由在上揭《〈洪秀全演义〉作者黄世仲》中说黄世仲所加入的是中和堂,时在庚子辛丑(1900~1901)间;稍晚记述此事的杨世骥在上揭《黄世仲》中说黄世仲所加入的是"三和堂",未及时间。此后的长时期中,各家的记述,有从冯自由之说者;但从杨世骥之说者也不少,如苏兴在《清代文学》第四节《黄小配和曾朴》①中说黄世仲"不久加入兴中会的外围组织——三和堂",湖南人民出版社版《洪秀全演义》的《前言》也说"世仲先参加了兴中会的外围组织三和堂……"。总之,或者在黄世仲所加入的革命组织是什么的问题上说法不一,或者在黄世仲加入革命组织的时间问题上回答并不明确。那么情况究竟如何呢?

先看黄世仲在南洋所加入的是什么革命组织。关于这个问题,鉴于研

---

① 苏兴:《黄小配和曾朴》,《清代文学》第四节,长春,东北师范大学 1956 年 1 月内部编印,第 136~137 页。

究者们说法不一,笔者在上揭《黄世仲生平诸问题小辨》中曾专门予以考析,认为黄世仲所加入的是中和堂而不是三和堂。此后,专家学者们一般都说黄世仲所加入的是中和堂。然而,仍有专家学者认为黄世仲所加入的革命组织是三和堂。比如,齐裕焜在《资产阶级革命在"天国"土地上的投影——评〈洪秀全演义〉》①中就说:"黄世仲受当时革命思潮的影响,加入了兴中会的外围组织——三和堂。"然而,说黄世仲所加入的革命组织是"三和堂",并不正确。首先,当年的兴中会,据查并无名曰"三和堂"的外围组织。其次,黄世仲最早加入革命组织是由尤列接纳的,而尤列既未创设过"三和堂",也未加入过"三和堂",而是创设过一个名曰"中和堂"的革命组织。这个"中和堂"本是兴中会的外围组织,1897年创立于九龙,1898年推广至横滨。20世纪初,尤列到南洋开展革命活动,"中和堂"也就被扩展到了新加坡等地。关于此事,有关著述记载得明明白白。比如,邹鲁在《中国国民党史稿》②中就说过:

> 尤列至星加坡创中和堂,联络华侨工商界,实为兴中会之外埠。

冯自由也多次记及此点:《中和堂小史》③云:

> 辛丑年尤列赴南洋,……于是首创中和堂于吉隆坡,……自是英属各埠亦陆续有中和堂之设。

《南洋华侨与革命运动》④云:

---

① 齐裕焜:《资产阶级革命在"天国"土地上的投影——评〈洪秀全演义〉》,《明清小说研究》第3辑,北京,中国文联出版公司1986年4月第1版;《独创与通观——中国古代小说论集》,上海,上海三联书店2009年7月第1版,第291~303页。

② 邹鲁:《中国国民党史稿》第1册,北京,中华书局1960年5月第1版,第53~54页。

③ 冯自由:《中和堂小史》,《革命逸史》第3集,北京,中华书局1981年7月第1版,第130页。

④ 冯自由:《南洋华侨与革命运动》,《革命逸史》第6集,北京,中华书局1981年7月第1版,第162页。

庚子闰八月惠州革命军失败,其将领黄福、黄耀廷、邓子瑜等均逃至星洲,兴中会员尤列亦跟踪而至。……旋发起中和堂于叻埠为进行机关。

《〈洪秀全演义〉作者黄世仲》①也说:

庚子辛丑(1900～1901)间,尤列创设中和堂于南洋英属各埠。

可见,黄世仲在南洋参加的革命组织不会是"三和堂",而只能是"中和堂"。冯自由在上揭《革命逸史》中一再指出:"中和堂"创设后,"会员中有黄伯耀、黄世仲、康荫田三人"②;"保皇会机关之《天南新报》记者黄世仲、黄伯耀、康荫田等亦加入中和堂为会员"③;"《天南报》记者黄世仲、黄伯耀(世仲之兄)、康荫田等亦加入中和堂为会员"④;"尤列创设中和堂于南洋英属各埠,工界从之者如归市,世仲弟兄预焉"⑤。罗香林也说:黄世仲在南洋,"初认同维新,旋以尤列导之入兴中会中和堂,观念为之转型"⑥。考虑到冯自由和黄世仲多年间同是同盟会香港分会的领导成员,义考虑到罗香林的记述是以在20世纪30年代向黄伯耀等人的调查记述为据的,因而他们的说法当是可信的。

---

① 冯自由:《〈洪秀全演义〉作者黄世仲》,《革命逸史》第2集,北京,中华书局1981年7月第1版,第41页。

② 冯自由:《中和堂小史》,《革命逸史》第3集,北京,中华书局1981年6月第1版,第130页。

③ 冯自由:《南洋华侨与革命运动》,《革命逸史》第6集,北京,中华书局1981年7月第1版,第162页。

④ 冯自由:《新加坡〈图南日报〉》,《革命逸史》初集,北京,中华书局1981年7月第1版,第171页。

⑤ 冯自由:《〈洪秀全演义〉作者黄世仲》,《革命逸史》第2集,北京,中华书局1981年7月第1版,第41页。

⑥ 罗香林:《革命宣传家小说名家黄世仲家世访问记》,《乙堂劄记》第17册,未见。此处以及下文所引其中文字,均转引自马楚坚《宣传辛亥革命之文字功臣——黄世仲行实考》,《黄世仲与辛亥革命——辛亥革命九十周年纪念暨黄世仲投身革命百周年国际学术研讨会论文集》第2集,香港,纪念黄世仲基金会2001年8月第1版,第163～195页。

再看黄世仲加入中和堂的时间。关于这个问题,各家均认为应是尤列在南洋创设中和堂之时。但对究竟具体创设于何时,却均无明确的回答;在最好的情况下,也只是笼统地说"庚子辛丑(1900~1901)间"①或"辛丑年尤列至南洋"②创设中和堂。倒是郭天祥在上揭《黄世仲年谱长编》中对此有所讨论,该书"1901 年"下所载"兴中会重要领导人尤列在南洋新加坡等地创设兴中会外围组织中和堂"一条有注文云:

> 由后面所引资料可知,尤列至南洋半年后始创设中和堂,由此推测南洋中和堂创立的时间,最早也不会早于 1901 年底,也很可能是在 1902 年上半年。如果确实如此的话,有人说黄世仲 1900 年或 1901 年加入中和堂,就很值得商榷了。

这里所说"后面所引资料",指的是:

第一,上揭冯自由《〈洪秀全演义〉作者黄世仲》中的如下记述:

> 庚子辛丑(1900~1901)间,尤列创设中和堂于南洋英属各埠,工界从之者如归市。

> 中和堂固兴中会之别派,其楼顶高悬青天白日旗,揭櫫革命排满,至为明显。

第二,冯自由《尤列事略》③中的如下记述:

> 辛丑后,尤至南洋,初在新加坡牛车水单边街悬壶问世,精医花柳

---

① 冯自由:《〈洪秀全演义〉作者黄世仲》,《革命逸史》第 2 集,北京,中华书局 1981 年 7 月第 1 版,第 41 页。
② 冯自由:《中和堂小史》,《革命逸史》第 3 集,北京,中华书局 1981 年 7 月第 1 版,第 130 页。
③ 冯自由:《尤列事略》,《革命逸史》初集,北京,中华书局 1981 年 7 月第 1 版,第 27 页。

杂病,男妇咸称其能。尤志在运动工界,恒于烟馆赌徒中宣传革命排满,遂亦渐浸染阿芙蓉癖。久之,每有所得,辄购阿芙蓉膏若干,烧肉面包各若干,归寓闭门停业,高卧不起,必俟黑白二米(时人称鸦片曰黑米)俱尽,然后重理旧业,然就诊者固门庭若市也。时南洋华侨多醉心保皇,粤商七大商店朱子佩等号称七家头,视革命如蛇蝎;闽商领袖邱菽园发刊《天南新报》,大倡天王圣明之说。尤知侨商受惑者众,不可与争,乃号召工界同志,组织中和堂于星洲及吉隆坡、怡保、坝罗、庇能各埠,且高悬惠州革命军所用之青天白日旗,以壮声势,于是从者日众。

第三,冯自由《华侨革命开国史》①中的如下记述:

　　及辛丑(民国前十一年)兴中会员尤列自日本至南洋,目的在宣传革命排满。因一般商界顽固性成,无从下手,乃在新加坡单边街悬壶问世,精医花柳杂病,男妇咸称其能。于是乘机向农、工二界义兴会员发挥反清复明之宗旨。且常投身烟馆赌坊,冀与下层社会意气相投,以资运动,遂亦渐浸阿芙蓉癖。经营半载,颇得农、工人士之信仰,遂集少数同志组织一小俱乐部,即仿效横滨中和堂办法,仍以"中和堂"三字名之。堂中设关羽神像,以"忠心义气,手足相扶"等语为号召,与普通海员所设航海会所大同小异。所异者,即中和堂能添设各种革命书报以开通民智耳。新加坡会所成立之后,尤复遍游吉隆坡、怡保、坝罗、槟榔屿各埠,设立分堂。就中以吉隆坡会所为比较宏伟。其所悬标帜,即用惠州革命军之青天白日旗。然多数会员固不知此旗之历史及出处也。

　　郭天祥对中和堂在南洋创设时间的推论,其实也就是对黄世仲加入中和堂的时间进行推论,而这样的推论在黄世仲研究中尚属首次,因而是值得注意的。问题是:郭天祥以其所说上述几条资料为据推导出的看法能够成

　　① 冯自由:《华侨革命开国史》,《近代史资料专刊·华侨与辛亥革命》,北京,中国社会科学出版社1981年12月第1版,第56页。

立吗？看来虽有可取之处，而又未必完全准确。所谓可取之处，是其排除了南洋中和堂设立于1900年的可能性，因为尤列1900年还未到达南洋。所谓未必完全准确，是其谓尤列在南洋创设中和堂的时间"最早也不会早于1901年底，也很可能是在1902年上半年"一语中，头一句有理，而后一句则很难认为是正确的。按，郭天祥是据上引冯自由《华侨革命开国史》中所说"经营半载，颇得农、工人士之信仰，遂集少数同志组织一小俱乐部，即仿效横滨中和堂办法，仍以'中和堂'三字名之"一语进行推导的。然而，据知尤列原在横滨，其动身到新加坡的时间是辛丑三月初二日即西历1901年4月20日；按照当时火车和轮船的速度，其到达新加坡的时间当在此后不长时间，最迟不会超过1901年4月底、5月上旬；如从5月上旬算起，那么半载后当是1901年的10月底或11月上旬，无论如何也不会迟到1902年上半年。事实上，如前所述，1901年10月22日，在新加坡侨界颇有影响的邱菽园已在《天南新报》发表《论康有为》一文，与康有为彻底决裂，而此后不久康有为也离开新加坡去了印度，从而表明保皇派在新加坡的影响大为削弱。在这种情况下，已经经营半载的尤列在新加坡创设中和堂也就具备了有利的客观条件。这也多少表明，尤列在新加坡创设中和堂的时间当在1901年10月底或11月初。冯自由虽说过"庚子辛丑（1900～1901）间"尤列创设中和堂于南洋，但说得更多的还是"辛丑后"或"及辛丑"尤列至南洋创设中和堂，只有一次在记及黄世仲加入中和堂年代时，似乎说尤列此举是在"壬寅"年①。就是说，冯自由似乎也是把尤列在南洋创设中和堂的时间锁定在1901年的。总之，尤列在新加坡创设中和堂的时间当在1901年10月和11月之交前后。既然如此，那么也就可以说黄世仲是在此时加入中和堂的了。

其实，黄世仲不仅是在尤列创设中和堂于新加坡的时候加入中和堂，而且如同是后来同盟会香港分会的创建者之一一样，很有可能还是新加坡中和堂的创始人之一。在上揭《〈洪秀全演义〉作者黄世仲》中，冯自由说的是尤列创设中和堂于南洋英属各埠，工界从之者如归市，"世仲兄弟预焉"；在

---

①　冯自由：《兴中会时期之革命同志》，《革命逸史》第3集，北京，中华书局1981年7月第1版，第76页。

上引《华侨革命开国史》的文字中,冯自由说的是尤列经营半载,"遂集少数同志组织一小俱乐部,……仍以'中和堂'三字名之"。所谓"世仲兄弟预焉",当是说黄世仲与其兄黄伯耀参与了尤列所倡导的新加坡中和堂的创设活动;所谓"遂集少数同志"云云,当是说新加坡中和堂之创设活动并非尤列一人单枪匹马所为,而是在"少数同志"共同参与下进行的。当然,这一点仅系推测,尚待新的资料证实。不过,无论如何,可能性是很大的。

现在,可以把黄世仲十年南洋生活行踪概述如下:

1893 年,年仅 22 岁的黄世仲与其兄黄伯耀等一起,离乡背井,前往南洋谋食,登陆马六甲,旋至吉隆坡某赌间充当书记,且以能文而为当地华侨社团所敬重。大约从 1896 年初开始,先后被新加坡侨商陈楚楠、张永福聘为文案,又义务兼充任华侨各工界团体之文书,且当于 1898 年 5 月 26 日《天南新报》创刊后投稿该报,受到该报总理邱菽园的赏识。大约从 1899 和 1900 年之交、最迟从 1901 年 9 月初开始,加入《天南新报》,充当以病不能视事的邱菽园的幕后捉刀人。从 1902 年 8 月 1 日或略早一、二天开始,与原任主笔的林紫虬一起充任《天南新报》主笔;直至 1903 年 3 月离开新加坡回香港任职于《中国日报》前止,充任该报主笔大约七个多月时间。

黄世仲到南洋后,开始几年间还是维新变法思潮正盛的时期,此时他也是"认同维新"的。1901 年 4 月下旬,兴中会会员尤列从日本横滨到南洋开展革命活动。此前,黄世仲已因经常阅读《中国日报》而逐渐接受民主革命思想;尤列到后,黄世仲受其革命排满思想的影响,民主革命思想更为牢固。当尤列大约于 1901 年 10 月和 11 月之交在新加坡创设中和堂时,黄世仲不仅加入为会员,而且当是参与创设活动的少数几人之一。

从上述这些看来,十年南洋生活确是黄世仲生活道路上的一个重要时期,是其完成从拥护维新改良到信奉民主革命的思想转变时期。这个时期中对他影响最大的有两个人。一是邱菽园,是他将黄世仲引入其此后一直热爱的报刊生涯;一是尤列,是他将黄世仲导入其此后一直服膺的革命组织及其活动。

应当一提的是,黄世仲在南洋期间,不仅对民间通俗文艺的兴趣依旧未减,既阅读稗史小说,又利用中间回国之机搜集有关太平天国革命的资料(如黄世仲在《洪秀全演义》之《自序》中所述及之至迟于 1895 年秋天回国之机),而且还把阅读面扩大到欧美新思想论著,并注意学习孙中山的言论、观察革命运动发展动向、深入华侨社会各个阶层。罗香林在上揭《革命宣传家小说名家黄世仲家世访记》中就说过:

> (黄世仲)旋以尤列导之,入兴中会中和堂,观念为之转型,益好读欧美新思想论著、稗史小说、《中国日报》,关注中山先生言论、革命运动取向,并以性格豪爽,喜交游,出入社团、教堂,论交遍及华人殷商、学界文人学者、基督徒、会党。因而中外交融,上下社会层面通识,促使其视野为之一变,笔锋脱颖而出,政论旨趣渐弃维新,而与中山思想若诸音符之协耳。

他后来从事革命小说和其他通俗形式的文学创作以及革命政论撰写,无疑是与此有密切关系的。

第三章　搏击于革命浪潮中的最初岁月

——1903～1905 年的黄世仲

在成长为资产阶级民主革命者之后不久,黄世仲便结束了他的十年异乡漂泊生活,由新加坡回到香港,开始了他全新生活历程中以同盟会香港分会成立为下限的第一阶段。这是他作为资产阶级民主革命宣传战线上的一名战士,主要是以笔为武器、以报纸为阵地进行斗争的阶段,其具体起讫时间为 1903 年初至 1905 年 10 月。

一、黄世仲和《中国日报》

黄世仲从新加坡回到香港后,便到孙中山委派陈少白创办的兴中会机关报《中国日报》任职。如果说黄世仲在新加坡时已转变为一名资产阶级民主革命者的话,那么到《中国日报》任职,就应当说是他光辉的革命生涯的正式开始。因为,黄世仲在新加坡时,虽然也发表过一些有一定革命倾向的政论作品,但毕竟身处异域,其阵地又是原先有保皇派背景、其主编邱菽园和康有为决裂后革命色彩也不怎么鲜明的《天南新报》,其革命宣传对新加坡当地华侨和国内人民群众的作用和影响也还有限,而到《中国日报》任职以后,由于直接置身于资产阶级民主革命派创办的、其出版地与内地联系十分密切的宣传阵地当中,情况就大不相同了。事实上,黄世仲也正是从此时开始,才迅速地成长为一名资产阶级民主革命的革命家、宣传家和小说家的。

《中国日报》创刊于己亥十二月二十五日(1900 年 1 月 25 日),是以孙

中山为代表的资产阶级民主革命派创办的第一份报纸。关于该报的创办情况,孙中山、陈少白、冯自由等均曾道及。兹分别录述如下:

由乙未初败,以至于庚子,此五年之间,实为革命进行最艰难困苦之时代也。……适于其时,有保皇党发生,为虎作伥,其反对革命,反对共和,比之清廷尤甚。当此之时,革命前途,黑暗无似,希望几绝,而同志尚不尽灰心者,盖正朝气初发之时代也。时予乃命陈少白回香港,创办《中国报》,以鼓吹革命……①

《中国报》者,唯一创始之公言革命报,亦革命过程中一继往开来之总枢纽也。自乙未年广州事败,同志星散,团体几解,《中国报》出以悬一线未断之工作,唤醒多少国民昏睡未醒之迷梦,鼓吹中国乃中国人之中国之主义,战败康氏保皇之妖说,号召中外,蔚为大革命之风。不数年,国内商埠,海外华侨,闻风兴起,同主义之报林立,而惠州之役,固亦以中国报馆为总机关之地也。该报由予创办,在己亥年十二月底出版,……②

自乙未广州一役失败后,孙总理久在日本规画粤事,重图大举,知创设宣传机关之必要,乃于己亥(一八九九年)秋间派陈少白至香港筹办党报,兼为党务军务之进行机关。少白莅港后,……于是租定中环士丹利街二十四号门牌为报馆发行所。取"中国者中国人之中国"之义,定名《中国日报》。……经营数月,至是年十二月下旬始告出版。③

可见,《中国日报》在资产阶级民主革命中所承担的任务及其所处的地位之

---

① 孙中山:《革命原起》,杨松等编《中国近代史资料选辑》,北京,三联书店 1954 年 6 月第 1 版,第 542 页。
② 陈少白:《兴中会革命别录》,《中国近代史资料丛刊·辛亥革命(一)》,上海,上海人民出版社 1957 年 7 月第 1 版,第 83 页。
③ 冯自由:《陈少白时代之〈中国日报〉》,《革命逸史》初集,北京,中华书局 1981 年 7 月第 1 版,第 66 页。

重要。实际上,可以说《中国日报》在其创刊及之后一段时期中,既是华南地区资产阶级民主革命派的心脏,又是整个资产阶级民主革命派最为重要的舆论宣传阵地。黄世仲置身于其中,实际上也就是置身于民主革命的漩涡,因而也就当然成为他的生活历程的一个新的起点。

不过,对黄世仲回到香港并成为《中国日报》之一员的具体时间问题,专家学者们的看法并不完全一致。大致说来,看法有如下几种:

1902 年说,包括 1902 年冬说。李育中、符实、司徒彤、高仁、齐裕焜、张解民、谢永光等先生均主此说。①

1902 年冬离南洋、1903 年回到香港说。管林、钟贤培、谢飘云等先生均主此说。②

1903 年说,包括 1903 年春说。笔者在《黄世仲生平诸问题小辨》③一文中首倡此说,后来关志昌、方志强、郭天祥等先生亦持此说。④

这几种说法中,哪一种正确呢?

---

① 李育中:《〈洪秀全演义〉作者黄小配》,《随笔》第 1 辑,广州,广东人民出版社 1979 年 6 月第 1 版,第 197～200 页;符实:《晚清小说家黄世仲生平》,《芳村文史》第 3 辑,1991 年 2 月内部编印;司徒彤:《辛亥革命宣传家黄小配》,《白云文史》第 7 辑,1992 年 8 月内部编印;高仁:《〈廿载繁华梦〉前言》,《廿载繁华梦》,上海,上海古籍出版社 1997 年 7 月第 1 版,第 1～5 页;齐裕焜:《洪秀全演义》(词条释文),《明清小说鉴赏辞典》,杭州,浙江古籍出版社 1992 年 9 月第 1 版;张解民:《黄小配》,陈永正编《岭南文学史》第 5 章第 2 节,广州,广东高等教育出版社 1993 年 9 月第 1 版,又见方志强《黄世仲大传》,香港,夏菲尔国际出版公司 1999 年 3 月第 1 版,第 26 页;谢永光:《〈洪秀全演义〉作者黄世仲》,《香港笔荟》第 11 期;方志强:《黄世仲大传》,香港,夏菲尔国际出版公司 1999 年 3 月第 1 版,第 705 页。
② 管林、钟贤培主编:《中国近代文学发展史》(修订本)第 3 编《作家传》之《黄小配》,北京,中国文联出版公司 1994 年 3 月第 1 版,第 80 页;谢飘云:《报告文学的奠基人——黄小配》,《中国近代散文史》,北京,中国文联出版公司 1997 年 8 月第 1 版,第 353～359 页。
③ 颜廷亮:《黄世仲生平诸问题小辨》,《近代文学史料》,北京,中国社会科学出版社 1985 年 12 月第 1 版,第 229～241 页;《黄世仲与近代中国文学》,兰州,甘肃人民出版社 2000 年 9 月第 1 版,第 41～53 页。
④ 关志昌:《黄世仲传略》,《香港笔荟》第 11 期;方志强:《黄世仲大传》,香港,夏菲尔国际出版公司 1999 年 3 月第 1 版,第 26 页。

按：上述几种说法中的头一种，当同冯自由的说法有关。在《〈洪秀全演义〉作者黄世仲》①一文中，冯自由说：

> （黄世仲）壬寅（一九〇二）冬以尤列绍介，归香港任《中国日报》记者，适是岁除夕洪全福、梁慕光、李纪堂等倡义广州之计划失败，党人梁慕义等殉难者十余人。广州《岭海报》主笔胡衍鹗（清瑞）借题对革命党大肆抨击，世仲著论斥之，持矛刺盾，异常透辟，双方文战月余始息。

冯自由既说是"壬寅（一九〇二）冬"，那么自然如同第一说，黄世仲是 1902 年冬回香港的了。然而，黄世仲本人在写于癸卯年冬月的《辨康有为政见书》的《弁言》②中，却明确地说他是"今春归"，即从新加坡回到香港乃是在癸卯春天。这里，黄世仲是癸卯年说癸卯事，因而当不会是误述。既然如此，那也就应当相信黄世仲自己的说法，即黄世仲回香港乃是癸卯年即 1903 年春天的事情。持第二种说法的专家学者，看来也注意到了这一点，但却又相信冯自由的说法当有根据，故采取了折中一法，谓其离开新加坡回香港的过程跨了西历 1902 和 1903 两个年头。不过，在笔者看来，即使是就冯自由的说法而论，也并无折中之必要。因为，冯自由所说"壬寅（一九〇二）冬"，括号内所注为与"壬寅"相应的西历年份，至于"壬寅冬"之"冬"是否仍在 1902 年，冯自由并未说明。实际上，壬寅年冬天的最后一月相当于西历的 1902 年 12 月 30 日至 1903 年的 1 月 28 日。因此，大可不必把"壬寅冬"一定理解为 1902 年冬和 1903 年春，而完全可以只是理解为 1903 年春，大体上说黄世仲是 1903 年春回香港的也就可以了，何况冯自由的说法并不正确。

那么，黄世仲回香港的具体时间究竟是 1903 年春天的什么时候呢？张

---

①　冯自由：《〈洪秀全演义〉作者黄世仲》，《革命逸史》第 2 集，北京，中华书局 1981 年 7 月第 1 版，第 41 页。

②　黄世仲：《辨康有为政见书·弁言》，《辨康有为政见书》；颜廷亮校点本见《黄世仲与近代中国文学》，兰州，甘肃人民出版社 2000 年 9 月第 1 版，第 139～189 页。

克宏辑《黄世仲黄伯耀弟兄南洋诗文集》①,为回答这个问题提供了可能。该书收录了黄世仲1902年7月以后在《天南新报》所刊全部诗文作品。一直到1903年3月25日,黄世仲还在《天南新报》发表有《论张之洞之禁〈新民丛报〉》一文,同日又还发表有《霍凤乔诗人归国以诗留别赋此赠之》一诗,这就意味着黄世仲此时仍在新加坡。但在此日之后的《天南新报》上再也未见黄世仲所写的任何诗文了,这就又意味着黄世仲此后当已不在新加坡。到什么地方去了呢? 应当是回香港了。这也就是说,黄世仲离新加坡回香港的具体时间,就当在1903年的3月25日即中历的癸卯二月二十三日以后数日了。

黄世仲回香港到《中国日报》任职,是他自己的主动行为,还是由他人推荐的,现在还无人进行专门的论述,倒是冯自由曾几次谈到过这个问题。冯自由的说法有二:其一即上引他的一段话中所说的"以尤列绍介",此说又见于他的《中和堂小史》②等文;其二即他在《南洋华侨与革命运动》③中的说法,即"世仲且投函香港《中国日报》自荐,遂由《中国日报》延任笔政"。二说不一,情况究竟如何? 看来,二说均是有道理的。冯自由说黄世仲受尤列在新加坡所创中和堂影响,"遂亦倾向民族主义,尤喜读香港《中国日报》,恒不去手"④,那么黄世仲毛遂自荐当是可能的。不过,光是毛遂自荐,大约还是不够的,恰好黄世仲既交好尤列,而尤列又与其时的《中国日报》主持人陈少白曾同属有名的"四大寇"中,请尤列推荐或由尤列主动推荐也是意想中事。所以,黄世仲之能任职于《中国日报》,当是毛遂自荐加尤列推荐的结果。由此可见,黄世仲在成为民主革命者之后,为民主革命效力的积极性是很高很高的。

---

① 张克宏编:《黄世仲黄伯耀弟兄南洋诗文集》,香港,纪念黄世仲基金会2001年11月第1版。下述黄世仲《论张之洞之禁〈新民丛报〉》一文和《霍凤乔诗人归国以诗留别赋此赠之》一诗,分别见该书第104～105、193页。
② 冯自由:《中和堂小史》,《革命逸史》第3集,北京,中华书局1981年7月第1版,第41页。
③ 冯自由:《南洋华侨与革命运动》,《革命逸史》第6集,北京,中华书局1981年7月第1版,第162页。
④ 冯自由:《〈洪秀全演义〉作者黄世仲》,《革命逸史》第2集,北京,中华书局1981年7月第1版,第41页。

至于黄世仲之离开《天南新报》，有专家学者推测，"可能跟他激进的思想有关。黄伯耀得以殿后，继任《天南新报》主笔，论者以为黄伯耀怕事胆小，正可以协助我们推论，他可能较为保守派所能容忍"①，意思是说，黄世仲因思想激进而不怎么见容于《天南新报》股东中的保守派。但在笔者看来，这一推测恐未必符合实际，因为如果真像论者所推测的那样的话，那么黄世仲恐怕不可能在就要离开的1903年3月25日及之前多日，仍继续在《天南新报》上连续刊载政论以及诗歌，何况黄伯耀任主笔后所写政论文字的思想内容，与前此黄世仲所写者，实际上并无激进与否之分呢！所以，真正的原因还应从黄世仲急欲投身《中国日报》的民主革命积极性方面寻找。

黄世仲到《中国日报》以后，即担任笔政并成为督印人②，陈少白不仅"以其为好友尤列所重，亦重之，予以便宜权"，而且后来还以其"文翰高妙、性豪能干"而对之"甚为倚重，兴中会机要之筹措、联络、文书亦令参预分劳"，而黄世仲也从而"遂晋会中决策层"③。但《中国日报》在长时期中，同时任笔政者并非只有一个人，而是有几个人同时担任笔政，黄世仲任笔政时亦然。按《中国日报》创刊之后，最初担任笔政的有洪孝冲、陆伯周，但两人任职时间均不很长。庚子八月（1900年9月），陈春生充任笔政，自后达十余年之久④。辛丑（1901）年春，郑贯公由孙中山介绍，从东京到香港，和陈春生一起担任笔政，但"任《中国报》笔政数月，即辞职另创《世界公益

①　辜美高：《黄世仲昆仲在〈天南新报〉所发表的社论、诗歌探索》，《黄世仲与辛亥革命——辛亥革命九十周年纪念暨黄世仲投身革命百周年国际学术研讨会论文集》，香港，纪念黄世仲基金会2001年8月第1版，第220~226页。

②　廖苹：《1853年至1932年之香港报业》，见杨光辉等编《中国近代报刊发展概况》，北京，新华出版社1986年9月第1版，第186~211页。

③　罗香林：《乙堂劄记》。转引自马楚坚《宣传辛亥革命之文字功臣：黄世仲行实考》，《黄世仲与辛亥革命国际学术研讨会论文集》第2辑，香港，纪念黄世仲基金会2002年2月第1版，第163~195页。

④　陈春生：《陈少白先生与香港〈中国日报〉及〈中国日报〉与中国革命之关系》，《辛亥革命史料选辑》上，长沙，湖南人民出版社1981年9月第1版；杜元载主编《革命文献》第64辑《兴中会革命史料》，台北，中国国民党中央委员会党史委员会1963年12月第1版，第170~172页。

报》"①。大约就在此时,陈诗仲到《中国日报》和陈春生一起担任笔政。黄世仲加入《中国日报》担任笔政时,正与陈春生、陈诗仲同事。当郑贯公创办的《世界公益报》于癸卯十二月十一日(1904 年 1 月 27 日)出版的时候,黄世仲便于此前不久协助郑贯公创办新报去了。计算下来,黄世仲在《中国日报》担任笔政,前后不到一年时间。

在《中国日报》任职期间,作为笔政之一,在陈少白主持下,黄世仲和陈春生、陈诗仲等一起,利用手中的一支笔,进行民主革命的舆论工作,发表了不少宣传革命、反对保皇的文章,特别是发表了后来辑理为《辨康有为政见书》的批驳康有为保皇谬论的政论,在资产阶级民主革命的宣传战线上初露锋芒,建立了重要的功绩。

二、黄世仲和《世界公益报》、《广东日报》、《有所谓》报

郑贯公辞去在《中国日报》职务以后,先后另组了三家报纸,即《世界公益报》、《广东日报》和《唯一趣报有所谓》。与之相应,黄世仲也先后到该三家报纸协助郑贯公,成为郑贯公的得力助手和该三报的骨干,继续用手中的一支笔,为资产阶级民主革命事业的发展而奋斗。

黄世仲和《世界公益报》 关于黄世仲退出《中国日报》、协助郑贯公创办《世界公益报》的具体时间,现已难详。不过,从《世界公益报》的创办过程,还是可以推测出一个大概的。按,冯自由在《郑贯公事略》②中说:

……贯一(按:即郑贯公)赋性不羁,遂与诸纨绔游,宴饮殆无虚夕,渐为少白所不喜。一夕与同志郑士良(庚子惠州革命军首领)、陈和等饮于水坑口宴琼林酒楼,士良猝暴病身死,贯一意不自安,未几遂

---

① 冯自由:《香港〈中国报〉及同盟会》,《中华民国开国前革命史》第 1 册第 23 章,见杜元载主编《革命文献》第 66 辑,台北,中国国民党中央委员会党史委员会 1974 年第 1 版,第 251～261 页。

② 冯自由:《郑贯公事略》,《革命逸史》初集,北京,中华书局 1981 年 7 月第 1 版,第 84 页。

向陈少白辞职，旋与林护、谭民三等创设《世界公益报》，癸卯（一九〇三年）夏间偕冯活乐、苏绰南、崔通约三人至横滨定购印机铅字等物。贯一任总编辑，而通约则充驻日访员，是为香港维新派报纸之第二种。是报资本全出基督教徒，立言宗旨须受资本家统制，贯一以议论缚束，大违初衷，出版不及一载，即自行辞职，而另创《广东报》。

在《中国革命运动二十六年组织史》①中，冯自由又说：

> 继《中国日报》出版后三年而出版者，有《世界公益报》焉。是报发刊于癸卯年冬，为《中国报》前记者郑贯公所主编，其资本全出诸耶稣教徒林护、冯活泉、谭民三等。编辑人有李大醒、崔通约、黄世仲、黄伯耀、黄鲁逸等。

在《〈洪秀全演义〉作者黄世仲》②中，冯自由还说：

> 是年（按：指癸卯年）郑贯公另创《世界公益报》于香港，世仲特辞退《中国报》席，以助其成。

郑贯公之辞退《中国日报》而另创《世界公益报》，恐未必如冯自由所说的那样，主因乃是由于"渐为少白所不喜"云云。倒是通过黄世仲的兄长黄伯耀以及黄世仲的战友高剑父、陈树人等对黄世仲生平事迹进行过调查研究的罗香林所说更合理些，他说：

> （在港革命派人士）鉴于《图南日报》于星之势日靈，保皇会之势日壮，势将漫至香港而有所议于少白诸公。据高剑父、陈树人先生称：黄氏与少白先生、郑贯一、陈春生氏等议别创革命宣传第二、三阵营以弘

---

① 冯自由：《中国革命运动二十六年组织史》，上海，商务印书馆1948年1月第1版，第74页。
② 冯自由：《〈洪秀全演义〉作者黄世仲》，《革命逸史》第2集，北京，中华书局1981年7月第1版，第42页。

播革命于社会中下层,并作未雨之缪。职是以郑氏为首,另起炉灶,别筹资金于外而创刊《世界公益报》、《广东日报》、《有所谓》报于1904、1905年,黄氏乃佐成之;然乃(仍)兼笔政,撰述于《中国日报》。三报遂为中国报社之外围以相呼应,大裨再战立宪派之《商报》。于革命宣传与反美、反收粤汉铁路等皆有誉于时。①

但郑贯公之辞退《中国日报》而另创《世界公益报》,直接原因却应与郑士良猝死有关。据知,郑士良之猝死,时在癸卯七月。② 那么,郑贯公之辞退《中国报》职务,当在此后不久;从上引《郑贯公事略》谓郑贯公等癸卯夏已赴日定购印机铅字等物来看,也许就在癸卯七月间。但此时《世界公益报》还未创刊,而只是在开始筹备之中,黄世仲当未立即随郑贯公辞退《中国日报》职务。《世界公益报》正式出版于癸卯十二月十一日,其时已入西历新的一年,为1904年1月27日,而《中国日报》1904年向港英政府登记的督印人,仍为黄棣荪即黄世仲③。据此看来,如果说黄世仲大约在此前不久即癸卯十一月底或十二月初(1904年1月上旬)离开《中国日报》帮助郑贯公创办《世界公益报》的话,想来当不会有什么太大的不妥。当然,所谓离开,并非从此之后不再为《中国日报》撰稿、不再关心《中国日报》的编务、不再与《中国日报》有任何联系。如前所说,《中国日报》乃是当时华南地区资产阶级民主革命派的心脏和整个资产阶级民主革命派最为重要的舆论宣传阵地,作为一名满怀革命热情地从新加坡回香港投身《中国日报》的革命者,也不可能一旦离开,便从此割断联系,黄世仲仍登记为《中国日报》1904年的督印人,似乎也表明了这一点。事实上,一直到后来,当同盟会香港分会成立并设于《中国日报》社长室时,黄世仲作为分会领导人之一,也是经常出入于该报的。不同的是,他当已不再担任笔政,其主要精力当已放在《世界公

---

① 罗香林:《乙堂劄记》。转引自马楚坚《宣传辛亥革命之文字功臣:黄世仲行实考》,《黄世仲与辛亥革命国际学术研讨会论文集》第2辑,香港,纪念黄世仲基金会2002年2月第1版,第163~195页。

② 冯自由:《郑士良事略》,《革命逸史》初集,北京,中华书局1981年7月第1版,第25页。

③ 廖苹:《1853年至1932年之香港报业》,见杨光辉等编《中国近代报刊发展概况》,北京,新华出版社1986年9月第1版,第206页。

益报》的工作上了。

时人称《世界公益报》为"香港革命党报之第二家"①。但该报资本出自耶稣教徒,言论颇受束缚。特别是由于连载《扬州十日记》歌谣,股东以言论过激而请郑贯公略变宗旨。郑贯公与之力争而无果,便自行引退。②所以,郑贯公主持《世界公益报》编务的时间并不怎么长。上引冯自由《郑贯公事略》谓《世界公益报》"出版不及一载",郑贯公"即自行辞职"。其实,并非"出版不及一载",而是还要短一些。冯自由在《华侨开国革命史》中的说法就有所不同,即谓《世界公益报》"出版后半载",郑贯公"即自行辞职"。但这样说仍嫌不妥,因为不仅郑贯公去世后风萍旧主所写《郑君贯公传》③即云郑贯公"治鲁者三月而已",而且郑贯公紧接着创办的《广东日报》已于甲辰二月十五日(1904 年 3 月 31 日)正式出版,时离《世界公益报》创刊才两个多月,而黄世仲也就于此前后又协助郑贯公创办《广东日报》了。那么,黄世仲究竟是何时协助郑贯公创办《广东日报》的呢? 这就又牵涉到《广东日报》的创办了。

黄世仲和《广东日报》　关于郑贯公创办《广东日报》的情况,冯自由等均有记载。在《〈洪秀全演义〉作者黄世仲》④中,冯自由在叙述黄世仲协助郑贯公办《世界公益报》之后紧接着说:

> 其后贯公复发刊《广东报》及《有所谓》报等,世仲均与其事。

在《郑贯公事略》⑤中,冯自由写道:

　　① 冯自由:《华侨革命开国史》,《近代史资料专刊·华侨与辛亥革命》,北京,中国社会科学出版社 1981 年 12 月第 1 版,第 74 页。
　　② 李默:《辛亥革命时期广东报刊录》第 3 次刊出部分,《新闻研究资料》第 3 辑,北京,中国社会科学出版社 1980 年 5 月第 1 版,第 164～173 页。
　　③ 风萍旧主:《郑君贯公传》,《有所谓》报丙午四月十九日(1906 年 5 月 12 日)。
　　④ 冯自由:《〈洪秀全演义〉作者黄世仲》,《革命逸史》第 2 集,北京,中华书局 1981 年 7 月第 1 版,第 42 页。
　　⑤ 冯自由:《郑贯公事略》,《革命逸史》初集,北京,中华书局 1981 年 7 月第 1 版,第 84 页。

（郑贯公创办《世界公益报》）出版不及一载，即自行辞职，而另创《广东报》。《广东报》言论较《公益报》为开展，惟资本不足，发刊年余，便已歇业。

在《中国革命运动二十六年组织史》①中，冯自由又写道：

　　是年（按：即甲辰年）《世界公益报》主笔郑贯公因事辞职，另创《广东日报》，地址在香港中环歌赋街，担任撰述者有黄世仲、陈树人、王军演、胡子晋、劳纬孟诸人，言论与《中国报》大同小异。是为香港革命派报纸之第三家，仅发刊一年而歇业。

麦思源在《七十年来之香港报业》②中也说：

　　（广东日报）出版于光绪甲辰年春季，初任编辑者郑贯公、李大醒，劳纬孟继之，宗旨与《中国日报》大致相同，……至光绪丙辰三月辍版。

实际上，《广东日报》也正创刊于甲辰二月十五日（1904 年 3 月 31 日）。那么，黄世仲之到该报，就当在此之前。按：《中国日报》甲辰二月初一日（1904 年 3 月 17 日）刊有题为《广东日报定期出纸普告》的广告，落款时间为甲辰正月廿六日（1904 年 3 月 12 日）。考虑到这一点，那么黄世仲可能已于甲辰正月下旬（1904 年 3 月中旬）或再早些参与了《广东日报》的筹办活动，而在《广东日报》正式创刊的二月初一日（1904 年 3 月 31 日）前几日则当已担任《广东日报》编辑了。

　　不过，黄世仲这一次并未完全随郑贯公离开《世界公益报》，而是在协助郑贯公办《广东日报》的同时，一身二任，仍继续在《世界公益报》和另外

---

　　① 冯自由：《中国革命运动二十六年组织史》，上海，商务印书馆 1948 年 1 月第 1 版，第 84 ~ 85 页。
　　② 麦思源：《七十年来之香港报业》，香港，《〈华字日报〉七十一周年纪念刊》，1934 年 10 月；张静庐辑注：《中国近代出版史料补编》，北京，中华书局 1957 年 5 月第 1 版，第 176 ~ 177 页。

几人一起担任笔政。麦思源《七十年来之香港报业》就《世界公益报》之情况云："继郑任编辑者为李大醒、黄世仲、黄耀公等。黄世仲任最久,阅者习诵其文,渐成为偏嗜。世仲殁后,行销顿不如前。"①后来,黄世仲与其兄创办的《中外小说林》由世界公益报公理堂顶受并更名为《绘图中外小说林》、黄世仲的长篇小说《南汉演义》在《世界公益报》连载、其另一长篇小说《宦海潮》也由《世界公益报》出版了单行本。据此,则黄世仲在《世界公益报》工作的时间当很长,与《世界公益报》的关系也是很深的。

黄世仲和《有所谓》报 黄世仲在《广东日报》任职究竟多长时间,史无明载。但当郑贯公又创办《唯一趣报有所谓》时,"均与其事"的黄世仲当可能参与。按:《有所谓》报实际上是郑贯公以开智社名义创办的。其创刊号所刊有关报费收缴办法的《要告》,即署"开智社谨启";同日"庄言要事之部"所刊郑贯公所写的"博议",文题也是《开智社〈有所谓〉出世之始声》。这个开智社,是郑贯公在香港发起成立的,其成立时间约在乙巳四月(1905年5月);考虑到与郑贯公的关系,黄世仲当为其成员。②

对郑贯公以开智社名义创办《有所谓》报的过程,冯自由等也有记载。在《郑贯公事略》③中,冯自由说:

> (郑贯公)乙巳(一九〇五年)夏复组织小报,题曰《唯一趣报》,又名《有所谓》,专以小品文字牖导社会,粤中文士助任撰述者,有胡子晋、王军演、王斧、陈树人、卢伟臣、卢星父、骆汉存、马骏声等十余人,销路之广,驾各大报而上之。

在《中国革命运动二十六年组织史》④中,冯自由又说:

---

① 麦思源:《七十年来之香港报业》,香港,《〈华字日报〉七十一周年纪念刊》,1934年10月;张静庐辑注:《中国近代出版史料补编》,北京,中华书局1957年5月第1版,第176~177页。

② 郭天祥:《黄世仲年谱长编》,北京,中国社会科学出版社2002年10月第1版,第91页。

③ 冯自由:《郑贯公事略》,《革命逸史》初集,北京,中华书局1981年7月第1版,第84页。

④ 冯自由:《中国革命运动二十六年组织史》,上海,商务印书馆1948年1月第1版,第102~103页。

　　是报(按:指《有所谓》报)又名《唯一趣报》,系一小型日刊,设于荷理活道。撰述人有郑贯公、黄世仲、陈树人、卢伟臣、骆汉存、王军演、卢星父等。出版于是年(按:指乙巳)年八九月间,甚为港中各界欢迎。是为香港革命党报之第四家,次年以郑贯公病故停刊。

麦思源在《七十年来之香港报业》①则说:

　　(《有所谓》)报之篇幅颇小,既名曰"有所谓",复颜以"唯一趣报"四字。郑贯公任编辑,持论激烈,内载俳文歌曲,几占全报五分之二。此类小品文字,如胡子骏、陈树人、卢伟臣等,皆工为之。当时一纸风行,为省、港各报之冠。出版后翌年,贯公既殁,易名为《东方报》,胡子骏、谢英伯、刘思复、骆汉存先后主之。

经查,《有所谓》报是乙巳五月初二日(1905年6月4日)创刊的,创刊当日及之后数日的报纸上刊有《本社同人题名》:

　　在局记者
　　郑贯公　一名"仍旧"
　　陈亚哲　一名"猛进"
　　胡骏男　一名"椎铁"
　　骆铁汉　一名"汉存"
　　名誉记者
　　黄棣荪　　卢信公　　王亚斧　　卢森符
　　王袂起　　陈大我　　易侠血　　梁新武
　　卢谔醒　　黎民铎　　莫景沂　　梁襄武

---

　　①　麦思源:《七十年来之香港报业》,香港,《〈华字日报〉七十一周年纪念刊》,1934年10月;张静庐辑注《中国近代出版史料补编》,北京,中华书局1957年5月第1版,第176～177页。

按:从乙巳四月二十日(1905 年 5 月 23 日)起,《广东日报》连续三天刊出《唯一趣报有所谓出世广告》,预告《有所谓》报将于乙巳五月初一日(1905 年 6 月 3 日)出版;乙巳四月三十日(1905 年 6 月 2 日),《广东日报》又刊有《出报改期告白》,谓《有所谓》报改期于乙巳五月初二日(1905 年 6 月 4 日)出版。那么,黄世仲当已于乙巳四月中下旬之交(1905 年 5 月下旬)开始参与《有所谓》报之筹备工作。而上述题名中黄棣荪即黄世仲被列为"名誉记者",也足证冯自由将黄世仲列入《有所谓》报撰述人名单之中自有道理。事实上,黄世仲在《有所谓》报的附张上,除据知从创刊的时候起,就长期连载其首部长篇小说《洪秀全演义》外,还以"辕裔"、"辕"等名在正张上发表过政论、短评以及不少谐谑类文字,其中今尚可见到者,据香港纪念黄世仲基金会 2003 年 2 月印行的《黄世仲弟兄反清文集》所辑,就有政论文二篇、短评一篇、谐谑类文字 25 则。考虑到黄世仲和郑贯公之间的亲密关系,说他是《有所谓》报创办工作的参与者之一,当是完全可以成立的。

不过,从黄世仲在上述《本社同人题名》中毕竟只是"名誉记者"而并非"在局记者"来看,还很难说在《有所谓》报创刊伊始,他就是《有所谓》报的笔政之一。另外,《有所谓》报今尚存世者,是从创刊之日开始的,乙巳五、六、七、八、九等几个月的报纸,除附张外,存世较多较完整,而今在该报所能见到的他的各种文字,却均是发表于乙巳九月(1905 年 10 月)以后的。这也就是说,黄世仲在《有所谓》报创刊之后的大约四个月时间中,除在附张连载《洪秀全演义》外,再未发表过什么文字。这似乎也意味着,至少他在《有所谓》报创刊初期并非其笔政,而只是以"名誉记者"身份参与工作。

那么,这几个月中他的工作岗位究竟在什么地方呢?考虑到乙巳三月间郑贯公已因资本不继、物业遽然易人而离开《广东日报》,接替郑贯公为总编辑兼督印人者为李应生,其主笔则为李大醒和黄鲁逸,黄世仲当已不再担任其主笔,虽然因与李大醒和黄鲁逸同为要好的革命同志而仍与《广东日报》保持联系,而实际上当已离开,其工作主要则应当是在《世界公益报》。大约直到乙巳九月末,黄世仲才既在《世界公益报》工作,又一身二任,在《有所谓》报兼任笔政并开始在其上较多地发表各类文字了。

《有所谓》报一直出版到丙午六月初九日(1906 年 7 月 29 日)。前此,郑贯公于丙午四月十三日(1906年5月6日)病逝。之后,该报还坚持了一段时间。丙午年四月十九日(1906年5月12日)《有所谓》报刊出《本报要告》,末附同人一览表,其中所列撰述员之第一人为黄棣荪即黄世仲;同日,《有所谓》报还有黄世仲用"棣荪"一名发表的政论《哀省城报界之现象》一文。由此可见,黄世仲仍继续在该报工作。再后,黄世仲在丙午年闰四月初六日(1906年5月28日)创办了《香港少年报》,此后的《有所谓》报上再未见黄世仲写有什么文字。看来,黄世仲在《香港少年报》创刊时即已离开《有所谓》报。但为时未久,《有所谓》报也就更名为《东方报》,从而也就结束了自己的历史了。

上述三家报纸,都是资产阶级民主革命派创办的,其思想政治倾向均和《中国日报》一脉相承,在当年岭南地区民主革命事业的发展中发挥过重要作用。黄世仲作为这三家报纸的重要参办者,既积极参与各报筹办工作,又积极为各报供稿,还曾担任各报笔政,协助郑贯公办好各报并参与各报所进行的一些重要革命政治活动,从而和郑贯公一起成为"兴中会后期及同盟会时代华南进步报人中之两员闯将"①。

此外,在1903到1905年间,黄世仲还曾参与过《时事画报》的创办工作。《时事画报》是一家由资产阶级民主革命派人士潘达微、高剑父、谢英伯等创办的、以刊登绘画为主而又图文并茂的文艺刊物,其创刊时间为乙巳八月二十五日前后,很可能就是乙巳八月二十五日(1905年9月23日)。考虑到《时事画报》的创办者们均倾向革命或已是革命者,黄世仲又是当时岭南地区革命派中坚人物之一,他对《时事画报》的创刊及其创办过程当是知情的。不仅如此,而且有理由相信黄世仲当是创办《时事画报》积极参与者和撰述员。他的长篇小说《廿载繁华梦》大约从《时事画报》创刊后不久出版于乙巳十一月初十日(1905年12月6日)的第8期开始即在该刊连载,《时事画报》丁未第21期起连续数期刊登的黄世仲的又一长篇小说《党人碑》出世广告中称黄世仲为"本社撰述员",都可说明这一点。有关详情,

---

① 冯秋雪:《辛亥前后同盟会在港穗新闻界活动杂忆》,《广东文史资料·孙中山与辛亥革命史料专辑》,广州,广东人民出版社1981年8月第1版,第97~108页。

笔者将在本书下册专章论述，此处不再赘述。

三、黄世仲在思想理论战线

　　黄世仲本来是尤列在新加坡组织的中和堂的成员。回香港后，未见他与中和堂再有什么联系的记载。但是，也未见他在香港加入兴中会的记载。事实上，由于中和堂本来就是作为兴中会成员的尤列组织的兴中会外围组织，尤列推荐黄世仲到《中国日报》时当会向陈少白介绍过这一情况。同时，乙未广州起义失败之后，香港兴中会即兴中会总会"因而瓦解"①；庚子（1900）年春夏间兴中会策动的惠州起义在九月（1900 年 10 月）间失败后，兴中会元气大伤，"故自庚子以迄丙午（民国前六年）之七月间，革命军务殆完全停顿。香港之党务报务由陈少白一人主持，……在此期间，兴中会等于取消，从未收纳党员一人"②。在这种情况下，陈少白也就完全可以把作为原本和兴中会二而一的组织的中和堂的成员黄世仲视为兴中会当然的一员，而不必让其再来一个加入手续。事实上，陈少白也正是把黄世仲视为兴中会会员且加以重用的。罗香林说陈少白对黄世仲"甚为倚重，兴中会机关之筹措、联络、文书亦令参预分劳"、黄世仲从而也就实际上"遂晋会中决策层"③，就是证明。至于黄世仲本人，当亦明白这一层，并实际上也是以兴中会当然会员所应遵循的革命原则进行各项活动的。

　　由于资料的限制，今天已很难知道黄世仲在 1903 至 1905 年 10 月间，究竟都进行了哪些方面的具体工作以及工作的具体情况。然而，大致情况还是可以知道的。其中，最为重要的，乃是先在陈少白主持下的《中国日

---

　　①　冯自由：《兴中会组织史》，《革命逸史》第 4 集，北京，中华书局 1981 年 7 月第 1 版，第 9 页。

　　②　冯自由：《香港同盟会史要》，《革命逸史》第 3 集，北京，中华书局 1981 年 7 月第 1 版，第 219 页。

　　③　罗香林：《乙堂劄记》。转引自马楚坚《宣传辛亥革命之文字功臣：黄世仲行实考》，《黄世仲与辛亥革命国际学术研讨会论文集》第 2 辑，香港，纪念黄世仲基金会 2002 年 2 月第 1 版，第 163～195 页。

报》,后在协助郑贯公创办的《世界公益报》、《广东日报》和《有所谓》报,以及在潘达微等创办的《时事画报》任职,或以供稿等方式给予各该报刊以支持期间,以报刊为阵地、以笔为武器,宣传革命,抨击保皇,反对帝国主义对中国人民的欺压行径和清朝政府的专制腐败。就是说,黄世仲当时主要是在思想理论战线上进行工作的。

人们想必知道,1903 至 1905 年那几年间,在中国社会、特别是在思想理论战线上,曾发生过一系列重大事件,其中有的还同港穗地区直接有关。针对康有为 1902 年发表的力主保皇、反对革命的公开信《答南北美洲诸华商论中国只可行立宪不可革命书》(单行本改题《南海先生最近政见书》)而展开的民主革命派对保皇派的斗争,1904 年 2 月至 1905 年 8 月日、俄两国在中国土地上进行的争夺中国东北的帝国主义战争,1905 年爆发的声势浩大的反美拒约运动及其在港穗地区的发展,1905 年湖南、湖北、广东、四川等省人民群众开展的"收回利权,自办铁路"的爱国斗争等等即是。当这些重大事件的每一件发生时,从《中国日报》到《有所谓》报乃至《时事画报》,凡是其时已经创刊并正在继续出版中的,均都以及时地发表旗帜鲜明的消息、言论和相关的文艺作品的形式,即以发挥舆论宣传作用的形式,积极参与斗争并发挥了重要的作用。当然,这几家报刊的主持人均非黄世仲,笔政也并非只有黄世仲一人,在《时事画报》中黄世仲还仅仅是撰述员之一,因而这几家报刊的参与和作用,也就不能等同于黄世仲个人的参与和作用。然而,由于黄世仲与各报刊有紧密的关系,并曾是其中几报的主笔,各报的参与和作用中自然也就包含有黄世仲的一份。不仅如此,而且黄世仲本人,事实上也在各该报刊上发表了不少政论和文艺作品,直接参与斗争,建立了卓越功绩,并因而名闻岭南地区乃至海内外。

黄世仲的《辨康有为政见书》 黄世仲在 1903 至 1905 年 10 月间所参与的思想理论战线上的工作,最突出的乃是从新加坡回香港后,很快就以《中国日报》为阵地而连续进行的批判康有为保皇谬论的斗争。康有为的《答南北美洲诸华商论中国只可行立宪不可革命书》(《南海先生最近政见书》),是保皇派宣扬保皇谬论、反对民主革命、和民主革命派争夺群众的理论大成,对之如不坚决彻底地进行批判,民主革命的发展就必然会严重地受到影响,民主革命的前途也将不堪设想。在其公之于世时刚刚到《中国日报》任职的黄世仲,深知其对革命所具有的严重的危害性,便奋起撰写长篇政论《辨康有为政见书》并在《中国日报》上连载,对之进行批判。正如黄世仲自己在该长文的《弁言》所说:

　　余生三十二年,无一事可以告国民者。钱纲云"国家无事报恩难",容可恕也。曩适异国,将越十年。今春归,寻故友,得康氏《最近政见书》;友并告余曰:"此康氏组织一生学问以成之者也。"余曩耳康名,薄为世道,意书中必有精义。薄观之,奄奄徐睡。睡已复读,乃愕然惊、喟然叹,拍案呼曰:"此国民之祸水头,是不可不辨!"爰涉笔成此,方三万余言。其间字句容有不纯之处,然公理具在,国民其许我乎!

　　癸卯年　冬月　日　　　　　　　　　　　　　　著者留识

由于1903年的《中国日报》今已不存,今天自然很难详知黄世仲进行这一斗争的前前后后。好在黄世仲所写的长篇文章经编理后,在这一年的年底以单行本形式出版,从而使今天的人们得见黄世仲对康有为的透辟犀利的批驳。人们可以看到,在《辨康有为政见书》中,黄世仲全面、系统、细致、深入地批驳了康有为一个又一个力主保皇、反对革命的谬论及其立论之所谓事实依据,尖锐地指出康有为抛出的《最近政见书》"绝无宗旨,忽而言道德,忽而言利害,忽而言名分,忽而言天演,忽而言气数;不明种界,不解民族,不识公理,千差万错",其目的实为"欲以唇枪舌剑,对敌风潮"、"欲借胡清之剑印,诛尽汉种之头颅"、"发保皇之孽火"而"涸革命之急流";并指出:

　　今者民气既开,风潮递进,海内外人士,皆知种族不可沦亡,公理不可诬蔑,民族主义,万口同声。康静听之:时乎时乎,会当有变;自今而往,毋直摇舌,以乱国民之意!

人们想必知道,康有为的《最近政见书》出笼之后,章太炎曾在 1903 年 6 月 29 日的《苏报》上发表政论《驳康有为论革命书》①予以严厉批驳。章太炎此文,在当时影响很大,且成为清朝政府制造有名的《苏报》案的所谓根据之一。大约同《苏报》案和章太炎本人有很高的名望有关吧,章太炎此文一向为辛亥革命史研究界专家学者们所熟知,而黄世仲的《辨康有为政见书》却湮而不彰。然而,黄世仲的文章不仅较章太炎的文章出现要早②,而且在当时也同样是起了很大作用的。冯自由在其所写的有关文章中就说过:

> 癸卯(一九〇三年)康有为排斥仇满之政见书出世,《中国日报》与章太炎先后为文驳之,《中国报》文字多出世仲手笔。③

> (世仲)壬寅冬至香港任《中国日报》记者,著有《辨康有为政见书》,在章炳麟著《驳康书》之前出版。④

冯秋雪在《辛亥前后同盟会在港穗新闻界活动杂忆》⑤中也说:

> 黄(世仲)回港任《中国日报》编辑稍后于郑贯公。癸卯(一九〇三年,清光绪二十九年)间,康有为发表非难革命的《政见书》后,黄世仲即在《中国日报》发表《辨康有为政见书》(较章炳麟发表《驳康书》为

---

① 章太炎《驳康有为论革命书》在《苏报》发表时题为《康有为与觉罗君之关系》,系写给康有为的公开信的一部分。全文以单行本出版时,改题《驳康有为论革命书》。
② 关于《辨康有为政见书》开始在《中国日报》发表的具体日子,现已不详。但冯自由、冯秋雪均说是在章太炎在《苏报》发表《驳康有为论革命书》中之一部分(题为《康有为与觉罗君之关系》)之前,黄世仲自己也说是"今春归"之后的事情。不过,当还未发表完毕的时候,章太炎的文章就已开始发表了。故二者当大致同时而黄文开始发表的时间先于章文。
③ 冯自由:《〈洪秀全演义〉作者黄世仲》,《革命逸史》第 2 集,北京,中华书局 1981 年 7 月第 1 版,第 41 ~ 42 页。
④ 冯自由:《兴中会时期之革命同志》,《革命逸史》第 3 集,北京,中华书局 1981 年 7 月第 1 版,第 78 页。
⑤ 冯秋雪:《辛亥前后同盟会在港穗新闻界活动杂忆》,《广东文史资料·孙中山与辛亥革命史料专辑》,广州,广东人民出版社 1981 年 8 月第 1 版;方志强:《黄世仲大传》,香港,夏菲尔国际出版公司 1999 年 3 月第 1 版,第 587 ~ 593 页。

早),力驳其非,由此在华南舆论界中大露头角。

李育中更说:

> 他写惯报纸文章,文字熟练跳脱通俗,既宜于政论,又擅俳谐,在他笔下文章渊渊而出,真是倚马可待。一九〇三年初一篇驳康有为的文章一出,便无人不知有黄小配了。因此他也与章太炎结下战斗友谊……①

罗香林《乙堂劄记》中还说:

> 是年,南海康有为先生为君主宪张本,反对民主革命,提出革命种种之非难,以吓中外国人,促其反诸共拥君主立宪。其《政见书》流至香港,黄氏读之再三,拍案呼曰:"此国民之祸水也,是不可不辨。"乃秉笔一挥,驳其非处,爰引中西文化,首揭民族主义、民权主义,为国父三民主义之革命救国与保皇立宪改良主义之分野界定,以客观之比较法,导众自行抉择,影响至深,与章太炎先生《驳康有为论革命书》相呼应,时人有"北章南黄"之誉。②

冯自由、冯秋雪、李育中和罗香林等几位先生,或者和黄世仲是同志和战友,或者虽比黄世仲时代稍晚而对黄世仲时代港穗事态发展却相当熟悉,或者通过黄世仲兄长黄伯耀和有关资料对黄世仲生活历程进行过深入调查,因而他们的记述当是可信的。事实上,黄世仲的这篇长文不仅是批判康有为《最近政见书》的第一篇重要文字,而且和大致同时而稍晚出现的章太炎

---

① 李育中:《〈洪秀全演义〉作者黄小配》,《随笔》第 1 辑,广州,广东人民出版社 1979 年 6 月第 1 版,第 279～293 页。
② 罗香林:《乙堂劄记》。转引自马楚坚《宣传辛亥革命之文字功臣:黄世仲行实考》,《黄世仲与辛亥革命国际学术研讨会论文集》第 2 辑,香港,纪念黄世仲基金会 2002 年 2 月第 1 版,第 163～195 页。

《驳康有为论革命书》一样,是对以康有为为代表的保皇派从思想政治理论上较早进行的极有分量的大清算,这种大清算比孙中山在《檀山新报》发表《驳保皇报书》(1904年1月)还要早。因而,黄世仲回香港后所做的这第一件有重要影响的大事,或者说黄世仲从到《中国日报》任职开始近三年间所做的这件最为突出的大事,的确做得很漂亮,既在资产阶级民主革命派对保皇派的思想理论斗争中具有拉开序幕的重要作用,又为他本人赢得了作为资产阶级民主革命派一位重要宣传家的崇高地位。

补述:黄世仲对《岭海报》的文战　　讲到这里,大约会有专家学者提出一个问题,即批判康有为《最近政见书》真是黄世仲回香港到《中国日报》任职后所做的第一件有重要影响的大事吗?黄世仲在批判康有为之前,针对广州《岭海报》攻击洪全福等人倡义广州的言论而在《中国日报》进行的那场文战,不是也很有影响吗?其实,了解了黄世仲回香港并到《中国日报》任职的确切时间,这个问题是不难解决的。

据史料记载,黄世仲在《中国日报》上确实早于批判康有为而进行过对《岭海报》的文战。由于《中国日报》1903年前后的报纸今已不存,黄世仲发表相关战斗文章的全部情况现已难详,他究竟都发表了一些什么相关战斗文章同样也已难悉;今所见黄世仲谈及洪全福等倡义广州事件的文字,仅见其连载于《天南新报》1903年2月10日和11日的《惜广东》中的几句话:"今者党人又欲发难于省垣矣,虽事机不密,已破厥谋,然前仆后起,恐接踵而至者固未有艾也,彼木雕泥塑之腐儒,坐拥民上,岂以破获三□强豪,遂足永息风涛,而晏然于升平之下耶?"①所以,今天的人们只能依靠相关记载,知其大概。冯自由曾多次记述过黄世仲对广州《岭海报》的文战所围绕的中心事件,即洪全福等所策划的大明顺天国反清革命事件的策划和失败过程。在《华侨革命开国史》②中,冯自由即记云:

①　黄世仲:《惜广东》,张克宏编《黄世仲黄伯耀弟兄南洋诗文集》,香港,纪念黄世仲基金会2001年11月第1版,第87~88页。
②　冯自由:《华侨革命开国史》,《近代史资料专刊·华侨与辛亥革命》,北京,中国社会科学出版社1981年12月第1版,第9页。

　　和记栈者,太平〔大明〕顺天国在香港秘密策划起事之总机关也。其地在中环德忌笠街二十号四楼。先是兴中会会员谢赞泰、李纪堂之欲在粤举兵革命,以逐满兴汉为宗旨,嗣结识太平天王洪秀全族弟春魁,认为足以图举大事之适当人物,遂推为首领,并预定国号曰"太平〔大明〕顺天国"。春魁以是易名全福,示藉洪秀全福荫之意,纪堂于是役慨然负担全部军饷五十万元。全福受命后,先后分派梁慕光、李植生、冯通明、宋居仁、苏子山(原名龚超,庚子汉口富有票案有名)诸人,在广州、惠州、北江各地联络军队会党,克期于壬寅(民前十年)十二月除夕各方同时发难,其发号施令皆在和记栈处理之。及十二月下旬筹备略竣,赞泰、纪堂等亦各预定除夕晚乘轮诣省主持一切,讵有奸人周某为诳骗巨款事遽向香港警厅告密,且引警吏至和记栈搜查举发,并逮捕同志五人,而机事遂全局败露。粤督德寿藉此破获各党人机关,捕杀党人多名,全福等半载之经营悉成水泡。在港被捕各党人,得英国殖民部电令港督,以国事犯待遇,故电港督下令开释。全福前于太平天国败后,尝从事航海生活多年,春秋既高,乃在港行医自给,是役失利,遂避地新加坡,旋以病返就医,死于香港国家医院,年六十有九。

事败之后,广州《岭海报》主笔胡衍鹗对之进行攻击,而《中国日报》则针锋相对予以反击,反击之文即出诸陈诗仲、黄世仲之手。冯自由在《陈少白时代之〈中国日报〉》①中写道:

　　壬寅(一九〇二年)陶模解职离粤。十二月,洪全福、李纪堂、梁慕光、谢缵泰等,谋于除夕日在广州举义,不幸事泄失贩,梁慕义等八人殉焉。是役,李纪堂独任军饷数十万元。事后,广州《岭海报》主笔胡衍鹗竟大放厥辞,痛诋革命排满为大逆不道。《中国报》陈诗仲、黄世仲等乃严辞辟之,双方笔战逾月,粤垣志士纷纷投稿为《中国日报》声援,

　　①　冯自由:《陈少白时代之〈中国日报〉》,《革命逸史》初集,北京,中华书局1981年7月第1版,第66页。

而革命书报在粤销场为之大增。《中国日报》因拥护革命与他报笔战，此为第一次。

在《广东报纸与革命运动》①中冯自由又说：

> 癸卯(一九〇三年)正月，洪全福、梁慕光等在广州发难之计画失败，《岭海报》著论排斥革命排满，指为大逆不道，香港《中国日报》驳之，双方笔战逾月。《岭海报》操笔政者为胡衍鹗(清瑞)，即汉民长兄。《中国报》操笔政者，为陈诗仲、黄世仲，是为革命扶满两派报纸笔战之第一次。

在《〈洪秀全演义〉作者黄世仲》②中也有前已引述过的对此事的记载。

总之，黄世仲曾为文批判《岭海报》，是实实在在的历史事实。问题是：大明顺天国事件发生于壬寅除夕即 1903 年 1 月 28 日，而如前所说黄世仲是癸卯二月二十三日即 1903 年 3 月 25 日以后数日才回港任职于《中国日报》的，其到《中国日报》时大明顺天国事件已过去近两个月，那又怎么会再在《中国日报》与《岭海报》文战呢？可以肯定地说，回答是否定的。其实，黄世仲与《岭海报》笔战虽然是客观事实，但其发生时黄世仲还未回香港到《中国日报》任职，而是发生于壬寅年年底到癸卯正月的一次回港过春节之行期间。迄今为止，虽然尚未见到任何资料提及过黄世仲有这次回港过春节之行，但看来当是有过的，香港纪念黄世仲基金会出版发行的《黄世仲黄伯耀弟兄南洋诗文集》③对此提供了信息。在该诗文集中，壬寅十二月十六日(1903 年 1 月 14 日)及之前，《天南新报》几乎每过 1、2 天都刊有黄世仲所写的政论，而从壬寅十二月十七日(1903 年 1 月 15 日)起到癸卯正月初

---

① 冯自由:《广东报纸与革命运动》,《革命逸史》初集,北京,中华书局 1981 年 7 月第 1 版,第 114 页。

② 冯自由:《〈洪秀全演义〉作者黄世仲》,《革命逸史》第 2 集,北京,中华书局 1981 年 7 月第 1 版,第 42 页。

③ 张克宏编:《黄世仲黄伯耀弟兄南洋诗文集》,香港,纪念黄世仲基金会 2001 年 11 月第 1 版。

九日(1903年2月6日)长达23天中却没有一篇,直到正月初十日(1903年2月7日)才又开始有黄世仲所写的政论出现。当时,黄世仲仍是《天南新报》主笔,这么长时间依例应有至少六七篇政论发表而竟然没有,表明黄世仲当时当不在新加坡。那么,到哪里去了呢?考虑到中国人有对春节十分重视、稍有可能就一定会在春节时回家与家人团聚的传统,黄世仲当是回了广州,当然也就回了香港;考虑到他不仅对《中国日报》本来就很喜欢读,而且还向其毛遂自荐,而尤列又已把他推荐给了陈少白,利用回乡探亲之机拜见陈少白之心当会有之,而这也有可能促使他春节时返国回乡。如果这个推测不误的话,那么到香港之后,他也就会到《中国日报》拜访陈少白和其时的《中国日报》主笔陈诗仲。而恰好在此期间,发生了大明顺天国事件和《岭海报》对该事件的攻击,黄世仲于是一方面出于革命热情,另一方面可能出于让陈少白和陈诗仲一试的目的,便和陈诗仲一起为文给予《岭海报》以回击。当然,这仍然只是推测,但笔者认为这一推测当是可以成立的。

实际上,冯自由谓黄世仲是壬寅冬以尤列绍介回港任职《中国日报》,事出有因而与实情却有出入:看来他是把黄世仲春节回乡一事,误记为黄世仲离新加坡回港到《中国日报》任职了。既然如此,那么就不可沿袭他的说法,认为黄世仲到《中国日报》后所做的第一件有重要影响的事情是与《岭海报》的文战了。一些专家学者在尚不知黄世仲回港到《中国日报》任职的确切时间的情况下沿袭冯自由的说法,谓其到《中国日报》后即与《岭海报》进行文战,倒还可以理解,但有的专家学者是已弄清了黄世仲确切的回港时间的①,却仍然沿袭照冯自由的说法而未发现此中的矛盾,当然也就未提出笔者所提出的问题,就显得有所疏忽了。

---

①　郭天祥《黄世仲年谱长编》(北京,中国社会科学出版社2002年10月第1版,第71页)1903年"3月底(二月底、三月初)"下记:黄世仲"自新加坡回国";"4月(三月)"下记:黄世仲"回到香港,就任《中国日报》记者"。紧接着在同年"4月(三月)"下又记:黄世仲与《岭海报》文战事,是以此事乃发生在黄世仲回港到《中国日报》任职之后。

四、黄世仲和革命政治工作

在从新加坡回香港任职《中国日报》到 1905 年 10 月的近三年时间中，黄世仲除了进行报刊宣传和在思想理论战线上的斗争外，还参加了一些实际斗争。由于资料甚缺，对他参加实际斗争的情况，现在也是难窥其全、难知其详，但一鳞半爪，还是略可知之的。这里，笔者就来按照时间顺序略事梳理。

接待和保护王和顺　王和顺因在广西从事武装起义失败而避往香港时，黄世仲等给予接待和保护。冯自由在《南军都督王和顺》①中写道：

> 壬寅癸卯间（一九〇二至一九〇三）有陆亚发者，广西著名之游勇头领也，与和顺素相莫逆，佥以其时清军在桂兵力异常空虚，大可乘机而动，遂相约分头举事。亚发一举而陷柳州，庆远、恩施、郁林各属，纷纷响应。和顺亦占据南宁、梧州等属多县，以相犄角。清将苏元春望风而逃，清廷大为震惊，特令粤督岑春煊以七省之兵临之，悬赏十万购陆王二人首级，复遣使招降，饵以禄位，均不为动。相持两载，卒以众寡不敌，亚发死焉。甲辰（一九〇四年）十二月和顺率余众退至邕属四塘墟，犹阵斩清都统吴胜贵以示威，后知事无可为，乃携其侄阿福走香港，谵匿九龙光汉学校，由同志史古愚、伍汉持、李自重等庇护之。

这里，冯自由并未提及黄世仲，但黄世仲当也是参加了史古愚等接待和保护王和顺的行动的。这样说是由于黄世仲当时实际上在主持兴中会香港事务

---

① 冯自由：《南军都督王和顺》，《革命逸史》第 2 集，北京，中华书局 1981 年 7 月第 1 版，第199 页。

的陈少白《中国日报》处"参预分劳"并"晋（兴中）会中决策层"①，因而必定与闻乃至协办其事。不仅如此，而且黄世仲还独自接待和保护过王和顺。其女儿黄福莲所写回忆云：

> ……此时最盛谈革命，各省各乡各县有因环境要逃离家乡者来到香港，必到《世界公益报》访黄世仲，（黄世仲）就招呼在《世界公益报》住，如知己者则带返住家居留，加入革命党反清事多由黄世仲主谋。②

这里，黄福莲还没有说到王和顺，但她在口述时却是说到了的。方志强《黄世仲大传》③即据上引黄福莲所写以及黄福莲的口述写道：

> 黄世仲生性不羁，广交游，与史古愚、郑贯公等意气相投。他为革命毁家纾难，"连自己十多亩祖田都卖掉，为国捐资。所留祖屋都是两房一灶之小瓦屋"。凡革命志士逃避香港，一般的则安排在报馆等处住宿，相好的就带回家中住宿。当时他家住荷李活道，为避开香港及清廷之耳目，而将王和顺带回家中藏匿，反锁在房中，不让王出街，逃过了清廷的捕杀。王和顺喜欢吃猪肠炒大豆芽，每顿饭必叫黄世仲之女黄福莲给他送上一碟，并不准将猪大肠洗得干净，说这样"致（最）有味道"，令黄福莲捧腹大笑。

按，黄福莲生于丙申三月初四日（1896 年 4 月 16 日），甲辰十二月（1905 年初）已八、九岁，约可记事了，她的回忆当是可信的；特别是王和顺吃猪肠炒大豆芽、且不让把猪肠洗得太净的情节，不可能是凭空编造出来的。从她的回忆可知，黄世仲不仅独自接待和保护过王和顺，而且还接待过其他一些因

---

① 罗香林：《乙堂劄记》。转引自马楚坚《宣传辛亥革命之文字功臣：黄世仲行实考》，《黄世仲与辛亥革命国际学术研讨会论文集》第 2 辑，香港，纪念黄世仲基金会 2002 年 2 月第 1 版，第 163～195 页。

② 见笔者所藏黄福莲遗信之复印件。

③ 黄世仲女儿黄福莲的回忆，转引自方志强《黄世仲大传》，香港，夏菲尔国际出版公司 1999 年 3 月第 1 版，第 206～207 页。

故避至香港或因事至港的革命志士,乃至与之一起进行过革命行动的策划。和秦力山等共同策划运动清朝政府驻粤湘籍防军反正,并于其事不成后函介秦赴新加坡从事革命活动即为一例。

策划运动清驻粤湘籍防军反正　秦力山等策划运动清朝政府驻粤湘籍防军反正时,黄世仲曾参与谋划。乙巳六月二十一日(1905 年 7 月 23 日),秦力山在从云南边界致陈楚南的信中,就已说过"去年来广东三次,腊月在省城被李准搜索"①云云,惜语焉不详,且未及与黄世仲等策反清朝政府驻粤湘籍防军事。但后来冯自由在《秦力山事略》②中对此有略详记述:

> (秦力山)甲辰(一九〇四年)至香港,寓《中国报》,日与陈少白、郑贯公、黄世仲等谋,欲运动驻粤湘籍防军反正,尝往来广东三次,是年十二月被清提督李准派兵搜索,狼狈逃港。

再后,罗香林《乙堂劄记》③也说:

> (黄世仲)预《中国报》宣传论说外,预革命起义,若预黄克强、秦力山策反粤籍防军(按:应为湘籍驻粤防军)以应起事长沙,尤以承尤列之传,于联络会党之力最著。

函介秦力山赴新加坡从事革命活动　策反湘籍驻粤防军事既不成,秦力山便从香港经新加坡,赴云南边界从事革命活动,顺道在新加坡往访尤列、黄伯耀、陈楚楠等,而其往访尤列等人之函介者便是黄世仲。冯自由《秦力山事略》④曾叙及秦力山此次南洋之行,云:

---

① 秦力山致陈楚南信。转引自冯自由《南洋华侨与革命运动》,《革命逸史》第 6 集,北京,中华书局 1981 年 7 月第 1 版,第 165 页。

② 冯自由:《秦力山事略》,《革命逸史》初集,北京,中华书局 1981 年 7 月第 1 版,第 88 页。

③ 罗香林:《乙堂劄记》。此处转引自马楚坚《宣传辛亥革命之文字功臣:黄世仲行实考》,《黄世仲与辛亥革命国际学术研讨会论文集》第 2 集,香港,纪念黄世仲基金会 2001 年 8 月第 1 版,第 163～195 页。

④ 冯自由:《秦力山事略》,《革命逸史》初集,北京,中华书局 1981 年 7 月第 1 版,第 88 页。

　　乙巳(一九○五年)春,(秦力山)乃至南洋访尤列、黄伯耀(黄世仲之兄)于新加坡。尝至《图南报》谒陈楚楠,以病不果。居坡两月,遂赴缅甸,谋取道入滇有所活动,……

在《南洋华侨与革命运动》①中,冯自由又进而说:

　　湘人秦力山……乙巳春,藉《中国报》记者黄世仲之介绍,欲到新加坡访陈楚楠。抵坡后,因病不果。及痊愈,即匆匆赴缅甸,临行留书楚楠道歉。是年六月间复由滇致函详述往事,前后两函均有史料之价值,附录如左(二函均陈楚楠藏)②:

　　(其一)楚楠智者大鉴:久耳公名,颇深渴慕(自港来时黄君世仲以函介绍见君)。……弟巩黄即秦力山顿。
　　(其二)楚楠先生侠鉴:往岁在港沪间,尝闻有思明州少年者,非常倾慕。今春道过星洲,在港起程时,世仲再三言公见义勇为,嘱必奉访,并致书乃兄伯耀介绍,不料抵星后,骤因病发,滞仁济月余,从未尝出门,又因言语不通,公邸复远,俟病瘳后,匆匆下船,但以一书交邮道歉,想已达览矣。……弟秦力山顿。中六月二十一日自云南边界。……

此处所说黄世仲函介见陈楚楠,看来可能是既有函给陈楚楠,又有函给黄伯耀让其引见陈楚楠。而无论实际情形如何,黄世仲介绍秦力山往访陈楚楠以及黄伯耀、尤列当无可疑。
　　黄世仲和前期的反美爱国运动　从 19 世纪 40 和 50 年代起,华人就已开始大批到美国西部从事开矿、修路等艰苦工作,为美国西部经济发展作出了贡献。但到后来,华人不仅受到歧视,而且受到排斥,1880 年 11 月美国

---

　　①　冯自由:《南洋华侨与革命运动》,《革命逸史》第 6 集,北京,中华书局 1981 年 7 月第 1 版,第 164～165 页。
　　②　冯自由所录秦力山二函均为全文,此处笔者有删削。又,该二函又分别见《秦力山集》,北京,中华书局 1987 年 1 月第 1 版,第 99、181 页。

驻华公使安吉立和清朝政府总理衙门大臣宝鋆在北京签订的《中美续修条约》第一款,还成了限制华工的条款;到了 1882 年,美国参、众两院还先后通过了排华法案,该法案有效期到 1892 年又被延长十年,旅美华工长期饱受欺凌,很多华工甚至被迫害致死;清朝政府不仅不保护华工利益,而且还在美国政府压力下,于 1894 年与之签订了《限禁华工保护华民条约》,完全禁止新去美国的华工入境。到了 20 世纪初的 1904 年,美国众、参两院通过的法案有效期又变成无限期,在美华工既永无可见天日之望,对原寓美国因事回国而又重往美国的华工再入境也有许多限制,新往美土之华人更是受到非人的待遇。在此情况下,从乙巳四月(1905 年 5 月)开始,在上海等地便爆发了声势浩大的反美拒约、抵制美货的爱国运动,并迅速扩展到港穗地区。乙巳五月初一日(1905 年 6 月 3 日),广州士商集会抵制美约,五月初二日(6 月 4 日)刚刚创刊的《有所谓》报从五月初四日(6 月 6 日)起便投入了这一运动,大量刊登有关消息、言论以及文艺作品和抵制美货的广告,支持广东以及全国的反美爱国运动。据不完全统计,从创刊的第三天即 1905 年 6 月 6 日起直到 9 月底,《有所谓》报就发表了有关的消息、评论、要件等多达 470 余题 550 余篇(条),另外还有有关的文艺作品 130 余题 220 余篇(则),在提倡、支持中国人民的爱国斗争、揭露清朝政府的压制和保皇派的破坏方面起了突出的作用。这本身就不仅表明了黄世仲对这一运动的态度,而且还表明了黄世仲和郑贯公等《有所谓》报同仁一样,是积极参加到运动当中的。

不仅如此,而且有具体证据证明,黄世仲确实是运动的积极参与者。其一是《有所谓》报从乙巳六月二十日(1905 年 7 月 22 日)起连续多日刊出的《本报抵制美约非常广告》,文云:

> 本社凡于有益同胞之事,无不竭力提倡;于有损同胞之事,无不疾声警告。美人续行禁制华工之例,于吾同胞关系甚大,本社亦国民之一分子,奚肯放弃天职?特是日起,至改约之日止,凡所刊广告,有关于美货者,概不接刊,以示自行抵制之意。盖报纸广告,实为介绍销货而设,本社珍重公德,热爱同胞,故不能不于利权上有所牺牲也。特此

普告。

本社同人郑贯公等披露

这是以"本社同人郑贯公等"的名义发布的广告,而黄世仲是"本社同人"之一,故该广告所宣告的决定,黄世仲当是同意的。就是说,该广告表明黄世仲乃是积极参加了运动的。其二是《有所谓》报乙巳九月初三日(1905 年 10 月 1 日)和丙午四月十九日(1906 年 5 月 12 日)分别刊有题为《敬告澳门提倡抵制禁工诸君》和《哀省城报界之现象》的政论,其署名分别为"辕孙"和"辕荪",而此二署名实际上均是黄世仲。按,后一篇政论发表时间已在 1906 年,且虽涉及抵制美约事而主题并不在此,姑不论。前一篇政论则是专论抵制美约、鼓励澳门提倡抵制美约诸君搞好运动的,似此自然也就表明黄世仲是以实际行动参加了运动的。其三是黄世仲还参加了悼念冯夏威的活动。冯夏威是菲律宾华侨、上海人镜学社社员,因深恐运动不能持久坚持而于是年六月十四日(1905 年 7 月 17 日)自杀,以励国人。冯夏威自杀后,广州、香港、澳门均举行过追悼会,其中香港各界的追悼会于乙巳十月初一日(1905 年 10 月 28 日)举行,黄世仲出席并送有挽联;初三日(10 月 30 日)《广东日报》刊出《初一日香港追悼冯夏威先生挽联汇志》,内收黄世仲挽联云:

> 与公非湖海故人　誓死励同胞　应动临坛一洒泪
> 惟我亦国民分子　有生愬不侫　相期保种两知心

自然,这时同盟会香港分会已经成立、黄世仲已经加盟,追悼会一事属于黄世仲生活历程的下一阶段,在讲下一阶段时笔者还将叙及,但在下一阶段举办冯夏威追悼会一事既紧接着此前的阶段而来,故也可以说明黄世仲此前当是积极参加了运动的。

参与同盟会香港分会筹组工作　同盟会香港分会正式成立于 1905 年 11 月。但是,筹备工作却是从乙巳八月(1905 年 9 月)就开始了的。是年八月初十日(1905 年 9 月 8 日),冯自由奉孙中山命,与李自重一起,从日本动身到香港筹组同盟会香港分会;数日后到港,即与陈少白、郑贯公等商议并着手进行。是年 10 月,孙中山赴越南途经香港,黄世仲与陈少白、郑贯公等一起,由孙中山主盟加入同盟会;10 月中旬末,同盟会香港分会正式成立,黄世仲被推举为分会交际干事。而笔者前已说过,黄世仲到《中国日报》任职后,陈少白对之"甚为倚重,兴中会机关之筹措、联络、文书亦令参预分劳",黄世仲从而也就实际上"遂晋会中决策层"。在这种情况下,当冯自由到香港与陈少白、郑贯公等商议并着手进行同盟会香港分会的时候,黄世仲就不可能置身局外,而是必定会参与,甚至连冯自由到港后一段时间中的食宿,也是经由为陈少白在"兴中会机关之筹措、联络、文书"等方面"分劳"、并实际上进入香港兴中会"会中决策层"的黄世仲之手,而得以妥当安排的。事实上,黄世仲与冯自由、郑贯公、李自重等人,当时也是常在一起进行过活动的,《有所谓》报乙巳九月十六日(1905 年 10 月 14 日)和十八日(10 月 16 日)两次刊登的题为《欢迎王宠惠先生》的广告具名发起人之列的依次为颜悠父、黄世仲、冯自由、李自重和郑贯公等共五人,就是证明。既然如此,也就不能想象陈少白、冯自由、郑贯公等在筹组同盟会香港分会一事上,会把黄世仲排斥在外。从黄世仲在分会成立之后能和陈少白、郑贯公、冯自由一起当选为分会干事部干事,也可以体会到这一点。有关这方面的情况,在讲及黄世仲加入同盟会并任同盟会香港分会交际员以后的生活历程时还将涉及,此处不赘。

除上述诸端外,黄世仲还曾参加过诸如为在反对日本文部省颁布的《清国留学生取缔规则》的斗争中投海自杀以励国人的陈天华开追悼会等实际活动。但限于资料,这里只好省略不谈了。

黄世仲在回香港之后将近三年的最初岁月里,除了上述诸多方面外,还以文艺创作进行资产阶级民主革命的宣传鼓动工作,文艺创作成为他那几年间成绩十分突出的一个方面。他的《辨康有为政见书》,就既是思想理论著作,又是政论体文学作品;关于该篇,前已谈过,可不再谈。这里应当特别指出的是他在小说创作方面显露出了卓越的才华:他开始写作和开始发表最早的、在其所有作品中最为重要的长篇小说《洪秀全演义》,就创作并开始发表于这几年中;他开始写作的时间稍晚一点的另一部写得也比较好的长篇小说《镜中影》，也开始创作于这几年间；他的那部同样比较有名的长篇小说《廿载繁华梦》，在这几年间的最后若干天中已经开始酝酿和创作。有关这些小说作品，本书下册将会专门论述，这里只需知道黄世仲在那几年中的这些小说作品是中国近代小说史留给今天的一笔重要精神财富，也就可以了。

第四章　激情燃烧于中国同盟会的
旗帜下(上)

——作为同盟会香港分会领导人之一的黄世仲

中国同盟会的成立,是中国资产阶级民主革命历史发展进程中划时代的大事,具有重要里程碑的意义。自其成立时开始,资产阶级民主革命迎来了又一个蓬勃发展的新阶段。对黄世仲来说,在中国同盟会成立后不久即加盟其中,并成为同盟会香港分会领导人之一,无疑是他在成为资产阶级民主革命者之后的革命生涯新阶段的开始。从此时起,一直到1909年10月中国同盟会南方支部成立,作为同盟会香港分会领导成员之一,黄世仲激情燃烧在中国同盟会这面革命旗帜下,既进行大量革命政治工作,又独树一帜创办报刊以进行革命宣传工作,还在革命文艺、特别是革命小说创作方面付出了艰苦的劳动。无论从那一方面说,这都是黄世仲生活历程中的一个成果辉煌的阶段。在这一章里,笔者拟着重讨论黄世仲在这一阶段所进行的革命政治工作和报刊创办工作;其文艺创作、特别是小说创作方面的情况,仅述其大概,详情留待后面再讲。

一、黄世仲和同盟会香港分会的成立

关于黄世仲加入中国同盟会的时间,在以往的一些专家学者的论述中,说法是不尽相同的。其一,是杨世骥的说法。他在《黄世仲》①中说:

①　杨世骥:《黄世仲》,《新中华》复刊第1卷第12期,未见;《文苑谈往》第1集,重庆,中华书局1945年4月第1版,第70页。

宣统己酉(一九〇二)他(按:指黄世仲)正式参与同盟会,奉命联络粤境会党,进行更实际的革命工作。

其二,是苏兴的说法。他在《清代文学》①中说:

(黄世仲)宣统二年(一九〇九)正式参加同盟会,奉命联络粤境同盟会会员,进行更实际的革命工作。

看来,苏兴的说法是从杨世骥的说法而来,但与杨世骥的说法并不相同。杨世骥所说"宣统己酉",不是 1902 年,而是 1909 年,杨世骥显然搞错了中西历对照;苏兴所说"宣统二年",应是 1910 年,而不是 1909 年,苏兴显然也搞错了中西历对照。而无论是"宣统己酉"说或"宣统二年"说,均是不对的。正确的说法,当是已往诸说法中的又一种,即 1905 年说。

按:此说出于冯自由笔下。在《〈洪秀全演义〉作者黄世仲》②中,冯自由说:

乙巳八月冯自由奉孙总理命,自日本至香港组织同盟会。未几孙总理亦赴南洋,舟过香港,冯自由引世仲及郑贯公登法轮谒之,二人同时宣誓入会。

在《香港同盟会史要》③中,冯自由又说:

余于是岁(按:指乙巳)九月初旬抵香港,即与李自重、陈少白、郑贯公等筹备组织同盟分会。正进行间,而总理适于十月间偕黎仲实、谢

---

① 苏兴:《黄小配和曾朴》,《清代文学》第四节,长春,东北师范大学 1956 年 1 月内部编印,第 136～137 页。

② 冯自由:《〈洪秀全演义〉作者黄世仲》,《革命逸史》第 2 集,北京,中华书局 1981 年 7 月第 1 版,第 42 页。

③ 冯自由:《香港同盟会史要》,《革命逸史》第 3 集,北京,中华书局 1981 年 7 月第 1 版,第 221 页。

良牧、胡毅生、邓慕韩等乘法邮船赴越南西贡,舟过香港。余遂偕陈少白、李自重、郑贯公、李柏(纪堂)、容开(星桥)、黄世仲、陈树人等登轮晋谒,即由总理亲自主持同盟会宣誓式,令少白等一一举手加盟,虽旧兴中会员亦须填写誓约。后数日开同盟会成立会于中国报社,众举陈少白为会长,郑贯公为庶务,冯自由为书记。

在《中国革命运动二十六年组织史》①中,冯自由还说:

> 香港中国同盟会成立于乙巳年秋冬间。是岁六月杪,孙总理创设同盟会本部于东京。八月初十日首派冯自由、李自重二人至香港广州澳门等处组织分会。冯抵港即与陈少白筹商改组兴中会为同盟会。新旧同志先后加盟者有陈少白、李纪堂、容星桥、邓荫南、郑贯公、李自重、黄世仲、陈树人、李树芬、邓警亚、卢信、廖平子、温少雄、梁扩凡、李孟哲、李伯海诸人。众举陈少白为会长,郑贯公为庶务,冯自由为书记,黄世仲为交际。会所即假中国日报社长室为之。

在另外一些著述中,冯自由对此也曾谈及。冯自由数处所述,不尽一致。但有一点是相同的,即黄世仲加入中国同盟会,是在乙巳中国同盟会成立之后不久。冯自由是当事人,其说当属可信。另外一些史料也可证明这一点。《中国同盟会最初三年会员人名册》②所列香港同盟会会员中就有黄世仲,惜未标明黄世仲加盟的具体年份;但《中国同盟会成立初期(乙巳、丙午两年)之会员名册》③所列在香港入会之广东人名单中不仅有黄世仲,而且注明加盟之年月日为"乙巳九月十五日"即1905年10月13日。邓警亚《有

---

① 冯自由:《中国革命运动二十六年组织史》,上海,商务印书馆1948年1月第1版,第97~98页。

② 冯自由:《中国同盟会最初三年会员人名册》,《革命逸史》第6集,北京,中华书局1981年7月第1版,第86页。

③ 《中国同盟会成立初期(乙巳、丙午两年)之会员名册》,见杜元载主编之《革命文献》第65辑《中国同盟会革命史料》(1),台北,中国国民党中央委员会党史委员会1974年3月第1版;丘权政、杜春和编:《辛亥革命史料选辑》上册,长沙,湖南人民出版社1981年9月第1版,第155页。

关孙中山先生史实的点滴回忆》①也说：

> 一九〇五年九月间，孙中山偕黎仲实及家兄邓慕韩等，由东京乘法国邮船赴西贡，船经香港时，停泊一昼夜。余当时年十五岁，方在港习英文，获交于冯自由（《中国报》编辑），遂由其介绍，联同李纪堂、陈少白、容星桥、郑贯公（以上均兴中会会员）、黄世仲（《公益报》编辑）、谢心准（《中国报》记者）、李自重等九人，谒中山先生于船中。总理（中山先生为同盟会总理）为我等主盟。

可见，黄世仲之加入中国同盟会，时间在乙巳年即1905年，当是无疑的。

那么，黄世仲究竟是乙巳（1905）年哪个月加盟的呢？在上引各资料中，对此的说法也是不一致的。冯自由本人的说法，就有自相矛盾之处。他一则说，乙巳八月冯自由自日本回香港组织同盟分会，等孙中山往南洋路过香港时，黄世仲、郑贯公两人由冯引谒并同时宣誓入会，具体时间未说；二则说，冯自由乙巳九月初旬抵港筹组同盟分会，适孙中山偕众赴南洋，冯自由引黄世仲等拜谒之，并由孙中山主盟入会，后数日才开同盟分会成立会，具体时间是十月间；三则说乙巳六月杪同盟会成立后，八月初十日孙中山命冯自由等至港组织分会，冯抵港后即进行筹组工作，黄世仲等均先后加盟，之后未久孙中山赴南洋路过香港时召集同志开党务会议，则黄世仲之加盟时间在孙中山舟过香港之前。末一说看来是不确的，邓警亚的说法可证。就是说，黄世仲之加盟应是在孙中山赴南洋舟过香港的时候。问题是，孙中山赴南洋舟过香港的时间究竟是什么时候呢？冯自由或说是乙巳十月，或未说是那个月，而邓警亚则云是"一九〇五年九月间"，相当于乙巳八月。显然，具体时间上存在着混乱。实际上，冯自由在记述时有中西历混用之嫌，即"乙巳十月"实应作"1905年10月"；邓警亚也有同病，即本应是"乙巳九月"，却记成了"一九〇五年九月"。按，据知，中国同盟会成立于乙巳七月

---

① 邓警亚：《有关孙中山先生史实的点滴回忆》，《广东文史资料》第15辑，广州，政协广东省委员会文史资料研究委员会1964年10月编印，第86～90页。

二十日(1905年8月20日);乙巳八月初十日(1905年9月8日),孙中山委派冯自由到香港筹组同盟分会;是后数日,冯自由当应到达香港并开始同盟分会的筹备工作;乙巳九月初九日即1905年10月7日,孙中山离开日本赴越南,几日后其所乘法国邮轮当可到达香港。这样看来,黄世仲等之加盟,具体时间就至迟当在乙巳九月中旬初即1905年10月中旬初了。

不过,这里有一个问题,即前揭《中国同盟会成立初期(乙巳、丙午两年)之会员名册》所载黄世仲加盟时间与其余几人不同的问题。按:该《会员名册》所载在香港入会之广东人员加盟时间为:

邓警亚　三水县　乙巳九月十八日(按:即1905年10月16日)
容　开　香山县　乙巳九月十八日(按:即1905年10月16日)
李　柏　新　会　乙巳九月十八日(按:即1905年10月16日)
陈树仁　番　禺　乙巳九月十八日(按:即1905年10月16日)
黄世仲　番　禺　乙巳九月十五日(按:即1905年10月13日)
李自重　新　宁　乙巳九月十八日(按:即1905年10月16日)
郑贯公　香　山　乙巳九月十九日(按:即1905年10月17日)
陈　白　新　会　乙巳九月十八日(按:即1905年10月16日)

比起前揭《中国同盟会最初三年会员人名册》所载来,除多出加盟时间一项和人名次序略有不同外,少了一个人名即王宠惠,此一情形当是由于王宠惠之加盟不在乙巳、丙午两年。究竟如何,无关此处所论,毋庸深究。问题是:上列八人当是同时加盟的,即均应在1905年10月中旬加盟,而所载加盟具体日期却并不一致,这是为什么?其实,这种情况并不难理解。在笔者看来,《会员名册》当是按照加盟时所填盟书登记加盟者的,而与黄世仲一起加盟之诸位的盟书则不一定是在加盟宣誓之当时就填写,而可能是事后补填的,其加盟日期一栏所填日期并非加盟宣誓的日期,而可能是填写盟书的日期。如此,则虽系同日宣誓加盟,而《会员名册》上的加盟日期也就不会完全一致。其中,黄世仲的日期最早,其原因可能是由于他是分会的交际员,盟书填写一事可能是由他负责的,而他则可能是先于其他几人填写了自已的加盟盟书,其余几人加盟盟书之填写则是之后的事情,且是在不同日子里填写的,于是便有了日期上的不尽相同。这自然只是推测,未必完全符合实情。但无论如何,该《会员名册》却提供了一个信息,即黄世仲和其余诸人加盟的日期,最迟不会超过乙巳九月十五日,即 1905 年 10 月 13 日,很有可能就在此日前一、二天。

至于同盟会香港分会之成立,则当在此日后数日,可能就在乙巳九月中、下旬之交(1905 年 10 月中旬末)吧。

二、黄世仲在同盟会香港分会的领导职务

大约同其成为革命者以后、特别是从新加坡回港以后的最初几年间,在实际革命组织联络、革命报刊宣传和革命文艺创作等方面均有重要建树,从而显示出革命立场之坚定、革命热情之高昂以及具有多方面的工作才干有关,加入同盟会之后,黄世仲便自然而然地成为同盟会香港分会的骨干,并被推举为该分会的领导成员之一。

在上揭《〈洪秀全演义〉作者黄世仲》中,冯自由就在叙及黄世仲加盟的同时,即明确地说,黄世仲在同盟会香港分会成立之后所担任的领导职务,先是交际员,后又任庶务员:

> ……世仲旋被选为香港分部交际员。丙午干事部改选,复被选为庶务员,于会党运动及文字宣传,至为尽力。

自然,这里的记述还很简略。到了别的一些著作中,冯自由的记述就要略详一些了。比如,在前揭《中国革命运动二十六年组织史》中,关于黄世仲任交际员一事,他就这样说:

> 香港中国同盟会成立于乙巳秋冬间。……众举陈少白为会长,郑贯公为庶务,冯自由为书记,黄世仲为交际。会所即假中国日报社长室

为之。……

在《中国革命运动二十六年组织史》①中,他也有同样的记述。关于黄世仲
后来又任分会庶务员一事,在前揭《香港同盟会史要》中,他说:

> 戊申(民国前四年)正月同盟会改选干事,冯自由仍任会长,黄世
> 仲庶务,谢心准书记,……

这一记述,表明黄世仲确曾担任分会庶务员。但猛看之下,黄世仲之任庶务
员,时间似乎是在戊申(1908)年正月。其实,冯自由所说的"冯自由仍任会
长"一语中的"仍"字实为兼语,也适用于黄世仲和谢心准两人,即黄世仲和
谢心准也"仍"分别任庶务员和书记员,即两人并非此时才开始分别成为庶
务员和书记员,而是此前就已分别担任了的。那么,黄世仲究竟是何时开始
担任庶务员的呢?原来,冯自由本来是书记员,现在既说"戊申(民国前四
年)正月同盟会改选干事,冯自由仍任会长",那么在此之前同盟会香港分
会当已改选过一次,其时冯自由当被推选接替陈少白会长职务,而分会其他
领导人员也必会有某种相应的变动。事实也的确如此。冯自由在前揭《海
外各地中国同盟会史略》中即说:

> 丙午(民国前六年)八月中国报改组,陈少白辞同盟会长职,众举
> 冯自由代之。

在上揭《中国革命运动二十六年组织史》中也有同样记述。这里虽未提
及黄世仲,但估计黄世仲也同时改任庶务,以填补因郑贯公去世而留下
的庶务员一职的空缺。证以前揭《〈洪秀全演义〉作者黄世仲》中"丙午
干事部改选,(世仲)复被选为庶务员"云云记述,这个推测当无误。这
就是说,当乙巳九月中、下旬之交(1905年10月中旬末)同盟会香港分

---

① 冯自由:《中国革命运动二十六年组织史》,上海,商务印书馆1948年1月第1版,第98页。

会成立的时候,黄世仲即被推选为交际员;当丙午八月(1906年9月)同盟会香港分会干事部改选时,黄世仲又被推选为干事部庶务员;至戊申正月(1908年2月),同盟会香港分会干事部又一次改选,黄世仲仍任庶务员一职。

黄世仲所任交际员一职,具体工作任务未见史料明载。但鉴于黄世仲本是中和堂成员,与会党之联系可能较易,又擅长文字宣传并确实在革命报刊宣传以及文艺创作方面崭露头角,估计如冯自由所说的,其具体工作任务当是"会党运动及文字宣传"①,在同盟会香港分会中自是重要职务之一。至于庶务员一职,就更重要了。按:中国同盟会成立时,设有执行、司法、评议三部,其中执行部下所设六部之首即为庶务部,"此部职权最重要,总理他适时,以庶务总干事代行一切"②,"开会时总理在部,则总理主席,总理离部,庶务主席"③。同盟会香港分会自然与中国同盟会总部有所不同,但其庶务员一职之职权及地位当与中国同盟会总部之庶务总干事相仿佛。就是说,在同盟会香港分会干事部中,庶务员乃是仅次于会长的一个职务。该职务原由回港较黄世仲为早,且影响在当时也较黄世仲为大的郑贯公担任。但郑贯公担任该职仅半年多,即于丙午四月十三日(1906年5月6日)以病谢世,其职务空缺。当丙午八月(1906年9月)同盟会香港分会干事部改选时,自然要另行推选一人担任此职,而黄世仲则于是时被推举为适当人选。这也就是说,黄世仲实际上已成为同盟会香港分会中仅次于会长的领导人,其责任也随之而更重更大。

另外,应当注意到,同盟会香港分会干事部领导职位之设置,是有变化的。刚成立时,分会领导机构由会长、庶务员、书记员、交际员组成,而到丙午八月(1906年9月)干事部改选后,交际员一职已无;到戊申正月(1908年2月)干事部改选后,与丙午八月(1906年9月)改选后的

---

　　①　冯自由:《〈洪秀全演义〉作者黄世仲》,《革命逸史》第2集,北京,中华书局1981年7月第1版,第42页。

　　②　冯自由:《中国同盟会史略》,《革命逸史》第2集,北京,中华书局1981年7月第1版,第139~140页。

　　③　田桐:《同盟会成立记》,转引自金冲及、胡绳武《辛亥革命史稿》第2卷,上海,上海人民出版社1985年6月第1版,第19页。

情况相比仍无变化；后来，在庚戌（1910）年春因冯自由改就加拿大云高华（按：今译温哥华）埠《大汉日报》之聘而辞退会长一职、分会干事部再次改选时，从上揭冯自由《香港同盟会史要》等的记述来看，似乎仍无交际员之设。那么，交际员之职事是由谁来负责的呢？看来，如果不是全都归于庶务员之职责范围之中的话，那至少有相当多的一部分当是归于庶务员职责范围中的了。而无论情况如何，有一点可以肯定，就是：黄世仲在同盟会香港分会中的地位越来越重要，其所承担的任务也是越来越艰巨繁多了。

至于黄世仲在同盟会香港分会任职到什么时候，史料也未见明载。但可以推测，在庚戌（1910）年春冯自由辞退会长职务、分会领导机构改选后，他当已不再在分会任职。冯自由在上揭《香港同盟会史要》中曾说：

（庚戌正月）同盟分会以余提出辞职，乃改选谢英伯为会长，潘达微、陈自觉等为干事。

这里所举改选时当选诸人中，没有黄世仲，看来黄世仲并未继续任职。因为，考虑到黄世仲在分会中的地位和作用，如果改选时仍当选为领导成员之一，冯自由当是不会漏举其名的。当然，黄世仲为什么不再继续担任分会领导职务，现已难详，猜想也许与同盟会南方支部已于己酉九月（1909 年 10 月）成立、西南各省党务军务俱归南方支部统理，黄世仲可能已在南方支部的统一领导下担任诸如联络员这样的、与军事行动等有关的革命工作，因而其作为同盟会香港分会领导人之一的身份虽可能名义犹存，而实际上已经无形中中止有关吧。

这也就是说，从加入同盟会开始的黄世仲生活历程中的这一阶段，大体上到南方支部成立时已告结束。

三、黄世仲和同盟会香港分会的军事活动

冯自由在《香港同盟会史要》①等文中谈到同盟会香港分会的历史时，将其从成立到己酉九月(1909 年 10 月)四年间的工作，分为党务、报务和军事活动等三个方面，逐年加以记述，并在记述中涉及同盟会香港分会参与港穗地区群众性爱国进步活动的一些情况。实际上，同盟会香港分会在那几年间所进行的工作，主要的也就是这几个方面。黄世仲作为分会的领导成员之一，当是参与了这几方面的工作的。此外，在参与这几方面工作的同时，如同在此前的近三年时间中一样，黄世仲在革命文艺创作，特别是在革命小说创作方面，也有十分突出的成绩。有关这后一方面的情况，笔者在后面将另行论述，故这里不准备详述；这里所要专门讨论的，是黄世仲这几年间在同盟会香港分会的军事活动、报务、党务以及参与群众性斗争等方面所进行的工作。

在进入讨论之前，有一点需要说明，这就是：同盟会香港分会成立以后，其和《中国日报》虽不能说就是一回事，因为同盟会香港分会是同盟会下属的地区组织，《中国日报》是同盟会的宣传机关，但由于分会是在《中国日报》社长室成立的，其会长就是《中国日报》社长，其会所也在《中国日报》社长室，其历届领导班子组成人员均在《中国日报》担任或曾任重要职务，所以二者相互间实在是一荣俱荣、一损俱损，在很大程度上是难以分开的。正由于此，在有关文献记载以及本文的叙说中，当谈到分会的工作时，就往往会涉及《中国日报》，而当谈到《中国日报》的工作时，实际上往往也是在谈分会的工作。

在这一节里，先来讨论黄世仲和同盟会香港分会的军事活动。

按照冯自由的说法，同盟会香港分会从 1905 年 10 月成立，到 1909 年

---

① 冯自由：《香港同盟会史要》，《革命逸史》第 3 集，北京，中华书局 1981 年 7 月第 1 版，第 219～249 页。

10 月同盟会南方支部成立,期间最为重要的工作乃是军事活动,即与以孙中山为首的同盟会在粤、桂、滇等地发动的武装起义有关的工作。冯自由当时是分会会长,其说法应是可信的,事实也确实如此。黄世仲当时既然先后担任分会交际干事和庶务干事,其在分会军事活动方面有所参与和有所贡献,自然是理所当然的。这当然是就情理上说的,实际情况是否如此呢? 从若干蛛丝马迹中可以看到,情况确实如此。

中国同盟会成立以后,从 1906 年到 1911 年辛亥武昌起义前,以同盟会为领导的资产阶级民主革命派发动的武装起义多达 11 次,即:

 (一)1906 年年底的萍浏醴起义;

 (二)1907 年 2 月至 5 月的潮州黄冈起义①;

 (三)1907 年 6 月的惠州七女湖起义;

 (四)1907 年 7 月的徐锡麟安庆起义;

 (五)1907 年 9 月的王和顺钦廉防起义;

 (六)1907 年 12 月的黄明堂镇南关起义;

 (七)1908 年 3 月的黄兴钦州马笃山起义;

 (八)1908 年 4 月的黄明堂、王和顺河口起义;

 (九)1908 年 11 月的熊成基安庆起义;

 (十)1910 年 2 月的广州新军起义;

 (十一)1911 年 4 月的广州黄花岗起义。

这些武装起义中,由同盟会发动和领导的有 8 次,即上列第二、三、五、六、七、八、十、十一次;这 8 次均发生于粤、桂、滇等省,其中发生于 1905 年同盟会香港分会成立以后至 1909 年南方支部成立之前者 6 次,即第二、三、五、六、七、八次。这六次中除第五、七两次是由孙中山亲临指挥的以外,其余 4 次均由同盟会香港分会直接领导;即使是孙中山直接领导的两次,同盟会香

---

 ① 冯自由《香港同盟会史要》将这一次分为两次,即"正月十二日潮州城之役"和"四月十一日饶平黄冈之役"。见《革命逸史》第 3 集,北京,中华书局 1981 年 7 月第 1 版,第 228 页。

港分会也是军用品的供应者,以及事败之后众多参与其事者来到香港后的接待安置者。冯自由《海外各地中国同盟会史略》①曾就此写道:

　　香港中国同盟会……向例须兼理西南各省之军务党务,及南洋美洲各地之交通事务,故分会长一职极为重要,成立未久,总理即由日本赴南洋,船过港时,在舟中召集同志开党务会议,及十一月,黄克强亦来,旋绕道赴桂林,拟策动清防营统领郭人漳反正,此外鄂人吴崐、湘人梅霓仙等因公来往湘鄂桂粤诸省,均由香港分会招待。

　　丙午(民国前六年)……次年丁未为同盟会西南各省军事活动最活动之时期,总理先后派胡汉民、汪兆铭二人驻港协助冯自由进行一切,时受任发动广惠潮钦廉各属军务者,有许雪秋、黄耀廷、邓子瑜、余绍卿、刘思复、王和顺诸人,分派各方协助者,则有方瑞麟、乔义生、方汉成、李思唐、郭公接、方次石、李次温、池亨吉、萱野长知(池、萱均日人)、谢良牧、谢逸桥、张煊、张谷山、张树楠、朱执信、胡毅生、何克夫、谭剑英、莫伟军、柳扬谷、邓慕韩、刘樾杭诸人,在受任发动人中,许雪秋曾于是年二月策动潮州饶平浮山埠会党夺取潮州府城,届时,以偶值风雨大作,不能集合而止,四月复策动余既成、陈涌波等在潮州黄冈城举事,以械劣失败,九月日人萱野长知租用日轮幸运丸载运大量军械驶至惠州汕尾海面,港分会预派许雪秋届期接械大举,以雪秋措置不善,致误事机,邓子瑜则担任惠州发难之责,尝遣林旺、陈纯、孙稳等起事于归善县七女湖,与清军转战十余日,至弹药告竭始散,刘思复于四月杪入广州谋炸清提督李准,以响应潮惠之师,讵于五月初一日因装置炸弹失慎,断去一臂,为警吏拘捕入狱,以上数役为港分会直接指挥之军事,其他八月钦州防城之役,及戊申(民国前四年)二月钦州马笃山之役,则由总理在越南河内亲自发动,港分会只任供应军用品之责而已,故丁未戊申两年均为港分会处理军务最殷繁之时期,而丁未尤为紧张,各方同

---

① 冯自由:《海外各地中国同盟会史略》,《革命逸史》第4集,北京,中华书局1981年7月第1版,第149~150页。

志来往港地者几于应接不暇,因是中国报社之外,另在坚道及普度坊,摩理臣山道,湾仔进教园,皇后大道各街分设招待所多处,以收容之。……

冯自由《香港同盟会史要》①也有类似的记述:

丁未一年亦为同盟会军事最活动之时期。先是黄克强于己巳年冬十一月绕道香港,亲入广西桂林,说防营统领郭人漳反正。郭以受他部牵制,不敢轻举。丙午冬郭举粤督令率所部来粤,驻军肇庆,许雪秋、邓子瑜亦报告惠潮各属军事经营就绪,孙总理、黄克强在日本得余电告,认为绝好机会,遂偕胡汉民、汪精卫、日人萱野长知、池亨吉等南游。丁未二月初二日抵港,总理原船赴越南西贡,克强、精卫、萱野留港,拟赴肇庆促郭人漳起兵袭取广州。池亨吉则偕留学生方瑞麟、方汉成、乔义生等往潮汕助许雪秋举义。克强、精卫居松原旅馆数日,张树柟自广州来,谓郭人漳又调钦州剿匪,粤吏侦悉克强由日来港,已备文向港政府要求引渡等语。而松原旅馆亦忽有粤吏派侦探窥伺其间,克强以郭已他调,留港无用,乃命胡毅生随郭赴钦,相机行事。精卫则移居普庆坊招待所,与刘思复、廖平子同寓。于是许雪秋、陈芸生、余绍卿、邓子瑜、刘思复、张谷山、胡毅生、何克夫、姚雨平、王和顺、李福林、谭剑英、黎仲实、谭人凤、柳扬谷诸人先后分赴广东汕头汕尾归善博罗钦州廉州各地,极力进行。计是年许雪秋、陈芸生等所经营者,有正月十二日潮州城之役,四月十一日饶平黄冈之役,九月初六日惠州汕尾之役。邓子瑜所经营者,有四月二十二日惠州七女湖之役。王和顺所经营者,有七月二十七日钦州防城之役。而刘思复则以谋炸清提督李准之故,于五月初一日在广州因制弹失慎炸去一臂,被逮系狱。此外大事之可纪者,则有黄冈义师首领余纪成及汕尾党首许佛童,先后被清吏以强盗罪名控

① 冯自由:《香港同盟会史要》,《革命逸史》第3集,北京,中华书局1981年7月第1版,第228~229页。

之香港法院等事。两案曾延律师抗辩,涉讼多月,卒获胜诉出狱。又十月谭人凤、田桐、何克夫、陈湘南、谭剑英等奉总理召赴越南,顺携带英法文革命军债券二箱,在海防被法人扣留。后由总理向越南总督交涉,始获发还,然谭等竟因此被逐回港。是冬黄克强计划在钦州发难,其弹药多由余在港密购,交法船买办同志黎量馀、彭俊生等运赴海防供应之。故自香港同盟会成立以来,是年所发难诸役,除防城义师是由总理在河内亲自策动外,其余诸役皆由港同盟会直接指挥。余初以一人精力不遑总管报务党务军务三项,尝力请总理派员助理军务,总理乃于是年二月命汪精卫留港勷助。四月间精卫奉召赴越南河内,胡汉民旋来代之。迨八月汕尾运械之役失败,汉民亦于九月十六日奉召继往。又是岁春夏间,刘思复赴粤谋炸李准之前,亦假《中国报》四楼为银炸药及水银炸药之制炼所。是《中国报》之社长室不独为革命军之总枢纽,亦且为革命军之兵工厂矣。

此段文字之后,冯自由还谈及1908年初的钦州马笃山之役和云南河口之役,及其失败后同盟会香港分会接待安置被越南法政府遣送或逃亡至香港者的情况。

所有这六次军事活动,特别是由香港分会直接组织领导的四次,既然是同盟会香港分会直接领导或与同盟会香港分会有密切关系的,作为其时分会会长的冯自由,自然是亲自主持和参与的。然而,要直接组织领导这六次军事活动,仅冯自由一人,显然是难以胜任的,他不可能独自一人包揽一切,而至少必须是由分会领导班子集体进行。黄世仲其时是香港分会领导层中位置仅次于会长的庶务员,那就必定至少是在集体进行中发挥仅次于会长的作用的。特别是军用品的筹措供应和各方同志到港后的接待安置,黄世仲肯定是要协助冯自由办理的。事实上,当1905年10月分会即将成立、黄世仲即将被推举担任交际员、孙中山赴南洋船过香港举行分会党务会议的时候,黄世仲就是与会者之一,此后分会的工作方针和任务当是此次会议确定下来的。既然如此,分会后来军事活动之进行,也就当是按照黄世仲参加的这次会议所确定的方针和任务开展的,黄世仲也必定是按照自己所担任职务的要求参与分会包括军事活动在内的各项工作的;在成为分会庶务员以后,当更是如此。如前所述,丙午改选后,分会干事部已无交际员一职,原属该职负责的工作当由原为交际员、改选后成为庶务员的黄世仲兼理。在《〈洪秀全演义〉作者黄世仲》①中,当冯自由给予在同盟会香港分会干事部丙午改选中当选庶务员的黄世仲以"于会党运动及文字宣传,至为尽力"的14字评价时,其实不仅反映出这一点,而且说明黄世仲肩上的担子加重后对工作特别尽心尽力。不过,冯自由对黄世仲作为分会庶务员的14字评价,看来还未能概括黄世仲在分会所进行的工作的全部。周伟民在《黄世仲与辛亥革命》②中曾说:

> "庶务"的职权,按同盟会会章规定:"庶务部,此部职权最重要,总理他适时,以庶务总干事代理一切。"简单地说,庶务员就是筹措革命事业所需的经费。是时往来香港的革命党人的舟事(车)旅馆、给养、抚恤、招待及邮电、购物等事务,他都直接参预(与)办理。他实际上是一位秘书长。

应当说,周伟民的说法是颇有道理的。据此,应当认为黄世仲是作为分会领导集体之重要一员而责无旁贷地参与进行了分会所进行的、包括军事活动在内的各项工作的。

另外,当时的《中国日报》等革命派报纸经常发表有关各地革命党人举事的消息和言论,"且时发号外,以广宣传,国内及海外皆恃为耳目焉"③。黄世仲所创办的报刊也不例外。他在所创办的《香港少年报》上就曾报道同盟会所组织发动的军事活动,并撰写文章对之加以支持和赞扬。在丙午

---

① 冯自由:《〈洪秀全演义〉作者黄世仲》,《革命逸史》第2集,北京,中华书局1981年7月第1版,第42页。

② 周伟民:《黄世仲与辛亥革命》,《黄世仲与辛亥革命——辛亥革命九十周年纪念暨黄世仲投身革命百周年国际学术研讨会文集》第1辑,香港,纪念黄世仲基金会2001年8月第1版,第46~53页。

③ 冯自由:《香港同盟会史要》,《革命逸史》第3集,北京,中华书局1981年7月第1版,第227页。

六月初七日（1906 年 7 月 27 日）《香港少年报》发表的所撰政论《最近各省之乱警》中，他就已对当时安徽、江西等地的一些自发性群众举事给予肯定。丙午十月十九日（1906 年 12 月 4 日）萍浏醴起义打响以后，他很快就在十月二十八日（12 月 19 日）的《香港少年报》上刊发了题为《萍乡党势大振》的消息，并在同日报上发表了所撰政论《萍乡乱事感言》，其中分析一般"乱事"发生的内外原因说：

> 二十世纪以前之欧洲，法兰西者，革命军之出产地也，顾其民权发达，政治革命之思想、之潮流，如水银泻地，无孔不入。故专制之声浪，遂沉没于欧洲。年来新风输入，中国政治的观念与种族的观念，油然发生，乱机由是蓄而必发，此自然之理也。而间接之催迫，则年来捐抽日重，民不聊生，饥寒相逼，铤而走险，其势遂更不能复压矣。

又就萍乡"乱事"之发生及其声势甚大的原因及其意义说：

> 今江西萍乡，日来假事炽发，湘省震动，长沙为之戒严，各地营勇反多投入乱党，数月来绝无声耗，而发即如火如荼，可知政治之失败，已不足压摄人心；而又有种族的观念为之总因，而其焰以更炽，其势以更甚焉。夫压力愈甚者，张力愈猛；满人之防范愈严者，汉人之抵御愈锐：此天演的理由也。……故今日萍乡之揭竿者，道德上之作用也。知袁氏子之兵权消削，沐猴执印信之权，处江西山谷之丛，进退适战守之地，成败固不敢决，而使吾汉人明大义、辨种族，誓师光复以湔雪国耻，而法矩循规，演惟一之烈剧于大舞台中。总（纵）穷乡僻壤间人，知今日之竞争者，道德上之责任也，何快如之！所谓事虽不成，尚使中原有豸，前仆后起，为汉族荣幸，以标越亡国人之反对夫仇贼之真相。然渺渺前途，茫茫大局，犹遮莫而至吾人言而感。呜呼，濡墨挥素，满腔之热点如何也？是亦不平等、不自由之观念使焉哉！

这里，黄世仲对革命党人的萍乡举事，从理论与实践的结合上充分地加以肯定和赞颂。由于革命党人萍乡举事并不是由同盟会香港分会直接组织发动的，香港分会也未担任为其提供军用品之责，黄世仲对其情况的了解必定是来自同盟会香港分会所间接得到的信息，所以这种肯定和赞颂就不只是黄世仲进行革命舆论宣传的典型事例之一，而且表明黄世仲必定作为分会领导集体成员之一而和分会其他领导成员一起，对革命党人整个军事活动都是深切关注、洞彻了解和以适当方式参与其事的，其与由分会直接组织领导以及分会与之有密切关系之军事活动的关系，就更是毋庸多述的了。遗憾的是，由于资料记载缺失，今天无从知其详情了。

四、黄世仲和同盟会香港分会的报刊宣传

作为同盟会香港分会的一位领导人，黄世仲所从事的最突出的革命活动之一，是在革命报刊宣传方面。他把报刊宣传作为动员群众、打击敌人的手段之一，继续前此几年间的一贯做法，在报刊宣传方面做了大量工作，成为同盟会成立以后港穗地区乃至海内外有名的革命报人和宣传家。

当同盟会香港分会成立的时候，黄世仲除仍在《世界公益报》担任笔政外，又在《有所谓》报担任笔政；同时，他仍继续与《广东日报》保持着密切的联系，并继续担任《时事画报》的撰述员；至于同《中国日报》之间，考虑到《中国日报》社长室是同盟会香港分会会所所在地，其关系当比其从1903年年底离开后的几年间更为密切。这种情况一直继续了大约半年多时间。

丙午四月十三日（1906年5月6日）郑贯公去世以后，黄世仲结束了以他人为主创办报刊的历史，开始了其生活历程中独树一帜创办报刊进行革命宣传的新阶段。他先是创办了《香港少年报》；后来，又在与其兄黄伯耀创办《粤东小说林》、《广东白话报》、《中外小说林》等文学刊物的前前后后，协助其兄黄伯耀创办了《社会公报》，还与一些革命报人一起创办了《南越报》。关于黄世仲与《粤东小说林》、《广东白话报》、《中外小说林》和《时事画报》等刊物的关系，本书下册将专门论之，此处不赘；这里着重要论述的，是黄世仲创办《香港少年报》的情况及其与《社会公报》、《南越报》的

关系。

创办《香港少年报》　丙午四月十九日(1906年5月12日),《有所谓》报在刊出关于郑贯公去世的《本社要告》、风萍旧主所写《郑君贯公传》的同时,刊出了《看看〈少年报〉出世之广告》:

(一)宗旨　本报以开通民智、监督政府、纠正社会、提倡民族为宗旨,资料必求其丰,记载必征诸实。或庄论刺时,或寓言讽世,或讴歌变俗,务必多聘有名誉之记者主持笔政、精心撰述,以餍眼光,而尽本报之责。

(二)规则　本报篇幅,每晨出纸一张零半张,每月只初二、十六日停派报纸两天,不停礼拜。报费每月收银三毫五仙,省澳不收寄费,外埠长年收银九元,取价从廉,购阅自易。惟同人棉力有限,□每月清收报费,告白亦然,以资周转,阅者谅之。

(三)内容　本报分庄谐两部,门类纷繁,抉择精审,观以下所列,无待言也。计开:(一)蜃楼影;(二)新舞台;(三)粤人声;(四)故事丛;(五)采风录;(六)新笑林;(七)新说部;(八)发言台;(九)强权镜;(十)政治谈;(十一)照妖镜;(十二)学界潮;(十三)工商部;(十四)杂纪;(十五)港志;(十六)演义。

丙午年四月十九日《少年报》同人启
局设海旁干诺道壹百零八号

同人一览表:

　　总编辑兼善承印人:世仲黄棣荪

　　撰述员:黄伯耀(病国青年)　冯砺生(生国青年)

　　　　　赵啸馀(飞电)　何萤初(飞剑)　卢慰民(飞刀)

　　名誉撰述员:胡俊文(按,当为"胡俊父")　陈猛进

　　　　　易侠血　李捷军　王亚斧　何汉捷

　　翻译员:白光明　易巩汉

　　调查员:张汉胤　张　崧　黄大勇

广告所说《少年报》,全名《香港少年报》。四月十九日(5 月 12 日)广告刊登时,郑贯公去世才数日,杏花楼郑贯公追悼会还未举行。由此来看,《香港少年报》创刊的酝酿准备工作,早在郑贯公去世之前就已开始了。也就是说,创办《香港少年报》之举,本与郑贯公之去世无关,而当是为了给资产阶级民主革命派再增加一个报刊宣传阵地;而且,大约由于酝酿准备开始时还健在的郑贯公正主持《有所谓》报,《香港少年报》的创办重任便落在了黄世仲肩上;大约也是由于黄世仲已肩负《香港少年报》的创办重任吧,《有所谓》报同日刊发的有关郑贯公去世的《本社要告》,在宣布郑贯公去世后组建的《有所谓》报编辑班子时,黄世仲也就只被宣布为撰述员之一。当然,这一切也还只是推测,未必完全符合当年的实际,但想来当不至于太过离谱。问题是:在刊出上述有关《香港少年报》将要出世的广告之后,《香港少年报》的创办情况究竟如何呢?

关于《香港少年报》,李默在 20 世纪 70 和 80 年代之交曾有文①介绍,其开头云:

> 公元一九〇六年五月二十八日(清光绪三十二年四月初六日)创刊,发行所香港海旁干诺道一〇八号。

接着录引了上述有关《香港少年报》的广告全文(文字略有出入),以明其大致情况;然后,举例说明《香港少年报》"宗旨坚定,态度鲜明,文锋犀利"。这当是中华人民共和国成立以来对《香港少年报》最早的专门介绍,但并不是清末以来最早的专门介绍。

实际上,此类介绍在中华人民共和国成立之前,就有冯自由等人进行过。在《〈洪秀全演义〉作者黄世仲》②中,冯自由就写道:

---

① 李默:《辛亥革命时期广东报刊录》(续二),《新闻研究资料》第 3 辑,北京,中国社会科学出版社 1980 年 5 月第 1 版,第 164～173 页。

② 冯自由:《〈洪秀全演义〉作者黄世仲》,《革命逸史》第 2 集,北京,中华书局 1981 年 7 月第 1 版,第 42 页。

丁未(一九〇七年)世仲自创小报曰《少年报》，亦提倡民族主义，刊行一载而止。

在上揭《中国革命运动二十六年组织史》之"革命运动第二十一年丙午"条下，冯自由又写道：

机关名称　　所在地　　　　　　　主要人姓名
香港少年报　香港海傍　　　黄世仲　杨计伯　康荫田
此报为黄世仲创办。设于香港上环海傍。撰述人有黄世仲、杨计伯、康荫田等。规模略同《有所谓》报。

在《华侨革命开国史》①中，冯自由还写道：

香港《有所谓》报停刊后，该报编辑人分为两派，各续办小报以为之继。一为《东方报》，一为《少年报》，均与《有所谓》报同一体裁。《少年报》发刊于丙午、丁未年间，地址在上环海旁，主编为前《中国日报》记者黄世仲，康荫田、杨计伯、卢星符等佐之。世仲所著《太平天国演义》小说初在《有所谓》报登载，此报继续载之，其销路足与《有所谓》报相伯仲，惜乎出版未及一载，即因款绌停版。

略后于李默，方汉奇等先生也有过介绍。在《近代中国新闻事业史事编年》(十四)②中，方汉奇等先生写道：

(1906年)5月28日：香港《少年报》创刊。社址在香港海傍干诺道108号。总编辑黄世仲，撰述黄伯耀(病国青年)、冯砺生(生国青

---

① 冯自由：《华侨革命开国史》，上海，商务印书馆1946年10出版，第19页；《近代史资料专刊·华侨与辛亥革命》，北京，中国社会科学出版社1981年12月第1版，第15～16页。
② 方汉奇等：《中国近代新闻事业史事编年》(十四)，北京，中国社会科学出版社1983年11月第1版，第242～243页。

年）、赵啸馀（飞电）、何莹初（飞剑）、卢蔚起（飞刀），名誉撰述员胡俊父、陈猛进、易侠血、李捷军、王亚斧、何汉捷等。日出一张半。……带有强烈反满革命色彩。

再后，还有方志强的《黄世仲大传》①和郭天祥的《黄世仲年谱长编》②等进行过介绍。其中，方志强的介绍未及《香港少年报》创刊的具体时间，但指出《香港少年报》曾和《中国日报》、《世界公益报》、《有所谓》报等一起被粤督岑春煊饬令严禁进入粤境一层颇可注意；郭天祥则在其《黄世仲年谱长编》"1906 年 5 月"系《香港少年报》如下：

> 5 月下旬（闰四月上旬）正式创办《香港少年报》（简称《少年报》），任总编辑兼承印人。

另有关于"正式创办……"句的注文一条云：

> 因保存下来的《少年报》残缺不全，该报究竟创办于哪一天，不易确知。不过刊登在丙午年五月初三日《少年报》谐部的《本社要告》，为我们提供了重要的佐证。其曰："本报出世以来，一纸风行，荷蒙刮目相看，惟资年绵薄，故定例报费告白，按月清收，不设年账，以资周转。计出版至今，已将一月……五月初一启。"从这段文字可知，《少年报》创办的时间当在丙午年闰四月上旬，即 1906 年 5 月下旬。

最近对《香港少年报》进行专门介绍的，除罗衍军《黄世仲与〈香港少年报〉的革命宣传》③系论述其革命宣传的情况外，便是李默的《黄世仲与辛亥革

---

① 方志强：《黄世仲大传》，香港，夏菲尔国际出版公司 1999 年 4 月第 1 版，第 43～45 页。
② 郭天祥：《黄世仲年谱长编》，北京，中国社会科学出版社 2002 年 10 月第 1 版，第 109 页。
③ 罗衍军：《黄世仲与〈香港少年报〉的革命宣传》，《黄世仲与辛亥革命国际学术研讨会论文集》第 2 辑，香港，纪念黄世仲基金会 2002 年 2 月第 1 版，第 64～70 页。

命时期报刊》①一文。仔细看来,其对《香港少年报》的介绍,实为对其在 20世纪 70 和 80 年代之交所做介绍的修改稿,其最明显的便是对开头一段话的修改:

> 1906 年 5 月 28 日（清光绪丙午闰四月初六日）创刊,发行所香港海旁干诺道 108 号。总编辑兼督印人黄棣荪。

在以上所有这些介绍中,关于《香港少年报》的创刊时间问题,有的避而不谈,如方志强;有的只谈及年份月份而不及具体日子,如上引冯自由三处互相不一的说法;有的明显错误,如冯自由在上揭《〈洪秀全演义〉作者黄世仲》中的"丁未"说以及在《华侨革命开国史》中的"《有所谓》报停刊后"说;有的所谈不够确切,如郭天祥;另外,在有的专家学者那里还有前后说法不一的情形,除冯自由外,李默前后两次的说法也属此类。其实,《香港少年报》的创刊时间,确如李默在上揭《黄世仲与辛亥革命时期报刊》中对先前的说法加以修改后所说,是"1906 年 5 月 28 日（清光绪丙午闰四月初六日）"。据知,李默大约是见到过《香港少年报》创刊号的;他在 20 世纪 70和 80 年代之交介绍《香港少年报》创刊时间时,当是以其所见为据的,遗憾的是当时搞错了中西历对照,把"清光绪三十二年闰四月初六日"误为"清光绪三十二年四月初六日"（也许是手民漏排"闰"字所致）,一直到二十多年后写《黄世仲与辛亥革命时期报刊》时此误方才得到纠正。现在,《香港少年报》创刊号及其后若干天的报纸已难找到,无法验证李默的说法;但笔者以为,人们仍然可以由今存《香港少年报》各天所标出报序号推知其创刊时间为丙午闰四月初六日（1906 年 5 月 28 日）。比如,今存《香港少年报》丙午六月初九日（1906 年 7 月 29 日）标明系该报之第 58 号。如果《香港少年报》每天都出报,那么该报的创刊时间就当不是丙午闰四月初六日（1906年 5 月 28 日）,而当是丙午闰四月十一日（1906 年 6 月 2 日）了。然而,《香

---

① 李默:《黄世仲与辛亥革命时期报刊》,《黄世仲与辛亥革命国际学术研讨会论文集》第 2辑,香港,纪念黄世仲基金会 2002 年 2 月第 1 版,第 36 页。

港少年报》并不是每天都出报的。丙午十月初八日（1906 年 11 月 23 日）《香港少年报》所刊《改良广告》即称"改停礼拜，不停初二、十六"；但这还是后事，与此处所要论述的问题无关，故毋需注意。需要注意的是，前引《有所谓》报丙午四月十九日（1906 年 5 月 12 日）所刊《看看〈少年报〉出世之广告》中即曾宣布中历逢初二、十六不出报。据此，《香港少年报》的创刊时间，就应从丙午六月初九日（1906 年 7 月 29 日）起上推 58 天外加五天；推算下来，创刊的时间正好就是丙午闰四月初六日（1906 年 5 月 28 日）。可见，并非像郭天祥所说的那样"不易确知"，而是可以知道的。

关于《香港少年报》的创办者和编辑班子组成人员，上述各家的说法也不相同。冯自由一处说"撰述人有黄世仲、杨计伯、康荫田等"，另一处还加上了"卢星符"一名；其余各家如李默、方汉奇等先生的说法与之不同，其说法综合起来是：总编辑兼督印人为黄棣荪即黄世仲（按："督印人"郭天祥作"承印人"，不确），撰述员有黄伯耀、冯砺生、赵啸馀、何萤初、卢蔚起，名誉撰述员有胡俊父、陈猛进、易侠血、李捷军、王亚斧、何汉捷等。从上揭《看看〈少年报〉出世之广告》可知，李默、方汉奇等先生的说法是符合实际的；冯自由虽系当年事态的知情者，但其说法出自回忆，而回忆有时可能并不十分确切。

关于《香港少年报》的宗旨和内容，上揭《有所谓》报所刊《看看〈少年报〉出世之广告》有很明确的宣示。事实上，《香港少年报》也是严格地遵从其宣示编辑的。《香港少年报》创刊的时候，虽然反美拒约运动已经大体上成为过去，而从甲辰（1904）年春天就已开始、到乙巳八月（1905 年 9 月）取得胜利的、从美商手中收回粤汉铁路路权斗争，和紧接着的由反对岑春煊欲将粤路路权收归官办的斗争发展而来的、在岑春煊于丙午三月初七日（1906 年 4 月 24 日）不得不宣布粤路"归商办理"之后发生的所谓"反郑风潮"，正在如火如荼地进行。表面上看，这一"反郑风潮"反对的是广东粤汉铁路有限公司总办和副办郑观应和黄景棠等的违律背章行为，而实际上却是与岑春煊之间围绕究竟官办还是商办的斗争在新的条件下的继续；这一"反郑风潮"一直持续到丁未二月十九日（1907 年 4 月 1 日）郑观应自行辞退粤路总公司总办时才终于平息。《香港少年报》从创办到终结，大致与这一斗争相始终。在这整个过程中，《香港少年报》一直站在斗争的第一线。其所刊发的大量有关的消息报道、政论和文艺作品，旗帜鲜明地维护股民利益，抨击郑观应、黄景棠等无视路章的行为，特别是抨击岑春煊实际上阴谋控制粤路路权的行径。黄世仲本人更是撰写和发表了很多有关的政论和文艺作品，在"反郑风潮"中实际上起到了旗手的作用。另外，《香港少年报》还发表了大量揭露清朝政府专制统治的黑暗和腐朽及其假立宪阴谋、抨击以康有为为首的保皇派的保皇活动、维护国家主权和反对列强侵略、鼓吹资产阶级民主革命等等方面的消息报道、政论和文艺作品。冯自由谓其"亦提倡民族主文"①、李默谓其"宗旨坚定，态度鲜明，文锋犀利"②、方汉奇等谓其"带有强烈反满色彩"③，那是完全符合实际的。也正是由于此，特别是由于在"反郑风潮"中对岑春煊直接而尖锐地进行抨击，被激怒了的岑春煊曾下令禁止《香港少年报》和另外几家立场和态度相同的香港报纸进入广州。④

这里需要顺便讲一下有人对《香港少年报》的否定看法。现在台湾的中国国民党党史馆所藏《开国前广东革命宣传工作》⑤的《开国前广东革命报刊》部分中，有这样一段话：

> 于斯时也，香港有革命报四，曰《中国日报》，曰《世界公益报》，曰《广东报》，曰《有所谓》报。有挂名之革命报曰《少年报》，主持者皆为黄世仲。然黄虽时主革命言论，且曾为《中国日报》记者，但一面主张革命论，一面为保皇党所设之《商报》充当撰述，人多鄙之。

---

① 冯自由：《〈洪秀全演义〉作者黄世仲》，《革命逸史》第 2 集，北京，中华书局 1981 年 7 月第 1 版，第 42 页。
② 李默：《辛亥革命时期广东报刊录》（续二），《新闻研究资料》第 3 辑，北京，中国社会科学出版社 1980 年 5 月第 1 版，第 171 页。
③ 方汉奇等：《中国近代新闻事业史事编年》（十四），北京，中国社会科学出版社 1983 年 11 月第 1 版，第 243 页。
④ 《有所谓》报丙午五月十九日（1906 年 7 月 10 日）消息：《粤督禁言路事之港报》。
⑤ 《开国前广东革命报刊》，见杜元载主编之《革命文献》第 66 辑《中国同盟会革命史料》（2），台北，中国国民党中央委员会党史委员会 1974 年 6 月第 1 版，第 261～265 页。

按:《香港商报》是康有为命其弟子徐勤发刊的一家保皇派机关报,创刊于清光绪三十年正月(1904年2月),辛亥革命后易名为《共和报》出版至1921年停刊。该报宣传君主立宪,反对孙中山领导的民主革命,立场、观点与民主革命派及其报刊尖锐对立。黄世仲如确曾充当该报撰述,那么其革命人格确实就成问题,并必定会"人多鄙之"了。然而,这种情况是不可能有的。黄世仲在创办《香港少年报》时,不仅早已是革命者,而且已是同盟会香港分会交际员;郑贯公去世之后不久,他又继之而任庶务员,成为分会领导班子中位置仅次于会长冯自由的成员,并担任此一职务数年之久。如果他确实曾充当保皇派报纸的撰述,那么能够如此么?当时港穗地区各革命派报刊的创办者、编辑者,能够信任他并与他一起办报?同盟会香港分会的众多成员能够推举他担任分会重要职务、分会的其他领导成员能够与他一起工作?况此事从未见诸记载,也未见有亲历和熟知当年港穗地区事态发展的革命派人士道及。可见,所谓"为保皇党所设之《商报》充当撰述,人多鄙之"云云,乃莫须有之事。现在台湾的国民党党史馆的藏件不知出自何人之手。但可以肯定,如果不是出于意欲掩盖其枪杀黄世仲之罪行的胡汉民派人士之手的话,那么也当出自当年事态并不知悉而又不负责任、信口开河者的笔下,是绝不可信的;至于说《香港少年报》是什么"挂名之革命报",自然也不符合实际,——黄世仲是坚定的革命者,他所创办的《香港少年报》如前所说也是旗帜鲜明的革命派报纸。

关于《香港少年报》的停刊时间及停刊原因,以上所述各家多未叙及,仅冯自由在上揭《〈洪秀全演义〉作者黄世仲》中说"刊行一载而止"、在上揭《华侨革命开国史》中说"惜乎出版未及一载,即因款绌停版"。不过,其前一文所说《香港少年报》的创刊时间是丁未(1907)年;如此,则《香港少年报》的停刊时间就当在戊申(1908)年。但冯自由在上揭《中国革命运动二十六年组织史》中说《香港少年报》创刊于丙午(1906)年,在上揭《华侨革命开国史》中说"《少年报》发刊于丙午、丁未间",那么《香港少年报》确实也就如上所说创刊于丙午(1906)年,而其停刊时间也就当在丁未(1907)年。丁未(1907)年的什么时候?今存《香港少年报》最后几天的报纸出版于丙午十一月下旬(1907年1月中旬),所以很难认定其停刊于哪个月,更难认定其停刊于哪个月的哪一天;现在只能按照冯自由的或有所据的说法,认定其停刊时间可能是在丁未四月以前(1907 年 5 月以前)。事实上,丁未四月二十日(1907 年 5 月 31 日),《广东白话报》已经创刊;紧跟着的丁未五月十一日(1907 年 6 月 21 日),《中外小说林》也已经创刊。在这种情况下,黄世仲与其兄黄伯耀恐怕也难有精力再继续办《香港少年报》。由此看来,《香港少年报》也当是此前已经停办的了。情况究竟如何,自然有待新的资料的发现。至于停办的原因,可能同资金不足、无力再办有关。据黄世仲的女儿黄福莲遗信回忆:

> ……黄世仲又见只一间报,宣传范围太小,又开一间,名叫《有所谓》小报,与中山人郑贯公合作,郑贯公好少年就死了,无人帮助,二三年时间就关闭了。后又叫其兄黄伯耀(又名黄耀公)合办一间,名叫《新少年日报》。此报开业,亦得观众欢迎。开业二年间,孙中山叫黄世仲往新加坡一转,有事共商。于是《少年报》由其兄代理。在这时期,经济要自己筹划的,正所(需)要出钱出力的。去了约半年时间,黄伯耀不善打理,经济方面不支,欠债累累,就叫黄世仲返港料理。黄世仲返港时,经济不能应付,就向香港政府报穷,惟为(有)拍卖《新少年日报》还债了事。①

按:黄福莲所说情况出自其在事过已数十年之后的回忆,事态发展时她还年幼(黄福莲生于丙申三月初四日、1896 年 4 月 16 日,其时才 10 多岁),因而上述回忆文字多有不确,或现仍无法证实而需留以待考,此情不足为奇。不过,其中所说《香港少年报》(黄福莲作《新少年日报》或《少年报》)系因"经济不能应付"而停办,证以冯自由所说"因款绌停版"云云,当是可以相信的。

《香港少年报》停刊后过了几年,香港有过一家《新少年报》。李默《辛

---

① 见笔者藏黄世仲女儿黄福莲遗信之复印件。

亥革命时期广东报刊录》①曾予以介绍,其开头云:

> 《新少年报》发刊于香港,目前所见只是其副刊《新少年报谐部》辛
> 亥五、六月合订本。

之后则是对其内容、政治倾向等的介绍,举例谓"此报宣传民主革命"云云,并未谈及与《香港少年报》有何关系。后来,李默在《黄世仲与辛亥革命时期报刊》②中也介绍了《新少年报》,其文字与前一篇相比大同小异,同样未谈《新少年报》与《香港少年报》有何关系。但笔者注意到蔡敦祺在《以文字之功臣,作国民之响导——论黄世仲三种〈小说林〉的历史意义和文学价值》③中有这样一段话:

> (黄世仲)创办《粤东小说林》之前四个月(一九〇六年五月)他创办了《少年报》(该报一年后停刊,至一九一〇年复刊,改称《新少年报》)并任总编辑……

言之凿凿,似有所本。如确有所本,则《香港少年报》在停刊两年多时间后又于1910年复刊。但蔡敦祺并未举证,无法判定其说之正误,故此处只好存疑。

参办《社会公报》 《香港少年报》停刊前的丙午八月二十九日(1906年10月16日),也就是《香港少年报》创刊后仅四多月,黄世仲与其兄黄伯耀就创办了《粤东小说林》。过了七个多月的丁未四月二十日(1907年5月31日),也就是《香港少年报》停刊后约一个多月,黄世仲与其兄黄伯耀又

---

① 李默:《辛亥革命时期广东报刊录》(续二),《新闻研究资料》第 3 辑,北京,中国社会科学出版社 1980 年 5 月第 1 版,第 171～172 页。

② 李默:《黄世仲与辛亥革命时期报刊》,《黄世仲与辛亥革命国际学术研讨会论文集》第 2 辑,香港纪念黄世仲基金会 2002 年 2 月第 1 版,第 30～44 页。

③ 蔡敦祺:《以文字之功臣,作国民之响导——论黄世仲三种〈小说林〉的历史意义和文学价值》,《中外小说林》重印本上册,香港,夏菲尔国际出版公司 2002 年 4 月第 1 版,序文第 11～100 页。

创办了《广东白话报》。此后再过约一个月左右，黄世仲弟兄创办的《中外小说林》又于丁未五月十一日（1907 年 6 月 21 日）面世。再后，当《中外小说林》创刊仅约半年并仍在继续编辑出版的时候，其创刊与黄世仲有密切关系的《社会公报》就又与世人见面了。

关于《社会公报》，李默在 20 世纪 70 和 80 年代之交所写《辛亥革命时期广东报刊录》①中即有介绍：

> 公元一九〇七年十二月五日（清光绪三十三年十一月初一日）创刊。日出张半纸，逢礼拜停派。编辑部及发行所香港德辅道中门牌六十一号三楼。总编辑兼督印人黄耀公。
>
> 内容分庄谐两部。庄部有议论、批评、国事、外纪、粤闻、侦探、电音、港志。谐部有文坛、白话、輶轩录、稽古谈、鼓吹。
>
> 《社会公报》的宗旨是宣传民主革命，并对空想社会主义作了宣传。……

后来，方志强在《黄世仲大传》②中对《社会公报》也进行了介绍，而且介绍还比较详细。其开头云：

> 黄世仲生平好用机智，他在自办《香港少年报》的同时，又竭力鼎助胞兄黄伯耀创办《社会公报》，向世人宣传社会主义思想。丁未年十一月初一日（1907 年 12 月 5 日），报纸创刊之际，并在《中国日报》上刊登《快看快看〈社会公报〉出世》广告，披露报纸的宗旨、代价、办法、庄谐二部内容及同人一览表，又另附刊章回小说《广东世家传》，以人们好争阅其小说作品而提高报纸的知名度……

在附录了所说广告之后，又介绍了黄世仲在该报创刊号上撰发的政论《〈社

---

① 李默：《辛亥革命时期广东报刊录》（续二），《新闻研究资料》第 3 辑，北京，中国社会科学出版社 1980 年 5 月第 1 版，第 171 页。

② 方志强：《黄世仲大传》，香港，夏菲尔国际出版公司 1999 年 4 月第 1 版，第 54～62 页。

会公报〉出世之始声》、黄伯耀撰发的政论《〈社会公报〉内容之解说》等,还介绍了在《社会公报》撰发的政论《粤澳地界之摎轕》、《印度之同盟罢工感言》等。2001 年,李默在《黄世仲与辛亥革命时期报刊》①中,又一次对《社会公报》进行了介绍,其介绍不仅较前一次详细一些,而且在开头几段话中增加了前一次介绍中未曾叙及的、有关黄世仲与《社会公报》之关系等问题的内容:

> 1907 年 12 月 5 日(清光绪三十三年丁未十一月初一日)创刊。日出纸半张,逢礼拜停派。总编辑及发行所香港德辅道中门牌 62 号三楼,总编辑兼督印人黄耀公,同人有黄耀公、黄小配(世仲)、卢渭声、刘平子、陈睡醒、宋桂馨、林重文、王壮起、姚怀国、林昆长、何侠国。
>
> 时《少年报》已停刊,黄世仲鼎力协助其胞兄黄伯耀创办《社会公报》。
>
> 《社会公报》除宣传民族民主革命外,侧重宣传空想社会主义,在当时是一大进步。……

上述李默、方志强两位先生的介绍,基本上勾勒出了《社会公报》的大致情况。

其实,还在丁未十月二十三日(1907 年 11 月 28 日),《中国日报》就已刊出了题为《快看快看〈社会公报〉出世》的广告云:

> (一)宗旨　本报以扫除社会窒碍及灌通社会知社为宗旨,而鼓吹国民之责任,及讨论政治之得失与鼓舞振兴工艺实业,皆随时发挥。
>
> (二)代价　本报于报费告白不设年账,俱收月费。本港及澳门每月报费四毫,省城、内地每月五毫,外埠每月八毫,零沽每张三仙。外埠购阅者请先惠报费,空函定(订)阅,恕不从命。

---

① 李默:《黄世仲与辛亥革命时期报刊》,《黄世仲与辛亥革命国际学术研讨会论文集》第 2 辑,香港,纪念黄世仲基金会 2002 年 2 月第 1 版,第 37~38 页。

（三）办法　本报每日晨早派送，即省城内地亦隔夜付寄夜轮，以供阅者先观为快。其余外埠皆按日付寄，决不延误。

（四）内容　本报每晨出纸大小共二张，计分庄谐二部，尤注重小说，以新闻者之眼帘。其谐部内容：（一）〔破题儿〕，即题词；（二）〔五彩丝〕，即杂文、谐文；（三）〔白话丛〕；（四）〔稗官署〕，即短篇小说；（五）〔解人颐〕，即笑谈；（六）〔稽古谈〕；（七）〔轺轩录〕，即风俗志；（八）〔表彰册〕，即时誉；（九）〔补脑丸〕，即博闻；（十）〔新梨园〕，即班本；（十一）〔唐官谱〕，即讴歌；（十二）〔风人旨〕，即文苑。其庄部内容：（一）议论；（二）批评；（三）〔侦探〕，即采访；（四）粤闻；（五）国事；（六）外纪；（七）港志；（八）电音；（九）行情；（十）船期。

另附刊章回新小说《广东世家传》

是书内容丰富，网罗靡遗，笔墨灵警。阅者手执一篇，当不以斯言为大谬也。粤谚云"富无三代享"，盖其中骄奢淫逸，固所不免，而纨袴子弟，隳其先业，非无因也。然如卢氏之尊儒重学，潘氏之慷慨好施，因之后起有人，不无可爱。是书以述古之幽情，为讽时之深意，取材纪事，无美不收。著者为本社撰述员黄君小配即世次郎，其于著小说之价值何如，不待赘述矣。

同人一览表

黄耀公　卢渭声　刘平子　陈睡醒　黄小配　宋桂馨
林重文　王壮起　姚怀国　梁烈卿　林昆长　何侠国

本报编辑所兼总发行处在香港德辅道中六十二号，定期本月廿七日出版。爱阅诸君及愿代理者，请照址投函不误。

丁未年十月廿三日

《社会公报》同人等披露

丁未十月二十七日（1907年12月2日）的《中国日报》在重刊该广告的同时，又刊有题为《〈社会公报〉改期出版》的广告云：

— 131 —

　　启者:敝报原议本月廿七日出版。兹因诸事未备,特改期十一月初一日出版。

　　此布。

《社会公报》启

　　从上述第二次刊出的广告以及《社会公报》创刊号报头之报名右、左两方分别标明出版时间为"西一千九百零七年十二月五号"和"中历丁未年十一月初一日"可知,《社会公报》的创刊时间确为丁未十一月初一日(1907年12月5日)。而从第一次刊出的广告所列同人表之首位系黄耀公即黄伯耀可知,《社会公报》当为黄伯耀创办;其创刊号"五彩丝"栏所刊《发刊词》以及"批评"栏所刊类乎发刊词的《〈社会公报〉内容之解说》出自黄伯耀之手,特别是其报头之报名下方标明"总编辑兼督印人黄耀公",更可证明这一点。但同人表中又有黄小配即黄世仲,从创刊号起连载了4天的《〈社会公报〉出世之始声》又为黄世仲所写,故可以认为方志强和李默两位先生分别所说黄世仲"竭力鼎助"、"鼎力协助"黄伯耀创办《社会公报》,是符合实际的;需要指出的仅是,方志强说黄世仲"在自办《香港少年报》的同时"鼎助其兄创办《社会公报》,是不确切的,因为《香港少年报》在《社会公报》创刊时早已停刊了。

　　《社会公报》的宗旨和内容,从上述第一次刊出的广告的宣示和现存该报情况来看,李默所说《社会公报》的"宗旨是宣传民主革命,并对空想社会主义作了宣传"、"除宣传民族民主革命外,侧重宣传空想社会主义",是完全正确的。而方志强先生在介绍《社会公报》时,虽正文中说过该报所介绍的社会主义"属于空想社会主义",而其标题却作"办《社会公报》,宣传社会主义",在正文首段也说黄世仲协助其兄办《社会公报》"向世人宣传社会主义思想",似乎《社会公报》不仅是专门"宣传社会主义"的报纸,而且所宣传的乃是"社会主义",则有点不甚确切、容易引起误解了。

　　实际上,现存的《社会公报》所载各种文字表明,宣传民族民主革命、反对清朝政府的专制腐朽和抨击列强侵略中国,是其宗旨的重要方面。黄世仲发表于该报的政论《粤澳地界之谬辖》(丁未十一月初八日、1907年12月

12 日）、《升允果欲竭甘省之民财耶》（丁未十一月初九日、1907 年 12 月 13 日）和文艺作品《游会后之感言》（丁未十一月初七日、1907 年 12 月 11 日）、《戏拟审议淫伶李春来审判词》（丁未十一月初十日、1907 年 12 月 14 日）等等，黄伯耀发表于该报的政论《西江捕权问题之评论》（丁未十一月初七日、1907 年 12 月 11 日）、《政府主用兵力压制民抗朝命之非计》（丁未十一月十四日、1907 年 12 月 18 日）、《读英报论间岛事之感言》（丁未十一月二十六日、1907 年 12 月 30 日）和文艺作品《土地诉苦》（丁未十一月十六日、1907 年 12 月 20 日）、《拟海龙王与土地书》（丁未十一月二十二日、1907 年 12 月 26 日）等等，或庄言正论，或嘲讽嬉笑，总之都是针对清朝政府专制腐朽统治下社会的黑暗闭塞以及日本、葡萄牙等列强侵略中国的强盗行为而发的。

当然，《社会公报》确实也"宣传社会主义"，上揭黄伯耀的《〈社会公报〉内容之解说》、黄世仲的《〈社会公报〉出世之始声》、署名"太岁"的《〈社会公报〉释义》以及黄世仲所写 4 次连载于丁未十一月二十二日至十一月二十四日（1907 年 12 月 26 日至 12 月 28 日）《社会公报》上的《印度同盟罢工之感言》等，都是如此。比如，《〈社会公报〉释义》解说《社会公报》取名之由云：

> 《社会公报》何为而名？曰为社会事也。其主义安在？曰社会主义——是近百年来世界之特产物，专视劳动力以为百物价值之源泉，其土地公，其资本公，其制度公，其支配公。故社会改革，首先开阡陌、均贫富为要素。

《〈社会公报〉出世之始声》宣传平社会阶级之必要云：

> ……然阶级未平，则社会之幸福，终可小而不可大、可暂而不可久，是社会阶级宜平也。文明之国，自君至民，有位置之轻重，因而定责任之轻重，如其天地禀授之人权，及国家共同所有之权利，则无所谓阶级。若因对于国家所负责任之轻重，即视为贵贱，以成为势力之等级，则专

制之害从此而生。专制甚则权利不均,官民之高下、家族之长幼,滞而观然,权利仅视其势力之强弱为消长矣,则国家与家族,其积碍殊重也。推而至于经济社会,则阶级未平者,其影响尤甚,必至劳动社会受其极祸而止,小而一公司于货产之垄断,大而富户于地权之垄断,皆足以束缚其贫民。故欧美于社会学虽大发明,然于经济社会上,凡平民之受制于富户,几于全国无中富。此土地国有之说所以发生,而为数世纪前社会学未全之补救也。然则自家族而乡族、而国家,与夫一切经济社会,皆当平其阶级,而后社会之幸福维均,则社会之基础愈固,可断言矣!

是故本报以《社会公报》命名。举一般社会之一切利病,皆有指陈之责任,而言论必贵乎公言,盖非公论不足以寒社会之巨蠹,即无以扫窒碍而扶助社会之进步、而巩社会之幸福也。夫国民之责任何在?即共图社会之幸福而已,即个人图谋幸福之心组织成之而已。人人尽其责任以图之,即社会之窒碍不能不去,社会之阶级不能不平。团体结而权利均,所谓一社会之幸福,止于是矣!

《印度同盟罢工之感言》在谈及印度工人罢工之由后,甚至鼓动工人起来进行斗争:

资本家既垄断工人之利,而压抑之手段反日加严而无稍宽,势所不免也。然国民不自谋对待专制之政府,即无以享民权,盖坐待行专制者自弃其专制之权,实如望梅止渴,则欲资本家自弃其抑压工人之利以平反其利益于工人,此诚未可易言者。

天下能揽其利之人,必不及蒙其害者之人之众。彼以富制贫,此即以众抗寡。有压抑斯有冲突,故曰:权利不均,即反动随起也。自兹以往,工艺愈盛,即工党愈众,资本家之垄断居奇以行其压制者,必日出而日新,而工党以挟制为要求权利者,必愈趋而愈盛,非经一度最急激猛烈之运动,必无以平劳动社会之势使幸福维均,则蒙其害者之受祸因而激变者后将益烈。

这种宣传不仅成为《社会公报》的一个突出鲜明的特点，而且表明黄世仲与《社会公报》同人非常注意吸收西方社会政治思想。在当时中国，这在客观上当然是有其进步意义的。然而，无论如何，在《社会公报》的宣传中，并未提出和客观上也不可能提出经由革命斗争而推翻资产阶级政权、建立无产阶级专政政权的问题，因而其所宣传的其实只是空想社会主义而不是科学社会主义，尽管今天的研究者不可因此就无视其在当时中国所具有的进步意义。

《社会公报》的停刊时间不详。鉴于黄世仲丙午八月（1906 年 9 月）被推举为同盟会香港分会庶务干事，戊申正月（1908 年 2 月）又再次当选，革命实际工作日繁，无暇顾及《社会公报》；鉴于《岭南白话杂志》也于戊申正月初八日（1908 年 2 月 9 日）创刊，黄伯耀的精力当用于该刊物的编刊；鉴于这一切，估计《社会公报》编刊时间当很短，大约在创刊后不到两个月即已停刊。

参办《南越报》　冯自由在《开国前海内外革命书报一览》①中著录《南越报》，谓其"辛亥（一九一一）"出版于广州，其编辑兼发行人为苏棱讽。之后，关于《南越报》，最早较为详细地加以介绍的仍是李默。在 20 世纪 70 和 80 年代之交发表的《辛亥革命时期广东报刊录》②中，他是这样开始其对《南越报》的介绍的：

> 公元一八七五年六月八日（清光绪元年五月初五日）创刊。发行所在广州第七甫，这是继《国民报》而起的民主革命派办的报纸，主编有苏棱讽、卢博浪、李孟哲、杨计白。

接着，在引《南越报》所刊《本报创刊一周年纪念文》（按：应为《本报开创一周年纪念文》）而对《南越报》之宗旨进行介绍之后写道：

————————

① 冯自由：《开国前海内外革命书报一览》，《革命逸史》第 3 集，北京，中华书局 1981 年 7 月第 1 版，第 142 页。

② 李默：《辛亥革命时期广东报刊录》，《新闻研究资料》第 1 辑，北京，中国社会科学出版社 1999 年 8 月第 1 版，第 157～158 页。

　　该报分庄谐两部,谐部有题词、文界、冷评、说部、笑话、剧本、清歌、粤讴等。

　　一九一〇年广东新军起义失败,惨遭杀戮,该报以激烈的评论及用文艺诗篇,揭露清政府残酷屠杀的罪行,歌颂起义新军的壮烈牺牲,……

　　一九一一年三月廿九日革命党人起义失败后,牺牲七十二人,该报有粤讴《黄花影》等篇以悼。……

　　由于《南越报》在广州处于清政府控制之下,故其言论等都比不上在香港民主革命派所发行的报刊激烈,措辞比较隐蔽。

按:这里并未叙及黄世仲与《南越报》的关系;从紧跟着说"是继《国民报》而起的民主革命派办的报纸"一语可知,谓《南越报》创刊于清光绪元年五月初五日(1875 年 6 月 8 日)也显然有误,因为《国民报》如同李默自己在同一篇文章中所说的,是"公元一九〇六年十一月一日(清光绪三十二年九月十五日)创刊"的。

再后对《南越报》专门进行较详介绍的是方汉奇等先生。在《中国近代新闻事业史事编年》(十九)①中,方汉奇等先生写道:

　　1909 年(宣统元年己酉)6 月 22 日:《南越报》在广州创刊。社址在广州第七甫。苏棱讽、卢博浪、李孟哲、杨计白等主编。内容分庄谐两部。庄部主要刊载新闻及评论;谐部则设有题词、文界、冷评、说部、笑话、剧本、诗歌、粤讴等栏,专刊文艺作品。同情革命,反对伪立宪,是革命派在广州地区的舆论机关之一。(创刊日期据李默《辛亥革命时期广东报刊录》。冯自由《革命逸史》第三集作 1911 年,《中国革命运动二十六年组织史》作 1908 年,《香港广东报纸与革命运动》作 1908 年。)

---

　　①　方汉奇等:《中国近代新闻事业史事编年》(十九),北京,中国社会科学出版社 1984 年 9 月第 1 版,第 227 页。

按:这里也未叙及黄世仲与《南越报》的关系。又,关于《南越报》创刊时间,方汉奇等先生云系据李默《辛亥革命时期广东报刊录》,但其说实与李默的说法不同,大约是考虑到李默云《南越报》系创办于《国民报》之后,故疑李默所谓"清光绪元年五月初五日"当为"清宣统元年五月初五日"之误而加以纠正的结果吧!又,所说冯自由《香港广东报纸与革命运动》一文未见,可能是《广东报纸与革命运动》之误,而该文并未叙及《南越报》。

方志强在《黄世仲大传》第十四部分第五节的第二、三、四、五小节①中,用了万字以上篇幅介绍《南越报》;其中第二小节题为《参与创办〈南越报〉,推出长篇小说〈朝鲜血〉》,开头云:

> 宣统元年己酉(1909)五月初五端阳节(6月22日),《南越报》在广州创刊,编撰人有苏棱讽、李孟哲、杨计白、黄世仲、欧博明、何剑士等,大部分为同盟会员。

然后对李默引用过的《本报开创一周年纪念文》进行介绍并附有全文,还特别指明该文发表于庚戌五月初七日(1910年6月13日)《南越报》,其署名为"世次郎"即黄世仲。再后则是对先后连载于《南越报》上的、实为报告文学式作品而被其作者黄世仲分别冠以"近事小说"、"最新历史小说"和"近事小说"名称的《朝鲜血》、《十日建国志》和《五日风声》等,进行了详细的介绍。这样,方志强便最早把黄世仲与《南越报》联系到一起了。

再后,李默在《黄世仲与辛亥革命时期报刊》②中,又一次对《南越报》进行了介绍。整个看来,这次介绍较其前一次多少增加了详细度,而特应注意的是其开头的一段话:

> 1909年6月22日(清宣统元年己酉五月初五日)创刊。发行所在广州第七甫。这是继《国民报》而起的民主革命派报纸,编辑人有苏棱

---

① 方志强:《黄世仲大传》,香港,夏菲尔国际出版公司1999年4月第1版,第211~237页。

② 李默:《黄世仲与辛亥革命时期报刊》,《黄世仲与辛亥革命国际学术研讨会论文集》第2辑,香港,纪念黄世仲基金会2002年2月第1版,第30~44页。

讽、黄世仲、卢博浪、李孟哲、杨计白、欧博明、何剑士等。

显然,这里的介绍与其在 20 世纪 70 和 80 年代之交的介绍相比,有较大修改,其一是关于《南越报》创刊时间的,其二是编辑人名单之中列入了黄世仲。

此外,吴锦润的《黄世仲的革命生涯、文学成就及其编辑的〈中外小说林〉》①、郭天祥的《黄世仲年谱长编》②等也都谈到过《南越报》的创刊以及黄世仲与《南越报》的关系,惜不仅过于简略,而且吴锦润还把报名误为《越华报》,故此处就不再缕列了。

由以上这些看来,关于《南越报》的创刊时间以及黄世仲与《南越报》的关系问题,看法是渐趋一致了。那么,情况究竟如何呢?首先是创刊时间问题。《南越报》今存于世者已非全套;创刊时的报纸笔者未能找到,想亦已不存,因而也就难以据以确定其创刊时间。不过,上揭黄世仲所写刊载于《南越报》庚戌五月初七日(1910 年 6 月 13 日)的《本报开创一周年纪念文》一开始就说"唯宣统二年,岁在庚戌、五月之五日,即本报周岁纪念之期也",则《南越报》之创刊时间为宣统元年五月初五日无疑,这一天正是西历的 1909 年 6 月 22 日。其次是黄世仲与《南越报》的关系问题。据冯自由的记载,《南越报》的创办者是苏棱讽。这样一来,黄世仲自然不是创办者。但黄世仲确实与《南越报》有密切的关系。在上揭黄世仲所写《本报开创一周年纪念文》中,黄世仲既称《南越报》为"本报",又有"同人……"云云的文字,足见黄世仲乃《南越报》之同人即参办者;黄世仲在该报上不仅发表有《本报开创一周年纪念文》等文,而且还有《朝鲜血》、《十日建国志》、《五日风声》、《妾薄命》、《孽债》等长篇小说(前三种实为报告文学式小说)连载,也很能说明这一点。总之,方志强说黄世仲"参与创办《南越报》",是正确的。《南越报》是一家民主革命派报纸。在其创刊时,同盟会南方支部尚未成立。等到己酉九月(1909 年 10 月)同盟会南方支部成立后,该报实际

---

① 吴锦润:《黄世仲的革命生涯、文学成就及其编辑的〈中外小说林〉》,《中外小说林》重印本上册,香港,夏菲尔国际出版公司 2000 年 4 月第 1 版,导论第 101~134 页。

② 郭天祥:《黄世仲年谱长编》,北京,中国社会科学出版社 2002 年 10 月第 1 版,第 233 页。

上成了该支部的机关报,在后来的新军起义、黄花岗起义和辛亥广东独立等重大革命事件的酝酿和发展过程中起过重要的舆论宣传作用。黄世仲虽大约因其创办时作为同盟会香港分会庶务员重任在身而不是该报创办者,却积极参与其事并大量为其撰稿,实际上也正是以其为革命宣传的一个重要阵地。

五、黄世仲和同盟会香港分会的党务及群众性爱国进步活动

从1905年10月到1909年10月,黄世仲作为同盟会香港分会领导成员之一,理所当然地进行了一系列党务和群众性爱国进步活动,但这里只能据所见有限资料略事叙述。

同盟会香港分会的党务工作和群众性活动　关于这个方面的情况,冯自由曾有较多的记述。根据他的记述,主要有:

乙巳(1905)年:

分会成立后,即开展工作。属于党务方面和群众性爱国进步活动的主要是:

——设立机关光汉学校。该学校实际上是培养干部的机关。《香港同盟会史要》①云:

时李自重与史古愚、伍汉持、陈典方、崔通约设光汉学校于九龙,提倡军事教育。香港各学校纷纷举行兵式体操,均延自重为体操教员。盖自重早年曾肄业于总理所设东京革命军事学校,以教授军事训练蜚声于时也。事为港政府所忌,乃禁止各校设体操一

---

① 冯自由:《香港同盟会史要》,《革命逸史》第3集,北京,中华书局1981年7月第1版,第221页。

科,并拟驱逐自重出境。自重不得已他适避之。

丙午(1906)年:

这一年,党务工作虽无明显的进步,但也有应予注意者。主要的是:

——解决同盟会香港分会在反美拒约问题上的内部矛盾。反美拒约运动在同盟会香港分会成立之前就已轰轰烈烈地进行。分会成立以后,内部出现矛盾,一直到是年春因孙中山亲自出面调解,方得解决。《香港同盟会史要》①云:

> 是年(按:指乙巳,即1905年)美政府颁布取缔华工禁约,华侨冯夏威自杀于上海美领事馆门前,以警同胞,因而各省抵制美货之怒潮风起云涌。香港及广州商工学报各界亦组织拒约会以响应之。是冬驻美国商会特派代表向港粤各代表磋商转圜方法,港代表为何启、曹善允、李煜堂、吴东起、陈少白诸人。双方议定解决条件九款,郑贯公代表报界一部分,指为未经众议通过,认为无效,因是《中国报》与《有所谓》报为此大开笔战。经余多方调处无效,会总理自南洋赴日,过港时乃召少白、贯公二人至法轮,劝令和解,二人从之……

——参与反对粤路官办斗争的领导事宜。针对岑春煊违法强将经过各方斗争而从美公司手中收回的粤汉铁路路权收归官办一事,广州、香港工商各界掀起了一场轰轰烈烈的斗争。在这场斗争中,以陈少白为代表的分会诸同志,实际上参与了领导工作。《香港同盟会史要》②云:

---

① 冯自由:《香港同盟会史要》,《革命逸史》第3集,北京,中华书局1981年7月第1版,第221~222页。

② 冯自由:《香港同盟会史要》,《革命逸史》第3集,北京,中华书局1981年7月第1版,第223页。

……港商陈席儒、陈赓虞、杨西岩等均属该路大股东，遂召集全体股东组织粤路股东维持路权会，函电向清政府极力抗争。而为之谋主者，即为中国报社长陈少白。凡会中一切计划，莫不言听计从，所有文电咸出少白手笔。《中国报》之社长室无形中成为争路会之秘书处。

——追悼郑贯公。郑贯公既是同盟会香港分会的创立者之一，又是该分会首届庶务员，在分会领导机构中地位仅次于会长陈少白。可惜的是，担任庶务员未久，即于丙午四月十三日（1906 年 5 月 6 日）谢世。他的去世，无疑是香港分会乃至整个同盟会的一大损失。因此，在其去世之后，香港进步报界和全体进步人士便举行了隆重的追悼活动。今天看来，这一追悼活动的组织者，实际上是同盟会香港分会部分会员，因而该追悼活动，也就是同盟会香港分会所进行的一次重要会务活动。冯自由《郑贯公事略》①云：

> 丙午（一九〇六年）夏，贯一妇马氏忽染恶疾，赖贯一多方护持，得不死；而贯一以侍疾之故，竟为侵染，淹缠数日，遂以不起，年仅二十有六。寻马氏亦仰药以殉，闻者莫不惜之。后一月，诸同志为开追悼会于杏花楼，友好及各界人士参与者二千余人，极一时之盛。

——卫护革命舆论重要阵地《中国日报》的斗争。1906 年，发生了康有为之女康同璧控告《中国日报》赔偿名誉损失案，同盟会香港分会与之进行了斗争。在《陈少白时代之〈中国日报〉》②中，冯自由写道：

> 丙午七月，文裕堂以营业不佳，宣告破产。余于事前预向文裕

---

① 　冯自由：《郑贯公事略》，《革命逸史》初集，北京，中华书局 1981 年 7 月第 1 版，第 85 页。
② 　冯自由：《陈少白时代之〈中国日报〉》，《革命逸史》初集，北京，中华书局 1981 年 7 月第 1 版，第 71～72 页。

堂以五千元购取《中国报》，故得免于此厄。先是，《中国报》尝于乙巳冬记载康有为之女同璧在美洲行骗华侨事。康乃委托保皇会员叶恩在香港法院，控《中国报》以毁谤名誉之罪，要求赔偿损失五千元。此案涉讼经年，迄未解决。《中国报》搜罗康有为师徒棍骗证据，极为充足，颇有胜诉之望。惟英律凡被告无能力延律师抗辩，即等于败诉，讼费例由被告负担。《中国报》原属文裕堂印务公司产业之一部，文裕堂如破产，则《中国报》亦须拍卖，以供讼费赔偿之需。少白初以陈赓虞、杨西岩等曾有斥资万元协助《中国报》之约，至之重申前议，竟为陈、杨所拒。……余以《中国报》势濒危殆，于民党名誉关系至巨，乃商诸外舅李煜堂，得其助力，事前以五千元向文裕堂购得之，始得免于拍卖。新股东为李煜堂、李纪堂、伍耀廷、伍于簪、吴东启、麦礼廷、李亦愚、潘子东诸人。众举余任社长兼总编辑，新报社于八月迁于上环德辅道三〇一号。时总理在南洋，对于康同璧讼案主张继续抗诉，特汇款三千元于少白，使延律师力争。少白以讼事牵缠费事失时为辞，不欲再事兴讼，故此案结果遂为无形之失败。

《中国报》在康同璧讼案上的斗争虽归于"无形之失败"，但分会确实进行了斗争，且在文裕堂破产后终于还是保存了下来，未尝不是一次胜利。

——接待工作。是岁接待工作任务很重，在与《中国日报》丙午八月（1906 年 9 月）改组的同时进行的同盟会香港分会领导机构改组后尤其如此。冯自由《香港同盟会史要》①云：

是岁各方同志来往粤、沪、桂、日本、南洋、欧美各地，极形匆繁。其在报社暂驻者，有黄克强、吴崑（奉天）、胡毅生、朱执

---

① 冯自由:《香港同盟会史要》,《革命逸史》第 3 集,北京,中华书局 1981 年 7 月第 1 版,第 224 页。

信……诸人,以八月间《中国报》改组后为尤盛。当十月萍乡醴陵党军举事时,港人之有志者,日至报社探候捷音,其门如市。革命党多年停顿之局势,至是生机勃勃,大有山雨欲来风满楼之状矣。

丁未(1907)年:

自丙午(1906)年分会领导机构改选后,分会会务进一步开展。其最显著者是:

——迎接挑战,捍卫《中国日报》。据《香港同盟会史要》①记述,是年7月间,发生了港英政府华民政务司以《中国日报》经售《民报》特刊《天讨》且附有光绪破头插图,而指《中国日报》"煽动暗杀"一事,还发生了清朝政府驻菲律宾领事杨士钧以《中国日报》刊载揭露其玷辱国体情事之通讯,而控告《中国日报》要求赔偿名誉损失案等。香港分会针锋相对地进行斗争并均获得胜利,从而也就使《中国日报》得以继续出版和发挥作用。

——发展会员,壮大队伍。据《香港同盟会史要》②记述,其时,会务仍取秘密性质。但分会会长冯自由仍派出代理主盟人前往粤、桂、闽各地扩张会务,发展会员,成绩亦颇佳;其中"以许雪秋、邓子瑜等之运动惠潮会党及张谷山、姚雨平等之运动广州军学两界为最著"。仅香港一地新加盟者就有数百人。

——接待工作。是岁,各方来港同志之接待工作仍然繁重。据《香港同盟会史要》③记述,各方同志过港登记者有百数十人;为适应需要,在港新设招待所多处。

戊申(1908)年:

---

① 冯自由:《香港同盟会史要》,《革命逸史》第3集,北京,中华书局1981年7月第1版,第227~228页。

② 冯自由:《香港同盟会史要》,《革命逸史》第3集,北京,中华书局1981年7月第1版,第224~227页。

③ 冯自由:《香港同盟会史要》,《革命逸史》第3集,北京,中华书局1981年7月第1版,第224页。

是年初分会领导机构改选后,会务继续发展。主要的是:

——正确处理"二辰丸"事件。《香港同盟会史要》①载:

> 惟是年春尚有劫夺日轮二辰丸运载枪戒之计划,时余据澳门党员报告,探悉旅澳华商柯某等雇日轮二辰丸由日私运军械至澳门附近华界图利。因使陈佐平、温子纯、林瓜五(大盗林瓜四之弟)等届期聚众劫夺,……余等均认为在葡界海面不便活动,而弹药太少,亦不足用,遂中止进行。是即是年二月中日二国发生大交涉案之二辰丸也。该轮后果由葡人包运至澳门海面卸械,为清军舰越界捕获,致为日政府提出严正抗议,辛由粤督向日领谢罪释船了结。事后粤省各界大为激愤,群主抵制日货以报复之,独《中国报》力排众议,谓对于日本可以抵制之理由极多,不当借运械助党一事为口实。并详举国际公法领海权各事例,以相质证,由是舆论渐为转移。盖《中国报》向认军械之能否入境为革命党人之生死问题,二辰丸载械虽与革命党无涉,然凡对于一切足以妨害革命党进行之事实及言论,皆当悉力以排除之也。

——吸纳会员,发展组织。据《香港同盟会史要》②记述,是年三月(1908 年 4 月),同盟会组织领导的河口武装起义失败,军事行动暂时停止将近一年,而香港分会"遂得专心党务,改取开放主义,以广收同志为务"。是年香港新加盟者多达数百人。

——接待工作。据冯自由《香港同盟会史要》③记述,是岁各方来港同志之接待任务仍处于繁重状态,各地同志莅港登记者仍很多;与之相应,添设新的招待所以容纳各方之来港者。

---

① 冯自由:《香港同盟会史要》,《革命逸史》第 3 集,北京,中华书局 1981 年 7 月第 1 版,第 230 页。

② 冯自由:《香港同盟会史要》,《革命逸史》第 3 集,北京,中华书局 1981 年 7 月第 1 版,第 234 页。

③ 冯自由:《香港同盟会史要》,《革命逸史》第 3 集,北京,中华书局 1981 年 7 月第 1 版,第 234 页。

己酉(1909)年：

是年，分会任务甚重，以致同盟会不得不于己酉九月(1909 年 10 月)另设南方支部。此后，香港分会与南方支部划分权限，西南各省之党务军务由南方支部统理，而香港分会则专任香港以内党务。而在划分权限之前，香港分会的会务工作任务自然繁忙，其中发展会员、壮大组织方面即有一例：

——在新剧界并通过新剧界发展同盟会会员。东莞黄毅侠倾心革命，与友好利用多种形式进行革命宣传，并组织了醒天梦新剧社排演新剧，四出演出。己酉四月(1909 年 5 月)新剧社到香港演出时，同盟会香港分会不仅给予支持，而且在其中发展会员，还通过其中新发展的会员发展会员，壮大组织。莫纪彭《黄毅侠事略》①云：

（黄毅侠等组织的醒天梦新剧社成立以后）旋新剧浸积为一般民众所欢迎。由四乡而省垣，由省垣而香港，招请者无虚日。到香港日，排演历史剧目，如《熊飞起义》，《袁崇焕督师》等等。观众在场咸接耳咄咄讶诧不已。党先进冯自由、谭民三、黄世仲等则大为惊赞，交口称甚善。演剧既竣，纪彭至《中国日报》谒冯自由，遂加入同盟会。纪彭既加盟，复次介绍李文甫、林直勉与君（按：指黄毅侠）同时加盟。东莞同志张孟荣、叶心泉、陈哲梅、张志林等十余人联翩加盟为同盟会会员。

冯自由为莫纪彭《黄毅侠事略》所写序文②亦云：

己酉年（民前三年）四月，黄君领剧团莅香港排演，余时任中国日报社长兼同盟会分会会长，以该剧团编演《熊飞起义》一幕，

---

① 莫纪彭：《黄毅侠事略》，《革命逸史》第 5 集，北京，中华书局 1981 年 7 月第 1 版，第 239 页。

② 冯自由：《〈黄毅侠事略〉序》(拟题)，《革命逸史》第 5 集，北京，中华书局 1981 年 7 月第 1 版，第 237～238 页。

> 大足以唤起世人之种族观念,为之击节称赏,不数日,莫君纪彭即
> 介绍黄君加入同盟会,余为主盟人。

上述这一切,当然不会是当年会务工作的全部。不仅如此,而且即就这一切而言,现在还未发现多少可以证明黄世仲与闻其事的十分直接的记载。然而,人们有理由相信,黄世仲当是程度不等地与闻其事的。因为,黄世仲其时不仅是同盟会香港分会的领导人之一,从1906年9月起还是仅次于会长的领导人。其中除了日常的迎来送往之类接待工作必会有之外,诸如解决反美拒约运动中分会的内部矛盾、先后参与追悼陈天华和郑贯公活动的组织工作、两次卫护《中国日报》斗争、在新剧界并通过新剧界发展同盟会员等,从现有的记载来看,黄世仲参与其事,还是可以肯定的。

黄世仲和后期的反美爱国运动　在论述黄世仲从新加坡回香港后最初几年间的生活历程时,笔者已经指出,黄世仲是积极参与了反美爱国运动的。不过,所谈仅是黄世仲在1905年10月以前的反美拒约运动中的情况,而且是从黄世仲参与当时实际革命活动的角度着笔的。同盟会香港分会成立、黄世仲成为分会领导人之一后,反美拒约运动不仅仍在继续,而且关心、支持、参与、指导广州和香港地区的反美拒约运动,还成为分会会务的一个重要内容。在这种情况下,黄世仲参与其事就更是顺理成章的了。

1905年8月末到年底,反美拒约运动不断受到美国驻广州领事勾结清朝政府广东地方官员的分化、威胁,特别是受到两广总督岑春煊的压制,进入后期。还在1905年8月31日,清朝政府就颁发了镇压这一运动的上谕;同年9月4日,岑春煊按照美领事的意旨,逮捕了拒约会得力办事人员马达臣、潘信明和夏仲文;同年11月25日,拒约会所创办的《拒约报》被迫停刊。继上海民族资产阶级退出运动之后,广州民族资产阶级也开始动摇,内部发生分化,运动进入低潮。然而,运动并未立即停止。到1907年初,广州"抵制苛约华工不用美货总公所"中的绅商发生分化,总公所被清朝政府广东当局勒令禁止开会,而广州的反美拒约运动也就最终结束。在这整个过程中,刚刚成立的同盟会香港分会及其成员一直站在运动前列,黄世仲也仍然站在以拒用美货为中心的反美爱国运动一边,既进行舆论宣传,又积极参

加实际活动。黄世仲作为其骨干分子之一的《有所谓》报继续大量刊发全国、海外特别是港穗地区反美爱国、抵制美货方面的消息和言论，黄世仲自己创办的《香港少年报》也大量刊发此类消息和言论，就已表明了这一点。而最能说明这一点的，则应推黄世仲在追悼冯夏威活动以及有关马、潘、夏被捕和《拒约报》之创办与被扼杀等事件中的有关报道、评论和实际活动。

——关于黄世仲与追悼冯夏威活动。冯夏威是菲律宾华侨、上海人镜学社社员，因深恐反美拒约运动不能持久坚持，而于乙巳六月十四日（1905年7月17日）在美国驻沪领事馆门前自杀以励国人。冯夏威此举引起极大反响。加上冯夏威本是南海人，其在粤、港、澳引起的反响更大。据现在所知，广州、香港、澳门举行过追悼会至少五次。其中，1905年10月以前一次，即乙巳八月二十三日（1905年9月21日）在广州拒约会会所所在地南武公学举行的一次；在同年10月举行者四次，即乙巳九月十七日（1905年10月15日）广州拒约总会在华林寺举行的一次，乙巳十月初一日（1905年10月28日）香港追悼义举同人在香港举行的一次，乙巳十月初二日（1905年10月29日）澳门各界在国民义务公所举行的一次，乙巳十月十二日（1905年11月8日）广州女界在广州河南歧兴南约赞育善社举行的一次。当然，举行这些追悼会，并不单纯是为追悼而追悼，而主要还是以之激励拒约爱国运动的参加者，并使运动参加者队伍能继续发展壮大。问题是，黄世仲与这些追悼活动的具体关系如何？

1905年10月前的一次追悼会，无具体材料可证黄世仲是否亲自参与，但恐怕还是有一定关系的。这次追悼会前，《有所谓》报在乙巳八月十一、二十一、二十二日就一再预发消息；到了追悼会举行之后，《有所谓》报又以《追悼殉约伟人盛会详纪》为题，在乙巳八月二十五日（1905年9月23日）正式进行了报道。考虑到黄世仲与《有所谓》报的关系，可知黄世仲即使没有亲临，也当是支持的。

1905年10月间的四次追悼会呢？从《广东日报》、《有所谓》报事前事后均刊有有关消息乃至言论来看，黄世仲是支持的。但还有确凿的材料表明，黄世仲不仅支持，而且与之还有更进一步的关系，特别是同澳门和香港的两次追悼会，关系更为密切。本来，澳门国民义务公所的成立与黄世仲实际上有关。还在乙巳九月初二日（1905 年 9 月 30 日），《有所谓》报即已刊出《澳门抵制美约之民气可嘉》的报道；同日，郑贯公为此在该报发表题为《祝澳门前山拒约之前途》的政论；次日，《有所谓》报除刊出要件《澳门前山国民义务公所抵制禁工启》外，又刊有政论《敬告澳门提倡抵制禁工诸君》，对澳门拒约诸君除给予支持外，还提出了建议三大条，而该文署名"辕孙"的作者实际上正是黄世仲。可见，澳门拒约运动本来就与黄世仲有关。而澳门之举行追悼会，正是此后不久决定的。《有所谓》报乙巳九月二十日刊出澳门拒约国民义务公所同人的《追悼冯夏威先生布告》，九月二十三日刊出《致澳门追悼会之挽联》，九月二十四日刊出署名"汉电"的《代澳门拒约会同人祭冯夏威文》，九月二十六日刊出有关举行追悼会的消息一则，九月二十七日又刊出预送挽联的消息一则；特别应当一提的是，不仅《澳门追悼会员大会祭冯夏威先生诔文》出自黄世仲之兄黄伯耀之手，而且《广东日报》乙巳十月十八日（1905 年 11 月 14 日）所刊《澳门前山追悼冯夏威先生挽联再纪》中还有黄伯耀所送挽联。从这一切来看，黄世仲和郑贯公等一起，对澳门举行追悼会当不仅是一般的支持者，而且恐怕还是积极的参与策划者。至于香港的追悼会，黄世仲还曾亲临并送有挽联。按，乙巳十月初五日（1905 年 11 月 1 日）《有所谓》报所刊《香港追悼冯夏威义举挽联汇志》（三续）中有如下一幅挽联：

     伟人冯夏威　敢死挫强权　愤他廿载严禁加苛　以属恨海难平
犹讥精明汉种为贱格
     义士曾少卿　尽言覆仇者　订其单身点刻去还　徧随心者所作
可谓亚洲祖国大英雄

该挽联署名为"汉辕孙"，而"汉辕孙"是否就是黄世仲还难肯定，因而这里还不能以之为据证明黄世仲与香港追悼会的关系。不过，如同笔者在上一章中已经说过的，乙巳十月初三日（1905 年 10 月 30 日）《广东日报》刊出的《初一日香港追悼冯夏威先生挽联汇志》中确有黄世仲所送挽联：

与公非湖海故人　誓死励同胞　应动临坛一洒泪

惟我亦国民分子　有生惄不佞　相期保种两知心

既然如此，那么不仅黄世仲与香港追悼会的关系，而且黄世仲与整个港、澳、穗地区追悼冯夏威活动的关系，也就是显而易见的了。

考虑到黄世仲此时是同盟会香港分会的交际员，应当认为黄世仲的支持以至参加追悼活动，绝不单纯是个人行为，也主要不是个人行为；应当看到，实际上同时和主要是组织行为，既主要是在进行同盟会香港分会参与的群众性反帝爱国运动，又主要是在进行与同盟会香港分会扩大群众基础相关的会务活动。

——关于黄世仲与马、潘、夏被捕案。马达臣、潘信明、夏仲文三人是广州"抵制苛待华工不用美货总公所"的骨干办事人员。乙巳八月初二日（1905 年 8 月 31 日）清朝政府颁发镇压反美拒约运动的上谕以后，原已一再发出告示禁止抵制美货运动的两广总督岑春煊更加有恃无恐，竟顺从美国领事旨意，悍然于乙巳八月初六日（1905 年 9 月 4 日）逮捕了马、潘、夏三人。此后，保皇派所办之《商报》竟下井落石，诬陷马、潘、夏系受革命党之指使，而《有所谓》报则一再刊发有关马、潘、夏被捕真相和各界营救马、潘、夏三志士等活动的消息报道以及班本、粤讴等形式的文艺作品，乙巳八月初八日（1905 年 9 月 6 日）还发表了郑贯公、半醒分别所写的短评《公愤公愤商报之倾害拒约会员》和《痛马潘夏因拒约之被诬》，八月初九日后又陆续刊出郑贯公等分别所写《正商报论拿办马达臣三人之谬》等政论。1905 年10 月以后，《有所谓》报以及后来的《香港少年报》依然坚持正义立场，严斥岑春煊的暴行和其他一些人对马、潘、夏三志士的诬陷。一直到丙午八月十八日（1906 年 10 月 5 日），即反美拒约运动进入低潮已十个月之久的时候，黄世仲在其创办的《香港少年报》上，还发表了题为《三志士何时始释也》的消息报道，并在同日刊登的已连载多日的《岑春煊》九续《岑春煊之刑罚》中对岑春煊之逮捕马、潘、夏严加谴责；而当又过了许多天马、潘、夏三人才被释放之后，黄世仲又立即写出政论《马潘夏出狱之感言》，在丙午九月初六日（1906 年 10 月 23 日）的《香港少年报》发表。马、潘、夏三志士出狱之后广州似乎还举行过欢迎活动，虽无资料可证其确曾举行，更无资料可证黄世仲确曾出席，但从《马潘夏出狱之感言》中所说"今者出狱矣，纷言开会欢迎矣"云云来看，黄世仲至少也是预谋其事的。考虑到黄世仲先是《有所谓》报的核心人物之一，与郑贯公关系之密切非同一般，二人又同是同盟会香港分会的领导成员；考虑到黄世仲后是《香港少年报》创办者，在反美拒约运动进入低潮已十个月之久的时候他还在该报上发表自撰政论《马潘夏出狱之感言》；考虑到黄世仲至少曾预谋开会欢迎马、潘、夏之出狱；考虑到这一切，应当相信，黄世仲在前后延续近一年之久的马、潘、夏被捕事件中，乃是站在正义一方，对积极营救三志士、揭露清朝政府及其在广东的代理人以及那些诬陷三志士的保皇党人的罪恶阴谋和勾当的正义行动，持热情支持态度并积极参与的。

——黄世仲与《拒约报》。《拒约报》是在广州地区反美爱国运动中出现的专门宣传反美拒约的旬刊，全名《美禁华工拒约报》。乙巳七月二十一日（1905 年 8 月 21 日）创刊，总编辑是黄晦闻，督印员是胡子晋，社员有谢英伯、王军衍、陈树人、欧柏鸣等。还在该刊创刊之前，《有所谓》报就在乙巳六月二十七日（1905 年 7 月 29 日）和七月初七日（1905 年 8 月 7 日）分别刊出题为《〈拒约报〉出世之先声》、《〈拒约报〉出版之先声》和《报界真发达矣》的消息，并在创刊前后的乙巳七月十二日、七月十四日、七月十八日、七月二十日、七月二十三日（1905 年 8 月 12 日、8 月 14 日、8 月 18 日、8 月 20 日、8 月 23 日）五次连载郑贯公所写长篇政论《拒约须急设机关日报议》，其中在提出应创设一种日报的同时，给予《拒约报》的创办以支持，还在创刊当日刊出郑贯公所写政论《祝广州〈拒约报〉之出世》。《拒约报》创刊后，除《广东日报》等为其代销外，《有所谓》报不仅成了《拒约报》的代销处，而且还刊有署"开智社启"、以大号字排印标题的代销广告。可见，《有所谓》报对《拒约报》不仅是一般的给予支持，而且和《拒约报》几乎是名二而实一。黄世仲是《有所谓》报的核心人物之一，和《有所谓》报的创办人郑贯公是志同道合的亲密战友，和《拒约报》的总编辑、督印员、社员中的大多数也是曾经并继续共同在《有所谓》报战斗的同志，可见黄世仲必定是支持并参与了《拒约报》的创办的。《拒约报》创办后，因态度鲜明地支持反美拒约运动,为之大造舆论,热情鼓舞运动参与者的斗志,自然要引致美政府驻广州领事及清朝政府广东官场的不满,终于在出版仅九期后的 11 月 25 日被迫停刊。黄世仲之兄黄伯耀为此而愤然撰写政论《呜呼〈拒约报〉何遭处弱国之不幸也》,在乙巳十一月初三日(1905 年 11 月 29 日)的《有所谓》报发表,怒斥美领事和中国官场。直到先由谢英伯任总编辑、后由陈听香承顶的同样坚持拒约运动的《亚洲报》在反美拒约运动进入低潮近四个月的丙午年三月二十五日(1906 年 4 月 18 日)被南海县禁止之后,黄世仲还在丙午四月十九日(1906 年 5 月 12 日)《有所谓》报发表题为《哀省城报界之现象》的政论,严斥官场禁《拒约报》、罚《时事画报》、封《亚洲报》的罪恶行径。这也足证黄世仲和《拒约报》关系之深。鉴于反美拒约运动实际上是同盟会香港分会会务工作之一个方面,那么这一切也就表明黄世仲在同盟会香港分会会务工作之一斑。

——黄世仲和同盟会香港分会内部的意见分歧。反美拒约运动发展到后来,同盟会香港分会内部发生了意见上的分歧。冯自由就此写道:

> 是年(按:指乙巳年)美政府颁布取缔华工禁约,华侨冯夏威自杀于上海美领事馆门前,以警同胞,因而各省抵制美货之怒潮风起云涌。香港及广州商工学报各界亦组织拒约会以响应之。是冬驻美国商会特派代表向港粤各代表磋商转圜方法,港代表为何启、曹善允、李煜堂、吴东启、陈少白诸人。双方议定解决条件九款,郑贯公代表报界一部分,指为未经众议通过,认为无效,因是《中国报》与《有所谓》报为此大开笔战,经余多方调处无效,会总理自南洋赴日,过港时乃召少白、贯公二人至法轮,劝令和解,二人从之。①

《中国日报》和《有所谓》报的意见分歧,实际上也是同盟会香港分会内部的意见分歧,此分歧竟公之于众,实对同盟会香港分会工作的开展甚为不利,

---

① 冯自由:《香港同盟会史要》,《革命逸史》第 3 集,北京,中华书局 1981 年 7 月第 1 版,第 221～222 页。

因而解决这一分歧也就成为分会会务之一重要任务。现在还未发现任何资料可以直接表明黄世仲在这一分歧中究竟站在哪一方，及其在解决这一分歧过程中做过什么工作。然而，黄世仲和郑贯公关系甚好，又是《有所谓》报的核心人员，其态度当和郑贯公相仿佛。不过，他和陈少白的关系也很密切，即使意见上倾向于郑贯公，也不至于过于激烈。当时，分会领导班子共有四人，孙中山过港时召陈少白和郑贯公二人至法轮劝令和解时，冯自由和黄世仲是在场的，但冯自由的记述只及陈少白和郑贯公而不及黄世仲，看来黄世仲的态度当是较为缓和的。当然，这也只是推测。不过，无论如何，在解决分会内部意见分歧这一属于会务方面的工作的过程中，黄世仲作为分会领导人之一起过某种作用，当是可以肯定的。上揭方志强《黄世仲大传》第210页曾引录冯自由丙午三月二十五日（1906年4月18日）《香港同盟会致星州同盟会书》云：

> （因）中国日报与有所谓报缪辖一事，公武（按：即孙中山）抵港时，于廿三晚约少白、贯一、世仲及弟四人，当众言明此后不得为类于笔战之文件及影射诬谤各事。

罗家伦主编、黄季陆增订《国父年谱》①亦载：丙午三月二十三日（1906年4月16日）晨孙中山抵港时受到冯自由等人欢迎，晚间又"约同志陈少白、冯自由、郑贯公、黄世仲四人来谈，调协《中国报》与《有所谓》报缪辖一事，告知两报此后不得为类于笔战之文件及影射诬谤各事"。

总之，黄世仲是反美拒约运动的一位积极支持者和参与者。由于同盟会香港分会及其前身香港兴中会关心、支持、参与、指导港、穗地区的反美拒约运动实际上是其会务的一个重要内容，那么黄世仲之支持和参与反美拒约运动，自然也就是参与分会的一项会务工作了。

黄世仲和追悼陈天华　陈天华是在反对日本文部省所颁《清国留学生

---

① 罗家伦主编、黄季陆增订：《国父年谱》。转引自郭天祥《黄世仲年谱长编》，北京，中国社会科学出版社2002年10月第1版，第106页。

取缔规则》的斗争中投海自杀、以身殉国，以唤醒留学生界和同胞的。1906年11月2日，日本文部省徇清政府之请求，以留日中国学生中少数人"放纵卑劣"等为口实，颁布了《清国留学生取缔规则》，其中规定：无论是官费还是私费留学日本者，均须由清公使馆介绍；接收中国留学生之学校，一律要设留学生籍、考勤及来往书信文件登记；中国留学生必须住进学校宿舍和公寓；各级学校不得招收因所谓"性行不良"而被在他校勒令退学的中国留学生；等等。日本的一些报刊，也仰其政府之鼻息，对留日中国学生大肆诬蔑。此种情形在我国留日学生中引起极大反响和愤慨，并很快就形成了反对日本文部省所颁《规则》的运动。陈天华是留日中国学生中很有影响的革命者、同盟会章程起草者、同盟会重要领导成员之一；面对日本政府文部省与清朝政府相互勾结、颁布《规则》的行为和日本一些报刊的恶劣行径，陈天华更是痛心疾首。为使同胞时时勿忘日本政府加诸留日学生的所谓"放纵卑劣"之类的诬蔑，"力除此四字，而做此四字之反面，坚忍奉公，力学爱国。恐同胞之不见听而或忘之"，陈天华在留下《绝命书》后，于乙巳十一月十二日（1905年12月8日）晨"以身投东海，为诸君之纪念"。陈天华的投日本大森海自杀，更加激发了留日中国学生对日本文部省所颁《规则》的激愤之情。在很快就举行的陈天华追悼会上，当宋教仁诵读陈天华的《绝命书》时，"一人宣读之，听者数百人，皆泣下不能仰"①。

　　陈天华投海自杀的消息传回国内，也引起颇大反响，不少地方都举行了追悼会。香港学界的追悼会则于丙午三月初八日（1906年4月1日）在杏花楼举行。之后，广州尚志学堂和南武公学也先后举行了追悼会。此时已是日本政府不得不做出让步、表示暂缓执行其所颁《规则》之后。然而，日本政府和日本部分报刊诬蔑中国留日学生的情事并未被遗忘，追悼会之组织者实际上正是要藉此活动，激励国人继续反对日本政府和清朝政府的革命爱国精神的。

　　问题是：黄世仲与追悼陈天华的活动有什么关系呢？

　　在杏花楼举行的陈天华追悼会是由香港学界发起、郑贯公主持的。

---

① 宋教仁：《陈星台先生〈绝命书〉跋》，《民报》第2号。

"各界临吊者千余人"①,致辞和献送挽联者也不少。会后,《有所谓》报从第二天即丙午年三月初九日(1906 年 4 月 2 日)起,连续多日刊出《招魂语——香港学界追悼陈天华挽联汇录》,在第三天即丙午三月初十日(1906 年 4 月 3 日)刊出《追悼陈天华烈士文》。另外,《有所谓》报还于丙午三月二十九日(1906 年 4 月 22 日)、三月三十日(1906 年 4 月 23 日)和丙午四月十二日(1906 年 5 月 5 日)、四月十三日(1906 年 5 月 6 日),刊登了广州尚志学堂、南武公学先后举行的两次追悼会所收到的部分挽联。现在,人们已经无法见到这些追悼会参加者的详尽名单;在追悼会上致辞者和给追悼会献送挽联者,因《有所谓》报刊登了有关报道和挽联而可以知道,但其中并无黄世仲其人。如此看来,黄世仲似乎并未参与其事。不过,方志强所宣称之"追悼会由学界发起,开智社郑贯公黄世仲等同人及各报革命派鼎力"②举办,虽乏论证,却能成立。这不仅是由于,在笔者看来,黄世仲为其核心人员的《有所谓》报对有关香港以及广州举行陈天华追悼会的情况的及时报道,就已说明黄世仲对举行陈天华追悼会是支持的,而且是由于郑贯公既是追悼会的主持者,那就必定是追悼会的重要组织者,黄世仲作为郑贯公的战友,也就必定参与了追悼会的组织工作。不仅如此,而且更为重要的是,《有所谓》报所刊《招魂语——香港学界追悼陈天华挽联汇录》中虽未见有署黄世仲名的挽联,但却有以"开智社同人"名义所送的挽联:

先生岂徒殉取缔规则已哉　宁蹈大森　为学界　为同胞　勉励实行　欲湔却乎放纵卑劣

予等深痛困专制范围久矣　首倡小报　开风气　开民智　发挥言论　愧从事于鸣呼噫嘻

黄世仲是开智社成员,因而这幅挽联署名中的"同人",当包括黄世仲在内;考虑到开智社的其他成员郑贯公、陈猛进、李哲、卢醒父、易侠血、王亚斧、卢

　　① 冯自由:《〈猛回头〉作者陈天华》,《革命逸史》第 2 集,北京,中华书局 1981 年 7 月第 1 版,第 121 页。

　　② 方志强:《黄世仲大传》,香港,夏菲尔国际出版公司 1999 年 3 月第 1 版,第 181 页。

蔚起等均有以其本人名义而送的挽联,笔者甚至怀疑以"开智社同人"名义而献送者,可能还出诸黄世仲手笔,且黄世仲也因此而不必再以他自己的名义献送挽联。而无论如何,应当认定黄世仲必定是参与组织并出席了在香港杏花楼举行的追悼会的。事实上,黄世仲对中国留日学生的活动一直是支持的。甚至到了丙午六月初三日(1906 年 6 月 24 日),黄世仲还在所创办的《香港少年报》上发表了他自己所写的政论《斥〈醒报〉污蔑游学界之荒谬》,对《醒报》污蔑中国留学生的言论严加驳斥,并指出《醒报》的行为,比在我国留日学生反对日本文部省所颁《规则》运动中"曾参学生九人"的前驻日清使杨枢"乃从而变本加厉"。

追悼陈天华既是同盟会香港分会进行的一次群众性活动,又是同盟会香港分会的会务活动之一。分会会长陈少白未知是否出席,但主持追悼会的是分会庶务员郑贯公,分会书记员冯自由和交际员黄世仲出席追悼会并献送了挽联;陈少白虽不知是否参加,但所收到的挽联中有以《中国日报》名义献送者,从中当亦可知陈少白之态度。总之,同盟会香港分会领导班子是参与其事并实际上起了组织领导作用的。

黄世仲和追悼郑贯公 郑贯公于丙午四月十三日(1906 年 5 月 6 日)病故于香山雍陌乡家中,时年仅 26 岁。他是资产阶级民主革命派杰出的宣传家、同盟会香港分会领导班子中仅次于会长陈少白的领导人;其英年早逝,无疑既是资产阶级民主革命派的一大损失,更使同盟会香港分会失去了一位杰出的领导骨干。他去世后,其所创办的《有所谓》报于丙午四月十九日(1906 年 5 月 12 日)刊出以《本社要告》为题的如下广告:

启者:本报总编辑兼督印员郑君贯公经已逝世,同人于十五日赴乡申吊,休业三天,以志哀思。本报已有传单布告相邀阅报诸君鉴谅。日昨同人等已举定易侠君为督印员、胡骏男君为编辑员以外,本社同人一仍其旧。由今天起,报纸照常派送,更力求进步,以竟郑君醒世智民之志。

再者:郑君遗著尚多,容当陆续刊登。此布。

丙午四月十九开智社同人启

本报同人一览表

　　督印员：易　侠

　　编辑员：胡骏男

　　撰述员：黄棣荪　陈猛进　卢醒夫　芦苇生　李哲郎

　　　　　　骆汉存　王亚斧　白光明　王袂起

由此广告可知，郑贯公逝世后，《有所谓》报既休业三天以致哀思，《有所谓》报同人又于四月十五日(5月8日)赴郑贯公香山雍陌乡家中进行吊唁。到了四月十九日(5月12日)，《有所谓》报不仅照常出版和派送，而且刊出上述广告以及署名"风萍旧主"的《郑君贯公传》。是后，《有所谓》报几乎每天都刊有同志好友以及读者所写悼怀郑贯公的诗文之类。到了四月二十二日(5月15日)，《有所谓》报又刊出《公悼郑贯公广告》：

　　启者：兹我同人等定于本日廿七日即礼拜日十一点钟假座杏花楼公悼郑君贯公，以志哀感。是日准一点钟行礼，凡各同志请预日到开智社领取入场券，以便届时同往。此次公悼，概不收份金，祇领花圈、祭轴等物。此布。

　　再者，凡属　郑君戚友知交致送奠金者，请交开智社代致　郑君家属收领便妥。

　　　　陈猛进　康楚狂　芦苇生　李哲郎　钟樵隐　王亚斧

　　　　黄棣荪　骆汉存　胡骏男　颜愍父　黎兴鹤　易　侠

　　　　　　　　　　　　　　　　　　　　　　　同　启

之后，当四月二十七日(5月20日)追悼会在杏花楼举行时，黄世仲不仅出席，而且送有挽联，此挽联在第二天的《有所谓》报所刊《招魂语——公悼郑君贯公挽联》中刊出：

　　读客各自祭　遗言已增感喟　革命旗　诛奸笔　竟消磨二十六载
璀璨光阴　方期志愿同酬　绝好头颅留一掷

　　愤大陆众生　如梦慨任提撕　照妖镜　警世钟　力振起四千余年
神明种族　试问英雄有几　未枯血泪哭难干

　　由这一切看来,作为郑贯公的挚友、《有所谓》报的中坚之一,黄世仲尽心尽
力地参与了郑贯公后事安排的各项工作,当是无疑的。加上郑贯公是同盟
会香港分会领导成员之一,出席为其逝世举行的追悼会的人士,多是包括同
盟会香港分会健在领导成员在内的同盟会会员以及其他进步人士,因而郑
贯公追悼会实际上也就是同盟会香港分会的会务之一,黄世仲之尽心尽力
参与其事,自然也就是在进行分会的会务工作了。

　　黄世仲和"反郑风潮"　　1906 年在广州发生的声势颇大的粤路风潮,是
因岑春煊违法强行将经过各方斗争而从美公司手中收回的粤汉铁路路权收
归官办而引起的,其后来所围绕的具体问题,则是商办广东粤汉铁路有限公
司总副坐办和董事会选举以及总副坐办在路事方面的若干举措问题。由于
表面上矛头主要是指向郑观应的,因而有些专家学者将其称为"反郑风
潮"。给予这次风潮以"反郑风潮"的称谓虽然未必准确,却也简括地标明
了这次风潮的表面特点。不过,从实质上看,所谓"反郑风潮"乃是一场反
对粤路官办的斗争。如前所述,以陈少白为代表的同盟会香港分会,实际上
参与了这次"反郑风潮"的领导工作。参加者的范围相当广泛,广东和香港
的许多报刊和报刊宣传家都是积极的参与者。黄世仲及其所创办的《香港
少年报》,就分别是其中最具有代表性的人物和报刊之一。不仅如此,而且
可以认为《少年报》是"反郑风潮"参与者们的一个重要阵地、黄世仲是"反
郑风潮"参与者们中的一个重要旗手。有关情况,前文谈及《香港少年报》
时曾经谈过,本章所附笔者和赵淑妍合写的《黄世仲和 1906 年的"反郑风
潮"》一文更有详论,请读者参看,此处不再赘述。

　　另外,黄世仲还必定参与过两次卫护《中国日报》斗争以及在新剧界并
通过新剧界发展同盟会会员等工作。1906 年发生的康同璧控告《中国日
报》案和 1907 年发生的港英政府华民政务司诬《中国日报》"煽动暗杀"案、
清朝政府驻菲律宾领事杨士钧控告《中国日报》案,均是关系到《中国日报》
生死存亡乃至革命派在广大群众中的影响的重要事件。现在,还没有发现

黄世仲和同盟会香港分会为卫护《中国日报》而进行斗争的直接材料。然而,《中国日报》既是资产阶级民主革命派创办最早、影响也很大的舆论宣传阵地,又是同盟会香港分会会所所在地,黄世仲本人原先也是因为受其影响而从新加坡回国到该报工作的,因而在《中国日报》的生死存亡关头,作为分会领导成员之一,也就不可能不为其生存而斗争。

至于在新剧界并通过新剧界发展组织,则前引莫纪彭《黄毅侠事略》和冯自由为其所写序文即可证之。当然,莫纪彭和冯自由并没有说黄世仲在新剧界并通过新剧界发展过谁加入同盟会,但他和冯自由、谭民三等一起对黄毅侠等的革命历史新剧演出"大为惊赞,交口称甚善",必定会对冯自由接纳黄毅侠等加盟有促成之作用。总之,黄世仲进行了大量会务工作和群众性爱国进步活动,当是无可置疑的。

本章附录:

黄世仲和一九〇六年的"反郑风潮"

颜廷亮　赵淑妍

1906 年,围绕商办广东粤汉铁路有限公司总副坐办和董事会选举以及总副坐办在路事方面的若干举措,在广州发生过一次声势颇大的风潮。由于郑观应是公司总办、这次风潮无论其实质如何而表面上矛头主要是指向郑观应的,因而近几年间有专家学者将其称为"反郑风潮"。把这次风潮称为"反郑风潮"虽然未必准确,却也简括地标明了这次风潮的表面特点。因此,笔者于此也就加以沿用。

在这次"反郑风潮"中,广东和香港的许多家报刊和报刊宣传家,都是积极的参与者。黄世仲及其所创办的《香港少年报》,就分别是其中最具有代表性的人物和报刊之一。不仅如此,而且可以认为《少年报》是"反郑风潮"参与者们的一个重要阵地、黄世仲是"反郑风潮"参与者们中的一个重要旗手。

在近代广东乃至全国,郑观应是一位著名的爱国者、思想家、实业家和诗文家,黄世仲是一位影响也相当大的资产阶级民主革命派的活动家、宣传家和作家,而在"反郑风潮"中他们却站在了矛盾斗争的对立面上。这就使人们不能不提出这样一个问题,即究竟应当如何评价"反郑风潮"以及这次风潮中的郑观应和黄世仲? 就笔者所知,对此专门地进行比较深入的讨论者甚少;偶尔有之,其结论也似乎并不怎么妥当。因此,笔者试为此文,希望能够有助于对问题的正确回答。当然,由于水平有限,又由于所见相关资料也不十分多,因而笔者的看法可能不那么准确,诚望有识诸君批评指正。

（一）

关于1906年的"反郑风潮",就笔者所知,专家学者们在叙及时,大体上有三种情况。其中之一,是仅仅简略述及且无很明确的是非评判。邓景滨所编《郑观应大事年表》①和管林为邓景滨所编《郑观应诗选》一书所写的代序《实业家、思想家、诗文家郑观应》②,即属于此;"反郑风潮"这个称谓,也出于该两篇文章。另外的两种情况,可分别以方志强和夏东元为代表,兹先将他们互相有异的看法分述如下:

方志强在《黄世仲大传》③第十二节《面向"下里巴人"的通俗文学作品》之一《改良戏剧,开通民智》中,除不很清晰地综述《少年报》就商办广东粤汉铁路有限公司之选举以及诸多举措而刊出的抨击性言论和黄世仲就同一问题所写戏曲作品等外,还特地写了如下一段话:

在粤汉铁路风潮中,黄世仲写了不少抨击郑观应的政论。……一九〇六年郸郑氏出任粤汉铁路公司总办,后期思想保守。黄世仲与郑官(观)应并无个人恩怨,他抨击郑氏完全出于主持公理,维护广大股民利益。

① 邓景滨:《郑观应大事年表》,邓景滨编《郑观应诗选》,澳门,澳门中华诗词学会1995年1月第1版,第251页。
② 管林:《实业家、思想家、诗文家郑观应》,邓景滨编《郑观应诗选》,澳门,澳门中华诗词学会1995年1月第1版,第7页。
③ 方志强:《改良戏剧,开通民智》,《黄世仲大传》第十二节《面向"下里巴人"的通俗文学作品》,香港,夏菲尔国际出版公司1999年3月第1版,第87~93页。

显然,方志强是站在黄世仲一边来评论"反郑风潮",认为以郑观应为总办的粤路公司确有问题、黄世仲参与"反郑风潮"乃"完全出于主持公理,维护广大股民利益"。夏东元在《郑观应传》第九章《维新的实践和粤路风潮中受挫》之二《在赎回粤汉路权和商办招股中的作用》和之三《在粤路风潮中所遭受的挫折》①中,除叙述郑观应在赎回粤汉路权中的作用外,先是叙述了郑观应在粤路商办招股中的作用,后是叙述郑观应在"反郑风潮"中的际遇。夏东元认为:郑观应对粤汉铁路的创办是有贡献的,但"还是遭到了'伐异者'的借机攻击,受到了不应有的风波和挫折";1906 年 8、9 月以后,"反郑风潮"愈加炽烈,则更与清朝政府将署粤督岑春煊调督云贵而把闽督周馥调督两广有关,"岑是偏袒盛宣怀与郑观应的,而周馥则是袁世凯的北洋亲信",郑观应在挫折中认识到"风潮之所以闹得如此之大,主要由于北洋亲信周馥在作祟",因而也意识到自己"是派系斗争的牺牲品"。显然,夏东元是站在郑观应一边评论"反郑风潮",从而把"反郑风潮"先是归结为"伐异者"之借机生事、后又归结为北洋亲信周馥对岑春煊的派系斗争的表现的。夏东元并未明确叙及黄世仲;但是他既然有上述看法,那么逻辑的结论就必然是把黄世仲也归之于"伐异者"和北洋亲信周馥一派、将黄世仲之参与"反郑风潮"归结为"伐异者"之借机生事和周馥一派对岑春煊一派的派系斗争。

那么,究竟应当如何评价"反郑风潮"以及这次风潮中的郑观应和黄世仲呢?为回答这个问题,笔者以为有必要先来叙述一下"反郑风潮"的前前后后。

(二)

中日甲午战争以后,清朝政府被迫改变以前的反对兴修铁路的态度,于1896 年成立了以盛宣怀为督办大臣的铁路总公司。然而,清朝政府财政困难,入不敷出,缺乏修建铁路的资本。帝国主义列强本来就企图攫取在中国的筑路权;在此情况下,他们当然更要乘机行事以攫取筑路权,而粤汉铁路

---

① 夏东元:《郑观应传》,上海,华东师范大学出版社 1981 年 11 月第 1 版,第 187～199 页。

的路权则被美国合兴公司取得。但该公司严重背约,从而激起湘、鄂、粤三省的"废约争路"斗争。这一斗争从 1904 年春天起,持续了一年半多的时间,终于在 1905 年 9 月取得胜利,赎回了粤汉铁路路权。之后,广东绅商一致要求组织由本地绅商控制的商办铁路公司,从而与主张由官方以增加捐税的方式筹集官款投入、官商合办、实际上是主张官办的湖广总督张之洞、署两广总督岑春煊发生了矛盾,这一矛盾终于发展为官商之间围绕路权问题而展开的一场尖锐斗争。1906 年 1 月 12 日(光绪三十一年十二月十八日),广州文澜书院大绅梁庆桂和黎国廉代表绅商在广济医院与官方会议,"用语激烈,痛斥官场之腐败",当场发生冲突。当天夜晚,岑春煊下令番禺县逮捕梁庆桂和黎国廉,梁化装逃往香港,黎被捕入狱;随后,岑春煊又上奏弹劾梁、黎二人。岑春煊此举引起绅商公愤,反对之声一浪高过一浪,以致清朝政府不得不派员到广州查办此事并于二月间释放了黎国廉。与此同时,广州七十二行商、各善堂、总商会于 1906 年 2 月 2 日(光绪三十二年一月初九日)举行会议,决定创设广东粤汉铁路有限公司并进行招股,当场认定 180 多万股;是后,又陆续有认购者。在这种情况下,岑春煊不得不改变原有的实际上是官办的主张,而于 1906 年 3 月 31 日(光绪三十二年三月初七日)宣布粤汉铁路广东段"归商办理"①。围绕路权问题的官商之争,至此算是告一段落。

　　1906 年 4 月 24 日,商办广东粤汉铁路有限公司正式成立。在此之前的二月二日创设的广东粤汉铁路有限公司,实际上是其基础,其创设者们在 2 月 25 日(光绪三十二年二月初三日)即议定"所举权理人分两时期:九善堂、商会各举一员,初六日举定;其股东之权理人……定期由各行代表及已交小股各股东齐集投筒公举数员"②,后来大约在 3 月 31 日(光绪三十二年三月初七日)后数日内正式举定③。郑观应本是广州商务总会协理,此时被

----

① 《岑督粤路准归商办牌示》(报道),《申报》光绪三十二年三月十五日(1906 年 4 月 8 日)。
② 《十三纪粤省筹议路政事》(报道),《申报》光绪三十二年二月十二日(1906 年 3 月 6 日)。
③ 《岑督粤路准归商办牌示》(报道),内云:"如以总理路事之人一时尚难定议,应即先由本督、九善堂、七十二行迅即议举权理人暂行代办路事。"该《牌示》系丙午三月初七日(1906 年 3 月 31 日)发出,则此日权理人当未最后议定,其最后议定的时间当在此日后几天内。

举为权理人之一。到了商办广东粤汉铁路有限公司正式成立时,在董事局尚未成立、更谈不上依律照章由董事局选举的情况下,郑观应被七十二行、九善堂、总商会各绅商创办粤汉铁路代表员公举为总办①,也是士绅的黄景棠则同时被举为副办。这种违背商律和路章的作法,自然会引起矛盾,实际上也确实引发了一场新的斗争,即所谓"反郑风潮"。

郑观应以及黄景棠等人,作为权理人,在粤路公司人事选举方面,依照商律和路章,本应首先考虑成立董事局,然后由董事局选举总办、副办。然而,他们却未这样作,而是在担任权理人不久,即由七十二行、九善堂、总商会代表员公举为总办、副办。这自然也会引起不满和反对。成为总办、副办之后,郑观应以及黄景棠才欲成立董事局。虽属补救措施,如果处置妥当,似乎也还可以说得过去。可惜的是,他们把董事局选举日期定为7月21日(光绪三十二年六月初一日),时间定得很紧迫,实际上使远在外地的股东无法参加。这自然又会引起不满和反对;这种不满和反对十分强烈,以致岑春煊都不得不于7月20日斥令改期于8月20日(光绪三十年七月初一日)举行。8月20日董事局选举如果能公允地举行,那似乎同样可以说得过去。不料此次选举中又有诸如加多或减少某人票数、所举某股东系某公司而非具体人员、冒名瞒举之类舞弊情事②,显然有人在选举过程中做了手脚,而对此类情事之发生,作为总办、副办的郑官应和黄景棠至少负有领导责任。于是,不满和反对之声纷起并把郑官应以及黄景棠作为对象,也就是必然的了。郑观应以及黄景棠在有关路事以及与路事有关的问题上的若干举措也有不当之处,对"反郑风潮"的出现和发展来说,也是很有关系的。举例来说,所收小股八百余万存放于何处即未公示于众,以致商部不得不"电致港商以粤路股银应存妥实银行"③,而在商部电达之后多日仍未见示知原存于何处、未见改存妥实银行。又比如,按照商律,铁路所需一切物料

---

① 邱捷:《清末文献中的广东"绅商"》,《历史研究》2001年第2期。

② 《粤督奏陈粤汉铁路交商办理情形折》(报道),《申报》光绪三十二年十月初七日(1906年11月22日),其中即曾承认董事局选举中有"冒名瞒举"等情弊。

③ 黄世仲:《商部电致港商以粤路股银应存妥实银行》,《少年报》丙午七月初一日(1906年8月20日)。

及其工程,凡华商可以接造者,必须先准华商承办,而郑观应却置此于不顾,擅自藉端取消原定由广生隆承办车辆之议,舍中取外、舍廉取贵,让美国窝臣公司以高于广生隆之价格承办①。再比如,郑观应本人也有引用官场私人问题。据《少年报》丙午七月二十六日(1906年9月8日)载羊城访稿,郑观应就曾设法安置广州府陈守望所荐之苏铁卿到粤铁公司办事。另外,郑观应和黄景棠之间也发生了矛盾,黄景棠就曾指责郑观应"独断独行"②。此矛盾虽然主要由颇有野心的黄景棠引起,但郑观应既为总办,自应妥当处理,而实际上却未能如此,以致二人之间有点水火不容的味道。还有一点必须指出,就是郑观应、黄景棠竟和岑春煊一样诬反对者之行止为劣党志图破坏③。这种政治上的诬陷之词,表现出的如果不是欲借官方之力以压制反对者的话,那至少也是一种自卫之术。凡此种种,当然都会在股东中间激起不满以至愤怒。"反郑风潮"其来有自,是显而易见的。1906年9月11日(光绪三十二年七月二十三日),清朝政府调岑春煊任云贵总督,同时调周馥任两广总督。在此之前,"反郑风潮"已在不断升温;到了此时,"反郑风潮"更是愈加炽烈。上述郑观应因擅自改变车辆承办者而引致抨击一事,就发生于清朝政府调岑春煊离粤之后数日内。之后,又因粤路公司有提分红利之议等事而一再引致批评。等到周馥11月间到任之后,更发生了股东陈德昌等宣布郑陶斋即郑观应罪状这样一件反对郑观应的重要事件,以及与之相联系的郑观应以及黄景棠等具禀前督岑春煊诬陷反对者而引发的强烈抨击。此时的郑观应表示要辞职,但岑春煊未允,周馥也不同意。之后,周馥派员清查铁路公司账目,结果未发现郑观应在经济上有什么问题。郑观应此时再次请退,并于1907年4月1日(光绪三十三年二月十九日)自行

---

① 黄世仲:《广生隆与郑官应之交涉》,《少年报》丙午八月初一、初三日(1906年9月18日、20日)。

② 夏东元:《郑观应传》,上海,华东师范大学出版社1981年11月第1版,第196页。

③ 《郑官(观)应黄景棠倾陷股东之禀词》,《少年报》丙午十月二十日~二十一日(1906年12月5日~6日);黄世仲:《所谓总副办倾陷股东之禀词》,《少年报》丙午十月二十一日~二十二日(1906年12月6日~7日)。又,《少年报》丙午九月二十八日(1906年11月1日)消息《铁路公司中人尚洋洋得意耶》云:岑春煊致电赴粤途中到达上海的周馥,"略谓港中某党,屡欲破坏粤路,并拟乘新旧交代鼓动风潮,以行破坏"。如是,则郑观应等和岑春煊一样,以之为共同对待反对者之一法也!

回澳门葬亲。自此以后,"反郑风潮"终于平息。1907 年 7 月 11 日(光绪三十三年六月初二日),粤路公司选出新的总办、协办,郑观应即交御总办一职,并自此与粤路公司不再发生什么实质性的关系。

当然,"反郑风潮"之平息,并不等于围绕粤路问题在广东的矛盾斗争的终止。但这是后话,这里就不必去说了。

(三)

在"反郑风潮"自始至终的差不多一年时间中,广州和香港的好多报刊和报刊宣传家,都是积极的参与者。其中,创办于广州的《二十世纪报》和《亚东报》、创办于广州而后被迫迁港的《珠江镜》、创办于香港的《日日新报》等报刊以及它们各自的创办者,都在"反郑风潮"中起过比较大的作用。黄世仲及其所创办的《少年报》,相对而言,其所起作用也很突出、很具有代表性。

《少年报》创办于 1906 年 5 月 28(光绪三十二年闰四月初六日),约一年后停刊。当其创刊的时候,"反郑风潮"开始不久;当其停刊时,"反郑风潮"大约刚刚平息。因此,可以说《少年报》大致与"反郑风潮"相始终。遗憾的是,今天还能见到的《少年报》,仅 1906 年 6 月 22 日到 1907 年 1 月 10 日(光绪三十二年五月初一日至十一月二十八日)所出部分,前缺近一个月,后缺好几个月。但仅在今所能见的《少年报》上,据不完全统计,和"反郑风潮"直接有关的各种报道、政论和其他文学作品,就至少也有 154 件之多,而实际数字当会更多,可能会有 200 多件。由此可以想见,《少年报》在"反郑风潮"中确实是风潮参与者们的一个重要阵地。

黄世仲本人在"反郑风潮"中也写了很多与风潮直接有关的政论以及其他文学作品。在《少年报》创刊之前,有名的《有所谓》报,在郑贯公主持下就已参与了"反郑风潮";黄世仲作为郑贯公的亲密朋友和主要助手帮助处理报务,因而当是已经参与了风潮的。只是,由于《有所谓》报 1906 年的报纸,今天只能见到 3 月 1 日至 3 月 22 日(光绪三十二年二月初七日至二月二十八日)所出部分,而"反郑风潮"此时尚未出现;3 月 23 日以后至因郑贯公于 5 月 6 日(光绪三十二年四月十三日)逝世而于 7 月 29 日(光绪三

— 164 —

十二年六月初九日）改名《东方报》期间的报纸，今已难觅，黄世仲在其上是否写有与"反郑风潮"直接有关的文字，今已不详。然而，《少年报》上黄世仲发表的与"反郑风潮"直接有关的自撰文字，却是很多的。经查检，今所能见将近7个月的《少年报》所载黄世仲自撰与风潮直接有关的政论和其他文学作品，至少也有45件之多；其中，政论有29件，《岑春煊》和《与周督书》两件还分别是连载多日的长篇。考虑到《少年报》今已不存部分中当也有黄世仲自撰与风潮直接有关的文字且件数当不会太少，那么也就可以想见，黄世仲确实是"反郑风潮"的一位积极的参与者。

不仅如此，而且黄世仲实际上在"反郑风潮"中还起了一位重要旗手的作用。黄世仲善于抓住粤路公司成立后不断出现的违律背章和其余弊端以及与粤路公司相关的事件，及时发为言论或写为文艺作品，进行揭露和抨击，因而不仅参与了斗争，而且客观上对"反郑风潮"起到了一定的导向性的作用。尤其是他的有关政论，每一篇都是针对刚刚出现的问题而写的，一般说来不仅针对性很强，而且见解相当深刻，能够直指要害而又很具有说服力。比如：

——当作为副办的黄景棠揽权独断、限制各行商推举之代表员权限、为所欲为，而作为总办的郑观应无以制之且托病放弃其职责、各代表员起而进行抵制时，黄世仲立即写出政论《铁路代表员又谋对待所谓总副办》①，支持铁路代表员的行动，并指出："利权不可放弃，劣棍不可隐容，揽权武断者尤不可纵任。虽刀加吾颈，不易斯言矣！"

——当黄景棠运动封禁敢于揭露其种种奸谋的广州《亚东报》以保住自己的副办位置时，黄世仲立即写出题为《运动谋封〈亚东报〉之狂潮》②的政论予以抨击，指出："……《亚东报》为《亚洲》之嗣音。斥丑类，保利权，固其应有之责任，何物副办，乃欲以官场之待《亚洲报》者待之耶？"还指出："……勿论其谋封《亚洲报》之运动，未必能如愿也；即能之矣，则《亚洲》之后而有一《亚东》，安知《亚东报》之后，遂无如《亚东》者之纷纷出现也？盖

---

① 黄世仲：《铁路代表员又谋对待所谓总副办》，《少年报》丙午五月初八日（1906年6月29日）。

② 黄世仲：《运动谋封〈亚东报〉之狂潮》，《少年报》丙午五月十四日（1906年7月5日）。

公理不可扫灭,即公论不能打消;即危之以牢狱、置之以汤火,终前仆后起而无惧容也!"

——当总办、副办之间发生矛盾,郑观应托病避之而黄景棠欣然起而代之,郑观应复出理事而黄景棠先是走而避之、后又干扰路事时,黄世仲立即写出政论《总副办龃龉之发现》①,将总办、副办之间的矛盾情况及其对粤路和对股东的危害公诸报端,指出:"夫今日之龃龉,固由积诸心而发诸口,即何难见诸行事? 若辈不足惜,所难堪者股东耳! 其始也合谋抵制股东,其继也则内部风潮、各分党派,渐则以一人抵制一人,则股东纵以总副办为各谋私利,恐亦无以自解矣!"

——当郑观应舍中取外、舍廉取贵、违律背章、擅改原议,因而发生与广生隆的冲突时,黄世仲立即写出题为《广生隆与郑观应之交涉》②的政论,直斥郑观应之非,并指出:"今公司开始办事,而已如此,后来乌可问耶?"

诸如此类,在黄世仲所写与"反郑风潮"直接有关的所有文字中,均可见之。其在"反郑风潮"中的重要旗手作用,是显而易见的。

(四)

如此说来,黄世仲在"反郑风潮"中的行止乃至整个"反郑风潮"就是应予肯定的了。然而,且慢作此结论,因为问题并不如此简单。前述夏东元的看法,就实际上是对"反郑风潮"以及黄世仲在"反郑风潮"中的行止持否定态度的。郑观应本人也对把自己作为抨击的目标深感冤枉,以为是"备受谤言"而又"百口莫解释"③。平心而论,郑观应之出任粤路公司总办,并无什么利己之心,而是很想于粤路之修筑有所贡献的。当先后被举为权理、总办的时候,他并不在广州,而是在澳门为2月3日(光绪三十二年一月初十日)去世的继母"守制"。但刚被举为总办且还未到广州上任,就有香港商

① 黄世仲:《副总办龃龉之发现》,《少年报》丙午五月二十六日(1906年7月17日)。
② 黄世仲:《广生隆与郑观应之交涉》,《少年报》丙午八月初一、初三日(1906年9月18日、20日)。
③ 郑观应:《自任路政备受谤言大局已定洁身而退赋长歌一章见志并示同人》,邓景滨编《郑观应诗选》,澳门,澳门中华诗词学会1995年1月出版,第109页。

股团体写出告白,认为总办以及副办、坐办等之公举"与商律不符",并表示"决不承认"。因此,当铁路公司咨送聘书到澳门时,郑观应因预见到"若谬膺斯任,必致毁谤横生,事多掣肘"而"将关聘璧还",只是在一再推劝的情况下,他才勉强答应担任总办,但同时又订明"权理至招足股份、举定董事为期;不受薪水;不管财政"等三个条件,并声明至多以一年为期。上任之后,抨击之声纷起,公司内部也出现矛盾,副办黄景棠即起而反对郑观应。在此情况下,郑观应深感难以成事,于是便在股份已经招足、董事局也已于8月20日(光绪三十二年七月初一日)举定之后再三告退,且于10月26日(光绪三十二年九月初九日)将公司关防暂交坐办收存,而他自己则"在寓守候查问经手事件"。11月中旬,新粤督周馥到任后,郑观应去意更坚,并于11月23日(光绪三十二年十月初八日)返回澳门。同日,发生了股东陈德昌等在广州和香港多家报纸公布郑观应"事事电禀商部督察,无一无'批示祗遵'字样,明明养成官督商办之局"和"串同作弊,耗折巨金"等"罪状"20条的事件。郑观应面对此一事态,虽在多方劝导下未曾出而辩正,但还是说:"自问行事不愧屋漏,可质鬼神,无论如何毁谤,听诸公论,概不与辩也!"新粤督周馥本欲控制粤路事务,当此之际,欲从查账入手以达目的,遂催促郑观应回广州,而郑观应则于12月12日(光绪三十年十月二十七日)返省坦然以对,事实上进行了许多日子的查账也没有查出郑观应经济上有什么问题①。总之,郑观应之出任总办,确实不是要揽权牟利,也确实未曾揽权牟利;甚至在粤路公司的几个主要负责人中,如同当时有人所说的,只有郑观应的总办一席是"非经运动而来"②的,个人品质确实无可指责。这一点,连作为郑观应反对者的黄世仲也是承认的,黄世仲在《铁路代表员又谋对待所谓总副办》③中就曾指出:"郑氏性本愚厚,吾敢信其非争权之人也。总办一席,或非郑氏好自为之,而实善棍所欲得傀儡而利用之者也。"既非揽权牟利、愿充总办,而终又出任总办、倍受抨击,究为何来? 就郑观应

① 夏东元:《郑观应传》,上海,华东师范大学出版社 1981 年 11 月第 1 版,第 198 页。
② 夏东元:《郑观应传》,上海,华东师范大学出版社 1981 年 11 月第 1 版,第 199 页。
③ 黄世仲:《铁路代表员又谋对待所谓总副办》,《少年报》丙午五月初八日(1906 年 6 月 29 日)。

自己来说,目的很简单、很明确,就是要为事关公益、事关国家荣辱兴衰的粤汉铁路广东段的修建尽心尽力。在《粤汉铁路风潮歌和大埔李毅生韵》①一诗中,他就曾写道:

> 讵知股逾额,违约仍挽留。忍辱为大局,分谤概无儒。章程未尽善,改良愿难酬。十羊九人牧,庞杂不自由。邪正讵兼容,风潮安得休!假公以济私,真是罪之尤。大局成瓦解,利权入西欧。何如泯意见,协力同心谋。平心忘毁誉,公道无恩仇。惟望铁路成,毋为中国羞。

既希望众人能"协力同心谋",又表示自己"平心忘毁誉,公道泯恩仇"而"惟望铁路成,毋为中国羞"的真实心迹。

事实上,郑观应在出任粤路公司总办期间,在粤路修建上也是做出了很大的成绩的。关于这一点,夏东元《郑观应传》②有简明扼要论述,兹引述如下:

> 郑观应对粤汉铁路的创办是有贡献的。除招股外,诸凡:招聘工程师、购买器材、购地鸠工、重勘贱路等,都做得井井有条。为了铁路工程进行顺利,免遭掣肘,郑观应提出设学堂、开银行、办机器厂三者与公司相辅而行,以做到自力更生。他说:"不设学堂,则工程管理事事乏才;聘用客卿,终非良策。不开银行则转输不便,宜速聘财政专家妥拟章程,先设银行于省城、香港,其余各端口暂托股商代理。……不办机器厂,则轮机、桥梁一切应用器具必求之外洋,靡费既多,漏卮可患。此三者与公司相辅而行,交资为用。"③这就是要切实解决修建中的技术人才、资本周转和器材设备等关键问题。以是,粤汉铁路中的高塘干路很

---

① 郑观应:《粤汉铁路风潮歌和大埔李毅生韵》,邓景滨编《郑观应诗选》,澳门,澳门中华诗词学会1995年1月出版,第108页。
② 夏东元:《郑观应传》,上海,华东师范大学出版社1981年11月第1版,第199页。
③ 夏东元原注:"郑观应:《致广州府陈太守书》,《后编》卷九。"按:《后编》指《盛世危言后编》。

快于 1906 年 8 月 11 日（光绪三十二年六月二十二）关工。

而关于招股,夏东元在上引文前即曾指出:

> 在郑任总办前三个多月招得股银二百余万元,郑任总办后一个多月猛增至八百余万元。应该说这与郑观应的威望是有一定的关系的。郑观应在 1906 年春直到被选为总办后的一段时间,他因继母去世在澳门"守制",但对招股(特别是任总办后)是起到相当大的作用的。他不仅自己认股,并"嘱戚友招股相助"①。郑观应说他自己"有五千股,舍亲约有八千股"②。其他在海外华侨和国内朋友中招揽的股份不计其数了。

郑观应在出任粤路公司总办期间的心迹及其所做出的成绩既然如此,那就不能不使人在如何评价"反郑风潮"中的黄世仲以至整个"反郑风潮"的问题上多加思考了。

（五）

所谓多加思考,其实是说,在评价黄世仲在"反郑风潮"中的行止以及整个"反郑风潮"时,必须仔细分析这样一个问题,即郑观应既然在出任粤路公司总办期间心迹无他并做出显著成绩,那么黄世仲之积极参与"反郑风潮"是否不妥、是否如夏东元所说属于"伐异者"之藉端生事以及是陷入周馥对岑春煊的官场派系斗争? 对此,笔者的回答是否定的。

方志强认为黄世仲参与"反郑风潮"并非由于与郑观应有什么私人恩怨,而是"完全出于主持公理,维护广大股民利益"。方氏此说,应当说是有一定道理的。事实上,迄今还没有任何资料可以证明黄世仲和郑观应之间有什么过节;相反,倒是有资料证明黄世仲对郑观应确实没有什么私人恩

---

① 夏东元原注:"上图未刊:《郑观应致商部尚书载振函》,光绪三十二年十月。"
② 夏东元原注:"上图未刊:《郑观应致誉甫函》,民国五年。"

怨,前述黄世仲对郑观应人品的肯定就是一例。不过,不是出于私人恩怨而是出于公心,并不能保证黄世仲在"反郑风潮"中的行止必然正确。这就需要看看黄世仲所抨击的郑观应的那些问题是否属实,或是否应当由郑观应来承担某种责任。而当如此来看的时候,就会看到,黄世仲在"反郑风潮"中的行止,一般地说是应当予以肯定的。

郑观应其人在历史上总的说是一位肯定性人物。在出任粤路公司总办期间,如上所说,他也是心迹无他并颇有贡献的。然而,世无完人,郑观应也不会十全十美。在出任粤路公司总办期间,郑观应并非事事都做得对、都无懈可击。就被黄世仲所抨击的那些事情而言,大约有三种情况:

其一是郑观应直接经办而处置确实失当的。擅自改变车辆承办者一事即属于此。诬反对者的行止为劣党志图破坏,也有郑观应的份儿。

其二是虽非郑观应直接经办而处置错误,但作为总办而应当负领导责任的。1906年4月24日(光绪三十二年四月初一日),在董事局尚未成立的情况下,七十二行、九善堂、总商会各绅商创办粤汉铁路代表员开会选举郑观应为总办、黄景棠为副办,显然是违律背章的。其时,郑观应本人不在广州,因而他并无直接责任。但此前他已是粤路公司权理人,此后他又未就此发表过不同意见,因而是有间接责任的。后来的董事局选举,从时间的确定到选举本身均有不妥之处;现在很难说郑观应必定有直接责任,但既身为总办,领导责任无论如何是推不掉的。另如所收小股银两之未存妥实银行、黄景棠之运动谋封《亚东报》等等,其情形当也相同。

其三是属于对郑观应有误解误判的。最典型的一例,便是对郑观应在1906年8月20日(光绪三十二年七月初一日)董事选举既定之后即"再三告退"之举的看法。如上所述,黄世仲对郑观应的人品还是肯定的。他不仅在《铁路代表员又谋对待所谓总副坐办》①中说过"吾敢信其(指郑观应)非争权之人也。总办一席,或非郑好自为之",而且在《总副办龃龉之发现》②中也说"吾敢决郑氏非有意为总办"。总之,他认为郑观应并非对总

---

① 黄世仲:《铁路代表员又谋对待所谓总副坐办》,《少年报》丙午五月初八日(1906年6月29日)。

② 黄世仲:《总副办龃龉之发现》,《少年报》丙午五月二十六日(1906年7月17日)。

办一席热衷眷恋之人。但到了八月下旬,当郑观应"再三告退"的时候,在黄世仲的笔下,郑观应却成了"伪辞"者。黄世仲在《董事局又再举总副办》①中讲到"今以副办既退,总办又辞"时,特意加了一个括号,其中写道:"郑辞总办时声言勉强再留一个月,而今则月半有余矣。"加此一注,用意如何? 数日后《少年报》发表的题为《郑陶斋洋洋得意》②的消息,可说是对此的一个极好的注脚。其中说:"所谓总办郑陶斋,日前告辞,谓勉任一月,此时以为一月以后,周督必到,观其意如何,以为进退。不料一月后周督尚未到,乃郑仍任如故,于是其伪辞之真相尽露。初四日郑往谒周督,已蒙接见。……闻郑此次颇得周督青眼。二人寒暄甫毕,郑即谓决意辞职回澳。周谓'……老兄此次回澳,务须早返,切勿稍萌退志。如有为难之处,尽可随时与本部堂筹商'云。郑乃唯唯而出,即到公司,喜形于色,力陈周督之言。于是一般路棍,喜出望外。郑又伪云:'然无论周督如何厚待,吾亦决意告辞'。"可见,在黄世仲看来,所谓"再三告退"并非出自本心,而是"伪辞",是要观风向以为进退,风向不利则退,风向有利则不。然而,这样的判识,并不符合实际,而是对郑观应的误解。因为,一则郑观应的"再三告退"开始于 8 月 20 日(光绪三十二年七月初一日)董事选举既定的八月下旬,其时清朝政府尚未调岑离粤赴滇,当然也还未调周馥离闽赴粤,郑观应之辞职与周馥何时到粤并无关系,谈不上什么"勉任一月,此时以为一月,周督必到,观其意如何,以为进退"。二则郑观应之"仍任",并非出自本意,而是由于岑春煊和董事局以及到任后的周督挽留。挽留者的本意如何,此处姑不去管,总之是挽留了的。至于郑观应,则还是立意辞职"回家守制"的。观其在岑春煊和董事局谓须待粤路公司新的领导举定、有人接替其职、然后方许"回家守制"时,郑观应以原议董事举定"即任余回家守制,并无俟有替人、举定总理方准回家之说"加以反驳;观其于 10 月 20 日(光绪三十二年九月初九日)将公司关防暂交坐办收存、自在寓守候查问经手事件③;观其此种情形,不难看出郑观应对总办一职确非恋栈,不难看出其"再三告退"

---

① 黄世仲:《董事局又再举总副办》,《少年报》丙午十月初一日(1906 年 11 月 16 日)。
② 《郑陶斋洋洋得意》(报道),《少年报》丙午十月初九日(1906 年 11 月 24 日)。
③ 夏东元:《郑观应传》,上海,华东师范大学出版社 1981 年 11 月第 1 版,第 201 页。

绝非"伪辞",而是本心。黄世仲的误解误判,是显而易见的。

这三种情况中,第三种情况较少,第一种较多,第二种最多,第一、二两种中又主要是属于明显违律背章一类的重要弊端。由此可见,黄世仲之积极参与"反郑风潮"、抨击郑观应,并非无因,而是有理有据或至少是事出有因。整个"反郑风潮"所抨击的问题以及抨击之是否有理有据有因,也与之相仿佛。因而,从总体上说,"反郑风潮"中的黄世仲以及"反郑风潮"本身,都是应予肯定的。

(六)

以上还是仅就黄世仲在"反郑风潮"中对郑观应的抨击是否符合实际方面说的。如果进一步对所谓"反郑风潮"以及黄世仲在其过程中的行止的实质加以分析的话,那就更可以看到这一点。

所谓"反郑风潮",其抨击的目标自然是郑观应以及黄景棠等粤路公司的几位主要负责人。然而,黄世仲也好,整个"反郑风潮"也好,其抨击的矛头主要并不是指向郑观应等人,而是指向岑春煊、指向以岑春煊为代表的广东官方的;"反郑风潮"以及黄世仲在其过程中的行止的本质,乃是在从外人手中争回路权之后那场官办还是商办的斗争在新条件下的继续。

岑春煊之宣布粤路"归商办理",如前所述,乃是不得已之举。实际上,他对"归商办理"是并不甘心的。因而,在宣布"归商办理"之后,他必然还要千方百计插手粤路公司、控制粤路修建权。从有关资料可知,不仅在商办广东粤汉铁路有限公司4月24日(光绪三十二年四月初一日)正式成立以前,而且在宣布"归商办理"的3月31日(光绪三十二年三月初七日)以前广东绅商反对官办的时候,岑春煊就已在为即将正式成立的粤路公司物色督办人;张振勋其人,就是岑春煊考虑中的首选人物之一①。宣布"归商办理"之后,岑春煊仍插手粤路事务,特别是插手粤路公司权理人以及总办、副办等人选的确定。还在宣布"归商办理"的牌示②中,岑春煊就明明白白

---

① 《岑春煊欲以张振勋总办铁路》(报道),《有所谓》报丙午二月二十二日(1906年3月16日)。

② 《岑督粤路准归商办牌示》(报道),《申报》光绪三十二年三月十五日(1906年4月8日)。

地说:

> ……应即将粤省之路事奏明归商办理,并咨达商部立案。惟路事重大,一切交手之事甚繁。如以总理路事之人一时尚难定议,应即先由本督、九善堂、七十二行迅即议举权理人,暂行代办路事,以凭将此路早日交接。

既已宣布"归商办理",那又何必"应即先由本督"与九善堂、七十二行一起迅即议举权理人? 显然,岑春煊是要主持和主导权理人之最终确定的。因而,郑观应以及黄景棠等之被举为权理人,显然主要是体现了岑春煊的意愿。权理人之议举如此,那么后来在董事局尚未成立的情况下违律背章举定总办、副办时郑观应、黄景棠等分别成为总办、副办,自然也就是以权理人之议举为基础的,同样主要体现了官方的意愿、得到了岑春煊的认可。① 实际上,郑观应本人本来就有很深的官方背景,与张之洞、岑春煊、盛宣怀乃至李鸿章的关系很不一般;在粤路"归商办理"的前一年,又奉商部札委出任广州总商会协理,在广东既属商界,又是有名的士绅。因而,当岑春煊与九善堂、七十二行议举粤路公司权理人以及后来议举总办时,郑观应自然会成为首选对象,而他之先成为权理人、后成为总办,当然主要是体现官方意志的。岑春煊在"归商办理"开始时的关键两步上,实际上达到了自己控制路局和路事的目的,而郑观应以及黄景棠等也是以岑春煊为冰山而执理路局和路事的,遇有重要情事总要向岑春煊乃至并不在广州的盛宣怀禀报,以求得支持。所谓"归商办理",实际上并非完全的"归商办理",而是在很大程度上的"官督商办"或"官办"。郑观应出任总办不久,就有股商冯秉垣抨击粤路公司"不遵守章程,甚至不容股东干预,自食前言,全无信行。既称商人,先自失信,然则官办商办何必争之于初",指出粤路假商办之乖而行官办之实②,并非如有的研究者所说的不符合实际。

----

① 《粤督奏陈粤汉铁路交商办理情形折》(报道),《申报》光绪三十二年十月初七日(1906年11月22日)。

② 夏东元:《郑观应传》,上海,华东师范大学出版社1981年11月第1版,第196页。

黄世仲对此,显然也是看得很清楚的。他在所写一系列文章中,实际上也是把矛头主要对准岑春煊、对准官方的。在《铁路代表员又谋对待所谓总副坐办》①中,黄世仲即指出:"今之局面,已成官督商办矣!背章程,违商律,无一事非经官而后行,行商自问,其果足为完全商办否也?"在《可怪可怪所谓股东之大会议》②中,黄世仲也指出:"……表面则曰'官任保护而不干涉',实则无一事非禀官而后敢行,是直官督商办而已。"在《与周督书》③中,黄世仲又说:

> 近来为吾粤之最重要问题者,则曰粤汉铁路是也。集千百万人之血汗,而成四千余万之资本,当事者宜如何公正、保护者宜如何郑重?乃前之大吏,任愚弄于三五善棍之手者何也? 一般善棍,实为无耻之尤。……小人唯利,二三其德,见忽而集股有成,垂涎至地,深知非借官力不足以图染指;而当日粤中大吏,惯于前者议加捐而囚黎绅之失败,忽变其政策,以利用善棍,而以收最后对于粤路之官权。

由此可见,黄世仲之抨击固然以郑观应以及黄景棠等为目标,但从根本上说乃是反对"官督商办"、反对"官办"。当时"反郑风潮"的其他参加者,也大致是如此。因此,所谓"反郑风潮"从根本上说可以归结为"反岑风潮",是在宣布"归商办理"的情况下反对官方控制路局和路事图谋的斗争。至于抨击郑观应以及黄景棠等,固然是由于他们本身有应受抨击之处,而更重要的是由于要抨击岑春煊而不能不连带及之。

既然如此,那么对"反郑风潮"中的黄世仲以及整个"反郑风潮",也就当然更应加以肯定了。

---

① 黄世仲:《铁路代表员又谋对待所谓总副坐办》,《少年报》丙午五月初八日(1906年6月29日)。
② 黄世仲:《可怪可怪所谓股东之大会议》,《少年报》丙午五月十七日(1906年7月8日)。
③ 黄世仲:《与周督书》,《少年报》丙午九月二十三~二十八日(1906年11月9日~14日)。

(七)

当然,对"反郑风潮"中的黄世仲以及整个"反郑风潮"加以肯定,并不是说黄世仲在"反郑风潮"中的行止完全正确而毫无不足以至错误,也不是说整个"反郑风潮"不存在任何问题。在笔者看来,黄世仲的行止至少有这样几个问题:

其一,没有给予郑观应以全面的评价。黄世仲等只是在抨击郑观应,而未能看到郑观应在粤路修筑上的成绩和贡献。这就显然有失公允。

其二,对具体问题的具体分析和区别对待不够。黄世仲所抨击的那些问题中,有一些是郑观应应负直接责任的,有一些郑观应虽也应负一定责任,但却并无直接责任,直接责任应由黄景棠等人乃至岑春煊来负。对此,黄世仲并非完全没有看到;在一些情况下,他对黄景棠抨击得也更为厉害。有一次黄世仲甚至用了"何物副办"①这样的语言,而对郑观应则从未用此等语气。但是,总的来说具体分析和区别对待不够,许多时候郑观应和黄景棠等被一锅煮。这显然也是不科学的。

其三,未能更加突出其主要抨击目标。可能同掌握到的具体材料有限有关,黄世仲虽然从根本上说是要抨击岑春煊控制路局和路事的阴谋,但给人的感觉却似乎是把主要目标定为郑观应以及黄景棠。一些研究者将"归商办理"以后围绕粤路问题出现的风潮称之曰"反郑风潮",当与此有关。

其四,对新粤督周馥存有幻想。如同夏东元所说,周馥有北洋背景,任粤督后也想控制路局和路事。黄世仲对此,起码认识不够,因而幻想由周馥来解决粤路公司存在的问题,其结果是客观上有被周馥利用之嫌。周馥到任时黄世仲所写《与周督书》②中说"粤人之引领而望足下者,实以维持路事为第一问题",周馥到任后黄世仲所写《周督申明路局宗旨之札谕》③中谓周馥"以保护商办铁路为宗旨也。收支存放,核实稽查,以昭大信,被

---

① 黄世仲:《运动谋封〈亚东报〉之狂潮》,《少年报》丙午五月十四日(1906 年 7 月 5 日)。
② 黄世仲:《与周督书》,《少年报》丙午九月二十三~二十八日(1906 年 11 月 9 日~14 日)。
③ 黄世仲:《周督申明路局宗旨之札谕》,《少年报》丙午十一月初六~初七日(1906 年 12 月 21 日~22 日)。

（彼）从前谓周督实行官督商办者，可以哑然矣"，等等，就是明证。

然而，不足以至错误，也就如此而已。谓"反郑风潮"乃"伐异者"借机生事、陷入周馥对岑春煊官场派系斗争乃至系劣党志图破坏，均是没有什么道理的。关于是否系"伐异者"借机生事，前面已经说过了，此处不必再说。这里应当加以分析的是黄世仲乃至整个"反郑风潮"是否陷入周馥对岑春煊的官场派系斗争以及是否是劣党志图破坏问题。

从有关资料来看，"反郑风潮"大致可以分为两个阶段，其分界线是岑春煊和周馥的交替。在前一阶段上，实在看不出黄世仲之参与"反郑风潮"与周馥有什么关系，看不出整个"反郑风潮"与周馥有什么关系。到了后一个阶段上，周馥当然与"反郑风潮"发生了关系。如同夏东元所说的，属于北洋系统的周馥是要从岑春煊手中夺取对粤路路局和路事的控制的。因而，他当然会利用"反郑风潮"。对此，黄世仲缺乏认识，而是幻想周馥能把粤路事务处置好。然而，这并不等于说黄世仲之抨击郑观应乃至岑春煊，是作为北洋派系一员的身份所采取的行动。这完全是两码事，不能混为一谈。事实上，这时的黄世仲对作为北洋首要人物的袁世凯，也是并不恭维、而是给予批判的。只要仔细读一下他所写的《岑春煊》①和《袁世凯之前途》②等政论，就不难体察到这一点。就整个"反郑风潮"的参加者而言，情形也大致如此。总之，黄世仲以及整个"反郑风潮"的商界以及报界的参加者，并未陷入周馥对岑春煊的官方派系斗争。

同时，把"反郑风潮"以及黄世仲在其过程中的行止说成是什么劣党志图破坏，也完全是无稽之谈。不错，黄世仲以及"反郑风潮"的其他许多参加者，都是革命党人；黄世仲本人不仅是同盟会会员，而且还是同盟会香港分会的领导人之一。同盟会并非什么劣党，众所周知，此处毋庸分辨。同盟会的成员以及其他革命人士参加"反郑风潮"，那也绝不是要破坏路政。须知，评价黄世仲等革命党人在"反郑风潮"中的行止是否正确，主要是要看其对郑观应乃至岑春煊等的抨击是否有理有据或至少是事出有因。如果有

---

① 黄世仲：《岑春煊》，《少年报》丙午八月初五～三十日（1906 年 9 月 22 日～10 月 17 日）。
② 黄世仲：《袁世凯之前途》，《少年报》丙午九月初四日（1906 年 10 月 21 日）。

理有据有因,那就是正确的;否则,就可能确有破坏路政之嫌。而如同前面已经说过的,黄世仲等革命党人是有理有据有因的。既然如此,那又怎么可以加之以劣党志图破坏的罪名? 说穿了,这不过是郑观应乃至岑春煊等藉以扑灭风潮的自卫之术而已。

总之,"反郑风潮"也好,"反郑风潮"中的黄世仲也好,尽管有这样那样的不足以至错误,总体上说来却是无可厚非的。

(八)

论述至此,大约会有人提出这样一个问题:如此肯定"反郑风潮"以及"反郑风潮"中黄世仲的行止,岂不是与前述郑观应在出任总办期间的心迹无他和确有成绩相矛盾? 笔者以为,提出这个问题是很自然的。但是,仔细分析即可看到,其间并无什么根本矛盾。

总的说来,郑观应在出任粤路公司总办期间,其表现还是很不错的。他是在很特殊的情况下违心地出任总办的,出任总办后又处在内外交困的情况下。但是,他仍然能心迹无他地把粤路修建工作搞得井井有条并使粤路修建得以开工。作为总办,他抓住自己应当进行的主要工作并做出了成绩。因而,从主流方面讲,无论"反郑风潮"的情形如何,郑观应都是应予肯定的。当年,黄世仲等在抨击郑观应时没有看到这一点,那是不对的。

不过,郑观应也确有自己不足的一面。反对者抨击他,是有理有据有因的;不仅如此,而且反对者实际上更主要的还是抨击岑春煊的;由于根本目的在此,也就会忽略了对郑观应的全面评价。郑观应面对"反郑风潮",想到的只是自己的心迹无他和确实想为粤路修筑出力以及确实付出了艰辛的劳动,而根本没有认识到自己确实存在着应受抨击的问题,更未认识到岑春煊实际上是要通过他和粤路公司来达到控制粤路事务的目的、而他则在客观是充当了岑春煊控制粤路事务的工具的。因而,他对"反郑风潮"之起很不理解和很有埋怨情绪,以致竟然和岑春煊一样诬反对者之行止为劣党志图破坏。因而,今天的研究者固然应当指出"反郑风潮"以及黄世仲在其过程中的行止有未能全面评价郑观应的缺陷,但也应当承认郑观应确实也有应受抨击之处。

现在,郑观应已逝世80年,"反郑风潮"距今更是过去百年之久了。当回过头去看一下的时候,研究者们应当冷静地、公正地、实事求是地分析当年的事态发展。一方面,既不能为贤者讳,看不到包括黄世仲在内的"反郑风潮"参与者的不足乃至错误,也不能为贤者讳,看不到郑观应作为粤路公司总办所存在的问题。另一方面,不为贤者讳,并不是说只需看到不足的一面,而是既要看到黄世仲以及其他"反郑风潮"参与者行止的实质乃是反对官方插手和控制粤路事务、维护粤路商办大局、保护股东,又要看到郑观应毕竟不失为近代中国历史上的一位令人敬重的爱国的实业家,看到他在粤路修建上是一位作出了重要贡献的人物。——这就是本文的结论,未知有识诸君以为然否?

说明:本文原发表于澳门历史学会和澳门历史文物关注协会2002年6月编辑出版的《纪念郑观应学术研讨会文集(1992~2001)》。

第五章　激情燃烧于中国同盟会的旗帜下（下）

——同盟会香港分会时期黄世仲的文学创作和文艺活动

　　黄世仲主要是以小说创作方面的成绩和贡献名世的。在笔者现在所谈的这一阶段中，黄世仲创作的以长篇为主，中、短篇兼有的小说作品以及专门的小说理论文章，数量既很多，质量一般也均相当好。其中，光是长、中篇小说就有在这个时期继续在报刊上连载并出版了单行本的《洪秀全演义》、《镜中影》、《廿载繁华梦》，还有开始创作于这个时期、有的还出版有单行本的《黄粱梦》、《宦海冤魂》、《宦海潮》、《党人碑》、《广东世家传》（未见）、《岑春煊》（未见）、《南汉演义》、《义和团》、《宦海升沉录》等；他还有一部中篇小说《陈开演义》，现在还未找到，但据说也是写于这几年中1908年的。另外，丁未五月十一日出版的《中外小说林》第1期所刊《广东近事小说〈宦海潮〉》云："世次郎向著小说（或署名小配），均为社会所欢迎。其已出版者如《镜中影》，将次出版、现在刊刷中者如《洪秀全演义》及《廿载繁华梦》，待刊者如《梨春梦》及《黄粱梦》，类皆脍炙人口。现本社特聘为撰述员……"据此，黄世仲似又著有长篇小说《梨春梦》，惜迄今未能发现其报刊连载本和单行本。与此同时，在这一阶段中，黄世仲在戏曲、杂著和政论文的创作上也很有成绩。而无论是小说或其他文艺创作活动，对黄世仲来说，其实都是他在这一阶段中的全部革命活动的一个组成部分。关于他的小说创作和小说理论，本书下册将专门讨论，此处不赘。这里所要论述的，是他这一阶段在其他文艺创作以及文艺活动方面的实绩。

一、同盟会香港分会时期黄世仲的戏剧创作

黄世仲一生的戏剧创作和戏剧演出活动,除辛亥武昌起义以后的《刘团长告诫民军》(《南越报》辛亥十月十一日、1911 年 12 月 1 日)、《袁贼自危》(《南越报》辛亥十月十八日、1911 年 12 月 18 日)、《观音受厄》(《南越报》辛亥十月二十九日、1911 年 12 月 19 日)、《黄明堂祭猪头山》(《南越报》辛亥十一月初二日、1911 年 12 月 21 日)等外,都是在这一阶段中进行的。其在这个阶段创作和发表的作品,据现在所知,刊于《香港少年报》"新舞台"栏者有:

《张妾警局夜叹》 刊于丙午五月初三日至五月十四日(1906 年 6 月 24 日至 7 月 5 日) 署"棣"

《黄召顶运动禁报》 刊于丙午五月十九日(1906 年 7 月 10 日) 署"棣"

《尚其亨回国》 刊于丙午五月二十一日(1906 年 7 月 12 日) 署"棣"

《官场救月蚀》 班本 刊于《香港少年报》丙午六月十五日(1906 年 8 月 4 日) 署"棣"

《黄召顶走汕头》 二黄 刊于丙午六月十七日(1906 年 8 月 6 日) 署"棣"

《黄女史演巧斗天孙》 班本 刊于丙午七月初三日(1906 年 8 月 22 日) 署"棣"

《石塘嘴游醮》 河调 刊于丙午七月初十日(1906 年 8 月 29 日) 署"棣"

《龙母自叹》 班本 刊于丙午七月十二日(1906 年 8 月 31 日) 署"棣"

《银乔仔病里忆情人》 二黄 刊于丙午七月十三日(1906 年 9 月 1 日) 署"棣"

《花捐局局员开厅》 班本 刊于丙午七月十五日（1906 年 9 月 3 日） 署"棣"

《总办回籍修墓》 刊于丙午十月二十日（1906 年 12 月 5 日） 署"棣"

《花捐公司喊冤》 刊于丙午十月二十一日（1906 年 12 月 6 日） 署"棣"

《旂下佬大闹荣泰公司》 班本 刊于丙午十二月二十二日（1906 年 12 月 7 日） 署"棣"

《董事局议撤郑陶斋》 刊于丙午十一月初四日（1906 年 12 月 19 日） 署"棣"

《陈听香闻有出狱消息》 刊于丙午十一月初十日（1906 年 12 月 25 日） 署"棣"

《邓宗尧卖茄楠珠》 刊于丙午十一月十七日（1907 年 1 月 1 日） 署"棣"

《铁路公司中人诉恨》 刊于丙午十一月十九日（1907 年 1 月 3 日） 署"棣"

《谢瑞堂誓死抗邝孙谋》 刊于丙午十一月二十日（1907 年 1 月 4 日） 署"棣"

《路棍骂查数员》 刊于丙午十一月二十三日（1907 年 1 月 7 日） 署"棣"

《马达臣扣留南署》 刊于丙午十一月二十四日（1907 年 1 月 8 日） 署"棣"

刊于《粤东小说林》者有：

《南北夫人传奇》 连载 署"世次郎"

　　　　注：题上有双行"艳情小说"四字，然实为剧本。今见者
　　　　为分别刊载于丙午九月十九日（1906 年 11 月 5 日）
　　　　出版之第 3 期的第 3 出《出沪游》和同年十月二十九

日(1906 年 12 月 14 日)出版之第 7 期的第 7 出《赠别》。推算下来,当从第 1 期开始刊出。丙午第 8 期未连载,但有广告一则云:

艳　情
小　说　《南比夫人》暂停一期

其中,"比"字当为"北"字之讹。因第 9 期及之后之刊物未见,未知是否刊完。

刊于《中外小说林》者有:

《秋闺怨》　班本　刊于丁未九月初一日(1907 年 10 月 18 日)出版之第一年第 12 期　署"笑评"

《梁启超被打》　班本　刊于丁未十月初一日(1907 年 11 月 16 目)出版的第一年第 14 期①　署"笑评"

《奈何天》　班本　刊于丁未十月十一日(1907 年 11 月 26 日)出版的第一年第 15 期至戊申四月二十日(1908 年 5 月 31 日)(?)出版的第二年第 11 期　署"笑评排演"

注:共刊 13 次,其中第 2 年第 4 期和第 6 期未连载,第 1 年第 16 期、第 2 年第 9 期和第 10 期有载而缺佚;题名上原标双行"新出班本"四字,从第一年第 17 期起(也可能是从第一年第 16 期起,但该期未见)改标双行"新串龋头"四字。

黄世中的这 24 种剧本,有的是长篇,有的是短制。其长篇中,《南北夫人传奇》一种,因只见到互不相连的两出,其中头一出既非开头、后一出又非结尾,未知主题究竟是什么。今存之第三出写主人公黄生到沪后,既唱"但见填

---

① 该期现皮藏于香港大学冯平山图书馆,笔者藏有复印件。香港,夏菲尔国际出版公司 2000 年 4 月所出《中外小说林》重印本第 1 版未收。

塞的美辎欧轮，繁华土地庄严镇，又重来泂溯前尘，其间桑田沧海休多问，甚因由江山付他人"，又说"这上海地面，向属俺中国的版图，今儿作了公共租界，回念祖国山河，好愁煞人也"等等，看来其主题似应与国事有关，有一种爱国之情蕴于其间，但又很难认定其主题即此。又一长篇《奈何天》所写，乃黄卧云与田月书山盟海誓私订终身、黄卧云因躲其父欲为其订娶而留学东洋且与田月书约定留学归来后成婚，而当黄卧云留学归来后田月书已迫于父命他嫁的故事，前半类乎《西厢记》中张生和莺莺相恋故事，后半却让田月书充当了"始乱终弃"角色，故作品实际上只是一个略加变动的才子佳人式剧本而已。倒是其中的短篇，均是即事而作。比如《官场救月蚀》，所写乃是丙午六月十五日（1906 年 8 月 4 日）月蚀之期官场大肆铺排予以"救护"的闹剧：

　　（首板）看官场、凡举动、莫不令人笑死。（中板）是真走肉与行尸，一物蠢然如鹿豕、知识全无，不值识者一嗤。（慢板）日月蚀、这本是、殊无足异，这原因、瞒不过、三尺孩儿。稍读书、即无不、深明此理，笑官场、对于此、大以为奇。谕军民、须救护、煌煌宪示，好一似、不救护、便是祸患随之。此怪像、见惯了、年年如是，到今年、六月十五、又正是月蚀之期。（中板）官场中、又出示、循行故事，谕官绅、军民人等、一体救护，休得视作儿戏。到这晚、试听那、各衙金鼓喧天动地，如巅狂、如玩耍、还有种种可笑礼仪。岂以为、这月亮、真彼琴琶所食，食去了、从今后、再难见星月交辉？因此上、设法救他、事非得已，免世界、长沦黑暗、世间人物就难以支持。幸琴琶、亦念他、此中恳挚，才食了、即屙还、更有一定之时。看将来、那官场、真有回天之力，钦天监、又能预测、一若具有前知。那官场、有此回天大力本、不能小觑，能救日、能救月、不知能否修补地皮？但不知、钦地监、亦知近日地皮、穿了十层不止？又不知、官场人、果能培补百姓膏脂？又不知、钦人监、亦知百姓膏脂、几榨至不留一滴？两问题、问官场、将又何辞？我此言、虽谐语、深愿官场一味。（收板）因月蚀、会心别有、休笑离题。（琴琶代）

这实际上是对清朝政府政治之腐朽的尖锐抨击。又如《梁启超被打》，据题

hY2FwY2FwY2Fw

解,系因"梁启超在东洋政闻社演说,为反对者所打"而写:

> (起板)想梁某、走东洋、已经十载,(慢板)为功名、长日里、挂在心怀。可恨着、那西后、把我如斯看待,只落得、在东洋、放浪形骸。思回国、不由人无计可摆,言宪政、言保皇、总办不来。何况是、革党们大相反对,话我们、专揾丁、行事多乖。前几天、在政闻社、把问题剖解,在这里、来演说、兴会登台。(中板)又谁知、反对党人、个个不能忍耐,话我是、恩仇不辨、是一个满清奴才。又话我、宗旨所持、殊欠正大,尊君主、抑民权、总总不该。他闻言、好比怒火、从头而盖,那时节、不容我、说话讲埋(理),竟然间、十多人、直进场内。你一拳、我一脚、几乎被打落台,险些儿、我脸子、被他打坏。差幸得、同志拥护、走避出来,欲与他、坚持壁垒、又恐难于对待。迫不得、掩面而走、免却祸胎。可恨我、十年政见、一朝失败,你试想、如斯落面、叫我确是难捱。又可叹、我十年辛苦、飘(漂)流海外,又恐怕、揾丁手伎俩、事多不谐。(叹板)低下头、自想自思、真真无奈,想着私谋报复、又无计安排。我被他们、打骂一场、面目何在?从今后、也不敢、再见同侪。倘若笑我不知羞、惟有面皮不改,(收板)到今日、自己不该、埋怨谁来。

按:立宪团体政闻社成立大会于丁未九月十一日(1907年10月17日)在日本东京锦辉馆举行,其组织者梁启超发表演说;其时也在会场的革命党人张继等数百人奔至讲台前将梁启超痛打一顿,致使成立大会无法继续进行。《梁启超被打》题解所说即此,而该剧本也就是嘲讽和抨击梁启超等保皇党人的立宪活动的。总之,黄世仲这个时期所写的短剧,其作用类乎今天所说散文中的杂文,甚具匕首和投枪般的战斗性。

在创作戏剧作品的同时,黄世仲这个时期还创作了不少曲艺作品。其中,在《香港少年报》之"粤人声"栏和"龙舟歌"栏发表而今仍可见者就有《打乜主意》、《无可奈》等17篇,在《中外小说林》发表而今仍可见者至少有《禁烟笑柄》(龙舟歌)、《唔怕丑》(粤讴)、《登高感怀》(南音)、《烟魔狱》(南音)、《追悼邹生员》(龙舟歌)等十多篇,在《社会公报》发表者今仍可见题为《冬日赶任》的粤讴一篇。① 其中,《粤汉铁路历史》(龙舟歌)约从丙午四月中、下旬之交(1906 年 6 月上、中旬之交)开始,竟在《香港少年报》连载了 20 次,《颐和园消夏》(扬州调)从丙午六月二十二日(1906 年 8 月 11 日)起,在《香港少年报》也连载了至少 7 次。他的这些曲艺作品,也是针对社会政治以及习俗方面的黑暗丑恶现象而写的,同样是匕首和投枪。特别是《粤汉铁路历史》和《颐和园消夏》,更是把抨击的矛头分别指向岑春煊和慈禧太后。以《颐和园消夏》为例,即可知之。按,丙午六月初一日(1906 年 7 月 21 日)《香港少年报》刊有以《快活哉颐和园又预备演戏》为题的消息云:"清两宫定于本月十三日到园庭驻跸。所有文武各衙门有清旨照例预备。当日有御前太监,赴各戏园谕前各菊部名优等,于十四日黎明时,齐赴颐和园演接驾戏。"《颐和园消夏》正是就此而写的。作者让慈禧太后通过自唱自叹,将其所经历的政治事件加以叙说,严厉尖锐地揭露了以慈禧太后为首的清朝政府腐败无能、卖国求荣、割地赔款、丧权辱国的种种罪恶行径,恰到好处地描绘出了慈禧太后的那种日暮途穷的心理状态。

特别应当指出的是,黄世仲 1907 年还选编过一本其中选收了许多谐文、诗歌、小说、曲艺等类作品的通俗文艺作品选集,即《时谐三集》。原来,还在丙午(1906)年,郑贯公就选编过一本《时谐新集》,此集今仍存世。之后,大约郑贯公或别的人(也许就是黄世仲)又选编过一本《时谐二集》或《时谐续集》,可惜今已难知其详。这里所说的《时谐三集》,香港大学冯平山图书馆现仍有藏,其卷首《〈时谐三集〉序》末题"光绪三十三年禺山道人叙"。此"禺山道人",方志强以为当即黄世仲②;从与郑贯公关系十分密切、对谐文、诗歌、小说、曲艺一类通俗文艺作品有特殊喜好,以及"禺山道人"首二字系代指番禺等情况看,其说可从。现存该集序文实可视为一篇通俗文艺理论文章;虽有残损,但不伤大体。兹录之如下:

① 今所能见之《香港少年报》和《社会公报》所刊诸作,香港纪念黄世仲基金会 2003 年 2 月所出《黄世仲弟兄反清文集》第 1 版收集基本齐全,请参看。
② 方志强:《黄世仲大传》,香港,夏菲尔国际出版公司 1999 年 3 月第 1 版,第 97 页。

自专制政体之压力□（极？）施诸中国也，民气日衰。故社会上稍有一发明之光线，政府中即多一笼络之手段，般般惨剧，地狱黑甜。近日报界大发达于支那，唤醒同胞，文明之进步先声大为早树矣。故其间如自由钟、独立旗，比比皆知，而粤讴、小说、诗歌、杂录、小调、南音，亦若庄生之反语、滑稽之譬谭，旁敲侧击，借题铺演，使目渔耳食者一光眼帘、新脑印也。予因目蒿此草昧正开之时代，用手辑此花款特新之名文，精心采择，热意搜罗，凡有关乎人心、风俗、政治、学术者，必选录而略加润色，□□要，为之分门别界，衷集成编，莫不生面独开，使腊（猎）采寻胜者，如入锦绣□□，□□堆裏，目不 暇 给者焉。因以付劂，颜之日"时谐三集"，亦就世人之异不□□□□□若□□□□□，不我弃也。是为序。

光绪三十三年　　　　　　　　　　　禺山道人叙

其所说粤讴、小说、诗歌、杂录、小调、南音等通俗文艺作品"若庄生之反语、滑稽之譬谭，傍敲侧击，借题铺演，使目渔耳食者一光眼帘、新脑印"，也就是说此类通俗文艺作品可起影响人心、唤醒同胞、鼓吹革命的作用，与其进行曲艺等通俗文艺作品的创作是一致的。

二、黄世仲和同盟会香港分会时期的 革命戏剧演出活动

在其生平的这一阶段上，黄世仲不仅创作了一系列戏剧以及曲艺作品，而且十分热心并积极参加了当时的戏剧革新和戏剧宣传活动，力图以之作为革命宣传工作的一个组成部分。与其兄黄伯耀曾写过一篇题为《曲本小说与话本小说之宜于普通社会》（《中外小说林》第 2 年第 6 期）一样，黄世仲也曾撰写过一篇专论戏剧改良与小说改良的理论文章，即《改良剧本与改良小说关系于社会之重轻》（《中外小说林》第 2 年第 2 期）。在这篇文章中，黄世仲指出：

迩来主改良剧本,以为开通民智之助力者,众口一词矣,则以愚夫愚妇目不识丁,一见夫优孟衣冠、傀儡登场,敷演其事迹、做作其色相、歌唱其神情,皆足以印其人之脑筋,而为之感动故也。……诚不料易性移情,一至如是其极哉!演者唱者,一出之中,不必遂有其事迹,而殆实有其情理,有其情以为即有其事,当前即是,百感随生,而神经为之一变。是则剧本之感人,固如是其不爽也!

又说:

诚然,剧本之感人至矣!顾其能感人心,究是否有益于人心,此则言不敢言也!其剧本与人心之关系何如,须视其剧本制造文野之何如。吾尝有言:广班之剧本,殆每况愈下,大都从野史撷拾一二,而参以因果祸福之说,串插而成。……旧之江湖十八本,与今之著名戏本,大约皆同。故夫吾粤戏本也,惟于平蛮讨外,则诚足以触发观者种族之感情,而此外其有关系于民智与风气者,吾未之见也。夫以剧本之感人如是,而当此斗智时代,竟无少补于风气之进步与民智之开通,则能感与不能感人等耳!然则改良剧本之说,其影响于普通社会之前途者,回亦一最当研究之问题也。

然后,又指出戏剧改良之方向云:

……今日之所谓改良剧本,不必在夫新奇,而如神权之迷信、仙佛之因缘、鬼魔妖怪之诞幻,与种种大同小异之桥段,势不能不先去之者也。骤演唱以科学之精深与法理之妙微,观者听者,尚如盲人夜里观花耳,无当也。但使去其锢习而导以新风,如其政治之改革、种族之分限、风俗之转移,以是为初级之改良,即足以开国民之脑慧。

正是由于有这样的看法,黄世仲对当时粤剧志士班的出现持积极支持和热情参与的态度,从而成为当时粤剧改良运动中的一位积极分子。

关于当时粤剧改良及其志士班的出现问题,冯自由的《广东戏剧家与革命运动》①和《中国革命运动二十六年组织史》②、庆霖的《岭南梨影》③等,均有较详的记述。最近几十年间,又有一些回忆乃至论述当年情况的著述,如刘国兴的《戏班和戏院——粤剧史话之二》④、陆丹林的《对〈戏班和戏院〉一文的补充》⑤、邓警亚的《清末党人利用粤剧宣传革命点滴》⑥、陈华新的《辛亥革命时期的粤剧》⑦、谢彬筹的《清末民初的粤剧改良运动》⑧等等。从这些回忆和论述可知,大约自20世纪初起,就有不少革命志士开始重视粤剧在社会变革中的作用并立志改良粤剧,为利用粤剧进行革命宣传而和一些进步的粤剧艺人一起组织改良戏班。此类改良戏班,时人称之为"志士班"。其最早出现的,是在广州组织的前身为"天演公司"的"采南歌"剧团。该剧团出现于1904年,倡办者为程子仪,陈少白、李纪堂积极予以支持并一起创办。是后,此类"志士班"屡有创办,"优天影"(澳门)、"振天声"(广州)、"现身说法社"(香港)、"移风社"(广州)、"现身说法台"(番禺)、"振南天"(香港)、"醒天梦"(东莞)等均是,而黄世仲至少与其中的一部分有密切的关系。前已述及黄世仲与黄毅侠所组织之"醒天梦"剧团的关系,此处不再赘述。这里要讲的是黄世仲与"优天影"剧团的关系。

初名"优天社"的"优天影"剧团是由黄鲁逸、黄轩胄等创办的。冯自由在上揭《广东戏剧家与革命运动》中写道:

---

① 冯自由:《广东戏剧家与革命运动》,《革命逸史》第2集,北京,中华书局1981年6月第1版,第221~226页。

② 冯自由:《中国革命运动二十六年组织史》,上海,商务印书馆1948年1月第1版。下文所引关于优天影剧团的记述,见第144页。

③ 庆霖:《岭南梨影》,《民权素》第8集,1915年7月15日出版。

④ 刘国兴:《戏班和戏院——粤剧史话之二》,《广东文史资料》第11辑,广州,政协广东省委员会文史资料研究委员会1963年12月编印,第173~215页。

⑤ 陆丹林:《对〈戏班和戏院〉一文的补充》,《广东文史资料》第14辑,广州,政协广东省委员会文史资料研究委员会1964年6月编印,第197页。

⑥ 邓警亚:《清末党人利用粤剧宣传革命点滴》,《广东文史资料》第18辑,广州,政协广东省委员会文史资料研究委员会1965年2月编印,第111~113页。

⑦ 陈华新:《辛亥革命时期的粤剧》,《广东文史资料》第35辑,广州,政协广东省委员会文史资料研究委员会1982年3月编印,第177~193页。

⑧ 谢彬筹:《清末民初的粤剧改良运动》,《学术研究》1982年第1期。

甲辰乙巳间（一九〇四至一九〇五）有陆军学堂前辈程子仪者，在陶模督粤时代，与纽永建同办陆军学堂，夙有志于社会教育，时方赋闲家居，与兴中会员陈少白、李纪堂等过从甚密，以其时民众识字者寡，徒恃文字宣传，实难普遍收效。于是建议创设戏剧学校，编制各种爱国剧本，招收幼童，授以相当教育，俟其学业有成，乃使出而实行表演。如是方可以涤除优伶平时不良之习惯，一新世人之耳目。陈李深韪其议。陈允襄助编制剧本，李亦捐助巨资以为之倡，定名"采南"歌戏班。训育一年始成，乙巳冬在各乡市及香港、澳门等处开演，所排新剧颇得世人好评，实开粤省剧界革命之先声。惜乎创设不及二载，而资本已折阅无余，此幼童剧团遂不得已宣布解散，有志者咸为扼腕。未几复有香港各报记者黄鲁逸、黄轩胄、欧博明、卢骚魂、黄世仲、李孟哲、卢博郎诸人组织"优天社"于澳门，各欲亲自粉墨登场，为社会现身说法，以棉力弗继，未及演出，数月而散。黄鲁逸志不少懈，更邀黄轩胄、陈铁军等组织"优天影剧团"，惨淡经营，历一载余始克出世，是为新学志士献身舞台之嚆矢。粤人通称新剧团曰志士班。示与旧式戏班有别。该班出演数载，成绩斐然可观，旋亦因事中辍。

同文中又介绍"优天影"剧社之历史及人物云：

优天影　此剧团为报界志士黄鲁逸、黄轩胄等所组织，初名优天社，设于澳门，数月后因经济不支解散，未几复活，更名优天影社，开演后大受世人欢迎。演员中以姜云侠、郑君可为最著名。所排演剧本，最得人欣赏者为《火烧大沙头》一剧，剧中首外清吏杀女侠秋瑾一事为导线，颇足发人深省。此外如《黑狱红莲》、《梦后钟》等剧，均寓戒除烟赌之深意，于移风易俗，至有裨益。此剧团关系人物，仅就余记忆力所及，述载如下：

第一届社员录：黄鲁逸、黄轩胄、黄叔允、郑友濂、郑笏臣、梁松之、陈铁五、陈铁军、梁侠侬、李一天、何少荣、叶莹堂、黄世仲、欧博明、卢骚魂、李孟哲、卢博郎、庞一凤、卫沧海、刘汉在、吴仁甫、何侣侠。

第二届社员录：……

在上揭《中国革命运动二十六年组织史》"革命运动第二十二年丁未"年中，冯自由也有同样记载：

机关名称	所在地	主要人姓名
澳门优天影剧团	澳门	黄鲁逸　黄轩胄　欧博明

　　自广州采南歌剧团解散后。粤港两地志士黄鲁逸卢梭魂欧博明黄世仲李孟哲姜云侠等更组织优天影新剧团于澳门。诸志士多粉墨登场。现身说法。对于暴露官场罪恶及排斥专制劣政。不遗余力。吾粤人颇欢迎之。号曰志士班。开办年余。以经费不支中辍。

　　从以上的记述来看，"优天影"剧团当成立于丁未（1907）年。其具体时间是什么时候？从丁未十月十五日（1907年11月20日）出版的《时事画报》丁未第27期刊有署名"武生"的剧本《祝优天影出世》、丁未十一月二十一日（1907年12月25日）的《社会公报》刊有《优天影出世有期》的消息谓"优天影改良剧本，系挽救风俗起见，闻定于十二月初五六日在西关戏院、河南戏院开演，后再往港"等来看，"优天影"剧团当成立于丁未十月上、中旬（1907年11月上、中旬）之交，其正式开演则在丁未十二月初五～初六日（1908年1月8～9日）。那么，其前身"优天社"成立于何时？《香港少年报》丙午八月二十二日（1906年10月9日）刊有一则《优天社告白》：

　　本社已定寓澳门大三巴三十号门牌。海内同胞贻惠函件，祈按新址寄至便得。丙午年八月十八日。

优天社同人
黄鲁逸等　谨　启

那么，"优天社"到丙午八月十八日（1906年10月5日）仍然存在。冯自由谓其"数月而散"而"未几复活"，又谓"优天影"剧团"历一载余始克出世"，则"优天社"当成立于丙午(1906)年的下半年,也许就在丙午七、八月(1906年8、9月)之交。而无论如何,黄世仲确实是积极支持和参与了"优天影"剧团的组织及其演出活动的。当然,从冯自由所开列的"优天影"剧团成员名单中仅第一届有黄世仲大名来看,黄世仲所直接支持和参与的,当是作为"优天影"剧团的前身的"优天社"的组织及其演出活动。至于"优天影"剧团的活动,黄世仲当未作为成员之一支持和参与。不过,这并不是说黄世仲与之不再有什么关系;人们完全可以相信,黄世仲当仍是给予支持、并参与其事的,因为黄世仲本人对戏剧创作和演出活动既有热情和实践,其时又是同盟会香港分会领导班子中兼交际员职务于一身的庶务员,而交际员实肩负着进行革命宣传的任务。

　　"优天影"剧团演出的剧目,据现在所知,有《火烧大沙头》、《尉迟公大战关云长》、《徐锡麟行刺恩铭》、《黑狱红莲》、《梦后钟》(又名《警晨钟》)、《贼现官身》、《虐婢报》、《周大姑放脚》、《与烟无缘》、《义刺马新贻》、《奸官跞地》、《自梳女不落家》、《博浪沙击秦》、《一炮定台湾》等。那么,这些剧本与黄世仲有什么关系?许秋雪在《辛亥前后同盟会在港穗新闻界活动杂忆》①中曾谈及"优天影"剧团所演之《火烧大沙头》一剧,并说"闻该剧剧本即出自黄世仲之手笔"。这里,许雪秋所说"闻该剧剧本即出自黄世仲之手笔"一语,头一个字是个"闻"字。这就是说,许雪秋并未肯定《火烧大沙头》的作者就是黄世仲,而只是说"闻"即听说《火烧大沙头》作者为黄世仲。然而,到了后来,许翼心和赵明政二位先生未察此情,不仅说《火烧大沙头》系黄世仲与黄鲁逸、姜侠魂合编,而且说《一炮定台湾》、《虐婢报》和《博浪沙击秦》也是黄世仲与黄鲁逸合编的,因为该数剧本署名中均有"黄叔尹"一名,而"黄叔尹"据说即黄世仲。② 其实,"黄叔尹"另有其人。上引冯自由所开列之"优天影"剧团第一届成员名单中,就既有黄世仲,又有"黄叔

---

　　① 冯秋雪:《辛亥前后同盟会在港穗地区新闻界活动杂忆》,《广东文史资料·孙中山与辛亥革命史料专辑》,广州,广东人民出版社1981年8月第1版;方志强:《黄世仲大传》,香港,夏菲尔国际出版公司1999年3月第1版,第587~593页。
　　② 许翼心:《作为革命家和宣传家的黄世仲——近代革命派小说大家黄小配散论之一》,《香港笔荟》第11期;赵明政:《黄小配》,沈阳,春风文艺出版社1999年1月第1版,第12页。

允";冯自由《香港同盟会史要》也记载,"是年(按:指戊申年即 1908 年)粤港两地新会员有陈逸川……黄叔允……李熙斌人"①;上揭陆丹林《对〈戏班与戏院〉一文的补充》中,也既有黄世仲,又有"黄叔允"一名。"允"、"尹"二字在粤语中读音相类,"黄叔允"即"黄叔尹",可见这个"黄叔允"显然不是同盟会香港分会成立时即已加盟并任分会交际员的黄世仲。那么,这位"黄叔尹"究竟是谁呢?据上揭刘国兴《戏班和戏院——粤剧史话之二》云,原来这位"黄叔尹"乃是粤剧名丑貔貅苏之父。刘国兴本是粤剧老艺人,艺名为"豆皮元",故其说当属可信。总之,黄世仲并非《火烧大沙头》、《一炮定台湾》、《虐婢报》和《博浪沙击秦》等几个剧本的编写者之一。方志强在上揭《黄世仲大传》②中对冯秋雪的说法持存疑态度,是审慎和正确的。不过,许雪秋既说传闻《火烧大沙头》出自黄世仲手笔,则当事出有因,而不会是毫无来历。鉴于黄世仲与"优天影"剧团有密切的关系,且其又因写有许多剧本而有编剧经验,笔者以为黄世仲当是十分关心"优天影"剧团的剧本编写,并曾在上述几个剧本的编写中出过主意、作过润色工作的,传闻之生当由于此,且从一个方面说明黄世仲必定是十分支持和积极参与了"优天影"剧团的演出活动的。

"优天影"剧团以及其他志士班均是由资产阶级民主革命派人士牵头组织的;其所演出之剧目,或讽刺官场,或反对烟赌迷信旧俗,或赞扬历史和现实中的英雄义士,或歌颂诸如徐锡麟和秋瑾这样的革命者,均具有革命进步意义。作为同盟会香港分会领导人之一,黄世仲热情支持并积极参与"优天影"剧团的组织及其演出活动,自然不仅是个人行为,而且是同盟会香港分会对当时志士班的组织及其演出活动重视和领导的体现。冯自由将"优天影"剧团作为革命机关写入他的《中国革命运动二十六年组织史》,并非偶然。

---

① 冯自由:《香港同盟会史要》,《革命逸史》第 3 集,北京,中华书局 1981 年 7 月第 1 版,第 234~235 页。

② 方志强:《黄世仲大传》,香港,夏菲尔国际出版公司 1999 年 4 月第 1 版,第 201~202 页。

三、同盟会香港分会时期黄世仲的
政论和散文杂著创作

黄世仲最初是以撰写政论闻名于世的。还是在旅居新加坡期间,他就因撰写过许多政论而引起注意。回香港任职《中国日报》时,所写长篇政论《辨康有为政见书》更为他赢得了名声。之后,在协助郑贯公编辑《广东日报》、《有所谓》报的过程中,他仍继续撰写政论,其今所能见者至少还有十余篇。等到中国同盟会香港分会成立以后,他依然以政论作为宣传民主革命、反对清朝政府、驳斥保皇派谬论的重要武器之一,不断撰写发表,给后人留下了大量政论杰作。在现在所讲的黄世仲革命生涯中的这个阶段上仍在出版的《有所谓》报和新创办的《香港少年报》、《社会公报》上,今仍可见的黄世仲所写此类作品,就至少有 80 来篇。特别是发表于《香港少年报》者,其数尤多,仅香港纪念黄世仲基金会所出《黄世仲弟兄反清文集》①所收就有 72 篇,其中《岑春煊》和《与周督书》还分别是从丙午八月初五日(1906年 9 月 22 日)和丙午九月二十三日(1906 年 11 月 9 日)起连载 17 天和 4天的长篇。

政论之作,均是即事而发、直接为现实政治斗争服务的。黄世仲的这些政论,也是如此。就是说,在全国、特别是岭南地区社会生活中发生了某一在政治上确有某种正面或反面意义的事件时,黄世仲便会以之为题材而发表言论,参与斗争。事实上,黄世仲的所有政论,无不如此。这就形成了他的政论的针对性和时效性。《岑春煊》一篇,就是直接针对岑春煊因粤路问题被调离广东而写的,《与周督书》则直接因周馥接替岑春煊督粤而写。由于黄世仲本人不仅是一位坚定的革命者,而且是一位学养很深的革命者,对社会生活中发生的诸多具有某种政治意义的事件,既能从革命立场上加以

---

① 《黄世仲弟兄反清文集》,香港,纪念黄世仲基金会 2003 年 2 月第 1 版。下述《岑春煊》和《与周督书》,分别见该书第 76 ~ 81、110 ~ 115 页。

观察,又能从理论上洞悉其所包含的意义。加上他既是同盟会香港分会先是主持交际、后是兼管交际的领导人之一,与各方联系甚密,本人又是与报界的联系甚广的报界中人,因而消息来源既较多、又可靠,这就使他的政论具有在当时确实正确而深刻的特点。另外,黄世仲天分甚高,多才多艺,尤其是文字工夫在当时的港穗地区可说首屈一指,又喜好文字的通俗易懂,因而他的政论也就显得通畅犀利,且易为普通社会所接受。总之,黄世仲的政论是当时正在进行的民主革命的重要舆论武器。

黄世仲的政论,由于是即事而发,而当时社会生活中发生的政治上确有某种正面或反面意义的事件很多,且涉及社会政治生活的诸多方面,因而其内容也就必定丰富多样。就现在所讲的这一阶段而言,他的政论就涉及社会生活中的许多方面,其中尤应指出的是如下几点:

第一,揭露帝国主义的侵略阴谋与行径。比如,在《警警俄国其真有意备战矣》(《香港少年报》丙午五月二十四日、1906 年 7 月 15 日)中,就针对在日俄战争中战败的沙皇俄国备战于乌苏里、海参崴的情况指出,沙皇此举就是要以武力为后盾,强迫清朝政府签订不平等条约,以补偿其在日俄战争中从日本手中失去的东西。在《粤澳地界之缪辖》(《社会公报》丁未十一月初八日、1907 年 12 月 12 日)中,就针对葡萄牙拘捕停泊于属于粤界的湾仔的中国渔船并使之停泊于澳门一事指出:葡人此举纯属非法,其目的无非是"谋占澳门以外之地界",即企图在早被其侵占的澳门之外增占中国领土,故保卫国土"国民皆有其责任焉";"今日苟不能折葡人",就会出现"各国援例于各租界洋界附近肆意要求"的后果。

第二,抨击清朝政府、特别是其在广东的代理人岑春煊的专制腐败,号召群众进行革命斗争。写这方面内容的相当多,诸如把抨击的矛头指向广东以及其他省区官吏乃至朝中要员的《专制官吏不能耐轿夫何耶》(《香港少年报》丙午七月十八日、1906 年 9 月 6 日)、《袁世凯之前途》(《香港少年报》丙午九月初四日、1906 年 10 月 21 日)、《筹抵号饷平议》(《香港少年报》丙午九月初九日、1908 年 10 月 26 日)、《铁良又欲清查各省财政》(《香港少年报》丙午九月十二日、1906 年 10 月 29 日)、《云南官吏虐民媚外之警报》(《香港少年报》丙午六月二十一日、1906 年 8 月 10 日)、《怪哉尚其亨之弹参无恙》（《香港少年报》丙午七月初七日、1906 年 8 月 26 日）、《升允果欲竭甘省之民财耶》（《社会公报》丁未十一月初九日、1907 年 12 月 13 日）等等均是。尤其典型的是《岑春煊》这篇长文。作者在这篇政论中分别从吏治、军政、财政、缉捕、学务、外交、刑罚、政见等角度，全面、尖锐、透骨地揭露了岑春煊督粤期间政治上任用私人、罗织冤狱，财政上捐税繁多、民脂民膏搜刮殆尽，军政上搞皮毛改革而又好加粉饰，社会治安上滥杀无辜、盗风猖獗等等专制弊政以及残酷暴虐、滥耗资财、偏听偏信、刚愎自用的丑恶面目。与此同时，黄世仲从民主革命立场出发，指出清朝政府不会自动退出专制统治的舞台，只有起来进行反清革命才能改变现状。其所写《萍乡乱事感言》（《香港少年报》丙午十月二十八日、1906 年 12 月 13 日），更是一篇藉萍浏醴起义一事而正面鼓吹革命的精悍之作，其中指出：

> 今江西萍乡，日来假事炽发，湘省震动，长江为之戒严，各地营勇反多投入乱党。数月来绝无声耗，而发即如火如荼，可知政治之失败，已不足压慑人心，而又有种族的观念为之总因，而其焰以更炽、其势以更甚焉。

又指出：

> 夫压力愈甚者，涨力愈猛；满人之防范愈严者，汉人之抵御愈锐：此天演的理由也。……故今日萍乡之揭竿者，道德上之作用也。知袁氏之兵权消削，沐猴执印信之权，处江西山谷之丛，进退适战守之地，成败固不敢决，而使吾汉人明大义、辨种族，誓师光复，以湔雪国耻，而法矩循规，演惟一之烈剧于大舞台中，总穷乡僻壤间人，知今日之竞争者，道德上应尽之责任也，何快如之！

第三，支持和赞扬爱国正义事业，并为之出谋划策、进行舆论指导。这方面的内容，在围绕因粤路路权问题而发生的"反郑风潮"所写的政论中表现得最为突出。如同《有所谓》报自始至终都与反美爱国运动紧相联系一样,《香港少年报》自始至终都与当时港穗地区的"反郑风潮"相伴随,而黄世仲更是站在斗争的第一线。他不仅在所办报纸上大量刊发有关消息和文艺作品,而且还大量刊发有关政论,其中他本人所写的政论今仍可见者仍有二十多篇。在这些政论中,黄世仲对粤路总公司内部的种种黑幕以及总公司总办郑观应、副办黄景棠的违约背章,特别是对作为其后台的岑春煊先是阴谋使粤路路权归官、企图失败后又阴谋进行其实仍是官办的所谓"官督商办"的行径,进行了长期而尖锐的斗争,并在这一斗争中起到了旗手的作用。有关这一层,笔者和赵淑妍写有《黄世仲与 1906 年的"反郑风潮"》一文专门论之(见前章附录),此处恕不多述。

第四,宣传西方空想社会主义思潮。在《社会公报》创刊号(丁未十一月初一日、1907 年 12 月 5 日)开始连载的《〈社会公报〉出世之始声》和创刊 20 来天后(丁未十一月二十二日、1907 年 12 月 26 日)开始连载的《印度之同盟罢工感言》中,黄世仲明确地说,他与其兄黄伯耀之所以创办《社会公报》并以"社会公报"四字作为报名,就是由于信奉并宣传作为"近百年来世界之特产物"的"社会主义"。当然,他所说的"社会主义",实际上仍是空想社会主义。然而,正如最初产生时期的空想社会主义有其不可否定的进步性一样,在黄世仲生活的那个时代的中国,宣传空想社会主义也是有进步意义的。关于这个方面,前文介绍《社会公报》时已述,这里也不多述。

除上述几方面外,黄世仲此期的政论,其内容还涉及金融(如《社会公报》丁未十一月十五~十六日、1907 年 12 月 19~20 日所刊《金融之涨落及买空卖空之非计》)、外交(如《香港少年报》丙年六月初十日、1905 年 7 月 30 日所刊《议借洋债八百万两筹办南宁改省之风说》)等许多方面。总之,涉及社会生活面十分广泛是黄世仲政论的又一个重要特色,这一特色使黄世仲显示出了作为同盟会香港分会领导人之一的杰出的舆论宣传才干,也使他的政论在当时资产阶级民主革命派反对清朝政府和保皇派的斗争中发挥了重要作用。

在撰写政论的同时,黄世仲对写作诸如俳谐文、谐谈、笑话、故事、风俗录等其他散文杂著也很重视和热爱。现在还能看到的《香港少年报》、《社会公报》所刊这个阶段上的这类作品中,至少有俳谐文 20 多篇、谐谈 10 余则,另有故事、笑话、风俗录等各若干篇(则);在保存至今的《中外小说林》上,也有一些。其中,风俗录是介绍某些地方习俗、给读者以知识的,故事是记述历史上一些仁人志士的事迹,给读者以启迪的。除这两者外,俳谐文、谑谈和笑话,均是针对现实生活中的某种情事而进行调侃讥刺的,因而实际上是改变了形式、寓针砭于俳谐笑谈之中的杂文,在现实斗争中同样起着匕首和投枪的作用。兹录俳谐文和谑谈各一,以见一斑。《有所谓》报乙巳十月初四日(1905 年 10 月 31 日)《滑稽魂》栏所刊谑谈《中国财政二则》之二《光》:

> 校书某,略识字,而不善句读。一日,睹某公司一份牌,上一行有"实备日本一百万元"等字,下一行又有"大清光"数字,窃疑:"既有百万,何至清光? 既大清光,何至扬言于众?"思之不得其解,以问客。客知其误会,笑不可伸;既而曰:"中国向称地大物博,经几次赔款,遂大清光了。区区百万,容也易映清也!"校书信以为然。

《香港少年报》丙午十月初三日(1906 年 11 月 18 日)"蜃楼影"栏所刊俳谐文《办送某大吏离任文》:

> 题词 唔係戏,趣趣地。作篇文,送吓你。
> 惟地皮铲透之年,天眼重开之日,某大员去任,谨为文以送之曰:公以世家门第,保国党人,曾督西川,调临东粤。布三年之政绩,洽万姓以恩施。加捐则怒足威民,独擅杀人之手段;靖乱则功能归己,无惭挂帅之头衔。大丈夫功在勤王,任而眼前得志;小孩子医曾误母,逼他膝下长辞。老母不必承欢,兄弟何须和睦? 但使佛爷记念,即膺督抚之荣。倘蒙大叔周旋,自订师生之谊;遂得任优差于百粤,握大任于兼圻。广西省原属乡亲,拔款断唔计带;善后局纵无库项,加抽实算担标。报会党之肃清,黄马褂先膺懋赏;经赌商之互算,白鸽票即禁重开。全凭铲地之功,即是如天之泽。寺僧闹学,百万金顺手能扻;铺主加租,十八甫杀头好苦。几酿猪捐之祸,孰逃虎猛六之苛? 议办花捐,娼界不妨报

效;阻开米禁,善堂太不知机。捏黎、李、梁之聚众抗捐,自必分头囚年;恨马、潘、夏之诱人拒约,顿教俯首拘挈。倘能杀以示威,安计死而无罪? 核查书役,逢人俦要抄家;硬起船捐,大众竟行罢市。须知食毛践土,应输民庶之诚;何期伐髓敲脂,竟抗老夫之令。若夫缴来七万,李直绳实算知机;索得三千,何采言何其不幸! 才了连州之案,又劫西南;羞迎京兆之轺,特巡东北。性情善怒,财政仍输。虽兴铁路之风潮,独固善堂之巢穴。总办尚能私举,董事何待公推。入寇公司,属下应谋染指;同行私路,笛中难怪垂涎。呜呼! 私愤难蠲,岂计官常之玷? 阴谋未遂,已罹民害之名。今者美缺难留,枉费几番做手;灾星已退,祝尔永不回头。好彩者吾粤之生灵,不幸者古滇之瘦地。但愿虎门永别,庶邀甘雨和风;倘教羊石重来,又是昏天黑地。

这里,前者显然是鞭笞清朝政府之丧权辱国、割地赔款,后者则是在岑春煊奉调离粤之际对之进行的斥责和挖苦。所谓嬉笑怒骂,皆成文章,诚不虚也!

第六章 摧垮几千年封建帝制的
最后战斗

——黄世仲在武昌起义前后

武昌起义前后，即从己酉(1909)年冬同盟会南方支部成立到辛亥(1911)年冬广东光复，就全国而言，乃是长达两千多年的中国封建帝制终于被铲除的时期；就黄世仲而言，则是其革命生涯中的又一重要阶段，即为在中国摧垮两千多年封建帝制、建立资产阶级民主共和制度而进行最后斗争的阶段。这里，笔者拟就这个阶段上黄世仲多方面的斗争生涯进行考析。当然，笔者也只能是在前人和同时代人的已有研究成果基础上，结合研究者们原先均已知之以及笔者在研究过程中新发现的一些资料，进行一些仍然属于初步的分析考辨工作。

一、黄世仲和同盟会南方支部

对黄世仲来说，这个阶段其实应从己酉(1909)年冬算起。这年10月，在同盟会香港分会的建议下，中国同盟会南方支部设立于香港，其领导班子组成情况是：支部长为胡汉民，书记为汪精卫，会计为林直勉；另有实行委员洪承点、胡毅生、陈炯明、林时爽、朱执信、李文甫、莫纪彭、李海云等人。可以看出，"大部分是在东京加盟的原留日学生或在广东加盟的当地新兴精英"①，

---

① 〔日本〕深町英夫:《近代广东的政党·社会·国家——中国国民党及其党国体制的形成过程》，北京，社会科学文献出版社2003年7月第1版，第48页。

香港分会领导成员均未进入其领导班子。此后,"南方支部与香港分会划分权限,分会专任香港以内党务,西南各省之党务军务则由支部统理之"①。这样一来,就包括广东在内的西南各省之党务军务言之,香港分会似已边缘化。因而,其时的黄世仲虽然仍是香港分会领导成员,却已不再有对包括广东在内的西南各省党务军务的决策参与权和组织领导权。不仅如此,而且自 1910 年 2 月底至 3 月初冯自由辞去香港分会会长和《中国日报》社长职务后,香港分会先是变为由以谢英伯为会长、潘达微和陈自觉等为干事的领导班子领导,后又先后变为由以陈逸川和卢信为会长的领导班子领导,《中国日报》也转由南方支部派员编辑出版。② 从此时起,黄世仲已不再是香港分会领导成员之一。因而,就"香港以内党务"而言,黄世仲也似乎已边缘化,不再具有决策参与权和组织领导权。

然而,这并不是说黄世仲与同盟会香港分会和南方支部及其所进行的革命工作,已无任何关系。有资料证明,黄世仲从此时起,当已担任南方支部的联络员。胡汉贤《广东"瀛字敢死军"纪略》③云:"黄世仲为老同盟会员,曾积极进行革命宣传工作,又在南方支部充当联络员……";罗香林《革命宣传家小说名家黄世仲家世访记》④也说:黄世仲"兼为南方支部联络员"。既作为一位坚定的资产阶级民主革命家,又作为南方支部联络员,黄世仲实际上仍然站在第一线,在革命军事政治党务、革命舆论宣传和革命文艺创作等方面都进行了大量工作,并以许多新的重要建树,迎来了两千多年的封建帝制终于退出历史舞台、资产阶级民主共和制度的曙光终于开始照耀中华大地的历史新局面。

同盟会南方支部在从成立到辛亥广东独立前后的大约两年时间中,在

---

① 冯自由:《香港同盟会史要》,《革命逸史》第 3 集,北京,中华书局 1981 年 7 月第 1 版,第 236 页。

② 冯自由:《香港同盟会史要》,《革命逸史》第 3 集,北京,中华书局 1981 年 7 月第 1 版,第 237～238 页。

③ 胡汉贤:《广东"瀛字敢死军"纪略》,《广东辛亥革命史料》,广州,广东人民出版社 1981 年 7 月第 1 版,第 154 页。

④ 罗香林此文笔者未见,此处转引自马楚坚《宣传辛亥革命之文字功臣:黄世仲行实考》,《黄世仲与辛亥革命国际研讨会论文集》第 2 辑,香港,纪念黄世仲基金会 2002 年 2 月第 1 版,第 163～195 页。

西南各省组织进行的革命军事政治工作,主要有 1910 年 2 月的新军起义、1911 年 4 月的黄花岗起义和同年 10 月武昌起义后广东地区的革命活动;无论是南方支部还是香港分会,也都还进行了一系列属于党务方面的实际工作。黄世仲和所有这些革命工作确有关系,是参与了其中的不少工作的。

然而,最早论及黄世仲的阿英先生在其著名的《晚清小说史》①中,并未述及黄世仲的革命生涯,当然也未述及黄世仲这两年间的情况。稍后,冯自由和杨世骥两位先生先后在其各自的论文《〈洪秀全演义〉作者黄世仲》②和《黄世仲》③中对黄世仲的革命生涯虽有论介,而对于黄世仲这两年间革命活动情况介绍得也极为简略,前者只是说:

> 辛亥(1911)八月,武昌革命军兴,九月十八日,粤省宣告独立,各省民军云集广州,世仲与各民军首领向多意气相投,因得被委充民团局长一职。

后者也仅说:

> 民国成立,广州起义军政首领多系会党出身,他(按:指黄世仲)亦被举为广东民团局长,尤为都督陈炯明所倚重。

另外,也是较早对黄世仲进行过研究的香港著名学者罗香林,在其所写《革命宣传家小说名家黄世仲家世访记》④中,对黄世仲这两年情况的记述提供的内容虽比较多,但他的文章当年并未公之于世,连香港专家学者都难知悉,内地学者就更是无从知之的了。因而,对黄世仲这两年间革命活动的介

---

① 阿英:《晚清小说史》,北京,人民文学出版社 1980 年 8 月新 1 版。

② 冯自由:《〈洪秀全演义〉作者黄世仲》,《革命逸史》第 2 集,北京,中华书局 1981 年 7 月第 1 版,第 42 页。

③ 杨世骥:《黄世仲》,《新中华》复刊第 1 卷第 12 期,未见;《文苑谈往》第 1 集,重庆,中华书局 1945 年 4 月第 1 版,第 70 页。

④ 罗香林此文笔者未见,此处转引自马楚坚《宣传辛亥革命之文字功臣:黄世仲行实考》,《黄世仲与辛亥革命国际研讨会论文集》第 2 辑,香港,纪念黄世仲基金会 2002 年 2 月第 1 版,第 163～195 页。

绍极为简略的情况,也就一直延续到 20 世纪 80 年代以后才有所改变。先是在新出现的一些回忆性文字,诸如冯秋雪的《辛亥前后同盟会在港穗新闻界活动杂忆》①、胡汉贤的《广东"瀛字敢死军"纪略》②等中,记述这两年间黄世仲情况时增加了新的内容;之后,笔者在《黄世仲生平诸问题小辨》③中,对广东独立后黄世仲所任职务进行过考辨;再后,出现了几部黄世仲研究的专著,如赵明政的《黄小配》④、方志强的《黄世仲大传》⑤等,其在叙及黄世仲在这两年间的情况时,内容也都进一步有所增添。到本世纪初,又出现了关国煊的《黄世仲(1872~1912)传略》⑥、马楚坚的《黄世仲与〈南汉演义〉》和《宣传辛亥革命之文字功臣:黄世仲行实考》⑦等论文,其中对黄世仲这两年间情况的记述,又前进了一步。然而,迄今为止,就现在所知的情况来看,所有这些记述或者是仍然有重要遗漏,或者是仍然不够详细准确,或者是互有矛盾。

那么,情况究竟如何呢?

二、同盟会南方支部时期黄世仲的
革命政治活动

武昌起义爆发前,黄世仲就进行过一些重要的革命活动,其中最重要的

---

① 冯秋雪:《辛亥前后同盟会在港穗新闻界活动杂忆》,《广东文史资料·孙中山与辛亥革命史料专辑》,广州,广东人民出版社 1981 年 8 月第 1 版,第 97~108 页。

② 胡汉贤:《广东"瀛字敢死军"纪略》,《广东辛亥革命史料》,广州,政协广东省委员会文史资料研究委员会 1962 年 2 月印行;广东人民出版社 1981 年 7 月第 1 版,第 154 页。

③ 颜廷亮:《黄世仲生平诸问题小辨》,《近代文学史料》,北京,中国社会科学出版社 1985 年 12 月第 1 版,第 229~241 页;《黄世仲与近代中国文学》,兰州,甘肃人民出版社 2000 年 9 月第 1 版,第 41~53 页。

④ 赵明政:《黄小配》,沈阳,春风文艺出版社 1999 年 1 月第 1 版。

⑤ 方志强:《黄世仲大传》,香港,夏菲尔国际出版公司 1999 年 3 月第 1 版。

⑥ 关国煊:《黄世仲(1872~1912)传略》,《辛亥革命九十周年纪念暨黄世仲投身革命百周年国际学术研讨会论文集》,香港,纪念黄世仲基金会 2001 年 8 月第 1 版,第 40 页。

⑦ 马楚坚:《黄世仲与〈南汉演义〉》和《宣传辛亥革命之文字功臣:黄世仲行实考》,分别见《黄世仲与辛亥革命国际学术研讨会论文集》第 2 辑,香港,纪念黄世仲基金会 2002 年 2 月第 1 版,第 115~162、163~195 页。

是参与新军起义和黄花岗起义。

黄世仲与新军起义　迄今为止,还未发现黄世仲参与新军起义的任何直接资料,所有研究论著也都不仅未认定黄世仲参与过新军起义,而且未曾涉及这一问题。实际情况也是:新军起义发生于 1910 年 2 月。其时,香港分会领导班子虽尚未变动,但南方支部已经成立。新军起义就是由刚刚成立的南方支部策划和领导的;香港分会既已"专任香港以内党务",自然也就不能参与策划和领导属于南方支部职权范围以内之事。正由于此,黄世仲当时虽然还是香港分会领导成员之一,但同样也不能参与策划和领导新军起义。然而,能否认为黄世仲和新军起义没有发生过任何关系呢? 笔者以为,回答应是否定的。香港分会和南方支部均设于香港,虽然领导班子和职权范围不同,但俱属同盟会下属组织,相互关系密切,工作上也必有联系,香港分会不可能完全自外于南方支部所进行的工作,特别是不可能自外于南方支部所进行的诸如新军起义这样的重大革命活动,而是相反的会给予必要的和可能的支持与帮助。事实也的确如此。冯自由在《香港同盟会史要》[1]中写道:

是冬(己酉冬)十月倪映典自广州来,报告联络新军反正已告成熟,可以约期大举。时总理方远游美国,支部乃电告以运动经过,请即筹汇二万元应急,同时并电邀黄克强、谭人凤、赵声来港主持大计。旋得总理自纽约复电,谓二万元决可筹足,嘱令赶紧进行。未几黄克强谭人凤赵声相继抵港,倪映典亦盘马弯弓以待,而总理旅行钮约(今译纽约)、波士顿、芝加哥三埠向华侨募捐。三次电汇香港中国报,总数仅港币八千元,距二万元之数尚远。支部诸人以为时已迫,异常焦灼,有同志李海云者,文咸东街远同源汇兑业商号之司事也,目睹本党需款情形,认为机不可失,乃下大决心,尽提该商号存款二万余元献诸南方支部,以充军费之需。已则隐匿他处,以避股东之追究。支部得此意外之

---

① 冯自由:《香港同盟会史要》,《革命逸史》第 3 集,北京,中华书局 1981 年 7 月第 1 版,第 236～238 页。

生力军,遂派海云驻广州河南大塘乡李福林家,专任民军购械会计事务。……至十二月下旬,海内外同志麇集香港广州二地。羊城分设党人机关十余处,大有弦满待发之势。

先是倪映典于十月间受任后,先在中国报领取《革命先锋》及《外交问题》、《立宪问题》等小册子万数千册,散布军队中,以广宣传。新军兵士咸通文字,感化最易。一二月间收效至巨。继由中国报领取特别印制之同盟会小盟单万张,携至省中各机关,令各兵士举手宣誓。每逢假日,则在白云山濂央寺演说革命,新军三标兵士趋之若鹜。至十二月下旬,一切筹备俱已就绪,……是役新军阵亡者及先后被获者各百数十人。……此外逃匿香港数百人,多由中国日报及时事画报临时供应,事后南方支部特开倪烈士追悼会于会所,以吊英灵。

傅启学《国父孙中山先生传》①在叙及新军起义时也说:

黄克强由新加坡至香港时,曾使倪炳章(映典)运动广州新军。是年冬,倪至香港,向支部胡汉民、冯自由报告,新军已运动成熟,约期反正,请即电促克强来,主持粤事。

从上述记述看来,在新军起义前后,香港分会还是做了不少与之有关的工作的。比如,倪映典运动新军的情况报告,是香港分会会长冯自由和南方支部支部长胡汉民一起听取的;为倪映典提供动员新军起义的宣传资料、代南方支部接收孙中山汇来供新军起义用之款项、新军起义失败后接待逃匿香港之数百新军兵士等等,均是以香港分会会长冯自由兼任其社长、其社址即香港分会会址的《中国日报》的名义进行的。自然,粗看起来,这些工作似乎和黄世仲没有什么关系。然而,细加分析即可看出,其实完全可以认为黄世仲必定是参与了这些工作,或至少是参与了其中的某几项的。须知,上述工

---

① 傅启学:《国父孙中山先生传》,台北,"中华民国"各界纪念国父百年诞辰筹备委员会1965年11月12日第1版,第202页。

作的工作量是相当大的,冯自由不可能独自一人做好,而其时黄世仲仍是香港分会的庶务员,香港分会所进行的上述工作,特别是其中的接待工作,必定少不了黄世仲的协助,有的甚至可能还是由黄世仲牵头来做的。就是说,应当认定黄世仲是以香港分会领导成员之一的身份,在新军起义前后进行过一些幕后工作的。

黄世仲和黄花岗起义　在一个很长很长的时期中,研究界似乎还没有人说到黄世仲与黄花岗起义有什么关系。直到进入 20 世纪 80 年代以来,才有研究者把黄世仲与黄花岗起义联系起来,并说黄世仲参加了黄花岗起义且于其后写有实为报告文学的“近事小说”《五日风声》。比如,司徒彤《辛亥革命宣传家黄小配》①云:

> 黄小配是身体力行的革命活动家,1911 年,他参加了著名的黄花岗之役。起义失败后,他冒险留在广州,仅一个月的短短时间,即在广州的《南越报》上,发表了连载近事小说《五日风声》。

陈泽泓《小说亦作革命言——清末小说家黄世仲》②;云:

> 黄世仲是身体力行的革命小说家,……宣统三年(1911 年)三月亲自参加了著名的“三·二九”广州起义,此即后来所称之“黄花岗起义”。起义失败后一个多月,他即在广州的《南越报》上发表了以黄花岗起义前后五天内的事实为题材的连载时事小说《五日风声》,连刊 57 天。

关志昌《黄世仲传略》③云:

---

① 司徒彤:《辛亥革命宣传家黄小配》,《白云文史》第 7 集,广州番禺 1992 年 8 月内部印行。
② 陈泽泓:《小说亦作革命言——清末小说家黄世仲》,《广东历史名人传略》,广州,广东人民出版社 1998 年 3 月第 1 版;方志强:《黄世仲大传》,香港,夏菲尔国际出版公司 1999 年 3 月第 1 版,第 690~693 页。
③ 关志昌:《黄世仲传略》,《香港笔荟》第 11 期。

（宣统）三年三月，参加广州"三·二九"之役，其后以所见所闻，成小说《五日风声》一篇；……

许翼心《作为革命家和宣传家的黄世仲——近代革命派小说大家黄小配散论之一》①云：

一九一一年四月廿七日（农历三月廿九日），同盟会发动了著名的广州起义，史称"黄花岗七十二烈士之役"，黄世仲自始至终参与组织和行动，并以亲身经历写下了长篇报告文学《五日风声》，……

方志强《晚清文坛奇才同盟会急先锋：黄世仲》②云：

一个为革命多年奔走号呼的同盟会急先锋，以小说为武器、从创作《洪秀全演义》满腔热情歌颂太平天国农民起义起，直至辛亥革命三月二十九日广州黄花岗起义失败后，仍冒险留在广州搜集起义烈士的英雄事迹，又以一个多月时间便在广州《南越报》上刊登近事小说（实为报告文学）《五日风声》，……

关国煊（当即关志昌）《黄世仲（1872～1912）传略》③云：

（宣统）三年（一九一一），年四十，三月，参加广州"三·二九"黄花岗之役；五月十八日，将是役所见所闻，以世次郎笔名在《南越报》连载近事小说《五日风声》五十七日，……

---

① 许翼心：《作为革命家和宣传家的黄世仲——近代革命派小说大家黄小配散论之一》，《香港笔荟》第 11 期。

② 方志强：《晚清文坛奇才同盟会急先锋：黄世仲》，《黄世仲大传》，香港，夏菲尔国际出版公司 1999 年 3 月第 1 版，第 14～19 页。

③ 关国煊（当即关志昌）：《黄世仲（1872～1912）传略》，《黄世仲与辛亥革命——辛亥革命九十周年纪念暨黄世仲投身革命百周年国际学术研讨会论文集》，香港，纪念黄世仲基金会 2001 年 8 月第 1 版，第 40 页。

马楚坚《黄世仲与〈南汉演义〉》①云：

> 一九一一年三月二十九日，（黄世仲）又参加广州黄花岗之役；失败后，将其役之始末撰为《五日风声》，发表于广州《南越报》，一时风动，……

马楚坚《宣传辛亥革命之文字功臣：黄世仲行实考》②云：

> 一九一一年三月二十九日，（黄世仲）又参加广州黄花岗之役；失败后，将其役之始末撰为《五日风声》，发表于广州《南越报》，一时风动，……

以上除方志强未明说外，其余均明明白白地说黄世仲参加了黄花岗起义；至于方志强，虽在《黄世仲大传》正文中未讲黄世仲参加了黄花岗起义，而从上引他的文字中有"仍冒险留在广州"这样的文句可以看出，他显然也是认为黄世仲是到广州直接参加了黄花岗起义的战斗的。

不过，也有对此说持有异议、不以为然或至少是有怀疑者。钟贤培在《中国近代文坛二位广东籍小说大家——吴趼人与黄世仲略论》③中就说：

> 1911 年 4 月 27 日同盟会在广州起义，黄世仲参与了组织工作，起义失败后，迅速写成报告文学《五日风声》在《南越报》发表，……

这里虽认为黄花岗起义时黄世仲"参与了组织工作"，却并未说黄世仲亲到

---

① 马楚坚：《黄世仲与〈南汉演义〉》，《黄世仲与辛亥革命国际学术研讨会论文集》第 2 辑，香港，纪念黄世仲基金会 2002 年 2 月第 1 版，第 120 页。
② 马楚坚：《宣传辛亥革命之文字功臣：黄世仲行实考》，《黄世仲与辛亥革命国际学术研讨会论文集》第 2 辑，香港，纪念黄世仲基金会 2002 年 2 月第 1 版，第 180 页。
③ 钟贤培：《中国近代文坛二位广东籍小说大家——吴趼人与黄世仲略论》，日本，《清末小说》第 17 期。

广州参加了起义的战斗,而郭天祥《黄世仲年谱长编》①对黄世仲是否参加黄花岗起义则更是避而未谈,看来对黄世仲参加了黄花岗起义的说法至少有所怀疑。

应当说,认为黄世仲亲往广州直接参加了战斗,并非无因。至少,能够迅速撰写出《五日风声》这样全面真实生动地反映黄花岗起义始末的文学作品,就不能不使人猜想黄世仲当是亲往广州直接参加了战斗的。然而,持有此说者,并无一人拿出证据,实际上可以支持此说的任何证据迄今也还没有发现。这也就难怪对黄世仲和黄花岗起义的关系问题郭天祥会干脆不提。至于说黄世仲参与了黄花岗起义的组织工作,钟贤培同样未提出证据,实际上从有关黄花岗起义的各种文献资料中也找不到这样的证据。笔者注意到《五日风声》中曾有如下一段记述:

> 未几而已三月下旬矣,党人急欲举事。本定于三月之二十四日,惟以仍有一帮最烈之炸弹未经进至内地,而其同党尚多有未抵羊垣者,乃于三月二十二日开秘密大会。以十一部中各举一人至中央主部会议,多以事多未妥,主张改迟两天,于二十六方始举行。先是,有黄某者,谓风声既泄,于此有三要点焉:其一则暂行解散也;其二则苟不解散,即宜速行,不宜改期也;其三则苟不得已而必须改期,不宜仅改一二天、反形匆遽也。顾斯议不能通过,是时乃有改期三月二十六日之说。然孰知所定二十六日即举者,仍未为确耶!

按:黄兴之前往广州指挥起义,是在辛亥三月二十五日(1911年4月23日)。如此,则这段记述中所说的辛亥三月二十二日(4月20日)的秘密大会,当是在香港举行的。在会上发言的"黄某",笔者曾猜想也许是黄世仲自指;观《五日风声》中凡写到革命党人则必出其真名实姓,而唯独此处却出以"黄某",而当时在香港的同盟会重要人物中最有可能出席此类会议的黄姓人物,除《五日风声》中出其真名实姓的黄兴外,就只有黄世仲一人,因

---

① 郭天祥:《黄世仲年谱长编》,北京,中国社会科学出版社2002年版。

而有此猜想似无不可。而如果这个猜想可以成立，那么倒可以成为钟贤培的说法的一个证据。然而，猜想毕竟只是猜想，不能谓其必然是事实。考虑到黄花岗起义是由中国同盟会策划领导并由南方支部具体负责的，当时黄世仲既不是南方支部领导成员，也已不是香港分会的领导成员，似乎也不大可能参与此类决策会议。钟贤培的说法看来大约也只是在看到黄世仲是香港地区老同盟会员且还曾是香港分会领导成员之一、又在黄花岗起义失败后很快就写成《五日风声》等情况而生的一种推测之辞，当是事出有因而又查无实据。在笔者看来，既不能认为黄世仲亲至广州直接参加了黄花岗起义的战斗或参加了黄花岗起义的组织工作，也不能认为黄世仲和黄花岗起义没有什么关系。那么，情况到底如何呢？

据冯自由《华侨革命开国史》①云：

> 是役香港及各方往来同志莫不奔走骇汗，为义师尽力。

这就使人不能不想到：黄世仲当也是"奔走骇汗"者之一。不过，冯自由既仅说是"为义师尽力"，则"奔走骇汗"者们当不是"义师"之成员，未曾前往广州直接参加战斗。所以，20 世纪 80 年代中期，笔者在所写《黄世仲小传》②就持如下说法：

> 至于震动一时的辛亥三月二十九日广州革命党人起义，他虽未直接参加战斗，却参加了与直接战斗有关的工作；事后，还以亲睹亲闻所得的材料，迅速地写成小说《五日风声》，赞颂革命党人的浴血战斗。

后来，黄世仲的外孙陈坚在《怀念我的外祖父——黄世仲》③中采用了这个

---

① 冯自由：《华侨革命开国史》，《华侨与辛亥革命》，北京，中国社会科学出版社 1981 年 12 月第 1 版，第 15 页。

② 颜廷亮：《黄世仲小传》，《中国近代文学研究》第 3 辑，广州，中山大学出版社 1985 年 12 月第 1 版；张正吾校点本：《宦海升沉录》附录，长沙，湖南文艺出版社 1988 年 5 月第 1 版，第 197～200 页。

③ 陈坚：《怀念我的外祖父——黄世仲》，《香港笔荟》第 11 期。

说法。现在,笔者仍然以为,这是一个比较稳妥的说法。就是说,黄世仲虽未直接参加战斗,却也并非与黄花岗起义无甚关系,而是参加了与直接战斗有关的工作。

问题是:黄世仲所参加的与直接战斗有关的工作,究竟是些什么工作呢?由于相关资料欠缺,现在已很难完全回答。不过,有一点是可以肯定的,那就是他为这一重大行动确确实实地进行了舆论准备和宣传工作。这就需要从黄花岗起义的酝酿和筹划以及《十日建国志》和《五日风声》的创作和发表谈起了。

举行黄花岗起义是 1910 年 11 月 13 日在孙中山于南洋庇能召开的秘密会议上讨论决定的。然而,在此前筹划的新军起义失败之后,在革命党人中弥漫着一股气馁情绪,本来就极需进行鼓舞士气的工作,以便动员党人继续奋斗;庇能会议之后,进行思想动员更形迫切。恰好,1910 年 10 月 4 日发生的葡萄牙共和革命取得了胜利。黄世仲敏锐地察知葡萄牙共和革命所包蕴的成功的经验教训对中国革命党人所具有的启迪和鼓舞作用,便以之为题材,很快创作了实为报告文学的"最新历史小说"《十日建国志》,并从葡萄牙共和革命发生和胜利还不到一个月的 11 月 1 日开始到 1911 年 1 月 16 日在《南越报》发表,用以鼓舞革命党人士气。其卷首开场诗就是证明:

> 世局沉沉事已非,醒馀狂笑醉馀悲。
>
> 况当沧海横流日,正值民潮沸鼎时。
>
> 专制渐衰成覆辙,共和有幸遍扬旗。
>
> 遥知机熟成功易,葡国前事最可思。

不过,当《十日建国志》开始发表的时候,黄花岗起义尚未正式酝酿和准备,黄世仲自然也还不知道黄花岗起义的动员和准备工作很快就要进行,因而也就还不能把《十日建国志》的开始发表和黄花岗起义直接联系起来。但是,当《十日建国志》发表到第 13 天的时候,黄花岗起义的准备工作,已经提上日程并开始紧张进行,在这样一个背景上继续发表并发表完《十日建国志》,自然不仅会有一般的鼓舞士气的作用,而且还必然会成为黄花岗起

义的响亮号角。事实上,黄世仲也确实是作如是想的。作品结尾写道:

> 噫嘻,蒲纳甘查王统一朝坠地,谁〔谓〕非专制之刻酷使然?于革命事业,不三日而成功,不十日而定国,其平日组织及其运动之精神,可以想见矣。他日铜像千秋,高立云表,后人犹将得指而数之曰:"此一千九百零十年葡国共和革命之伟人也!"

显然,黄世仲自己也是要使这部作品成为黄花岗起义的号角的。考虑到连载《十日建国志》的《南越报》实际上是同盟会南方支部的机关报,而同盟会南方支部又实际上具体领导着黄花岗起义的准备工作,人们完全可以想见《十日建国志》确实已从一开始时的一般的鼓舞士气之作,一变而为直接配合黄花岗起义的作品了。至于《五日风声》,那是在黄花岗起义失败之后写作的;其开始在《南越报》连载,是在黄花岗起义失败后第 48 天即 1911 年 6月 14 日。在此期间,黄兴、赵声、胡汉民等革命党人正在痛定思痛,回思事态发展和总结失败教训,而黄世仲则深入进行调查,并以《五日风声》这样的长篇,既客观地参与其事,又热情地歌颂为革命而英勇斗争乃至壮烈牺牲的革命党人。前有《十日建国志》,后有《五日风声》,黄世仲以自己擅长的方式,即以在舆论宣传战线上的斗争参加了黄花岗起义,当是完全可以肯定的。

三、黄世仲在武昌起义前夕

从黄花岗起义到武昌起义爆发前,黄世仲除了写作和发表《五日风声》以外,究竟还进行了一些什么革命活动,一向是并不怎么清楚的。笔者曾经在 20 世纪 80 年代就此进行过探讨,虽有收获而收获不大。只是到了近几年间,才有了一些进展,即除了知道黄世仲参与过运动清缉私兵舰反正活动外,还发现黄世仲积极参加了广东地区的保路运动。

黄世仲与广东保路运动 铁路路权问题由来已久。自 1905 年 9 月从美商手中收回路权之后,经过艰苦斗争,终于在 1906 年 3 月"归商办理"①。然而,清朝政府却出尔反尔,于 1911 年 5 月 8 日"皇族内阁"成立之次日即颁布上谕,抛出"铁路国有化"政策,宣布"铁路国有"政策,规定所有宣统三年(1911)以前各省设立公司集股商办之干路,应即由国家收回,其从前批准干路各案一律取消。这就激起了粤、湘、鄂、川四省人民的坚决反对,保路风潮迅速高涨并很快就发展为声势浩大、成为辛亥革命前奏的保路运动。

广东的保路运动是从 6 月初开始的。当时,广州各团体及粤路股东即多次聚会,商议应付办法。6 月 6 日,广东召开 1000 多人出席的粤汉铁路股东大会,到会股东决议抗议清朝政府的铁路国有政策,决心保持铁路商办,并致电川、鄂、湘各省,表示要互相支持、坚持到底。与此同时,广州的各大绅商团体,也表明了反对铁路国有的态度。粤督张鸣岐无视股东的合理要求,竟宣布股东大会的决议无效,从而激起了人民的抗议和抵制。广东人民"不用官发纸币,纷纷持票领银",一日达数十万。银局无钱兑换,张鸣岐只得向度支部等电借 300 万两应急,又向日、英、法、德四国银行团借款 500 万两以挽危局。6 月 16 日,广东铁路公司又开股东大会,重申前议。张鸣岐老羞成怒,禁止报纸发表反对铁路国有的言论,逮捕了反对铁路国有最力的《亚洲报》记者陈听香,还表示要对保路运动采取高压手段,发现不轨言行就"立予查办"、"格杀勿论"。于是,粤路股东便不得不迁往香港继续进行保路斗争,并于 9 月 3 日在香港冒雨召开参加者近万人的广东保路会成立大会,决定坚持并扩大斗争。未久,因爆发武昌起义,清朝政府很快垮台,保路运动自然也就无形中结束了。② 问题是,黄世仲与之有什么关系呢?

据笔者所知,关于这个问题,不仅迄今没有人作答,而且迄今没有人提及过。然而,黄世仲和广东保路运动却是确实很有关系的。几年前,笔者在翻检清末民初报刊的时候,偶然见到多件有关广东保路运动的消息报道,其中刊于辛亥七月十九日(1911 年 9 月 11 日)《申报》"要闻二"栏的题为《广东保路会大会详情》(副题为《蜀鹃声中岭海潮》)的"要闻"、刊于同日《民

---

① 《岑督粤路准归商办牌示》(报道),《申报》光绪三十二年三月十五日(1906 年 4 月 8 日)。
② 蒋祖缘、方志钦主编:《简明广东史》,广州,广东人民出版社 1993 年 8 月第 1 版,第 608~609 页。

立报》"新闻一"栏的题为《广东保路之风云》的新闻,二者文字基本相同,均是详细报道 9 月 3 日在香港举行的广东保路会成立大会的情形的,而黄世仲的大名竟在报道中出现了好几次。兹将《申报》所刊消息中有关文字逐录如下:

……旋将何、黄、鲍三君审定会章,逐条宣读,请众("众"字《民立报》作"求")研究:

(一)命名 广东保路会。有人提议宜("宜"字《民立报》无)声出"旅港"两字。黄世仲君驳议:"现在此会纯是广东人组织,省中团体,均有代表在会。此次假座港地设立,不过因省地有碍,故尔迁就。若加此'旅港'两字,是以广东三千余万之同胞,不出力争,仅此二十余万旅港侨商,独出肩任,不特贻笑中外,且为政府所轻,万不可改(末二句《民立报》作'且为盛贼所轻,万不宜改')。"全座击掌不置。

(二)宗旨 以破债约、保路权、维持完全商办,并("并"字《民立报》无)联合川、湘、鄂三省为一致进行。有人提议将("将"字《民立报》无)"商办"二字删去,以为力争商办系股东分内之事(此句《民立报》作"力争商办系股东份内之事"),与此会颇有分别。黄世仲、伍宪子、黄汪波互有讨论,最后提出(此处《民立报》有一"视"字)川省代表龚、陈两君意见,再行决定。黄世仲(此处《民立报》有一"君"字)乃先申明兼争商办要旨:"以粤路集股时,善堂行商暨港二十一家,登有'商办不成,交回原银'之布告,此次收归国有,不特失信,将令股东群起与收股人为难。且借债为收路之用,约破即以保全商办,若商办不全,约必不破,又恶可删去耶?"乃请龚代表陈述意见……

由上述报道可以看出,在广东保路会成立大会上,黄世仲是一位起主导性核心作用的重要人物。报道中所说"审定会章"的"何、黄、鲍"三君中的"黄"君,笔者怀疑很可能就是黄世仲;即使不是,那也可以看出,黄世仲也是在广东保路会名称和宗旨的确定方面起了决定性作用的。当然,现在还没有资料可以证明黄世仲在广东保路运动的一开始,就已与之发生关系。然而,当广东保路会成立的时候,黄世仲能起关键作用,那也足以表明,黄世仲是积极参加了广东的保路运动的。现在还不知道黄世仲此举是否是受命于同盟会香港分会或南方支部,但无论如何,黄世仲的行动即使是纯个人行为,那也足以表明革命党人是积极参与了港穗地区的群众性反清运动的。

黄世仲与运动清缉私兵舰反正 还在 20 世纪 80 年代中期,笔者就已发现黄世仲参与运动清缉私兵舰反正的材料,并据舒炳荣自述《舒炳荣》①,在《黄世仲小传》②中述及这一点,因为《舒炳荣》有云:

> 舒民气字炳荣,……(宣统)三年与梁耀东乘捐务风潮在江门宣传,旋梁为清吏赵月修所执遇害,复逃港与黄世仲、刘古香、黄明堂等暗设机关进行,至八月适有缉私兵舰"安北"、"绥南"等十二艘在港深水埗湾泊,遂运动各舰反正,并率同各舰驰赴江门,沿途更收复十余舰,及猪头山行营,旋奉委充海军统领。迨回省后将各舰移交海军司暨盐运使,后遂闲居。……

看来,黄世仲参与运动清缉私兵舰反正是确凿无疑的,后来一些研究者对此也都加以认可。

除上述这些外,黄世仲当时还做过不少党务方面的工作。前述之参与为新军起义提供宣传材料、新军起义失败后逃匿香港之数百新军兵士之接待等,即属此类。此外,诸如庚戌春王金发以枪杀变节党人汪公权案逃至香港的接待工作、汪精卫等谋刺清摄政王失败被捕后黎仲实等到港设立机关以营救之的联系工作等,主要由尚未离港赴加拿大的冯自由负责,但也当有黄世仲的参与。特别是1910 年冬同盟会澳门分会的成立,有确凿资料证明

---

① 舒炳荣自述:《舒炳荣》,黄大汉《兴中会各同志革命工作史略》,载杜元载主编《革命文献》第64 辑《兴中会革命史料》,台北,中国国民党中央委员会党史委员会 1973 年 12 月第 1 版,第 358～360 页。

② 颜廷亮:《黄世仲小传》,《中国近代文学研究》第 3 辑,广州,中山大学出版社 1985 年 12 月第 1 版;张正吾校点本:《宦海升沉录》附录,长沙,湖南文艺出版社 1988 年 5 月第 1 版,第 197～200 页。

黄世仲当是参与了的。冯秋雪《辛亥前后同盟会在港穗新闻界活动杂忆》①
就曾写道:

> 庚戌(一九一〇年,清宣统二年)冬,澳门同盟会组织建立,黄世仲
> 由港来澳,我在濠镜阅书报社曾和他匆匆晤过一面。

此时的黄世仲已不是同盟会香港分会的领导成员,但却当与之有密切的关
系,其到澳门显然与同盟会澳门分会的建立有关。

四、黄世仲和广东光复

武昌起义爆发以后,广东革命党人起而响应,并终于造成广东光复的局
面。黄世仲在这个过程中,继续做了大量工作,建立了不朽功勋。有关这一
点,研究者已有论说,笔者也曾进行过论述。不过,从现在所见资料来看,现
有的论述既有遗漏,又有欠准确处,故尚需再事清理。那么,黄世仲在广东
光复过程中究竟做过些什么呢? 据现在所知,主要有如下几个方面。

在广州设立机关参与组织和指挥民军起义 在上揭《黄世仲小传》中,
笔者对此也曾述及,惜未举证。其实,证据有三。其一是上揭胡汉贤《广东
"瀛字敢死军"纪略》,其中说:

> 黄世仲是老同盟会员,曾积极进行革命宣传工作,又在南方支部充
> 当联络员,光复前夕,更在广州设立机关运动民军起义。

> 八月十九(旧历)武昌起义后,广东革命党人积极响应。九月初旬
> (阴历)接到机关总动员令,要求各地迅速组成革命队伍,并限于五日

---

① 冯秋雪:《辛亥前后同盟会在港穗新闻界活动杂忆》,《广东文史资料·孙中山与辛亥革命
史料专辑》,广州,广东人民出版社 1981 年 8 月第 1 版,第 97~108 页。

内赶赴省城郊外秘密集中,以便待命攻城。我当即先率路工三百余人,携带早已领到的旗帜、长短枪、炸弹和弹药先行起程,又饬令郑昭杰等率领南头护路军百余人(配带新式九响毛瑟枪),于九月初十到达广州小北郊外龙眼洞各乡僭伏。谭瀛和李毅夫等也按时率队抵达长洲、元岗各乡。会合后,约有千余人左右。同时石锦全也率所部到达。我和谭瀛先混入城内,向城内的革命指挥机关报到,和同盟会员黄世仲取得联系,旋奉命合并以统一指挥。

其二是上揭冯秋雪《辛亥前后同盟会在港穗新闻界活动杂忆》,其中说:

> 郑黄二人活动力极强,……郑贯公病故后,黄世仲独树一帜,既办报纸,又写小说,广东光复前夕,复积极发动各地民军,名噪一时。

其三是罗香林《乙堂劄记》,其所收《革命宣传家小说名家黄世仲家世访记》①中写道:

> (黄世仲除)持笔立言以应中山言行外,并为香港党部中坚元老,预决策、党务,擢任"庶务"外,兼为南方支部"联络员",联系会党。殆武昌成功,众推黄兴先生为革命军战时总司令时,黄氏已潜入内地,联络各民军分头起义于广东之惠州、潮州、东莞、香山等地,使清军措手难顾,并召民军或直接赴穗,向其登记,听其调动攻城。

上述三人中,胡汉贤和冯秋雪是当时事态亲历者,其记述当是可信的;罗香林的记述系据对当年事态比较了解的乃父罗幼山所述及向曾亲历过当年事态的高剑父、陈垣、陈树人、罗翼群、黄伯耀等调查所得,当亦毋庸怀疑。就是说,黄世仲在广东光复前夕,确实是亲临第一线,在广州设立机关,参与

---

① 罗香林:《革命宣传家小说名家黄世仲家世访记》,见《乙堂劄记》,未见。此处转引自马楚坚《宣传辛亥革命之文字功臣:黄世仲行实考》,《黄世仲与辛亥革命国际研讨会论文集》第2辑,香港,纪念黄世仲基金会2002年2月第1版,第163~195页。

组织和指挥过民军起义的。

当然,黄世仲也只是参与其事而已。事实上,黄花岗起义失败后,南方支部支部长胡汉民离开香港而远赴西贡,"中国同盟会在广东地区的组织活动又陷于停滞状态","当 1911 年 10 月 10 日爆发武昌起义之际,广东省虽拥有多数中国同盟会会员,但南方支部如上所述已停止活动,未能响应"①。10 月 29 日,胡汉民虽回到香港,但仍未到达广州,在广州进行响应武昌起义、谋求广东独立活动的革命党人,主要是潘达微、邓慕韩、邓警亚、朱执信等人。在广州的这几个人中,潘达微、邓慕韩、邓警亚等主要从事政治方面的活动,而朱执信则是主要从事军事工作,特别是进行动员民军起义及动员部分民军向省城集中方面的工作。② 毋庸怀疑,军事工作任务很重,同盟会在广州的重要人物中不可能只有朱执信一人进行这方面的工作,当有其他重要人物与之一起进行。黄世仲当是与之一起进行这方面工作的重要人物之一,但也只是作为南方支部的联络员,在广州设立机关参与而已,不能如同郭天祥《黄世仲年谱长编》③客观上给人所造成的印象那样,误以为黄世仲是唯一的组织和指挥民军起义的重要人物。

黄世仲与"京陷帝崩" 广东光复与黄世仲巧妙运用舆论工具,瓦解广东官场意志、鼓舞群众革命精神,是有关系的。原来,武昌起义以后,广东革命党人迅速行动起来加以响应。粤督张鸣岐开始时企图垂死挣扎;后在李准反正、10 月 25 日凤山被炸的形势下,被迫赞成广东和平光复,但当得到清朝政府令其继续维持地方秩序的来电后又推翻前议,反对广东独立。张鸣岐的变卦,使群情哗然,局势动荡;加上刚被任命为为对抗革命浪潮而新编列的第 25 镇镇统龙济光屡遭革命党谋刺,张鸣岐知"大局难保",惶惶不可终日。然而,虽然如此,张鸣岐却仍未下同意广东独立的决心,需要有外力推动其改变态度。正好,此时忽有"京师失守"的谣传以及广东各处响应

---

① 〔日本〕深町英夫:《近代广东的政党·社会·国家——中国国民党及其党国体制的形成过程》,北京,社会科学文献出版社 2003 年 7 月第 1 版,第 53、54 页。

② 〔日本〕深町英夫:《近代广东的政党·社会·国家——中国国民党及其党国体制的形成过程》,北京,社会科学文献出版社 2003 年 7 月第 1 版,第 55、69~71 页。

③ 郭天祥:《黄世仲年谱长编》,北京,中国社会科学出版社 2002 年 10 月第 1 版,第 248 页。

武昌起义的民军起事的消息传来,张鸣岐这才又一次被迫同意"和平独立"。这才使 11 月 8 日省城各界在总商会决定宣布广东独立的大会得以在总商会顺利举行,也才使 11 月 9 日的广东光复得以顺利实现。① 这里所说"忽有'京师失守'的谣传",当然不是张鸣岐再次被迫同意"和平独立"的根本原因,但却仍然不能不说是一个重要原因,而"京师失守"谣传忽来,则与黄世仲有关。

所谓"京师失守",其实应是"京陷帝崩",本是从美国回至上海的革命党人温雄飞与香港《循环日报》在沪的、倾向革命的电报通讯员李文卿一起策划的一通电报的主要内容,具体时间当在辛亥九月二十六日(1911 年 11 月 6 日)。温雄飞在《回忆辛亥时我在归国途中以及在上海和南京亲历亲见亲闻的事》②一文的《"京陷帝崩"事件的内幕和前后》一节中。曾叙及此事之来龙去脉。据云:

> 我在上海见到李文卿时,他只靠为香港《循环报》拍发新闻电报过活,名义上算是《循环报》的电报通讯员,月入只数十元,……生活很苦。关于他们拍发电报新闻的工作,我知道是很起作用的。当时在香港共有七、八家中文报馆。只有《循环报》有专人在上海拍发新闻电报。其他各报联合组织一个香港报界公会(或公社,记不清了),向《循环报》购买电报新闻,以公会名义用油印分发各报,谓之报界公会电讯。广州同样有报界公会,他们向香港报界公会买电,又印发各报发表。因此,李文卿在上海拍发的新闻电报影响很大,不但香港《循环报》登,而且香港各报都登,连广州各报也登。
>
> 那时,正是武昌起义成功,上海树了白旗,而广东尚未宣布独立的

---

① 蒋祖缘、方志钦主编:《简明广东史》,广州,广东人民出版社 1993 年 8 月第 1 版,第 611 ~ 612 页。引按:《简明广东史》原注(见第 646 页)云:大汉热心人辑《广东独立记》,《近代史资料》第 25 号《辛亥革命资料》,第 449 页。又按:《近代史资料》第 25 号《辛亥革命资料》,系中国科学院近代史研究所史料编译组编辑,北京,中华书局 1961 年 10 月第 1 版。

② 温雄飞:《"京陷帝崩"事件的内幕和前后》,《回忆辛亥时我在归国途中以及在上海和南京亲历亲见亲闻的事》第四节,《华侨与辛亥革命》,北京,中国社会科学出版社 1981 年 12 月第 1 版,第 259 ~ 262 页。

时候,我了解到李文卿这个电报通讯员所能起的作用,乃想在他身上作出些对革命有贡献的事来。于是,我更加与李接近,逐渐和他谈些革命的问题,知他亦极为倾向革命。我有意挑逗他说:"我们应该对满清也打几下。"他说:"打是应该打,可是我们没有枪炮,奈何!"我说:"我们有枪炮,你的电报就是枪炮,你可以用电报代枪炮来打。"我随即给他分析广东方面的情况,说现在正是人心思变,清廷官员惶惶不安的时候,如果你由上海拍个使人震动的电报回去,香港和广州各报都登了出来,这就等于给清廷开了一炮,说不定就能把他轰倒。他很同意我的说法,因而共商具体的措施。

经过商量研究,决定立即拍发一条以"京陷帝崩"为主要内容的新闻电报回去给香港《循环报》,说北京已经给革命党攻陷,清帝已崩。具体电文我已记不得了,只记得在商量时李文卿还不够大胆,主张只用"京陷帝奔",我则极力主张一不做二不休,干脆用"帝崩",不用"帝奔"。

电报发出后,香港《循环报》并不立即发表,旋来电给李文卿查询此电的根据。李得电后,立即持电来找我,说:"糟了,《循环报》不信,打电来追问,连饭碗都要打破了。"我见情况很急,乃再为设谋献计。我说:"你即复他京电不通好了,保险不会再查。"果然,"京电不通"的电报复去后,就不再有电来查问了。

之后,香港《循环日报》便大印"京陷帝崩"传单,并在门前用大字标贴,香港报界公会也跟着印发这样的报界公会电讯,各报马上登了出来,广州的情况亦复如此,从而产生了动摇在粤清朝政府官员军心、振奋革命党人和广大群众精神、加速广东政权易帜的良好舆论效果。

问题是,黄世仲与之有何关系呢?黄世仲的侄儿黄鉴泉早岁曾从黄世仲的兄长黄伯耀处听说:

一九一一年四月二十七日,广州起义(即黄花岗七十二烈士死难之役)是对清廷一个沉重的打击。广东清朝文武官员惊魂未定,国内又爆发了十月十日的武昌起义。黄世仲在《世界公益报》上,巧妙安排标题,以"京陷帝崩"四字报道武昌起义成功,消息震动中外,不少报纸也给以转载了。广东官吏看报后,都以为北京已陷落,宣统已驾崩,于是一片混乱,甚至有人挂印逃跑。促使广东迅速宣布独立,黄世仲是有一功的,此事当时也传为美谈。①

符实也据黄鉴泉所说以及 20 世纪 50 年代从黄世仲家乡父老口中所闻写道:

> 1911 年 10 月 10 日武昌起义。黄世仲在《世界公益报》上,以"指看京陷帝崩,武昌起义成功"为题,大事报道武昌起义及全国各地革命斗争的讯息,轰动中外,《中国日报》等都予以转载。广东清官吏看报后大为震惊,都以为北京已经陷落,宣统驾崩,于是一片混乱,促使广东迅速宣布独立,黄世仲是有功的。②

罗香林上揭《革命宣传家小说名家黄世仲家世访记》则据调查所得,在记述黄世仲武昌起义后联络各地民军起义等情形后写道:

> 同时大发政论、小说于《南越报》诸家之上,尤以创作《黄兴登坛拜将》、刊造"京陷帝崩"之说出,大裨各省县第次光复于不战机先之中,粤督张氏等为之遁迹,提督李准为之投降,省垣遂不兵而光复。

以上三家所述均系据黄伯耀等之回忆乃至黄世仲家乡父老之口耳传闻;与温雄飞的记述相对照,上述三家所述看来并不完全准确,特别是将"京陷帝崩"之说的制造权归于黄世仲,显然有误。然而,事必有因,黄世仲以特别醒目的"指看京陷帝崩,武昌起义成功"一语为题,在《世界公益报》

---

① 黄鉴泉:《晚清著名小说家黄世仲》,《芳村文史》第 1 辑,广州,广州市芳村区政协《芳村文史》编委会 1988 年 11 月内部编印。
② 符实:《小说名家黄世仲之死》,《羊城今古》1999 年第 2 期。

上刊登李文卿所发以"京陷帝崩"为主要内容的电报新闻且有较大影响一事,当可相信。上揭方志强《黄世仲大传》曾根据向黄世仲的侄儿黄鉴泉等的调查,记述过如下一个细节:

> 辛亥九月十六日晚,各报馆门口,等待报纸大好消息的人们把报馆围得水泄不通。黄世仲之子黄福荫下夜班,打开报馆之门,无法出门,便心生一计,点燃一串鞭炮,借鞭炮开路,挤出门口。谁知炮声一响,随之全港狂欢,炮声不绝,响彻天明。

这个细节当是黄鉴泉从黄伯耀等人处听到的。由于这是个很特别的细节,在黄伯耀等人的记忆中,必定印象很深,至少有关黄福荫下夜班在报馆门口点燃鞭炮这个细节的记忆,不会是凭空而来。在这个细节中,所谓"大好消息",指的就是"京陷帝崩"的消息,这条消息当在见诸报纸之前已在群众中流传;黄福荫所下夜班,指的乃是《世界公益报》的夜班,黄福荫无法走出的门口指的乃是《世界公益报》的门口。既然如此,那么《世界公益报》的门口当也是被等报纸大好消息的人们围了起来的,响彻香港全城的鞭炮则还是由黄福荫在《世界公益报》门口最先点燃引起的。可见,《世界公益报》在"京陷帝崩"这个消息的宣传方面,确实有大动作,而这个大动作正是由黄世仲炒作出来的。考虑到《世界公益报》是当时香港有名大报之一,黄世仲此举当然会对广东事态向顺利光复方向发展起到积极的作用。

黄世仲与《新汉日报》的创办 作为一名革命老报人,黄世仲在庚戌、辛亥年间,仍然和《南越报》、《世界公益报》保持着密切的联系,参与该两报纸的有关工作。《南越报》创刊之后,黄世仲作为创办人之一,曾创作"近事小说"《朝鲜血》在其上连载。连载完毕一个多月后的1910年6月13日(庚戌五月初七日),黄世仲在《南越报》发表了一篇题为《本报开创一周年纪念文》的文章,其开头就说:

> 惟宣统二年,岁在庚戌,五月之五日,即本报周岁纪念之期也。同人虽无救世之权,仍有觉时之责,欲代表舆论,乃组织报章,择寓西关,

取名'南越'。……

显然,黄世仲乃是以《南越报》"同人"身份写此文章的。就是说,黄世仲自己告诉人们他是《南越报》同人之一。此后直到广东独立以后的一段时间中,如同后文还将讲到的,黄世仲又继续利用手中的一管笔,在《南越报》上大量发表作品,也表明黄世仲始终未曾脱离《南越报》。《世界公益报》是黄世仲协助郑贯公创办的。创办未久,郑贯公即退出,但黄世仲却一直与之保持着联系;他和黄伯耀创办的《中外小说林》改名为《绘图中外小说林》后,就是由《世界公益报》的公理堂承接出版发行的;他的《宦海潮》单行本就是由《世界公益报》出版的,他的《义和团》还是在《世界公益报》上连载的;上述黄世仲发表主要内容为"京陷帝崩"的电报新闻也是在《世界公益报》。所以,当麦思源谈到《世界公益报》,谓"黄世仲(在《世界公益报》)任最久,阅者习诵其文,渐成为偏嗜。世仲殁后(按,黄世仲于民元惨遭粤督陈炯明所枪杀)行销顿不如前"①的时候,那也是多少道出了黄世仲一直未脱离《世界公益报》这一实际情况的。然而,黄世仲不仅如此,而且据云还在辛亥上半年创办过《新少年报》②,特别值得大书一笔的是在广东独立当日创办了一家报纸《新汉日报》,为广东光复献上了一份厚礼。

关于《新汉日报》,李默《辛亥革命时期广东报刊录》③曾有介绍,内云:

公元一九一一年十一月九日(辛亥九月十九日)创刊。发行所香港永乐街四十五号。督印人卢新,总经理兼撰述员黄世仲,发起人邝敬川、黄耀公、郑兆君、黄世颂、卢梭功、卢博浪、梁大拙、林伯祥、陈耿夫、谢心准、梁励、卢梭魂、刘汉在、吕颂铭、黄咏台、卫沧海、古剑夫、李振

---

① 麦思源:《七十年来之香港报业》,《中国近代报刊发展概况》,北京,新华出版社1986年9月第1版,第212~221页。

② 《新少年报》,笔者未能查阅到。李默《黄世仲与辛亥革命时期报刊》(见《黄世仲与辛亥革命国际学术研讨会论文集》第2辑,香港,纪念黄世仲基金会2002年2月第1版,第37页)将《新少年报》列入黄世仲名下加以介绍,但并未举证证明确系黄世仲创办。详情待考。

③ 李默:《辛亥革命时期广东报刊录》,《新闻研究资料》第3辑,北京,中国社会科学出版社1980年5月第1版,第164~173页。

声,主笔卢博浪、李孟哲。

辛亥三月二十九日黄花岗之役起义失败后,清政府对革命民主派的报纸予以封禁。《天民报》被封后,卢博浪、李孟哲避逃香港,组织《新汉日报》,宣传民主革命,出版时,正值武昌首义。办报之资本,悉为当时革命党人所资助。南北统一后,是报从而结束。

接着还简要介绍了《新汉日报》的宗旨和内容。显然,这里的介绍有自相矛盾之处,主要是既说《新汉日报》创刊于11月9日,又说"出版时,正值武昌首义"。大约受此影响,方汉奇等先生在《中国近代新闻事业史事编年》(二十一)①中竟以为当时香港有两个以"新汉"命名的报纸且分别系之,既在1911年(宣统三年辛亥)10月下系曰:

同月:《新汉报》在香港创刊。卢博浪、李孟哲主笔。南北议和后停刊。

又在同年11月9日下系曰:

同日:《新汉日报》在香港创刊。社址在香港永乐街45号。发起人邝敬川、黄耀公、郑兆君、黄世颂、卢梭功、卢博浪、梁大拙、林伯祥、陈耿夫、李振声,总经理黄世仲,主笔卢博浪、李孟哲。自称"以开通民智、讨论政治为宗旨"。《新汉日报》对各地军政府的活动作了较详细的报道。

后来,李默在《黄世仲与辛亥革命时期报刊》②中再次介绍《新汉日报》时,内容有所增加,文字也较前稍详,还把"出版时,正值武昌首义"一语改为

---

① 方汉奇等:《中国近代新闻事业史事编年》(二十一),《新闻研究资料》总第29辑,北京,中国新闻出版社1985年2月第1版。下引两段文字分别见第209、210页。
② 李默:《黄世仲与辛亥革命时期报刊》,《新闻研究资料》第3辑,北京,中国社会科学出版社1979~1980年版,第164~173页。

"出版时距武昌起义不过旬日",但并未真正消除自相矛盾之处。其实,当时香港以"新汉"二字命名的报纸只有一家,即《新汉日报》。从今存该报之创刊号看,这家报纸刊头题作《新汉报》,而所刊《招股简章》首句既云"本报命名《新汉日报》",所刊启事《本报唯一小说出世预告》末署又为"香港《新汉日报》启事",则又可称曰《新汉日报》;又,从创刊号所标出版日期为"黄帝纪元四千六百零九年辛亥九月十九日　西历一千九百十一年十一月九号礼拜四"看,这家报纸既非出版于武昌首义之时,也非出版时距武昌起义不过旬日,而是正如上引李默介绍文字之开头所说,出版于武昌起义将满一个月的广东光复之日。至于黄世仲和该报之关系,李默谓其为"总经理兼撰述员",又谓其为发起人之一;从创刊号所刊启事《本报唯一小说出世预告》首句"是书为本报总司理兼撰述员黄君世仲所著……"来看,李默所说不误。就是说,黄世仲确是《新汉日报》的主要创办者。

当然,《新汉日报》的创办必然有一个过程,其筹划活动绝非在广东光复当日才开始,而是至少在之前数日就已开始了的。在创刊的前一天即辛亥九月十八日(1911 年 11 月 8 日),《南越报》就刊有题为《香港新汉日报招股简章》的广告,其中说该报"准期九月十　日出版"。这里,创刊日期并未确切写明,但有理由相信当是预定了的,即预定为广东光复当日创刊,只是由于虽知广东光复在即而毕竟不知广东光复的确切日期,故而无法写明;九月十九日即与当年明亡于清日期相同的一天广东既光复,而创刊号也就于是日出版。其与当年明亡之日相同自属巧合,但和广东光复之日相同则是刻意等来的,是本来要为广东光复、新汉之兴表示祝贺,而又无意之中成为明亡之一纪念的。对此,创刊号"零零碎碎"栏的一则短文说得很好:

> 明亡于九月十九,民国军举义于九月十九,本报出世于九月十九,然则十九日多滋吾人观念者。说者谓本报(九)月(十九)出世,殆即刘伯温《烧饼歌》所谓"手执钢刀九十九"也。人谓满洲以摄政起,以摄政亡,吾谓旧汉以十九日亡,新汉以十九日兴。

就是说,《新汉日报》的创刊,乃是黄世仲和他的朋友们向广东光复乃至推翻封建帝制的革命在全国范围的胜利献上的一份厚礼。正因为如此,该报的创办在当时就被当做报界的一件盛事,广东光复的第 11 天即 1911 年 11 月 19 日,《神州日报》在关于广东独立的一篇长篇报道中,甚至誉称《新汉日报》的创办和另外两家报纸改版或复刊为"尤有精彩"之事。①

五、武昌起义前后黄世仲的文艺创作

从南方支部成立到广东独立的两年多时间中,作为长期从事革命宣传和革命文艺创作的宣传家和作家,黄世仲除了进行上述工作外,在革命宣传、特别是在革命文艺创作方面,如同先前一样,继续发挥自己的专长,创作出了一系列文艺作品,特别是报告文学作品和小说作品。

黄世仲的政论和曲艺创作 黄世仲在这个阶段上创作和发表过的政论和曲艺之类文学作品,有理由相信一定很不少,可惜的是现在所能见到的不多,笔者所见者只有如下十余篇:

《本报开创一周年纪念文》 政论 《南越报》庚戌五月初七日(1910 年 6 月 13 日) 署"世次郎"

《瑞澂今昔观》 短论 《南越报》辛亥九月初二日(1911 年 10 月 23 日) 署"健儿"

《出山》 笑话 同上 署"健"

《国会》 笑话 同上 署"儿"

《代保妖致革命等谢恩启》 谐文 《南越报》辛亥九月十三日(1911 年 11 月 3 日) 署"健儿"

《好官难做》 短论 《南越报》庚戌十月初七日(1910 年 11 月 8 日) 署"健儿"

《寒天雁》 粤讴 《南越报》庚戌十月十二日(1910 年 11 月 13

---

① 《广东独立之精彩》(报道),《神州日报》1911 年 11 月 19 日。

日） 署"健"

《呜呼,赌无禁期冬防可虑矣》 时评 《南越报》庚戌十一月廿二日（1910 年 12 月 23 日） 署"健儿"

《勉哉,〈瀛洲报〉》 时评 《南越报》庚戌十二月初二日（1911 年 1 月 2 日） 署"健儿"

《赌可禁乎》 时评 庚戌十二月初三日（1912 年 1 月 3 日） 署"健儿"

《万金一见》 时评 《南越报》庚戌十二月初六日（1911 年 1 月 6 日） 署"健儿"

《淘古井》 短篇小说 《南越报》庚戌十二月十一～十二日（1911 年 1 月 11～12 日） 署"健儿"

按:此作估计连载两日,笔者手头仅有续文,前部未见。

黄世仲的小说创作 辛亥革命前后黄世仲创作的政论和曲艺作品虽然留下来的不多,而中、长篇小说作品和报告文学式小说作品却完整或部分地保存了不少。这些作品中,有的是在这个阶段开始之前就已开始创作和发表的,这就是前已述及的《义和团》。在这个阶段上开始创作和发表的,据现在所知,则有如下一些:

《朝鲜血》 又名《伊藤传》,叙写朝鲜爱国志士安重根刺杀日本驻韩统监伊藤博文事。原连载于《南越报》,作者署名为"世次郎"。原无单行本,前不久出版有《重印黄世仲小说六种》本①。

《十日建国志》 这是一部记述 1910 年 10 月 4 日葡萄牙共和革命的作品。原连载于庚戌九月三十日至庚戌十二月十六日（1910 年 11 月 1 日至 1911 年 1 月 16 日）《南越报》,作者署名为"世次郎小配"。共 11 章,分 59 次刊完,首尾基本完整。原无单行本,前不久出版有《重印黄世仲小说六种》本②。

---

① 《朝鲜血》,《重印黄世仲小说六种》,香港,纪念黄世仲基金会 2003 年 2 月第 1 版,第181～212 页。

② 《十日建国志》,《重印黄世仲小说六种》,香港,纪念黄世仲基金会 2003 年 2 月第 1 版,第 224～268 页。

《妾薄命》 这是一部以太平天国革命为背景、以影射罗泽南的罗荫东和影射彭玉麟的老兆书为主人公的长篇小说。原连载于《南越报》,作者署名为"世次郎小配"。原无单行本,前不久出版有《重印黄世仲小说六种》本①。

《五日风声》 这是一部描写黄花岗起义、赞颂众多为民主革命之胜利而英勇斗争乃至献出生命的英雄的作品。辛亥五月十八日(1911 年 6 月 14日)《南越报》始载,作者署名为"世次郎"。近几年出现的新版本有中国社会科学出版社《近代文学史料》木讷校点本②、广东高等教育出版社《中国近代文学评林》(2)曹飘宗校点本③、漓江出版社王俊年校点本(与《血泪黄花》合册)④、文汇出版社《二十世纪中国纪实文学文库》本⑤、香港,夏菲尔国际出版公司《黄世仲大传》本⑥等。

《孽债》 原连载于《南越报》,作者署名为"世次郎"。《黄世仲弟兄反清文集》⑦收有其残存文字的录校本,本书下编第十二章也有其残佚文字之新录本。

《吴三桂演义》 这是一部以吴三桂曲折浮沉的一生为主线而创作出来的长篇小说。英国图书馆藏有原刊本。前不久有香港纪念黄世仲基金会以英藏原刊本为底本的重印本,书名作《真本吴三桂演义》。⑧

《新汉建国志》 这是今天所知黄世仲的最后一部小说。遗憾的是,黄世仲全部小说中最后写作的这部小说,今天已只字难觅了。

---

① 《妾薄命》,《重印黄世仲小说六种》,香港,纪念黄世仲基金会 2003 年 2 月第 1 版,第 275 ~ 288 页。

② 木讷标点本《五日风声》,《近代文学史料》,北京,中国社会科学出版社 1985 年 12 月第 1版,第 152 ~ 192 页。

③ 曹飘宗校点本《五日风声》,《中国近代文学评林》(2),广州,广东高等教育出版社 1986 年7 月第 1 版,第 340 ~ 382 页。

④ 漓江出版社标点本《五日风声》系与《血泪黄花》合刊本,1988 年 1 月第 1 版。按:该本即《近代文学史料》(北京,中国社会科学出版社 1985 年 12 月第 1 版,第 152 ~ 192 页)所刊木讷标点本。

⑤ 《苦难与风流》(即《五日风声》),《二十世纪中国纪实文学文库》第 1 辑《苦难与风流》,上海,文汇出版社 1996 年 12 月第 1 版,第 11 ~ 41 页。按:该本略去了原本中之第 10 章和第 11 章。

⑥ 《黄世仲大传》本《五日风声》,香港,夏菲尔国际出版公司 1999 年 3 月第 1 版,第 389 ~414 页。

⑦ 《黄世仲弟兄反清文集》,香港,纪念黄世仲基金会 2003 年 2 月第 1 版,第 296 ~ 300 页。其所收黄世仲该小说系其残存文字的录校本。

⑧ 《真本吴三桂演义》,香港,纪念黄世仲基金会 2003 年 2 月第 1 版。

第七章　崇高理想追求的
悲剧终结(上)

——黄世仲革命生涯的最后阶段

辛亥九月十九日(1911年11月9日),广东光复并建立了新的民主共和政权广东军政府。这是从武昌起义到南京临时政府成立过程中的一件大事,更是广东民主革命历史上的一件大事。从此开始,摆在港穗革命党人面前的首要任务,无疑是巩固和建设广东新政权,并从而为在全国扩大武昌起义的战果而贡献力量。作为一位坚定的革命党人,黄世仲站在这一斗争的最前列,为建设和巩固新生的民主政权而奋斗,并因坚持民主共和理想、反对本属同一营垒却又心萌异志的代理粤督陈炯明的专断独裁行径而在仅半年时间之后,就被以莫须有的罪名拘系于狱、被重归粤督任上的胡汉民循陈之愿下令枪杀,为新生的民主共和政权献出了自己尚处英年的生命。

关于黄世仲革命生涯的这个最后阶段,近几年间已经出现了一些重要、研究成果。主要的有:姚福申的《黄世仲疑案新探》①、方志强的《黄世仲大传》②第七节《南京临时政府成立前后的活动》和第八节《陈炯明为何不亲手杀黄世仲》、周伟民的《黄世仲与辛亥革命》③、王俊年的《批倒了皇帝,没

---

① 姚福申:《黄世仲疑案新探》,《复旦大学学报》1998年第2期;《学海泛舟二十年》,香港,语丝出版社2001年3月第1版,第214～226页。

② 方志强:《南京临时政府成立前后的活动》、《陈炯明为何不亲手杀黄世仲》,《黄世仲大传》第七节、第八节,香港,夏菲尔国际出版公司1999年3月第1版,第250～301页。

③ 周伟民:《黄世仲与辛亥革命》,《黄世仲与辛亥革命——辛亥革命九十周年纪念暨黄世仲投身革命百周年国际学术研讨会论文集》,香港,纪念黄世仲基金会2001年8月第1版,第46～53页。

有打倒专制独裁统治——我对黄世仲之死的看法》①、马楚坚的《黄世仲与〈南汉演义〉》和《宣传辛亥革命之文字功臣：黄世仲行实考》②、郭天祥的《黄世仲"罪案"发微》③等。笔者在《黄世仲生平诸问题小辨》④、《关于黄世仲生平的笔者考误辨正》⑤和《黄世仲研究漫议四题》⑥之第三题《关于黄世仲之死》等文章中，关于这个阶段也有专门文字进行过论述。不过，包括笔者的几篇相关文章在内的所有这些成果，大都只是围绕黄世仲之死进行分析考辨，这些分析考辨有些还相当精彩，但是所持看法互有不同；对有关这个阶段上黄世仲所任职务以及包括革命宣传等在内的活动的一些情况，虽也有所涉及，但涉及不仅不多，而且看法也有某些歧义，总之并未完全理清头绪。

有鉴于此，笔者拟在专家学者们已有研究成果的基础上再事考析，希望有助于对黄世仲革命生涯的这个最后阶段的了解。

一、黄世仲和广东军政府枢密处

还是在二十多年前发表的《黄世仲生平诸问题小辨》⑦一文中，笔者就曾指出：广东光复和广东军政府成立后，黄世仲担任过的职务有三个，即民

---

①　王俊年：《批倒了皇帝，没有打倒专制独裁统治——我对黄世仲之死的看法》，《黄世仲与辛亥革命国际学术研讨会论文集》第2辑，香港，纪念黄世仲基金会2002年2月第1版，第18~28页。

②　马楚坚：《黄世仲与〈南汉演义〉》、《宣传辛亥革命之文字功臣：黄世仲行实考》，《黄世仲与辛亥革命国际学术研讨会论文集》第2辑，香港，纪念黄世仲基金会2002年2月第1版，分别见第115~162、163~195页。

③　郭天祥：《黄世仲"罪案"揭秘——兼与姚福申先生商榷》，《复旦大学学报》2004年第3期。

④　颜廷亮：《黄世仲生平诸问题小辨》，《近代文学史料》，北京，中国社会科学出版社1985年12月第1版，第229~241页；《黄世仲与近代中国文学》，兰州，甘肃人民出版社2000年9月第1版，第41~53页。

⑤　颜廷亮：《关于黄世仲生平之笔者考误辨正》，日本，《清末小说》第10期；《黄世仲与近代中国文学》，兰州，甘肃人民出版社2000年9月第1版，第54~61页。

⑥　颜廷亮：《关于黄世仲之死》，《黄世仲研究漫议四题》第三题，《黄世仲与近代中国文学》，兰州，甘肃人民出版社2000年9月第1版，第211~217页。

⑦　颜廷亮：《黄世仲生平诸问题小辨》，《近代文学史料》，北京，中国社会科学出版社1985年12月第1版，第229~241页。

团总局局长、广东军政府枢密处参议和军团协会副会长。不过,当时笔者并未就任职的具体时间进行论述,其中的"广东军政府枢密处参议"一职的名称虽无大误,却也不十分准确。另外,在所见后来一些专家学者发表的有关论著中,有关黄世仲在广东光复和广东军政府成立以后所任职务问题的说法,与笔者也有不同之处;特别是罗香林《革命宣传家小说名家黄世仲家世访记》①所说黄世仲还曾担任广东军政府秘书长一事,甚堪注意。那么,情况究竟如何呢?这里,首先看看有关黄世仲任职于刚刚成立的广东军政府枢密处的情况,然后再谈其他职务。

关于黄世仲任职于刚刚成立的广东军政府枢密处的情况,郭孝成《广东光复记》②曾有如下记载:

> (辛亥)九月二十七日,总商会因接到军政府函,传知各界集议行政纲要。胡都督派出代表杜贡石、叶竞生到会⋯⋯提出议案三条:
>
> (一)⋯⋯
>
> (二)宣布军政府分部办事。现拟委任蒋尊簋为军政部长,魏邦平为副;财政部李煜堂、廖仲恺;民政部黎国廉、伍藉磐;司法部王宠惠、汪祖泽;外交部伍廷芳、陈少白;交通部梁如浩(副未定);实业部王宠祐、利寅;教育部丘仓海(即邱仙根);总顾问官何启、韦玉。枢密处(不设长)朱执信、李君佩、李杞堂、廖仲恺、黄世仲、陈少白、李茂之、杜应坤、陈协之、李海云、刘古香、胡毅生、谢鲁倩、姚雨平、谢良牧、谢适群、毛文明。宣毕,各团体代表咸谓都督选用人员,足孚人望,应请刻日莅事,安定大局;至此次推举各部,均系临时所定,统俟将来各事已妥,再行定期正式选举。众极赞成,遂议决。
>
> (三)⋯⋯

---

① 罗香林:《革命宣传家小说名家黄世仲家世访记》,《乙堂劄记》第17册,未见。此处转引自马楚坚《宣传辛亥革命之文字功臣:黄世仲行实考》,《黄世仲与辛亥革命国际学术研讨会论文集》第2辑,香港,纪念黄世仲基金会2002年2月第1版,第163~195页。

② 郭孝成:《广东光复记》,《中国革命纪事本末》,上海,商务印书馆1912年版;中国史学会编:《中国近代史资料丛刊·辛亥革命》(7),上海,上海人民出版社1957年7月第1版,第234页。

其实,这段话原见于当年的《申报》和《民立报》等报纸关于广东军政府辛亥九月二十七日(1911 年 11 月 17 日)会议的异题同文报道,如《申报》辛亥十月初六日(1911 年 11 月 26 日)题为《广东新纪事》的报导和《民立报》十月初九日(1911 年 11 月 29 日)题为《光复后之大会议》的报道。由此看来,黄世仲任职于刚刚成立的广东军政府枢密处并在全部 17 名枢密员中排名在第五位,是确凿无疑的。

问题是黄世仲在枢密处所任职务应如何称名。笔者原先称之曰"参议",郭天祥的《黄世仲年谱长编》①和上揭罗香林的《革命宣传家小说名家黄世仲家世访记》等也均称之曰"参议",而关国煊的《黄世仲(1872～1912)传略》②称之曰"参谋",方志强上揭《黄世仲大传》更称之曰"处员"。总之,称名不一。究竟应当是什么呢?

要弄清这个问题,自然需要首先弄清枢密处的职能。按,上揭胡汉民派出的代表在辛亥九月二十七日(1911 年 11 月 17 日)广东军政府召集的大会上宣布军政府机构设置及各机构主事人员时,并未就枢密处的职能做任何说明。不过,军政府民政部副长伍藉磐在上述广东军政府召开的大会后第二天,宣布了一份他自己的治粤意见书③,该意见书有助于了解枢密处的职能,其中说:

今将行政大纲列左:(一)军政统一;(二)行政统一;(三)财政统一。编定统一之法,务以都督与行政机关可随时接洽为最要点。当此军政时代,宜效泰西各国最单简之政体为现时行政机关。都督操军政权,及为全省之代表;副都督协助都督,为枢密部长;参都督协助都督统制兵权。(甲)枢密部议会未成立前,所有行政之权,及立法机关,必须由都督及枢密部编定,其枢密部员,则以临时议会之代表举出十余名及

① 郭天祥:《黄世仲年谱长编》,北京,中国社会科学出版社 2002 年 10 月第 1 版,第 251 页。

② 关国煊:《黄世仲(1872～1912)传略》,《黄世仲与辛亥革命——辛亥革命九十周年纪念暨黄世仲投身革命百周年国际学术研讨会论文集》,香港,纪念黄世仲基金会 2001 年 8 月第 1 版,第 33～45 页。

③ 《伍副长宣布治粤政见》(报道),《申报》辛亥十月二十四日(1911 年 12 月 14 日)。

各部长充之。临时议会组织之时，因选举资格未定，而省议会又非朝夕所能成，则暂由每团体举出代表数人为临时议会。其枢密部员，则由此临时议会代表自行举出，故此枢密部即兼有民权性质。迨省议院完全成立，则枢密部可废。（乙）……（丙）……（丁）……

这里所说的枢密部，当相当于枢密处。另外，陈炯明在上揭广东军政府辛亥十月十五日（1911 年 12 月 5 日）召集的临时大会上所宣布的治粤政纲①，也为了解枢密处的职能提供了可能，其中说：

行政机关以临时政府组织之，其设制如左：
（一）行政长以都督任之。
（二）下分八司，曰民政司，曰外交司，曰军政司，曰财政司，曰执法司，曰教育司，曰实业司，曰交通司。八司共设一司议厅，以谋各司行政之统一。
（三）八司之外，设参谋部、核计处、招贤馆。

这里未提及枢密处，代之而出的是司议厅以及参谋部、核计处、招贤馆。由此看来，广东军政府枢密处当相当于今天的省政府办公厅一类中枢机构，其职能也应当是参与中枢决策、立法以及统一政令施行等。因此，将其中除去一般办事人员之外的诸如朱执信、廖仲恺和黄世仲等属于政府组成一级的成员称之曰"参议"或"参谋"均无不可；称之曰"处员"，虽然作为称名未必妥当，但若参照上述伍藉磐"枢密部员"之说，那也未为不可。不过，这些称名，看来均不是当时正式使用的，当时正式使用的称名是什么？廖仲恺是枢密处组成人员之一，而《神州日报》辛亥十月初八日（1911 年 11 月 28 日）题为《广东独立后之大会议》的报道中就称之曰"枢密员"，谓辛亥十月初一日（1911 年 11 月 21 日）军政府召开大会时"胡都督偕枢密员廖仲恺莅会"。可见，更为确切的称名应当是"枢密员"。

---

① 《陈副督宣布治粤政纲》（报道），《申报》辛亥十月二十三日（1911 年 12 月 13 日）。

　　黄世仲任枢密员的时间终止于什么时候,尚未见有人指明。其实,黄世仲任此职的时间并不怎么长。本来,广东都督胡汉民辛亥九月二十七日(1911年11月17日)派代表所宣布的军政府机构,并不是最终的、不能变化的军政府机构,而是在广东光复之后临时组建的、带有临时性的机构。随着时间的推移和省议会的正式成立,这个军政府机构必定会发生由都督和省正式议会研究确定而带来的更趋合理的变化。事实上,情况也是如此。上文所述伍藉槃宣布的治粤意见书正是针对军政府应如何设置机构而提出的,而陈炯明宣布的治粤政纲中就军政府机构设置所谈意见,可能更是陈炯明准备施行的。由于陈炯明所宣布的军政府机构设置中已无枢密处,因而可以设想:枢密处大约在辛亥十月十五日(1911年12月5日)之后很快就已不再存在,黄世仲也当在大致同时不再任职枢密处;即使再推后一些,那也迟不了多久。《新汉日报》辛亥十一月二十一日(1911年1月9日)刊有如下一则报道:

　　　都督陈为委任事:照得临时省制,业经编定。都督府应设各职员,自应妥速分别任事。某某一职,查有某某堪以委任,为此状委,尚希查照定章供职任务。特此委任:总参议朱执信、廖仲恺、马汝琛;参议员陈仲宾、邓铿、陈卓平、张树棠、毛文明、李茂、卢梭魂、江秉乾、邓承煮、杜贡石、方瑞麟、李孟哲、张胜初;秘书员白稼苏、沈菊苏、张国华、石光瑛、徐立三、姚用、李润之、黄霄九、林树声、卢博郎;内收发员陈洪畴、马元良;外收发员周技如、石安侯、薛仲善、冯仲芳;掌印官林卓云、曾天伟;庶务长林王敬,庶务员陈守衡。

　　这是胡汉民随孙中山赴南京后,代理都督的陈炯明发布的有关都督府内部所设各职的人事委任状,其中已无黄世仲。可见,黄世仲任职枢密处之下限,至迟不会迟过辛亥十一月二十日(1912年1月8日)。又,民元5月10日(1912年5月10日)的《时报》所刊《粤督枪毙黄世仲三志》中云,黄世仲在广东光复的第二天"随胡都督来省,初任参谋,继则改派(民团)局长"。所谓"参谋",当指枢密员。据此,则任民团总局总长时,已不再任枢密员。

而如同下文将要指出的,黄世仲任民团总局总长是在辛亥九月三十日（1911 年 11 月 20 日）或再略早些。由此看来,黄世仲的枢密员一职也当同时结束。总之,从开始到终止,前后大约一个多月,最多也不会超过两个月。

弄清黄世仲担任枢密处枢密员的情况之后,再来看看另外一个问题,即黄世仲是否曾任都督府秘书长的问题。罗香林在上揭《革命宣传家小说名家黄世仲家世访记》中说:

> 既光复,众推胡汉民、陈炯明为正副都督,黄氏（按:指黄世仲）则任中枢参议、督府秘书长,旋代名将刘永福掌民团。①

根据上揭马楚坚两篇长文的说法,罗香林当是根据从包括黄世仲的兄长黄伯耀在内的、对黄世仲生平比较了解的人士处所闻知的情况而立言的。那么,此说是否符合实际呢? 郭天祥在上揭《黄世仲年谱长编》中引述罗香林此语时加注云:

> 由前引 1911 年 11 月 26 日《申报》的消息看,广东都督府枢密处未设立秘书长一职,疑罗说有误。待考。②

郭天祥的怀疑自然是有道理的。不过,罗香林的说法既得自对黄世仲生平比较了解的人士之口,那么也就至少是事出有因。如上所述,广东军政府的枢密处的职责是"协助都督处理机要"③,因而当至少相当于今天的省政府办公厅一类中枢机构。既然如此,那么广东军政府枢密处枢密员也就至少有点类似于今天的省政府正副秘书长了。然而,胡汉民辛亥九月二十七日（1911 年 11 月 17 日）派代表宣布军政府各机构负责人时,枢密处被宣布为

---

① 罗香林:《革命宣传家小说名家黄世仲家世访记》,《乙堂劄记》第 17 册,未见。此处转引自马楚坚:《宣传辛亥革命之文字功臣:黄世仲行实考》,《黄世仲与辛亥革命国际学术研讨会论文集》第 2 辑,香港,纪念黄世仲基金会 2002 年 2 月第 1 版,第 163~195 页。

② 郭天祥:《黄世仲年谱长编》,北京,中国社会科学出版社 2002 年 10 月第 1 版,第 254 页。

③ 冯秋雪:《辛亥前后同盟会在港穗新闻界活动杂忆》,《广东文史资料·孙中山与辛亥革命史料专辑》,广州,广东人民出版社 1981 年 8 月第 1 版,第 97~108 页。

"不设长"机构。这就是说,枢密处的总共 17 名枢密员,虽实际上有排名先后之分,而至少名义上是并无正副之别的。既然如此,那么枢密员在一般人眼中也就都可以被认为是相当于今天的正副秘书长的了。因此,罗香林被告知黄世仲是督府秘书长并将其写于自己的著作中,也就并非无因之举。只是,当时的枢密处并不就是今天所说的办公厅、枢密员也并不就是今天所说的正副秘书长,当时的枢密处除设有枢密员外也确无正副秘书长之设。因而,说黄世仲在"任中枢参议"的同时又任"督府秘书长",看来确实是不妥当的。

二、黄世仲和广东民团总局

20 世纪 80 年代中期,笔者根据一些资料得出结论,认为广东光复和广东军政府成立后,黄世仲曾从刘永福手中接任民团总局总长。① 自那时以来,时间已过去近三十年了,而一直未见有人对笔者的结论提出异议。如此看来,确实是可以定论的了。然而,笔者对黄世仲担任民团总局总长的起止时间并未进一步论述,而专家学者们对黄世仲担任此职的起始时间的看法既不统一,对黄世仲担任此职的终止时间也未见加以明确。那么,情况究竟如何呢? 为回答这个问题,得从民团总局的成立谈起。

广东民团总局是胡汉民任广东都督时成立的;当时或称曰民团局,或称曰民军总务处,或称曰民团督办处,或称曰全省民军兼督练处等等,称名不一而实则一也。关于其成立缘由和情况,胡汉民后来在回忆当时广东军政府面临的军事形势时曾说:

> 军事问题则更为复杂,新军全协向为革命之中坚;然此时则黄仕龙领一团在高州,留省之一团,又分一营在香山,故其势甚孤。巡防营共

---

① 颜廷亮:《黄世仲生平诸问题小辨》,《近代文学史料》,北京,中国社会科学出版社 1985 年12 月第 1 版,第 229～241 页;《黄世仲与近代中国文学》,兰州,甘肃人民出版社 2000 年 9 月第 1版,第 41～53 页。

六十余营,人数至多,但其武器与训练,远不如新军,且散布全省。祇中路三十营,向为李准所辖,张鸣岐削李兵权,仅留其六营,余则置分统二人,使直接于己;然统领偏裨,为李旧部,故李犹有号召指挥之实力。龙济光以济军九营来粤,并合桂军三营,为十二营,视他军为集中,又新至粤,其受革命影响至浅。龙虽从李准反正,而实存观望;即李亦祇以一时之利害,归命于革命党耳。民军分子,以赤贫农民与其失业而流为土匪者为基本队,更裹胁乡团及防营之溃散者,以成其众,其气甚壮;然仓猝啸聚,其军实稍逊,其行列形式亦较防营为更差。民军以首义自居,视他军如降虏;他军则薄视民军为起自草泽绿林。余审察各部分之性质,因定计先巩固新军,使其居中不动,作清军之监视,而张民军之势,以压迫降军与防营。时执信、毅生已到省,由二人平日运动之部分,如李福林、陆兰清、谭义、陆领、张炳、黎义等,皆极服从,则亟施以组织训练,并稍资以军实。其余如杨万夫、周康、石锦泉等,则为民团督办处,使皆受成焉,而为之编练。①

至于成立的具体时间,研究者说法不一:罗香林说成立于辛亥"十月三十日"②,马楚坚说成立于"11 月间"③,郭天祥说"早在辛亥十月初五日'粤省大会议'之前,民团总局已经设立"④,方志强说成立于"1911 年 11 月中下旬"⑤。其实,胡汉民在上引一段文字之后隔了不多几行即说,设立民团督办处时"陈竞存、邓仲元已占惠州",然尚未率其所组民军循军到省履任⑥。

① 胡汉民:《胡汉民自传》,罗家伦主编《革命文献》第 3 辑,台北,中国国民党中央委员会党史资料编纂委员会 1953 年 9 月第 1 版;中国社会科学院近代史研究所近代史资料编辑组编:《近代史资料》1981 年第 2 辑,北京,中国社会科学出版社 1981 年 8 月第 1 版,第 44～45 页。

② 罗香林:《革命宣传家小说名家黄世仲家世访记》,原收入《乙堂劄记》第 17 册,未见。此处转引自郭天祥《黄世仲年谱长编》,北京,中国社会科学出版社 2002 年 10 月第 1 版,第 252 页注文。

③ 马楚坚:《宣传辛亥革命之文字功臣:黄世仲行实考》,《黄世仲与辛亥革命国际学术研讨会论文集》第 2 辑,香港,纪念黄世仲基金会 2002 年 2 月第 1 版,第 163～195 页。

④ 郭天祥《黄世仲年谱长编》北京,中国社会科学出版社 2002 年 10 月第 1 版,第 252 页。

⑤ 方志强:《黄世仲大传》,香港,夏菲尔国际出版公司 1999 年 3 月第 1 版,第 250 页。

⑥ 胡汉民:《胡汉民自传》,罗家伦主编《革命文献》第 3 辑,台北,中国国民党中央委员会党史资料编纂委员会 1953 年 9 月第 1 版;中国社会科学院近代史研究所近代史资料编辑组编:《近代史资料》1981 年第 2 辑,北京,中国社会科学出版社 1981 年 8 月第 1 版,第 44～45 页。

由此可知,民团总局成立的具体时间,当在陈炯明辛亥十月初九日(1911 年 11 月 29 日)到达广州之前。11 月 29 日之前的什么时候? 胡汉民发布任命刘永福为民团总局总长谕令的具体时间不明,但可据当时报纸刊登该谕令的时间推测出一个大概。按,当时确有报纸以《刘永福任民团总长》为题将该谕令刊出,其文云:

> 都督胡为示谕事:现在各路民军齐集,必须设立统一机关,以资总摄。刘军门(按:即刘永福)威望素著,士众咸钦,业经本都督照会刘军门为民团总长。嗣后各路民团所有事项,应直接与刘军门妥商办理,毋庸前赴本都督府议办,以一事权。为此谕饬各路民团遵照,特示。

刊登该谕令的是辛亥十月初八日(1911 年 11 月 28 日)的《申报》。考虑到当时广州发往上海的书面文字报道大约需要 5~7 天才能见报,所以可以肯定胡汉民的谕令当发布于辛亥十月初四日(1911 年 11 月 24 日)之前。由此可以知道,民团总局当成立于辛亥十月初四日(1911 年 11 月 24 日)以前。如此看来,马楚坚的"11 月间"说、郭天祥的"十月初五日之前"(1911 年 11 月 25 日之前)说和方志强的"1911 年 11 月中下旬"说并非没有道理。

不过,这样的推测毕竟仍欠具体精确,究竟是什么时候的问题仍未解决。当然,现在看来要说得十分具体精确实也有困难。不过,从现有资料,还是可以得出较之上面的推测更为具体精确一些的结论来。按,郭天祥的"十月初五日之前"说,其根据乃是《申报》辛亥十月初八日(1911 年 11 月 28 日)的报道《粤省之大会议》,因为该报道中已有"况民团总局已设,又已委刘军门永福为民团总长"、"须预先通知民团总长刘军门赴会酌议商办"等语句,而该报道开头即交代说所报道的会议是"十月初五日"举行的。据此看来,自然只能持"十月初五日之前说"。不过,尽管"十月五日之前"说有一定道理,而《申报》报道中的"十月初五日",看来却是写错了的。因为,如前所述,从广州发往上海的书面文字报道,大约是需要 5~7 天才能见报的,关于广东军政府"十月初五日"举行的会议的书面文字报道不可能在十月初八日就见于《申报》版面。那么,所谓"十月初五日"究竟应是何日呢?

同日的《神州日报》关于同一会议的题为《广东独立后之大会议》报道,为解决这个问题提供了帮助。原来,《神州日报》的报道,文字与《申报》的报道相同,但报道开头却交代说所报道的会议举行于"十月初一日"而不是"十月初五日"。应当说,《神州日报》所说时间是对的,因为关于十月初一日举行的会议的书面文字报道在十月初八日的上海报纸上刊出,是完全可能的。既然如此,那么也就可以推知,民团总局至迟在辛亥九月三十日当已成立。就是说,民团总局当成立于辛亥九月三十日(1911 年 11 月 20 日)或再略早些。至于罗香林先生的"十月三十日"说,自然也就不可信。因为,如同郭天祥所指出的,辛亥年十月系小月,无三十日。① 笔者猜想罗香林所说的"十月三十日",可能是"九月三十日"的笔下之误。果如此,那倒可以证明笔者的推测可以成立。但猜想毕竟是猜想,不足为凭,此处只好姑置毋论。

民团总局首任总长是刘永福,黄世仲是继任者。那么,黄世仲是什么时候继任的呢? 上引胡汉民一段话末句"使皆受成焉,而为之编练"后面,紧接着加括号注云:

> 此着独无效果,因为民军首领性既跋扈,而余用刘永福为督办,何克夫副之,本意刘曾于安南抗法,及于台湾抗日,俱有名,为两广会党游勇平时所倾服,用刘,民军当易就范,克夫左右之,即能行党中计划。讵刘已老耄,用人复阔冗,克夫不能救正,治事一月,毫无成绩,因罢刘而以黄世仲代之。黄颇能操纵关人甫、王和顺之属。……②

请注意:胡汉民这里说的是刘永福任民团总局一个月,以"毫无成绩"而"以黄世仲代之"。如上所述,民团总局当成立于辛亥九月三十日(1911 年 11 月 20 日)或再略早些。既然如此,那么满一个月的时候,也就应是辛亥十月和十一月之交。这也就是说,黄世仲接任民团总局总长的时间,就是辛亥

---

① 郭天祥:《黄世仲年谱长编》北京,中国社会科学出版社 2002 年 10 月第 1 版,第 252 页。

② 胡汉民:《胡汉民自传》,罗家伦主编《革命文献》第 3 辑,台北,中国国民党中央委员会党史资料编纂委员会 1953 年 9 月第 1 版;中国社会科学院近代史研究所近代史资料编辑组编:《近代史资料》1981 年第 2 辑,北京,中国社会科学出版社 1981 年 8 月第 1 版,第 44～45 页。

十月二十九日(1911 年 12 月 19 日)或稍后一点的辛亥十一月初一日(1911
年 12 月 20 日)。实际情况也是:让黄世仲代刘永福任民团总局总长的是胡
汉民,而胡汉民在辛亥十一月初二日(1911 年 12 月 21 日)到香港迎接归国
过港的孙中山后,即随孙中山赴上海。因而,让黄世仲接任民团总局总长,
既不能在刘永福任民团总局总长满月之辛亥十月二十九日(1911 年 12 月
19 日)之前,又不能在胡汉民离开广州并随孙中山北上的辛亥十一月初二
日(1911 年 12 月 21 日)及之后,而只能是在辛亥十月二十九日(1911 年 12
月 19 日)或稍后一点的第二日了。这一推断也与当时《粤海关情报》的记
载相合,《粤海关情报》记云:

> 前黑旗军著名将领刘永福已辞去"民团督办处"总长一职,由黄世
> 仲继任。①

《粤海关情报》是在 1911 年 12 月 23 日条记载此事的,可见此事既不会发生
在是日或之前一、二日,也不会发生在是日前许多日子,而必定只能发生于
是日前几天。当然,笔者注意到,方志强曾说"(1911 年)12 月 14 日(辛亥
十月二十四日),黄世仲……被委任为民团总长,接替刘永福、何克夫之
职"②,而郭天祥则说黄世仲之接任民团总局总长一职是在"(1911 年)12
月 20 日前后(〔辛亥〕十月底十一月初)"③,马楚坚更认为是在"十二月
朔"④。方志强说得很肯定,想必有据。可惜的是,他并未说明所据为何。
而从上面所述民团总局当成立于辛亥九月三十日(1911 年 11 月 20 日)或
再略早些、刘永福担任民团总局总长仅一个月等情况看来,谓黄世仲在辛亥
十月二十四日(1911 年 12 月 14 日)接任民团总局总长,时间似嫌早了些。
另外,辛亥十一月初三日(1911 年 12 月 22 日)的《申报》还刊有刘永福以民

---

① 《粤海关情报》,未见。此处转引自郭天祥《黄世仲年谱长编》,北京,中国社会科学出版社
2002 年 10 月第 1 版,第 253 页。

② 方志强:《黄世仲大传》,香港,夏菲尔国际出版公司 1999 年 3 月第 1 版,第 251 页。

③ 郭天祥:《黄世仲年谱长编》,北京,中国社会科学出版社 2002 年 10 月第 1 版,第 253 页。

④ 马楚坚:《宣传辛亥革命之文字功臣:黄世仲行实考》,《黄世仲与辛亥革命国际学术研讨
会论文集》第 2 辑,香港,纪念黄世仲基金会 2002 年 2 月第 1 版,第 163 ~ 195 页。

团总局总长名义发布的通告,《申报》为该通告取题为《刘永福通告军民文》。由于该文并无时间题署,现在还不知道其具体的写作和发布日期。但按照从广州发往上海的书面文字报道见报例须时间计之,此文当写作和发布于辛亥十月二十七日至二十九日(1911 年 12 月 15 日至 17 日),其时刘永福自然应当还是民团总局总长;即使写作和发布的时间不在此时,而是更早一些,而其以书面文字报道形式从广州发往上海的时间,也当在此时,其时刘永福当仍是民团总局总长。如此看来,谓黄世仲在辛亥十月二十四日(1911 年 12 月 14 日)接任民团总局总长,时间也是似嫌早了些。至于马楚坚所主之"十二月朔",那就更是过早了些。倒是郭天祥所说的时间,与笔者的推测大致相合。故于方志强和马楚坚之说姑置不论而俟诸再考。

黄世仲担任民团总局总长有多长时间呢?《时报》1912 年 5 月 10 日所刊《粤督枪毙黄世仲三志》云,陈炯明镇压王和顺惠军之后,"乘势将各路民军遣散,并即将该局(按:指民团总局)裁撤"。陈炯明镇压王和顺惠军是在 1912年 3 月 7 日至 12 日。据此,民团总局当在 1912 年 3 月中、下旬就被裁撤。然而,实际上并非如此,可能的情况是民团总局并不是说撤就能撤,而是要在解决与裁撤有关的一些问题之后才能裁撤的。事实上,民团总局一直存在到民元 4 月初。署名"玉壶"的《黄世仲被陈炯明枪毙之里因》①有如下说法:

> 民军督练公所,在壬子二月十九日宣告结果(束),二十日在东园纪念开会。世仲于散会后回到东歪炮台附近大坑口家乡一行……

壬子二月十九日是民元 4 月 6 日即 1912 年 4 月 6 日。从叙及的具体情节看,玉壶的记述当是可信的。就是说,民军督练公所即民团总局是在民元 4月 6 日正式撤销的,黄世仲任民团总局总长自然也就到此为止。陈炯明在拘押黄世仲的当日民元 4 月 9 日(1912 年 4 月 9 日)发出的《拿办黄世仲

---

① 玉壶:《黄世仲被陈炯明枪毙之里因》,《黄世仲与辛亥革命国际学术研讨会论文集》第 2辑,香港,纪念黄世仲基金会 2002 年 2 月第 1 版,第 224 页。

令》①的开头有"查黄世仲自任民军总务处总长"云云的文句,那并不是说黄世仲当天仍是民团总局总长,而是就其数日前说的。当然,笔者注意到,民元三月二十三日(1912 年 3 月 23 日)《神州日报》以《王和顺一面之词》为题刊登的王和顺就其惠军与陈炯明循军发生冲突一事发布的布告云,由于不满陈炯明的专制行为,"近日若黎国廉、李煜堂、魏邦平、陈景华、黄世颂诸人,相率辞职,十有余辈"。此中的黄世颂,就是黄世仲。按照王和顺的说法,黄世仲和另外几人在 1912 年 3 月间曾经辞职,就黄世仲本人来说当是辞民团总局总长一职。王和顺的说法恐怕还是有事实根据的。只是由于迄今未见旁证,却还不好坐实其事。不过,即使真有其事,黄世仲和另外数人的辞职要求当也未能获准,否则陈炯明在《拿办黄世仲令》中也就不会说黄世仲"自任民军总务处总长"云云了。

三、黄世仲和广东军团协会

20 世纪 80 年代中期笔者曾指出,广东光复和广东军政府成立之后,陈炯明成立了一个名曰"广东军团协会"的组织,黄世仲担任过该组织的副会长职务。② 是后,不少专家学者在其有关论著中采纳了拙见,如上揭方志强的《黄世仲大传》③、关国煊的《黄世仲(1872~1912)传略》④、郭天祥的《黄世仲年谱长编》⑤等。但由于笔者未曾详细论述或论者未能见到笔者的论述,也有一些有关论著没有采纳拙见,段云章、陈敏和倪俊明三位先生的

① 陈炯明:《拿办黄世仲令》,《有关陈炯明资料》(油印本),广州,政协广东省委员会文史资料研究委员会、中国科学院广州哲学社会科学研究所 1965 年内部编印。
② 颜廷亮:《黄世仲生平诸问题小辨》,《近代文学史料》,北京,中国社会科学出版社 1985 年 12 月第 1 版,第 229~241 页;《黄世仲与近代中国文学》,兰州,甘肃人民出版社 2000 年 9 月第 1 版,第 41~53 页。
③ 方志强:《黄世仲大传》,香港,夏菲尔国际出版公司 1999 年 3 月第 1 版。
④ 关国煊:《黄世仲(1872~1912)传略》,《黄世仲与辛亥革命——辛亥革命九十周年纪念暨黄世仲投身革命百周年国际学术研讨会论文集》,香港,纪念黄世仲基金会 2001 年 8 月第 1 版,第 33~45 页。
⑤ 郭天祥:《黄世仲年谱长编》,北京,中国社会科学出版社 2002 年 10 月第 1 版。

《陈炯明的一生》①、段云章和沈晓敏两位先生的《孙文与陈炯明史事编年》②、马楚坚的《黄世仲与〈南汉演义〉》和《宣传辛亥革命之文字功臣：黄世仲行实考》③、日本学者深町英夫的《近代广东的政党·社会·国家——中国国民党及其党国体制的形成过程》④等即是。可见，看法不一，仍需加以辨析，而这就需要从军团协会的成立谈起。

广东军团协会的宗旨，尽管如同后文将要说的，实际上其成立者陈炯明乃是要以之作为与胡汉民争夺军权的工具的，而从《广东军团协会简章》⑤以及陈炯明辛亥十月十五日在广东军政府召集的各界代表大会上宣布的治粤政纲⑥来看，其公之于众的说法则是"谋各军队之联络"之"军队联络机关"。其成立时间，笔者曾说是辛亥十月初九日（1911 年 11 月 29 日）⑦；专家学者们在其有关著作中多认为是辛亥十月十六日（1911 年 12 月 6 日），上揭方志强的《黄世仲大传》⑧、段云章、陈敏和倪俊明三位先生的《陈炯明的一生》⑨、段云章和沈晓敏二位先生的《孙文与陈炯明史事编年》⑩、郭天祥的《黄世仲年谱长编》⑪等均是；日本学者深町英夫则说是在辛亥十月二

---

① 段云章、陈敏、倪俊明：《陈炯明的一生》，郑州，河南人民出版社 1989 年 4 月第 1 版，第 28 页。

② 段云章、沈晓敏编著：《孙文与陈炯明史事编年》，广州，广东人民出版社 2003 年 10 月第 1 版，第 55 页。

③ 马楚坚：《黄世仲与〈南汉演义〉》、《宣传辛亥革命之文字功臣：黄世仲行实考》，《黄世仲与辛亥革命国际学术研讨会论文集》第 2 辑，香港，纪念黄世仲基金会 2002 年 2 月第 1 版，第 115 ~ 162、163 ~ 195 页。

④ 〔日本〕深町英夫：《近代广东的政党·社会·国家——中国国民党及其党国体制的形成过程》，北京，社会科学文献出版社 2003 年 7 月第 1 版，第 94 页。

⑤ 《广东军团协会简章》，《南越报》辛亥十月十九日（1911 年 12 月 9 日）。

⑥ 《陈副督宣布治粤政纲》（报道），《申报》辛亥十月二十三日（1911 年 12 月 13 日）。

⑦ 颜廷亮：《黄世仲著述系年》，《明清小说研究》1992 年第 3、4 期合刊；《黄世仲与近代中国文学》，兰州，甘肃人民出版社 2000 年 9 月第 1 版，第 85 ~ 104 页。

⑧ 方志强：《黄世仲大传》，香港，夏菲尔国际出版公司 1999 年 3 月第 1 版，第 250 ~ 251 页。

⑨ 段云章、陈敏、倪俊明：《陈炯明的一生》，郑州，河南人民出版社 1989 年 4 月第 1 版，第 28 页。

⑩ 段云章、沈晓敏编著：《孙文与陈炯明史事编年》，广州，广东人民出版社 2003 年 10 月第 1 版，第 55 页。

⑪ 郭天祥：《黄世仲年谱长编》，北京，中国社会科学出版社 2002 年 10 月第 1 版，第 253 页。

十六日(1911 年 12 月 16 日)①。现在看来,笔者以及日本学者深町英夫的说法不妥,方志强、段云章、郭天祥等先生的说法能够成立。

其实,军团协会的成立有一个过程。从现有资料来看,陈炯明最早提出应成立军团协会的时间,是其被推举为副都督的辛亥九月二十七日(1911 年 11 月 17 日)后的第 10 天,即辛亥十月初六日(1911 年 11 月 26 日),这一天陈炯明通电各界请辞广东副都督,其电文在叙及愿出师北伐之后有如下文字:

> ……惟粤局甫定,百端待理,政见纷歧,在所不免,亟应召集临时议会,以为完全立法监督行政机关;并设军国(团)协会,以为统一军令机关。②

辛亥十月初九日(1911 年 11 月 29 日)陈炯明到广州履任。辛亥十月十四日(1911 年 12 月 4 日)各界团体代表欢迎胡汉民、陈炯明和黄士龙三位正副都督的大会,陈炯明并未出席,但出席大会的黄士龙却在讲话中说,陈炯明在辛亥十月十三日(1911 年 12 月 3 日)又一次提出应设立军团协会。《民立报》在关于这次大会的报道《粤省风云会·各团体代表欢迎两都督》③中所记述的黄士龙关于军政统一问题的发言中,有如下的话:

> 小弟昨日与胡、陈两君及邱、黄两君聚会……嗣陈君提出:应先设军团协会。由各军举派代表,有事则互相调停,然后徐图统一之法。

在第二日即辛亥十月十五日(1911 年 12 月 5 日)广东军政府召集的各界代

---

① 〔日本〕深町英夫:《近代广东的政党·社会·国家——中国国民党及其党国体制的形成过程》,北京,社会科学文献出版社 2003 年 7 月第 1 版,第 94 页。

② 《英雄口吻毕自不凡——陈炯明电辞副都督》(报道),《民立报》辛亥十月十九日(1911 年 12 月 9 日);《百粤人士之北伐热·宣告北伐志愿书》(报道),《申报》辛亥十月十四日(1911 年 12 月 4 日)。

③ 《粤省风云会·各团体代表欢迎两都督》(报道),《民立报》辛亥十月二十一日(1911 年 12 月 11 日)。

表大会上,陈炯明又在所宣布的治粤政纲中说:

> 军政府之办法　　先组织民团协会,为军队联络机关……①

照此看来,辛亥十月十五日(1911 年 12 月 5 日)前,军团协会只是处于提议成立阶段。然而,在当时报纸关于同一次大会的报道中,却有如下记述:

> 何惠农问统一军政之期限,黄士龙答言:由军团协会酌议期限。胡都督亦申明:手续与事实异,不能附期限,但当从速为之耳。②

又,大约在辛亥十月十六日(1911 年 12 月 6 日),广东军政府召集各社团代表讨论临时省会组织条例之内容,辛亥十月二十四日(1911 年 12 月 14 日)的《申报》刊有以《粤东组织临时省会之内容》为题对条例内容进行了报道,其中云:

> 其余若七十二行、总商会、九善堂、自治研究社、公团、教育总会、军团协会、中国同盟会、报界团体、专门学者(以大学及高等专门毕业者为限),均得举代表为议员。

到了辛亥十月十八日(1911 年 12 月 8 日),粤省各社团代表就临时省会组织条例草案进行了讨论,辛亥十月二十六日(1911 年 12 月 16 日)的《申报》以《粤省集议临时省会草案》为题对之进行了报道,其中关于草案第十条第三项的讨论情况写道:

> 第三项甲军团协会,原稿"每军团举代表一人"。邓慕韩提议:军

---

① 《陈副督宣布治粤政纲》(报道),《申报》辛亥十月二十三日(1911 年 12 月 13 日)。

② 《粤省之临时大会》(报道),《民立报》辛亥十月二十三～二十四日(1911 年 12 月 13～14 日);《粤都督召集临时议会详情》(报道),《申报》辛亥十月二十三～二十四日(1911 年 12 月 13～14 日)。按:《申报》报道无末尾"耳"字。

团协会与同盟会,极有关系,拟令合举。卢博郎:拟直接举代议士。主席问应举之数。邓慕韩:拟举十人。卢博郎:请等于行商人数,举二十人。程天斗和议,多数赞成。

第二天即辛亥十月十九日(1911 年 12 月 9 日),《南越报》刊出了《广东军团协会简章》。

如此看来,似乎军团协会在辛亥十月十五日(1911 年 12 月 5 日)前已经成立了。其实,当时军团协会并未正式成立,不过,在 12 月 4 日和 5 日提出成立军团协会的同时甚至在此之前,陈炯明当已在进行军团协会的成立工作,并至迟在 12 月 5 日当已有了眉目,也就是说实际上当已经成立,所缺者仅是举行正式成立大会;因而在 12 月 5 日广东军政府召集的各界代表大会上黄士龙就统一军政之期限问题答问时说"由军团协会酌议期限",也就并不奇怪了。不过,当时毕竟还未举行成立大会,因而还不能说已正式成立,正式成立应当是在辛亥十月十六日(1911 年 12 月 6 日)。这样说的根据是《民立报》辛亥十一月初一日(1911 年 12 月 20 日)一篇题为《广东军团协会成立》的报道,该报道全文如下:

　　十六日,该会假座东园,开成立大会。各军队派代表到会者,共五十一军。胡、陈、黄三督均到会,临时主席陈炯明,宣布员刘师复。主席致开会词,后随由各会员举定陈炯明为正会长,周之桢为副会长,李栖云、高剑父、刘师复、刘一伟为干事员,郑岸父、杨汉光为书记员。举毕,胡督登台演说,其大致亦极表同情于该会。兹闻该会经择定广东化分矿质所为会所云云。

这里的"十六日",是中历十月十六日,还是西历 12 月 16 日?深町英夫以为是西历 12 月 16 日,因而便以为军团协会成立于 12 月 16 日。不过,这是不对的。从《申报》、《民立报》等民元前所刊报道中纪年月日一般都用中历来看,这里的"十六日",当是农历十月十六日,即西历的 1911 年 12 月 6 日,而不是西历的 1911 年 12 月 16 日。不仅如此,而且《广东军团协会简章》在

《南越报》辛亥十月十九日(1911 年 12 月 9 日)刊出,也表明军团协会当成立于不几天前,而不会在此日之后。至于笔者所说成立于辛亥十月初九日(1911 年 11 月 29 日),显然也是不对的,因为,抛开《广东军团协会成立》的报道等情况不说,从陈炯明到广州履任的时间就是这一天即可知道,军团协会成立于是日是不可能的。①

问题是,军团协会成立后,黄世仲有没有担任副会长呢?据上引《民立报》的报道《广东军团协会成立》,会长是陈炯明;副会长是周之桢,而不是如同笔者所说的那样是黄世仲。大约正由于此吧,一些专家学者也就不以笔者的说法为然。不过,笔者仍然认为,黄世仲确实曾任军团协会的副会长一职。如同笔者在上揭《黄世仲生平诸问题小辨》一文中所说的,说黄世仲曾任军团协会副会长,是以冯秋雪的说法为据的。冯秋雪在《辛亥前后同盟会在港穗新闻界活动杂忆》②一文中说:

> 民团总局成立后,陈炯明又以加强民军间之联络协商为题,发起组织"军团协会"(在民团总局内办公),自任会长(黄世仲任副会长),有借该会以控制民团总局之意。

冯秋雪是当日事态发展的目击者和亲历者,和黄世仲以及港穗地区别的一些著名革命党人均有交往,其回忆当是可信的。当然,这样的说法与《民立报》的报道《广东军团协会成立》中副会长是周之桢的说法确有矛盾;相较而言,冯秋雪的说法毕竟出于回忆,《民立报》的报道因出于当时在穗记者笔下而应更为可信。就是说,还是应当取《民立报》报道中的说法而不取冯

---

① 笔者在《黄世仲作品系年》(《明清小说研究》1992 年第 3、4 期合刊)中说"同年(按:指1911 年)12 月 29 日(辛亥十月初九日)",这是显然不对的,因为辛亥十月初九日乃是西历 1911 年11 月 29 日,而西历 1911 年 12 月 29 日乃是辛亥十一月三十日。而无论是"辛亥十月初九日"还是"同年 12 月 29 日",均不正确。只是,究竟是原稿有误,还是发表时排印有错,因文章原稿究已不存而难知其情,故收入论文集《黄世仲与近代中国文学》(兰州,甘肃人民出版社 2000 年 9 月第 1 版,第 85～114 页)时,也只是把"同年 12 月 29 日"改为"同年 11 月 29 日"而未再察究竟,致使仍然有错,此实亦一教训也!

② 冯秋雪:《辛亥前后同盟会在港穗新闻界活动杂忆》,《广东文史资料·孙中山与辛亥革命史料专辑》,广州,广东人民出版社 1981 年 8 月第 1 版,第 97～108 页。

秋雪的说法。不过,有资料证明,周之桢并未被举为副会长,或虽被举而并未履任,该资料便是《华字日报》辛亥十一月三十日(1912年1月18日)、《民立报》辛亥十二月初五～六日(1912年1月23～24日)和《申报》辛亥十二月初五日(1912年1月23日)关于周之桢的题异而文大同小异的报道①(报道中"周之桢"作"周之贞");其中《华字日报》和《申报》所刊者末尾分别作:

> 追及反正以后,周(按:指周之贞,即周之桢)益尽力于军事。军团协会乃举为副长;未果,陈都督复派出肇罗总司令,今在西江中巡缉矣!

《民立报》所刊者末尾作:

> 追及光复以后,周(按:指周之贞,即周之桢)益尽力于军事。军团协会拟举为副长;未果,陈都督复派为肇罗总司令,今在西江巡缉中矣。快哉,健儿!

虽或云"乃举"、或云"拟举",而"未果"则一。因而,在周之桢任副会长职"未果"的情况下,考虑到军团协会办公地址就在民团总局内,而黄世仲在军团协会成立后不多几天就接任刘永福民团总局总长一职,由黄世仲代周之桢出任副会长,就绝对不是什么不可能的事情。不仅如此,而且也可以想见,黄世仲之出任副会长的时间,当大致在军团协会成立后不多几天之内,其再过不多几又出任民团总局总长当亦与此有关。

黄世仲担任军团协会副会长的时间并不怎么长。按:《民立报》壬子三月十二日(1912年4月28日)"新闻三"刊有题为《预备欢迎孙中山》的广州通信,其首条《各军团之预备》首句为"十九号午后军团协会因欢迎孙中山先生特别大会"云云。由此可知,军团协会至少存在至孙中山辞去临时

---

① 题目分别是《轰炸凤山之烈士》(报道)、《革命健儿之快史——炸凤山者周之贞也》(报道)、《炸毙凤山之伟人》(报道)。

大总统后回到广东的 1912 年 4 月下旬。不过,黄世仲已于此前的壬子二月二十二日即 1912 年 4 月 9 日被陈炯明捕押,因而其担任军团协会副会长的时间,也就到此时为止。当然,笔者也注意到,先为昭字营民军首领、广东独立前夕昭字营民军与瀛字敢死军合并为瀛字敢死军后又成为后者首领之一的胡汉贤,在《广东"瀛字敢死军"纪略》①中曾说:

> 当时,广东民军约有十四万以上。陈炯明在胡汉民调任南京后代理都督职务,他首先解散军团协会,接着,又不与民军领袖会商而遽行宣布解散民军。而在不久后召集的裁军会议上,更大肆排除异己,裁撤别人的部队,扩充自己的实力。各军首脑皆有戒心。民军领袖王和顺、黄明堂乃以裁军不公平为理由,反对陈炯明的裁军计划,并将部队退驻广州东关一带。陈炯明刚愎自用,竟与王和顺火并,闭城数日,炮声隆隆,东关戏院和东园附近房屋损坏不少,居民财产遭到损失。后由大总统从南京饬令改善裁军计划,双方才各释争端。

不过,由于是在事过数十年之后的回忆,胡汉贤上述文字中也就会有不怎么确切之处,谓军团协会解散的时间是在陈炯明镇压王和顺惠军之前即为一例。实际上,军团协会存在了至少四个多月,而黄世仲担任副会长的时间,前后大约也就三个多月吧。

四、在任职于新生民主共和政权的日子里

辛亥广东光复以后黄世仲先后担任的职务,就是上述三个,即政府枢密处枢密员、民团总局总长和民团协会副会长。这三个职务均系实职,其中有的职务权力还相当大。既然如此,那就有一个问题需要搞清,就是:黄世仲

---

① 胡汉贤:《广东"瀛字敢死军"纪略》,《广东辛亥革命史料》,广州,政协广东省委员会文史资料研究委员会 1962 年 2 月内部印行;广州,广东人民出版社 1981 年 7 月第 1 版,第 154 页。

在任职期间,究竟都做了些什么工作呢? 当然,由于资料奇缺,现在已经很难查考得怎么详细了。不过,大致情形,特别是在民团总局总长和军团协会副会长任上所进行的工作,还是可以推测出来的。

黄世仲和广东军政府重大决策　如前所述,军政府枢密处的职责是协助都督处理机要,枢密员至少相当于今天的省政府正副秘书长。既然如此,那么在广东军政府成立以后的一段时间中,黄世仲作为枢密处枢密员,也必定参与了军政府一系列重大决策的策划和实施过程。今天虽然已经很难知道黄世仲究竟参与了哪些具体决策的策划和实施,但是却可以从当时军政府所曾采取过的重大决策推想出一个大概来。按,胡汉民在被推举为都督并于辛亥九月二十日(1911 年 11 月 10 日)从香港到广州就任以后的不长一段时间里,在胡汉民的领导下,主要进行了如下几个方面的工作:①组建军政府和统一地方建制。②制定《临时省议会选举法》并通过选举成立省议会。③改革司法制度,实行司法独立和三级三审制,反对逼、供、信。④整顿财政制度,设法缓解因张鸣岐席卷库银潜逃而造成的财政困难局面。⑤整顿军队,严肃军纪,保障新生政权的安全和社会治安。⑥组建北伐军北上,击退清军张勋沿津浦铁路对革命军的反攻,保卫在南京的临时政府的安全。① 所有这些方面的工作,黄世仲当然未必都曾参与其事。然而,黄世仲既是老同盟会会员、同盟会香港分会创始人之一并曾多年担任其领导职务,还曾担任同盟会南方支部联络员,胡汉民 11 月 10 日从香港到广州就职时是亲率随从人员之一,军政府组建起来后又成为枢密处排名前几位的枢密员并从而置身于新生政权之中枢,那么也就不可能不参与其中的许多工作。特别是在整顿军队和组建北伐军方面,由于在辛亥广东光复前,黄世仲就曾以同盟会南方支部联络员身份在广州设立机关,参与组织和指挥民军起义,且"颇能操纵关人甫、王和顺之属"②,因而也就必然会在一定程度上参与其

---

①　蒋祖缘、方志钦主编:《简明广东史》,广州,广东人民出版社 1993 年 8 月第 1 版,第 620 ~ 622 页。

②　胡汉民:《胡汉民自传》,罗家伦主编《革命文献》第 3 辑,台北,中国国民党中央委员会党史资料编纂委员会 1953 年 9 月第 1 版;中国社会科学院近代史研究所近代史资料编辑组:《近代史资料》1981 年第 2 辑,北京,中国社会科学出版社 1981 年 8 月第 1 版,第 44 ~45 页。

事。陈炯明成立军团协会时让其任副会长、稍后胡汉民又让其接替刘永福任民团总局总长,当不是偶然的。不仅如此,而且有资料证明,黄世仲当时确曾参与整顿财政制度有关的工作。《孙中山藏档选编(辛亥革命前后)》①所收《彭鉴堂致钟福函》云:

> ……曾经胡都督与民团长示谕,招告所有伪清逃官款项,不拘多寡,如有知其踪迹禀报者,准委其任交到资多少,一律二成充赏在案。

该函写作时间不详,《孙中山藏档选编》的编者据其内容及叙事至辛亥十二月十四日(1912 年 2 月 1 日),"酌定为二月所写",且认为"胡都督"即胡汉民、"民团长"即黄世仲。此处的"胡都督",自然是胡汉民。问题是,"民团长"是否是黄世仲呢?"胡都督"既是胡汉民,那么所说"曾经胡都督与民团长示谕"事,也就应当在辛亥十一月初二日(1911 年 12 月 21 日)胡汉民随孙中山赴沪之前,而当时的黄世仲虽已代刘永福任民团总局总长,却毕竟是刚刚接任。因而,《孙中山藏档选编》的编者出注云函中所说黄世仲任职"民团长",未必能够成立。然而,这并不妨碍认定函中的"民团长"所指即黄世仲。因为,黄世仲其时即使还未担任民团总局总长,而当彭鉴堂草写其函时,黄世仲已担任民团总局总长许久,因而以"民团长"指称黄世仲,也就并不会令人感到奇怪。既如此,那么也就完全可以说黄世仲确实参与了当时财政制度整顿方面的工作。

如果说关于黄世仲在任枢密处枢密员时所进行的工作,因为其基本上均非在前台进行而只能推知大概、无法确陈其详的话,那么关于黄世仲在任军团协会副会长和民团总局总长时所进行的工作,却不完全如此,而是可以略微具体述之的了。

在黄世仲出任军团协会副会长、特别是民团总局总长之时及之后,广东政局恰好进入了一个新阶段,即胡汉民随孙中山北上后陈炯明代理都督的

---

① 黄彦、李伯新编著:《彭鉴堂致钟福函》,《孙中山藏档选编(辛亥革命前后)》,北京,中华书局 1986 年 9 月第 1 版,第 203 页。

阶段。至于黄世仲在这个阶段上所进行的工作,并不全是其作为民团总局总长和军团协会副会长职责范围之内的工作,但主要的还是属于其作为军团协会副会长和民团总局总长职责范围之内的。从现有资料来看,这类属于职责范围之内的工作包括多个方面,主要的是:

参与军队整顿　广东光复后,军政府虽然成立,而新的社会秩序还未建立起来。特别是军队秩序,甚堪注意。当时的广东,既有情况复杂的新军和巡防营,又有民军。尤其是各路民军拥入广州,其总人数多达十余万,虽有功于革命,但流品不一,成分复杂,其中虽也有军纪较好者,但也有不少军纪不良甚至甚差,引起商家乃至居民的不满。虽然新的社会秩序的建立要有一个过程,但建立新社会秩序的工作却应当立即着手进行。否则,不仅势必会影响广大群众对新生的民主政权的态度,而且还会被敌对革命的力量所利用。因此,整顿军纪,特别是整顿民军纪律,便成为新生民主政权面前的一个急迫任务,而这个任务势必要由民团总局和军团协会来承担。事实也是如此。当时报纸的有关报道就透露出了这一点:①《民立报》辛亥十一月初八日(1911 年 12 月 27 日)在综合报道《新广东风丝雨片》内有题为《整顿军律》的报道一则,内云:"粤军政府照会军团协会":"本军政府为维持大局治安、保全民军名誉起见,再三磋议,拟请贵协会迅开临时会议,须各民军统领亲到,妥议办法:倘以后各民军如有不听号令,骚扰商民及剖尸取心、残贼人道等事,即由贵协会提出公布,不认该民军为正当之军团,与众弃之。……"《申报》同日"要闻"栏中也刊有题为《粤都督尊重军人名誉》而内容相同的报道。②《民立报》辛亥十一月十六日(1912 年 1 月 4 日)刊有题为《粤省军团协会议案》的报道,其中列有军团协会按照军政府要求,开会商议之决议五条。③辛亥十二月十四日(1912 年 2 月 1 日)出版的《南京临时政府公报》第四号,刊有陈炯明和黄世仲联名致孙中山请"将从前委任状称某某部都督者取消,以免有恃无恐"的电报一件。④《华字日报》辛亥十二月十六日(1912 年 2 月 3 日)广东"新闻"栏,刊有题为《派拨民军以□卫商场》的报道,其中云"民军总务兼督练处以省垣盗匪猖獗、劫案日出,且阴历岁关在期、防务吃紧,已分划地点,派拨民军,□令遵照轮班出巡章程,饬令日夜轮班出巡,遇有警报,各就所处地方,认真堵截"。上述这些新闻报道所报道的虽然不可能是当年军队整顿工作的全部内容和全部活动,但也还是表明,当时的军队整顿,是军政府指示军团协会进行的,军团协会也确实进行了这方面的工作。另外,如上所述,胡汉民成立民团总局的目的,本来就是要使民军"皆受成焉,而为之编练"①,在军队整顿中民团总局自然也是积极参与了的,上引《华字日报》有关民团总局派拨民军保护商场的报道即为一证,因为派拨民军保卫商场,既是让民军参与和完成正面工作任务,又有利于民军乃至军政府在群众中正面形象的树立。黄世仲既是军团协副会长,又是民团总局总长,那么自然不仅是军队整顿的参与者,而且是领导人之一。1912 年 1 月 27 日黄世仲和陈炯明联名致孙中山请"将从前委任状称某某都督者取消"的电报,也证明了这一点。

参与和广东北伐军有关的工作 姚雨平曾回忆说:"胡汉民就广东都督后,约我到其寓所商谈。……见面后,胡询我对大局有何意见。我答云:'现在各省叠电到粤,催促出兵,武汉形势危急,待援尤亟,革命前途,尚未可乐观。我省此时应速出兵北伐,支援武汉,进而会合各省革命军,彻底消灭清军,推翻清政权,建立民国。'胡表示同意,并说:'现在约你来谈,正为此事,想请你担任总司令之职。'……"②可见,胡汉民在出任都督后不久,就已考虑了组织广东北伐军的问题。其考虑的大致时间是什么时候? 胡汉民在其自传中写道:"内部稍定,余乃亟使姚雨平组织北伐军,并由陆海军拨最良之利器给之。盖其时汉阳已失,而我军攻南京不下,故余急谋出师;余且欲自将,以同志之谏而止,盖余视北伐尤重于守粤也。"③按,汉阳失守是在 1911 年 11 月 27 日,那么胡汉民之"亟使姚雨平组织北伐军",当在此后几日之内。事实上,12 月 8 日,以姚雨平为总司令的广东北伐军

① 胡汉民:《胡汉民自传》,罗家伦主编《革命文献》第 3 辑,台北,中国国民党中央委员会党史资料编纂委员会 1953 年 9 月第 1 版;中国社会科学院近代史研究所近代史资料编辑组编:《近代史资料》1981 年第 2 辑,北京,中国社会科学出版社 1981 年 8 月第 1 版,第 44 ~ 45 页。

② 姚雨平:《武昌起义后广东出师北伐的经过》,政协广东省委员会文史资料研究委员会编《广东辛亥革命史料》,广州,广东人民出版社 1981 年 7 月第 1 版,第 166 ~ 176 页。

③ 胡汉民:《胡汉民自传》,罗家伦主编《革命文献》第 3 辑,台北,中国国民党中央委员会党史资料编纂委员会 1953 年 9 月第 1 版,第 46 页;中国社会科学院近代史研究所近代史资料编辑组编:《近代史资料》1981 年第 2 辑,北京,中国社会科学出版社 1981 年 8 月第 1 版,第 44 ~ 45 页。

8000 人即在广州誓师,并分为三批于当日出发。此后,广东北伐军在与清军的战斗中屡立战功。南北议和后,随着整个北伐军之改为讨虏军且随着南京临时政府结束而解散,广东北伐军也先是改编为受南京留守黄兴节制的第四军,后又通电自动请求解散,终于在 1912 年 5 月间以被遣散结束了自己存在的历史。组织和派遣广东北伐军,包括广东北伐军的军费供应在内,属于广东军政府的军事工作,因而与民团总局和军团协会必有关系,从而也就与黄世仲必有关系。只是,在胡汉民随孙中山离粤赴沪转宁之前,黄世仲究竟与之有无关系和有何关系,没有具体材料可证。不过,自陈炯明代理都督到广东北伐军之终于被遣散期间,却有材料可以证明黄世仲至少是与广东北伐军有某种关系的。①《华字日报》辛亥十二月十四日(1912 年 2 月 1 日)"广东新闻"栏载有题为《电请接济军火》的北伐联军请求接济军火电文,其收电者中即有军团协会。②《华字日报》辛亥十二月二十一日(1912 年 2 月 8 日)"广东新闻"栏以《粤省北伐军第五次报捷》为题,刊出北伐军报捷电文一件,其收电者中也有军团协会。③《华字日报》同日"广东新闻"栏又刊有题为《民军总务处□作何策》的报道,内云:"闻军政府以近来各民军纷纷呈请北伐,惟饷械如何筹措,实为最要问题,□行知会民军总务处核明办理。"所有这些,自然只是十分零星的报道。但从这些零星报道来看,民团总局和军团协会,显然至少是与接济北伐军军火、掌握北伐军战斗动态和处理民军中陆续出现的要求北伐的事宜有关的;特别是从《民军总务处□作何策》报道来看,民团总局显然还受命处理"各民军纷纷呈请北伐"方面的问题。由于黄世仲是军团协会副会长和民团总局总长,那么他也就必然会不仅会参与其事,而且在某些问题的处理上还有相当大的决策权。

参与和民军遣散有关的事务 还是在广东光复之初,胡汉民任都督的广东军政府就已经考虑到民军的安置问题。在 1911 年 11 月 19 日广东军政府举行的广东各团体会议上,胡汉民即已提出民军安置问题,而苏棱枫在谈及这个问题时就说:"安置之办法约有三种:甲、编入军队(内分驻省及北伐两类);乙、编入巡警(内分邻镇及省垣两类);丙、拨作垦荒及工程。舍此之外,则愿遣散者,则给以恩饷,或如何论功行赏之奖励品。……"①在1911 年 12 月 5 日举行的粤省临时大会上,陈炯明在所宣布的治粤政纲中就已宣布:"军政府之办法:先组织民团协会为军队联络机关,一面由军政司筹划编练遣散办法,然后拟派各属,以资防守。"②陈炯明代理都督,特别是进入 1912 年 1 月底、2 月初以后,遣散民军问题更是提上日程,决定军队编制,制订遣散办法;1912 年 1 月上旬,陈炯明作为代都督,与省临时议会就民军编遣问题达成一致意见。事实上,光复之初,广州城垣内外,对广东之光复有重大贡献的民军共计 51 支云集省城城区内外,人数众多(详参本书附录《有关民军及其遣散情况的三个表格》),不仅加重军政府财政负担,而且因为民军流品不一,时有扰乱治安问题发生。因而,安置民军问题实为一急迫问题,而安置之法中有一个就是适当遣散。就是说,适当遣散民军是必要的和正确的。

在担任军团协会副会长和民团总局总长之前,黄世仲当是支持此举的。可惜的是,现在还未见到可以证实的资料。不过,黄世仲在担任军团协会副会长和民团总局总长之后与之有关,不仅是必然的,而且确有资料可证:①《华字日报》辛亥十二月十八日(1912 年 2 月 5 日)"广东新闻"栏刊有题为《决定民军编制》的报道云:"民军总务兼督练处二号邀请各军队会议,即日表决急□进行方法八条。□□□在省各民军已经编定者固多,未编定者亦不少,自本日起,限一星期内编定造册,送报本处,随时派员点□后,不得再增人数。……"②《神州日报》1912 年 3 月 12 日~13 日(壬子正月二十四~二十五日)刊出《粤省遣散民军办法》,其中有"除统领、统带、营长、副营长、队长各给执照一张,遣散后每月照民军总务处所定饷册给以薪水、不支公费外,余如教练、参谋、执事、排长、司务、旗长、军需、军械、军医、书记、司书、司号等,概给一月薪水,以后永不支给"、"马弁、护兵、马夫、伙夫、号兵、枪匠、正副目、正副兵等,照民军总务处所定章程,给以恩饷一月及执照功牌,遣散后永不支给"、"民军总务章程以外,另立名目人员,该委员不得

---

① 《广东独立后三大会议》(报道),《神州日报》1911 年 11 月 28 日;《粤省之大会议》(报道),《申报》1911 年 11 月 28 日;《光复后之大会议》(报道),《民立报》1911 年 11 月 29 日。
② 《陈副督宣布治粤政纲》,《申报》辛亥十月二十三日(1911 年 12 月 13 日)。

擅给薪水饷项"、"无论遣散何项军队,倘该军人数多寡及所领饷项、服装、军械等物,未及详悉及有纠葛情事,由委员向民军总务处查明。所派委员须与民军总务处常常接洽,倘遣散时或人员不敷从事,可向总务处请其派员相助"等条文。③黄世仲事迹陈列馆藏民国元年二月一日(1912 年 2 月 1 日)黄世仲为绍字营民军苏汉雄签署的退伍优待执照一件。④孙中山藏姚秉钧呈陈述解散所部民军经过折,其中云:"新历二月,军饷延留未发,秉钧下省请领,奉闻所有民军皆要遣散等情,闻之欣然遵命。随奉都督派刘委员将驻省之兵三百余名,发给恩饷,先行解散。惟二月饷未发,兵士不服,即与刘委员到民团局磋商。黄总长世颂(仲)已面允核给遣散。"①⑤《民立报》壬子三月初九日、三月十一日、三月十二日(1912 年 4 月 25 日、4 月 27 日、4 月 28 日)连载之《遣散民军一览表》之末尾云:"四月一日以前,统计遣散民军三万三千三百八十二名;恩饷统计二十六万一千二百三十五元九毫(概由经理局发出)。未有注明恩饷数目者,系由民军总务处遣散给发(未有具报,未入此表)。"从这些材料可以清楚地看到:民团总局曾邀请各民军开会讨论民军编制问题并作出决定;军政府陆军司所订遣散民军办法简章赋予了民团总局在遣散民军方面以包括核发民军遣散恩饷等在内的若干重要职责和权力;黄世仲确曾为绍字营民军苏汉雄签发退伍优待执照;黄世仲又确曾面允核给姚秉钧所部民军以及由经理局负责发给恩饷的民军之外的其余民军遣散恩饷。可见,黄世仲在民军遣散方面是做了不少工作的。

当然,在民军遣散问题上,陈炯明有自己的打算,其做法也有不可告人的个人目的。黄世仲对之持不同意见并进行过抵制,还因此而招致陈炯明忌恨,并成为被陈炯明罗织罪名加以诬陷的重要原因之一。这一点,笔者还将专门讨论,此处不赘。

参与胡汉民赴沪后粤省都督的举荐　胡汉民随孙中山离粤赴沪转宁、陈炯明代理都督后,究竟由谁出任广东都督的问题,便摆到了广东全省各界的面前。一开始,孙中山表示应让汪精卫出任都督,但为汪精卫所力辞。之

---

①　姚秉钧:《姚秉钧呈孙中山陈述解散所部民军经过折》,黄彦、李伯新编著《孙中山藏档选编(辛亥革命前后)》,北京,中华书局 1986 年 9 月第 1 版,第 506~507 页。

后,孙中山、冯自由、王宠惠等许多名人和穗、港及广东省内其他一些地方的绅、商、军等界人士,又分别陆续举荐朱执信、徐桂、冯自由、卢信、谢良牧、徐绍桢、何克夫、胡毅生、邓泽如、孙眉等人乃至黄兴督粤,期间还曾有孙中山电委陈炯明出任粤督这一关节。不同意见的争议,持续数月而迟迟未有结果。直至 1912 年 4 月 25 日胡汉民随辞去临时大总统职务的孙中山回到广州、4 月 27 日广东临时议会根据孙中山的提议选举原任都督的胡汉民为都督,才结束了广东都督人选问题上不同意见之间的争议。

广东都督人选问题,无疑是胡汉民随孙中山赴沪转宁后广东政治生活中一个最大的问题。因此,黄世仲不仅不可能不关心,而且不可能置身事外。当时的《民立报》、《华字日报》、《时报》和《南京临时政府公报》等报刊的有关报道,就证明了这一点。比如:①《民立报》十二月初六日(1912 年 1 月 24 日)"专电"栏刊有广东电报多件,其第一件云:"驻粤同盟会员及军团协会派专员赴港,力挽朱大符任都督。"②1912 年 3 月 1 日(壬子正月十三日)《时报》所刊题为《粤省争举都督之暗潮》的报道云:"粤垣近因举留都督问题,军队争论,颇为剧烈。初,去腊底有军团多人,在东园开大集议,欲举孙寿屏。由是各属纷纷电举,凡百数十起。前日省会开会,又有军界多人到会,陈请坚留陈督。议长左右为难,无可主张,只得决定另日投筒取决。嗣督办海阳军务何侣侠,海军司胡毅生、朱执信、谭义等,又刊传单,谓'若不留陈都督,另举别人,拂逆众意,誓以武力对待'等语。至日昨,军界全体,又在军团协会开会,亦争执不下,卒定仍交省会决定。然二十四日下午又接电告谓'汪精卫允任都督,陈仍代理',则此等争论风潮似亦无为(谓)云。"③1912 年 3 月 23 日(壬子二月初五日)出版的《南京临时政府公报》第 46 号刊有广东军团协会致孙中山电报一件,全文如下:"孙大总统鉴:陆军惠军剧战,现已调息。惟陈督决辞,请催汪精卫君返粤,以维大局。军团协会。翰。"自然,这些报道并未明言黄世仲与都督人选问题有何关系。然而,这些报道均表明军团协会或"军团多人"与之有关并参与其事,而黄世仲乃是军团协会副会长,其在都督人选问题的解决方面曾经做过某些工作,是毋庸置疑的。

实际上,黄世仲和粤省都督举荐的关系远不止于此,而是还因曾成为被举荐者之一而被推到了政治漩涡的中心。据《胡汉民自传》二九《同盟会之改组与各省都督之更动》云：

> 余离粤后，民军石锦泉等愈跋扈，陈竞存使魏邦平执石杀之，王和顺、关仁甫、杨万夫等益自危，其党羽四出谋去陈。先生之兄孙眉为所动，则偕黄仕龙等至南京。余察其言，不啻为反动派游说，而先生亦前知王和顺等之为人，戒兄眉勿受其欺。已而民军拥孙眉之电报纷至，先生则为电斥之，谓"素知兄不能当此军民大任，毋误粤局"，眉怏怏而去。而王和顺、关仁甫遂反竞存，以兵击之，王、关辄先逸去。黄明堂、李福林、陆兰清等诸部，悉附省政府，王、关遂溃散；其余党陆某窜踞虎门，亦不数日而定。竞存通电辞职，先生慰留之。竞存乃推举执信、仲恺、毅生、少白、世仲诸人，谓皆可使治粤。执信以为浼，走避香港。君佩等邀之返，竞存亦不固执辞意，乃使仲恺至南京，欢迎先生返粤（时南北和议已定）。当时粤中各团体有推举精卫督粤者。精卫方与吴稚晖、蔡子民、李石曾等发起为"六不"会与进德会，自矢不作官、不作议员，对此殆以为不成问题也。①

冯自由《〈洪秀全演义〉作者黄世仲》云：

> 壬子三月南北统一告成，胡汉民随孙总理归广东，都督陈炯明弃职他适，濒行署一军令曰："黄世仲侵吞军饷，应即枪决，以肃军纪"等语。签后置公案上，留交新任执行。胡汉民就新职后，遂如陈令行之，闻者多为呼冤不置。盖陈炯明于民元二月，尝向南京政府电荐世仲为广东都督以自代，及将去职时，竟以侵吞军饷罪名拘禁世仲于狱，未经法院审讯，遽假胡汉民手杀之，前后反复如出两人，民党中人咸为扼

---

① 胡汉民：《胡汉民自传》二十九《同盟会之改组与各省都督之更动》，罗家伦主编《革命文献》第 3 辑，台北，中国国民党中央委员会党史资料编纂委员会 1953 年 9 月第 1 版；中国社会科学院近代史研究所近代史资料编辑组：《近代史资料》1981 年第 2 辑，北京，中国社会科学出版社 1981 年 8 月第 1 版，第 64 页。

腕。……①

既然孙中山曾把黄世仲作为督粤人选之一,陈炯明曾向南京政府推荐黄世
仲为广东都督,黄世仲自然被卷进了政治漩涡无疑。

此外,罗香林在《乙堂劄记》第 17 册《革命宣传家小说名家黄世仲家世
访记》说:

> 既光复,众推胡汉民、陈炯明为正副都督,黄氏(按:指黄世仲)则
> 任中枢参议、督府秘书长,旋代名将刘永福掌民团。寻,中山先生自外
> 洋返国赴南京主持开国大典,途次香港,召胡氏随侍北上,嘱竞存为署
> 督,若不就,即以小配(按:即黄世仲)任之,至汪精卫来接印为止。
>
> 迨胡氏离粤,陈氏即独擅弄权,藉隙并民军之勇者为己部,弱者遣
> 散,美名裁军安定新局,吞民军新购二十万元之军火以壮己势,终以黄
> 氏反对,乃将拘捕,而后个别击破群龙无首之民军反对者王和顺、关仁
> 甫等而偿其欲。洎南北统一,中山先生偕胡汉民返粤,陈知先生意复胡
> 氏督职,乃挟势玩术,骤然避地香港,假胡手以杀黄氏,以拔民军精神,
> 而复与共治粤局。②

玉壶在《黄世仲被陈炯明枪毙之里因》中说:

> 时人对黄世仲之被杀,咸认为起祸乃由于王和顺诸人之发出"打
> 倒陈炯明,拥护黄世仲"两句口号有以致之,……③

---

① 冯自由:《〈洪秀全演义〉作者黄世仲》,《革命逸史》第 2 集,北京,中华书局 1981 年 7 月第
1 版,第 42～43 页。

② 罗香林:《革命宣传家小说名家黄世仲家世访记》,《乙堂劄记》第 17 册,未见。此处引自
马楚坚《宣传革命之文字功臣:黄世仲行实考》,《黄世仲与辛亥革命国际学术研讨会论文集》第 2
辑,香港,纪念黄世仲基金会 2002 年 2 月第 1 版,第 163～195 页。

③ 玉壶:《黄世仲被陈炯明枪毙之里因》,《黄世仲与辛亥革命国际学术研讨会论文集》第 2
辑,香港,纪念黄世仲基金会 2002 年 2 月第 1 版,第 224 页。按:该文作者玉壶当系笔名,未知何人。
《黄世仲与辛亥革命国际学术研讨会论文集》编者疑其为劳纬孟。无论是否如此,总之,据文中交
代,该文是玉壶据何雅选口述写成的。

劳纬孟述、莫冰子记之《广东反正初期杂记》之二《黄世仲终遭枪毙》中也说：

> 陈炯明枪毙黄世仲事件,据其宣布罪状,共凡三项,虽非全无事实,究竟不过是表面上的官样文章罢了。陈炯明为甚么要把黄世仲置诸死地？是起源于王和顺关仁甫的民军被陈炯明攻击,以致发生战事,而王和顺等曾预举黄世仲任广东都督,这就终不免于枪毙了。①

这些记载中所说孙中山携胡汉民等离粤赴沪转宁时曾"嘱竞存为署督,若不就,即以小配任之",以及王和顺等人曾预举黄世仲为广东都督且有"打倒陈炯明,拥护黄世仲"的口号,虽系据传闻而记,却也应是事出有因,从而也可证明黄世仲乃是被推到了风口浪巅上的。后来黄世仲被陈炯明罗织罪名加以诬陷,当亦与此有关。只是,关于此点,笔者将留待后文专论,此处只需明确黄世仲曾在广东都督人选问题的解决中做过一些工作就可以了。

五、广东光复后黄世仲的文学创作

自广东光复至被杀害,黄世仲不仅进行了许多政治、军事等方面的工作,而且仍然未曾放下手中的一支笔,写下了许多小说、谐文、剧本、政论、笑话等作品。由于当年发表这些作品的报刊残佚已甚,今天已经不能见到这些作品的全数。不过,仍然可以查找到一些;其中除继续连载的小说《孽债》外,有18篇已收入香港纪念黄世仲基金会印行的《黄世仲弟兄反清文集》②;其未收人者除仅知其名的小说《新汉建国志》外,还有23篇。

① 劳纬孟述、莫冰子记：《广东反正初期杂记》之二《黄世仲终遭枪毙》,《黄世仲与辛亥革命国际学术研讨会论文集》第2辑,香港,纪念黄世仲基金会2002年2月第1版,第226页。按：上一条所注《黄世仲被陈炯明枪毙之里因》的作者玉壶似即莫冰子,上一条注文中所说《黄世仲被陈炯明枪毙之里因》的口述者何雅选似即劳纬孟。是否如此,待考。

② 《黄世仲弟兄反清文集》,香港,纪念黄世仲基金会2003年2月第1版。

所有这些作品中,小说有两种。

小说之外,最重要的当属"文界"和"冷评"等类中的时评和谐文等了。作者或正言、或谐讽,对已处于弥留状态中的清朝政府,以及仍站在其一边的保皇派和张勋等类汉奸,予以挖苦和挞伐,对与新成立的广东军政府有关的一些人和事发表谏言和评论。而特别应当注意的是,其中有几篇文章,如胡志伟先生《黄世仲弟兄对辛亥革命的不朽贡献》一文提到的《戏拟民国军政府檄汉贼袁世凯文》、《拟北伐誓师文》及其未能提及的时评《袁贼毕竟要食炸弹》(《南越报》辛亥十月初九日、1911 年 11 月 29 日)、谐文《生祭汉奸文》(《南越报》辛亥十一月初一日、1911 年 12 月 20 日)等,还对袁世凯进行了剖析和抨击,强调了北伐的重要性和急迫性。胡志伟写道:

> 本书(按:指《黄世仲弟兄反清文集》)所辑文章中最珍贵的是广东光复后,黄世仲为广州《南越报》所撰的十篇评论,其中《戏拟民国军政府檄汉贼袁世凯文》和《拟北伐誓师文》至今读来犹闪烁着真理的光芒。他无情地抨击袁世凯"昧异种必锄之义,全乏心肝;逞戕同媚异之凶,实无面目。奴根深重,恬不知耻",提醒革命军中枢勿蹈太平天国覆辙,"毋谓吾粤既达独立目的,可以偏安一隅也;毋谓十余省高树汉旗,可以有恃无恐也……乌看不犁庭扫穴,歼除枭獍者哉?"激励革命军"直捣黄龙府,与诸君痛饮……挥起天戈,扫清残孽,安我汉京"。这是何等宏伟的气魄!可惜当时革命阵营内不少人逼迫孙中山同清廷鹰犬袁世凯讲和;十五个月后,袁世凯买凶在上海刺杀国民党代理事长宋教仁,然国民党多数领袖(包括黄兴)主张避免使用武力而采循法律途径善后。相比之下,黄世仲的高瞻远瞩、明鉴万里,显然超出与他同时代的革命家。①

胡志伟的这段话显然有不够准确之处。因为,当时对袁世凯其人有较为

---

① 胡志伟:《黄世仲弟兄对辛亥革命的不朽贡献》(《黄世仲弟兄反清文集》代序),《黄世仲弟兄反清文集》,香港,纪念黄世仲基金会 2003 年 2 月第 1 版,第 12 ~ 15 页。

清醒的认识,坚决主张北伐、反对与代表清方的袁世凯议和者,并非仅黄世仲一人,而是还有不少人的。不过,黄世仲却毕竟不仅是其中突出的代表者之一,而且还将其政见形诸笔墨、公诸报端。黄世仲曾写过《洪秀全演义》,深知当年太平天国最大的失误之一,就是在定鼎南京之后没有下决心大力北伐;黄世仲又曾写过一名《袁世凯》的《宦海升沉录》,对袁世凯其人的历史是很了解的,将眼下的袁世凯与以往的袁世凯联系起来,对袁世凯其人的认识必定会上升到新的高度。他之所以写出现在的这几篇文章,根本原因正在这里;他也以这几篇文章,继续以手中的一支笔参加战斗。

此外,他现存其时所写的剧本、笑话、谐谈等作品,也都具有同样的思想内容①,不同的仅是其形式更为贴近群众而已。这些形式的作品和他的评论、谐文以及小说等一起,作为黄世仲此期战斗业绩的一个重要部分,乃是辛亥革命后资产阶级民主革命文学宝库中的珍贵财富,必将受到人们的永远珍视。

---

① 《黄世仲弟兄反清文集》,香港,纪念黄世仲基金会 2003 年 2 月第 1 版,第 15 页。按:该反清文集所收今见黄世仲广东光复前后所写作品并不齐全。欲知其详者,请参看本书附录二:《黄世仲黄伯耀弟兄南洋诗文集》和《黄世仲弟兄反清文集》未收之黄世仲非中长篇小说知见录。

第八章 崇高理想追求的
悲剧终结（中）

——关于黄世仲之死及其所谓罪名

1912 年 4 月 9 日，黄世仲被陈炯明罗织罪名拘押于狱；5 月 3 日，黄世仲被胡汉民下令枪杀。黄世仲之死，是为了保卫新生的民主共和政权而死，是为了追求崇高理想而死。他用自己的生命，为自己的一生画上了一个圆圆大大的句号。这里，就来谈谈有关此事的情况，包括黄世仲被拘押、枪杀的时间、过程和原因，特别是黄世仲被枪杀是否一大冤案、应予平反等问题。这当然是黄世仲研究中必须重视和回答的一个重要问题。

一、关于黄世仲之死的主要著述

关于黄世仲之死，自 20 世纪的 30 和 40 年代起，就有不同看法。从现在所见的资料来看，内地最早论及黄世仲之死的，是冯自由的《〈洪秀全演义〉作者黄世仲》[1]一文。该文写道：

> 壬子三月南北统一告成，胡汉民随孙总理归广东，都督陈炯明弃职他适，濒行署一军令曰："黄世仲侵吞军饷，应即枪决，以肃军纪"等语。签后置公案上，留交新任执行。胡汉民就新职后，遂如陈令行之，闻者

---

① 冯自由：《〈洪秀全演义〉作者黄世仲》，《革命逸史》第 2 集，北京，中华书局 1981 年 6 月第 1 版，第 42～43 页。

多为呼冤不置。盖陈炯明于民元二月,尝向南京政府电荐世仲为广东都督以自代,及将去职时,竟以侵吞军饷罪名拘禁世仲于狱。未经法院审讯,遽假胡汉民手杀之,前后反复如出两人,民党中人咸为扼腕。……先是世仲既长民团局,以生平好用机智,颇得民军诸首领拥戴,由是恒假各路民军以自重,屡向当局逼索饷械,当局不胜其扰,有识者已深为世仲危。某日世仲为其子娶妇,大张筵席,某某等报载各路民军首领纷纷馈送贺礼,穷奢极侈,所值不赀。及世仲伏法,身后绝非富有,众疑始解。

杨世骥的《黄世仲》①一文也是较早谈及黄世仲之死问题的。该文写道:

>……民国成立,广州起义军政首领多系会党出身,他(按:指黄世仲)亦被举为广东民团局长,尤为都督陈炯明所倚重。陈炯明很信任他,一切机密事件,都交付给他径自处理;稍后,偶因意见相左,忽然假藉侵吞军款的罪名,把他杀掉了。
>
>他为人落拓不羁,于初期革命,建功甚伟,私生活或者不免放纵。他死了,有说他冤屈的,也有说他罪有应得的,总之他的小说皆有所为而为者,宛若经天的虹彩,在近代文学史上发放着瑰异的光芒,却是不可否认的事实。

两相对比,两人的记述只有一点相同,即均指出陈炯明是以"侵吞"军饷的罪名拘押和枪杀黄世仲的。除此而外,就不相同了:冯自由的记述较详一些,既述及大致时间、过程和原因,又有明确的是非判断;杨世骥的记述则不仅甚为简括,而且只是客观地罗列了当时人对黄世仲被枪杀一案的两种截然相反的看法,而未就是非加以评判。但总的说来,有关黄世仲被拘押和枪杀一案,两人的记述不仅均嫌过于简括,而且留下的

---

①　杨世骥:《黄世仲》,《新中华》复刊第 1 卷第 12 期;《文苑谈往》第 1 集,重庆,中华书局 1945 年 4 月第 1 版,第 70 页。

问题也多。直到 20 世纪 60 乃至 70 年代,仍然无人就此进行深入的研究。

当然,还是在 20 世纪的 20 年代,《香港晨报》的记者鲁直之等,就曾详细记述过黄世仲被枪杀一案的前前后后。① 到了 50 到 60 年代,香港又有亲历过辛亥革命时期广东事态发展且曾和黄世仲共同进行革命工作的人士,对黄世仲被枪杀一案进行过回忆和记述。比如,《黄世仲被陈炯明枪毙之里因》②一文的作者玉壶、《广东反正初期杂记》③一文的口述者劳伟孟和记录者莫冰之、《黄世仲》④一文的佚名作者均是。这些先生的有关著作,对黄世仲被枪杀一案的回忆和记述均相当详细,十分有助于对黄世仲被枪杀一案的研究。遗憾的是,这些先生的有关著作虽刊诸报刊,而内地研究者无法看到;在能够看到的香港,又未曾引起学术界的注意。因而,关于黄世仲被枪杀一案,对于包括黄世仲研究界在内的整个近代文学研究界来说,所知者仍然大致不过是冯自由和杨世骥所说的那些而已。一直到文化大革命结束以后,虽然随着黄世仲研究的发展,有关黄世仲之死一案的研究著述出现了好些篇,近几年间还出了一些重要研究成果,诸如姚福申的《黄世仲疑案新探》⑤、方志强的《黄世仲大传》第七节《南京临时政府成立前后的活动》

① 鲁直之、谢盛之、李睡仙编著:《陈炯明怎样诬陷黄世仲》,《陈炯明叛国史中山先生亲征录》,北京,中华书局 2007 年 6 月第 1 版。原连载于 20 世纪 20 年代《香港晨报》,共 2 节,即《陈炯明之来路不正》、《诱供十万罚款之经过》,《黄世仲与辛亥革命国际学术研讨会论文集》第 2 辑(香港,纪念黄世仲基金会 2002 年 2 月第 1 版)据以收之,见第 249~254 页。后编者将其与有关文字合起来,于 1922 年 8 月整理为《陈炯明叛国史》,并于同年 11 月在上海印出,由福建《新福建报》发行。《陈炯明怎样诬陷黄世仲》之全文编入其内,唯原第 2 节标题改为《陈炯明以残杀治粤》。2007 年 6 月,北京,中华书局将其与《中山先生亲征录》合为一册出版,《陈炯明怎样诬陷黄世仲》之全部文字见该书之第 35~45 页。

② 玉壶:《黄世仲被陈炯明枪毙之里因》,《黄世仲与辛亥革命国际学术研讨会论文集》第 2 辑,香港,纪念黄世仲基金会 2002 年 2 月第 1 版,第 223~225 页。

③ 劳纬孟口述、莫冰之记录:《广东反正初期杂忆》,《黄世仲与辛亥革命国际学术研讨会论文集》第 2 辑,香港,纪念黄世仲基金会 2002 年 2 月第 1 版,第 225~226 页。

④ 佚名:《黄世仲》,《黄世仲与辛亥革命国际学术研讨会论文集》第 2 辑,香港,纪念黄世仲基金会 2002 年 2 月第 1 版,第 227~233 页。

⑤ 姚福申:《黄世仲疑案新探》,《复旦学报》1998 年第 2 期;《学海泛舟二十年》,香港,语丝出版社 2001 年 3 月第 1 版,第 214~226 页。

和第八节《陈炯明为何不亲手杀黄世仲》①、周伟民的《黄世仲与辛亥革命》②、王俊年的《批倒了皇帝,没有打倒专制独裁统治——我对黄世仲之死的看法》③、马楚坚的《黄世仲与〈南汉演义〉》和《宣传辛亥革命之文字功臣:黄世仲行实考》④、郭天祥的《黄世仲"罪案"发微》⑤以及笔者的《黄世仲生平诸问题小辨》⑥、《关于黄世仲生平的笔者考误辨正》⑦和《黄世仲研究漫议四题》⑧之第三题《关于黄世仲之死》等论著,从而使对问题的认识不断有所进步,然而看法仍然不一。那么,情况到底如何呢? 这里先从黄世仲被枪杀的时间问题说起,然后再谈其他问题。

二、黄世仲被枪杀的时间

关于黄世仲被枪杀的时间问题,其实罗香林早在所写《革命宣传家小说名家黄世仲家世访记》⑨中,就已十分明确地指出:"黄氏(按:指黄世仲)

---

①　方志强:《黄世仲大传》,香港,夏菲尔国际出版公司1999年3月第1版,第251~301页。

②　周伟民:《黄世仲与辛亥革命》,《黄世仲与辛亥革命——辛亥革命九十周年纪念暨黄世仲投身革命百周年国际学术研讨会论文集》,香港,纪念黄世仲基金会2001年8月第1版,第46~53页。

③　王俊年:《批倒了皇帝,没有打倒专制独裁统治——我对黄世仲之死的看法》,《黄世仲与辛亥革命国际学术研讨会论文集》第2辑,香港,纪念黄世仲基金会2002年2月第1版,第18~28页。

④　马楚坚:《黄世仲与〈南汉演义〉》、《宣传辛亥革命之文字功臣:黄世仲行实考》,《黄世仲与辛亥革命国际学术研讨会论文集》第2辑,香港,纪念黄世仲基金会2002年2月第1版,分别见第115~162、163~195页。

⑤　郭天祥:《黄世仲"罪案"揭秘——兼与姚福申先生商榷》,《复旦学报》2004年第3期。

⑥　颜廷亮:《黄世仲生平诸问题小辨》,《近代文学史料》,北京,中国社会科学出版社1985年12月第1版;《黄世仲与近代中国文学》,兰州,甘肃人民出版社2000年9月第1版,第200~221页。

⑦　颜廷亮:《关于黄世仲生平的笔者考误辨正》,日本,《清末小说》第10期;《黄世仲与近代中国文学》,兰州,甘肃人民出版社2000年9月第1版,第54~61页。

⑧　颜廷亮:《黄世仲研究漫议四题》,《兰州教育学院学报》1998年第1期;《黄世仲与近代中国文学》,兰州,甘肃人民出版社2000年9月第1版,第200~221页。

⑨　罗香林:《乙堂劄记》第17册《革命宣传家小说名家黄世仲家世访记》,系稿本,笔者未见。本文凡引用该文文字,均转引自上揭马楚坚的两篇论文,见《黄世仲与辛亥革命国际学术研讨会论文集》第2辑,香港,纪念黄世仲基金会2002年2月第1版,第115~162、163~195页。

遂于胡氏(按:指胡汉民)复位后数天被枪决于五月三日。"遗憾的是,罗氏此文仅是稿本,从未发表,不为研究者们所周知。因而,包括笔者在内的研究者们也就不得不专门进行考析,而这个考析包含两个层次:一是年份,二是月日。

本来,黄世仲被枪杀的年份很清楚,是民国元年,即 1912 年。姜亮夫在《历代人物年里碑传综表》①中就说是 1912 年。上揭冯自由、杨世骥两位先生各自的文章也都说是在 1912 年。然而,不知为什么,曾几何时,却冒出来了一个 1913 年说。比如,北京大学中文系编写的《中国小说史》②、江苏人民出版社版《洪秀全演义》的《出版说明》③、广东人民出版社版《洪秀全演义》的《前言》④、《中国历代小说序跋选注》⑤的有关介绍文字等,就都如此认定。然而,此说是明显错误的,笔者在上揭《黄世仲生平诸问题小辨》一文中,已据上揭姜亮夫《历代人物年里碑传综表》以及麦思源《七十年来之香港报业》⑥、胡汉贤《广东"瀛字敢死军"纪略》⑦、沈琼楼《清末民初广东报业杂忆》⑧、冯秋雪《辛亥前后同盟会在港穗新闻界活动杂忆》⑨等的记述,以及现在还能看到的当年陈炯明以代理都督名义谕陆军司军务局的

---

① 姜亮夫:《历代人物年里碑传综表》,北京,中华书局 1959 年第 1 版,第 353 页。

② 北京大学中文系编:《陈天华、黄小配的资产阶级革命小说》,《中国小说史》第五编第十八章,北京,人民文学出版社 1978 年 11 月第 1 版,第 365 ~ 369 页。

③ 南京,江苏人民出版社 1981 年 2 月第 1 版,出版说明第 1 ~ 2 页。

④ 广州,广东人民出版社 1982 年 1 月第 1 版,前言第 1 ~ 2 页。

⑤ 曾祖荫等:《中国历代小说序跋选注》,武汉,长江文艺出版社 1982 年 8 月第 1 版,第 289 ~ 293 页。

⑥ 麦思源:《七十年来之香港报业》,《〈华字日报〉七十一周年纪念刊》,华字日报社 1934 年 10 月出版;张静庐辑注:《中国近代出版史料补编》,北京,中华书局 1957 年 5 月第 1 版,第 176 ~ 177 页。

⑦ 胡汉贤:《广东"瀛字敢死军"纪略》,《广东辛亥革命史料》,广州,广东人民出版社 1981 年 7 月第 1 版,第 154 页。

⑧ 沈琼楼:《清末民初广东报业杂忆》,《广东文史资料》第 16 辑,广州,政协广东省委员会文史资料研究委员会 1964 年 10 月编印;杨光辉等编:《中国近代报刊发展概况》,北京,新华出版社 1986 年 9 月第 1 版,第 226 ~ 257 页。

⑨ 冯秋雪:《辛亥前后同盟会在港穗新闻界活动杂忆》,《广东文史资料·孙中山与辛亥革命史料专辑》,广州,广东人民出版社 1981 年 8 月第 1 版,第 97 ~ 108 页。

《拿办黄世仲令》①的缮发时间,对之进行了纠正,指出黄世仲被枪杀是在1912年。事实上,当年一些报纸关于黄世仲被枪杀的报道,如《大陆报》关于黄世仲被枪杀的专电、《申报》的《粤省又诛三军官》、《民立报》的《三罪犯同日枪毙》、《时报》所发黄世仲被枪杀的"香港专电"和"广州专电"以及连续报道《粤督枪毙黄世仲详情》、《粤督枪毙黄世仲等续志》、《粤督枪毙黄世仲三志》等,也都发表于1912年。② 所以,情况是很清楚的,黄世仲被枪杀于1912年曾经是、现在依然是绝大多数研究者所公认的。虽然之后仍有研究论著,如符实的《晚清小说家黄小配生平》③以及钟贤培主编的《中国文学知识宝库》(近代卷)中的《武昌起义前的枪声》④等,认为黄世仲被枪杀于1913年,而此处却实在没有对之再事辨析的必要;所应辨析的是第二个层次,即黄世仲被枪杀的月日问题。

　　冯自由在上揭《〈洪秀全演义〉作者黄世仲》中仅说黄世仲被枪杀,是在"壬子三月南北统一告成,胡汉民随孙总理归广东,都督陈炯明弃职他适"之后,并未说明究竟是在何月何日。杨世骥在上揭《黄世仲》中说得更为笼统,仅说是在"民国成立"、黄世仲"被举为广东民团局长"的"稍后",也没有就何月何日问题给予明确的答案。后来,一些当年事态的耳闻目睹者,也都只是笼统地谈及黄世仲被枪杀的时间。比如,冯秋雪在上揭《辛亥前后同盟会在港穗新闻界活动杂忆》中,就只是据在军政府中负责与军团协会联系的罗翼群的回忆,说是在"民元三月间""派兵诱捕"并枪杀石锦泉之

　　① 《拿办黄世仲令》,见《有关黄世仲资料》,广州,政协广东省委员会文史资料研究委员会、中国科学院广州哲学社会科学研究所1965年油印本。

　　② 《大陆报》关于黄世仲被枪杀的专电引自《民立报》1912年5月5日;《申报》的《粤省又诛三军官》见该报1912年5月8日;《民立报》的《三罪犯同日枪毙》见该报5月10日;《时报》所发黄世仲被枪杀的香港专电和广州专电见该报1912年5月5日,《粤督枪毙黄世仲详情》见该报1912年5月7日,《粤督枪毙黄世仲等续志》见该报1912年5月9日,《粤督枪毙黄世仲三志》见该报1912年5月10日。总之,均在1912年5月间。

　　③ 符实:《晚清小说家黄小配生平》,《芳村文史》第3辑,广州,广州市芳村区政协《芳村文史》编委会1991年2月内部印行;方志强:《黄世仲大传》,香港,夏菲尔国际出版公司1999年3月第1版,第650~653页。

　　④ 《武昌起义的枪声》,钟贤培主编《中国文学知识宝库》(近代卷),广州,广东人民出版社1996年9月第1版;方自强:《黄世仲大传》,香港,夏菲尔国际出版公司1999年3月第1版,第686页。

后、"派军分别包围驻市内和近郊之王和顺部'惠军'。经激烈战斗后加以解决"之同时;沈琼楼在上揭《清末民初广东报业杂忆》中就说:"辛亥广州光复后,……《公言》、《佗城》两报多为民军说话,对于广东都督府布告枪决民军总长黄世仲竟敢有所指责,又时在报上颂扬王和顺光复广东的功绩,大触陈炯明的忌讳,就以都督府命令将陈听香逮捕,押赴东川马路上枪毙",在月日问题上说得同样不那么清楚。总之,究竟是在何月何日,除罗香林先生上揭从未发表、笔者原本不知的《革命宣传家小说名家黄世仲家世访记》外,一直未有明确的说法。

有鉴于此,笔者在上揭《黄世仲生平诸问题小辨》一文中曾经进行过辨析,并以上述沈琼楼的说法和《拿办黄世仲令》缮发于 4 月 9 日为据,认为是在 4 月 9 日(按:应是 4 月 6 日。详后)陈听香被逮捕之前。然而,过了不久即发现,笔者其实也是搞错了月日的,所以就又撰写了《关于黄世仲生平之笔者考误辨正》①一文加以纠正,文中以当时的《申报》、《民立报》等报纸的有关报道为据,得出了和罗香林《革命宣传家小说名家黄世仲家世访记》中所说相同的结论,即黄世仲被枪杀于民元即 1912 年 5 月 3 日。

然而,在研究者们当中,问题仍然未能解决,不同的说法依然存在。就笔者所知,依然存在的不同说法主要有四种:

一是 1912 年 5 月 1 日说。此说的主张者王晓吟在《胡汉民为什么要杀黄世仲》②中驳斥黄世仲被枪杀于 1913 年春说时写道:

> 说陈炯明乘孙中山外出之机,杀害黄世仲,这是一种没有根据的推测。黄世仲死于一九一二年春五月一日,而不是一九一三年春;……

之后,宋位在《黄世仲被害的前因后果》③中采用了王晓吟的说法,说"……

---

① 颜廷亮:《关于黄世仲生平的笔者考误辨正》,日本,《清末小说》第 10 期;《黄世仲与近代中国文学》,兰州,甘肃人民出版社 2000 年 9 月第 1 版,第 54～61 页。
② 王晓吟:《胡汉民为什么要杀黄世仲》,《羊城今古》1989 年第 5 期。
③ 宋位:《黄世仲被害的前因后果》,《羊城今古》1992 年第 4 期。

黄世仲就在 5 月 1 日被枪决了"。另外,姚福申的《黄世仲疑案新探》①等,
也采用此说。

二是 1912 年 4 月 9 日说。段云章、陈敏、倪俊明的《陈炯明的一
生》②云:

> 1912 年春,黄世仲站在公正立场上,"主张裁弱留强,合理编遣",
> 反对陈炯明"裁减他人部队,扩充自己实力"。陈炯明甚为恼恨,派人
> 将黄世仲逮捕,以"串通民军统领,冒领军饷,私图分肥"的罪名,于 4
> 月 9 日,将黄枪决。与黄世仲同时遇害的还有以"擅将枪械发给民军"
> 定罪的军械总局局长香益远。
>
> 与此紧相联系的是《陀城日日新闻》、《公言报》两报主笔陈听香的
> 横遭陈炯明杀害。
>
> ……黄世仲被捕后,陈听香在《陀城日日新闻》、《公言报》等报纸
> 上发表文章,公开为王和顺、黄世仲鸣冤叫屈,陈炯明自以为实力已增
> 强,地位已稳固,遂更加悍然蹂躏民意,压制舆论。于是,《陀城日日新
> 闻》、《公言报》两家报馆被查封。陈听香遭到通缉,亡命香港。不久又
> 潜回广东。4 月 6 日,《新报业公社》主任和《中原报》记者将陈听香扭
> 送军政府司法部,随部转解都督府,交陆军法务局"讯办"。4 月 9 日,
> 法务局根据陈炯明的旨意,以"依附叛军、妨害军政"等罪名,按"军律"
> 第十条,将陈听香判定死刑,当天晚上执行。

段云章、沈晓敏编著的《孙文与陈炯明史事编年》③在 1912 年 4 月 9 日条下
也有如下记述:

---

① 姚福申:《黄世仲疑案新探》,《复旦学报》1998 年第 2 期;《学海泛舟二十年》,香港,语丝
出版社 2001 年 3 月第 1 版,第 214～226 页。
② 段云章、陈敏、倪俊明:《陈炯明的一生》,郑州,河南人民出版社 1989 年 4 月第 1 版,第
52～53 页。
③ 段云章、沈晓敏编著:《孙文与陈炯明史事编年》,广州,广东人民出版社 2003 年 10 月第 1
版,第 87、97 页。

4 月 9 日　陈炯明未经审讯枪毙记者陈听香。

陈炯明排斥异己,诛杀石锦泉,解散王和顺部,又以"串通民军统领,冒领军饷,私图分肥"等罪名,逮捕法办民团总局局长黄世仲。《陀城日日新闻》和《广州公言报》记者陈听香在报上公开为黄世仲、王和顺等叫屈,陈炯明下令将两报馆封闭,逮捕并枪毙陈听香。

三是胡汉民重返都督任后说。符实《晚清小说家黄小配生平》[1]叙及胡汉民重任都督后按照陈炯明弃职时所留手令枪杀黄世仲后的社会反映云:

> 从"黄世仲被杀引起在粤同盟会正直同志的愤慨,潘达微为此事写信责问陈炯明",《广州公言报》及《佗城日日新闻》两报主持人陈听香,公开在报上为黄世仲鸣冤,结果两报被封闭,陈听香被逮捕枪毙等事实,可见黄世仲一案,对同盟会及社会舆论曾一时为之震动。

四是未明时间说。该说干脆未指出黄世仲被枪杀的时间。刘小青、刘晓滇编著的《中国百年报业掌故》[2]所收《报人黄世仲、陈听香遇害经过》云:

> ……黄世仲对陈炯明残害民军的行为表示极大不满,反对他"裁减别人军队,而扩充自己实力"。由于黄世仲为较有影响人物,故而他的言论能产生一定的社会影响,为此亦遭陈炯明嫉恨。陈炯明以"串通民军统领,冒领军饷,私图肥分(分肥)"的虚捏罪名,突然将黄世仲逮捕,并不经过任何审判即将其枪决。
>
> 黄世仲惨遭枪决,令广东另一报人陈听香十分震怒。……他公开

---

① 符实:《晚清小说家黄小配生平》,《芳村文史》第 3 辑,广州,广州市芳村区政协《芳村文史》编委会编 1991 年 2 月内部印;方志强《黄世仲大传》,香港,夏菲尔国际出版公司 1999 年 3 月第 1 版,第 650～653 页。

② 刘小青、刘晓滇编:《中国百年报业掌故》,南京,江苏人民出版社 2000 年 1 月第 1 版,第 206～209 页。

发表文章,为黄世仲鸣不平,抨击陈炯明蹂躏民意,压制舆论以及滥杀无辜。陈炯明怎能容忍一介报人如此放肆。当即派人查封《陀城日日新闻》《公言报》两家报馆,缉拿陈听香。迫于情势,陈听香遂逃往香港避难。几个月后,陈听香潜回广东,不料被陆军法务局抓获。陈炯明闻讯后,立即以"依附叛军,妨害军政"罪行判陈听香死刑,并与(于)当晚即执行。

可见,不同说法确实仍然存在。不仅如此,而且持诸说者看来并未看到上揭《关于黄世仲生平之笔者考误辨正》一文。因此,这里仍然有必要就诸说加以申述。当然,对未明时间说,无须多说,待对其余数说加以辨析之后自可明了。这里需要加以辨析的是其余数说,而在辨析之前需要先从正面回答黄世仲之被枪杀究竟是否是5月3日。

应当说,黄世仲被枪杀于5月3日,是有充分的资料可以证明的。就现在所知,这类资料至少有如下一些:

第一,《民立报》1912年5月5日"西报译电"栏刊有如下一条:

> 民军统领王某昨日(五月三日)被杀,其罪状为不遵命令、私招散兵,又为谋叛首领购备军火及勒索贿赂万元等事。王为香港某报馆主笔,其粉饰面目、佯为革命党服务,前此固无人知也。(大陆报香港电)

5月10日《新闻》栏"广东通信"在首篇位置刊有题为《三罪犯同日枪毙》的长篇报道,其开头云:

> 黄世仲、王泽民、香益远三人,均系因案押于法务局。至其结果,久为社会所注视。前日由胡都督命令,饬陆军将黄、香、王三人押赴东郊,一律枪毙。

第二,《申报》1912年5月8日"要闻"栏刊有题为《粤省又诛三军官》的长篇报道,其开头云:

粤省军官黄世仲、香益远、王泽民三人,近以不法行为为胡都督枪毙。……

第三,《时报》1912 年 5 月 5 日"专电"刊有如下一条:

陈都督前拘押之民团局长王世仲昨日(初三)已由军政府枪毙。(初四日午刻广州专电)

同日"译电"栏刊有如下一条:

香港专电:广东民军一部分之统领黄世仲,前为香港《世界公益报》记者,初三日为广州当局者所杀。闻其罪有三:一、不遵解散军队令,添招士兵;二、购买军械,接济叛军;三、勒索贿赂一万元。并闻渠在光复粤省之际颇有功勋,而此则殊未为当局者所计及。

之后的 5 月 7 日、5 月 9 日、5 月 10 日"要闻"栏,还分别刊有题为《粤督枪毙黄世仲详情》、《粤督枪毙黄世仲等续志》、《粤督枪毙黄世仲三志》的长篇连续报道,其中首篇首句即为:

民团局长黄世仲初三日正法已见前电……

以上《民立报》5 月 5 日所刊译电中的"王某"、《时报》5 月 5 日所刊专电中的"王世仲",均指黄世仲①。《民立报》5 月 10 日所刊长篇报道开头所说"前日",当指同报 5 月 5 日所刊译电中所说的"昨日(五月三日)"。至于《申报》5 月 8 日所刊长篇报道,虽未说究竟是何月何日,但却还是说了"近以……"云云,这个"近以……"云云中的"近"字,指的也应是 5 月 3 日。因

---

① 颜廷亮:《关于黄世仲生平的笔者考误辨正》,日本,《清末小说》第 10 期;《黄世仲与近代中国文学》,兰州,甘肃人民出版社 2000 年 9 月第 1 版,第 54~61 页。

为,发于广州的通信报道到在上海见报所需的时间,大约在 5 至 7 天左右,5 月 10 日在上海见报的通信报道就当发于 5 月 4 日至 5 月 6 日之间;参考《民立报》和《时报》的报道,其所谓"近以……",自然应当指 5 月 4 日前的 5 月 3 日。而即使抛开《申报》的报道不说,《民立报》和《申报》的记载,也是完全可以证明黄世仲是被枪杀于 1912 年的 5 月 3 日的。罗香林的说法确凿无误,而其余说法均是不妥的,兹略析如下:

首先要说的是 4 月 9 日说。其实此说是笔者自己原来在上揭《黄世仲生平诸问题小辨》中所主张的。后来在上揭《关于黄世仲生平之笔者考误辨正》中,笔者进行了纠正,用 5 月 3 日说取代了 4 月 9 日说。现在看来,进行纠正在当时不仅是应当的和需要的,而且在现在也是有用的。实际上,黄世仲是 4 月 9 日被捕押而非被枪杀的。证据是:①陈炯明签署的《拿办黄世仲令》即缮发于 4 月 9 日。① ②《时报》4 月 19 日"要闻"栏所刊题为《粤都督之权威》的长篇报道之第二则《看管两重要人物》中仅说"昨由都督府饬将黄看管",其中"昨"字不明究系 4 月某日。但可推知必在 4 月 10 日之前,因为同文中又说"又闻初十日有委员及宪兵多人至民团局总长室将一切文件字纸等包裹而去"。不仅如此,而且还当是 4 月 9 日。因为同文中还说"又文明门军械局局长香益远昨日九号奉陆军司押留",这里的"昨日九号"云云中的"昨日"当即"昨由都督府"云云中的"昨",也就是 4 月 9 日。

当然,笔者注意到,方志强《黄世仲大传》②据黄世仲女儿黄福莲的回忆等材料,对此有如下记述:

4 月 9 日,陈炯明通知黄世仲去都督府,当时"有识者已深为世仲危",说一山难藏二虎,叫他不要去。黄世仲说:"平时不做亏心事,半夜不怕鬼敲门,怕他做乜嘢"(乜嘢,广东方言,即什么)。即径直而去。跟随他去的有黄的副官麦祝如和麦同保。黄世仲进入都督府(副官不

---

① 《拿办黄世仲令》,见《有关黄世仲资料》,广州,政协广东省委员会文史资料研究委员会、中国科学院广州哲学社会科学研究所 1965 年油印本。

② 方志强:《黄世仲大传》,香港,夏菲尔国际出版公司 1999 年 3 月第 1 版,第 269~270、293 页。

准进），陈炯明便要黄世仲交待"贪污军饷"之事。黄说没有这回事，陈炯明说，"你不承认我就枪毙你"。黄世仲即拔出手枪，啪的一声拍在桌上，说，你敢枪毙我，我就被你枪毙。陈炯明亦发火拍台，随即叫左右手下将黄世仲抓起来。黄世仲的副官在外面听到拍台声和吵闹声，知到（道）不妙，便赶紧退离都督府，逃往香港。黄伯耀亦与世仲之子黄福荫逃往香港。黄世仲的女儿黄福莲说："伯公（伯耀）是一个懦弱无能的人。在这时闻说陈炯明想连我兄长都要害死，有如秦桧害岳飞，斩草除根。父扣留后，就〔委〕人叫我兄速离去勿误。"是日，黄世仲被扣留后，陈炯明即发出逮捕令。黄世仲全家即由广州西关迁回番禺大桥。

笔者还注意到，上揭署名"玉壶"的《黄世仲被陈炯明枪毙之里因》①一文曾说：

> 民军督练公所，在壬子二月十九日宣告结果，二十日在东园纪念开会。世仲于散会后回到东歪炮台附近大坑口家乡一行，二十日（按：阳历四月七日）返到广州，偕杨万夫同到都督府领遣散费，即被陈炯明卫队将之扣留。世仲要求面见陈氏，质问原因。陈炯明出南京来电示之，云系奉到总统命令扣留查办者……

二说互有不同，特别是有关具体过程的记述出入甚大。而且由于基本上均系出自回忆，二说难免都会有不确之处。相对而言，方志强所据之黄福莲的说法当更可信一些，因为黄福莲当是从黄世仲的副官处得知有关情况的。至于玉壶的说法，虽不知其所据者何，而大致上可以认为出自传闻，不确的成分会更大一些，这一点从其谓黄世仲"偕杨万夫同到都督府领遣散费"一语即可知之，因为杨万夫是协字营民军统领，而协字营民军是不久前刚和王

---

① 玉壶：《黄世仲被陈炯明枪毙之里因》，《黄世仲与辛亥革命国际学术研讨会论文集》第2辑，香港，纪念黄世仲基金会 2002 年 2 月第 1 版，第 224 页。

和顺的惠军一起被陈炯明当成死敌残酷镇压了的,因而也就不可能和黄世仲一起"到都督府领遣散费",也就是索要军饷。一云系陈炯明让黄世仲到都督府去交代"贪污军饷"之事,一云系黄世仲自己到都督府索要军饷,看来有矛盾,而其实并不一定有什么矛盾,很可能是黄世仲索要军饷,而陈炯明则以黄世仲有"贪污军饷"之事加以拒绝。情况究竟如何,下文还要涉及,这里姑且不说,单说有关具体日期的记述吧:方志强据黄福莲之回忆等资料认定是4月9日,玉壶云系壬子二月二十日(4月7日),二说表面上看似不一致,而实际上则未必然,因为玉壶并未说黄世仲是在壬子二月二十日(4月7日)被拘押的。仔细分析即可看到:玉壶只是说黄世仲壬子二月二十日(4月7日)在东园开会后回大坑口家乡一行;至于黄世仲返回城内并"偕杨万夫同到都督府领遣散费"的具体日期,玉壶并未确切记述,但在其心目中不大可能是同一天。因为,黄世仲二月二十日(4月7日)在东园参加会议,不知是上午还是下午。就算是在上午,那么回家乡一行的时间最早也应当是在下午,当天恐怕是回不到城里的;即使当日返回城内,那最早也当在晚上,因而也就不可能在同一天"偕杨万夫同到都督府领遣散费"。如果在东园参加会议是在下午,就更不可能会后回家乡一行并在当日返回城内"偕杨万夫同到都督府领遣散费"了。所以,壬子二月二十日(4月7日)被拘捕是不可能的。在笔者看来,在玉壶的心目中,黄世仲当是壬子二月二十一日(4月8日)返回城内、壬子二月二十二日(4月9日)"偕杨万夫同到都督府领遣散费"时被拘捕的。所以,玉壶的看法看来和方志强所据黄福莲的回忆等材料的看法并无矛盾。从而也就可知,4月9日并非黄世仲被枪杀之日。因此,笔者于此再次对上揭本人《黄世仲生平诸问题小辨》中的说法进行纠正,同时当然也希望仍持4月9日说的研究者放弃其说。

其次要说的是5月1日说。应当说,此说并非毫无根据。上揭《时报》5月7日所刊《粤督枪毙黄世仲详情》中就说:

现闻昨三十号早,法务局长已判定黄、香及某(此人闻系军械局员,与香益远同被逮者)三人死刑,于昨午初一日大雨滂沱时,交宪兵带出枪毙。

这里的"昨三十日"当指 4 月 30 日,而"初一日"当指 5 月 1 日。就是说,黄世仲已在 4 月 30 日被判处死刑并要在 5 月 1 日被枪杀的,事实上也确实在 5 月 1 日被交给宪兵执行。不过,紧接着上引文字,还有如下记述:

> 方行数武,黄向宪兵云:"吾尚有说话,须向局长陈诉。"宪兵遂带之返法务局,故现在尚未枪毙(盖至初三日乃正法也)。

显然,本来是要在 5 月 1 日被枪杀的,但由于黄世仲在马上就要被押往刑场时,表示尚有话要对法务局局长陈说,致情况有所变化,即被推迟至 5 月 3 日才被枪杀。可见,5 月 1 日说终究还是不确切的。

三、黄世仲和陈听香被枪杀的时间先后

在弄清了黄世仲被枪杀的时间以后,顺便还应弄清两个有关问题。其一是陈听香、黄世仲被枪杀的时间先后问题,其二是究竟是由谁下令枪杀了黄世仲的问题。

先看第一个问题,即陈听香、黄世仲被枪杀的时间先后问题。上述有关黄世仲被枪杀时间问题的说法中,除 5 月 1 日说外,均持黄世仲先于陈听香被枪杀说,即都颠倒了黄世仲和陈听香被枪杀的时间先后,认为黄世仲被枪杀在前、陈听香被枪杀在后。另外,周伟民《黄世仲与辛亥革命》①在指出黄世仲被枪杀于 5 月 3 日之后也认为:

> ……黄世仲被杀害,在当时已遭到社会及老同盟会革命党人的愤怒声讨。广州《公言报》和《佗城日日新闻》两报主持人陈听香,在报上公开为黄世仲鸣不平,被都督府枪杀。

---

① 周伟民:《黄世仲与辛亥革命》,《黄世仲与辛亥革命——辛亥革命九十周年纪念暨黄世仲投身革命百周年国际学术研讨会论文集》,香港,纪念黄世仲基金会 2001 年 8 月第 1 版,第 53 页。

其实,笔者原先在上揭《黄世仲生平诸问题小辨》中,也是主张陈听香被枪杀是在黄世仲被枪杀之后。后来发现有误,并在上揭《关于黄世仲生平之笔者考误辨正》中进行了纠正。然而,既然之后仍有研究者可能是受笔者原先所持说陈之影响,主张黄先陈后说,那么笔者也就有责任就此再事论说。

按,当时几家报纸对陈听香之被枪杀,是有记载的。其中,《神州日报》壬子二月二十九日(1912年4月16日)刊有题为《粤都督杀报界一人》的报道云:

> 广州函云:《佗城独立报》发行人陈听香被都督府拘获后,由法务局严密审讯多次。九号入夜,遂定枪毙罪名;次日下午四点钟,即发令陆军一队,将陈押解北校场枪毙。闻同时枪毙者六人,其五者抢匪也。

《申报》壬子二月二十九日(1912年4月16日)所刊题为《粤都督枪毙报馆发行人》的报道云:

> 四月六号下午新报业公社主任、《中原报》记者将《佗城报》陈听香扭解司法部转解都督府,交陆军法务局讯办,于九号夜即定枪毙罪名。……判定后,至昨日下午四点钟,即发令陆军一队,将陈押解北校场枪毙。……

《神州日报》所刊广州函、《申报》所刊报道,均谓陈听香系4月10日被枪杀,且对捕杀过程的记述既详细合理,又互相一致,后者还明确地指出陈听香是4月6日下午被拘捕的。故可以认为,《神州日报》和《申报》所说是可信的,即陈听香被枪杀于4月10日。既然如此,那么陈听香就不可能因系为黄世仲鸣不平而被枪杀,也不可能被枪杀于黄世仲被枪杀之后。至于刘小青、刘晓滇谓陈听香被枪杀于黄世仲被枪杀"几个月后",就更是不妥的了。

再看第二个问题,即黄世仲究竟是由谁下令枪杀的? 笔者原先在上揭

《黄世仲生平诸问题小辨》中认为,黄世仲是被陈炯明下令枪杀的。陈平原在《二十世纪中国小说史》第 1 卷所附《作家小传》之黄小配(黄世仲)小传中,也持此看法。① 后来,笔者发现此说有误,便在上揭《关于黄世仲生平之笔者考误辨正》中加以纠正,指出黄世仲被枪杀于 5 月 3 日,因而乃是由胡汉民下令枪杀的。之后,一些研究者仍持黄世仲系被陈炯明下令枪杀之说,这可能是由于受到笔者原先看法之影响而未见到笔者的自我纠正所致。但无论如何,所持黄世仲系由陈炯明下令枪杀之说,是不符合实际的。因为,黄世仲是 5 月 3 日被枪杀的,而从 4 月 27 日起担任广东都督的是胡汉民,陈炯明于孙中山携胡汉民等 4 月 25 日抵达广东之当日夜间赴香港后,5 月 4 日才回广州,5 月 3 日尚在香港。事实上,上引《民立报》5 月 10 日所刊《三罪犯同日枪毙》、《申报》5 月 8 日所刊《粤省又诛三军官》等报道也都分别明确地说,"由胡都督命令,饬陆军将黄、香、王 3 人押赴东郊,一律枪毙"、"粤省军官黄世仲、香益远、王泽民三人,近以不法行为为胡都督枪毙"。因此,关于究竟是谁下令枪杀了黄世仲的问题,实在不应再有异说了。

四、陈炯明和胡汉民强加给黄世仲的罪名

现在的问题是:陈炯明、胡汉民为什么要枪杀黄世仲? 他们加于黄世仲的罪名能否成立? 黄世仲被枪杀的真实原因是什么? 关于这些问题,一向有不同的说法。情况究竟如何,得从陈炯明、胡汉民枪杀黄世仲时的有关文献和报刊消息报道说起。

陈炯明在捕押黄世仲时写有《拿办黄世仲令》,全文如下:

查黄世仲自任民军总务处总长,遇事欺蒙,辄敢舞弊营私,串通民

---

① 陈平原:《二十世纪中国小说史》第 1 卷,北京,北京大学出版社 1989 年 12 月第 1 版,第 333～334 页。

军统领冒领军饷,私图分肥。本代督早有所闻,然以其尚肯任事,不遽撤办,一面派员暗查,一面饬其赶紧列册报销,以凭稽核,诚以本代督爱才念笃,不忍遽以不肖待人。乃黄世仲不知敛迹,竟有私准招兵及私代民军购械二事。查关仁甫私招仁军,为本督侦知,即饬黄世仲谕令禁止。乃胆敢阳奉阴违,私在民团总务处认给正饷。经本代督迭次面谕,尚坚不承认,实属谬妄巳极。此其罪一。各军枪械,非奉命不得自行购置,所以统一军政,维持治安,各军俱凛遵无异。乃黄世仲不知是何居心,未经呈明核准,竟代石锦泉、王和顺等民军代购枪械数万,幸发觉尚早,一律由政府收回。设此数万枪械落于石、王等乱徒之手,则祸害如何,诚未可料。黄世仲不顾大局,悍然为祸魁罪首,此其罪二。至其身为政府职员,操守娄劣,借石楼乡陈仲佳畏罪自溺一案,强押多人,供词需索,受贿逾万,致被该乡陈姓族人控告,官箴不饬,莫此为尤。综查黄世仲身当军务要冲,受职以后种种行为,实属有辜委任,诚为民国罪人。本代督受人民重托,此种不肖长官,实难为之曲恕。黄世仲应即交法务局押候,质讯明白,严行惩办,以申国纪而儆官邪。仰即遵照。此谕陆军司法务局。

后来,胡汉民正是全录此手令而下令将黄世仲枪杀了的。黄世仲被枪杀后,有好几家报纸均以电报或文字消息加以报道;其中的文字报道更详,从中可以清楚地看出这一点。比如,1912 年 5 月 8 日《申报》所刊文字报道《粤省又诛三军官》内云:

　　粤省军官黄世仲、香溢远、王泽民三人,近以不法行为为胡都督枪毙。当定刑时,黄知不免,自愿呈缴十万元,求政府贷其一死。法务局不允,故卒判死刑。将赴刑场时,黄使人买佛兰地酒一樽,与香、王二人痛饮至酩酊,始用藤轿抬往狗头山脚枪毙。临刑时,三人俱面无人色、一言不发云。兹将胡都督示谕录下:
　　都督示一:陆军司案呈:"据法务局呈称:'案奉前都督陈谕开:查黄世仲自任民军总务处总长,遇事欺蒙,辄敢舞弊营私,串通民军统领,冒领军饷,私图分肥。本代督早有所闻,然以其尚肯任事,不遽撤办,一面派员密查,一面饬赶紧列册报销,以凭稽核,诚以本代督爱才念笃,不忍遽以不肖待人。乃黄世仲不知敛迹,竟有私准招兵及私代民军购械二事。查关仁甫私招仁军,为本代督侦知,即饬黄世仲谕令禁止。乃胆敢阳奉阴违,私在民团总务处认给正饷。经本代督迭次面谕,尚坚不承认。及调阅民团总务处发饷册,仁军饷项赫然大书,是其违抗命令,私准招兵,实属谬妄已极。此其罪一。各军枪械,非奉命令,不得自行购置,所以统一军政,维持治安,各军俱凛遵无异。乃黄世仲不知是何居心,未经呈明核准,竟代石锦泉、王和顺等民军代购枪械数万,幸发觉尚早,一律由政府收回。设此数万枪械落于石、王等乱徒之手,则祸害如何,诚未可料。黄世仲不顾大局,悍然为祸魁罪首,此其罪二。至其身为政府职员,操守娄劣,借石楼乡陈仲佳畏罪自溺一案,强押多人,供词需索,受贿逾万,致被该乡陈姓族人控告,官箴不饬,莫此为尤。综查黄世仲身当军务要冲,受职以后种种行为,实属有辜委任,诚为民国罪人。本代督受人民重托,此种不肖长官,实难为之曲恕。黄世仲应即交法务局押候,质讯明白,严行惩办,以申国纪而儆官邪等因,当经按照谕开各节,分别严讯,已经指供确凿,应如何惩办,未敢擅拟',请转呈前来核示,理合呈请饬遵"等情。据此,本都督查黄世仲所犯各罪,既据讯明,并指供确凿,实属法无可赦,应即枪毙,以昭炯戒。除批饬照办外,合行宣布,俾众咸知。为此示,仰军军人等一体知悉。特示。

5月10日《民立报》所刊文字报道《三罪犯同日枪毙》与之大致相同,内云:

> 黄世仲、王泽民、香益远三人,均系因案押于法务局。至其结果,久为社会所注视。前日由胡都督命令,饬陆军将黄、香、王三人押赴东郊,一律枪毙,旋宣布其罪状。兹汇录如左:
>
> ▲黄世仲罪状胡都督示:据陆军司案呈:"据法务局呈称:'案奉前都督陈谕开:查黄世仲自任民军总务处总长,遇事欺蒙,辄敢舞弊营私,串通民军统领,冒领军饷,私图分肥。本代督早有所闻,然以其尚肯任

事,不遽撤办,一面派员密查,一面饬其赶紧列册报销,以凭稽核,诚以本代督爱才念笃,不忍遽以不肖待人。乃黄世仲不知敛迹,竟有私准招兵及私代民军购械二事。查关仁甫私招仁军,为本代督侦知,即饬黄世仲谕令禁止。乃胆敢阳奉阴违,私在民团总务处认给正饷。本代督迭次面谕,尚坚不承认。及调阅民团总务处发饷册,仁军饷项赫然大书,是其违抗命令,私准招兵,实属谬妄已极。此其罪一。各军枪械,非奉命令,不得自行购置,所以统一军政,维持治安,各军俱凛遵无弊。乃黄世仲不知是何居心,未经呈明核准,竟代石锦泉、王和顺等民军代购枪械数万,幸发觉尚早,一律由政府收回。设此数万枪械落于石、王乱徒之手,则祸变如何,诚未可料。黄世仲不顾大局,悍然为祸魁罪首,此其罪二。至其身为政府职员,操守娄劣,借石楼乡陈仲佳畏罪自溺一案,强押多人,供词需索,受贿逾万,致被该乡陈姓族人控告,官箴不饬,莫此为尤。综查黄世仲身当军务要冲,受职以后种种行为,实属有辜委任,诚为民国罪人。本代督受人民重托,此种不肖长官,实难为之典(曲)恕。黄世仲应即交法务局押候,质讯明白,严行惩办,以申国纪而儆官邪等因,当经按照谕开各节,分别严究,已经指攻(供)确凿,应如何惩办,未敢擅拟’,请转呈核予前来,理合呈请察该饬遵”等情。据此,本都督查黄世仲所犯各罪,既据讯明,并指供确实,实属法无可赦,应即枪毙,以昭炯戒。除批饬照办外,为此示,仰军军人等一体知悉。特示。

《时报》的文字报道前后共计3次。其5月9日的文字报道,以与《申报》和《民立报》大致相同,兹不赘录;其5月7日的文字报道《粤督枪毙黄世仲详情》后文将会引述,此处亦不录;其5月10日的文字报道《粤督枪毙黄世仲三志》云:

> 粤垣民团局长黄世仲,系同盟会中颇有势力之人。2010年粤省反正时,随胡都督来省,初任参谋,继则改派局长,各路民军归其统属,所有军饷悉经其手,内中侵蚀凡数十万。胡督去后,陈炯明代任都督,屡

欲将局中弊混整顿。黄甚忌之，日与二三私人运动另举都督，以谋去陈而遂其欲；卒不得逞，又怂恿各路民军与陈反对。月前王和顺之役，大半皆黄所擘画者也。当陆军与惠军剧战时，民团局忽开大炮两次，击毙陆军数名，军人已深恨之。兹事定后，陈都督乘势将各路民军遣散，并即将该局裁撤。讵黄自以为有恃，毫无悔惧，撤局之日，尚到都督府索领饷银八万余元。陈都督乃大震怒，即日将黄扣留，饬交法务局看管，听候严办。黄被扣留后，其私人乃四出运动，设法援救。适是时都督府乃将煽乱之陈听香枪毙，省会乃提议纠举，嗣为省港商人反对，纠举无效，而于是谋所以去陈之意愈亟矣。陈都督去粤时，留函法务局，令速将惩办黄世仲事始末宣布，以防狡脱。胡督接任后，知无可挽救，乃饬法务局执法惩办。五月一号早，遂将黄世仲及私卖军火之军械局长香益远、惠军营官王泽民一同枪毙矣。

此次惩办黄等一案，其办理如是之神速者，系因胡到任后，省港人士颇多攻击，群以黄与胡感情既深，必谋为解脱，将来民军又复接踵而至，秩序复乱，府中人员多有以是为言者。胡为安定人心计，故决意将其正法云。

可以看出，陈炯明和胡汉民给黄世仲所加之罪名是完全相同的。按照《拿办黄世仲令》和报纸消息报道中所述胡汉民的说法，黄世仲被枪杀乃是确有罪证、罪有应得。而其罪名，如《民立报》5月5日"西报译电"栏所刊《大陆报》香港电中所归纳的，是"不遵命令、私招散兵，又为谋叛首领购备军火及勒索贿赂万元"；或如《时报》5月5日"译电"栏所刊香港专电中所归纳的，是"一、不遵解散军队令，添招士兵；二、购买军械，接济叛军；三、勒索贿赂一万元"；另外，还有未被归纳于内的"辄敢舞弊营私，串通民军统领，冒领军饷，私图分肥"这样一个被置于手令和都督示开端的罪名。然而，陈炯明和胡汉民所加的真的能够成立，因而也就可信吗？未必。

五、生命终结前的自辩:《黄世仲在押留中遗书》

还在 20 世纪的 30 ~ 40 年代,冯自由和杨世骥在各自的文章中,均曾涉及陈炯明和胡汉民加给黄世仲的罪名是否能够成立的问题,杨世骥虽无明确的意见①,而冯自由却明确地表明了否定性的看法②。然而,到了后来,看法依然不一,有的甚至截然相反。特别是 20 世纪 90 年代后期,围绕陈炯明和胡汉民加于黄世仲的罪名能否成立问题,还发生了一场虽然不大,却颇可注意的争论。

1997 年 12 月 12 日的《羊城晚报》刊出了一篇作者署名为"宋位"的文章《黄世仲之死》,其中认为,陈炯明、胡汉民加于黄世仲的罪名是可以成立的,黄世仲之死是罪有应得。针对该文,1998 年 1 月 13 日在广东省社会科学院举行了一次专门的讨论会——黄世仲历史评价座谈会,会上意见不一,大多数与会者不同意宋位的看法,但也有人认为宋位的看法似可成立。之后,陈华新在 1998 年 2 月 20 日《羊城晚报》发表了《民元广东一大冤案——谈黄世仲之死兼与宋位先生商榷》一文,对宋位的看法进行驳斥。之后,宋位又在 1998 年 3 月 5 日的《羊城晚报》发表了《再说黄世仲之死——从学术规范看〈民元广东一大冤案〉》一文,对陈华新的文章加以回应,继续坚持所持观点。再后,笔者有《黄世仲研究漫议四题》一文,其第三题《关于黄世仲之死》,系据在"黄世仲历史评价座谈会"上的发言整理而

---

① 杨世骥在《黄世仲》中仅说:"他(按:指黄世仲)为人落拓不羁,於初期革命,建功甚伟,私生活或者不免放纵。他死了,有说他冤屈的,也有说他罪有应得的,总之他的小说皆有所为而为者,宛若经天的彩虹,在近代文学史上发放着瑰异的光芒,却是不可否认的事实。"《黄世仲》,《新中华》复刊第 1 卷第 12 期;《文苑谈往》第 1 集,重庆,中华书局 1945 年 4 月第 1 版,第 70 页。

② 冯自由《〈洪秀全演义〉作者黄世仲》云:陈炯明在孙中山偕胡汉民回粤当晚不辞而行时留有"黄世仲侵吞军饷,应即枪决,以肃军纪"的军令,胡汉民就任广东都督后"遂如陈令行之,闻者多为呼冤不置"、"乃汉民竟甘任陈炯明之刽子手而不辞,殊不可解云云"。此言不为无理"。见《革命逸史》第 2 集,北京,中华书局 1981 年 6 月第 1 版,第 42 ~ 43 页。

成,其中对宋位的观点进行了驳斥①;方志强的《民元广东奇案——也谈黄世仲之死兼与宋位陈华新先生商榷》②一文,虽对陈华新的文章有所批评,但仅限于无关紧要的问题,主要的还是对宋位的看法进行了驳斥。

不过,这些争论文字以及会议发言,虽不无意义,而持否定性看法者却均未拿出十分过硬、确有说服力的论据,因而也就均还缺乏多么强的说服力。之后,一些专家学者才发表了若干较有分量的论著,从而使对问题的认识逐步加深。主要的有:姚福申的《黄世仲疑案新探》③,王俊年的《批倒了皇帝,没有打倒专制独裁统治——我对黄世仲之死的看法》④,马楚坚的《黄世仲与〈南汉演义〉》⑤和《宣传辛亥革命之文字功臣:黄世仲行实考》⑥,胡志伟的《民国第一政治冤案——辛亥革命功臣黄世仲之死》⑦等。这些论著对与黄世仲之死有关的各种情况进行了深入的讨论,其结论均是认定黄世仲之死一案为一大冤案。尤其应予注意的是叶秀常的《研究黄世仲的一些突破》⑧一文。该文系叶秀常将写于 20 世纪 70 年代但从未发表的硕士论文《黄世仲及其〈廿载繁华梦〉》中的三个部分加以组合和修改而成,其中首

① 颜廷亮:《黄世仲研究漫议四题》,《兰州教育学院学报》1998 年第 1 期;《黄世仲与近代中国文学》,兰州,甘肃人民出版社 2000 年 9 月第 1 版,第 200～221 页。

② 方志强:《民元广东奇案——也谈黄世仲之死兼与宋位陈华新先生商榷》,《广东史志》1998 年第 3 期。

③ 姚福申:《黄世仲疑案新探》,《复旦学报》1998 年第 2 期;《学海泛舟二十年》,香港,语丝出版社 2001 年 3 月第 1 版,第 214～226 页。

④ 王俊年:《批倒了皇帝,没有打倒专制独裁统治——我对黄世仲之死的看法》,《黄世仲与辛亥革命国际学术研讨会论文集》第 2 辑,香港,纪念黄世仲基金会 2002 年 2 月出版,第 18～28 页。

⑤ 马楚坚:《黄世仲与〈南汉演义〉》、《宣传辛亥革命之文字功臣:黄世仲行实考》,《黄世仲与辛亥革命国际学术研讨会论文集》第 2 辑,香港,纪念黄世仲基金会 2002 年 2 月第 1 版,分别见第 115～162、163～195 页。

⑥ 马楚坚:《黄世仲与〈南汉演义〉》、《宣传辛亥革命之文字功臣:黄世仲行实考》,《黄世仲与辛亥革命国际学术研讨会论文集》第 2 辑,香港,纪念黄世仲基金会 2002 年 2 月第 1 版,分别见第 115～162、163～195 页。

⑦ 胡志伟:《民国第一政治冤案——辛亥革命功臣黄世仲之死》,香港,《明报》2003 年 7 月 6 日;北京,《参考消息》2003 年 7 月 15 日。

⑧ 叶秀常:《研究黄世仲的一些突破》,《黄世仲与辛亥革命——辛亥革命九十周年纪念暨黄世仲投身革命百周年国际学术研讨会论文集》,香港,纪念黄世仲基金会 2001 年 8 月第 1 版,第 65～72 页。

次披露了她在壬子三月十七日(1912年5月3日)香港《华字日报》上发现的、题为《黄世仲在押留中遗书》的黄世仲遗言。这篇遗言的末尾有置于括号内之"未完"二字,5月4日及其后又未见续刊,可见该遗言并未载完。这可能是由于本未写完,但更可能是虽已写完,而由于黄世仲5月3日已被枪杀、《华字日报》不便续刊所致。叶秀常文中说,黄世仲"被拘留时自知难逃劫数,在狱中写下遗书,表白心迹"。这无疑是对的。但也正由于此,这篇遗言也就成了判断陈炯明和胡汉民加于黄世仲的罪名难以成立的一件重要文献。为叙述方便起见,兹先将报载原文重加标点并分段录之如下:

　　呜呼,我黄世仲今日真不幸矣!

　　自四月九号被留,初闻谓仆亏空饷项耳!仆自接任民团局长事,查各民军饷项,均据咨议局时各统领所报军数,及都督暨前任刘永福所承认。发出之饷,系由经理部签字后,往支应处支饷,由三联根存底,实不经仆手,且有全盘数目可核,何从亏空?更何从骗领?更串通何人?乃今而始知宣布仆罪状,又生枝节,刻有枪毙之噩耗。果如是,仆不死于陈督押留在任之时,而死于陈督离任去粤之后,此尤仆之不瞑目者也!今特将其事为同胞言之。生死不足论,是非不可不明也!

　　据所布罪状,一谓仆私买枪支与石锦泉、王和顺等,可谓冤极矣!溯买枪之议,初时因各民军北伐无枪,由各统领公议:每月每兵扣二元为买枪之费。禀由胡前督给护照,命李氏赴洋购买约共三万支,民团局各统领及乡团占一万二千支,海军各方面占一万八千支。实非仆之私买,亦非为一二人买也,且民团局将买枪银缴交军政府,尚未发给枪支。先时,陈督亦尝条饬民团局,发给银四千元与兰字营为买枪费,则买枪非仆一人之私见可知矣,何得硬以为石锦泉、王和顺买枪引为仆罪乎?

　　二则虽谓仆擅发仁军饷项,不知关仁甫自云南回粤,陈督已对仆迭次商量安置之处。故仁军襟章亦先由陈督发给民团局,以陈督既承认仁军,然后发也;即遣散仁军时,陈督亦有发给恩饷。岂得至于今日,乃谓仁军不应发给耶?如此以仆为擅发军饷,因以为罪,惨矣!(未完)

黄世仲的这篇遗言,是针对陈炯明和胡汉民所加罪名而进行的申辩与驳斥。问题是,黄世仲的申辩与驳斥是否可信? 如叶秀常所说,黄世仲写这篇遗言是自明心迹;黄世仲本人在这篇遗言中也说,生死不足论,是非不可不明。实际上,这篇遗言当写于5月1日夜或5月2日,其中所写当是上揭《时报》5月7日所刊《粤督枪毙黄世仲详情》中所说,5月1日黄世仲在大雨滂沱、马上就要被押往刑场时,表示尚有话要对法务局局长陈诉时想要说的话。但大约由于考虑到胡汉民恐怕不会再听、或即使听之亦于事无补吧,黄世仲也就改为书面遗言以示后人。事实上,据《时报》5月7日报道《粤督枪毙黄世仲详情》云,"昨三十号早,法务局长已判定黄、香及某三人死刑",胡汉民确实于"昨午初一日大雨滂沱时"将黄世仲"交宪兵队带出枪毙",虽然由于"方行数武,黄向宪兵云:'吾尚有话须向局长陈诉'。宪兵遂带之返法务局",故5月1日黄世仲未被枪杀①,黄世仲的遗言即写于此后。此时的黄世仲当知死刑难免,因而也就不再、也无需考虑生死问题,更无必要为了求生而强自辩解,而只是宣示是非真相以俾公众知悉、留得清名,故自属可信。

当然,单凭黄世仲这篇遗言的说法以论定陈炯明和胡汉民加于黄世仲的罪名不能成立,显然是不够的,难以令人信服,何况黄世仲的遗言今所见者并非全豹。因而还需要进一步加以论述。

六、黄世仲"罪名"辨(一)

黄世仲在遗言的开头一段,针对陈炯明和胡汉民加于自己且被其置于手令和都督示开端的"辄敢舞弊营私,串通民军统领,冒领军饷,私图分肥"这一罪名进行了申辩和驳斥。那么,情况究竟如何呢?

所谓"舞弊营私"云云辨 陈炯明和胡汉民在加给黄世仲的这一罪名时的具体所指,并没有说清楚。但5月10日《时报》在《粤督枪毙黄世仲三

---

① 《粤督枪毙黄世仲三志》,《时报》1912年5月10日。

志》的报道中说黄世仲在广东独立后任民团总局总长,时"各路民军归其统属,所有军饷悉经其手,内中侵蚀凡数十万"一语,却可以视为陈炯明说法的注脚。就是说,陈炯明所指当是黄世仲贪污了民军军饷数十万。于是,人们便以为黄世仲确实有贪污军饷的罪行。然而,陈炯明和胡汉民加于黄世仲的这一罪名难以成立。

实际上,连陈炯明和胡汉民两人自己也清楚,此事未必可信,或至少是尚未落实的。在其所发手令和都督示中也只是说:

> 查黄世仲自任民军总务处总长,遇事欺蒙,辄敢舞弊营私,串通民军统领冒领军饷,私图分肥。本代督早有所闻,然以其尚肯任事,不遽撤办,一面派员暗查,一面饬其赶紧列册报销,以凭稽核……

就是说,黄世仲贪污军饷一事尚在查核之中,黄世仲自己并未承认,陈炯明和胡汉民也还未能拿到确凿证据加以确认。《时报》文字报道的作者于此不察,信以为真,倒是《申报》和《民立报》文字报道的作者只是照录陈炯明和胡汉民的说法,似乎对陈炯明和胡汉民将这一罪名加于黄世仲心存怀疑,而《民立报》和《时报》分别所刊《大陆报》电文在开列陈炯明和胡汉民所加黄世仲罪名时,更是干脆不提其加于黄世仲的这一罪名,看来也可能是不以为然、另有看法的。

所谓"愿报效军政府壹拾万元"辨　在黄世仲被枪杀数月之后,胡汉民拿出黄世仲所写愿报效军政府十万元的字据作为黄世仲贪污证据,这一行动本身也证明所谓黄世仲"舞弊营私"云云并不可信。原来,黄世仲在4月30日曾经写有自愿报效广东军政府十万元的字据,兹照字条原有格式录之如下:

> 黄世仲自愿竭力筹措报效
> 军政府壹拾万元。此据。
> 限明日三点交到。
> 元年四月卅号　黄世仲字

该字条见1912年12月出版的《真相画报》第11期所刊《黄世仲身后之劫及其定谳之铁证》画页,该画页所刊诸照片之一是题为《黄世仲遗墨》的刻印件的照片;画页背面有一段颇长的说明文字,其中有若干文字云:

> 前广东民团局长黄世仲,……临刑前一日,上书都督愿报效政府十万元以自赎。如此巨金,仓卒立办,积资之厚,可想而知。前图所刻之字,即其遗墨。黄世仲遗墨,胡粤督前曾藏诸怀,留质或为其不平者。本报记者前因摄得其临刑图数帧,更请胡都督借照之。

这张字据,胡汉民当然马上就能见到,见到后自然会十分高兴,以为拿到了黄世仲贪污军饷的真凭实据。所谓"如此巨金,仓卒立办,积资之厚,可想而知"出自上引说明文字,但却正反映了法务局和胡汉民的看法。然而,这张字据却正好说明,陈炯明和胡汉民在定黄世仲贪污军饷罪名时并无什么证据。为什么要这样说呢? 这就得从黄世仲所写字据的来由谈起。

黄世仲的堂侄黄鉴泉曾听其堂伯父即黄世仲之兄黄伯耀讲过其中的缘由:

> (黄世仲)被捕后,无以入罪,乃迫黄承认有贪污事实,只要退还十万元即可放人。但先伯父(黄世仲)同党、挚友中亦确有人愿为黄承担责任,先伯父之换帖兄弟麦伯源(香港富商)亦出面营救,还在广州征得同族麦慕仁(亦作慕人,后来任广州商会会长)出面担保,表示何时释放黄世仲,十万大洋当即兑现,陈并授意如此。黄世仲不知陈诈,表示释放后可奉献军政府十万元,白纸黑字,成为胡汉民杀黄之罪证。①

---

① 黄鉴泉致方志强信。未睹原件,此处转引自方志强《民元广东奇冤——也谈黄世仲之死兼与宋位陈华新先生商榷》,《广东史志》1998年第3期。

按：文中"陈并授意如此。黄世仲不知陈诈"云云中的"陈"，当指陈炯明。但陈炯明4月30日还未从港返粤，故当是黄伯耀说错，或者是黄伯耀并未说错，而黄鉴泉因时隔已久记忆有误所致。姚福申曾对这张字据的来由进行过分析，他说：

这张字据没有上款，没有称谓，可以解释为上书都督输款自赎，也可以理解为是一张向家里人索钱赎人的笔据。然而仔细推敲一下，却觉得不象(像)是上书都督的文字。因为向操生杀大权的都督乞命，不写称谓就显示得不恭，有悖常理。而且通观全文没有认罪表示，显然不可能得到都督的宽宥。更令人疑惑的是，声称"限明日三点交到"，对一个身陷囹圄的囚徒来说，哪来这么大的能耐，这分明是一张无法兑现的空头支票，一个囚犯能这样明目张胆地欺骗都督吗？所以只能解释这是一张捎给家属的字据，告诉家中，主人生命受到威胁，限令家人设法于明日三点前送款赎人。而且"竭力筹措"与"限明日三点交到"，语气十分矛盾，显然这最后一句是在威逼之下添加上去的，并非立字据者的本意。从遗墨的照片上看，这几个字和"元年"两字都显得略小，且写在结束语"此据"之后，很象(像)是写好后添补上去的，而且"限明日三点交到"一语，分明是一旁威逼者的口吻。

黄世仲于5月1日中午被处决(按：此说不确。处决时间原定在5月1日，后推迟至5月3日。详见上文)，从法务局拿到"定谳铁证"到他毕命黄泉，还不到"明日三点"。这里反映了法务局和胡汉民必欲置黄于死地的迫切心情，透露出他们苦于缺过硬证据，一旦"铁证"到手，便迫不及待地立即执行。感到蹊跷的是，黄世仲被囚一个多月怎么会无端地在枪毙前一天发此输款求赎的奇想。倘若他想输款求赎也该问问法务局提审官有没有这种可能性，如果没有这种可能性，又何必凭空立下这一字据？要不是提审官明确提出交款的最后时限，黄世仲又怎么会无端写上急促得实际上无法办到的期限。可以想象，输款十万可以保释的条件应是提审官提出来的，限令明日三点交到也是提审官的意思。这只是听命于陈炯明(按：应是胡汉民)的法务局官员在拿不到真凭实据定罪的情况下，所设下的一个圈套而已。提审官利用黄世仲被囚日久求释心切的心理特点，诱使他写下输款赎人的字据，结果黄果然中了法务局设置的圈套。字据写好以后，法务局官员发现没有明确的时限，仍难以说明"如此巨金，仓卒立办，积资之厚，可想而知"的意思，要他标明时限，写上"限明日三点交到"的话，于是便成了现在大家看到的那张不伦不类的遗墨。黄世仲求生心切，反而自置死地；法务局想取得"定谳铁证"，却露出了诱骗、逼供的马脚。世界上的事物变化就是如此微妙，既出意料之外，却又在情理之中。①

姚福申所说"听命于陈炯明"云云中的"陈炯明"，和黄鉴泉一样，也是搞错了的，实际上应是胡汉民。抛开此层不说，单说黄鉴泉和姚福申的上述记述吧，他们的记述虽然未必完全符合当年的实际情况，但总的说来还是颇有道理的。事实上，黄世仲的字据是在生命已基本上将要终结的特殊情况下，受到尚未拿到铁证的法务局和胡汉民威逼诱骗而写的。黄世仲确实是在被逼骗中误中奸计，而在法务局和胡汉民看来则是拿到了所谓证据。

然而，不仅黄世仲在其遗言中说得很清楚，从中完全可以看出，所谓黄世仲贪污军饷乃纯然是莫须有之事，而且在出于其手的这张字据中，没有留下任何承认贪污军饷罪名的痕迹。既然如此，那么这张字据本身，也就根本上不能成为证据。胡汉民将其藏诸其怀，"留质或为其不平者"，但是却是难以塞住为其鸣不平者之口的。实际上，当时的许多人对所谓黄世仲犯有贪污军饷罪行的说法就未曾认可。如同前面已经引用过的，20 世纪 30 至40 年代，冯自由也从自己所知的角度，对黄世仲贪污军饷一事加以否定。总之，加给黄世仲的贪污军饷的罪名是难以成立、难以令人认可的。

---

① 姚福申：《黄世仲疑案新探》，《复旦学报》1998 年第 2 期；《学海泛舟二十年》，香港，语丝出版社 2001 年 3 月第 1 版，第 214～226 页。

七、黄世仲"罪名"辨(二)

现在再来看看黄世仲对所谓三个罪名的申辩和驳斥能否成立。先从对其中第二大罪名的申辩和驳斥能否成立谈起。

所谓"为谋叛首领购备军火"辨 郭天祥的《黄世仲"罪案"揭秘》①一文就黄世仲对三大罪名第二大罪名的申辩和驳斥之能否成立,有详细的分析论证。他先是写道:

> 那末(么),当事人黄世仲的申辩是否属实?笔者不学,加之条件所限,一时还难以对三项指控一一求证,但仅就其中最为严重的第二项罪名来看,已是问题多多,难以成立。黄世仲在遗言中已明确说明,购买枪械是办理了报批手续,"禀由胡前督给护照,命李氏赴洋购买"的,大量的旁证材料也证明,黄世仲等人购买枪械确实是办理了报批手续,经由前任都督胡汉民批准的。

接着,便举出了四个论据。其一是:香港大学图书馆特藏部收藏的一份上个世纪中叶香港某报刊载的《黄世仲》连载剪报谓:"盖黄任民团总长对于采购军火各事,手续完备,领有护照。"②通读这份剪报,持论还算公允,文中对黄世仲既有肯定,也有批评,应该是可信的。其二是:1912年2月下旬,虎门炮台截留运送军火船一艘,曾发电请示都督府:"虎门炮台截留军械一船,是由日本船运来村田步枪万余支,并有子弹。据说是胡都督代民军各统领购买,应否放行,请复示。"代都督陈炯明深恐这批枪械落到民军手里,日后对他不利,即复电暂时扣留,不得放行。但另一方面,陈炯明也知道,此事干系重大,无法一手遮天。于是又召集各民军统领在都督府里开会,商议解

---

① 郭天祥:《黄世仲"罪案"揭秘——兼与姚福申先生商榷》,《复旦学报》2004年第3期。
② 佚名:《黄世仲》,《黄世仲与辛亥革命国际学术研讨会论文集》第2辑,香港,纪念黄世仲基金会2002年2月第1版,第230页。

决办法。有趣的是,陈炯明在会上有一个现场调查,询问这批枪械"是否由胡督手代各统领向日本三井洋行购买?各民军统领均说是的"①。其三是:1912年3月,惠军统领王和顺通过上海《神州日报》向社会各界发布的告示中对此事亦有披露,其谓:"同是粤人,奚分我汝。炯明所部循军,军器皆备;诸军瑟缩如丐,充耳不闻。各统领禀准胡督,捐款购枪,以充公用,复为彼所留。盖恐势力既均,将不能为所欲为也。"②这份告示发布于购枪事件后数十天内,且惠军统领王和顺就是当事人之一,因此,告示中的说法当是可信的。其四是:《广东文史资料》第68辑所收《广东辛亥革命大事记》谓:1912年2月下旬,"虎门炮台截留军械一船,原是胡汉民任都督时代民军购买的,陈想扣用这批枪械加强其所部之装备,各民军统领均不服。石字营首领石锦泉更不愿听陈摆布,带兵至虎门起用该船军械"③。对近代广东文史颇有研究的丁身尊亦云:"陈炯明扣留了由胡汉民任都督时胡代石锦泉等民军首领向日本三井洋行购买的一批枪械,石表示反抗,陈遂命令其亲信趁夜将石逮捕枪毙。"④然后,郭氏写道:

> 以上几条旁证材料,不仅说明黄世仲等人购买枪械确实是办理了报批手续,经由胡汉民都督批准的;同时也证明了黄世仲的申辩是实事求是的,是可以采信的。既然如此,陈炯明强加在黄世仲头上的第二条罪名也就无由成立了。

应当说,郭天祥的分析是有充分的证据、因而也就是具有说服力的。就是说,所谓黄世仲"为谋叛首领购备军火"、"购买军械,接济叛军",纯属隐瞒真相、歪曲事实的诬陷之辞。因而毋庸赘述。所应补充的只有一点,即购买枪械本与所谓"谋叛"无关,倒是为了北伐之需要。上引黄世仲遗言中就

---

① 方志强:《黄世仲大传》,香港,夏菲尔国际出版公司1999年3月第1版,第257页。

② 郭天祥原注:《粤省惠军统领王和顺布告》,上海,《神州日报》1912年3月23日。

③ 郭天祥原注:《辛亥革命与广东》,《广东文史资料》第68辑,广州,广东人民出版社1991年版,第14、265页。

④ 郭天祥原注:《辛亥革命与广东》《广东文史资料》第68辑,广州,广东人民出版社1991年版,第14、265页。

第八章　崇高理想追求的悲剧终结(中)

说,"溯买枪之议,初时因各民军北伐无枪,由各统领公议:每月每兵扣二元为买枪之费。禀由胡前督给护照"而派王和顺惠军秘书李蘅皋赴洋联系代购的。李蘅皋本人后来也回忆说:

> 辛亥年(一九一一年)九月广东独立后,陈炯明为广东大都督,对当时的民军,认为多出身绿林,缺乏训练,乃乌合之众,无作战能力,徒然糜费国家饷项,时思淘汰。而省会各民军中,以王和顺惠军势力最为雄厚,又颇有纪律,为时所称,陈炯明心怀忌恨,视为眼中钉。当时我为该军秘书,于是献策王统领:"公为桂人,统孤军在粤,又为当道所忌,将来结局不堪设想。不如将全军挑选精锐,统带北上,剩少数步队留省,以释其疑,庶可保全令誉。但我军先要整军容,勤操练。整饰军容,必须购买军械,可派人往港定购军火,限期到货。其次要预筹的款,或挪或借,以免临时棘手,贻误时机。"①

李蘅皋的回忆中有不确切的地方,主要是把当时的广东都督说成是陈炯明。但关于购买枪械之初衷,所说诸情中为了"将全军挑选精锐,统带北上"即北伐的需要一条,与黄世仲所说相合,足以证明黄世仲所说不虚。实际上,购枪一事发生于胡汉民尚未离粤赴沪转宁之时,当时还根本无所谓"谋叛"之事,因而也就根本不能与所谓"谋叛"联系起来而歪曲其本来性质,并将其强加于黄世仲头上。

所谓"不遵命令、私招散兵"辨　关于陈炯明和胡汉民加于黄世仲的三大罪名之中的第一、三两项罪名,即所谓"不遵命令、私招散兵"和"勒索贿赂万元"云云,和上述所谓贪污问题一样,涉及经济方面的问题。对此,郭天祥写道:"至于其他两项涉及经济问题的指控,即使确有其事,也很难定人死罪。当然也不排除陈炯明借经济问题搞臭黄世仲名声的用心。究竟真相如何? 由于笔者目前掌握的材料有限,不敢妄加论断。"郭氏出于谨慎,

---

① 李蘅皋:《王和顺惠军与陈炯明循军冲突内幕》,《广东辛亥革命史料》,广州,广东人民出版社1981年7月第1版,第436~437页。

— 293 —

未断定其可信与否,自然是对的。但在今存部分的遗言中虽看不到黄世仲对"勒索贿赂万元"一条的驳斥,却有对其中的"不遵命令、私招散兵"一条进行的申辩与驳斥。关于所谓"勒索贿赂万元"问题,这里姑且留待下文再谈,而就所谓"不遵命令、私招散兵"一条而言,黄世仲遗言今存部分中的申辩和驳斥,也当是可信的。

所谓"不遵命令、私招散兵",指的是陈炯明和胡汉民分别所发手令和都督示中所说"……关仁甫私招仁军,为本督侦知,即饬黄世仲谕令禁止。乃胆敢阳奉阴违,私在民团总务处认给正饷"一事。另外还有一事也应归于此中,这就是前引5月10日《时报》文字报道中所说的黄世仲"撤局之日,尚到都督府索领饷银八万余元"、从而被捕一事。显然,"私招仁军"一事并非黄世仲所为,黄世仲只是"私在民团总务处认给正饷"。黄世仲对"在民团总务处认给正饷"一事并不否认,但申辩和驳斥说是并非"私在民团总务处认给正饷",因而并不存在什么问题,因为"虽谓仆擅发仁军饷项,不知关仁甫自云南回粤,陈督已对仆迭次商量安置之处。故仁军襟章亦先由陈督发给民团局,以陈督既承认仁军,然后发饷也;即遣散仁军时,陈督亦有发给恩饷。岂得至于今日,乃谓仁军不应发给耶?"就是说,仁军自云南返粤本已得到陈炯明的承认,自然不是仁军"私招",发给军饷自然是应当的,何况仁军遣散时陈炯明还曾发给恩饷呢! 正由于此,黄氏也才痛心地说:"以仆为擅发军饷,因以为罪,惨矣!"当然,由于所掌握的资料十分有限,笔者无法判定黄世仲所说全部属实。然而,仁军自云南返粤后得到安置却是事实。《神州日报》民元三月二十三日(1912年3月23日)刊登的文字报道《羊城战血馀腥记》(一)中写道:

仁军司令部设于东堤挹翠楼,该军统领为关仁甫。关在滇桂奔走十年,以骁勇著名,去年始代表同志返粤,故成军最迟。闻其跋涉程途,携带旧部有限,仅得三四营军士,一营驻东校场,一营驻广舞台楼下,一营驻芳村一带,此次事起,该营首当其冲,故其一扫无遗,损失最甚。该军有毛瑟台枪数十支,河口、南关、腾越诸役,均恃此枪,闻已被焚无存矣!

又据《神州日报》同日同一报道云：

> 此次乱事之和息,系由陈都督派李福林于十二日往将惠、仁、协等军安抚。……

又据《神州日报》民元三月二十四日(1912年3月24日)所刊文字报道《羊城战血馀腥记》(二)云：

> 关仁甫匿长堤泰安栈。自李福林出而安抚,即带残兵数十人,听从安插,现亦迁徙芳村……

仁军是"去年"就从云南返粤的。其在从返粤到1912年3月长达数月之久的时间里,能够设立司令部于广州东堤,其所属各营也分驻广州数地,且在陈炯明镇压与其共同行动的王和顺惠军的过程中还被陈炯明派人安抚,并在失败后得到安插。如果仁军没有得到陈炯明的承认,这一切是可能的吗? 当然不是。既然如此,黄世仲作为民团总局总长给予军饷,自然也就不是"私在民团总务处认给正饷",不是什么罪行,其在遗言中的申辩和驳斥也就是完全可信的。

　　至于被拘当日尚到都督府索银八万余元一事,黄世仲遗言现存部分并未提及,详细情况已难知悉。但是,如同前面曾经说过的,综合黄世仲女儿黄福莲和"玉壶"的回忆,可以认为很可能是黄世仲索要军饷,而陈炯明则以黄世仲有"贪污军饷"之事加以拒绝。参照前述5月10日《时报》文字报道中的说法,可以认定上面的推测大致不误,即黄世仲确实是前去索要军饷八万余元,以为遣散费的。既然如此,索要军饷也就是不能购成为黄世仲的罪状。须知,发给遣散民军遣散费,是广东军政府的政策。《神州日报》1912年3月12~13日(壬子正月二十四~二十五日)刊登的《粤省遣散民军办法》对此就有明确的规定,比如第6、8、10等条就分别规定：

> (六)除统领、统带、营长、副营长、队长各给执照一张,遣散后每月

照民军总务处所定饷册给以薪水、不支公费外,余如教练、参谋、执事、排长、司务、旗长、军需、军械、军医、书记、司书、司号等,概给一月薪水,以后永不支给。

(八)马弁、护兵、马夫、伙夫、号兵、枪匠、正副目、正副兵等,照民军总务处所定章程,给以恩饷一月及执照功牌,遣散后永不支给。

(十)官长执照,由司长认定其为统领、统带、营长、队长,填名于执照内,以后按官支薪。

由此可以看出,军政府陆军司所订遣散民军办法,不仅规定要发给统领至队长执照各一张并每月给以薪水、发给被遣散民军一月恩饷即遣散费及执照功牌、发给教练等一月薪水、发给马弁等恩饷一月及执照功牌、官长等凭陆军司所认之官职发给执照按官支薪等,而且还赋予民军总局以诸如核发民军遣散恩饷等在遣散民军方面的若干重要权力。既然如此,作为民军总局总长,黄世仲向都督府索要遣散费,就是可以理解和合法的。事实上,当时,民军虽已遣散不少,但还有一部分未被遣散、留在广州;民军是有功于广东光复的,留下来的这些民军自然要吃饭,没有饭吃,还可能滋事;即使全被遣散,也还有官长每月薪水要发。在这种情况下,黄世仲索要军饷乃是在厉行职责,何可以之为犯罪? 陈炯明和胡汉民明明知道这一切,却仍视黄世仲之索要军饷为罪行,除了有意歪曲事实、颠倒黑白,以置黄世仲于死地外,又能是什么呢?

所谓"勒索贿赂万元"辨 所谓"勒索贿赂万元"一事,即陈炯明和胡汉民的手令和都督示中所说"借石楼乡陈仲佳畏罪自溺一案,强押多人,供词需索,受贿逾万,致被该乡陈姓族人控告"。按,此事在现存部分黄世仲遗言中未曾叙及,但在《时报》5月7日的文字报道《粤督枪毙黄世仲详情》中却说得较详细。内云:

> 民团局长黄世仲初三日正法,已见前电。兹查悉其罪案一节,特录于下:
>
> 日前,陈都督将黄世仲发交法务局审讯之谕文,谓其"石楼乡畏罪自

溺一案,故意强押多人,借词需索,受贿逾万"云云,兹闻此事原因,系因2010年有无赖许雨权等,霸占番禺岗尾社,向黄领有筹饷分局之札文,在该社开局办事,串同石楼乡陈仲佳,勒索石楼乡捐饷二十万。乡人大动公愤,将陈解省治罪。陈知不免,于半途投水死。许以告黄,诬以擅杀委员之罪。初五日,即派民军六百到乡,声言有灭乡之惨。其实陈乃受许指使,其襟章祇印有岗尾社筹饷局之关防,非委员也。是时乡人见消息不好,几致逃走一空,派代表七人往谒民军统领。该统领遽将七人解出民团总局,扬言即日"打靶"。乡人恐其罪及无辜,乃再派人与黄讲妥报效二万三千员(圆)寝息其事,即夜雇轮返乡筹款。轮船初到,汽笛鸣鸣,乡民又以为民军复至,星夜奔驰,号哭载道。过后乃知其事,交款后七人乃得释放。黄报出军饷数目,乃得万三千员(圆),盖已吞没万金也。该乡陈木君等仍悬红购缉。自陈都督押黄后,该乡即行禀诉,陈都督复经派福字营到该乡行查其事,乡民已将陈当日情形,据实陈诉云。

报道说得有鼻子有眼,给人以黄世仲确有"勒索贿赂万元"一事的印象。然而,也有资料显示情况可能未必如此。方志强在《黄世仲大传》中写道:

> 至于陈、胡诬黄"强押多人,借词需索,受贿逾万"之事,乃是黄的堂兄胞弟所为,与黄世仲无关。此事起于黄之兄弟因粪埠之事受贿,被石狮乡头陈姓族人控告,黄世仲事先一点都不知。黄世仲堂侄黄鉴泉回忆说:"我十四五岁,在大桥乡见福荫(世仲之子)妻因事争吵,在自己家门口,一哭一骂,大叫'黄世仲,你的兄弟害死你呀'。从我母亲、伯娘伯叔父处听过下面的话:石狮头陈告状,贪财受贿。两兄弟做这种事,应告知弟弟(世仲),要走开为佳。抗日后,我在麦村教过书,一位乡民说:你二伯父死后,我祖父不数天就死了,他的兄弟唔好呀。"(引自黄鉴泉之遗信及本人采访记录)①

---

① 方志强:《黄世仲大传》,香港,夏菲尔国际出版公司1999年3月第1版,第269~270、293页。

方志强所引黄鉴泉这一段话,表述得并不怎么明白准确,但基本意思还是清楚的,即开头一句中的"'强押多人,借词需索,受贿逾万'之事,乃是黄的堂兄胞弟所为,与黄世仲无关",即石楼乡人"报效二万三千元"而"黄报出军饷数目,乃得万三千元",万元被私吞,私吞者乃其堂兄和胞弟,与黄世仲无关且黄世仲并不知情。黄鉴泉是黄世仲的侄儿,他的回忆中所说的,一是自己小时候所见黄世仲之儿媳在吵架时吵出的话,一是从自己母亲、伯娘、伯叔父处听到的话,一是麦村一位乡民所说的话。总之,主要来自与黄世仲有十分紧密的亲属关系的几个人之口;另外,黄鉴泉是在事隔几十年之后回忆写出的。这就是说,这里有个黄鉴泉的回忆是否可信的问题:或者是黄世仲的那几个亲属以及麦村的那位乡民有意为黄世仲开脱回护,或者是黄鉴泉的回忆出于为黄世仲开脱回护而有所编造。不过,回忆资料的来源似乎不像是在有意为黄世仲开脱;特别是黄世仲儿媳的话系吵架时吵出、麦村那位乡民与黄世仲似乎并无什么亲密关系,均不大可能是出于有意为黄世仲开脱回护;黄鉴泉回忆中的内容,也不大像是可以编造出来的。所以也不可以对其可信性轻易加以否定。这就是说,究竟哪个说法可信,在新的资料发现之前,还不易判定。笔者估计,很可能是事出有因而很难坐实,不妨存疑。何况,即便可以坐实,恐怕至少也难以成为判处黄世仲死刑的主要罪状之一。

总之,陈炯明和胡汉民加给黄世仲的三大罪名,不是不能成立,就是至少不能成为判黄世仲死刑的主要罪状。尽管孙中山曾明确地把黄世仲称为"不得志之人",表态支持胡汉民执行陈炯明手令枪杀黄世仲之举,说什么"当反正之初,淑慝未明,贤愚并进,如黄世颂(仲)者流,遂得恣肆于一时。迨军务渐平,是非大定,彼辈遂不得逞,乃从而多方煽惑,结党营私,冀人售其欺,而彼亦得于中取利"①,尽管有的研究者搬出孙中山的这一论断以证

---

① 孙中山:《通告粤中父老昆弟书》,《痛辟第二次革命之言:可怜五羊城之风声鹤唳》(报道),上海《神州时报》1912 年 6 月 15 日;中国社会科学院近代史研究所中华民国史研究室、中山大学历史系孙中山研究室、广东省社会科学院历史研究室合编:《孙中山全集》第 2 卷,北京,中华书局1982 年 7 月第 1 版,第 351~352 页。按:《孙中山全集》第 2 卷将其写作时间标为"一九一二年四月",有误。

明陈炯明、胡汉民枪杀黄世仲乃黄世仲罪有应得①，而黄世仲被枪杀一案乃中华民国建立后的第一个政治大冤案，却是确定无疑的。还是在事发当时，不少人就看到这一点。和黄世仲一起组建同盟会香港分会并同任该分会领导人、民国元年五月（1912 年 5 月）出任临时稽勋局局长的冯自由，在其于民国二年七月（1913 年 7 月）被袁世凯派兵警逮捕、临时稽勋局也旋遭取消已经多年之后，在上揭《〈洪秀全演义〉作者黄世仲》中讲到陈炯明于孙中山、胡汉民回粤当晚离职赴港时留下"应即枪决"黄世仲之手令之后，写道：

> 胡汉民就新职后，遂如陈令行之，闻者多为呼冤不置。盖陈炯明于民元二月，尝向南京政府电荐世仲为广东都督以自代，及将去职时，竟以侵吞军饷罪名拘禁世仲于狱，未经法院审讯，遽假胡汉民手杀之，前后反复如出两人，民党中人咸为扼腕。陈少白曰："世仲宣劳革命有年，功大罪小，陈炯明入党日浅，或不知其过去历史，胡汉民宜无不知，就职时应即移交法院依律审讯，以昭公允，倘情罪确实，亦当计功减罪，未可置诸重典，乃汉民竟甘任陈炯明之刽子手而不辞，殊不可解"云云。此言不为无理。先是世仲既长民团局，以生平好用机智，颇得民军诸首领拥护，由是恒假各路民军以自重，屡向当局逼索饷械，当局不胜其扰，有识者已深为世仲危。某日世仲为其子娶妇，大张筵席，某某等报载各路民军首领纷纷馈送贺礼，穷奢极侈，所值不赀。及世仲伏法，身后绝非富有，众疑始解。

广东光复时民军"嬴字敢死军"领导人胡汉贤后来在上揭《广东"瀛字敢死军"纪略》中回忆黄世仲被枪杀以后的情况时也说：

> 黄世仲为老同盟会员，曾积极进行革命宣传工作，又在南方支部充当联络员，光复前夕更在广州设立机关运动民军起义。因此，陈炯明的暴行引起了人们的反对，部分革命党人主张声讨陈炯明，为黄世仲申

---

① 宋位：《黄世仲被害的前因后果》，《羊城今古》1992 年第 4 期。

冤;只是因为大局未定,外祸尚多,恐内部纷争,给帝制余孽造成可乘之机,所以将这个问题暂时搁置。

不仅如此,而且连胡汉民自己在其后来所写自传中谈及黄世仲一案时,也只是说黄世仲"至民国元年二月间,乃竟欲使民军拥己作乱"①,而压根儿未提当年加给黄世仲的三大罪状以及所谓"冒领军饷,私图分肥"之类,可见其所制造的黄世仲被杀一案确实是"三字狱"式的冤案。

---

① 胡汉民:《胡汉民自传》,罗家伦主编《革命文献》第3辑,台北,中国国民党中央委员会党史资料编纂委员会1953年9月第1版;中国社会科学院近代史研究所近代史资料编辑组编:《近代史资料》1981年第2辑,北京,中国社会科学出版社1981年8月第1版,第45页。

第九章　崇高理想追求的
悲剧终结(下)

——为反对专制斗争而献身的民主革命家

在上一章里,笔者讨论了黄世仲被枪杀一案是否冤案的问题,并给予这个问题以肯定的回答。事实上,该案乃是作为辛亥革命的最大果实的中华民国建立以后的第一个大冤案。陈炯明和胡汉民制造如此骇人的大冤案,当然不是平白无故的偶然之举,而是有其原因的。那么,原因是什么呢? 笔者拟在这一章里加以讨论。

一、关于黄世仲之死的几种看法

关于陈炯明和胡汉民枪杀黄世仲的原因,除认为黄世仲确因有罪而被枪毙一条,已经上文讨论、可以认定不能成立外,看法上的不同,在专家学者们的论著中间显然是存在着的。

20 世纪 80 年代初,冯秋雪在《辛亥前后同盟会在港穗新闻界活动杂忆》①中说:

> 南北和议将成,陈炯明即拟定裁编民军计划,召开裁军会议。在会议上,黄世仲及一部分民军领袖,均认为此项裁军计划,目的是编自己

---

① 冯秋雪:《辛亥前后同盟会在港穗新闻界活动杂忆》,《广东文史资料·孙中山与辛亥革命史料专辑》,广州,广东人民出版社 1981 年 8 月第 1 版,第 97～108 页。

— 301 —

而裁别人,有欠公允,因而反对甚力。陈炯明遂决心使用武力解决异己之民军。民元三月间,有人向陈炯明告密,谓黄世仲已向香港某日本洋行以低价购得"村田式"步枪约万支,已秘密起运来穗,将用以装备王和顺、杨万夫、石锦泉等部民军云云。……陈炯明已决心先发制人:一面以图谋不轨罪名扣留黄世仲,不经审讯,先行枪决,后发布告;一面复派军分别包围驻市内和近郊之王和顺部"惠军",经激烈战斗后加以解决。

意思是说黄世仲因反对陈炯明提出的裁军计划而为陈所忌,致招被杀之结果。和冯秋雪大致同时,胡汉贤在《广东"瀛字敢死军"纪略》①中也有同样说法。在他们首先提出此说法之后,笔者在《黄世仲小传》②中采用其说云:

> 1912 年春,广东军政府代理都督陈炯明提出了一个排除异己、扩充自己实力的裁军计划。黄世仲以及部分民军领袖看出了陈炯明所包藏的祸心,坚决反对裁军计划,因而为陈所忌,于 4 月 9 日被陈罗织罪名逮捕,并借胡汉民之手于 5 月 3 日加以杀害。

段云章、陈敏、倪俊明的《陈炯明的一生》③也采用此说云:

> 1912 年春,黄世仲站在公正立场上,"主张裁弱留强,合理编遣",反对陈炯明"裁减他人部队,扩充自己实力"。陈炯明甚为恼恨,派人将黄世仲逮捕,以"串通民军统领,冒领军饷,私图分肥"的罪名,于 4 月 9 日,将黄枪决。与黄世仲同时遇害的还有以"擅将枪械发给民军"定罪的军械总局局长香益远。

---

① 胡汉贤:《广东"瀛字敢死军"纪略》,《广东辛亥革命史料》,广州,广东人民出版社 1981 年 7 月第 1 版,第 153～155 页。
② 颜廷亮:《黄世仲小传》,见《宦海升沉录》张正吾校点本附录,长沙,湖南文艺出版社 1988 年 5 月第 1 版;《黄世仲与近代中国文学》,兰州,甘肃人民出版社 2000 年 9 月第 1 版,第 62～64 页。
③ 段云章、陈敏、倪俊明:《陈炯明的一生》,郑州,河南人民出版社 1989 年 4 月第 1 版,第 52～53 页。

后来,不少研究者在其相关论著中,也都采取了这一说法。不过,这一说法虽然有道理,而对陈炯明和胡汉民制造黄世仲冤案来说,却只是全部原因中的具体原因之一,并不能完全说明问题。另外,还有专家学者如方志强等,在论及胡汉民之所以要按照陈炯明的手令下令枪毙黄世仲时,似乎把"黄世仲与胡氏积怨由来已久"、"胡对黄有成见"①作为一个原因。当然,不能完全排除这方面的原因。然而,即使有这方面的原因,恐怕也不是什么太能起作用的原因,何况迄今还没有发现胡汉民对黄世仲肯定结有此类私怨的任何讯息。因此,研究者对于此说,一般是舍而不取的,而包括陈华新、姚福申、方志强、马楚坚、王俊年、郭天祥以及笔者本人等采取上述第一种说法的一些研究者在内,一些专家学者又从整体上提出了一些新的、更带概括性的说法。其中,笔者在根据上述"黄世仲历史评价座谈会"上的发言整理而成的《黄世仲研究漫议四题》②的第三题《关于黄世仲之死》中,认为黄世仲之被杀"是孙中山、胡汉民和陈炯明之间的政治较量的一个牺牲品":

> 黄世仲被捕被杀前后,光复未久的广州政局已变得相当复杂。现在看来,当时的广东,尤其是广州,实际上主要有两种政治。其一,是陈炯明力图保住自己已经取得的广东军政大权独揽者地位而又遇有反对者的政治;其二,是孙中山、胡汉民回粤后,既考虑广东、又考虑全国,力图稳定广东大局,而陈炯明不仅不予配合,反而向孙中山、胡汉民讨价还价的政治。从实质上讲,孙中山、胡汉民和黄世仲本应是站在同一战壕里的,对立面应是陈炯明。事实上,孙中山对陈炯明并不是十分信任的,至少与对胡汉民的信任比较起来是如此。胡汉民原本是广东都督;他随孙中山赴南京后,都督一职本来很自然地应属陈炯明;然而,孙中山却一直未让陈炯明任都督而只让他代理都督。孙中山和胡汉民回粤后,尽管陈炯明讨价还价,而孙中山还是让胡汉民任都督,陈炯明则只

---

① 方志强:《民元广东奇案——也谈黄世仲之死兼与宋位陈华新先生商榷》,《广东史志》1998 年第 3 期。

② 颜廷亮:《黄世仲研究漫议四题》,《兰州教育学院学报》1998 年第 1 期;《黄世仲与近代中国文学》,兰州,甘肃人民出版社 2000 年 9 月第 1 版,第 200~221 页。

出任军统。看来,孙中山对陈炯明恐怕并非毫无戒心。陈炯明自己大约也深知此情,因而在孙中山、胡汉民回粤的当天夜间便不辞而别,跑到香港去了。陈炯明此举,其实是在深知孙中山和胡汉民之回粤,已构成对他实现独揽广东军政大权之目的的威胁和障碍的情况下,采取的一种对孙中山和胡汉民极不友好和讨价还价的举动。其时,原先和胡汉民相处还比较好的黄世仲,已经成为陈炯明的对立面。……在这种情况下,孙中山和胡汉民论理应视黄世仲为自己营垒中人。然而,在当时情况下,阵营却发生了错乱。孙中山和胡汉民深知陈炯明已大权在握,因而不得不稳住陈炯明,倒是已成为陈炯明之阶下囚的黄世仲成了他们共同的对立面。孙中山和胡汉民既不得不稳住陈炯明以免陈炯明滋事,那就不得不把黄世仲送上断头台,因为陈炯明悄然赴港时并未忘记留下筹码即应当杀掉黄世仲的待执行的命令。所以,黄世仲其实是孙中山、胡汉民和陈炯明之间的政治较量的一个牺牲品。

除过笔者的这个看法之外,主要的有:

姚福申的《黄世仲疑案新探》认为,黄世仲被杀"是一场冤狱,是民国初年胡汉民与陈炯明权力斗争中的牺牲品","是胡汉民为暂时缓解与陈炯明政治矛盾而推出的牺牲品"①。

王俊年的《批倒了皇帝,没有打倒封建专制统治——我对黄世仲之死的看法》一文既不同意黄世仲之死"是孙中山、胡汉民和陈炯明之间的政治较量的一个牺牲品"的看法,又不同意黄世仲之死"是民国初年胡汉民与陈炯明权力斗争中的牺牲品"的看法,而认为"黄世仲之死,是一个执著追求民主、自由理想,并带有侠义之气的革命志士,遇上

---

① 姚福申:《黄世仲疑案新探》,《复旦学报》1998 年第 2 期;《学海泛舟二十年》,香港,语丝出版社 2001 年 3 月第 1 版,第 214~226 页。

了新的专制独裁者,二者形成不可调和的矛盾的结果"①。

马楚坚的《黄世仲与〈南汉演义〉》和《宣传辛亥革命之文字功臣:黄世仲行实考》认为,黄世仲之被杀,乃是"胡、陈私下谈判,各为权位之私",而"胡氏为彻底弭尾大不掉之民军之欲拥戴黄氏,东山再起之暗潮,不惜牺牲黄世仲个人,亦可能为杀黄氏之一主因"②。

胡志伟的《民国第一政治冤案——辛亥革命功臣黄世仲之死》据尤列《尤列集》中的说法云,"广州易帜后,黄世仲领衔电请尤列回粤主持大计,虽事未成,但犯了陈炯明、胡汉民辈大忌,这是黄世仲被冤杀的主因"③。

郭天祥的《黄世仲"罪案"揭秘》既认为,"督办处民军的'拥孙(按:指孙中山的兄长孙眉)倒陈'、尤其是'拥黄倒陈'的举动,才是黄案的要害","黄世仲既然被人视为倒陈作乱的主谋,也就难逃一劫了",又同意王俊年的看法,认为当时除少数有识之士外,从上到下都存在着严重的封建思想意识,"在陈炯明、胡汉民这些专制独裁统治者的心目中,他们的政治逻辑很简单:你黄世仲对我有意见,就是反对我;反对我,就是反对政府;反对政府,就是叛变,就是作乱;既是叛变、作乱,那就是大逆不道,罪不容诛",而黄世仲冤案也就必然会铸成了。④

当然,这些专家学者在论述其各自的看法时,也涉及一些具体原因。对此,笔者在下文中将会讲到,此处暂时不涉及。这里所要说的是,专家学者从整体上提出的新的、概括性说法,大致可以归纳为三类。其一,是姚福申、马楚坚、胡志伟等和笔者的看法,即黄世仲被枪杀是陈炯明、胡汉民之间矛盾斗

① 王俊年:《批倒了皇帝,没有打倒专制独裁统治——我对黄世仲之死的看法》,《黄世仲与辛亥革命国际学术研讨会论文集》第2辑,香港,纪念黄世仲基金会2002年2月第1版,第19~21页。
② 马楚坚:《黄世仲与〈南汉演义〉》、《宣传辛亥革命之文字功臣:黄世仲行实考》,《黄世仲与辛亥革命国际学术研讨会论文集》第2辑,香港,纪念黄世仲基金会2002年2月第1版,第120~121、178~183页。
③ 香港,《明报》2003年7月6日;北京,《参考消息》2003年7月15日。
④ 郭天祥:《黄世仲"罪案"揭秘——兼与姚福申先生商榷》,《复旦学报》2004年第3期。

争的牺牲品;其二是王俊年的看法,即"黄世仲之死,是一个执著追求民主、自由理想,并带有侠义之气的革命志士,遇上了新的专制独裁者,二者形成不可调和的矛盾的结果";其三是郭天祥的看法,其说实际上综合了第一、二种说法,即既指出督办处民军"拥孙倒陈"尤其是"拥黄倒陈"、黄世仲被人视为"倒陈作乱的主谋"是黄世仲案的要害,又认为当时除少数有识之士外,从上到下普遍存在着严重的封建思想意识导致黄世仲案之必然铸成。那么,原因究竟是什么呢?

二、黄世仲之死和陈炯明的"广东王"野心

关于第三类说法即郭天祥的说法,在分析了第一、二种说法之后,自会明之,故笔者这里不必多说,而只对第一、二两类说法加以分析。在王俊年看来,此二说似乎是互相矛盾、不能共存的。其实未必真如王俊年所说,因王俊年所说,只是提供了一个总的背景。从提供背景方面说,当然是有道理的,因为确实当时有个封建专制思想还远未从所有革命党人中清除出去的问题。然而,仅仅指出这一点,并不能说明黄世仲案究竟因何而生,故就黄世仲案而言,讲了等于没有讲。因为要说明黄世仲案之发生,毕竟是不能只靠指出背景就能使人明白的,必须具体问题具体分析。倒是指出"黄世仲被枪杀是陈炯明、胡汉民之间矛盾斗争的牺牲品",可以说明问题。令人遗憾的是,王俊年并不同意此说。因为,此说其实并不与其说矛盾,倒是可以为其说提供具体例证。所以,实在不知王俊年何以要将二者对立起来。

为把问题讲清楚,需要从胡汉民特别是陈炯明在从广东光复到黄世仲被枪杀期间的言行举止说起。

在上一章中,笔者曾对这一时期中广东军政府在政治、经济、军事等方面所进行的工作及其成绩进行过介绍。所有这些工作及其成绩,当然是同胡汉民和陈炯明分不开的。当时,他们先后分别以都督和副都督的身份和革命的名义进行工作,因而不可能不打着革命的旗号、不可能不进行为巩固新生政权而应从事的工作。然而,如果进一步观察,就可以发现,他们实际上

未必完全是从革命利益的需要出发的。当时的胡汉民似乎还好一些,在其担任都督的一个多月时间中,虽有偏心一部分民军而不公平对待另一部分民军等情形,却还很少有从个人利益出发的行止。陈炯明呢? 就不是如此了。从当时在广东最为关键的都督人选问题的处理上,就不难发现这一点。

陈炯明其人,如同在其后来叛变革命、露出其本来面目之后,孙中山所指出的,是个"想做皇帝"的人物。① 从其一生行径来看,陈炯明实际上也是一个从虽抱有野心而还是个革命者,发展到野心膨胀并终于蜕变为反动军阀和革命叛徒的人物。广东独立以前,他先是靠坚持禁赌而赢得了一定社会声望,后又参加革命,特别是武昌起义之后在惠州组织人数较多、属于民军性质的循军对清军进行战斗,在辛亥广东光复中做出了一定的贡献,从而使其成为广东革命营垒中握有较强军事实力的人物,并因此而被举为广东军政府副都督。但即使在此时,陈炯明恐怕还不是一个完全的革命者。黄花岗起义过程中,按照决定,陈炯明应率领一军进攻巡警教练所,而起义发动后陈炯明却并未执行,就能说明问题。到了被举为副都督并在未久之后即成为代都督之后,他的野心就逐渐显露出来,并实际上变成了一个即便不是"想做皇帝",那也是一心要成为"广东王"即正任都督的野心家。

还是在 1911 年的 11 月 18 日,身在惠州的陈炯明就已被推举为副都督。11 月 26 日,陈炯明通电各界请辞副都督之职,表示"誓为北伐中之一人"。11 月 29 日,陈炯明率领所部循军到达广州。紧接着,陈炯明就做了两件值得注意的事情,其一是宣布治粤政纲,其二是成立军团协会。宣布治粤政纲的时间地点,是 12 月 5 日的粤省临时大会。对新生的广东革命政权军政府以及全省军民来说,宣布治粤政纲当然是头等重要的大事。作为都督的胡汉民是出席并主持这次临时大会的,治粤政纲也当然应当由胡汉民宣布。陈炯明只是个副都督,却站出来发表治粤政纲,这一举动于情于理都是说不通的。当然,陈炯明在率领循军到达广州后,必定和胡汉民讨论过如何建设和巩固新生政权方面的问题,事实上也确有资料证明他曾和胡汉民

---

① 孙中山:《三民主义》,广东省社会科学院历史研究所、中国社会科学院近代史研究室、中山大学历史系孙中山研究室合编《孙中山全集》第 9 卷,北京,中华书局 1986 年 4 月第 1 版,第 279 页。

有过同室夜谈之事。《胡汉民自传》就曾记述过这一点：

> 余……邀陈到省。……陈设岭东守府而后行。……黄（按：指黄仕龙）乃先陈来省，且阴造飞语，谓陈将以重兵攻广州，胡、陈将交哄。……斯时与陈，无丝毫罅隙。翌日（按：指陈炯明到达广州之11月29日），陈至，余与商军政各事。夜深，遂留与共榻，外间谣言尽息。陈请以钟鼎基为师长，王肇基、任鹤年为旅长，余即为发表，以与余扩充新军之旨合也。①

然而，在此过程中，二人是否就治粤政纲专门进行过讨论、胡汉民是否曾表示让陈炯明来宣布治粤政纲，现在已无法知道。也许二人曾专门讨论过，且胡汉民也许曾表示要陈炯明出来宣布治粤政纲，但即使如此，陈炯明也不应当接受。何况，陈炯明在胡汉民演说后、自己发表治粤政纲前的发言中，根本未曾说明其治粤政纲是否和胡汉民讨论过，也未曾说明他宣布治粤政纲是否系受胡汉民委托或系经胡汉民同意而为，有的却是对胡汉民表面上赞扬而实际上加以否定的弦外之音。实际上，胡汉民出任都督后，是尽量要按照共和政体来组织军政府和施政的。只是，明眼人都很清楚，要完全做到按照共和政体来组织军政府和施政需要一个过程，而陈炯明在军政府成立仅二十来天、他本人刚到省城出任副都督也才一周时间的时候，就在粤省临时大会上发出了弦外之音。据《申报》12月12～13日的报道《粤省都督召集临时大会详情》，陈炯明的发言云：

> 粤事经胡君苦心经营，现外人又已承认交涉，万万不能动摇。胡君有功于国，为最难得人材（才），即有不逮之处，彼此亦应协助。现在广东尚非纯是军政府性质，应谋政治进行，须先定一省制，各部行政长官方有系统；又须组织临时议会，诸事经议会议决，由都督执行，然后乃有

---

① 胡汉民：《胡汉民自传》，罗家伦主编：《革命文献》第3辑，台北，中国国民党中央委员会党史资料编纂委员会1953年9月第1版；中国社会科学院近代史研究所近代史资料编辑组：《近代史资料》1981年第2辑，北京，中国社会科学出版社1981年8月第1版，第46页。

司法、立法、行政三机关,始符合共和政体。

请注意末尾"始符合共和政体"一语:显然,这里的弦外之音是胡汉民组建的军政府不符合共和政体。不仅如此,而且令人深感奇怪的是,胡汉民未能在粤省临时大会上宣布治粤政纲,却在大会提出如下要求:

(一)勉任都督原委,迭经陈告再三。现在政治未得完全,不特无以对人,且无以对己。自问能力不足,勉强担任,恐于大局有碍。现专制已破,定为共和,自当速定规模,全体人民同负责任,勿视都督为万能。

(二)前举陈、黄两君为副、参都督,不过名义上事,必须两君实行担任。

而在紧接着的几位发言者的发言中,竟出现了有关胡汉民的去留问题的讨论。政治舞台上许多时候都是十分微妙的,而只有政治上敏感的人才能体察其中的奥秘。显然,胡汉民说出这些话确实是有其苦衷的,实际上表明会前已经有对他的某种责备,且他自己也已经感受到这种责备所形成的压力,而紧接着的几位发言者,看来也是听懂了胡汉民所提要求的个中意味的。在这种情况下,陈炯明一面批评军政府不符合共和政体,一面自行宣布治粤政纲,如果不是要让胡汉民出局的话,那至少也是要突出自己、扩大自己的影响,其具有某种野心,已可见端倪。

孙中山从国外回国至香港携胡汉民等赴沪转宁后,陈炯明成为代理都督。他口头上讲愿率军北伐而不愿代理都督,表面上无可指责,而实际上呢? 当时的陈炯明,深知自己的威望还不足以成为都督。因为,本来副都督接任都督是顺理成章之事,而孙中山却推荐汪精卫任都督,只推荐陈炯明在汪精卫到任前暂时代理都督;据云孙中山还曾指出,如陈不愿代理,可让黄世仲代理①。事实上,在陈炯明于12月23日答应并于12月24日宣告代理

---

① 罗香林:《革命宣传家小说名家黄世仲家世访记》,《乙堂劄记》第17册,未见。此处引自马楚坚《宣传辛亥革命之文字功臣:黄世仲行实考》,《黄世仲与辛亥革命国际学术研讨会论文集》第2辑,香港,纪念黄世仲基金会2002年2月第1版,第163~195页。

都督之前和之后的1912年1月中旬,当时的广东也是一片要求汪精卫从速回粤主事之声,粤省临时议会、粤省公民协赞社、旅港番邑工商公所、九善堂、七十二行商等均纷纷致电相催。在之后的日子里,粤省都督之举荐纷纷扰扰,出现于被荐粤督人选名单上的,除汪精卫以及胡汉民和陈炯明本人外,先后还有朱执信、徐桂、冯自由、卢信、谢良牧、徐绍桢、何克夫、胡毅生、邓泽如、孙眉、黄世仲、苏慎初、邓铿、莫纪彭、姚雨平、廖仲恺、陈少白、陈昭常、黄兴等近二十人。其中,有几人是陈炯明举荐的,但即使除去这几人,也还有十六、七人。当开始只有孙中山举荐的汪精卫一人时,陈炯明不得不做做致电请其履任的文章。但是,陈炯明其实是不甘心于此的。在汪精卫表示不愿出任粤督情况下,面对由包括孙中山、冯自由乃至袁世凯等重要人物在内的许多人先先后后举荐众多粤督人选的局面,他不仅把自己视为正任都督,而且千方百计为成为真正的"广东王"即正任都督而加紧步伐,苦心经营,以军政府的名义,大搞专制独裁、巩固和扩大自己根基的一套。他主要从三方面着手。

其一,抓军权。

如前所述,还在进达广州前,他就借口要参加北伐,而通电辞去副都督一职。不能说他不是出于真心,但究其实,则不过是要通过参加北伐来抓军权,因为他很清楚自己之所以能被举为副都督,正是由于他拥有在各路民军中人数之多居于前列的循军。紧接着,如同前揭《胡汉民自传》记述陈炯明率领循军从惠州回到广州之11月29日夜与胡汉民商谈军政各事且共榻而卧时所说,陈炯明就已要求胡汉民任命其属下钟鼎基、王肇基、任鹤年分别为师长和旅长并得到胡汉民的同意,其由于同样的原因而要培植亲信之情显而易见。之后,在已有胡汉民设立的民团总局的情况下,他又成立以他自己为会长的军团协会,显然是要以之从胡汉民手中夺得对民军的控制权。胡汉民离粤以后,作为代理都督,陈炯明又组建了陆军。本来,还在攻占惠州之后,陈炯明就以其循军"力薄械窳"为理由,将原清军巡防营管带、后经陈策反投诚的洪兆麟统率的四个营编为一个团,归在惠州时任陈炯明循军参谋长的邓铿管辖。广州光复、陈炯明任副都督后,又以洪兆麟团为主干,扩编为陆军第一混成协,仍归邓铿管辖。1912年春,陈炯明又把第一混成协编为陆军第二师,其老部下邓铿任该师师长。后因邓铿只答应暂时代理,陈炯明改派新军军官、原高州军政分府司令苏慎初接任,下辖叶举的第三旅、罗炽扬的第四旅。第一师则是在黄仕龙逃去后,由邓铿接收黄部,再与循军翁式亮的一个团及其他零星部队合并而成,师长为钟鼎基,下辖王肇基的第一旅、陈元泳的第二旅。独立旅由黎荌的"建字营"扩编而成,旅长为黎荌,后由张我权接任。另有宪兵两个营、警备队三个营。总计人数25200名。总之,陈炯明之组建陆军,是以自己的循军为主、以反正新军为辅的,陆军的大多数官兵如邓铿、钟鼎基、王肇基、叶举、洪兆麟、翁式亮等,都是他的老部下。这样一来,陈炯明便牢牢地把陆军抓到了自己手中,陆军名义上隶属军政府,实际上却带有浓厚的私属色彩,成为陈炯明在广东营建统治地位的凭借力量。① 与此同时,陈炯明又对异己民军采取排斥打击态度。本来,胡汉民对各路民军就不能一视同仁,只将李福林、陆领、陆兰清、谭义等各自所部民军改编为巡警②,其余民军则另设民团总局加以管理。郭天祥在其文章《黄世仲"罪案"揭秘——兼与姚福申先生商榷》③中引述当年曾在军政府任职的老报人何雅选、劳纬孟回忆说:各路民军开至广州后,就分为两处管理:一部分直属于都督府,约有十六支队伍,以李福林的福字军人数为最多,其他如陆兰清、陆领、谭义、黄明堂、周康也均直属于都督府。另一部分民军,则隶属于民团督办处即民团总局,这一部分民军人数亦号称数万,以王和顺、杨万夫两部人数为最多,约有一万八千人左右。其他如关仁甫、石锦泉等部,人数也有数千。这种分别管理的情况,看来是确实存在的。胡汉民在其自传中就说过:"余审察各部分之性质,因定计先巩固新军,使其居中不动,作诸军之监视,而张民军之势,以压迫降军和防营。时执信、毅生

---

① 段云章、陈敏、倪俊明:《陈炯明的一生》,郑州,河南人民出版社1989年4月第1版,第41～42,45～46,52～54页。

② 胡汉民:《胡汉民自传》,《革命文献》第3辑,台北,中国国民党中央委员会党史资料编纂委员会1953年9月第1版;中国社会科学院近代史研究所近代史资料编辑组:《近代史资料》1981年第2辑,北京,中国社会科学出版社1981年8月第1版,第46页;玉壶:《黄世仲被陈炯明枪毙之里因》,《黄世仲与辛亥革命国际学术研讨会论文集》第2辑附录《五、六十年代专栏辑佚》,香港,纪念黄世仲基金会2002年2月第1版,第223～225页。

③ 郭天祥:《黄世仲"罪案"揭秘——兼与姚福申先生商榷》,《复旦学报》2004年第3期。

已到省,由两人平日运动之部分,如李福林、陆兰清、谭义、陆领、张炳、黎义等皆极服从,则亟施以组织训练,并稍资以军实;其余如杨万夫、周康、石锦泉等,则为民团督办处,使皆受成焉,而为之编练。"①这两部分民军所受待遇是不同的,诚如胡汉民自己所说,对前者是"亟施以组织训练,并稍资以军实",对后者则是"使皆受成焉,而为之编练"。陈炯明到达广州出任副都督之后,这种分别管理、待遇有别的情况更形严重。其所部民军循军变成了都督府直属的民军,且成为其组建陆军的主干,其余李福林等所部民军也受到重用;至于民团总局所管辖之民军,命运就不是如此,而是处于被排斥打击之地位。陈炯明为从民军督办处民军惠军手中,得到经胡汉民批准购买的一批惠军本来准备用于北伐的枪械,以装备实为其私属的陆军,竟采取欺骗手段,说是可以照单再行订购,而当第二次订购的枪械到货、惠军到都督府领款出货时,陈炯明却以财政暂时支绌为由而拖延不发,还捕杀了因不服陈炯明之专制而强行起卸本属于自己的枪械的石锦泉。② 陈炯明还打着整顿军队和裁撤民军的旗号排斥其他民军,当其反抗时竟予以镇压。对北伐返粤的姚雨平及其部队也是采取阻止、压制乃至解散之法,事实上民团总局下属民军,也几乎全部被武力强行解散或镇压消灭。另外,陈炯明虽然口口声声表示要率军北伐,实际上呢? 姚雨平《武昌起义后广东出师北伐的经过》③云:

> 南北和议告成后,南京临时政府以北伐军名义已不适用,乃改为讨虏军,派我为总司令。旋以所部将士多为粤籍,且有不少南洋华侨子弟,颇不耐北方气候;又以徐州驻地卑湿,将士多病,我乃请准陆军总长黄兴,由徐州班师回南京。不久,南京临时政府复将军队改编,参谋部

---

① 胡汉民:《胡汉民自传》,罗家伦主编《革命文献》第3辑,台北,中国国民党中央委员会党史资料编纂委员会1953年9月第1版;中国社会科学院近代史研究所近代史资料编辑组编:《近代史资料》1981年第2辑,北京,中国社会科学出版社1981年8月第1版,第45页。
② 李薇皋:《王和顺惠军与陈炯明循军冲突内幕》,《广东辛亥革命史料》,广州,广东人民出版社1981年7月第1版,第436~437页。
③ 姚雨平:《武昌起义后广东出师北伐的经过》,中国人民政治协商会议广东委员会文史资料研究委员会编《广东辛亥革命史料》,广州,广东人民出版社1981年7月第1版,第166~176页。

下命令云:"准三月三十日陆军部咨开:粤省军队应编成军,非遴选统将不足以资整理。兹经本部申请大总统,以广东讨虏军编为第二十二师,以钟鼎基所统一师编为第二十四师。以二十二、二十四两师编为第四军,以广东讨虏军总司令姚雨平为第四军军长,张文为参谋长,林震为第二十二师师长,李济深为参谋长……"自是年四月底,我即就任第四军军长,又称军司令。孙中山辞总统职后,我仍统军驻南京,受南京留守黄兴节制。迨南京临时政府裁后,我军则自动请求解散。

　　我军请求解散,原因颇为复杂。当孙中山就任临时大总统,调胡汉民为总统府秘书长,其广东都督一职,由副都督陈炯明代理。陈素自私,我任北伐军总司令后,他颇为觖望。及彼继任粤督,对北伐军费与械弹的接济,遂多方制(掣)肘。迨我改任第四军军长,胡汉民复任广东都督,陈炯明为经略。第四军军费由广东与中央政府分担。此时统一初成,国库支绌,财政部与四国银行磋商垫款,条件颇苛,舆论哗然。南京留守黄兴发起国民捐,以资救济。全国各军师旅团营长、留守府参谋长、各处处长及各军事学校校长等共六十九人,由第一军军长柏文蔚领衔,于五月九日由南京发出通电,略谓:"民国方成,百事待举,外国借款,百端要挟,财政困难,已达极点,非竭力节流,不足以救危亡。拟请中央颁布减俸章程,此间军人当首先实行。"我与所部师旅长均列名其中。国务院亦通电规定全院各部总次长概不支薪,其余员司概给津贴六十元。当时财政既如此困难,裁兵减饷,各方咸认为当务之急。且江苏地方又歧视客军,我乃与胡汉民往返电商,拟将军队调回广东高州、廉州一带驻防,筹建营房。本已有成议,岂知又为陈炯明所阻挠而中辍。我迫于情势,即以全军解散之议商之所部,各官佐多表赞成。复与南京留守黄兴商,黄亦深以为然。乃于五月十二、十三、十五、廿一日,陆续发出裁军节饷通电,为天下倡,……

　　　　……

　　当全军解散时,我因炮兵培训实不容易,乃保留炮兵一营,调回广东;讵知该营回抵虎门时,即被陈炯明派兵缴械。由此可见,日后陈之排胡叛孙,此时已露端倪了。

一是"对北伐军费与械弹的接济,遂多方制(掣)肘",二是在姚雨平"拟将军队调回广东高州、廉州一带驻防,筹建营房。本已有成议,岂知又为陈炯明所阻挠而中辍",三是当北伐军全军解散、姚雨平因炮兵培训实属不易而保留其中一营并调回广东时"被陈炯明派兵缴械":如此作为,岂是口口声声表示要率军北伐者之所为? 除了对北伐军加以排斥以巩固自己的军权以外,又能是什么呢?

其二,抓舆论。

辛亥广东光复以前,陈炯明曾经先后创办或参办过《海丰自治报》(1909年6月)和《可报》(1911年1月)等报纸,深知舆论、特别是报纸宣传之重要。因此,为了能登上真正的广东都督宝座,他也就十分重视抓舆论、抓报纸,对敢于和自己持不同意见甚至反对自己的报纸,不惜施以重压乃至加以罪名而予以封禁,对于其编辑人甚至妄加罪名而从肉体上加以消灭。从有关资料可以知道,其中最为典型的有两起。

一是发生于1912年1月间的扣留报馆主笔勒交访员、扣押陈听香事件。《神州日报》1月22日以《新广东之文字狱》为题报道云:

> 粤函:十一月廿二日(按:即1912年1月10日),广东报界有九家,据访稿登载新军事,翌日即接警察(部)来函更正。陈都督以为未足,饬传五报主笔。适是日到者二人——《人权》之陈主笔藻卿、《公言》之陈代理人听香,随同警部长入见都督,其余三家尚未到也。陈都督必勒交访员,陈记者以报馆无捕人之权,仍请都督自行拘逮。都督必欲报馆具禀请逮,记者以报馆无交访员例,正在犹豫,陈警部长即交出一纸,内注"查得访员姓名,系黎耀西"。都督意欲两记者签名,免受责成,陈记者无(可)如何,正拟照办,都督又谓"已传军务部长魏邦平,应俟魏到再商"。旋魏到,即与都督入内座;少顷魏出,着陈警部长回去;便问两记者姓名,饬警察兵四名,扛长枪押两记者往都督署内东偏陆军执法处拘留;至二鼓后,由警察部传到黎耀西,始将两记者释出。现报界集议:以此访稿登载者九家,而仅传五报,一奇;到者仅二人,即便拘留,二奇;各报未会晤,不知是否同一访员,即便勒交,三奇;记载虽误,已照公文

更正,报馆责任已尽,仍要拘留押勒,四奇;军务执法处,同在都督署内,而必以军队扛枪押送文弱记者,五奇。噫,不意共和时代,尚有此奇而又奇之事也!

《申报》1月23日《广东报界之新潮》记云:

　　广东各报因载新军逃散事,与陈炯明都督颇有龃龉。兹将两方面函件照录于左:
　　▲广东警察部致报界公会函
　　报界公会先生鉴:初十日各报所登新军逃散一事,当经本部函请更正。惟都督命令,以"事关军政,不容捏造事实,扰乱军心",是以令本部干涉。十二日经本部长邀请各报编辑人,同赴都督府解释其事。当时都督以事关军政,必须根究来历,是以暂留陈听香、陈藻卿两君于军务部,随将造谣之黎耀西一名逮捕,送交都督府,而两君即行释回。都督对于此事,并非不知报馆有应负之责任,无庸根究访事。但如此办理,盖不欲因文字以与报界作难,是以通融办理。今各报馆自谓,有应负之责任,与访事无干,是以都督又谕本部从新干涉登此新闻之报馆,除《国事报》业已停版外,其余八家(照后开各编辑人),请为约齐,于十六日上午九句钟到本部面谈为要。各报编辑人:《安雅》黎佩诗,《羊城》谭荔垣,《中原》郭惟灭,《公言》冯冕臣,《光汉》江侠庵,《震旦》陈援庵,《中华》谭德鳌,《人权》陈藻卿。
　　　　　　　中华民国元年一月十五日警察部长陈景华
　　▲广州报界全体布告同胞书
　　启者:元月初十日各报登载燕塘新军解散事,十一晚既接警察部函,均即更正。十二日下午,陈都督复押留主笔勒交访员;十五日晚,陈都督又饬警都从新干涉。祇此一事,而陈都督离奇变幻,一若欲得报馆而甘心者。呜呼,陈都督岂欲借报馆以逞威福,欲为数月封八家报馆之张鸣岐第二耶?夫各报登载新军解散事,祇谓其功成身退,并无如何诋毁、扰乱军心。若责其失察误登,则更正已归消灭,陈都督固不必横加干涉,演此押留主笔、勒交访员怪剧。陈都督曾充记者,专制国亦无勒交访员例,陈都督固未知之耶? 虽战争时代,最忌间谍造谣煽惑、扰乱军心,报馆倘有为满虏机关,应以军法严办。第今登载此事之八家报馆是否为满虏机关报,公论具在,陈都督岂能以一手掩尽天下之耳目耶? 夫报馆登载失察,有应更正者,有罪不止于更正者。第罪不止于更正,则不应嘱其更正,宜直控诉其罪过,予以相当之处罚。今警部既函嘱各报更正,则明明认此事祇应更正,不能于更正后,复有所干涉,何都督竟于更正后复干涉,干涉之不已,而又从新干涉也! 昨警部函嘱各报主笔到该部面谈,敝同人以既经更正,责任已尽,再无劳奔走之理;至陈都督种种无理干涉,实有所不受。惟恐我同胞误会,有不得不为我同胞告者:盖今日之广东军政府,为广东三千万同胞之军政府。敝同业任监督之责,只知竭力维持,无论何人,有违背共和政体、不规则之行为,必起而纠正之。今诘驳陈都督干涉各报之野蛮举动,祇属陈都督个人之事,实于军政府无涉。吾粤无陈都督,固尚大有人在也! 今陈当都督之任,诘驳陈都督者,实所以维持军政府而已,愿我同胞谅之,吾粤幸甚、大局幸甚!

> 《总商会报》、《中原报》、《光汉报》、《粤东公报》、《安雅报》、《羊城报》、《震旦报》、《广东公言报》、《国民报》、《人权报》、《时敏报》、《华中民报》(按:应为《中华民报》)、《佗城报》、《南越报》、《天运报》、《七十二行商报》

《神州日报》1月23日以《广东报界之呼吁》为题,也刊登了《申报》所刊第二函,即《广州报界全体布告同胞书》。从以上报道可以看出,各报据访员不实闻录登载"燕塘新军解散",固然属于失误;然既据警察部来函做了更正,则责任已尽,不必再行纠缠。而陈炯明呢? 在各报已按照警察部函进行更正之后,仍然不依不饶,不仅拘押主笔、勒交访员,而且还要"从新干涉",其专横无理是显而易见的。《华字日报》1月17日"论说"栏所载《陈都督干涉报界平议》的那位声明"非左袒同业,不过根据法理,就事论事,以质之公论耳"的作者耘父就说：

> 今各该报登载新军之事，未闻军政府先有传令各报馆禁止登载海
> 陆军之明文，则各该报馆登载新军事，既非违背法律，亦非违背命令也。
> 有闻必录，乃报馆之常例；如果记载失实，照函更正，亦法律之所许。各
> 报登载新军事，已照警署来函更正矣，则又非违背法律、违背命令也。
> 报馆恒寄耳目于访员，如访不实，又不更正，亦祇编辑人、发行人、印刷
> 人负其责任；今已更正，则责任已尽矣，又必勒交访员，各国报律，亦无
> 此办法。报馆记者，一文弱书生耳，即有事传讯，亦不必派警擎枪，如拘
> 巨盗，以为辱之。即或报馆记者，因记载失实，不肯更正，亦祇起诉于裁
> 判所，开公判以判决之，不能拘留于行政官厅，亦不能拘留于陆军执法
> 处。……

问题是陈炯明为什么要如此专横霸道呢？原来是由于新军其时乃是陈
炯明所倚重的军事力量之一，而此等报道不特如陈炯明所说会"扰乱军
心"，而且对陈炯明自己的威望也有影响。显然，陈炯明确实是以所谓会
"扰乱军心"为借口，行专制淫威，制造文字狱以钳制舆论，使报馆不得不顺
从其意愿以为己用。虽然各报馆并未被压服，但陈炯明专制独裁、钳制舆论
之行径可见一斑。

二是发生于1912年4月间的捕杀陈听香事件。陈听香其人，虽被一些
人诬为"讼棍"，而其实是个敢于主持公理、挺身而出、仗义执言、批评时政
的进步人士。还是在1905年的反美爱国运动中，他就是个积极的参加者，
曾出席"香港追悼义举同人"乙巳十月初一日（1905年10月28日）在香港
举行追悼冯夏威大会，其所送署名"省城报界拒约未死人陈听香拜挽"的挽
联刊登于乙巳十月初三日（1905年10月30日）的《广东日报》上。在1906
年的"反郑风潮"中，陈听香于甲辰（1904）年承顶的《亚洲日报》，因刊文抨
击受粤督岑春煊支持和指使的粤路"路棍"善董绅商、揭露其与官方勾结把
持粤路路政的黑幕，而于丙午年三月二十五日（1906年4月18日）被南海
县查封，陈听香也于同日被捕押；后来陈听香出狱时，《时事画报》等报刊还

曾撰文对之表示欢迎和称赞。上揭 1912 年 1 月 12 日被捕押获释的陈听香,因对陈炯明钳制舆论的行径不服而领衔发表《广州报界全体布告同胞书》,指控陈炯明"干涉报界之野蛮举动"为"欲借报馆以逞其大威福"、"欲为数月封八家报馆之张鸣岐第二",更遭陈炯明之忌。当陈炯明下令镇压王和顺等所部民军时,陈听香在其所主持的报纸上,又发表替王和顺等所部民军叫屈的文章,这就极遭陈炯明之忌恨,以致被拘捕并枪杀。关于此事,当时报纸如《时报》、《神州日报》等有详细报道。《时报》的报道现知主要有三次,分别是 3 月 27 日题为《粤都督封禁三报馆之命令》的文字报道、4 月 1 日的"卅一日辰刻广州专电"和 4 月 19 日题为《粤都督之威权》的文字报道,兹依次分录如下:

粤都督封禁三报馆之命令:

　　▲封禁《总商会报》　都督令:《总商会报》三月十八、九两日所登《一字一泪》文件内,有"不能不切齿痛恨于横暴专制、绝无人道之都督陈炯明也",又云"惟未闻惠军有扰乱商场也,更未闻有轰击城署也",又云"海军司胡毅生、广阳督办何侣侠等又助纣为虐,督令江巩兵轮开快炮,将堤岸房屋恣毁,遂致数万民居焚毁,非张献忠、李自成复生,必不致此",又云"陆军由都督府抬出炸弹二箱,将驰赴战地抛掷,为康军所截留,未得尽达目的",又云"前者陈都督伪称北伐,暗中运动省会、商会极力挽留"等语种种,捏造谣言,煽惑人心,依附叛军,妨害军政,应即永远禁止出版,并逮捕该司理人甘德馨,交法务局讯办,由警察厅迅即执行。此令。

　　又,警厅布告云:现奉都督命令,"《总商会报》捏造谣言,煽惑人心,依附叛军,防(妨)害军政,应即永远停止出版,并逮捕司理人甘德馨"等因,应即派第九区署长萧步蟾君前往,将该报查封。

　　▲封禁《公言》、《佗城》两报　警察厅布告云:现奉都督命令,"《公言报》、《佗城独立报》登载匿名函件,造谣惑众,希图破坏政府,扰乱治安,核与《总商会报》情节相同,应一并查封究办"等因,应将该报永远停止出版,并逮捕司理人梁宪廷及总司理兼编辑人冯冕臣二名、编

辑人陈听香,解到本厅转送陆军司讯办,请第八区署长桂年君即带同警察前往,如以上所云执行办理。三月二十日。

又,都督令云:昨日由警察厅执行永远停止广州《总商会报》出版及逮捕其负责任之人,业将理由明白宣示。迨查阅《广东公言报》及《佗城独立报》,其登载此件亦同,而以《广东公言报》所登载尤为不法,如云"当时反对陈都督者,五十余社团,而以王和顺、关仁甫为最激烈。陈都督啣之切骨,乃故使巡查军与惠军挑衅,以实其武力对待之政策,既复私仇,以示威力,将使都督之地位可以永久窃踞,无人得而过问";又云"务欲屠尽我同胞、毁尽我民房,以遂其独夫之隐愿",云"不幸有此狼子野心之都督";又云"我广东商会、省会极力留此残暴不仁之都督";又云"犹恐陈都督狼心辣手,务欲达杀同胞、攫私利之目的,陆军再为其所愚,复演同室操戈之怪剧";又云"以都督府为惠州会馆,以东堤妓妇为夫人,罔利营私,穷奢极侈";又云"今因事之私憾,演屠城之惨剧,此等公仆肉,其足食乎"等语,其捏造谣言,恣意煽惑,防(妨)害军政,归附叛军,种种罪恶,殊堪痛恨。业由警察厅执行,将两报永远禁止出版,并令警区逮捕《广东公言报》总司理人梁宪廷、编辑人冯冕臣及《佗城报》编辑发行人陈听香三人,交送陆军司审办。际此军政时代,何能令此报馆恣意煽惑、扰乱军政、危害大局! 特将处分两报之理由宣布,俾众周知。此令。

卅一日辰刻广东专电:

广东陈都督封禁《公言》、《佗城》、《总商会》三报馆,因舆论哗然,昨已令警厅取消前令。

粤都督之威权:

▲宣告陈听香死刑　都督示:照得月前王匪和顺在省叛乱,当经本都督调兵围剿。幸赖将士用命,刻日戡平,不致糜烂大局。乃《佗城独立报》发行人陈听香,竟敢依附叛军,于乱潮甫平之时,伪造揭帖,连日登载该报,希图摇惑众军、扰乱大局,实属罪不容诛。本都督为大局计,

当饬警厅勒令该报停版,并将陈听香严拿惩办。讵料该犯自知罪恶贯盈,先行逃匿。正在密饬访拿,据警察厅将该犯缉获,当经地方检事局、法务局讯明,自应按律惩办。查该犯依附叛军,妨害军政,依照现行军律第十条"造谣惑众、扰乱军心者处死刑",应将该犯陈听香一名押往枪毙,以申法纪而维治安,合行宣告,仰军民人等一体遵照。切切特示。

陈都督既宣示后,即于四月初九日下午五点四十分钟,派拨宪兵并卫队数十名,将陈听香一名并在人和里监狱提出军界犯人五名,押赴东门外咨议局前一律枪毙,内有军犯二名,沿途呼冤。陈听香临刑时,大骂陈都督"公报私仇、违章滥杀,将来不糜烂广东不止"云。宪兵即将陈轰咽喉一枪,心窝一枪,肺喉当堂爆出,闭目倒地,口尚开合不止。十号早,陈之衣服鞋帽,均被匪窃去,只余黑对襟汗衫一件,裤亦被匪脱去。

▲看管两重要人物(略)

《神州日报》4月16日、4月17日、4月21日分别以《粤都督杀报界一人》、《陈听香死状之惨》、《陈听香垂死之言》为题进行报道,其4月16日的报道云:

　　广州函云:《佗城独立报》发行人陈听香被都督府拘获后,由法务局严密审讯多次。九号入夜,遂定枪毙罪名。次日下午四点钟,即发令陆军一队,将陈押解北校场枪毙。闻同时枪毙者六人,其五皆枪匪也。当由都督宣示其罪状云:照得月前王和顺在省叛乱,当经本都督调兵围剿,幸赖将士用命,刻日戡平,不致糜烂地方大局。乃《佗城独立报》发行人陈听香,竟敢依附叛军,于乱潮甫平之时,伪造揭贴,连日登载该报,希图摇惑众军,扰乱大局,实属罪不容诛。本都督为大局计,当饬警厅勒令该报停版,并将陈听香严拿惩办。讵料该犯自知罪恶贯盈,先行逃避。正在密缉访拿,适据警察厅将该犯缉获,当经地方检事局及法务局讯明,自应按律惩办。查该犯依附叛军,妨害军政,依照现行军律第十条"造谣惑众、扰乱军心者处死刑",应将陈听香一名,押往枪毙,以申法纪而维法安,合行宣告,仰军民人等一体遵照。切切特示。

《总商会报》、《公言报》、《佗城独立报》仅仅由于发表了反对陈炯明的言论,就被封禁;《佗城独立报》的发行人陈听香还被加上"竟敢依附叛军,於乱潮甫平之时,伪造揭贴,连日登载该报,希图摇惑众军,扰乱大局"的罪名,"依照现行军律"条款逮捕枪毙。对此,当时港穗商界特别是军界多有赞成者。然而,舆论界却大都以陈炯明之做法是违法擅权、滥用军律枪杀新闻记者,省临时议会还出而对陈炯明进行弹劾,引起了与陈炯明之间的一场持续至孙中山和胡汉民返粤、胡汉民出任都督后,方才自然而然地不了了之的弹劾和反弹劾斗争。

按:有关此事,实际上主要牵涉三个具体问题:一是陈听香是否依附叛军、希图摇惑众军? 二是陈听香是否伪造揭帖? 三是是否应依照军律判处陈听香死刑? 关于这三个问题,回答都应是否定的。《时报》1912 年 4 月 22 日所刊题为《陈炯明枪毙陈听香案平议》的社论,实际上对这几个问题都做了回答。这篇社论的作者"孤愤",看来还是总体上肯定陈炯明镇压王和顺的行动的,认为"大抵粤中各界,对于陈听香一事,多由感情用事,固未研究事实之真相,并未悉法律之真意。凡论人与论事不同。陈都督此次之诛锄王和顺,其有功于吾粤,虽三尺孺子,皆当额首祝颂,谁得议其非者",并按照当时某些对陈听香不满者的错误说法,以为"陈听香素为讼棍",但他却还是说:

> 陈听香素为讼棍,舆论皆訾之,亦不能为陈听香讳。而独至其为记者也,则有不畏强御、不侮鳏寡之概,能言人所不敢言,然卒也以是而罹杀身之祸。陈炯明负肮脏之气,故能削平王和顺;陈听香亦负肮脏之气,故至死而不肯为陈炯明所屈。谓其攻击陈炯明则有之,谓其依附叛军、妨害军政,恐未必中于事实也。何言之? 王和顺之叛乱,在于阴历正月廿二、三、四等日,而陈听香之宣布死刑,则在于阴历二月廿二日,以时候言之,盖已去王和顺叛乱之时,经已弥月矣;乱事已平,尚何煽动之有? 且也陈炯明宣告陈听香死刑之告示,谓其"伪造揭帖,连日登载该报",夫揭帖之是否确由陈听香所伪造,既未搜出凭证,其后经检事局与法务局两次审讯,亦未将凭证宣布。如此则不足以服陈听香,并不

足以服一般人尊崇法律之心。省议会卸去此点,不与之校辨,惟扼定"约法期后是否可用军律"一语,陈都督果何说之词? 以此而折陈都督,虽甚爱之敬之者,亦不得为之讳矣! 省港各商,徒感于陈都督削除大难之功,遂并此举亦谓为无过,是则不研究事实与尊重法律之失也! 然而,就事论事,而陈都督此举,实出于意气用事,不谓之违法不可。

章士钊在《民立报》4 月 27 日"社论"栏发表的署名"行严"的《论军律》,则更直指陈炯明之依照军律枪毙陈听香为非。该文是回答该报 4 月 27 日所刊名为陈君玉的一位女士询问陈听香一案是否适用军律的投函的,在论述了有关军律适用范围等问题后,章士钊写道:

> ……若以陈督之军律,视与记者所谓军律同体,而亦有不可通者两义如下:
> (一)军律者,祇能据以审判军人,而断不能以审判普通人者也。……
> (二)适用军律,先问其人为何如人,然后问其所犯者为何如事。既问其所犯者为何如事,而后定其受审者当为何如裁判所。盖军人与平民之交涉,当然受审于民廷也。至犯者为非军人,则无须进问,而知其不属军律范围之内;即其所犯者为军令,而亦由普通法廷判决也。……
> 由斯而谈,陈督之毙陈听香,法理上无可保障。若有他种理由,则非能敢知。

可见,陈炯明之枪毙陈听香,实属违法擅权之举。陈炯明之所以如此,无非是要钳制舆论,把舆论工具掌握在一己手中,使之顺从自己,为自己成为广东军政大权的独揽者服务。上揭《神州日报》所载《陈听香死状之惨》云:

> 粤函:《佗城独立报》发行人陈听香……临刑时,大骂陈炯明"公报私仇,违法滥杀,不糜烂地方不止"云云……

陈听香临刑所说，不为无理。

其三，耍手腕。

陈炯明显然是想要坐上粤督宝座，一心成为"广东王"的，但是，如同前文已经说过的，从胡汉民随孙中山赴沪转宁的时候起，先后有许多人都曾被举荐为粤督人选。既然如此，那么这些人当然都有或大或小的可能成为粤督，就是说可能成为粤督者，并不是只有他一人。因而，陈炯明也就不能不在抓军权和抓舆论的同时，把心思用到如何处理这个局面的问题上来。实际上，陈炯明在这个问题上，是颇费心机的。现在看来，陈炯明对待这个问题的过程大致如下：

陈炯明首先要面对的是孙中山对汪精卫的举荐。汪精卫是孙中山在12月21日决定让时任广东都督的胡汉民随己赴沪转宁时举荐的。当时，陈炯明是副都督，既有才干，又掌握军队，论情论理都应是都督胡汉民的继任者。然而，孙中山却没有举荐陈炯明为继任粤督人选，而是举荐了汪精卫，只让陈炯明在汪精卫到任前代理粤督，充当过渡角色。对孙中山此举究竟应如何看，这里不必进行评论，但有一点很清楚，就是孙中山此举，实际上让汪精卫极有可能成为粤督，事实上粤议会也很快就于12月24日正式推举汪精卫为粤督。那么，陈炯明是如何应对的呢？表面上看，陈炯明对孙中山此举似无异议，他接受了粤议会的代督请任书，并在12月24日发布了任事布告书。实际上呢？当粤议会获知孙中山对正督和代督的安排意见后前往拜会时，他采取的却是拒而不见的态度，可见他是有想法的。不仅如此，而且虽在任事布告书中于表示自己志在北伐、答应出任代督乃属于不得已的同时，声称要"电催汪公兆铭，迅归任事"，却并未立即行动，只是在汪精卫在粤议会和粤公民协会及旅港番禺工商所等一些人员电请其从速返粤之后的12月26日电辞粤督之后，才三番五次地电汪请其回粤履任，其中首次电汪请返已是在1911年12月27日，即是在其发布任事布告书的第四天。① 本来，如在平时，迟那么几天倒也不是什么大不了的事情。然而，在

---

① 段云章、沈晓敏编著：《孙文与陈炯明史事编年》，广州，广东人民出版社2003年10月第1版，第59~62页；本章附录《所见民国建立前后广东都督举荐资料选录》。

当时,却显然表明陈炯明不过是在已摸清了汪精卫的态度的情况下做做表面文章而已,其对孙中山让汪精卫出任正督而让自己担任代督的安排意见并不同意,是显而易见的。既然如此,他又为什么要答应代理粤督呢?原来,做这样的表面文章,乃是一个以退为进的手法,既为自己赢得了一个志在北伐而对粤督一任并不贪恋的好名声,又在实际上让汪精卫知道自己并不欢迎其返粤,从而对汪精卫继续决辞粤督之任起了一定作用。在这种情况下,陈炯明自然会觉得粤督属己当无问题,所以便继续表演,一再表示自己志在北伐,重申辞职之意。

然而,他没有料到,汪精卫不回粤,还会有别的粤督人选。1912 年 1 月 19 日,冯自由推荐朱执信出任粤督,接着又先后有卢信、谢良牧、徐绍桢等近 20 人被举荐出来,特别是还有似乎在粤督举荐问题上有点乱了章法的孙中山赞同和推荐的冯自由以及何克夫、胡毅生、邓泽如等人。但这些人中,大都并无出任督粤之实力,只有朱执信和冯自由既均为革命老资格,又有孙中山表示赞同,较有可能成为粤督,因而对陈炯明来说可能是通向粤督之路上的障碍。但朱执信虽得孙中山赞同,却不仅坚决不愿出任粤督,而且还干脆避走香港,孙中山则还致电朱执信说不必避走,声称自己可以婉劝汪精卫回粤就任都督,等于放弃了对朱执信的赞同和推荐。时在孙中山身边的冯自由呢?虽孙中山表示"为大局计,此间虽甚资冯臂助,仍当徇商人之请,暂为割爱",但冯自由自己也是坚决拒绝。一方面是陈炯明实际上并无有力的竞争者,另一方面此时的陈炯明毕竟已经在副督和代督任上做了一些工作,再加上在抓军队、抓舆论方面很有进展,在广东已逐渐站稳了脚跟,所以陈炯明也就一再使出以退为进的策略,提出率兵北伐、请辞代督:1 月 20 日,他宣布代理都督之期已满,将于 23 日卸任;1 月 22 日,他又在广州北门外燕塘誓师北伐;2 月 5 日,陈炯明更咨文省议会,申明本人当去之理由,并请定期早开正式选举。这一手也真是很起作用:省议会派代表与陈炯明协商,陈炯明答应有人接手始卸手代督之任;省议会又决定派代表赴沪迎接汪精卫,如汪仍不返粤,则从速另行选举,并称"选举乃地方人民之权,若中央政府派人,应由宪法上规定。今宪法尚未成立,若派人来,绝不公认"①;至 2 月 4 日,孙中山致电陈炯明,请其继续任职;至 2 月 7 日,陈炯明总算是如愿以偿,终于被公举为广东正任都督。

当然,陈炯明虽由省议会选举为粤督,但并不是没有反对之声。还是在被正式选举为粤督前的第 3 天即 2 月 5 日,就有穗港两地华商举荐孙中山之兄孙眉出任粤督,之后举荐孙眉之声鹊起,甚至有广东民军以兵力要挟省议会令举孙眉之举。② 在此过程中,孙中山虽曾于 2 月 9 日电委陈炯明为正任都督,但很快就又在坚决不同意孙眉出任粤督的大致同时,先是于 2 月 22 日拟令胡汉民回粤本任,后是因胡汉民"面陈力辞"而于 2 月 23 日电委汪精卫督粤;关于陈炯明,则只是说在汪精卫"未到任之前,由陈督代理,不可更辞",并令"各界不可再举他人",这就等于取消了对陈炯明的电委,也阻绝了对汪精卫以外的其他人的推举。③ 总之,转了一大圈,又回到了原点,即孙中山最初的主张。可见,孙中山最属意的人选,除胡汉民外,乃是汪精卫。这样一来,陈炯明在成为正任都督的道路上,就仍然只有一个对手,即汪精卫。而汪精卫本人呢? 显然是不会改变先时所持的拒绝态度的。在这种情况下,虽然也有人仍希望乃至推荐陈炯明出任粤督,而聪明如陈炯明,自然不会采取愚蠢的毛遂自荐行动,或在一些人推荐其为都督时贸然应诺。他仍然使出以退为进的手段,于 2 月 26 日重申辞职决心,而实则踌躇满志,以为成为广东都督、完全掌握广东军政大权,已是十拿九稳、非己莫属的了。

三、黄世仲被拘押:专制强权反对者的必然命运

世间的事情,往往不会那么尽如人意。对踌躇满志的陈炯明来说,不幸的是,在实现其野心的道路上,却出现了一位不合作者、反对者乃至威胁者,

---

① 段云章、沈晓敏编著:《孙文与陈炯明史事编年》,广州,广东人民出版社 2003 年 10 月第 1 版,第 69 页。
② 参见本章附录《所见民国建立前后广东都督举荐资料选录》。
③ 参见本章附录《所见民国建立前后广东都督举荐资料选录》。

即黄世仲。本来,黄世仲和陈炯明的关系还是比较好的,据云二人还曾结为兄弟,当陈炯明在成立自任会长的军团协会的时候,黄世仲还成为副会长。然而,随着事态发展,大约到了1912年3月间,两人间的关系却发生了重大变化。从成为革命者以来的情况看,作为一直为民主共和理想而奋斗的坚定的革命者,黄世仲在政治上是有很敏锐的洞察力的,他不可能对陈炯明意欲成为"广东王"的野心视而不见,也不可能在政治上仍然与陈炯明保持一致。因而,黄世仲和陈炯明之间不仅产生了尖锐矛盾,而且黄世仲成为陈炯明专制独裁野心坚定的反对者。这主要表现在这样几件大事上:

第一,黄世仲当坚决反对陈炯明抢夺王和顺等所部民军经胡汉民批准而购买的枪械的蛮横无理行径。前文曾谈到陈炯明和胡汉民强加给黄世仲的罪名之一的"未经呈明核准,竟代石锦泉、王和顺等民军代购枪械数万,……不顾大局,悍然为祸魁罪首",即被《大陆报》香港电归纳的"为谋叛首领购备军火"、被《时报》译电归纳的"购买军械,接济叛军"是否能够成立的问题,并指明答案是否定的。当然,这并不是说黄世仲没有为王和顺、石锦泉等购买枪械一事。鉴于王和顺等所部民军装备差而又准备北伐的需要,作为民团总局总长,黄世仲确曾经胡汉民同意而为王和顺、石锦泉等购买枪械,黄世仲自己也是承认这一点的。然而,等到订购的枪械到货时,情况却发生了变化,正如前文已顺便谈到过的,所购枪械被陈炯明骗夺,石锦泉还在事态发展中被陈炯明枪杀。王和顺惠军秘书李蘅皋后来回忆说:

后来陈炯明知悉惠军购了大量军火,愈滋妒忌,随派参谋到惠军大营(当时设在南关)见王统领,要求将这批军械让与政府,俾得装备陆军,先赴南京,听候北伐。至该军〔枪〕械,你们可照原定单再定,不过差两个月时间,便有货付到,当可通融云云。王和顺系一介武夫,慨然答允,将该批军械出让,再派我去香港办理第二次订购手续。讵料第二次再订之货已到,派人赴都督府领款出货,却总以财政暂时支绌为词,拖延不发。消息传播,全军鼓噪,势将激变。乃由我反复说明利害,约以我之利器,已操彼骗夺手中,彼更挟势位以临我,诚难与争;际此情况,不能不忍让,无使衅自我开,然后将彼之劣迹,揭发于全国,同时并

　　宣布此事之经过于各军,则是非曲直,自有公论,断难以一手掩天下人
耳目。①

　　另据当时报纸报道:1912年2月24日,黄世仲给王和顺等所部民军购买的
枪械到达虎门炮台时被扣留,陈炯明不愿这批枪械落入王和顺等的民军之
手,而欲以之装备实为他的私属的陆军。民军首领很不服气。石锦泉尤其
按捺不住,竟直奔虎门,私自起用本来属于他和王和顺等所部民军的枪械。
陈炯明接报后,立即通知军务司司长魏邦平,派兵追赶捕获石锦泉,不经审
讯而加以"私运军火数万"罪名即予枪决,并责令石锦泉所部"石字营"民军
缴出枪械,复将其全部遣散。② 面对这一切,黄世仲的态度如何? 现在还没
有直接资料可以证明。但王和顺、石锦泉等所部民军是属民团总局管理的,
黄世仲又是为其订购枪械以备北伐时之需而办理报批手续的当事人,面对
这一切,自然会站在王和顺、石锦泉等民军一边。胡汉民、陈炯明给黄世仲
所加罪名中有"为谋叛首领购备军火"或"购买军械,接济叛军"一条,虽属
诬陷,却也可以间接说明黄世仲在此问题上,必定是同情王和顺和石锦泉等
及其所部民军而反对陈炯明的蛮横无理行径的。

　　第二,黄世仲坚决反对陈炯明裁撤异己民军、扩充自己实力的民军编遣
计划。民军裁撤,虽早已有议论,而真正提上日程,当已到1912年1月底、2
月初。黄世仲本来在民军中颇有威望,并因此而被胡汉民任命为接替刘永
福的民团总局总长。在军政府将裁撤民军问题正式提上议事日程之时以及
之后一段时间中,如前所述,黄世仲不仅是支持的,而且做了不少工作。然
而,随着民军裁撤的展开,当陈炯明提出了一个裁撤异己民军、保存自己实

---

　　① 李薇皋:《王和顺惠军与陈炯明循军冲突内幕》,《广东辛亥革命史料》,广州,广东人民出
版社1981年7月第1版,第436～437页。
　　② 段云章、陈敏、倪俊明:《陈炯明的一生》,郑州,河南人民出版社1989年4月第1版,第44
页。按:该书谓陈炯明捕杀石锦泉的时间是2月27日,然《神州日报》1912年3月1日文字报道《石
锦泉伏法记》、《时报》1912年3月1日文字报道《石锦泉伏法详情》、《申报》1912年3月1日文字
报道《粤都督义诛石锦泉》分别说是"廿四晚"、"廿四晚"、"二月二十四日(旧历初七)",即都说是2
月24日,可见2月27日说不确。又,《民立报》刊登发自广东的电报"陈都督擒斩最凶残之民军首
领石锦泉,人心大快,民军震栗,秩序渐复"是在1912年2月27日,也证明石锦泉被捕杀的时间不
可能是2月27日。

力的具体计划时,黄世仲却持反对态度,敢于持和陈炯明相左的意见。民军首领之一的胡汉贤在所写《广东"瀛字敢死军"纪略》①中回忆道:

> 当时,广东民军约有十四万以上。陈炯明在胡汉民调任南京后代理都督职务,他首先解散军团协会,接着,又不与民军领袖会商而遽行宣布解散民军。而在不久后召集的裁军会议上,更大肆排斥异己,裁撤别人的部队,扩充自己的实力。各军首脑皆有戒心。民军领袖王和顺、黄明堂乃以裁军不公为理由,反对陈炯明的计划,并将部队退驻广州东关一带。陈炯明刚愎自用,竟与王和顺火并,闭城数日,炮声隆隆,东关戏院和东园附近房屋毁坏不少,居民生命财产遭到损失。……
>
> 陈炯明所拟定的裁军计划,也遭到黄世仲的反对。黄世仲主张裁弱留强,合理编遣,不得裁减他人部队,扩充自己实力。陈炯明竟然妄加罪名,把黄世仲枪决。

由于由都督府所管的民军,有的已是巡警或警卫军,有的已基本上组建到陆军中,陈炯明的循军还成为陆军的主干,所以所谓裁撤民军实际上主要是裁撤民团总局所管理的民军。按照陈炯明排斥异己、裁减他人部队、扩充自己实力的裁军计划,在当时的各路民军中势力最为雄厚、因上述购买军械一事而对陈炯明抱有极大不满和怨恨,从而对陈炯明构成严重威胁的王和顺惠军以及另外几支民军,无疑会被裁撤。对此,作为民团总局总长的黄世仲自然会起而反对。他针锋相对,提出裁弱留强、合理编遣的民军遣散原则,而如果按照这一原则进行遣散裁撤,王和顺惠军就会被保留下来,成为陈炯明实现其全揽广东军政大权的一大障碍。这当然要引起陈炯明的忌恨。黄世仲也因为提出正确的民军遣散原则,而成为陈炯明务必除之的眼中钉。

第三,黄世仲坚决反对陈炯明镇压王和顺等所部民军。陈炯明镇压王和顺等所部民军,是紧跟着抢夺军械、枪杀石锦泉和推出被反对的具体裁军

---

① 胡汉贤:《广东"瀛字敢死军"纪略》,《广东辛亥革命史料》,广州,广东人民出版社1981年7月第1版,第153～155页。

计划而发生的。其大致经过,当时报纸如《申报》、《民立报》、《神州日报》、《时报》等均有详细报道。《时报》1912 年 3 月 19 日有文字报道《粤省兵变事详纪》12 则,其前五则和末二则云:

　　▲粤省民军王和顺所统之惠军,驻扎回龙社,南关一带归其保护。十九、二十(按:即 3 月 7、8 日)两晚,与都督巡查互相误会,已略有冲突。至廿一日(按:即 3 月 9 日)下午三句钟后,惠军疑巡查军着缴军械,遂于永汉街、海味街一带阻止道路,初则极力防卫,继则竟起战斗,相争不下,枪声隆隆,商店均相闭户。于是永汉门、太平沙、大巷口等处,竟成战场。廿二日(按:即 3 月 10 日)仍复如故,长堤一带风鹤情形尤甚。由电灯局桥以东至东关戏院为惠军驻扎,桥以西至同庆戏院一带为陆军驻扎,两两相持,如临大敌。三点钟时,都督派调和军队二十余名出城调和,并有民军总务处派出安抚课员,扶汉社、保安会、广仁善堂均派有调和队,前往调解,然卒归无效。至三句钟后,相争益剧,其机关枪声,络绎不绝,闻相战地点蔓延益广,大东门、小南门外皆略有小争,而尤以长堤及永汉门等处为烈,两军均死伤,并且伤及路人甚多。

　　▲当两军战势最剧(时),枪炮之声不绝于耳。惠军先以炮向城内轰击,然后陆军始奋力还击,自东堤迄西南一带,极形猛烈。大抵陆军一自东堤向西攻击,甚为得手,尤以炮队为最,惠军死伤极众,东堤各酒楼被开花炮损坏甚多。一自大南门及归德门向南攻击,昨晚互斗至急,惠军已占永汉门内,后为陆军督队率同兵士奋勇攻扑,惠军不敌,退守门外;至二十三(按:即 3 月 11 日)早,陆军再行攻之,午时复退至天字码头,陆军当场毙惠军排长一名、军士六名,伤十余名,获数名,盖最奋勇者为五标军士也。现闻王和顺已奔往虎门,部下多已缴械,由李福林招抚。

　　▲又廿三(按:即 3 月 11 日)午后,王和顺已逃。肇乱惠军余党,已由都督谕李福林安抚,战事已息。廿四(按:即 3 月 12 日)早,陆军在归德门附近防守,有乱兵在当店上放枪,击伤数人,陆军乃用实心炮弹攻坏其楼,因之复有接战。旋由都督命停放炮,多方谕止,着李福林

带协字营兵驻河南,始获无事。

▲又廿四(按:即 3 月 12 日)午前九时,有惠军一队,分坐长龙小艇数艘,欲在其昌街尾泰兴祥前堤边登岸。陆上军人迎头痛击,闻亦鏖战良久,互有损伤;并闻是日靖远街口,亦有某某两军在此巷战。

▲自廿三(按:即 3 月 11 日)未刻后,枪炮之声已逐渐稀少,居民因亦略安。但至廿四(按:即 3 月 12 日)三时许,又闻隆隆之声甚烈,长堤一带及旧府前,又有战事,居民遂又纷纷闭户,其横街小巷且闭闸焉。西关各大街已多如常贸易,但仍不敢大开门户。种种恐慌态度,诚令人目不忍睹。

……

▲闻粤商维持公安会因军队交讧事,召集各界开大会议,黄宣慰使、龙统制、各民军统领、善堂、商会及各社团到者数百人。黄宣慰使主席,二句钟(按:粤语"两小时")开议调和办法。众议先劝两军息战,惠军、协军一方面由民军共和会十六位统领担任调和,其陆军一方面则由龙统制担任。至惠军军械,暂时免缴。一经调停之后,如两方面有不服从者,应由十六位统领暨龙统制会同,以公理制止,业经公众表决。似此合力调和,则惠、协军及陆军等,当能即日息兵言归于好矣!

▲二十四日(按:即 3 月 12 日),军界调和会又假座多宝大街红十字会集议,各界咸到,先议调和办法。龙统制代表王仰峰君言:龙统制已实力担任调和,即公请龙统制担任劝止陆军,陆统制(领)兰清约同各民军统领肩任劝止惠军。倘仍战争,显然有意糜烂地方,无论何军即为我三千万同胞之公敌,当再联合各界集议,决不公认。随由主席致谕来宾,并举代表王仰峰、颜启汉诸公至粤维持公安会见龙统制、陆兰清诸公。该会所议办法相同,即附名合办云。

《神州日报》1912 年 3 月 19 日有文字报道《羊城军界内讧详记》(一),逐日进行报道。兹摘其中部分文字如下:

粤函:统制惠军王和顺日前面谒都督,申请长堤自大巷一带,归其巡查;如有失窃抢劫,自行任咎,无庸另派陆军。陈都督已首肯。迨至九号(按:即3月9日),有陆军一队,欲入其界线,惠军者以前情请往别处。陆军并不理会,即放空枪示威,惠军即时戒严,四处放飘。陆军即声言明日(按:即3月10日)定必报复,故惠军于天晚时即由大营拖大炮两尊,在天字码头安放,又捉有陆军四人回一协大营。而九点钟,两军忽又交战。是役也,长堤被毙者四人、新军二人、过路二人。又在永汉门交战,最为决烈,伤宪兵二名,毙宪兵排长一名,陆军第五标三营共伤兵三名,惠军伤者未得实数。

十号　又接战,长堤几绝行人,铺户皆关闭。午前有方便医院,及军团演说会、各善堂等,分队到战地实行调和无效,故仍在仓前街等处交战。陆军在海味街德安押店楼上作炮台,俯视街道,有陆军十余人,被惠军困怡珠茶楼。彼此终日互相轰击,自晨至午,毙者伤者不计其数,传由各十字会施救。迨至入夜,大新街一带,又有陆军与惠军,互相轰击。

十一号　……

陈都督于十一晨出示,略云:和顺造乱,……

陈都督出示云:王和顺包藏祸心,煽兵肇乱,希图推翻政府,破坏安宁,罪不容诛。……

惠军亦于战时布告云:本军自克复惠州以来,所至各境,均遵守文明规则,与同志各军,毫无冲突。今在省城回龙社驻扎,极力保护地方,所有南关一带,如常安静,商民同声称颂。日前有陆军小队,夜间巡查至南关之永汉街等处,无故开枪。当时本军质问原因,据答失枪之误,彼此均无意见。乃十九、二十(按:即3月7、8日)两晚,约七句钟时,又有陆军军士多人,巡查至此,复行开枪。本军以其有意冲突,即向都督陈明,冀清隐患,孰意竟不答复。至二十一(按:即3月9日)下午三句钟,复有陆军列队来永汉街,竟向本军驻所开枪轰射,直有袭营之势,当场伤本军军士数人,蛮横已极,本军不得不极力防卫,准备对待。然经开战,地方必不能安全,实非和顺之本愿。窃思陈都督,自任职以来,擅作淫威,厉行专制,与革命宗旨,大相违悖。前此经以利用陆军,强迫各路民军解散,冀集大权于一己,虐全省之人民,今竟袭我惠军,声诉不理,肇祸之魁,非异人任,用特布告。各社团及众同胞,应如何筹(按:"筹"字系据《民立报》3 月 16~17 日《广州兵士大讧记》所载补)备对待该都督之处,务祈一研究之,则粤东幸甚。

十二号 早晨十点钟,城内财政司署前,有陆军一队,经过该处。驻兵喝问口号,陆军不答,彼此又在署前大战,……

是日,龙统制将新军截留惠、协两军兵士二十二人,带同到公安会,面交陆兰清统领,送回各该营安置;并由公安会举出代表数人,会同黄宣慰使、龙统制、各军统领,亲赴两军,极力调和。

……

十三号 都督通请各界茶会,到者数百人。先由都督详述此次痛击王和顺不得已之苦衷,有应辩明者:一为陆军之剿王和顺,系奉政府命令,并非交讧,本无所谓调和。二、广东变相迭生,镇定全仗兵力。现外间对于此举,多不满意,设将来有事,能否不用兵力,应请诸君研究。……

是日都督又出示云:查此次王和顺倡谋肇乱,……凡此种种,皆为王和顺蓄谋乱粤、抗命称兵、扰民损商之确证,非因与陆军冲突而然,其与散兵一事更无关系。各民人等,不可误信谣言,致淆乱实情,摇动心志,是为至要。

此次与惠军交讧之陆军,系陈炯明所部之循军改编,多旧日之巡防队。其与战之民军,则除惠军外,有协字、仁字等营,其余各营间有被伤者,系由个人自行赴战者云。

《神州日报》1912 年 3 月 24 日《羊城战血馀腥记》(二)首段云:

粤函:胡汉民督粤时,王和顺已欲举事,而未果。嗣又欲借北伐为名,索领饷械服装,即大肆劫掠,然后进据桂林,称都督。讵有人密告陈都督,谓王志不北伐,故都督已早防之,计又不逞。然仍密遣人在各处布置;关仁甫(仁军统领)、杨万夫(协字营统领)数在广西、云南,与和顺交最久,故互相联络。适选举都督不遂,石锦泉被诛,而遣散民军事件又起,于是同谋反抗:豫举关仁甫为都督,一面纷调各处军队回省,以厚兵力,一面迁眷往港(王亦亲同往港,至起事前一月乃返),以避兵燹,且有民军督练处某某为之策画(划);又见民军中以福军为劲,特飞函该军统领李福林,言各军皆已赞成此举,兰军、康军占西门、进城内,仁军占东门,惠军占南门,促令调兵渡河策应;又密遣兵轮上西江运动(闻已为肇罗督办拿获),并派人往越南,欲招退伍越兵到粤相助——此其事前蓄谋之大概也。及事起时,强迫部下签名,有既签名而临阵不战者,曾被王枪毙多人云。

诸多报道各有不同,但有关大致过程之说法大致吻合,其大致过程是:自石锦泉被枪杀、其所部"石字营"民军被强行解散后,"各民军首领、参谋皆大恐慌"①。陈炯明采取分化瓦解手段,因而有叶源、邓妹等"自愿解甲归农"。但王和顺、杨万夫、关仁甫等部民军惠军、协军、仁军则不是如此,而是采取防范措施,相约互为援手。② 于是,陈炯明便决心以武力加以解决。1912年3月7日,陈炯明以重兵对王和顺的惠军形成包围之势,然后派出巡查队前往属于惠军防区的太平沙一带"巡逻",故意寻衅闹事,挑起事端。此日至次日,双方已略有冲突。3月9日,陆军再次寻衅,惠军及其盟军仁军、协军被迫自卫。3月10日,陈炯明乘机宣布上述民军"叛变",派出整编正式陆军向上述民军阵地猛烈进攻,进行镇压。3月12日,惠、仁、协军失败,王和顺出走,这三支民军被缴械遣散。在此过程中,3月10日,大约由于战局初开、结局难料吧,陈炯明曾派调和军队20余名出城调和,另有民军总务处、扶汉社、保安会、广仁善堂等派人进行调和,卒归无效。3月12日,陆兰清、李福林等民军首领和军团协会、演说会、各善堂负责人又出而到交火双方进行调停。但此时陈炯明既已得手,岂肯善罢甘休?到了3月13日,他在所召集的各界代表会议上,混淆黑白,硬说此举是出于迫不得已,进

① 段云章、沈晓敏编著:《孙文与陈炯明史事编年》,广州,广东人民出版社2003年10月第1版,第87页。

② 段云章、陈敏、倪俊明:《陈炯明的一生》,郑州,河南人民出版社1989年4月第1版,第45~46页。

攻惠军乃是"政府命令",并非内讧,要求各界不要出面调停。会后,又发出告示,把冲突的责任完全推给王和顺,要"各军民人等,不可误信谣言,致淆乱实情,动摇心志"①。其实,王和顺等之起而反抗,并不像陈炯明所说的,是什么"叛变",而是一次迫不得已而实行的反抗陈炯明专制独裁行径的行动。《神州日报》3月20日刊登的文字报道粤函《羊城军界内讧详记》(二)载:3月13日在陈炯明所召开的各界会议上,就有人起而反对陈炯明混淆黑白的说法,认为王和顺无什么罪过。当叙及陈炯明讲到辞职以及什么"此次只可言平乱,不能言交讧"等,而一些人纷纷扰扰,起而附和陈炯明或说什么陈炯明不能去之类,费时数小时之久时,报道写道:

> 继有夏重民②起言:"今日来会,本未尽悉粤中内事,未便发议。但见开会数点钟,茫无头绪,支蔓不堪,到底是何宗旨,实在不知。现在时间甚为珍贵,交讧之件,可不必争,应商量维持广东善法。但弟所闻外间所电,反对陈督,称为交讧者,实因陈督第一张告示,自称'冲突',最后之告示,又称为'包藏祸心、希图倾覆政府'。外间不知王和顺事实,包藏祸心四字极不可解。且此四字,乃旧日亡虏时罗织人罪之普通语,若研究法理,则绝不承认。"后有民政司黎国廉,仍力言王和顺确有包藏祸心之处,夏重民驳言:"请民政司不必再絮絮此四字!既有王和顺罪状,何不正式宣布?"陈督与司长为之愕然。黎又言:"王和顺罪状甚多,一时不能备举。'包藏祸心'四字,不过通通套套说来,将来必宣布其罪状,请夏君切勿误会。"复有陈少白言……有杜贡石者言:"此次遣散民军,出于饷绌,不得已而然。"夏重民言:"闻杜君遣散民军,欲有一言,恐对各位不住。弟经各省,财政均困难,而秩序最好,广东财力最丰而秩序最乱,此事真不明白。既知财政困难,应知遣散民军时,即同时节减各司员薪水。南京政府黄兴不过月四十元,总统府各科长不过月

---

① 段云章、陈敏、倪俊明:《陈炯明的一生》,郑州,河南人民出版社1989年4月第1版,第46页。

② 夏重民:即广州地区反美爱国运动中被两广总督岑春煊逮捕的"抵制苛待华工不用美货总公所"三位骨干办事人员之一的夏仲文。

支夫马三十元,一切零用,且自己出。今见广东情形,各司总长七八百金,科员至少亦三四百金,至外间商人捐款不交,谓以此款捐去,不如留为己用,胜过供新官挥霍。此等革命党,人人都是金钱主义。此种言语,愿同志谛听:革命党前此七八年,飘(漂)流海外,无衣、无食、无居,今日新官,出藤兜、入藤兜,试问革命最初目的,是否如此?言念至此,实为痛心!弟愿各同志发现天良,将各薪金稍为减节,免至为外人藉口!"言至此,全座肃然无声,陈督、陈少白等尤为愕然。夏又言:"今日之乱象,不是王和顺罪过,不是陈都督罪过。世界一日有金钱,社会一日不能无罪过。现时何止一王和顺?比王和顺更坏,而盘踞要津,无人敢过问者,触目皆是。今日之事,不过有幸有不幸耳!"

《神州日报》1912年3月23日在以《王和顺一面之词》为题,刊登王和顺发布的叙述事件起因并揭露陈炯明的种种不法行径的布告时,称其"持之有故,言之成理",确非偶然。

在陈炯明镇压王和顺惠军问题上,黄世仲也是陈炯明的反对者。当时传闻,王和顺等于起而反抗之前,"且有民军督练处某某为之策画(划)"①,此处"某某"所指当即黄世仲,因为如果此事属实,则只有黄世仲可以为之;又传闻"月前王和顺之役,大半皆黄(世仲)所擘画者也"②,此亦证明前引所说"某某"确指黄世仲。这一传闻是否可信?看来至少是事出有因的。因为,王和顺本来是有功于革命的一位民军首领,其所部惠军又是当时军力最强的一支民军,按照黄世仲所主张的裁弱留强、合理编遣原则,王和顺的惠军应是不被裁撤的。而且,有资料证明,王和顺惠军不让陆军进入其防区,是有事先与陈炯明的约定为据且开始时行动上也是有节的。上引《神州日报》3月19日粤函《羊城军界内讧详记》(一)所载惠军战时布告云:

本军自克复惠州以来,所至各境,均遵守文明规则,与同志各军,毫

---

① 《羊城战血馀腥记》(二),《神州日报》1912年3月24日。
② 《粤督枪毙黄世仲三志》,《时报》1912年5月10日。

无冲突。今在省城回龙社驻扎,极力保护地方,所有南关一带,如常安静,商民同声称颂。日前有陆军小队,夜间巡查至南关之永汉街等处,无故开枪。当时本军质问原因,据答失枪之误,彼此均无意见。乃十九、二十(按:即3月7、8日)两晚,约七句钟时,又有陆军军士多人,巡查至此,复行开枪。本军以其有意冲突,即向都督陈明,冀清隐患,孰意竟不答复。至二十一(按:即3月9日)下午三句钟,复有陆军列队来永汉街,竟向本军驻所开枪轰射,直有袭营之势,当场伤本军军士数人,蛮横已极,本军不得不极力防卫,准备对待。

当然这有可能是王和顺的一面之词。但该《羊城军界内讧详记》(一)一开始就说:

统制惠军王和顺日前面谒都督,申请长堤自大巷一带,归其巡查;如有失窃抢劫,自行任咎,无庸另派陆军。陈都督已首肯。迨至九号(按:即3月9日),有陆军一队,欲入其界线,惠军者以前情请往别处。陆军并不理会,即放空枪示威,惠军即时戒严,四处放飘。陆军即声言明日(按:即3月10日)定必报复,故惠军于天晚时即由大营拖大炮两尊,在天字码头安放,……

可见,事件本是陈炯明自己背约派出陆军强行到惠军管辖区巡逻有意挑起,以致激起反抗,发生冲突,酿成战乱的。然而,陈炯明强加给王和顺惠军等以"倡谋肇乱"、"蓄谋乱粤、抗命称兵、扰民损商"的罪名,借口平乱而镇压和消灭了惠军,铲除军事上对自己的一大威胁。因此,在王和顺反抗陈炯明的过程中,反对陈炯明排斥异己民军、保存自己实力的裁军计划的黄世仲,就完全有可能是站在王和顺一边的;王和顺等大约也拥护黄世仲,据说王和顺等当时还喊出了"打倒陈炯明,拥护黄世仲"①的口号。王和顺等喊出如

---

① 玉壶:《黄世仲被陈炯明枪毙之里因》,《黄世仲与辛亥革命国际学术研讨会论文集》第2辑,香港,纪念黄世仲基金会2002年2月第1版,第224页。

斯口号是否属实,且不必管,但既有此传闻,那么黄世仲站在王和顺等一边,确实并非事出无因。既然如此,那么黄世仲也就完全有可能替王和顺等出过主意。当然,现在还没有直接的材料证实这一切都确凿无疑。王俊年曾说《神州日报》3 月 23 日以《王和顺一面之词》为题刊登的王和顺为叙述事件起因、揭露陈炯明种种不法行径而发布的布告,当出自黄世仲之手①,但这也只是推测,并无的证,故不足以作为证据;即使属实,也是在陈炯明已下令镇压之后,因而仍然难以以之为据而论定黄世仲必定是煽动王和顺惠军"蓄谋乱粤"的。因为,黄世仲如果出过主意,那么所出的是什么主意? 现在已难知其详。黄世仲的女儿黄福莲回忆说:

> 陈炯明自辛亥起义时,陈炯明自己一支军埋城,革命成功后,炯明支军队不编入民军,自号为陆军,系炯明自己统带的。有一路民军,编号为卫军(惠军),系王和顺统领的。王和顺系广西省绿林二哥,关仁甫系大哥,在港加【入】同盟会的。辛亥反正埋城,是包打的民军也。炯明陆军与民军即卫军(惠军)冲突,甚至开火,大打三天,搅到(得)满城风雨。黄世仲禁止卫军(惠军),不准打,【说这是】自己打自己。卫军(惠军)统领话:"佢打来,我要还手。若唔,竖(束)手听死呀?"黄世仲说:"你们只系(许)防守,我去见陈炯明。"于是黄世仲去都督府见陈炯明。黄世仲说:"军人乃系乌合之众,国家经(轻)重不十分了解。我们是他上师(司),要约束教训他,不应自己打自己。"陈炯明答黄世仲说:"我有(也)叫佢唔好打,但佢地唔听话,无法咯!"黄世仲就话:"敢(咁)我绍隼(召集)佢来训话好吗?"陈炯明:"好好,你教训佢咯!"于是黄世仲就绍(召)陆军官长来训话,陆军官长就话:"好啰,黄总长敢(咁)话就敢(咁)啰!"陆军与卫(惠)【军】的事就亭(停)止不打了。陈炯明说:"黄兄好□,不只统带十路民军,连我陆军都听你话!"(黄福莲遗信)

---

①　王俊年:《批倒了皇帝,没有打倒专制独裁统治——我对黄世仲之死的看法》,《黄世仲与辛亥革命国际学术研讨会论文集》第 2 辑,香港,纪念黄世仲基金会 2002 年 2 月第 1 版,第 22 页。

当时黄福莲已 15~16 岁,已是能够记事的年龄,其所说虽当来自其父或其父友人等当年的述说,但系数十年后年事已高时的回忆,因而容有不甚准确之处;特别是"陆军与卫(惠)【军】的事就亭(停)止不打了"一句,显然有违实情。但其中必定有一定的合理性成分,即黄世仲本来反对王和顺等采取武力反抗行动,但却认为陈炯明陆军"军人乃系乌合之众",反对陈炯明陆军镇压王和顺等所部民军并站在王和顺等一边进行调解,却是很显而易见的。当然,黄福莲的回忆,还不能当做证。然而,据《时报》3 月 19 日《粤省兵变事详纪》报道,民团总局在战斗进行中曾派员进行调解、因而黄世仲本人主张调解,却是确凿无疑的事实①。由此可见,黄世仲虽然反对陈炯明专制自为行为,却未必"蓄谋乱粤"、主张和策动王和顺武力反抗,或至少是没有什么确凿证据证明这一点;所谓"擘画",如果传闻属实,那么可能的情形当不会是策划武力反抗、"蓄谋乱粤",而是为王和顺等所部民军诸如如何实行自卫、和平解决问题等进行策划,王和顺等所部民军所采取的武力反抗行动一开始本来也的确属于自卫行动。胡汉民在事隔多年之后所写《胡汉民自传》中,说黄世仲"欲使民军拥己作乱",但在其和陈炯明捕押、杀害黄世仲时强加给黄世仲的所谓罪名中,却并未明确地写出这一层,当亦说明这一点。然而,无论情况如何,黄世仲必定是站在被镇压者一边的。因而,陈炯明视黄世仲为自己的对立面,自属必然。

第四,黄世仲在都督人选推举问题上乃是陈炯明的一个威胁。因为,本来在都督人选推举问题上,据说黄世仲不仅曾举尤列为都督人选②,而且他自己又是孙中山举荐的代督人选之一③。到了陈炯明自以为都督一任非己莫属的 1912 年 3 月间,对陈炯明来说又出现了新的情况。其一,袁世凯曾

---

① 《粤省兵变事详纪》,《时报》1912 年 3 月 19 日。
② 尤嘉博编:《尤列集》,台北,布衣书局 1987 年 8 月出版,未见。此处引自胡志伟《民国第一政治冤案:辛亥革命功臣黄世仲之死》,香港,《明报》2003 年 7 月 6 日;北京,《参考消息》2003 年 7 月 15 日;马楚坚:《黄世仲行实考》,《黄世仲与辛亥革命国际学术研讨会论文集》第 2 辑,香港,纪念黄世仲基金会 2002 年 2 月第 1 版,第 182 页。"一切以革命大局着想"句马楚坚原注:"尤嘉博编:《尤列集》,页 68~69,《民国成立》。"
③ 罗香林:《革命宣传家小说名家黄世仲家世访记》,《乙堂劄记》第 17 册,未见。此处引自马楚坚《宣传辛亥革命之文字功臣:黄世仲行实考》,《黄世仲与辛亥革命国际学术研讨会论文集》第 2 辑,香港,纪念黄世仲基金会 2002 年 2 月第 1 版,第 178~183 页。

拟调吉林巡抚陈昭常为粤督①;其二,曾有人向孙中山举荐黄兴出任粤督②;其三,如前所说,据说王和顺等人曾预举黄世仲为广东都督,还喊出了"打倒陈炯明,拥护黄世仲"的口号③,而黄世仲据说也让民军拥己作乱④。头两个情况对陈炯明来说是无须考虑的,因为袁世凯的打算在广东自然难以行得通,而黄兴更是不可能到广东来当都督的。第三个情况则不得不认真对待。因为,虽然所谓王和顺等喊出"反陈拥黄"口号和黄世仲让民军"拥己作乱"之类说法,不仅并无直接资料可以证实,而且连陈炯明和胡汉民在加给黄世仲罪名时也根本未曾提及这一点,故实际上均属事出有因而并无实据的传闻不实之词。但黄世仲对陈炯明采取反对或至少是不合作态度却是显然的,传闻使陈炯明把黄世仲视为自己成为广东王道路上的对手也是符合逻辑的。据知,陈炯明曾拉拢黄世仲,使之至少放弃反对自己的立场。大约陈炯明以为,自己和黄世仲私笃甚佳且本是结拜弟兄,设法将其拉拢到自己一边是有可能的,而一旦将其拉拢过来,那就不仅黄世仲不再是威胁和对立面,而且由于黄世仲的社会影响力很大而会消弭很多反对自己的声音。所以,采用拉拢之术,实不失为一个妙招。事实上,陈炯明也确实施行过此术。据黄世仲的女儿黄福莲回忆,直到拘捕黄世仲前几天,陈炯明还曾亲到黄世仲家中做过最后的努力,但黄世仲不为所动,而是坚持自己的态度,甚至表示宁可失去在军政府所任职务、重操报馆生涯,也不入陈党即不与陈炯明同气合流。方志强根据黄世仲女儿黄福莲的遗信,在《黄世仲大传》中就此写道:

> 在孙中山已解职将偕胡汉民归粤(时),陈炯明故特来黄家座谈,以期黄世仲改变态度,支持他。但黄世仲生性不羁,且仗义执言,不怕

---

① 参见本章附录《所见民国建立前后广东都督举荐资料选录》。
② 参见本章附录《所见民国建立前后广东都督举荐资料选录》。
③ 玉壶:《黄世仲被陈炯明枪毙之里因》,《黄世仲与辛亥革命国际学术研讨会论文集》第2辑,香港,纪念黄世仲基金会2002年2月第1版,第224页。
④ 胡汉民:《胡汉民自传》,罗家伦主编《革命文献》第3辑,台北,中国国民党中央委员会党史资料编纂委员会1953年9月出版;中国社会科学院近代史研究所近代史资料编辑组编:《近代史资料》1981年第2辑,北京,中国社会科学出版社1981年8月第1版,第45页。

得罪权贵,他同情为革命而来的民军,对陈炯明以武力解散民军、全歼惠军的作法极为不满,故不买陈的账,并表示"唔入他党唔做官,做报纸馆"(黄世仲女儿遗信)。"当晚两人争论得很剧烈,最后闹得不欢而散。"①

在《民元广东奇冤——也谈黄世仲之死兼与宋位陈华新先生商榷》②中,方志强又就此写道:

> 四月初,陈炯明去西关黄世仲家吃狗肉,席间谈政事不欢而散(陈常去黄家饮茶)。……其女儿黄福莲曾说:"陈炯明见黄世仲唔(不)入他党,唔做官,要做报纸馆,就起不良之心,等黄世仲散军入都督府交待清楚,即扣留,名目为计数,数目唔清楚,欠八十万。"

既然如此,那么陈炯明当然也就仍然会将黄世仲视为一大心病和对手,并因此更加忌恨黄世仲而务必除之。

总之,黄世仲不仅在一系列问题上成为陈炯明的反对者,而且在陈炯明成为都督的道路上被当成一位有力的对手。于是,陈炯明就不能不采取措施。当然,黄世仲乃是一位有影响的人物,陈炯明自然不会采取愚蠢手段来对付黄世仲。那么,他采取了什么办法呢? 除了上述的拉拢手法外,首先是表示要辞职,并与此同时举荐朱执信、廖仲恺、陈少白和黄世仲等人治粤③。陈炯明是善用此法,以之为杀手铜的。从还在惠州的时候起,他就一直采取此法,以辞为进、一举两得。如前所述,在 1911 年 11 月 18 日,身在惠州的陈炯明被推举为副都督,而 11 月 26 日陈炯明即通电各界请辞副都督并表

---

① 方志强:《黄世仲大传》,香港,夏菲尔国际出版公司 1999 年 3 月第 1 版,第 269 页。

② 方志强:《民元广东奇冤——也谈黄世仲之死兼与宋位陈华新先生商榷》,《广东史志》1998 年第 3 期。

③ 冯自由:《〈洪秀全演义〉作者黄世仲》,《革命逸史》第 2 集,北京,中华书局 1981 年 7 月第 1 版,第 43 页;胡汉民:《胡汉民自传》,罗家伦主编《革命文献》第 3 辑,中国国民党中央委员会党史资料编纂委员会 1953 年 9 月第 1 版;中国社会科学院近代史研究所近代史资料编辑组:《近代史资料》1981 年第 2 辑,北京,中国社会科学出版社 1981 年 8 月第 1 版,第 64 页。

示"誓为北伐中之一人"，从而既在人们心目中为他赢得了信任，又得知自己基本上并不在孙中山等关于粤督人选的考虑之中，因此上他才下大工夫竭力经营以加强根基。现在他又玩起了老手法，表示要辞职并举荐他人治粤。当然，此举其实也不过是一种经营，是个以辞为进、一举两得的手段，既要给世人造成并非恋栈权位的印象，又可以试探孙中山等的态度。结果，陈炯明在孙中山等人那里留下了好印象。第二便是武力对待王和顺等，结果王和顺等被镇压，为王和顺喊冤叫屈的陈听香被枪杀，黄世仲呢？也终于被捕。

显然，黄世仲之被捕，从陈炯明方面说，是其企图成为"广东王"之野心使然。而从黄世仲方面来说，则显然是由于反对陈炯明的专制独裁行径、捍卫民主共和，而终于遭到陈炯明的黑手的。

黄世仲并不是不知道反对陈炯明会引来极大的危险乃至杀身之祸。当时已有不少人为黄世仲担忧并将可能会有的危险告诫黄世仲。冯自由在叙及陈少白对陈炯明、胡汉民冤杀黄世仲鸣不平之事后说：

> 先是，世仲既长民团局，以生平好用机智，颇得民军诸首领拥戴，由是恒假各路民军以自重，屡向当局逼索饷械，当局不堪其扰，有识者已深为世仲危。[1]

黄世仲之兄黄伯耀也曾回忆说：

> 陈炯明为人阴险狡诈，曾有人告诫黄世仲，一山不藏二虎，要他对陈炯明留意。[2]

然而，黄世仲并不把危险放在心上。甚至在被捕前几天的某日晚上，面对陈

---

[1] 冯自由：《〈洪秀全演义〉作者黄世仲》，《革命逸史》第2集，北京，中华书局1981年7月第1版，第43页。

[2] 黄鉴泉：《晚清著名小说家黄世仲》，《芳村文史》第1辑，广州，广州市芳村区政协《芳村文史》编辑委员会1988年11月编印。

炯明的拉拢,坚决加以拒绝,表示"唔(不)入他党,唔做官,要做报纸馆"(黄福莲遗信);在被捕的当天,当他要去都督府而有人劝他说有危险、不可去时,他仍然坦然而去,并在陈炯明的枪毙威胁面前毫不示弱。方志强《黄世仲大传》据黄世仲的女儿黄福莲的回忆等材料记述道:

> 4月9日,陈炯明通知黄世仲去都督府,当时"有识者已深为世仲危",说一山难藏二虎,叫他不要去。黄世仲说:"平时不做亏心事,半夜不怕鬼敲门,怕他做乜野"(乜野,广东方言,即什么)。即径直而去。跟随他去的有黄的副官麦祝如和麦同保。黄世仲进入都督府(副官不准进),陈炯明便要黄世仲交待"贪污军饷"之事。黄说没有这回事,陈炯明说,"你不承认我就枪毙你"。黄世仲即拔出手枪,啪的一声拍在桌上,说,你敢枪毙我,我就被你枪毙。陈炯明亦发火拍台,随即叫左右手下将黄世仲抓起来。黄世仲的副官在外面听到拍台声和吵闹声,知到(道)不妙,便赶紧退离都督府,逃往香港。①

用今天的话来说,黄世仲确有一种为了民主共和理想而"明知山有虎、偏向虎山行"、在专制独裁者的淫威下不怕牺牲一己的高尚气节和英雄气概。黄世仲确实是因此而终于被陈炯明拘押并立意加以杀害的。

四、黄世仲被枪杀:政权势要政治较量的牺牲品

黄世仲是被陈炯明下令拘押的,陈炯明也确实在不辞而走时留下应杀黄世仲的手令。不过,最后下令枪杀黄世仲的,并不是陈炯明,而是胡汉民。那么,胡汉民为什么要下令呢? 有些研究者总是从二人之间有无过节方面考虑问题。② 其实,这是不必要的。事实上,所举二人之间的所谓过节,均

---

① 方志强:《黄世仲大传》,香港,夏菲尔国际出版公司1999年3月第1版,第269~270页。
② 方志强:《民元广东奇案——也谈黄世仲之死兼与宋位陈华新先生商榷》,《广东史志》1998年第3期。

与胡汉民无直接关系,很难对胡汉民产生影响。有人说黄世仲曾举尤列为都督人选,但恐怕也难说会与胡汉民构成什么过节。因为,一则广东光复时胡汉民已被举为都督,黄世仲不可能再举他人代替胡汉民;二则黄世仲是广东光复后随出任都督的胡汉民进广州的,胡汉民任都督后,先是让黄世仲任枢密员,后又让其接替刘永福任民团总长,黄世仲也不可能再举他人;如果确曾荐尤列,那倒如同郭天祥所推测的,可能是在"粤局将定"即广东光复之势已成而尚未光复之际①,所以也不会有什么过节。应当考虑的倒是其时的形势。而考虑到这一点,即可看到,胡汉民下令枪杀黄世仲,确是孙中山、胡汉民在和陈炯明之间进行政治较量的需要。

应当说,孙中山本来对陈炯明总体上还是信任的。但是,相对而言,在谁可以担任粤督的问题上,孙中山还是更信任胡汉民和汪精卫的,这大约同胡汉民和汪精卫直接追随孙中山并较早和孙中山一起进行革命活动有关。所以,当武昌起义成功后刚从海外归来路过香港,让已担任粤督的胡汉民随同赴沪的时候,孙中山为广东挑选和推荐的都督人选,并不是时任粤省副督、因而理应代胡汉民出任粤督的陈炯明,而是其时并不在广东的汪精卫。当南北议和已定、辞去临时大总统、和胡汉民等一起回到广东以后,情况发生了变化,当时的孙中山不仅看法依旧,而且对陈炯明更是总体上产生了疑问和不信任感。当时报载:

> 孙中山先生欲改良广东为模范省,定二十六晨八时请报界谈话。二十五日夜,陈都督炯明忽赴香港,寓湾仔。二十六日午刻,军界欢迎孙先生,临时动议"陈督离省"事,先由覃代表言:"陈督无故至港,仅留下诰诫军人'服从命令,拥戴继任胡汉民都督,免生意外危险'等语,现拟请孙先生推荐继任之人。"孙先生言:"昨尚与陈督谈论要政两小时许,并未提及离粤,今忽有此举动,真为可骇。余现已退为国民一分子,

---

① 郭天祥《黄世仲年谱长编》"1911 年 10 月下旬至 11 月上旬"下据马楚坚《宣传辛亥革命之文字功臣:黄世仲行实考》(《黄世仲与辛亥革命国际学术研讨会论文集》第 2 辑,香港,纪念黄世仲基金会 2002 年第 1 版)引《尤列集》云:"粤局将定,先生尝电请尤列回粤主持大计。"《黄世仲年谱长编》,北京,中国社会科学出版社 2002 年 10 月第 1 版,第 249~250 页。

以个人意见,宜仍请陈督回任。"众举胡汉民君继任,孙先生终表赞成,并提议请陈督专任军政云:"此事奇突已甚,如不速筹解决善法,乱机将起。"①

请注意:陈炯明留下诰诫军人的话是"服从命令,拥戴继任胡汉民都督",显然陈炯明对在孙中山目中谁应出任粤督问题上的考虑心知肚明,即孙中山更相信胡汉民,而不是陈炯明自己;而出自孙中山之口的"真为可骇"和"此事奇突已甚"两句,表明在孙中山心目中,陈炯明之不辞而去,表明的是一种不合作的态度。事实上,情况也当是如此。因为,就陈炯明而言,苦心经营了好几个月,就要实现其愿望和野心了,却来了个受孙中山支持的胡汉民,使自己的野心面临破灭境地,因而也就当然要视孙、胡为对手,其不辞而去既是其阴暗心理的一次透露,又主要是向孙中山和胡汉民发出的一个政治信号。就孙中山方面说呢? 孙中山的"真为可骇"、"奇突已甚"云云,既表明孙中山先前对陈炯明在总体上信任的同时,并不认为其可担任粤督的看法,不仅未变,而且还在总体上增加了对陈炯明其人的不信任感。至于胡汉民,所持看法当和孙中山相同。

实际上,其时的孙、胡和陈之间并不完全一致,而是有矛盾的。当时的陈炯明羽翼已丰,特别是军队掌之于手,知道自己在广东政治舞台上的分量,当然不会甘愿罢手而退出广东政治舞台。这种情况自然对孙中山和胡汉民构成威胁;陈炯明之不辞而去作为向孙中山和胡汉民发出的政治信号,无疑会使孙中山和胡汉民更直接地感受到这一威胁。同时,当时恰好又有"扶正同盟会"一事,也对胡汉民构成威胁。孙中山本人曾多次谈到这一点。比如《申报》1912 年 5 月 4 日"要闻二"所刊《广东新旧都督交替记》②中即说:

▲ 陈都督之出府……

---

① 《民立报》4 月 28 日"广州电报"。

② 《广东新旧都督交替记》,《申报》1912 年 5 月 4 日"要闻二"。当时其他一些报纸也有报道,文字略同,《神州日报》5 月 5 日以《粤省更易都督之详报》为题的报道即是。

▲　孙先生之荐举　四月廿七日,省会欢迎孙中山先生茶会,即由孙先生登台陈述政见云:"兄弟到香港时,即闻有人欲行第二次革命,以图推翻广东军政府,其印信及旗帜等物均已齐备,兄弟曾亲见之,未知贵会诸君有所闻否?查此等举动,不独关于广东之安危,实关于中华民国全部。广东为全国之肢体,一有祸乱,全国牵动。若辈一发难,北京政府为保全大局计,势必调兵南下,各省必互相救援,玉石俱焚之祸不免,可不寒心!又广东不用一兵,而达反正目的,实为桑梓幸事。然军政府成立未久,一般贪禄之流,欲假第二次革命之名,谋破坏广东大局。我辈若不急起维持,将目前紧要事件速为筹划,恐祸端即见于顷刻,斯时欲图补救,已无及矣。……"

后来,在1912年6月8日广州《民生日报》所载《通告粤中父老昆弟书》①中,孙中山又言及扶正同盟会事,谓"乃风闻有不逞无赖之徒,妄借扶正同盟会之名,及举某某人为首领,散布谣言,谓将起第二次革命"。郭天祥就此写道:

民元4月下旬,辞去大总统职位的孙中山,偕胡汉民等人抵达粤港。恰在这时,原来反对陈炯明最为激烈的督办处民军统领王和顺、关仁甫、杨万夫、廖竹宾等人,被逼出走后又在澳门组织"扶正同盟会",推举孙眉为首领,声言进行二次革命,推翻以陈炯明为首的广东军政府。这件事引起了孙中山的高度警觉,4月27日在粤省议会发表演说,谓"兄弟到香港时,即闻有人欲行第二次革命,以推翻广东政府,其印信旗帜等物均已齐备,兄弟曾亲见之",认为"此等举动,不独关于广东之安危,实关于中华民国全部之安危,我辈若不急起维持,将目前最紧要之事件速为筹划,吾恐祸端即见于顷刻"。5月1日,孙中山再次

①　孙中山:《通告粤中父老昆弟书》,广州,《民生日报》1912年6月8日。中国社会科学院近代史研究所中华民国史研究室、中山大学历史系孙中山研究室、广东省社会科学院历史研究室合编:《孙中山全集》第2卷,北京,中华书局1982年7月第1版。《孙中山全集》第2卷收入该通告书时将其写作时间误标为"一九一二年四月",误。

公开谈到此事,谓"万一成乱,则民国全局为之动摇,北京及各省军队,均须奉调赴粤,助此间当局者恢复秩序"①。同时,刚刚回复原任的胡汉民都督也发布告示,声称"倘有心怀不轨,希图扰乱公安者,本都督惟知执法严惩,决不宽贷"②。一时间,粤省局势骤然紧张。③

孙中山就事态所发表的看法,未免有些故意夸大其词以强调其严重性的味道;郭天祥说"一时间,粤省局势骤然紧张",也未免言过其实,以致把当时事态说得有点草木皆兵的味道。因为,王和顺等当时既已无太大的号召力,也因此前被陈炯明镇压而已无多大军事实力,当时粤省局势也未因王和顺等欲行二次革命而显得怎么紧张;陈炯明本人从未谈及这一层,孙中山和胡汉民也未必当真以之为什么太过严重的问题。不过,王和顺等组织"扶正同盟会"及欲进行二次革命之举动,毕竟还是一个动乱因素,对广东军政府来说毕竟构成某种程度的威胁,从而被孙中山和胡汉民用来说事。孙中山虽未点明这一层,而是在公开场合多次为陈炯明说好话,但出于作为政治家的政治敏感,其实必定对陈炯明更为担心,如果一定要说"一时间,粤省局势骤然紧张"的话,陈炯明之不辞而去才是直接的原因。因为,孙中山和胡汉民知道,胡汉民虽被举为都督,却并未掌握军队,陈炯明一旦有什么动作,必会扰动粤省整个局势。所以,孙中山和胡汉民虽对陈炯明有看法,但却深知不仅必须借助陈炯明,才能控制因"扶正同盟会"事而可能会带来不稳定的局势,而且只有稳住陈炯明,才能缓解陈炯明本身所构成的威胁。孙中山曾说:"且广东军界,经陈都督之毅力组织,已著成效。窃谓主持广东军事者,非陈都督不可,但其志存谦让,若不另举都督,彼必不肯复出。至精卫先生之意,亦与陈都督同。兄弟曾电促其返粤,彼谓如能举定胡汉民为都督,一星期内即可回粤。否则,虽返香港,亦必不来广东。是举胡督一人,可得

---

① 郭天祥原注:上海,《时报》1912 年 5 月 3 日。
② 郭天祥原注:上海,《民立报》1912 年 5 月 7 日。
③ 这段文字见《黄世仲"罪案"揭秘——兼与姚福申先生商榷》,《复旦学报》2004 年第 3 期。按:郭天祥此处说"5 月 1 日,孙中山再次公开谈到此事",有误。所谓"5 月 1 日,孙中山再次谈到此事",所据乃《时报》5 月 3 日所刊"香港专电",而此专电不过是对孙中山 4 月 27 日在粤省临时议会所发表的演说的简要报道而已。

汪、陈二人之用。"①此语虽是为向省临时议会力荐胡汉民为都督而发,但其实也是说军事方面还是要借助于陈炯明的。陈炯明呢? 则是虽知由于自己的不辞而去,孙中山和胡汉民必定不再信任自己,但也知道胡汉民和孙中山必定是有求于己的。还有一个情况,即自从 4 月 6 日逮捕陈听香并于 4 月 10 日将其枪毙以后,省临时议会即起而弹劾陈炯明之按照军律枪毙记者为违法;尽管陈炯明强词夺理进行反击,而省临时议会却是不依不饶。两方间的弹劾和反弹劾斗争往复多次,直到孙中山和胡汉民等回到广东的时候,仍未停歇。在这种情况下,陈炯明也有必要观察孙中山、胡汉民对自己的态度。于是,他便把黄世仲一案留给胡汉民,当然也是留给孙中山,以向孙中山和胡汉民要价;又声言其部下军人一再要求其回省,《神州日报》5 月 11 日刊登的粤函即说:

> 前督陈炯明,现已回省担任军统。其未回之前一日,胡都督接其手书,详述己意,历言"陆军代表促令返而主持……"②

回省后又在既自我表功曰"值五粤光复之后,正群雄环伺之秋,数月以来,一发千钧,寸心万缕,竞竞夙夜,抱疚良多,屡欲卸肩,遽难释负",又不无怨愤地说"幸遇孙前大总统偕胡前督回粤,德星联耀,千载一时,既笙馨之回音,复鱼水之投契"、自己则"避岛闲居,闭门思过"之后说:

> 孰意我全体军人不以本军统为不肖,交驰函电,怂恿回车,乐间关而执鞭,竞流河而劝驾……此又本军统感我全国(体)军人厚爱之殷拳。③

---

① 《粤省更易都督之详报》,《神州日报》1912 年 5 月 5 日。
② 《陈炯明回粤后种种》,《神州日报》1912 年 5 月 11 日。
③ 《陈军统诰谕军人》,广州,《民生日报》1912 年 5 月 10 日。段云章、沈晓敏编著:《孙文与陈炯明史事编年》,广州,广东人民出版社 2003 年 10 月第 1 版,第 105 页;段云章、陈敏、倪俊明:《陈炯明的一生》,郑州,河南人民出版社 1989 年 4 月第 1 版,第 57 页。

总之是恃军权在握,以黄世仲问题向孙中山和胡汉民政治上施压,告诉孙中山和胡汉民:我陈炯明有的是军队支持,你们离不开我,你孙中山和胡汉民不是要我回广州吗?那我倒要看你们怎么处置黄世仲!孙中山和胡汉民对此必定心知肚明。在如此情况下,便不得不以牺牲黄世仲而向陈炯明传达信息,即表示他们是确实诚心希望陈炯明能够回到广州的。这也就是说,如果陈炯明之逮捕黄世仲、欲置之于死地乃是由于当时黄世仲是其成为"广东王"的一个最大的障碍,那么就孙中山偕胡汉民等回到广州以后大约十余天广东局势的发展变化而言,确实存在着孙中山、胡汉民和陈炯明之间的政治较量,而黄世仲也确实成为这一政治较量中的一个砝码和牺牲品。

笔者当然也注意到王俊年针对笔者在上揭《黄世仲研究漫议四题》的《关于黄世仲之死》中所说孙中山不信任陈炯明而提出的一个说法,即孙中山并非不信任陈炯明,而是十分信任的。王俊年的意思是说,当时根本不存在孙中山、胡汉民和陈炯明之间有什么政治较量的问题。然而,这是难以令人信服的。实际上,王俊年是把问题搞混了的。因为,笔者所说的是孙中山对陈炯明"并不是十分信任"而不是"并不信任",而且笔者所说"并不是十分信任"一语中所包含的"不信任"一面,只是就可否督粤问题和胡汉民以及汪精卫相较而言的,特别是指在其偕胡汉民等回粤、陈炯明不辞而去之前不相信陈炯明能担当起都督重任,而不是从总体上说的。整个说来,孙中山对陈炯明当然还是信任的,但"并不是十分信任",即虽然总体上相信陈炯明,但不相信陈炯明能胜任都督一职,所以一直都只是主张其代理都督;虽曾有一次打电报给广东临时议会,"电委"陈炯明"为正任都督"(《民立报》2月11日南京电报)且经临时议会讨论通过(《南京临时政府公报》第14号广东"阳"电),但陈炯明自己并未就任,孙中山也很快就又先后推举胡汉民回粤任都督(《民立报》2月24日南京电报)、"委任"汪精卫督粤(《民立报》2月28日"梗"电)①,所以孙中山仍是一直不主张陈炯明出任都督的。就是说,孙中山虽然不完全信任,即对其能否胜任都督一职缺乏信心,但总的说来对陈炯明并不是不信任,当时也确实谈不上什么政治较量问题。不过,

①　参见本章附录《所见民国建立前后广东都督举荐资料选录》。

这仅是偕胡汉民等一起回到广州之前的事情。至于其后，则不是如此了，其时孙中山对陈炯明实际上已在总体上产生了不信任感，也确实存在着政治较量，而黄世仲也正牺牲于这种政治较量之中。王俊年把问题的范围扩大，扩大到整个半年间加以讨论，从而转换了论题，以致竟然没有看到这一政治较量，恐怕未免有些辨非宜辨且太过天真了！

黄世仲是含冤而离去的。他看清了胡汉民，特别是看清了陈炯明。他知道自己的命运已定。所以，直到最后时刻，他都不曾认为自己有什么罪过，更不曾承认自己有什么罪行。他宁肯一死，也丝毫没有向胡汉民、陈炯明示弱屈服的表示，而是坦坦荡荡、喊冤赴死。关于这一点，《申报》1912年5月8日题为《粤省又诛三军官》的报道写道：

> 将赴法场时，黄（世仲）使人买佛兰地酒一樽，与香（益远）、王（泽民）二人痛饮至酩酊，始用藤轿抬往狗头山脚枪毙。

玉壶《黄世仲被陈炯明枪毙之里因》①据当年曾被黄世仲挽留民团总局助理局务、后又告辞回港操文字生涯的香港老报人何雅选所述写道：

> 时人对黄世仲之被杀，咸认为起祸乃由于王和顺等人之发出"打倒陈炯明，拥护黄世仲"两句口号有以致之，而对陈氏所称世仲能缴罚款十万元或可免一死之言，多谓世仲自任革命党官职以来，党人一致许其居官廉介，何来十万元缴罚？就算拿得出十万元来，恐亦难免一死也。故世仲临刑之前，有遗书示其家人，其中一句十分沉痛之语，就是"作（做）革命党不应作（做）革命官"！

---

① 玉壶：《黄世仲被陈炯明枪毙之里因》，《黄世仲与辛亥革命国际学术研讨会论文集》第2辑，香港，纪念黄世仲基金会2002年2月第1版，第224页。

符实《晚清小说家黄小配生平》①记述黄世仲之兄黄伯耀当年向子侄所叙述的黄世仲被杀害经过道：

> 当黄世仲知道自己将要被杀时，叫人拿来一瓶白兰地，喝醉后大叫"黑狗偷食，白狗当灾"，醉中被人用轿抬到观音山枪杀。消息传出后，黄氏亲属恐受到株连，都四散逃避。黄耀恭（黄伯耀）也不敢回穗，继续留在香港担任记者工作，直至抗日战争前去世。

黄世仲离去了，他眼看着自己为之奋斗的崇高的民主共和理想的破灭悲愤地离去了。他原本出生于处于末世的粤中望族，早岁经历过艰辛。自从在南洋成为民主革命者、加入中和堂之后，他把自己生命的全部，都献给了民主革命的伟大事业，在民主革命政党组织建设、政治斗争以及思想宣传文化和文艺工作中都作出了卓越的贡献，是一位有巨大影响的民主革命斗士和卓越的宣传家、文艺家，其小说理论和创作尤为时人所称誉。然而，在推翻了封建帝制、建立了民主共和政权的辛亥革命胜利仅仅半年的时候，他却被褫夺了宝贵的生命。他自然是孙中山、胡汉民和陈炯明之间政治较量的牺牲品，但归根结蒂是由于他为了实现民主共和理想而对陈炯明的专制独裁行径进行了坚决的斗争。他的一生是追求民主共和崇高理想的一生，是一位气节高洁、意志坚定、正气浩然、人格伟大的杰出民主革命家的光辉的一生。

黄世仲被杀案是以孙中山为首的民主革命派所建立的中华民国历史上的第一大冤案。当年，不少辛亥革命的参加者乃至领导层中人如陈少白等，都曾为黄世仲喊冤叫屈，或至少是就此向陈炯明和胡汉民提出质疑。但是，由于历史的原因，黄世仲冤案一直未能得到平反，强加给黄世仲的所谓罪名一直未能得到洗刷。在很长的时期中，虽有不少有识之士对黄世仲的贡献并未忘记，并一直为其冤案能够平反而努力，而因这一冤案而离去的黄世

---

① 符实：《晚清小说家黄小配生平》，《芳村文史》第 3 辑，广州，广州市芳村区政协《芳村文史》编委会 1991 年 2 月编印；方志强：《黄世仲大传》，香港，夏菲尔国际出版公司 1999 年 3 月第 1 版，第 650～653 页。

仲,仍然未能真正回归到其应当占有的历史地位上来。只是到了近一些年,情况才发生了变化,离去已久的一代英才黄世仲的伟大英灵才终于回来,回到了他在旧民主革命历史发展中应当占有的地位上,他的不朽业绩也才在当代社会得到承认和弘扬。从离去到回来,时间几达一个世纪之久。人们也许会为其来之太慢太晚而深以为憾,但笔者以为人们更应为其终于能够回来而欣欣。

历史毕竟不是可以任人打扮的小姑娘。该回来的毕竟会回来,所不同者仅是时间的迟早和速度的缓速而已。

本章附录:

所见民国建立前后广东都督举荐资料选录

(一)

十一月十□日,闻先生(按:指孙中山)归国,已将抵香港,余大喜! 亟与执信、竞存(按:指陈炯明)、仲恺等商议,决定要留先生于粤。余则亲偕仲恺乘兵舰至港,迎先生。既见先生,屏人熟议,由晨至晚,争论始决。余主先生到粤,先生则主与余偕往沪、宁,……先生持之甚坚,余亦觉所见不如先生之远大,乃服从先生主张,立为书分致竞存、执信、毅生诸人,使竞存代理都督事,并以命令饬各军服从竞存,皆以授仲恺,使返省,与诸人布置一切。余则与先生同舟而行。(仲恺至省,执信、毅生等群谯让仲恺,谓何忽翻前议? 仲恺谓:"当争辩时,不能赞一词;及既决定如此,惟有奉命而返。")执信、毅生曰:"然则我辈当俱从往矣。"君佩谓:"如此是置竞存于孤立,而抛弃粤局,非先生之本意。竞存方治新军,须民军服从不抗,然后防营与济军不生问题,毅生、执信实握过半数之民军。此时举足轻重,尤不可轻言引去。"众认始定,竞存始勉强受事。

胡汉民:《胡汉民自传》二六《从总理至沪转宁与襄助组织临时政府》,罗家伦主编《革命文献》第3

辑,台北,中国国民党中央委员会党史资料编纂委员
会1953年9月第1版,第53~54页。

余离粤后,民军石锦泉等愈跋扈,陈竞存使魏邦平执石杀之,王和顺、关
仁甫、杨万夫等益自危,其党羽四出谋去陈。先生之兄孙眉为所动,则偕黄
仕龙等至南京。余察其言,不啻为反动派游说,而先生亦前知王和顺等之为
人,戒兄眉勿受其欺。已而民军拥孙眉之电报纷至,先生则为电斥之,谓
"素知兄不能当此军民大任,毋误粤局",眉怏怏而去。而王和顺、关仁甫遂
反竞存,以兵击之,王、关辄先逸去。黄明堂、李福林、陆兰清等诸部,悉附省
政府,王、关遂溃散;其余党陆某窜踞虎门,亦不数日而定。竞存通电辞职,
先生慰留之。竞存乃推举执信、仲恺、毅生、少白、世仲诸人,谓皆可使治粤。
执信以为浼,走避香港。君佩等邀之返,竞存亦不固执辞意,乃使仲恺至南
京,欢迎先生返粤(时南北和议已定)。当时粤中各团体有推举精卫督粤
者。精卫方与吴稚晖、蔡子民、李石曾等发起为"六不"会与进德会,自矢不
作(做)官、不作(做)议员,对此殆以为不成问题也。

胡汉民:《胡汉民自传》二九《同盟会之改组与
各省都督之更动》,罗家伦主编《革命文献》第3辑,
台北,中国国民党中央委员会党史资料编纂委员会
1953年9月第1版,第65~66页。

六月,余与仲恺等复随先生到广东。先生足迹不涉五羊城者十七年矣,
粤人俱欲望见颜色,不止万人空巷,先生亦极欣畅。与竞存宴谈于都督府,
至夜始出。席间,竞存询余最近感想。余谓:"共和国之主权在民,而人民
之不识字者,实居大多数,更不知民主政治为何物,今欲专心从事社会教育,
并为本党宣传主义。"竞存笑谓:"君从何处得此优闲岁月?"余不知其指,亦
漫应之耳。次日,余起床稍宴,邓仲元(按:即邓铿)已候于门,谓竞存有要
事商榷,促余即往。余与偕入都督府,至客室书房,俱不见竞存。仲元谓当
在寝室,遂偕余径入内,则执信在室,而仲元遽反扃其户,始出竞存所留书于
楪,则竞存托词养母,已宵行避于香港,余为之错愕!仲元、执信皆言:"此

时粤省一日无负军民责任之人，可顷刻发生剧变，今此责全属于兄，兄之从违，即为粤局安危所系，余等计之已熟。"余谓："先生不欲余出外国，欲余相从，余故择定自己之事业，即昨为竞存言者，我实不愿再为冯妇；且竞存方惩创不逞之民军，使省政府日就巩固，遽然易帅，尤非所宜；计莫如暂秘其事，兄等代为之理，而使人力邀竞存复返，竞存固不当此时局放弃责任，以鸣高尚也。"仲元谓："竞存此行，早有决心，我知竞存除非粤局已有人负责，必不虚返。渠意无意以青毡故物相还，兄固执所见，不能成其美，彼此推让，粤局且立僵，即能分谤于他人，亦复何益？兄所以责竞存者，吾等正愿以此相规。"执信谓："此事最宜取决于孙先生，吾等一面部署内事，已一面使人走白先生矣，我料先生必从众议。今日为党，为广东，兄皆不能存个人自由意见。"是日，文武职员会议于都督府，主张一致，先生则莅省议会为长时间演说，复至都督府，谓粤省关系重大，责余不得遁避。余乃与执信、仲元约，以必邀竞存返省理军事为条件。执信亲为往港，竞存知余已复任，亦遂返省。

胡汉民：《胡汉民自传》三一《复任广东都督》，罗家伦主编《革命文献》第3辑，台北，中国国民党中央委员会党史资料编纂委员会1953年9月第1版，第69页。

既光复，众推胡汉民、陈炯明为正副都督，黄氏（按：指黄世仲）则任中枢参议、督府秘书长，旋代名将刘永福掌民团。寻，中山先生自外洋返国赴南京主持开国大典，途次香港，召胡氏随侍北上，嘱竞存为署督，若不就，即以小配（按：即黄世仲）任之，至汪精卫来接印为止。

迨胡氏离粤，陈氏即独擅弄权，藉隙并民军之勇者为己部，弱者遣散，美名裁军安定新局，吞民军新购二十万元之军火以壮己势，终以黄氏反对，乃将拘捕，而后个别击破群龙无首之民军反对者王和顺、关仁甫等而偿其欲。洎南北统一，中山先生偕胡汉民返粤，陈知先生意复胡氏督职，乃挟势玩术，骤然避地香港，假胡手以杀黄氏，以拔民军精神，而复与共治粤局。

罗香林：《乙堂劄记》第17册《革命宣传家小说名家黄世仲家世访记》，未见。此处引自马楚坚《宣传革命之文字功臣:黄世仲行实考》,《黄世仲与辛亥革命国际学术研讨会论文集》第 2 辑,香港,纪念黄世仲基金会 2002 年 2 月第 1 版,第 179 页。

壬子三月南北统一告成,胡汉民随孙总理归广东,都督陈炯明弃职他适,濒行署一军令曰:"黄世仲侵吞军饷,应即枪决,以肃军纪"等语。签后置公案上,留交新任执行。胡汉民就新职后,遂如陈令行之,闻者多为呼冤不置。盖陈炯明于民元二月,尝向南京政府电荐世仲为广东都督以自代,及将去职时,竟以侵吞军饷罪名拘禁世仲于狱,未经法院审讯,遽假胡汉民手杀之,前后反复出两人,民党中人咸为扼腕。……

冯自由:《〈洪秀全演义〉作者黄世仲》,《革命逸史》第 2 集,北京,中华书局 1981 年 7 月第 1 版,第 42~43 页。

时人对黄世仲之被杀,咸认为起祸乃由于王和顺诸人之发出"打倒陈炯明,拥护黄世仲"两句口号有以致之,……

玉壶:《黄世仲被陈炯明枪毙之里因》,原载 1959 年 8 月 14、16 日香港某报,未见。此处引自《黄世仲与辛亥革命国际学术研讨会论文集》第 2 辑,香港,纪念黄世仲基金会 2002 年 2 月第 1 版,第 224 页。

注:该文作者玉壶当系笔名,未知何人。《黄世仲与辛亥革命国际学术研讨会论文集》编者疑其为劳纬孟。无论是否如此,总之,据文中交代,该文是玉壶据何雅选口述写成的。

陈炯明枪毙黄世仲事件,据其宣布罪状,共凡三项,虽非全无事实,究竟不过是表面上的官样文章罢了。陈炯明为甚么要把黄世仲置诸死地?是起源于王和顺关仁甫的民军被陈炯明攻击,以致发生战事,而王和顺等曾预举黄世仲任广东都督,这就终不免于枪毙了。

劳纬孟述、莫冰子记：《广东反正初期杂记》二
《黄世仲终遭枪毙》，《黄世仲与辛亥革命国际学术
研讨会论文集》第 2 辑，香港，纪念黄世仲基金会
2002 年 2 月第 1 版，第 226 页。

注：上一条的作者玉壶似即莫冰子，上一条的资料口述者何
雅选似即劳纬孟。是否如此，有待进一步考证。

……各路民军中王和顺、黄明堂、关仁甫、杨万夫、张禄皆"中和堂"党人，
又由"中和堂"心腹黄世仲所统领参预(与)光复，粤局将定，黄世仲等竟电请
尤列回粤主持大计，虽云尤公电复"一切听命中山"，仍途赴云南策反蔡锷而
不为权位动心，一切以革命大局着想，然张胡氏性格焉有不忌，……

马楚坚：《黄世仲行实考》，《黄世仲与辛亥革命
国际学术研讨会论文集》第 2 辑，香港纪念黄世仲
基金会 2002 年 2 月第 1 版，第 182 页。"一切以革
命大局着想"句马楚坚原注："尤嘉博编《尤列集》，
页 68~69，《民国成立》。"按：尤嘉博编《尤列集》，
台北，布衣书局 1987 年 8 月出版，未见。

孙中山的亲密战友尤列在遗作《尤列集》中透露："广州易帜后，黄世仲
领衔电请尤列回粤主持大计，虽事未成，但犯了陈炯明、胡汉民辈大忌，这是
黄世仲被冤杀的主因。"

胡志伟：《民国第一政治冤案：辛亥革命功臣黄
世仲之死》，香港，《明报》2003 年 7 月 6 日；北京，
《参考消息》2003 年 7 月 15 日。按：尤嘉博编《尤列
集》，台北，布衣书局 1987 年 8 月出版，未见。

(二)

十一月初二日，中华民国大总统孙中山先生乘地云夏英邮船抵香港。

九点钟时船泊码头，即有胡都督参谋部谢良牧、谢适群，偕游欧学生某某二人，曾与孙君有素者及港商林某，乘顺利小轮，到邮船谒见。随即有同盟会中人李杞堂、陈少白、容星桥，乘广州小轮至船，先后相见，晤谈至十钟余，始偕往粤都督胡汉民乘坐来港迎接孙君之江固兵轮。……孙君复言："是日下午，即将乘原船，并挈粤都督胡汉民同赴沪。"众闻之，有愕然者。孙续言："粤都督由副都督陈炯明署理，将来以汪精卫回粤任都督。"是时闻者皆拍掌欢呼不置。至四点半时，孙君仍步行至三角码头，乘顺利小轮而去，众人送至邮船乃返。并闻港督本约与孙君相见，因是日适为本港定例开会之期，而邮船开行时在五点半钟，是以未能晋谒港督云。

> 《申报》辛亥十一月十三日（1912 年 1 月 1 日） 要闻
>
> 《神州日报》同日 要闻一
>
> 注：《申报》和《神州日报》所刊标题不同（前者为《补记孙大总统抵港情形》，后者为《孙中山在港一席谈》），但文字大致相同，前者仅少"粤函"二字而多"十一月"三字。又，此报道当发于孙中山抵港当日，即 1911 年 12 月 21 日。

粤省会各界公举汪兆铭为都督，本日电沪请汪速赴粤视事。

按：粤都督胡君汉民已偕孙君逸仙来沪。

> 《民立报》辛亥十一月初六日（1911 年 12 月 25 日） 广东电报
>
> 注：此电当发于 1911 年 12 月 24 日。

上海各省都督鉴：粤都督胡君汉民往沪组织临时政府。经省会公推，陈副都督炯明任代理临时都督，地方安靖。广东临时省会。歌。（广州电）

> 《民立报》辛亥十一月初七日（1911 年 12 月 26 日） 沪军政府电报
>
> 注："歌"系阴历初五日韵目代日，此日相当于 1911 年 12 月 24 日，此电即发于是日。

广东临时省会电

上海各都督鉴：粤都督胡君汉民往沪组织临时政府，经省会公推，陈副都督炯明任代理临时都督,地方安靖。广东临时省会。歌。印。

《申报》辛亥十一月初七日(1911 年 12 月 26 日) 公电

注:"歌"系阴历初五日韵目代日,此日相当于 1911 年 12 月 24 日,此电即发于是日。

粤都督之布告书

粤省代理都督陈炯明任事之布告书云:

为布告事:照得本司令长才疏德薄,谬蒙我伯叔兄弟诸姑姊妹举任副都督,辞不获命。又蒙胡大都督委任北伐总司令长,窃以义旗难举,而房茜未除,整我戎行,灭彼朝食,此诚素志。是以捧檄之后,即简练军实,筹备粮饷,以期大举,扫清燕云而镇抚之。略建设之才,原非素裕。胡君刻因公赴沪,粤省纷乱,百端待举,而我伯叔兄弟诸姑姊妹,又不以炯明为不肖,由临时省会□□□□同盟等会,各举代表,举□□□□□都督事。惟是匈奴未灭,黄祸正恐滋长,桑梓糜烂,扪心尤深忧戚。当此进退两难之际,不得已姑循众意,约期代理,愿我各界协力补助,共筹治安,免至他变;一面电催汪公兆铭,迅归任事,届期俾炯明祸蠢长江,饮马黄河,犁庭扫穴,为我同胞扫清二百六十年之腥秽,则我伯叔兄弟诸姑姊妹,其有厚贶于炯明多矣!区区微忱,用申布告。

《民立报》辛亥十一月十四日(1912 年 1 月 2 日) 新闻一

注:此布告发于 1911 年 12 月 24 日。

民立报转送军政府及汪君精卫鉴:粤望公如望岁,乞速返任都督慰群望。粤公民协赞社易俛、郑健宸等叩。鱼。(自广州发)

《民立报》辛亥十一月初七日(1911 年 12 月 26 日) 广东电报

注:"鱼"系阴历初六日韵目代日,此日相当于 1911 年 12 月 25 日,此电即发于是日。

民立报转汪兆铭都督暨广肇公所鉴:公推先生为正都督,乞速返粤,以慰众望,彼此同邑,较为密切。并请预示行期,开会欢迎。旅港番邑工商公

— 357 —

所赵茂轩、梁竹园、黄萍初、朱瑞堂、陈绰卿、黎与闲、黄季熙等叩。（广州发）

> 《民立报》辛亥十一月初七日（1911年12月26日） 广东电报
>
> 注：此电当发于1911年12月25日。

汪精卫电辞粤督

汪君兆铭前接粤省临时省会公电，推举为粤军都督，汪君当即复电力辞。电文云：

> 广州临时省会鉴：来电敬悉。兆铭平日非畏难避事之人。惟凤昔心期，以为当同志甚少之时，遇有当为之事，即自知力有未及，亦奋然任之而无所辞。但当时时存心，遇有相当之才，即宜退让而自尽其所能尽者。今者我粤光复，人才蔚起，都督之任，宜择望孚中外之人当之。如必欲兆铭回粤，请俟举定都督之后，在都督府效奔之之劳，如是则既尽义务，亦无负初心。区区愚忱，尚乞鉴诺。汪兆铭叩。虞。

> 《民立报》辛亥十一月初八日（1911年12月27日） 新闻
>
> 注："虞"系阴历初七日韵目代日，此日相当于1911年12月26日，此电即发于是日。

致汪精卫君电（初八发）

上海泊（百）老汇路八十八号汪精卫兄鉴：胡都督赴沪，粤事无主。弟迫于事势，不得不勉为代理，而以兄归担任为条件。粤人望兄切，乞即首途，俾得交代，以行素志。粤省地位甚重，务请维持。炳明。庚。

> 《劝汪精卫来粤来往电文》，《华字日报》辛亥十一月十七日
>
> （1912年1月5日） 广东新闻
>
> 注："庚"系阴历初八日韵目代日，此日相当于1911年12月27日，此电即此日发出。

汪来电（初九辰到）

广州都督府陈炳明公鉴：汉民兄来沪，得公接理，大局有望。顷得粤电，

以弟承乏都督,无任惭悚。弟于粤事,固梦寐不忘,然都督之任,则非所敢当,已复电力辞。如蒙允许,当来粤在都督府效奔走代劳,或可少尽绵力,以为公万一之助,乞鉴察为幸。汪兆铭叩。霁。印。

　　　　《劝汪精卫来粤来往电文》,《华字日报》辛亥十一月十七日
　　　　(1912年1月5日)　广东新闻

　　　　注:"霁"系阴历初八日韵目代日,此日相当于1911年12月
　　　　27日,此电即此日发出。

　　民立报转汪精卫鉴:共和初设,头绪纷繁,粤省尤甚,待治孔亟,望公如岁,当仁不让,况关桑梓。乞屈志俯就,万勿再辞,先电行期,以慰众望。广州公民协赞社郑健宸、易侠叩。青。(自广州发)

　　　　《民立报》辛亥十一月初十(1911年12月29日)　广州电报

　　　　注:"青"系阴历初九日韵目代日,此日相当于1911年12月
　　　　28日,此电即发于是日。

又致汪君电(初九午发)

　　上海泊(百)老汇路八十八号转汪精卫兄:霁电敬悉。弟立志北伐,必不□移。今准备既完,专待兄来,即当出发。故汉民去后,都督任务,须经各界暨龙子诚、毅生、执信、仲恺诸君强弟承乏,议论□日,坚持不就,卒以有期代理为条件,始允接替。我兄于粤,人望甚孚,当此危急存亡之秋,只宜以责任自肩,岂容客气? 兄素诚悫,敢布区区。炳明。青。

　　　　《劝汪精卫来粤来往电文》,《华字日报》辛亥十一月十七日
　　　　(1912年1月5日)　广东新闻

　　　　注:"青"系阴历初九日韵目代日,此日相当于1911年12月
　　　　28日,此电即此日发出。

(十一申发)

　　上海都督府转汪精卫兄请速归,共维大局,他无可言。炳明。真。叩。

　　　　《劝汪精卫来粤来往电文》,《华字日报》辛亥十一月十七日

(1912 年 1 月 5 日) 广东新闻

注:"真"系阴历十一日韵目代日,此日相当于 1911 年 12 月 28 日,此电即此日发出。

善堂、行商欢迎汪精卫电

上海广肇公所转汪精卫先生鉴:我公爱梓,允任都督,全粤慰望,先电欢迎。广东九善堂、七十二行商叩。元。

《华字日报》辛亥十一月十七日(1912 年 1 月 5 日) 广东新闻

注:"元"系阴历十三日韵目代日,此日相当于 1912 年 1 月 1 日,此电即发于是日。

广州报界公会转各团体大鉴:近来接省港各团体来电日数起,皆催铭回粤,期望之殷,令人惭惧,且有责铭为无谓之退让者,铭非敢如此也。视从政为得权,则退让者为自洁;视从政为服务,则退让者为推诿。况大局未定,苟力所能为之事,何敢固辞? 但自顾才力实不能胜都督之任,与其勉强从事,以致折足覆悚,贻诸公之忧,则不如自度其所能为者,以致其力,尚足为毫末之助。前电请于举定都督之后效奔走之劳,实鸩出诚心,无有虚饰,望鉴其悃愊,迅赐允诺为幸。汪兆铭叩。盐。(上海去电)

《民立报》辛亥十一月十五日(1912 年 1 月 3 日) 公电
《华字日报》辛亥十一月十七日(1912 年 1 月 5 日) 广东新闻

注:《华字日报》此件有标题《汪精卫仍辞都督》,台头作"各团体鉴"。又,"盐"系阴历十四日韵目代日,此日相当于 1912 年 1 月 2 日,此电即发于是日。

致胡汉民君(元三日戌发)

南京大总统转胡公汉民鉴:吾兄肩粤重任,不辞而去,已未尽合。各界举汪公接任,闻兄又从中阻止。弟接任代理期限一月,届期汪公不来,弟亦悬印而去,进退分明,无负厥真。若此中因无主致乱,谁执其咎? 望速劝汪公回粤视事,免致贻误,至为切祷。陈炯明。江。

《劝汪精卫来粤来往电文》,《华字日报》辛亥十一月十七日 (1912 年 1 月 5 日)　广东新闻

注:"江"系 3 日韵目代日,此电当发于 1912 年 1 月 3 日。

广州报界公会转各团体鉴:屡电辞职,未蒙允诺,更迭电催促就道,无任愧悚。铭前电谓自度才力不能胜都督之任者,良非虚饰之词,请略核铭之生平,即知其信。铭自从事于革命以来,所能尽力者,鼓吹之外,惟简单之行动而已,发号施令之事未尝一为。一旦当都督之任,必致茫然失措,使我伯叔昆弟厚望铭于前而失望于后,铭所不敢出也。人类之于社会,宜各尽所能,况铭九死余生,苟力所能为者,何忍濡滞不前,以辜我伯叔昆弟之望?祈鉴此诚心,允其所请,铭当更择力所能为之事而致力,以补此愆尤。临楮神驰。汪兆铭叩。虞。(上海去电)

《民立报》辛亥十一月二十日(1912 年 1 月 8 日)　公电

注:"虞"系 7 日韵目代日,此电当发于 1912 年 1 月 7 日。

民立报转精卫先生鉴:闻公不赴广东都督任,临时政府不可无公,孰轻孰重,乞裁之。同衔安叩。号。(自厦门发)

《民立报》辛亥十一月二十日(1912 年 1 月 8 日)　厦门电报

注:"号"系阴历二十日韵目代日,此日相当于 1912 年 1 月 8 日,此电即发于是日。

陈署督炯明决率两镇北伐,今日电促汪精卫归粤接任都督。(自广州发)

《民立报》辛亥十一月二十六日(1912 年 1 月 14 日)　广东电报

注:此电当发于 1912 年 1 月 13 日。

旅港潮商挽留陈都督电文

胡督赴沪,汪 督 力辞,粤省安危,惟视陈都督一人去就为断。粤省当此

民志初定,而主权频更,政务纷 杂 ,甚非政治保安之道。北伐虽要,南顾堪虞,此中利害,关系甚 远 ,应请贵会请求陈公接任,全粤幸 甚 。

　　《华字日报》辛亥十一月二十八日(1912 年 1 月 16 日)　广东新闻
　　　　注:笔者所有复印件末行缺失。该行首字当为"甚"字;从下
　　　　　　面《总商会致孙、黎两总统电文》可知,所缺其余诸字当为
　　　　　　"旅沪潮商陈春泉等叩"云云。又,此电当发于 1912 年 1
　　　　　　月 14 日。

总商会致孙、黎两总统电文

　　孙、黎两总统钧鉴:现接旅沪潮商陈春泉等来电,留陈都督竞存君续任。敝会会议,甚表同情。粤东反正,都督胡君旋左,汪君未来,陈君代理都督,布置周妥,舆情甚洽。汪既屡辞督粤,而陈君又欲北伐,都督责重事繁,亟须得人主持,公议□恳大总统电嘱陈都督留任,尽心治理。惟北伐关系紧要,请另派总司令统率粤省各军前往,彼此互维大自,地方幸甚。广州商务会叩。感。印。

　　《华字日报》辛亥十一月二十九日(1912 年 1 月 17 日)　广东新闻
　　　　注:"感"系阴历二十七日韵目代日,此日相当于 1912 年 1 月
　　　　　　15 日,此电即发于是日。

胡汉民肯为冯妇耶

　　汪精卫颇不愿就粤督任,拟仍请胡汉民瓜代。

　　《华字日报》辛亥十一月三十日(1912 年 1 月 18 日)　广东新闻
　　　　注:此电当发于 1912 年 1 月 16 日。

　　粤代理都督陈炯明定二月初旬统二镇出发,电催总统委派都督。闻有派龙济光消息。

　　《民立报》辛亥十二月初一日(1912 年 1 月 19 日)　南京电报
　　　　注:此电当发于 1912 年 1 月 18 日。

总统府中粤人冯自由等电粤各界,举朱大符为都督。

《民立报》辛亥十二月初二日(1912 年 1 月 20 日)　南京电报

注:此电当发于 1912 年 1 月 19 日。

粤议会与汪精卫

广东全省人民公意,推举汪精卫先生为都督,汪先生屡电辞谢。兹粤议会全体又派代表邓慕韩来沪劝驾,并携议会公函如下:

精卫先生大鉴:粤东胡汉民都督赴沪,本省会代表全省人民意见,公推执事为继任正都督;未莅任以前,请陈竞存先生代理,订明期限,始允受事。迭经电达台端,恳速回粤,慰云霓之望。公乃过自谦损,屡电婉辞,诚笃之言,益增想望。窃维本省现状,整理内部与兴师北伐两者并重。竞存先生坚志北伐,断难强留。公一日不来任事,则北伐之师一日不能出发,如大局何?况竞存先生早有届期悬印而去之电,他日果践斯言,是北伐有人而整理内部无人,又如全粤何?读公之电,知非虚矫,而全粤速公之来,又岂是虚文?公对于革命事业,方求达完全之目的,而对于父母之邦,反恝然不顾,恐于初心相刺谬矣。惟粤事内容,公或传闻不实,故不决计。兹由本会议决,特请邓慕韩君代表全体来沪,缕述吾粤近情,万望垂念粤事重要,即日就道,并先电示行期,以慰渴望。诸事询韩君便悉,专肃敬叩勋安。临时省会议长宋以梅、黄锡铨、卢信谨启。

记者按:粤议会之书,可谓情词肫挚,能持大体。精卫热心任事,讵有恝然之理?惟侧闻精卫于粤督之任,决意始终坚辞,得请乃已,其理由盖伤心于近日各团体误会共和意义,稍有势力,即思独立,不服从命令,以致有秩序不统一之危象,各民团尤然。因思以身先之,俟粤另举定都督之后,即子身回粤,在都督府任参事、书记之职,以服从命令为他人倡,庶各团体得以感化,渐归于统一:此其辞职之真因也!记者志。

《民立报》辛亥十二月初三日(1912 年 1 月 21 日)　新闻三

注:此报道当发于 1912 年 1 月 20 日,其中所述广东临时议会函则当书于此前数日。

省会代表与陈都督开谈判

二十日,临时省会副议长卢信报告陈都督日间悬印去任消息,全体议决公举代表副议长宋以梅、代议士徐传霖、唐赓间、梁孝福、唐恩溥、周孔博、唐鹤洲等到都督府质问理由,彼此谈论约四小时之久。翌日由徐传霖报告议会,照录如下:

代表先诘问陈都督:"外间喧传后天要去都督之任,确否?"陈督答云:"确。"代表问:"是何理由?"陈督谓:"曾与军团协会订代理一月之期,今既期满……"代表谓:"都督与军团协会订约,须与该会言之。代表但知本省会与都督订至旧历正月十五日之约,今尚未满,何故言去? 况□任书系由本会公送,自应以本会所订之约为主。"陈督谓:"虽与贵会曾订正月十五日之约,但与贵会所订者,代理胡展堂之任也,与军团协会所订者,代理汪精卫之任也。后经贵会最终之表决,承认汪精卫为都督,即系承(认)军团协会所订之约也。"代表谓:"承认汪精卫为都督是一事,承认军团协会订约又是一事,万不可混而为一。本会虽经承认汪精卫为都督,并未承认军团协会所订壹月之约,且不知都督与军团协会订约之事。本会遍发传单,大书特书订至旧历正月十五之期,都督以后并未声明,则本会所订之约即为有效,固不待言。"陈督笑云:"今行阳历,正月十五既过。"代表亦笑云:"本会所订者,系照旧历。若以新历论,本会亦当闭会矣!"陈督复正言:"实因受事以来,脑筋困□,不克胜任,诚恐贻误全粤。"代表谓:"都督劳苦,粤人皆知,但以都督壹人之劳苦,而有粤三千万人皆以快乐,何乐而不为?"陈督谓:"脑筋日□壹日,不久恐生大病,何能胜任都督大事?"代表谓:"天生都督,为吾粤也,为中国也。吾知上帝福佑,断不致病。今尚未病,可不必言,但谓都督以全粤为重,勉为其难。"都督谓:"我非欲畏难也,越遇□□,越喜去干。我之欲去者,实欲北伐,以覆虏巢也! 自代理都督以来,百务纷扰,不能专心编练北伐军队,实大违吾素志。"代表谓:"北伐事重大,都督事亦重大。两者相较也,为都督比北伐尤重大。何也? 北伐之总司令,但得一素有威望、知兵之大员,即能胜任。若为都督,非有全才不能。请都督暂留在粤,另选壹人以任北伐之事,免使粤省生乱。"都督谓:"我虽去粤,必无乱事;果有乱事,我必不去。"代表谓:"都督为全粤最高机关,省会为监督最高机关,省会与都督所订之约尚不□行,要此省会何用?都督若去,省会首先解散,省会散,粤必致乱,推原祸首,都督实尸其咎。"陈督谓:"我性偏僻,如心不喜干之事,虽勉强无益,诸君何苦留我!"代表(谓):"对于都督挽留者,乃客气之言也。实则同是广东人,凡任事者,皆为广东公仆,以广东人任广东事,乃义务所在。况有条约在先,无所用吾挽留,但请都督践约,在正月十四以前,无论如何,万不能去,否则视广东三千万人太轻矣!素仰都督光明磊落,当提倡革命时,无非牺牲性命,为同胞谋幸福;今有约不践,反诸初心,毋乃相左?现在省会众代议士尚候回音,如都督必要去,则不得不打电话,邀众代议士齐来苦留;留之不得,则以强迫手段为最终对待。"陈督笑云:"果如此,好,好,可以无庸办此劳苦之事矣!"代表谓:"究竟都督肯践约否?胡汉民之去,为万口唾骂,都督真欲效之乎?"陈都督谓:"现在尚有两天,何不明日选举一人代理,以释我之重负?我实感厚情!"代表谓:"感情者个人之私事也,但求都督一人之情与全粤三千万人之情孰多孰少。至于明日选举代理一节,代理乃往日腐败名词。必用正式选举而所以未选举者,一则都督任重,苟非其人,足以遗害吾粤,故不能不慎之又慎;一则本会曾派代表邓慕韩到沪迎接汪精卫,外间虽传汪不来,而本会未得邓慕韩之报告,照事实上论,何得遽行选举别人?"陈都督谓:"汪精卫确实不来。既有电到我处,可以不须再俟邓慕韩之报告,且恐粤省不举,中央政府将派人来。"代表谓:"邓慕韩吾(一)日不报告,即一日不能选举。选举乃地方人民之权;若中央派人,应由宪法上规定。今宪法尚未成立,虽派人来,决不公认。"陈督谓:"总一(望)诸君早日选举一人接任。"代表谓:"选举者,本会之责也;条约者,两方应遵守也。本会逾期不选举,则无以对都督;都督未到期而去,则无以对本会、无以对全粤。且都督日日言去,彼被请者必疑粤事不知若何困难,不但汪精卫不来,实此因有以吓之,恐后来被举之人,亦将闻原生畏也!都督当履行正月十五日之约,本会亦即举行正式选举,以为两全之办法。"彼此争持许久不决。后有邓承者出而调和,谓:"胡都督所以潜行去粤者,以有陈都督耳。今陈都督若走,交代何人?陈都督断不致如胡都督也!贵代表所言不得邓慕韩之报告,不能遽行选举,此系实事,请从速电催邓慕韩'究竟汪精卫来粤与否';如果不来,即应从速选举。在陈都督一方面,必须有人接手,始能脱离关系,固既默认履行条约矣。请贵代表与陈都督,皆不必苦苦争持也!"陈都督笑而不言。代表以时既十二句钟,遂辞而去。

　　《华字日报》辛亥十二月初七~初八日(1912年1月25~26日)
广东新闻
　　　　注:此报道当发于1912年1月24日,其中所述临时省会公举代
　　　　　表至都督府质问陈炯明辞粤督理由事发生于1月20日。

　　粤省各界得冯自由电,即开会举朱大符为都督。朱闻之即去,留函谓决志北伐。现各界决议挽留陈炯明君,今日(　　)电总统简陈实授。(南京发)
　　《民立报》辛亥十二月初四日(1912年1月22日)　南京电报
　　　　注:原刊此括号内日期空缺。从刊于1912年1月22日看,此
　　　　　电当发于1912年1月21日。

　　粤省各界挽留陈炯明。闻陈已允任,惟仍有电致总统,声言决志北伐。(自南京发)
　　《民立报》辛亥十二月初五日(1912年1月23日)　南京电报
　　　　注:此电当发于1912年1月22日。

　　驻粤同盟会员及军团协会派专员赴港,力挽朱大符任都督。(广州发)
　　《民立报》辛亥十二月初六日(1912年1月24日)　广东电报
　　　　注:此电当发于1912年1月23日。

广东都督何以无人肯任耶?(节录)

　　拥都督之虚位者仅一人,握都督之实权者数百人,又言广东未独立之先,起义者不能不联络绿林豪客,一旦得手,又无善法以驾驭之。独立之后,各属官吏多半逃去,其强有力者,号召党羽,雄踞各方,有自称军政府分府者,有自称县长者,其时大局未定,军政府不得不曲为迁就而承认之。
　　《华字日报》辛亥十二月初六日(1912年1月24日)　论说
　　　　注:该文当写于1912年1月23日。

广东各界因公举都督事,各电陈意见,总统府每日接电数十封。(南京发)

> 《民立报》辛亥十二月初七日(1912年1月25日)　南京电报
> 注:此电当发于1912年1月24日。

署督陈炯明决辞都督,定二月二日解职,电请孙大总统派人接任。(自广州发)

> 《民立报》辛亥十二月初七日、1912年1月25日　广东电报
> 注:此电当发于1912年1月24日。

汪精卫仍以才力不胜为辞

汪精卫之家属特饬人往沪迫令回粤,否则亦须与孙总统筹划善法。汪精卫屡致家书,均以才力不胜为辞云。

> 《华字日报》辛亥十二月初八日(1912年1月26日)　广东新闻
> 注:此电当发于1912年1月25日。

孙总统电告汪精卫不日回粤

广阳军务总办朱执信前因有人举为都督,避往香港,并拟辞职往南京。闻昨日孙总统由南京致电朱君,劝其"不必避往香港,并勿来宵;如不愿任都督,文当婉劝汪精卫回粤就任,不日便可就道,到时切望相劝为理"云云。

> 《华字日报》辛亥十二月初八日(1912年1月26日)　广东新闻
> 注:此电当发于1912年1月25日。

民立报转汪精卫先生鉴:中国革命,先生当居功首。惟残虏未灭,一篑犹亏,督吾粤、捣伪京,以竟全功,实先生最终之任务也,请毋过拂民望。桂军司李急唐叩。(嘉应州)

> 《民立报》辛亥十二月初十日(1912年1月28日)　广东电报
> 注:此电当发于1912年1月26日。

民立报转汪公精卫鉴:我公不归,如粤民何!谋固根本,以图出师,亦定中原之大要也!愿公无终辞。桂军司令处会办叩。宥。(嘉应州)

《民立报》辛亥十二月初十日(1912年1月28日) 广东电报

注:"宥"系26日韵目代日,此日相当于1912年1月26日,此电即发于是日。

孙总统鉴:竞存出发在即,精卫归期无定,执信避地香港,主持无人,粤局岌岌。各同志公推徐桂、冯自由、卢信三公,均堪胜此重寄,乞择委任,以维大局幸甚。旅沪粤省同志梁慕光、夏重民、谭民三、张元抱、容尚、容卓生、叶竞生、易次乾等叩。

《南京临时政府公报》第2号(1月30日出版)

注:此电当发于1912年1月28日。

孙大总统钧鉴:军务。广东为交通繁盛之区,内治外交,均难稍忽。非得一行高望重之人治理,诚恐内讧辛起,外患乘之。一发全身,关系非鲜。今日汪公(按:指汪精卫)不回,非陈公(按:指陈炯明)不能肩此都督重任。总统主持大局,眷爱故乡,想早洞见此情。务恳电陈切勿翛然舍去。一人之去留,大局之安危系之也。古香为大局计,为两广计,故恳切陈词,伏祈鉴察。广西右江军政分府总长陈古香。(二十八号)(广西来电)

《南京临时政府公报》第5号(2月2日出版)

注:此电发于1912年1月28日。

民立报转汪精卫先生鉴:公才望素为乡人信仰,请速回粤,以维大局。镇军参谋长番禺许崇灏叩。(自镇江发)

《民立报》辛亥十二月十三日(1912年1月31日) 镇江电报

注:此电当发于1912年1月30日。

王宠惠等电举冯自由任粤督

省会、同盟会、军团协会、商会、报界暨各团体鉴:本日惠等在总统府会议,公推冯自由君堪胜粤督之任,已承中山先生割爱,电请公等议覆。望速议决,电催视事,以挽粤局。旅甯同乡王宠惠等同叩。(南京电)

　　《华字日报》辛亥十二月十六日(1912年2月3日)　广东新闻

　　《民立报》辛亥十二月十七日(1912年2月4日)　公电

　　注:此电当发于1912年2月1日。《华字日报》刊出时未注明
　　　系南京电。

　　广州临时省会转同盟会、军团协会、商会、报界暨各团体鉴:本日据旅甯同乡诸公到府会议,佥称"竞存北伐,精卫固辞,粤局无人主持。冯自由组织革命事业多年,于广东情形素所熟悉,对于军民及各社团亦甚浃合,以之督粤,断堪胜任"等语。文为大局计,此间虽甚资冯臂助,仍当徇商人之请,暂为割爱。用特电知,希即会商电复。总统孙文。东。印。(南京电)

　　《民立报》辛亥十二月十六日(1912年2月3日)　公电

　　注:"东"系1日韵目代日,此日相当于1912年2月1日,此电
　　　即发于是日。

孙总统电知冯自由堪任粤督

　　临时省会、同盟会、军团协会、商会、报界暨各团体鉴:本日据旅甯同乡诸公内府会议,佥称"竞存北伐,精卫固辞,粤局无人主持。冯自由组织革命事业多年,于广东情形素所熟悉,对于军民及各社团亦甚浃洽,以之督粤,断堪胜任"等语。文为大局计,此间虽甚资冯臂助,仍当徇乡人之请,暂为割爱。用特电知,希即会商电覆。总统孙文。东。

　　《华字日报》辛亥十二月十六日(1912年2月3日)　广东新闻

　　注:"东"系1日韵目代日,此日相当于1912年2月1日,此电
　　　即发于是日。

旅甯杨鹤龄等电举谢良牧为都督

　　省议会暨各界 钧 鉴:陈都督决意北伐,继任尚未有人。当此 百 端待

理，非得贤良之员，难期胜任。谢君良牧，明敏英锐，且奔走国事多年。此次粤省光复，厥功甚伟，人品资格，均堪膺选。经兹议推举，请即电大总统委任，全粤幸甚。旅沪广肇粤人杨鹤龄、陈若霖等叩。

  《华字日报》辛亥十二月十六日(1912 年 2 月 3 日) 广东新闻

  注：此电当发于 1912 年 2 月 1 日。

  旅甯粤人王宠惠等公电粤省举冯自由为广东都督，孙总统亦据公禀电荐，惟冯君力辞。（南京发）

  《民立报》辛亥十二月十六日(1912 年 2 月 3 日) 南京电报

  注：此电当发于 1912 年 2 月 2 日。

谢碧田□谢良牧任粤督

  省议会暨各界公鉴：粤督陈志在北伐，汪、朱诸公复坚辞，粤事方殷，非□□明通达之才，不克胜任。谢君良牧，英明果断，奔走国事多年，粤人素所佩服。如其督粤，必能措施裕如。恳速公决，电请总统委任，俾粤事有所倚□，大局幸甚。□齐□□谢碧田叩。

  《华字日报》辛亥十二月十六日(1912 年 2 月 3 日) 广东新闻

  注：此电当发于 1912 年 2 月 1 日。

  上海汪精卫鉴：本日携旅甯同乡诸公到府会议，力举冯自由堪胜粤督之任，请电粤商办等情，已照办电粤。诸公并举阁下担任高等顾问，文亦颇以为然，特电知希复。孙文。东。印。（南京电）

  《民立报》辛亥十二月十七日(1912 年 2 月 4 日) 公电

  《申报》辛亥十二月十七日(1912 年 2 月 4 日) 公电

  注：二报所刊文字全同，惟"携"字《申报》作"据"。"东"系 1 日韵目代日，此日相当于 1912 年 2 月 1 日，此电即发于是日。

赞成赞成拟举徐绍桢为粤都督

香港某商闻代理都督陈炯明决意北伐而汪精卫又坚不允到任,谓:现有战功之粤人,仅得番禺徐绍桢,拟运动各商大开选举,先电徐君问其允否,然后公举。

记者按:吾粤都督办事之棘手,当以驾驭一般民军为最难。若是,则膺都督之选者,总以得壹知兵大员及有战功、有方略之人,乃能驾驭群雄,镇压一切,而后秩序可望回复,地方可望治安。否则,仅以一、二文字革命之英雄当之,则民军固未易缉服,而紊乱秩序、扰害治安之事,必至相缘以俱生;即身当其冲者,亦将苦于措手之无从,且恐有步胡汉民之后尘,而超然舍去者。倘届其时,则吾粤之糜烂,更不堪问矣! 呜呼,前事往矣,来轸方遒,愿近日之推举都督者之共表赞成也!

《华字日报》辛亥十二月十六日(1912 年 2 月 3 日)　广东新闻
注:此电当发于 1912 年 2 月 2 日。

孙大总统、冯自由先生鉴:闻大总统委定自由兄督粤,甚感。炯明行期已逼,急求得代,务恳速即赴任,以定人心。炯明经电请龙济光带所部济军返省,以防新军出发后,无主力兵队镇压。昨已派广利先往北海迎载,约初五六日可抵省垣。此间尚有新练模范标一标,留不北伐,且有毅生、执信诸兄相助为理,粤省可保无虞。敬祈冯公早莅,俾炯明得与军士偕行,大局幸甚。炯明叩。冬。(广东来电)

《南京临时政府公报》第 7 号(2 月 4 日出版)
注:"冬"系 2 日韵目代日,此电发于 2 月 2 日。

孙大总统、冯自由先生鉴:闻大总统委定自由兄督粤,甚感。炯明行期已逼,急求得代,务恳速即赴任,以定人心。炯明经电请龙济光带所部济军返省,以防新军出发后,无主力兵队镇压。昨已派广利先往北海迎载,约初五、六日可抵省垣。此间尚有新练模范军一标留不北发,且有毅生、执信诸兄相助为理,粤省可保无虞。敬乞冯公早莅,俾炯明得与军士偕行,大局幸甚。炯明叩。冬。(广东电)

《民立报》辛亥十二月十九日(1912年2月6日) 公电

注:"冬"系2日韵目代日,此日相当于1912年2月2日,此电即发于是日。

冯自由电举何克夫为总统(粤督)

省议会、军团协会、同盟会、商会、报界暨各团体公鉴:今日旅宵同乡诸公在总统府会议,拟举弟为都督,并由孙、王二公电告粤各团体。仆自问才力薄弱,何能肩此重任? 以粤中现状而言,非有才德兼备、声威素著之人,决不能治理,仆何人而克此! 何君克夫为吾党实行之勇将,经营钦、廉、广州各地,厥功甚伟。举为都督,必能安粤而恢众望,想诸公当有同情也! 冯自由。印。

《华字日报》辛亥十二月十八日(1912年2月5日) 广东新闻

注:此电当发于1912年2月3日。

孙总统又电举三人堪任粤督

临时省会转同盟会、军团协会、商会、报界暨各界团体鉴:本日有旅宵同乡议举冯自由为都督,面求代为发电通知,惟以文意,尚有人足以胜任。何克夫曾运动广东、云南、广西三省革命之事业,有军事学识;三月十九之役,偕黄兴首先行战破围而出。以功以能,当之无愧。次则胡毅生,亦久任实行,其在水陆军务处,卓有成勋。又有邓泽如君,为南洋同志之领袖,负经理长才,固知社会之情状,各民军统领多尝与结纳而得信服。此三人文知之甚深,敢介绍于梓桑,惟公等选择而举之幸甚。总统孙文叩。

《华字日报》辛亥十二月十八日(1912年2月5日) 广东新闻

注:此电当发于1912年2月3日。

万急。陈都督竞存鉴:冬电悉。弟才力薄弱,何足以当都督之重任! 以粤中现状而言,非有才德具备、声威素著之人如公者,决不能镇定一切,自由何人而克胜此乎! 且此间各事草创,政务繁剧,总统府秘书、总务三人,李、熊二君已被川省举充参议员,若弟亦他去,对于任务实为不忠。孙公亦知弟

不能返粤，昨电不过徇旅宵同乡诸公之求耳。弟昨已电请各团体万勿 举
弟，并荐何君克夫堪胜此任。何君为吾党之勇将，于钦廉、广州诸役功业昭
著，必能安粤局而慰众望，望介绍於粤省会，使速举实以定人心，幸甚幸甚。
冯自由。江。（南京电）

《民立报》辛亥十二月十九日（1912 年 2 月 6 日）　公电

　　　　注："江"系 3 日韵目代日，此日相当于 1912 年 2 月 3 日，此电
　　　　　　即发于是日。

南京来电一

　　军团协会鉴：东电悉。据最近确报，和议确有把握，张勋、倪嗣冲等皆已
列名要求共和，段祺瑞亦既领兵北上强逼退位，此后粤省可无庸大将统兵。
为粤局计，决非竞存公，不能镇定一切。顷已特电挽留，贵会更宜力挽，以维
大局。总统孙文。江。印。二月三日。

《华字日报》辛亥十二月十九日（1912 年 2 月 6 日）　广东新闻

　　　　注："江"系 3 日韵目代日，此日相当于 1912 年 2 月 3 日，此电
　　　　　　即发于是日。

南京来电二

　　万急。省议会、军团协会、同盟会、商会、报界公会暨各团体公鉴：前电
谅达尊览。据最近确报，现在和议已有把握。段祺瑞、张勋、倪嗣冲等皆已
列名要求共和；段与黎副总统立约后即行引兵北上强逼退位，日内即可解
决。姜桂题、张怀芝、何 宗莲等均电孙总统赞成共和，张勋、倪嗣冲二方面
亦由陆军部今日派员接洽。时局如此，可不流血而得完满之解决矣。故吾
粤此次出师，不必遣全军，且不必用大将，但能出偏师来宵，便足助南北联合
之声援，诚不必陈都督亲行也。以粤中现象而言，陈都督应留 镇 粤，万不宜
离。方今人心皇皇（惶惶），皆由陈督北伐而起，今时局可望南北联为一体，
北伐之说可似（似可）取销（消），都督为大局计，必不当行矣。仆才识浅陋，
决不能胜都督之重任，且此间诸事草创，政务繁剧，总统府秘书总务三人中，

— 373 —

李、熊二君已被川省举充参议员,仆一人岂能离此?孙总统原知仆必不可行,昨电不过徇旅甯同乡诸公王君宠惠等之求而已。望公等力留陈督,以安粤局,无纷纷改□而乱人心也。总统府冯自由。江。

《华字日报》辛亥十二月十九日(1912年2月6日) 广东新闻

注:"江"系3日韵目代日,此日相当于1912年2月3日,此电即发于是日。

上海来电

省议会暨各界公鉴:前电谅悉。粤督一席,非谢君良牧,断难胜任。乞从速通过,并转总统促谢君早日回粤莅事,俾乡梓得所倚赖,幸甚。旅沪同人陈若霖、彭锋等叩。

《华字日报》辛亥十二月十九日(1912年2月6日) 广东新闻

注:此电当发于1912年2月3日或4日。

港商举孙眉为都督电

临时省会、同盟会、军团协会、商会、报界暨各团体鉴:陈督坚决难挽留,众拟举孙眉先生督粤。先生老成望重,革命元祖,选补粤督,人心悦服。乞公决,请电南京总统委任为盼。港商陈凤白、邓俊南、冯植源、朱明谱、李瑞君、梁植如、林少礼、梁仲虞、王惠南、牛圣砚、梁祖耀、关定安、梁哀华、李孔周、黄仁煌、朱凤廷、李圣楷、陈雄光、李成绪、余冠和、陈焕周、萧赞如等叩。

《华字日报》辛亥十二月十九日(1912年2月6日) 广东新闻

注:此电当发于1912年2月4日。

三社团致广东临时省议会书

省议会暨各社团公鉴:公启者:陈督已决北伐,汪公坚辞。粤督继任,非望重干练之人,难望治理。孙寿屏先生,老成果毅,且首倡革命,粤军团多由组织,厥功甚伟,众望咸孚。请赳日开全省正式大会公决举定,电请大总统委任,全粤幸甚。此上。敬请公安。

(致孙总统电)南京孙大总统鉴:陈督已决北伐,汪公坚辞,继任非望重干练之人,难望治理。孙寿屏先生,老成果毅,且首倡革命,粤军团多由组织,厥功甚伟,众望咸孚。恳早加委任,回粤接事,大局幸甚。广东进步党黄汪波、单剑士,番禺团体会古佐治,广东国民团体会陈惠普等。

《华字日报》辛亥十二月十九日(1912年2月6日)　广东新闻

注:此二电当发于1912年2月4日。

被举都督孙眉小史

孙眉,号寿屏,广东香山人,现年五十八岁,大总统孙文之胞兄也。性刚直,重然诺;处世公平,办事勤敏。由十八岁往檀香山雇工六月,躬耕七年。嗣后弃农业商,积资数十万。熟稔商务、洞达世情外,国法政例,阅□尤深,声望久著于外邦,怀抱痌瘝乎中国。故其弟孙文首倡革命,极力赞成,冒牺牲其数十年千辛万苦之血汗赀财,以助乃弟二十一年一十二次经营革命之费用。中间屡起屡蹶,不免床头金尽,乃弃生意而不顾,回华分遣党人运动。往年镇南关之役,亲□军火。事败匿迹九龙,因财政困难,遂将家中产业变卖尽净(净尽),以为孤注。非深明大义,曷能舍身破家如是乎! 昨年由九龙而至南洋,与其弟孙文、黄兴、胡汉民等再□革命之进行,分部任事。后君即担任南部,一方面设机关于广州湾之赤坎埠,拟由高甯举义以应武昌。今中华革命告成,咸归功于孙文、黄、黎诸公,而不知孙文非有 贤 亲 兄□於先、助力於后,安有今日哉! 故略详其梗概而表彰之也。

《华字日报》辛亥十二月十九日(1912年2月6日)　广东新闻

注:此件当写于1912年2月4日或5日。

冯自由三次电粤各界,决辞都督。(南京发)

《民立报》辛亥十二月十九日(1912年2月6日)　南京电报

注:此电当发于1912年2月5日。

总商会提议恳留都督

九善堂院十八日十二点钟同往恳留陈都督照旧担任。

《华字日报》辛亥十二月十九日（1912 年 2 月 6 日） 广东新闻

注：此电当发于 1912 年 2 月 5 日。

斯人不出如粤省何

孙大总统钧鉴：现陈都督决志北伐军事，商民等公举孙寿屏先生粤东都督，保全大局，乞准叩请，乡梓幸甚。北江自治会江□山、蔡□才、罗唤婴仝叩。

《华字日报》辛亥十二月二十日（1912 年 2 月 7 日） 广东新闻

注：此电当发于 1912 年 2 月 5 日。

举孙寿屏督粤电文四则

临时省会、同盟会、军团协会、商会、报界公会、各团体鉴：陈督坚辞北伐。孙寿屏先生为革命元祖，厥功甚伟，举任粤督，不特有裨治理，众望亦必咸孚。请公决并电大总统，大局幸甚。□保□。

南京大总统暨各执事鉴：陈督坚辞，大局危亟待理。兹各界咸仰寿屏先生老成望重、倾家资助，洵为革命元勋，厥功甚伟。恳如所请，迅即任用，以慰众望。同盟会同志团全体、维持土货会全体、工艺进行社全体、中国改良会全体、广东红十字会全体、广东女界俱进社全体、清远商会全体同叩。微。

南京□大总统暨各执事鉴：陈督决辞，接任无人，安危所系，各界咸仰孙寿屏先生望孚全省，能胜督任，望速委用，以慰□情、维大局。阳江州全体绅商许秉□、许□舫等叩。

临时省会、同盟会、军团协会、商会、报界暨各团体鉴：陈督决辞北伐，屡次坚持。孙寿屏先生老成干练，革命元勋，功勋卓著，众望咸孚。选补粤督，当能治理裕如。乞公决，即电大总统委任，幸甚。港商罗艺甫、罗德□、陈乃斌、陆玉□、陆仁初、郭翼之、陈瑶偕、周自强、陈杏桥、刘如进、梁俊卿、伍□□、罗子珍等叩。

《华字日报》辛亥十二月二十一日(1912年2月8日)　广东新闻

注:此四件电文中,第二件注明发出时间为"微"。"微"系5

日韵目代日,此日相当于1912年2月5日,此电即发于是

日。据此可知,第一、三、四件亦当发于此日前后。

举孙眉督粤 为 宜 若可行　著者　客　星

广东者,广东人之广东,则广东都督者,亦广东人之广东都督,本来人尽可举、人尽可任,无所谓同盟与不同盟。以共和政体,例 应 如是也。乃自河南、山东两省取消独立后,说者惩前毖后,以凡属现充满清官吏,其反正之难恃,固不若同盟之可靠;虽广东独立,原出于民意之统同,并非由于同盟之戮力,而粤垣都督之任,交付于同盟会中人之手,记者亦□焉 题 之,固谓房 巢 未破,战局未定,非历年处心积虑、誓死革命之人,则反正之后,继以反邪,殊属难料,固不如以广东尽附于确可任信之人,其于独立前途,较为有把握耳!今者房巢虽未倾覆,而和局将次完成,汪精卫既不来,陈竞存又践约,则此际处悬未定之广东都督,即取而公 诸 广东人,似无不可。以段祺瑞业已反戈北上,清溥仪岂能据位与争?从此帝位永 归 消灭,共和两字,与天同休,无论谁为都督,吾最决其断无取消独立之一事也!

虽然,同盟会中人固大有功于中国者也,发起之难,经营之力,凡在黄帝子孙,无不当敬礼之,无不欲酬报之。故临时总统之重位,十七省同胞,亦不惜举以授诸孙中山。今于广东区区都督之位,独靳而不之畀,且作公诸同人之想,此主义虽从共和题中生出,但鄙意尚觉为时过早,万一因以非简中人之故,而致与同盟中人,互起冲突,或各存党见,窃谓仍非广东地方之福,亦大非广东所以酬报同盟之意也。孙中山其早知此意矣!

据孙中山于二日之间,来电举堪胜都督之任者,计得四人:一冯自由,二何克夫,三胡毅生,四邓泽如;均略述诸人生平,为革命老祖,□著勋劳云云。观此,则孙中山固欲以会积功中人,居广东都督之位,故不惮以总统之尊,而下选举之 题 ,斯意亦可无庸 思 忖矣! 然□以最□最可惜者,则更有一人

在。其人为谁？则孙中山之兄孙眉是也。以会中人言，以会中之人有功而言，窃谓 似 不下于孙电所举之四人，而电举偏不及之者，毋乃孙中山昧于其兄为都督，或恐天下闻之，反致疑讶欤？但不知任官惟贤，古义也，乌得不任？如其有功，亦乌可不赏？此近日所以举孙眉任都督者，又复函电纷纷也！

计昨报纸所载者，则有港商之电，及省中各社团之电，与夫今日山打根埠及北海所来之电。玩其词意，均皆甚愿孙眉之为都督也者。且举孙眉之心，与孙中山举冯自由等四人之心，是否相同，不得而知。记者对于诸人，俱未生平稔熟，但自顾亦广东人之一分子，广东治乱，在在与简人之性命身家，□有关系焉。窃以为前此都督苟不得人，于北伐军事上，固多阻滞；今日都督若不得人，于广东治安上，更不堪言。今日起视广东，尚有治安二字在目耶？由羊城而来者，晤谈砦劫掠之事；旅港接家书者，相对皆恐叹之色。谁为为之、孰令致之，乃弄成此将糜烂之现象？非咎在都督□执政者，亦复咎将谁归欤？故今日而推举都督，一 言可蔽，大 概 能救粤者即 为 督粤之人。孙眉之人，虽不可知，孙眉之言，则真督粤之言矣。其言维何？试读其致报界之书：

诸先生鉴：迳启者：吾粤独立，至今两月，虽大局粗定，而人心未安，此中大有原因在。以保皇党而论，其势已失，本无反抗举动；即使有少数反对党从中煽惑，不应张大其词、含混其名，概曰保皇党。不肖者甚至假公报私，不分真伪，非保皇亦指为保皇党，肆行 关 捕；弹 雨 枪烟之下，不无波及无辜，行人裹足，商旅惊心。此粤垣近日恐慌之大现象也。鄙人关怀时局，见同胞仍纷纷迁徙，未始不原于此。特贡献都督，乞分 言 各报，俾粤中政界军界，一体知悉，此后文明办理，以安人心而消党见。如果有叛粤事情，理应一一讯明，分别监禁；倘妄杀同胞，则大非吾党尊重人道、一视同仁之宗旨。谨布区区，希为公鉴。孙眉寿屏顿上。

右书所言，乃救粤之唯一对症药也。试回思粤省独立以来，居民安 靖无惊,商旅秋毫无损,自搜拿保皇党之说出,而搜查军火之说,即随之而生,于是全城内外,凡有劫掠,非借查保皇之名,印(即)借查军火之目,商店民居,皆畏此大题目,而莫敢较量。于是一个完好无惊之五羊城,几无处而不有 风 征之书。迩来警署每日宣布案目, 乃 强半不出此题文。脱令以孙眉而居都督之任,他不可知,但使守其尊重人道之党见,与□其一视同仁之宗旨,则一切 困 扰,既立见消除,即将来治安,亦可望日进,夫岂非全粤之幸福耶?吁嗟!以言举人,有惭君子。然当此急□治标之会,见为可为救粤之人者,即取其言以勉望其行,是亦望治之深心也。记者谓为宜若可行,愿与吾粤人一研究之。

　　《华字日报》辛亥十二月二十日(1912年2月7日)　广东新闻

　　注:此文当写于1912年2月6日。

　　孙大总统鉴:来电敬悉。冯君督粤,洵为得人。兆铭于粤事苟能为力,无不尽力,似不须有高等顾问之名也。敬复。兆铭。鱼。(申来电)

　　《南京临时政府公报》第11号(2月9日出版)

　　注:"鱼"系6日韵目代日,此电发于2月6日。

举孙寿屏为都督电文

　　省会议(议会)、军团协会、同盟会、报公会鉴:陈督锐志北伐,增吾粤光,断难强留。惟孙寿屏公干练望隆,为革命元祖,拟举都督,人心信服,请开会公决。同盟会冈州支部邓宏顺、黎仲炜、邓复□、谭瑞霖、陈汉功、陈 蔚 林、陈 幸 生、梁泽霖、梁宝□叩。鱼。

　　《华字日报》辛亥十二月二十三日(1912年2月10日)　广东新闻

　　注:"鱼"系6日韵目代日,此电发于2月6日。

　　大总统鉴:闻精卫兄有奉委回粤为高等顾问消息,确否?筹事如麻,倘得精卫相助为理,诚大局之幸。敬祈速复并示行期。炯明。麻。(粤省来电)

《南京临时政府公报》第 12 号(2 月 10 日出版)

注:"麻"系 6 日韵目代日,此电发于 2 月 6 日。

粤省改选都督记·公举孙眉(一)

高州电孙大总统云:粤局垂危,非寿屏先生莫挽,众望所归,举为都督。乞勿避亲贵之嫌,俯顺舆情所请。高州招卓华、杨汉民、陈寿庚、李履正、杨中英、搭烈士、黄珍、谭英培、梁相阶、吴伟生、韩志先、林献廷、杨中铨、麦少舟、杨瑞生、简安国、简开爵、杨日卿、杨桑南、关震南、杨超、招镇齐、梁福华、夫天民、江振华等叩。阳二月七号。

《民立报》辛亥十二月二十五日(1912 年 2 月 12 日) 新闻一

注:高州电发于 1912 年 2 月 7 日。

粤省改选都督记·公举孙眉(二)

香港电临时省会、同盟会、军团协会、商会、报界暨各团体云:陈都督决计北伐,屡次坚辞。孙寿屏先生老成干练,革命元勋,功绩卓著,众望咸孚,选补粤督,当能治理裕如,乞公决,即电大总统委任,幸甚。港商罗艺甫、罗甫、陈乃斌、陆玉评、陆人初、郭翼之、陈瑶阶、周自强、陈杏桥、刘如进、梁俊卿、伍懿庄、罗子珍等。

《民立报》辛亥十二月二十五日(1912 年 2 月 12 日) 新闻一

注:《粤省改选都督记》当发于 1912 年 2 月 7 日。香港电电发于 1912 年 2 月 7 日前后。

粤省改选都督记·公举孙眉(三)

阳江州绅商十三人联名致电南京孙总统云:陈督决辞,接任无人,安危所系,各界咸仰。孙寿屏先生望孚全省,允胜督任,恳速委用,以慰众情、维大局。阳江州全体绅商许秉凌、申国蕃、谭勉斋、叶培森、许芹第、许秉瑚、谭实芝、黄凿阶、许莲舫、李子昌、莫荣辛、何全卿、曾桂亭、梁培忠、陈少香等同叩。微。

《民立报》辛亥十二月二十五日(1912 年 2 月 12 日) 新闻一

注:"微"系 5 日韵目代日,此阳江州绅商电发于 1912 年 2 月 5 日。

粤省改选都督记·公举孙眉(四)

又,进步党致函省议会暨各社团云:公启者:陈督已决北伐,汪公坚辞,粤督继任,非望重干练之人,难望治理。孙寿屏先生,老成果毅,且首倡革命,粤军团多由组织,厥功甚伟,众望咸孚。请克日开全省正式大会公决举定,电请临时政府委任,全粤幸甚。广东进步党黄汪波、何剑士,蕃(番)禺团体会古佐治,广东国民团体会陈惠普等。

　　《民立报》辛亥十二月二十五日(1912 年 2 月 12 日)　新闻一
　　注:进步党致函发于 1912 年 2 月 7 日前后。

南京孙大总统钧鉴:陈竞存君督粤,秩序渐复,人心以安。前以其决意北伐,曾电奉介绍堪胜任粤督任者四人,拟鱼日开正式选举。支日本会接冯君自由及都督府接大总统各电,知清廷退位,将有成议,北伐粤军,可遣偏师,毋庸大将亲行,力嘱本会挽留陈督,切勿改选,以乱人心。经于歌日开特别会议,全体表决,仍举陈竞存君为正任都督,取消有期代理之约,经备正式公文知会在案。海内外各界亦均挽留,请钧处再电陈竞存君勿萌去志,以定危乱而维大局。和议如何,并请赐示。粤省会。阳。印。(广东来电)

　　《南京临时政府公报》第 14 号(2 月 13 日出版)
　　注:"阳"系 7 日韵目代日,此电发于 2 月 7 日。

孙总统鉴:鱼电敬悉,共和底定,万象欢忻。复蒙电留陈督镇粤,尤为感佩。敝会暨各社团等,均经一志坚留陈理粤,亦承俯允,人心赖安。特闻。粤商维持公安会、总商会、七十二行、九善堂等同叩。齐。(广东来电)

　　《南京临时政府公报》第 16 号(2 月 15 日出版)
　　注:"齐"系 8 日韵目代日,此电发于 2 月 8 日。

兴中会举孙寿屏为都督电

孙大总统鉴:现陈督决意北伐,粤东人士咸 议 举孙眉先生为粤省都督。恳照所请,大局幸甚,同人幸甚。兴中会同人等叩。

《华字日报》辛亥十二月二十三日(1912年2月10日) 广东新闻

注:此电当发于1912年2月8日或之前一、二日。

电请欢迎冯自由督粤

上海来电:临时省会转同盟会、军团协会、各报、各团体鉴:冯自由君历年革命举事,筹兵筹饷,厥功甚大。既蒙总统委任督粤,应速电宵欢迎。旅沪广东同志会梁 燕 云、□礼□等叩。

《华字日报》辛亥十二月二十三日(1912年2月10日) 广东新闻

注:此电当发于1912年2月8日或之前一、二日。

南京孙大总统鉴:冯君督粤,深幸得人,乞即发委任状,促冯君兼程返粤,大局幸甚。旅沪广东同志会梁燕云、徐礼焯等叩。(上海来电)

《南京临时政府公报》第12号(2月10日出版)

注:此电当发于1912年2月9日或之前一、二日。

粤人因冯自由不允任粤督,拟举总统之兄孙寿屏。总统府接电数十通,总统不允。(南京发)

《民立报》辛亥十二月二十三日(1912年2月10日) 南京电报

注:此电当发于1912年2月9日。

广东陈都督鉴:省会阳电,挽留执事为正任都督,取消有期代理之约,海内外各界亦均挽留等语。粤为东南要地,现时秩序未复,人心未安。执事苦心经营,深洽人望,当为地方勉留。即以大局计,无论和战如何,粤亦为最有力之后援,岂可无人以受镇慑。前已屡电申明,今省会来电,亦同此意。可知谋百粤之治安,实难于求。北伐之大将,现所部精锐成行,即亦无亏初志。

顾桑梓以安全局,责任有在,贵能审其重轻,非独文一人之厚望也。专布即复。总统孙文。佳。(南京去电)

　　　　　　　　　　　　《南京临时政府公报》第14号(2月13日出版)

　　　　注:"佳"系9日韵目代日,此电发于2月9日。

　　总统电委陈炯明为正任都督,使勿离粤。(南京发)

　　　　《民立报》辛亥十二月二十四日(1912年2月11日)　南京电报

　　　　注:此电当发于1912年2月10日。

　　粤省原定鱼日依总统所荐数人举定都督,支日接总统及冯自由电,即决议停选,仍挽留陈督。(自广州发)

　　　　《民立报》辛亥十二月二十四日(1912年2月11日)　广东电报

　　　　注:此电当发于1912年2月10日。

　　广东陈都督已允留任。(南京发)

　　　　《民立报》辛亥十二月二十五日(1912年2月12日)　南京电报

　　　　注:此电当发于1912年2月11日。

粤省改选都督记·议留陈督

　　广东临时省会二月五日出席代议士共九十一人,由书记长宣布函电毕,议长谓:"日前接孙总统电,先后介绍堪胜粤督之任者四人。经于前星期六日开会决议,订于本星期二日开正式选举。今接冯君自由由南京总统府来电称,和议确有把握,陈督无须北伐;并谆谆嘱本会,勿纷纷改选,以乱人心。同时,都督府亦接孙大总统电,大意与冯电同,后幅亦勉陈都督力任其难,勿萌退志。乃陈都督来函,仍以速行选举为请。究竟应否选举,请公议。"一百念三号冯伊侨谓:"北伐之议已停,自可无庸改选。现外界纷纷荐人,最足开纷争之祸,今宜极力挽留陈都督为是。"五号李君华谓:"不再改选,鄙人极为赞成。因陈都督之所以去粤者,北伐一事耳。今总统电云,和议将成,无庸大将统帅北伐,其不可去者一。各界纷纷荐举都督,甚至举及私人,实为开党争之起点,其不可去者二。陈都督为素来组织革命之人,向为各界所钦佩,且长于军事政治,以之治粤,最为合宜,其不可去者三。地方多故,全赖整理得宜。现在各属秩序,虽未尽行恢复,惟布置将已就绪,正宜手经理(引按:原文如此,疑有夺字),不宜易人,其不可去者四。具此数端以请之,陈督亦无辞以对。若固执初见,不顾舆情而去,是直破坏广东大局也。"一百五十四号卢本新谓:"选举亦一问题,即陈督虽允继任,然亦不可不选定副都督一人,为将来继任之预备。"一百十八号吴洁己谓:"陈都督存粤,即为扰乱之端(引按:原文如此,宜有误字)。夫燕京虽重,广东亦岂容恝置?鄙人以为宜极力挽留为是。"三号江泉谓:"现孙总统留陈都督之电,尚未送到省会,似宜速发一电问明,俟其复电,再行定夺挽留之事。"一百零四号符梦松谓:"电问孙总统似可不必。现在北伐已停,则陈都督自不应去粤。□大局未定,秩序尚未复元(原),此时万难更易。"一百廿七号邓斗垣谓:"第一级办法,系请问陈都督允否续任;即不允任,亦须践正月十五之期。随定选举章程及被选资格,呈送总统承认后,再定选举之期。"九十号姚传纶谓:"无论陈都督系最高尚之人,即无论何人,若以允否续任相问,揆之人情,断无允诺之理。邓议士此说,鄙人绝不赞成。"九十八号易次时谓:"以鄙人所见观之,陈都督亦必应允,因其藉口者北伐耳,今北伐之说取消,更有何词可以搪塞?"一百五十三号徐传霖谓:"陈都督亦系广东一份子,何必言挽留?但以大义,请其担任广东之事便是。"于是全体表决,公举陈都督仍为正都督,取消前订旧历正月十五有期代理之约。

《民立报》辛亥十二月二十五日(1912年2月12日) 新闻一

陈炯明致孙中山电(1912年2月16日)

南京孙大总统鉴:密。议和纯果如是,岂所甘心!读本日电渝(谕),临时政府地位并定南京,则参议院北迁之主张似已羞闷(?)。袁来,就范与否,尚不可知。无论如何,粤之精兵不能不遣发,以备不虞。袁氏果南来,公宜有退步。炯明既督兵监视南京,粤督一席拟讽省会举。公未归之前,指(宜)宜(指)一人令瓜[代]。此着关系极大。公退而督粤,联络二、三省督都(都督)以为声援,且有精兵箫(?)驻长、淮一带,袁即有异,当无能为。如

何？速复。并转精卫返粤为要。炳明。铣。印。(广州发)

> 黄彦、李伯新选编:《孙中山藏档选编(辛亥革命前后)》,
> 北京,中华书局1986年9月第1版,第126页。

注:"铣"系16日韵目代日,此电发于2月16日。

广东各界团体并送各报馆公鉴:连接各界议举家兄为粤督之电,文未作答,非避嫌也。家兄质直过人,而素不娴于政治,一登舞台,人易欺以其方。粤督任重,才浅肆应,决非所宜。若为事择人,则安置民军,办理实业,家兄当能为之。与其强以所难,将来不免覆𫗧,何如慎之于始。知兄者莫若弟,文爱吾粤,即以爱兄也。谨布。孙文叩。箇。(南京去电十七)

> 《南京临时政府公报》第21号(2月24日出版)

注:"箇"系21日韵目代日,此电发于2月21日。

粤省争举都督之风云(二)

南京电云:陈都督并各界公鉴:革命功成,民国统一,胡都督不日可回原任,精卫亦能同回助理,请毋庸另举他人。现状维持,统祈暂为尽力。总统孙文。印。

> 《神州日报》壬子正月十三日(1912年3月1日)　要闻一
> 注:《粤省争举都督之风云》当发于1912年2月24日前后,共
> 　六条。其首条与《时报》壬子正月十三日(1912年3月1
> 　日)所刊《粤省争举都督之暗潮》之文字基本相同,仅开头
> 　"粤函"《时报》作"粤垣"、结尾"当可寝息矣"《时报》作
> 　"似亦无为(谓)云"、中间有个别处小有无关大旨之文字
> 　差异,故略而不录。其第二～六条为《时报》所无,兹录
> 　之。此条南京电《孙中山全集》第2卷(中华书局1982年
> 　版)收之,并定其发出时间为1912年2月。从下一电系
> 　"梗"电即1912年2月23日电来看,此电亦当发于1912

年2月23日,至迟亦当发于2月24日。

粤省争举都督之风云(三)

又电云:万急。都督、省会、军团协会、各界团体公鉴:现委任汪精卫督粤,俟袁世凯来宁,精卫即返。其未到任以前,由陈督代理,不可更辞,各界不可再举他人。切切。总统孙文。梗。印。

《神州日报》壬子正月十三日(1912年3月1日) 要闻一

注:"梗"系23日韵目代日,此日相当于1912年2月23日,此条电文即发于是日。

粤省争举都督之风云(四)

又电云:万急。广州陈都督、省会、商会、军团协会、报界公鉴:大局已定,袁慰廷南来,文与精卫、汉民便可返粤,并可筹借巨款,为粤经营布置。请公等维持现状,勿使目前有所动摇。切切。总统孙文。印。

《神州日报》壬子正月十三日(1912年3月1日) 要闻一

注:中华书局1982年版《孙中山全集》第2卷收有此电,定其发出时间为1912年2月,从上一电系"梗"电即1912年2月23日电、下一电系1912年2月21日电来看,此电亦当发于1912年2月23日或稍早一、二日。

粤省民军以兵力要挟省议会,令举孙眉为都督。孙总统电阻,并电孙眉速自离粤。(南京发)

《民立报》壬子正月初七日(1912年2月24日) 南京电报

注:此电当发于1912年2月23日。

孙总统因粤省举都督致纷拢,拟仍令胡汉民回粤本任。

《民立报》壬子正月初七日(1912年2月24日) 南京电报

注:此电当发于1912年2月23日。

粤省争举都督之风云(五)

连日来各社团推举都督之电,录不胜录。撮其大概,有举孙寿屏者,有举苏慎初者,有举邓仲元者,有举莫纪彭者,有举姚雨平者,有留陈炯明者。

> 《神州日报》壬子正月十三日(1912年3月1日)　要闻一
>
> 注:此件当发于1912年2月下旬,可能是2月23日或稍后。

粤省争举都督之风云(六)

孙总统闻粤人举其兄寿屏为都督,特发电力辞云:前接各界议举家兄为粤督之电,文未作答,非避嫌也。家兄质直过人,而素不娴于政治,一登舞台,人易欺以其方。粤督任重,才须肆应,决非所宜。若为事择人,则安置民军、办理实业,家兄当能为之。与其强其所难,将来不免覆悚,何如慎之于始?知兄莫如弟,文爱吾粤,即以爱吾兄也!谨布。孙文叩。印。

> 《神州日报》壬子正月十三日(1912年3月1日)　要闻一
>
> 注:此条电文又见1912年2月25日出版之《南京临时政府公报》第22号,系"箇"电,即2月21日电。

前接各界议举家兄为粤督之电,文未作答,非避嫌也。家兄质直过人,而素不娴于政治,一登舞台,人易欺以其方。粤督任重,才须肆应,决非所宜。若为事择人,则安置民军、办理实业,家兄当能为之。与其强其所难,将来不免覆悚,何如慎之于始?知兄莫如弟,文爱吾粤,即以爱吾兄也!谨布。孙文叩。

> 《神州日报》壬子正月十三日(1912年3月1日)　要闻一
>
> 注:此电即《南京临时政府公报》第21号和《神州日报》同日《粤省争举都督之风云》内所刊孙中山致广东各界团体并送各报馆电,惟"前"他处作"连"、末尾他处注明"箇"字。"箇"即"箇",系21日之韵目代日,即1912年2月21日。

总统府要电汇录

广东都督、省会、年(军)团协会、各界团体公鉴:现委任汪精卫督粤,俟袁世凯来甯,精卫即返。其未到任以前,由陈督代理,不可更辞,各界不可再举他人。切切。总统孙文。梗。

《民立报》壬子正月初七日(1912年2月28日) 新闻一

注:"梗"电即1912年2月23日电。

广东都督、省会、军团协会、各界团体公鉴:现委任汪精卫督粤,俟袁世凯来甯,精卫即返。其未到任以前,由陈督代理,不可更辞。各界不可再举他人。切切! 总统孙文。梗。(南京去电二十二)

《南京临时政府公报》第22号(2月25日出版)

注:"梗"系23日韵目代日,此电发于2日23日。

南京孙大总统电

广东都督、省会、年(军)团协会、各界团体公鉴:现委任汪精卫督粤。俟袁世凯来甯,精卫即返。其未到任以前,由陈督代理,不可更辞,各界不可再举他人。切切。总统孙文。梗。

《申报》壬子正月十一日(1912年2月28日) 公电

注:"梗"系23日韵目代日,此电发于1912年2月23日。

粤议会挽留陈都督

为咨覆事:本月初九日准贵都督咨开:"据贵会来文,仍推本代督为正任都督,取消有期代理之约。复承各代表面致诚意,情词恳挚,既感且惭。本代督窃以取消之议,决不可行,选举之期,万不容缓。请即定期开正式选举,俾定大局而释群疑"等因。本省会奉咨,适当休假。至昨日开会,即接孙大总统梗电,内开"现委任汪精卫督粤。俟袁世凯来甯,精卫即返。其未到任以前,由陈督代理,不可更辞,各界不可再举他人",本日又接孙大总统电开"令精卫、汉民俱回,请省会毋容(庸)另举他人。汪、胡两人未返之前,仍应由陈督代理"各等语,当即召集代议士开会集议,佥谓:"自贵都督咨复辞职、嘱令改选以来,外界争荐替人,大局实多危险。孙总统来电,一则曰'各界不可再举他人',再则曰'省会毋容(庸)另举他人',其于粤中近情,洞若观火,其为粤局弭变,大费苦心。本省会始终守挽留贵都督之定见,既经取消有期代理,逞送正任都督之公文,贵都督乃坚持代理之成心,致令各界惊疑,使省会有左右为难之势。今孙大总统俯从尊意,声明代理,'不可更辞',本会亦遵'毋庸另举'之令,仍请都督遵电任事,汪君一日未到,即贵都督一日不能卸任。"经代议士多数表决,相应咨复贵都督,请烦察该,勉任今职,以镇大局而顺舆情,并祈见复施行须至咨者。

《申报》壬子正月十五日(1912 年 3 月 3 日) 要闻二

注:此报道当发于 1912 年 2 月 24 日或 25 日。

粤省争举都督之暗潮

粤垣近因举留都督问题,军队争论,颇为剧烈。初,去腊底有军团多人,在东园开大集议,欲举孙寿屏。自是各属纷纷电举,凡百数十起。前日省会开会,又有军界多人到会,陈请坚留陈督。议会左右为难,无可主张,只得决定另日投筒取决。嗣督办海阳军务何侣侠、海军司胡毅生、朱执信、谭义等,又刊传单,谓"若不留陈都督,另举别人,拂逆众议,誓以武力对待"等语。至日昨,军界全体又在军团协会开会,亦争持不下,卒定仍交省会决定。然二十四日下午,又接电告谓汪精卫允任都督、陈仍代理,则此等争论风潮,似亦无为(谓)云。

《时报》壬子正月十三日(1912 年 3 月 1 日) 要闻

注:此件当发于 1912 年 2 月 25 日。

万急。广东陈都督:前廿二日电令胡汉民回任,汪精卫同返。次日,汉民面陈力辞,故廿三日再电委任汪精卫督粤。俟袁世凯来宁,精卫即返。未到以前,由陈督代理。其廿二日汉民回任之令取消。特此电闻,并转各界知之。总统孙文,廿六。(南京去电)

《南京临时政府公报》第 25 号(2 月 29 日出版)

注:此电发于 1912 年 2 月 26 日。

粤人得孙总统电谓袁来南后必使汪精卫督粤,欢慰异常。(广东发)

《民立报》壬子正月初十日(1912年2月27日)　广东电报

注:此电当发于1912年2月27日。

龙济光等致孙中山函(1912年3月1日)

中山大总统钧鉴:昨岁奉接大示,感佩莫名。拜复一函,谅早邀洞鉴。济光自粤省反正以来,勿论如何艰难,总以保全生民涂炭、维持地方公安为主。然思满廷未下,大局难安,是以联军北伐,云、贵、两广联络为一,共组合精军三镇,集齐东省,克期出发。遂奉来电,议和成功,北伐中止,以致半途而废。窃思欲进不可,欲退不能,是以暂居东省,力任维持。奈民军数万,秩序大乱,若非宰治得人,恐将来大局不堪设想。目下粤东全省人心思治,各界智士公举眉公为粤省都督,热度已达于极点。济光等闻眉公出治,亦钦佩莫鸣矣。伏恳俯查舆论,体念民情,委任眉公以治东省而定大局,济光等亦好相扶而行,则不仅全粤幸甚,南方各省亦幸甚焉。

至于粤东情形,第非一书能以尽述,故特请联军团长金镕晋赴崇辕,面将各情缕陈聪听。余不赘及。肃此具禀。敬请

钧安。伏祈垂鉴。

广东统制龙济光

广西都督陆荣廷　等谨叩　三月一日

广西镇统龙觐光

黄彦、李伯新选编:《孙中山藏档选编(辛亥革命前后)》,北京,中华书局1986年9月出版,第504页。

注:此件发于1912年3月1日。

全省军学商界公举徐绍桢君为广东都督,已公电南京政府吁请。(广东特派员发)

《民立报》壬子正月二十三日(1912年3月11日)　广东电报

注:此件当发于1912年3月10日。

　　袁大总统拟调吉林巡抚陈昭常为广东都督。

　　　　《时报》壬子正月二十六日(1912 年 3 月 14 日)　专电

　　注:此件当发于 1912 年 3 月 13 日。

粤都督辞职书

　　此次惠军肇乱,战事倏开,城垣内外,混为战场,生命残损,商民扰惊。孰非同胞,忍令致此? 本代督德薄能鲜,无以弭此巨殃,咎实难辞。惟本代督早知非任,逐次引避,以让贤能。徒以大局安危,各界留挽,辞不获命,不得不勉为其难,一俟汪君早回、民军安置停妥,即行决计归农,以完夙志。殊王和顺野人心不戢,迭欲抗拒政府,破坏治安。虎门炮台,彼则占夺;石龙、东莞,彼又分兵扰乱。焚掠鱼珠村房屋数百间,逐惠州海关之总办,霸汕尾盐埠之厂税。我方散兵,彼又招集;营地退出,彼竟踞占。私自购械,私自掠饷;居心巨测,蓄意非常。西村惠军,突调回省,其总参议(引按:《神州日报》"总参议"作"总参谋",是,应从之)李思辕阻劝不听,已于初一日登报辞职。乱迹昭彰,路人皆见。本都督深恐投鼠忌器,不忍宣其罪状,曲为弥缝,本欲潜消祸机,顾全大局。讵该贼蓄谋已稔,竟造散兵缴枪之谣,凭空起衅,既屡击我军人,复炮攻我城垒,割断电线,破坏电灯,掠劫商场民居。经由于商人以电话报告,抢掠当铺三间;又对陆统领言,如谋不得逞,将踞虎门炮台攻击洋船,以开交涉之祸。似此罪恶已极,非严加惩创,决无以安我广东。本代督尚恐一经进剿,商民惊骚,迭派多员,前往劝解,曲与委蛇,以期暂安,而竟无法可止,分路攻城,继日以夜。本代都仍饬陆军固守城垣,并未声明厥罪,下令剿办,希望其悔心之萌,严守一夕;彼军屡进,大炮遽发,万不得已,乃宣布其罪状,饬居民迁徙,围捕首恶,此实彼之凶顽难化。然本代督感化无德,镇压无望,丛脞一身,致莫止此祸害。今虽渠魁已逃,同党已散,而顾此伤损情形,悲惨交集,疚忄内攻,广东现象,危险万分。本代督不恤身家性命,驱除凶恶,解决繁困,自非为大局计、为广东长治久安计,何必履此危凶? 千怨百仇,一身当任,既无利益于己,又不见谅各界,惟有速行退职,以免贻误大局。重烦我伯叔兄弟之忧,应由各界迅电催促汪、胡二公回粤镇抚,一面另举代表,以践前约而免终误,广东之幸,亦本代督之幸也。除一面出示安抚王和顺部下协从罔治,并会商各军统领暨各界团体,妥筹善后办法,并查明此次被害损失各数,妥筹分别抚恤外,所有本代督不能辞咎各节,自应通告周知。抑散兵之举,当经先期邀各统领妥商:一是言明先散零星集合,及并无枪械各小营;其属大股兵团者,均留为防守;不愿退伍者,则编为工兵;凡遣归者,分别给予恩饷功牌;各统领仍照支薪水,一再议定,方始施行。在各统领,亦已全数赞成,毫无异议。乃遣散甫将就绪,王和顺竟包藏祸心,选词(引按:《神州日报》"词"作"次",是,应从之)肇衅,实与散兵问题两无关系。其致于若此,盖本都督德望未孚,难化凶残,总祈我粤伯叔兄弟速即推人接替,继续维持,以免大局糜烂。凡百君子,其各谅予,毋重罪戾,切切此示。

《时报》壬子二月初二日(1912 年 3 月 20 日) 要闻

注:该辞职书当写于 1912 年 3 月 13 日。

仁、协两军未就抚。十三日申刻,康军复与陆军巷战,城门复闭,商店重行罢市。陈都督复布王和顺逆谋九款,另出示引咎辞职,各界挽留未允。(香港特派员发)

《民立报》壬子正月二十七日(1912 年 3 月 15 日) 香港电报

注:此件当发于 1912 年 3 月 14 日。

再论广东之变乱(节要) 啸 秋

即无此次之变(按:指陈炯明陆军与王和顺惠军之冲突),其势亦不可终日。然而此犹其表面之乱象耳,其实际则党派之竞争、权利之攻夺,尤有可为太息者。而都督一席,忽而公选,忽而委任,忽而电举,纷纷藉藉,莫知谁属,此则尤为致乱之大原因。粤省光复之始,以胡汉民君为都督,而以黄士龙、陈炯明两君左右之,盖同时有三都督矣,而又意见各出,职权不分。以后乱机,悉伏于此。迨胡、黄去粤,陈始独任都督,然而其名则犹曰代理也。尤可异者,陈为惠产,而广属人多排之者,故陈任都督数月,而省城各团体日以另举为事,陈亦以此不安而日谋所以求去。凡此皆有必乱之势者也。为今之计,欲弭粤乱,以任定都督为最急。闻大总统君有委任徐君绍桢赴粤之议。徐粤籍,而于军界政界,又富有学识经历,以之任粤督,当无不得手者。然而有一至要之问题,则督粤者无论何人,非有至厚之兵力不可。而此时粤事至急,尤不能稍事迁延,致其糜烂干涉,不可收拾。窃谓孙总统于此时,应速电袁总统,仍竟前议,以粤事责徐,而立调粤省北伐军归徐节制,克期赴粤;勒令各乱军一律归营,听候部署,有不用命者,立予扫荡而扑灭之,务令一举而全省之人心定;然后为之编制军队,整理财政,或者尚有可为,而一方面则政府力任保护之责,勿授人以干涉之口。为粤省大局计,莫急于此,我当道其注意哉!

    《民立报》壬子正月二十八日(1912年3月16日) 社论二

    注:此文当写于1912年3月15日。

  议会挽留,陈都督已允留任,司厅均未退。(香港特派员发)

    《民立报》壬子正月二十八日(1912年3月16日) 香港电报

    注:此电当发于1912年3月15日。

  孙大总统鉴:陆军惠军剧战,现已调息。惟陈督决辞,请催汪精卫君返粤,以维大局。军团协全。翰。(广东来电四十九)

      《南京临时政府公报》第46号(3月23日出版)

    注:"翰"系21日韵目代日,此电发于3月15日。

粤都督告退之照会

  广东大都督府为照会事:粤省反正以后,军政不能统一,几陷于无政府地位,乱机之伏,识者忧之。本代督任事以来,即首以整顿军政为先务,其抗命肇乱、恶迹昭著,如石锦泉、张铁震等,皆立予显戮,不稍姑容,凡以为广东治安计而已。此次王和顺立心煽乱,罪不容诛。惟其党羽甚多,蓄谋已久;本代督早有所闻,惟虑惊扰商场,隐忍不发,乃为事先预防之策:调回龙督办济光,会同何督办侣侠,以保怗西关沙面,城关内外,遍布巡查军,以资镇慑;一面开诚布公,期晓以大义,一面速行编遣,使散者复安本业,编者各有责承。故自三月初一日,始开筹办编遣民军事宜。至初九日,计共解散四十余营队,为兵约三万有奇。各民军统领皆深明时局,且有自请解散以为倡率者;余皆遵守命令,欣欣领受恩饷、功牌而去。讵王和顺深恐密谋已露、解己兵权,迫不及待,希图先发制人,借端肇衅,阻止巡查军回营之路。本代督姑为容忍,仍下令迂道而行,谋不得逞。次日复造缴械之谣,以煽动部下,而乱事遂起。本代督仍不欲即行痛剿,有投鼠忌器之心,因姑讳其罪状,勒兵严守城垣,派员赶往抚慰。自初九晚以至初十晚,竟至劝止无方,而王和顺率兵攻城,其势益剧。至十一早,不得已下令围捕,而四面兜剿,贼巢已破。自非本代督以商场所在,不忍用兵,则于初十早乘其党羽未集,一鼓而平,何至延长至于一日一夜之久?此皆由不忍扰害商场之心,以出此柔懦误机之策,使城厢居民,仍不免受此恐慌,本代督之咎也。本代督自维德薄能鲜,不足以肩此重任,惟有躬自引退,以避贤路。夫广东乱象四伏,镇压全仗兵力。此次剿办王和顺,实出于不得已之故,而社会之不知实情者,竟诬陆军以恶名,是非不明,毁誉失当,以后谁乐于用命者?若欲以道德平乱,则本代督实非其选:此其应辞退者一。本代督就任以来,自知德望未孚,屡求引退,诚以本代督人望不齐,故粤省人心不能统一,时启奸徒觊觎之渐,以为摇动政府之谋。此非得有人望素孚者,不足以镇之。早让贤能,以杜乱源:此其应辞退者二。况且编遣民军,事稍就绪,即急宜从事东、西、北三江及外府州县,使全省脉络贯通,而后血气乃旺。本代督一无所长,然勇于任事,不避艰险,削平萑苻之责,当躬自肩任,以谋桑梓治安。若使本代督事务接替有人,俾得在外从容展布,吾知必有以报我父老子弟者也。现在汪公精卫屡经电促回粤接任,均不允来,应即电请胡督回任,名正言顺,虽选举都督为贵会之权责,本代督无庸干与,然当寔事求是,毋为徒召纷争。况胡督因公去粤,现中央政府另行组织,胡督本可回粤,且其天资精明,富于学识,实有建设之才,本代督共事有年,深所钦佩。如粤人能电请回粤,并不以本代督为不肖,仍可辅佐胡督,削平盗贼,恢复秩序,使各府州县之乱稍戢,而日进于治安,是则本代督之愿也。为此照会贵会查照办理是荷。特此照会。

《申报》壬子二月初五日(1912年3月23日) 要闻二

注:此件当写于1912年3月16日。

南京孙中山先生鉴：王和顺之变，陈都督用兵平定，镇抚危局，反遭疑谤，因而辞职，若果离任，大局恐难保全。连日各地商民，纷电本省挽留，舆情可见。本会商人原不敢忘(妄)干政事；但桑梓生命财产商务所寄，未便袖手不论，故即日集众公决。事关大局安危，谨将实情奉达，希设法以维粤局。驻港香邑侨商会所卓尧峰、陈赓虞、唐溢川等叩吁。(香港电五十五)

《南京临时政府公报》第46号(3月23日出版)

注：此电当发于3月16日前后。

陈都督、省议会、商会、军团协会、各报馆、各团体会鉴：连得军商各界团体挽留陈都督之电数十通，足知舆情所向，公论所存，无以易也。王和顺之种种不法，各界具(俱)知之，该督为地方治安计，不惮为难而行，其苦心当为各界共谅。当此大局初定，内乱初平，陈督断无轻卸责任而去之理。惟君子难进而易退，陈都督志行高洁，本总统所素知，苟社会为少数人所籍弄，不复详其苦心，则宜有抑郁思去之志矣。本总统责备贤者，自不能听陈都督之轻辞。然徒托虚言慰藉，究非所以安陈督。所企吾粤父老兄弟，知任事者之苦衷，于是非所在，辨之至明，丝毫无惑，万众一心，交相维系，以图吾粤久安长治之局，则陈督将欲去而不忍去。各界能体此意，大局之幸也。孙文。印。

《致陈炯明等电三件》，《孙中山全集》第2卷，北京，中华书局1982年7月第1版，第145~146页。

注：《孙中山全集》第2卷收入此电时，标云此电发于1912年2月，似误。从该电内容可知，当发于1912年3月10日至12日陈炯明陆军与王和顺惠军战事结束之后的3月16日或17日。

孙总统鉴：王和顺揹兵肇乱，陈督执法解散，原为大局起见。乃多有猜嫌诋毁，陈督告辞，粤省震动，乱机隐伏。迫乞速电慰留，以救全粤。香港绸缎疋头行全体叩。霰。(香港来电四十四)

《南京临时政府公报》第45号(3月22日出版)

注："霰"系21日韵目代日,此电发于3月17日。

今日粤省有代表至宁调孙总统求黄兴镇粤,请总统劝驾,黄尚未允。(南京又一特派员发)

《民立报》壬子二月初三日(1912年3月21日) 南京电报

注:此电当发于1912年3月20日。

粤省议会挽留陈都督照会

为照复事:本月十六日准贵都督照会,内开以粤省此次剿办王和顺实出于不得已之故,而社会不知实情者竟诬陆军以恶名,是非不明,毁誉失当,并自疑德望未孚,急求引退,请本会电请前胡都督回任,愿辅胡都督削平盗匪、恢复秩序等因,当将来文宣布。据各代议士佥谓:剿办王和顺之役,是非自有公论;贵都督既知毁誉失当,又何事引咎自责,急求引退,致令商民或推或挽纷纷之函电乎? 即使贵都督终不能留,本省会亦惟有查照从前选举汪精卫君督粤之成案办理。查本省前经举汪精卫先生督粤,虽经函辞,复由孙大总统迭次电委,谆嘱不可另举。本省会最后有请贵都督遵电任事之公文,并声明汪君一日未到,贵都督一日不能卸任。兹准前因,仍照前案表决,电请汪君赳速回粤任事。经代议士多数赞同,除催汪君速回外,相应备文照复贵都督,请烦察核须至照复者。

《时报》壬子二月初十日(1912年3月28日) 要闻

注:此照会当书于1912年3月19日或20日。

孙总统因粤陈都督派廖仲恺来宁远迎维持粤局,决于日内偕汪精卫、胡汉民两君同返。闻暂不赴鄂,各秘书中粤人均随行。(南京特派员发)

《民立报》壬子二月十二日(1912年3月30日) 南京电报

注:此电当发于1912年3月29日。

粤省议会弹劾都督

四月十一号粤省临时议会,出席代议士一百廿九人。先由书记长宣布函电毕,唐恩溥谓:"陈督枪毙《佗城报》记者陈听香,此事不能不提议。报馆为言论机关,议会为人民代表,均有维持社会之天职。若动以军法钳制人口,则今日可以枪毙记者,明日即可枪毙代议士。且中央约法颁布已久,试问应遵守否?如应遵守,则不应复以军法从事。似宜电中央政府纠举陈都督。"金德依谓:"约法既组颁到,则军律自应取消,何得擅用、草菅人命?唐议士之提议,鄙人可作为赞成。"姚传纶谓:"凡事必求公论。陈督之枪毙记者,明明违法之行为,是不可不纠举。"周耀光谓:"本会通过之约法,既已咨送于都督,今逾期不答复,是默认矣。既默认而尚行军律,是谓违法,不可不即行纠举。"李英伟谓:"环球各国,实无枪毙记者之条文。前美国有日本记者鼓吹罢工,美政府虽甚恶之,亦不过处以监禁十月。可见文明国实无此举动也。"杨永泰谓:"陈听香之人格如何,可不必研究;今日之研究者,惟约法时期,尚以军法处报馆记者耳。在鄙见,不特对于陈督一方面须弹劾,尤须从速解除军法,以重民命。常见省警察厅因窃小物而亦枪毙者,真可谓之草菅人命矣!盖今日约法既已施行,记者虽罪有应得,亦应付裁判所审断,不应以军律枪毙之。且环球各国,亦无枪毙记者之事,今陈督有此,实属钳制言论自由权,吾人一面弹劾都督,一面知照都督即日解际军律,以免人民动遭枪毙之惨。"温雄飞谓:"中央约法,原有保障人民之权利一条,今可根据此条,谓陈督剥(夺)人民生命,起诉于中央政府。"唐恩溥谓:"鄙人与陈听香本不相识,与陈都督又无恶感。即陈听香之人格如何,亦可不理。所应研究者,系因言论之故,可以枪毙记者否,请付表决。如各位赞同,即电中央政府,以正其违法之罪。"谢公伟谓:"议会为人民之代表。今日之事,若不弹劾,是可谓大负人民。"李子平谓:"际此约法与军法过渡时代,究应从何法,尚未知其界限。在鄙见,则宜慎审明白,然后弹劾之,似不宜出于造此。"崔宪章谓:"枪毙记者,未免过重。所最不法者,于修正省会章程各条,本日来文云,尚待磋商,其居心在于缩小议会权力,而扩张其权力。但各议士要通电中央与各省,本议士从道德上问题着想,决不宜通电各省。"李冠华谓:"宜先行质问陈都督,再行纠举,因此事报界亦不起诉,究未知其曲直也,不可不审慎出之。"卢本新谓:"以约法时代而行军法,本属不当。但陈听香本牵涉王和顺问题,且经地方裁判所及法务局审讯,宜先研究其审讯情形,再研究办法。"黎禧谓:"事经两次审问,其中或有别情亦未可知,故鄙人亦主先行质问。"陈铿持谓:"陈都督牌示有经地方裁判所及法务局审讯之语,似宜审慎详查其审判内容。"黄汝刚谓:"报馆为言论机关,寰球亦无擅杀主笔之理。在本议士之见,主于速行纠举。且从前三月二十九日革党围攻督署,及九月末反正以前,在张鸣岐所谓军政时代也,而各报鼓吹不遗余力,尚不闻擅杀记者之事;今民国成立,反有此酷刑,岂不较张鸣岐更甚?"陈善卿谓:"革命举动,牺牲性命,掷去头颅,一般志士,费尽心血精神所争者,破除专制而已。今中央政府既经颁布约法,应即解除军法。而陈督辄因军法枪毙报馆记者陈听香,无怪人言其专制矣。虽然陈听香个人不足惜,为前途人道着想,实为可危。本议士为人民代表,应即先与陈督辩明先即解除军法,次申明弹劾陈督之理由。嗣后凡有罪者,须交审判厅讯明定罪,按法从事,以重人道主义乃可。"梁孝肃谓:"万不可牵涉陈听香个人身上,惟执违背约法之罪以弹劾之。如是方不失议会体裁。"杜应魁谓:"弹劾官吏,为本会特权,故不可放弃,然亦不可轻于尝试。此次陈听香之枪毙,大快人心,但因其立于记者地位,则未免办之过重耳。今钦弹劾陈督之违法,必须调查其供词及其实据,方为正当之办法。"徐溥霖谓:"弹劾非不可,必须先行调查事实,俾知枉杀者由于陈都督,抑或在审判各员,再行分别弹劾。"众表决:陈督违背中央约法,滥用军律,枪毙日报记者,即日弹劾;其弹劾电文,由众推举唐议士起草。议长谓:"赞成此电稿者,请起示表决(电文另录)。"起立者六十八人。时已六句钟,遂散会。

弹劾陈督之电文

袁大总统、黎副总统暨参议院、平政院、黄镇守府并转中山先生鉴:广东代督陈炯明违背中央约法,滥用军律,擅将报馆记者枪毙。查现为施行约法时期,万无适用军律之理。据陈代督宣布该记者之罪,谓为伪造揭帖,摇乱军心,似此罪状,仅可按照普通刑律惩罚。就令军政时代,东西各国,无此办法,显系违背约法第二条第一项、第四项之规定,剥夺人民生命,钳制言论自由。本会表决该代督此种行为实为违法,用特电达。应如何办理之处,乞即示复。盼切。省会叩。

《民立报》壬子三月初五～初六日(1912年4月21～22日) 新闻一
注:此报道当写于1912年4月12日。

粤军政府诘驳省会纠举行用军律咨文

为咨会事:查枪毙陈听香一案,闻贵会唐代议士恩溥提议,陈听香伪造揭帖、扰乱军心,似此罪状,应用普通刑法,不宜用军律处决,并以本代督为违背约法第六条第一项等情。查贵会所主张,自分数层:一依于约法第六条第一项第四项身体自由言论自由之规定,谓为剥夺人民生命、钳制言论自由;二为现系施行约法时期,不能适用军律;三为陈听香罪状,可照普通刑律惩罚,不应适用军律。综合此三层,足为贵会提议并赞成之各代议士未了解约法军律及普通刑律原理之确徵。查约法第六条第一项人民身体非依法律不得逮捕拘禁审问处罚,第四项人民有言论著作刊行及集会结社之自由,第十五条本章(第五条至第十四条)所载人民权利有认为增进公益维持治安或非常紧急必要时得以法律限制之,故照第六条第一项之规定,依于法律,原得逮捕拘禁审问处罚,而法律上须逮捕拘禁审问处罚者,自不能援引此条,依同条第一项本文及第十五条显然明白。至陈听香法律上应行逮捕拘禁审问处罚,自依于以下所说而明。若言论著作自由一层,则与第一项迥别,法文只许其有为言论为著作之自由不加禁止,并非谓以言论著作犯罪者不加制裁,故即无第十五条之规定,以言论著作犯罪者,又可按律科罪,而依第十五条之规定,更可设为报律出版律等各法律以干涉言论著作,正如人民信教自由,而因信教有罪者不能免罚,营业自由,而以营业犯罪者不能免罚,非曰许与自由,即其所行悉不为罪也。故贵会所称违背约法,全然不合,而贵会所称为钳制言论自由者,尤属误解。盖言论止于发表意见,如使陈听香自发表政意见,尚有可原,今伪造事实,直是依附叛军、鼓众煽乱,非以言论受罚也。

次贵会所主张约法时期万无直用军律之理一层,又显见贵会并未了解军律之用途。凡地方戒严,均可适用军律,不特约法时代有然,即立宪时代亦尔;省城自独立后,并未宣布解严,即可适用军律。其军律条项,前经胡都督出示宣布并经本代督再行订正告示在案。贵会密迩军政府,岂无闻见?

对于军律,未尝咨商解除,是贵会为国民代表,已在奉行军律之下,军律一日未除,即一日发生效力,凡有触犯者,本代督惟执行以尊法,不能枉纵以废法。乃贵会以奉行之法而拒政府之执行,拒之不得,至遁其词,谓为约法时代无施行军律之理,此真大惑不解者也。

又贵会所称本督宣布陈听香罪状,可按普通刑律办理,尤足见贵会之用语足以破坏已说之根据。凡言普通者,对特别言,而法律效力特别法优于普通法,为公共原则。盖以法律之设,有为永久普通者,有限于一时一隅一部分人者,此限于一时一隅一部分人之律,军律与普通刑法对待者,既为贵会代议士所知,则犯罪适合于军律所规定者,自不适用普通刑律,贵会声明普通刑律即含有军律别有规定时当适用之意义。而胡都督前颁之军律第十条,造谣惑众、扰乱军心者斩,正与陈听香所犯罪案相合,故依于法律,由警察逮捕送交地方检事局,该局查其为军事犯,解交陆军司法务局发问定罪,自无按照普通刑律之理。所云军政时代,东西各国无此办法,究何依据以云然? 大凡臧否时事,往往集以形容藻斧之词,此固恒人所难免,若引据法令评论出之,必不容苟下冗词。法律之前,万人平等,而贵会乃至云擅将报馆记者枪毙,试问报馆记者是否犯死刑为不可枪毙之人,而非报馆记者凡百军民人士举可以枪毙而不问乎? 此种代用 语 於法律上全然不合,亦见 言 之不智而已。抑法律之事,本至精微,中国人民未习者多;省会代表国民,不必尽有国民所有之智识,解释法律,未能尽合,本不为怪。然即昧于法理,而事实上之观察,苟非有所编蔽,其好恶亦当与人同。粤省自反正后,秩序未复,豪奸巨恶,横行社会,良弱受其涂炭,不敢告诉,稍有天良之人,罔不日望政府之尽法惩治。陈听香积年惯恶,久稽显戮,社会之人,莫不愤嫉,此次依附叛军,鼓众惑乱,尤为罪不容诛,若不按法惩办,益长其风,则受其煽惑者日多,将罹于法网者愈众。殛此元恶,以保公安,事本至平正,妇孺能知,而贵会多数议士,反为彼申诉,涂附法理以为言,不知法理,犹可曲谅,至于不明事实,又将何以谢所代表之人乎? 愿稍平心,复其常识,勿使人民以代议士轻重吾粤人也! 此咨。

《时报》壬子三月初八日(1912年4月24日) 要闻

按:《民立报》壬子三月初七日(1912年4月23日)所载题为

《广东都督之辨明》的报道所公布者,与《时报》壬子三月初八日(1912 年 4 月 24 日)"要闻"所刊《粤军政府诘驳省会纠举行用军律咨文》同,兹不再录。又,该件尾部即自"抑法律之事"至末尾,《时报》和《民立报》所载均有阙,此处系据政协广东省委员会文史资料研究委员会、中国科学院广州哲学社会科学研究所中国近代史研究组 1965 年编印之《有关陈炯明资料》所收该件录之。

袁总统覆粤省会电

粤函:袁总统对于省会纠举行用军律案(即陈炯明杀陈听香案)复电云:"广东临时省会:文电悉。擅杀系刑事案,须得有确据,方能核办。再,来电并未署名,须补一列名电,以凭核办。除电唐总理外,此复。大总统。盐。印。"闻省会中人,得此电后,颇涉狐疑,现已提出讨论矣。

　　《神州日报》壬子三月初七日(1912 年 4 月 23 日)　要闻二
　　注:此函当书于 1912 年 4 月 15 日。其中所录袁世凯覆广东临时省会电发于"盐"日;"盐"系 14 日韵目代日,此日相当于 1912 年 4 月 14 日,袁世凯电即发于是日。

广东省议会电达袁总统、黎副总统、参议院、孙中山先生、黄留守,弹劾陈炯明都督违法擅权,滥用军律枪毙新闻记者。(广东特派员十三日午后六时发)

　　《民立报》壬子二月二十八日(1912 年 4 月 15 日)　广东电报
　　注:此电当发于 1912 年 4 月 14 日。

省议会力争弹劾权,三次咨会都督,均被驳,昨又开议再争。(广东特派员十五下午五时发)

　　《民立报》壬子三月初一日(1912 年 4 月 17 日)　广东电报
　　注:此电当发于 1912 年 4 月 16 日。

七十二行总商会、公安会致电南、北京谓:陈督枪毙陈听香,全粤称快;省议会指为违法,弹劾大背舆论,并请留陈督及龙济光。(香港特派员十六日下午四时发)

　　《民立报》壬子三月初三日(1912 年 4 月 19 日)　广东电报
　　注:此电发于 1912 年 4 月 16 日。

陈都督因陈听香弹劾案咨复省议会,谓各议员未了解约法与军律及普通刑律之原理,词颇激厉。(香港特派员十七日下午四时发)

　　《民立报》壬子三月初三日(1912 年 4 月 19 日)　广东电报
　　注:此电发于 1912 年 4 月 17 日。

黄留守十五日亦有电留龙济光及陈炯明。(香港特派员十七日下午七时发)

　　《民立报》壬子三月初三日(1912 年 4 月 19 日)　广东电报
　　注:此电发于 1912 年 4 月 17 日。

港商坚留陈都督

七十二行总商会、九大善堂、报馆、各团体钧鉴:陈听香荟言乱政,煽惑军心,军政府处以军律,全粤称快。乃议会淆乱黑白,谬然纠劾,舆论沸腾,深堪痛恨。陈都督公明廉正,材德兼全,吾粤倚若长城;陈督若退,粤即糜烂。又闻龙统制忽萌去志,并恳挽留,以维大局,全粤幸甚。香港八九行商会全体叩。

又银行业来电云:陈都督、龙统制、七十二行、九善堂、总商会转各团体鉴:陈听香藉报业以扰乱治安,粤人皆曰可杀。陈督为吾粤大局计,杀之快甚。议会为吾民代表,不为吾民谋治安,反为金人偏袒护(引按:原刊如此,疑有夺或衍字),不职实甚。陈都督、龙统制为吾粤保障,务乞合力维持,保全粤局,勿馁勿退,商民幸甚。香港银行业全体公叩。巧。

　　《申报》壬子三月初八日(1912 年 4 月 21 日)　要闻二
　　注:"巧"系 18 日韵目代日,此日相当于 1912 年 4 月 18 日,香

港银行业全体电即发于是日。

粤省军界及省港商界皆力诋省议会弹劾陈督为非,议员表决力驳,誓将解散。(香港特派员十九日下午五时发)

《民立报》壬子三月初四日(1912 年 4 月 20 日)　广东电报

注:此电发于 1912 年 4 月 19 日。

弹劾(劾)陈都督违法一案,省议会与省港商界意见益趋反对。现商界举出之省会各议员,已一律辞职。(香港特派员二十日午后七时发)

《民立报》壬子三月初五日(1912 年 4 月 21 日)　广东电报

注:此电发于 1912 年 4 月 20 日。

汪精卫竟望望然去之

汪精卫于十九号抵港,寓坚道,谢绝宴会,原拟俟孙中山到时偕同上省。讵汪忽于日昨乘原来之奥国邮船远去,不知所之,或云系往星架波。查汪为进德会员,已入该会甲等不做官一类,早决计不任粤督。此次远去,闻省会有代议士多人持都督请任书,纷往谒汪,汪力辞;又有多人竟向汪诉当道不是,又有多人为被押某某说项,是是非非,汪大为厌苦,遂愤然为此高蹈远引云。又据同盟会广东支部接特派港欢迎员函云,汪精卫到港后,寓于坚道,原拟即回。嗣传孙中山来港确期,因决计见其一面,即乘船回省,请速预备洁舍,为汪君下榻等语,支部得信后,已照办。有谓汪已由港他去,未知孰是。

《华字日报》壬子三月初八日(1912 年 4 月 24 日)　广东新闻

注:此件当写于 1912 年 4 月 22 日。

孙中山先生昨午抵粤,地方甚安。孙先生并称:"陈督措置有方,现民军裁汰过半,舆论翕服,反对谣诼者实居最少数。"(广州特派员廿六日正午发)

《民立报》壬子三月十一日(1912 年 4 月 27 日)　广东电报

注:此电发于 1912 年 4 月 26 日。

香港生药行致孙中山等电(1912 年 4 月 27 日收到)

广州总商会、省会、孙中山先生、公安会、九善堂、报界会暨各团体鉴:阅报知陈督离粤,商等失措。乞速定大计,仍留陈督镇粤,龙统制专理军政;或促汪君督粤,陈、龙二君共襄军政。庶粤民有赖,其余非商等敢知。旅港生药行陈伯清、赵佩琪等叩。(香港发)

黄彦、李伯新选编:《孙中山藏档选编(辛亥革命前后)》,北京,中华书局 1986 年 9 月第 1 版,第 509 页。

注:此电发于 1912 年 4 月 27 日。

香港南北行致孙中山等电(1912 年 4 月 27 日收到)

广州孙中山先生、临时省会、总商会、七十二行商、维持公安会、九善堂、报界公会均鉴:陈都督任粤以来,办理有方,屡电挽留,维持危局。今阅四月二十六日《中国报》登香港各界会议电省会一节,敝行实未预闻,更不忍陈都督离粤。香港南北行公叩。(香港发)

黄彦、李伯新选编:《孙中山藏档选编(辛亥革命前后)》,北京,中华书局 1986 年 9 月第 1 版,第 509 页。

注:此电发于 1912 年 4 月 27 日。

港商冯宪章等致孙中山等电(1912 年 4 月 27 日)

广州孙中山先生、同盟会、省会、军团协会、各报、各团体鉴:陈都(督)离任,汪公不返,粤局须人维持。胡公汉民万难卸责,乞合力敦劝,勿再推辞,大局幸甚!旅港商人冯宪章等叩。沁。(香港发)

黄彦、李伯新选编:《孙中山藏档选编(辛亥革命前后)》,北京,中华书局 1986 年 9 月第 1 版,第 509 页。

注:"沁"系 27 日韵目代日,此电发于 4 月 27 日。

二十六日陈都督咨省议会:"出府省亲,公事暂请胡君汉民代行,俟汪

精卫君回省乃交卸。"另函各界,请择举孙、胡接理。省议会今日(念七)集议。(广州特别员念七日上午十时发)

《民立报》壬子三月十二日(1912年4月28日) 广州电报

注:此电发于1912年4月27日。

孙中山先生欲改良广东为模范省,定二十六晨八时请报界谈话。二十五日夜,陈都督炯明忽赴香港,寓湾仔。二十六日午刻,军界欢迎孙先生,临时动议"陈督离省"事,先由覃代表言:"陈督无故至港,仅留下诰诫军人'服从命令、拥戴继任胡汉民都督、免生意外危险'等语。现拟请孙先生推荐继任之人。"孙先生言:"昨尚与陈都督谈论要政两小时许,并未提及离粤,今忽有此举动,真为可骇。余现已退为国民一分子,以个人意见,宜仍请陈督回任。"众举胡汉民君继任,孙先生终表赞成,并提议请陈专任军政云:"此事奇突已甚,如不速筹解决善法,乱机将起。"(香港特派员廿七日下午九时发)

《民立报》壬子三月十二日(1912年4月28日) 广州电报

注:此电发于1912年4月27日。

广东都督电

北京袁大总统、参议院、各省都督钧鉴:陈都督以代理期过,汪精卫本为正任,谢不肯来,于昨日请省会另举都督。经省会众议,辱举汉民权理粤督;陈督仍任军统,综理粤省军事。谨此电闻。粤都督胡汉民叩。感。

《申报》壬子三月十五日(1912年5月1日) 公电

注:"感"系27日韵目代日,此日相当于1912年4月27日,此电即发于是日。

今日(念八)省议会正式公举胡汉民为粤都督、汪精卫为参谋、陈炯明为军政。胡君已接任,大局安靖。(香港特派员念八日下午五时发)

《民立报》壬子三月十三日(1912年4月29日) 广东电报

注:此电发于1912年4月28日。

陈君炯明尚在港,粤军界已派代表迎归任事。(香港特派员廿八日下午九时发)

　　　　《民立报》壬子三月十三日(1912 年 4 月 29 日)　广东电报

　　　　注:此电发于 1912 年 4 月 28 日。

粤都督陈炯明于(廿五日)晚忽潜赴港,留书辞职,请胡汉民代理。省议会连日集议留陈或专理军政。(廿八日辰刻广东专电)

　　　　《时报》壬子三月十三日(1912 年 4 月 29 日)　专电

　　　　注:此电发于 1912 年 4 月 28 日。

广东新旧都督交替记

▲陈都督之出府

　　粤省陈都督于欢迎孙先生后,即晚十二点钟便装出署,留下致海陆军手谕,并致省会咨文及各参议书函暨示稿一通。翌晨,署中秘书、参议各员,始知其事,刻即集合筹议:先行以电话请胡汉民君到署,晤商要公,强请暂行权代,不令外出。兹将陈都督咨文、函时及手谕大意录下:

　　咨省会文云:广东大都督府咨:现在孙大总统解职回粤,汪正都督、胡前都督亦偕同遄返。汪正都督抵港后,因公羁绊,昨经奉电开"当即返粤"等语。本代督瓜代期已过,盼代惟殷。兹因出府省亲,所有府中公事,应行咨请胡前都督代理,一俟汪正都督回粤,再行交卸。除咨胡都督及示谕外,合咨省会查照宣布为荷。此咨广东临时省会。陈炯明。

　　陈炯明致省会函云:临时省会鉴:炯明负罪我粤,数月于兹矣。今幸孙、胡二公惠然返梓,瓜代有人,得释巨负,藉免重咎,自欣幸。千祈贵会即日择举孙公或胡公接理,以待汪公之回,俾定人心,免贻罪戾,不胜切祷。匆此即叩众安。各界均此不另。陈炯明。

　　谕海陆军略云:炯明告假省亲。已咨照省会,请胡汉民君代理。各军队对于继任都督,自当遵守命令。若将来军事需人,当可遄返,受众驱策云云。

▲孙先生之荐举

四月廿七日,省会欢迎孙中山先生茶会,即由孙先生登台陈述政见云:"兄弟到香港时,即闻有人欲行第二次革命,以图推翻广东政府,其印信及旗帜等物均已齐备,兄弟曾亲见之,但不知贵会诸君有所闻否?查此等举动不独关于广东之安危,实关于中华民国全部之安危。我辈若不急起维持,将目前最紧要之事件,速为筹画(划),吾恐祸端即见于顷刻,斯时欲图补救,已无及矣!陈都督此次离任,蓄志已久。今之去也,推其原因,实由于外界不甚原谅,且多诬捏之词。至于论选举都督问题,顷间兄弟到时,闻议长说及贵会本日经已表决,请胡汉民暂时权理,另日再开正式选举。以平常论,此为正当办法。今则不然,盖目下时势如此危迫,亟应即日举定胡汉民为正任都督,以安危急,否则乱象立生。故特推荐于贵会,务请早为解决。若再延迟,恐一般争权争利之流,乘机以逞,则广东前途,不堪设想矣。贵会为人民代表,窃谓此事关系全粤安危,其责甚重,万不可稍涉迟疑,数日解决固不可,即迟至明日解决,亦断不可,务于今日行之,是所厚望焉。"全体鼓掌。少顷茶会毕,各议士恭送中山先生后,议长谓:"今日本会上半日送往胡汉民先生暂行权理都督之公文,下半日即须开正式选举。"大众赞成,旋开正式选举,用记名单举法公选广东正任都督。投票毕,公推宋议长监票,赵议士煜、谢议士公伟开票,周议士孔博、潘议士崇衍唱票,姚议士传纶、邓议士斗垣、陈议士星南记票,当众开票,计胡汉民先生一百一十三票,孙中山先生五票,谢英伯先生五票。以胡汉民先生得票最多,合为当选。随缮具请任书,由正副议长即晚进去,遂休会。

▲胡都督之示谕

广东大都督胡汉民示:现准前都督陈咨开"兹因出府省亲,府中一切公事,合请贵前都督代理"等因,并准临时省会咨送请任书前来,本都督现于四月二十七日接印视事,合行谕知军民人等一体知照。特示。

《申报》壬子三月十八日(1912年5月4日)　要闻二

注:此报道当发于1912年4月28日。

粤省更易都督之详报

粤函:廿六日,外间纷传陈都督已离府。始则人尚不之知;及详细调查,乃知陈都督确于欢迎孙先生后,即晚十二点钟便装出署,留下致海陆军手谕,并致省会咨文及各参议书函,暨示稿一通。翌晨,署中秘书、参议各员,始知其事,刻即集合筹议:先以电话请胡汉民君到署,晤商要公,强请暂行权代,不令外出。适是午海陆军官,约期在旧督练公所,欢迎孙中山君。开会时,当场将事情宣布。孙君闻言,以为"陈督日昨之会,并未提及,何以一旦决然舍去?"深为诧异。众军官旋请中山君选人代任,孙君旋问:"诸军官属意何人,自可约略举出,以备复选。"诸军官言:"前任胡汉民君为孙先生挈去,今已随同返粤,陈都督咨请省会陈述意见,亦以胡君代理为言,当从其意。"孙君乃举 手 问诸军官,请当场表决,众均举手赞成,遂决议。又闻各军官对孙君言:"陈都督勇于任事,将来假满返省时,举为军统,俾□力于军事,以整理地方一切之治安"云。兹将陈都督咨文、函时及手谕大意录下:

陈都督咨省会文云:广东大都督府咨:现在孙大总统解职回粤,汪正都督、胡前都督亦偕同遄返。汪正都督抵港后,因公羁绊,昨经奉电开"当即返粤"等语。本代督瓜代期已过,盼代惟殷。兹因出府省亲,所有府中公事,应行咨请胡前都督代理,一俟汪正都督回粤,再行交卸。除咨胡都督及示谕外,合咨省会查照宣布为荷。此咨广东临时省会。陈炯明。

陈都督致省会函云:临时省会鉴:炯明负罪我粤,数月于兹矣。今幸孙、胡二公惠然返梓,瓜代有人,得释巨负,藉免重咎,□自欣幸。千祈贵会即日择举孙公或胡公接理,以待汪公之回,俾定人心,免贻罪戾,不胜切祷。匆此即叩众安。各界均 此 不另。陈炯明。

又谕海陆军略云:炯明告假省亲。已咨照省会,请胡汉民君代理。各军 队 对于继任都督,自当遵守命令。若将来军事需人,当可遄返,受众驱策云云。

闻陈都督自廿五晚夜深出府后，即于廿六早子身由广九铁路赴港。至深圳，遇一西人认是陈督，乃电询某领事以陈都督现在举动，始知陈确已离粤。至是日午刻，陈督在港致一长电至省，内中措词，尚不知悉云。

廿七日下午，省会欢迎孙中山先生茶会，孙先生及其男女公子暨来宾到者二十余人。议长宣开会理由，书记长诵祝词。孙先生因"粤省近日大局不安，由于人民不知底里"，乃登台陈述政见，略谓："兄弟离广东十余年，今甫旋里。承诸位雅意欢迎，感谢不已。兹将有关于广东最紧要、最急迫之事情，为诸君言之。忆兄弟到香港时，即闻有人欲行第二次革命，以图推翻广东政府，其印信及旗帜等物均已齐备，兄弟曾亲见之，但不知贵会诸君有所闻否？查此等举动不独关于广东之安危，实关于中华民国全部之安危，盖广东省者，全国之肢体也，一有祸乱，全国为之牵动。若辈发难于广东，则北京政府为保全大局计，势必调兵南下，各省必互相救援，如是则玉石俱焚，大祸在所不免，可为寒心。夫广东以不用一兵，而达反正之目的，实为乡梓幸事。然军政府成立未久，而一般贪图利禄之流，不满所欲，遂假第二次革命之名，阴谋破坏广东大局。我辈若不急起维持，将目前最紧要之事件，速为筹画，吾恐祸端即见于顷刻，斯时欲图补救，已无及矣！陈都督此次离任，蓄志已久。陈为最有本领之人，办事亦不避劳怨。前虽屡次辞职，经兄弟屡电挽留，乃能隐忍至今。即兄弟到省时，与之畅谈时局，亦未尝不殷殷求治，仍无稍露去任之意。今之去也，如此其速，推其原因，实由于外界不甚原谅，且多诬捏之词。即如此次汪精卫先生不回，竟有谓为陈都督阴令拒之，以固其位者。此种妄词，陈都督如何能受？所以一见胡汉民先生抵省，即翛然以去，此不得已也。至汪精卫先生之不回广东，别无他意。实则汪之生平，只愿担当义务，而权利一节，毫不计及。其去也，亦欲避权利耳，与陈都督有何关系？今且论选举都督问题。顷间兄弟到时，闻议长说及，贵会本日经已表决，请胡汉民暂时权理，另日再开正式选举。以平常论，此为正当办法。今则不然，盖目下时势，如此危迫，亟应即日举定胡汉民为正任都督，以安危急，否则乱象立生。若论胡汉民为人，兄弟知之最深。昔与同谋革命事业，已七八年，其学问、其道德，均为兄弟所深知。不独求于广东，难得其人，即十八省亦所罕见。前者革命军起时，兄弟约其同到江南，组织临时政府，彼力最多；嗣兄弟蒙参议院举为临时总统，一切布施，亦深资臂助。迹其生平之大力量、大才干，不独可胜都督之任，即位以总统，亦当绰绰有余，故敢推荐于贵会，务请早为解决。若再延迟，恐一般争权争利之流，乘机以逞，则广东前途，不堪设想矣。且广东军界，经陈都督之毅力组织，已著成效，窃谓主持广东军事者，非陈都督不可；但其志存谦让，若不另举都督，彼必不肯复出。至精卫先生之意，亦与陈都督同。兄弟曾电促其返粤，彼谓如能举定胡汉民为都督，一星期内即可回粤；否则虽返香港，亦必不来广东。是举胡督一人，可得汪、陈二人之用。抑念广东今日，舍此三人外，更有何人能胜广东都督之任？非敢谓广东无人，但一时实难其选耳，盖今日为广东择督，须有学问而兼有道德者，始能胜任，苟非用其人，则一般不逞之徒，必乘机窃发，万一广东为其所据，由长江而黄河，长驱直进，大局尚堪问乎？窥若辈之用心，无非欲（按：《民立报》所刊，'欲'字后有'登九五'三字）破共和、复行专制而已。虽现在共和建设，尚未完全，一切疾苦，亦未除尽，然尽系必然之事，盖欲行大改革，非费多少心血、多少时日，必不能达其目的。总之，目前之最急者，惟选举胡汉民先生为正任都督一事。胡汉民前在都督任内，外人或有不甚满意之处，此不足为怪；即以孔子复生，处于今日，亦必有人非之者。然不能以一眚掩大德也。贵会为人民代表，窃谓此事关系全粤安危，其责任甚重，万不可稍涉迟疑，数日解决固不可，即迟至明日解决，亦断不可，务于今日行之，是所厚望。"全体鼓掌。少顷，茶会毕，各议士恭送中山先生后，议长谓："今日本会上半日才送请胡汉民先生暂行权理都督之公文，下半日又开正式选举，拟请胡汉民先生为正任都督，皆由孙先生特荐，且众人共赞孙先生之言，似乎不举胡先生则粤乱即起，能举胡先生则粤乱可定。且孙先生再三详言，谓胡为都督，则陈、汪皆肯回来，由一人而得三人之益。本议长前在席上曾问孙先生，如果举定胡先生为正任都督，孙先生能担承陈、汪两先生一定回来任事否，孙先生答言必能担承，且谓'今日能举定胡先生，今夜即电召陈、汪回粤任事'云云。如此，则本省会甚乐从也，似可即开正式选举。"大众赞成，旋开正式选举，用记名单举法，公选广东正任都督，胡汉民得一百一十三票，孙中山五票，谢英伯五票，以胡汉民得票最多，合为当选。随缮具请任书，由正副议长即晚进去，遂休会。

《神州日报》壬子三月十八~十九日(1912年5月4~5日)　要闻二

注:此报道当发于1912年4月28日。

胡汉民治粤之宣言

粤函:胡汉民接任都督后,即出示云:本都督受人民重托,为维持地方治安起见,断本(不)敢姑息苟安,以贻后患。粤省匪氛未靖,尤在厉行军政,务使内地一律肃清,继续陈前督所未竟之业。倘有心怀不轨,希图扰乱公安者,本都督惟知执法严惩,决不宽贷。各军人维持治安,诛锄匪类,本都督所深倚重,切勿稍存瞻徇,致负本都督期望,合行晓谕诸色人等知悉。须知刑乱重典,因时制宜,牺牲少数,以维大多数幸福,正合人道主义。本都督言出必行,幸勿尝试。特示。

《神州日报》壬子三月二十日(1912年5月6日)　要闻二

注:此报道当发于1912年4月28日。

陈炯明君离粤后,省议会于二十七日午前八时表决,请胡汉民君权理都督,另开正式选举。午刻孙先生受省会欢迎演说:"粤事危险,颇有人欲行第二次革命,宜急选定正任都督,以定人心。"因推荐胡汉民君能胜此任,并言胡若应选,陈炯明、汪精卫两君皆允回粤。(香港特派员二十九日下午九时发)

《民立报》壬子三月十四日(1912年4月30日)　广东电报

注:此电发于1912年4月29日。

孙先生别后,省议会即提议此事多数表决,即开正式选举。胡汉民君得百十三票当选,孙先生得五票。(香港特派员二十九日下午九时发)

《民立报》壬子三月十四日(1912年4月30日)　广东电报

注:此电发于1912年4月29日。

胡汉民君已正式布告接任粤督。(香港特派员二十九日下午九时发)

《民立报》壬子三月十四日(1912年4月30日)　广东电报

注:此电发于 1912 年 4 月 29 日。

汪精卫君电称,俟举定都督即返,专备顾问。(香港特派员二十九日下午九时发)

《民立报》壬子三月十四日(1912 年 4 月 30 日)　广东电报

注:此电发于 1912 年 4 月 29 日。

粤省议会议决,请胡汉民复就都督任,胡有允意。惟陈炯明尚未允回省任军政,省中各团体均派代表赴港劝驾,必得请乃已。(廿九日辰刻广州专电)

《时报》壬子三月十四日(1912 年 4 月 30 日)　专电

注:此电发于 1912 年 4 月 29 日。

唐绍仪致汪精卫电

广州汪精卫先生鉴:维密。财(?)展堂兄师(?)就任都督,此事中山先生当必另有布置。竞存兄是否仍驻省垣及任何职?竞存直接所辖军队归谁统辖?沪去别时,约期十日,请兄北来,计已届期,务乞迅即起程。银行团约明日开议,今日新参议员起抗,旧议员窃虑,因此延阁议事期,则经济益觉困难,不胜焦灼。粤中景况,望详示。仪川。印。(北京发)

黄彦、李伯新选编:《孙中山藏档选编(辛亥革命前后)》,北京,中华书局 1986 年 9 月第 1 版,第 514 页。

注:此电发于 1912 年 4 月 30 日。

黄兴致孙中山等电

广州孙中山先生、胡汉民先生及同行诸君钧鉴:台旌旋梓,俟已逾旬,景仰高风,无任延伫。此间自赣兵乱后,加意防范,秩序已较前安宁。现正着手减兵,以节国用。惟饷项各款,亏欠至千万元之谱,坐困无策,焦灼万状。昨晚通电提倡国民捐,仍欲行前方略,以救国危,谅达台览,乞先生有以赞成之。近闻精卫远隐,竞存遽去,当此危局,似不宜出此,以沽高名。不知先生

可致之否？黄兴叩。卅。印。（南京发）

黄彦、李伯新选编：《孙中山藏档选编（辛亥革命前后）》，北京，中华书局 1986 年 9 月第 1 版，第 208 页。

注：此电发于 1912 年 4 月 30 日。

孙中山君昨（五月一日）在广州演说，谓：广东大局不靖，实有人煽动举行第二次革命，闻已制就旗帜、印信等类。设果见诸实行，则必牵动全国，殊非中国之福。（香港）

《申报》壬子三月十七日（1912 年 5 月 3 日）　专电

注：此电发于 1912 年 5 月 2 日。

陈炯明回粤后种种

粤函：前督陈炯明，现已回省担任军统。其未回之前一日，胡都督接其手书，详述己意，历言"陆军代表，促令返而主持，深恐胡君因此卸责，以重己罪；如必欲返省，必须胡君宣誓愿任都督，乃可遄返、受众驱策"云云。胡督接书，即电邀陆军各代表到府，具陈己意："愿照陈书所云，努力担任。"乃于即午派出宝璧兵轮，往港欢迎。四日早七点半钟，兵轮已抵省垣，时陆军各官长及龙统制济光均率队至兵轮接晤。九点钟，陈偕各军官到都督府，受任军统。闻陈初意，拟在督练公所设立办事处。嗣与胡都督再三商榷，均以在都督府设立，较为妥便，现已将府内核计院，改设军统办事处矣。

《神州日报》壬子三月二十五日（1912 年 5 月 11 日）　要闻一

注：此件当发于 1912 年 5 月 4 日或 5 日。

有关广东民军及其遣散情况的三个表格

《民军一览表》

《华字日报》辛亥十一月二十八日、十一月二十九日、十二月
初二日(1912 年 1 月 16 日、1 月 17 日、1 月 20 日)

营 名	驻 所	统 带	人 数
应 字	广 舞 台	赵应龙	八二〇
石 字	大 佛 寺	石锦泉	二〇九四
兆 字	东较场李家花园	杨兆山	一三二〇
协 字	一德社天后宫	杨万夫	一〇〇〇
初 字	车歪炮台	何福初	一〇〇〇
东新军	广舞台后	刘兆槐	一〇三〇
经 字	缆路尾汛	严经一	五五四
展 字	石碁□番禺小学堂	梁鹏展	一一三
就 字	南关戒烟所	李 就	五〇〇
康 字	旧将军署	周 康	四五〇〇
建 字	旧水师行台	黎 萼	四〇〇〇
昌 字	猪□岗黄家祠	黄世昌	五〇〇
江 字	长堤景橡祠	邓 江	一〇〇〇
炳 字	海 幢 寺	张 炳	三八〇
瀛 字	豪贤街皇华馆	谭 瀛	四六〇
荫 字	东堤柴行会馆	林荫生	三二九〇 (1)
纯 字	增步水塘	陈 纯	五〇一
惠 军	廻龙社军医学堂	王和顺	四〇〇〇
威 字	清 远	冯国威	一二〇〇

澳字	永胜寺	□澳成	六七〇(2)
兰字	泮塘陈家祠	陆兰清	五五〇〇
卢字	东堤广舞台后	卢少琦	二四四
秉字	黄沙邝家祠	姚立亭	一〇六五
锡字	长堤盐务公所	麦锡	二三四五
领字	都督府	陆领	二一〇〇
福字	河南南洲局	李福林	未详
瑞字	东关华侨安集所	何瑞芹	二八〇
敬字	沙基中约	邝敬川	一八〇〇
伟字	西关汛	钟伟生	八〇〇
黎字	桨栏街	黎炳(球)	五〇〇
喜字	石龙	梁喜	未详(3)
林字	堤工局	陈林	未详
高军	燕塘	姚景华	未详
第一军	谘议局	陈炯明	未详
信字	广九车站	梁义华	未详
侠字	广九车站	何侣侠	未详
民军	沙头	崔叔平	未详
吴字	黄连	吴培	未详
杰字	大黄埔	刘世杰	未详
何字	中协署	何梦	未详
第四军	东较场华夔园	庄汉翘	未详
鸿字	沙基西桥脚	林鸿勋	未详
第一营	九广车站	刘鹏飞	未详
安字	民军总务处卫队	郑颂觉	未详

注:

(1)该荫字民军人数"三二九"后空一格,疑缺一个"0",兹姑拟补。

(2)该澳字民军人数"六七"后空二格,但似只缺一个"0",兹姑拟补。

(3)从该喜字民军至末尾,见辛亥十二月初二日(1912年1月20日)《华字日报》。其首行栏目"人数"二字下标"未详"二字,是知该日所刊各民军人数均为"未详"。

《广东军团一览表》

《神州日报》辛亥十二月十三日(1912年1月31日)

粤省自反正后,军队林立,不下百数十团,分扎省垣内外。今特调查列表如下:

营　名	驻　　所	统　领
禄字营	石　井	张　禄
兰　字	陈　家　祠	陆兰清
康　字	旧将军署	周　康
协　字	一　德　社	杨万夫
建　字	天　平　街	黎　萼
惠　字	廻　龙　社	王和顺
福　字	南　洲　局	李福林
石　字	大　佛　寺	石锦泉
香（字）	大港盐商会馆	任鹤年
东新（军）	广舞台后	刘肇槐
育　字	东横街三贤祠	饶汉齐
初　字	车歪炮台	何福初
钟　字	清水濠万寿宫	吴伯洲
劲武军	濠畔湖南会馆	李锋甫
兆　军	东　较　场	杨兆山
明字顺军	旧　警　署	黄明堂
炳　字	海（幢）寺	张　炳

应　字	广武台侧	赵应龙
瀛字北伐	皇华馆	谭瀛
会　字	旧藩署	黄会
北伐军	广舞台	朱少廷
义　字	水师公所	谭义
黎　字	桨栏街	黎炳球
广安水军	容奇	刘宽
展　字	前鉴地藏庵	梁展鹏
起　字	石龙	梁起
江　字	八邑会馆	邓江
就　字	东南关戒烟所	李就
林　字	堤工局	陈林
领　字	都督府	陆领
荫　字	东较场	林荫生
澳　字	永胜寺	陈达成
高军	燕塘	铙景华
第一军	谘议局	陈炳明
民团局	八旗会馆	黄世冲（按：即黄世仲）
信　字	九广车站	梁义华
吴　字	黄连	吴培
杰　字	香山大浦	刘世杰
锡　字	大良	麦锡
何　字	中协署	何梦
秉　字	郑家祠	姚立亭
慎　字	黄沙	郑慎彝
桂军	统制署	黄冠英
瑞字营	东较场	何瑞芹
第四军	东较场	庄汉翘（女士）
鸿　字	沙基	林鸿勋

敬　字	沙基中约	邝敬川
广九第一营	广九铁路	刘鹏飞
卢　字	广　舞　台	卢少琦
纯　字	增　步	陈纯(禄军支队)
民　军	沙　头	崔叔平

《遣散民军一览表》

《民立报》壬子三月初九日、三月十一日、三月十二日

（1912年4月25日、4月27日、4月28日）

广东民军，为数甚多，经陈都督发给恩饷，分别遣散。兹将其营名、统领姓名并遣散数目，列表如左，以供众览，见当时起义者之众也。

▲育字营　李育卿一百四十八名罗绿波□四十六名

▲威字营　邝辉四百三十名

▲瑞字营　何瑞芹三百零六名

▲昌字营　黄世昌五百三十八名

▲兆字营　杨兆山一千三百九十八名

▲俊字营　欧阳俊一千一百五十

▲华侨北伐先锋队　一百六十四名

▲初字营　何福初五百零四名

▲惯战军　李碧川八十名

▲澳　字　第一支部梁汉成五百二十五名发出恩饷五千三百
八十□元五

▲毅字营　苏少楼六百十八名侠军何侣侠

▲秉字营　姚立亭一百六十名

▲财政司　卫队黄星海一百五十四名恩饷一千七百零五元

▲瀛字营　一标谭瀛一千八百五十八名恩饷二万一千三百七

—　418　—

十六元六

▲爽字营　　　　梁爽五百零四名恩饷五千五百一十七元

▲镇字营　　　　杨仁山五百九十一名恩饷六千三百二十八元

▲海字营　　　　陈春魁一千一百九十九名恩饷四千八百九十三元

▲强字营　　　　杨荫伯五百六十四名恩饷六千二百五十元

▲劲武军　　　　李锋甫一千二百七十八名

▲明字顺军　　　二标三营何子汉五百八十九名卢少琦七百名恩饷
　　　　　　　　九千九百五十四元

▲东新军　　　　刘肇槐二千一百四十三名恩饷二万一千四百二十
　　　　　　　　九元

▲惯战军　　　　梁冠三一百四十名朱绍廷四百二十六名

▲顺属民军　　　麦锡一千八百二十一名

▲应字营　　　　赵应龙三百二十四名

▲谦字营　　　　曾谦如一百五十八名

▲经字营　　　　严经一三千零八十五名恩饷三万四千五百三十
　　　　　　　　六元

▲展字营　　　　梁展鹏七百七十九名恩饷八千四百六十三元

▲敬字营　　　　邝敬川一千二百八十名恩饷一万三千零八十六元

▲镈字营　　　　罗镈五百九十七名恩饷六千五百零八元

▲慎字营　　　　七百四十九名

▲纯字营　　　　陈纯六百零一名恩饷六千五百零三元五

▲伟字营　　　　钟伟生九百八十一名恩饷一万一千八百九十元

▲祥字营　　　　孔祥民三百五十五名朱振基五百八十七名恩饷六
　　　　　　　　千二百八十六元

▲仁字营　　　　关仁甫二百二十一名恩饷二千四百元

▲应字营　　　　赵应龙一排四十三名恩饷四百五十九元

▲惠　军　　　　余兵六十四名恩饷四百七十三元

▲云　南　　　　回粤华侨炸弹队四十九名恩饷一千八百八十三元
　　　　　　　　九毫

▲鸿字营　　　　　江斌六百零二名恩饷六千八百二十九元

▲瀛　字　　　　　二标一千八百九十四名恩饷三万八千八百一十五
　　　　　　　　　元二毫

▲北伐军　　　　　兵站输送队一百四十四名恩饷八百三十八元六毫

▲华侨游击队　　　二百一十五名恩饷五千零七十二元一毫

▲慎字营　　　　　余军九十名恩饷一千一百八十八元

▲安缉军　　　　　曾其光四百三十五名恩饷四千七百四十二元五毫

▲华侨炸弹队　　　六百零六名恩饷一万九千八百七十元

▲澳部华军　　　　李华六百零六名恩饷六千五百五十七元

▲华侨炸弹队　　　三十六名　恩饷三百六千元

　　四月一日以前,统计遣散民军三万三千三百八十二名;恩饷统计二十六万一千二百三十五元九毫(概由经理局发出)。未有注明恩饷数目者,系由民军总务处遣散给发(未有具报,未入此表)。

国家社科基金
后期资助项目
GUOJIA SHEKE JIJIN HOUQI ZIZHU XIANGMU

黄世仲革命生涯和小说生涯考论

下

Huang Shizhong, A Revolutionary and
A Novelist

颜廷亮　著

人民出版社

黄世仲革命生涯和小说生涯考论

（下）

第十章　革命画报的小说大家

——关于黄世仲与《时事画报》的创办

《时事画报》是晚清时期的民主革命派在广州创办的一种图文并茂的著名文艺刊物,不仅如刊名所示的那样刊登大量绘画,而且还刊登大量诗文、曲艺以及长短篇小说等作品。黄世仲与这一刊物有很密切的关系,他的著名小说《廿载繁华梦》和《党人碑》就连载于该刊上。研究晚清文学特别是研究黄世仲,势必不能不研究《时事画报》以及黄世仲与该刊的关系。然而,时至今日,学术界对《时事画报》本身及其与黄世仲的关系,还未完全搞清楚,以致一些并不确切的说法广泛流行而不能得到纠正。故有必要再行考析。

一、《时事画报》在广州

还在 1949 年以前,就已有人论及《时事画报》,指出该刊创刊于乙巳年即 1905 年,系旬刊。冯自由的《开国前海内外革命书报一览》①、《华侨革命开国史》②、《中华民国开国前革命史》③等著作都是这样记述的。中华人民

---

①　冯自由:《开国前海内外革命书报一览》,《革命逸史》第 3 集,北京,中华书局 1981 年 7 月第 1 版,第 136~156 页。

②　冯自由:《华侨革命开国史》,《华侨与辛亥革命》,北京,中国社会科学出版社 1981 年 12 月第 1 版,第 16 页。

③　冯自由:《中华民国开国前革命史》,杜元载主编《革命文献》第 66 辑,台北,中国国民党中央委员会党史委员会 1974 年 6 月第 1 版,第 259~260 页。

共和国成立以来,一些专家学者更进一步指出《时事画报》创刊于 1905 年 9 月。李默《辛亥革命时期广东报刊录》①和方汉奇等先生编的《近代中国新闻事业史事编年》②等即如此记述。所有这些记述,在创刊年份上,都是正确的。在月份上呢? 也确切无误。问题是:《时事画报》究竟创刊于 1905 年 9 月的哪一天呢?

《时事画报》创刊号现在可以查到。遗憾的是,这一期刊物的封面和内页,均未见有关出版日期的记载。这样一来,创刊号出版的具体日期,也就不易弄清了。不过,从一些相关资料,还是可以推知其具体出版日期的。

乙巳七月十六日的《有所谓》报有一篇题为《报界真发达矣》的"羊城访稿",全文如下:

> 《拒约报》定七月二十一日出第一期,已登前报。兹又闻八月初旬有二报出世,一旬报,一日报。旬报名《时事画报》,日报名《觉报》,均在十八甫择地云。

乙巳八月初七日的《有所谓》报又有一篇题为《时事画报茶会之纪事》的"羊城访稿",全文是:

> 省垣《时事画报》,原潘氏心薇发起,于初五日假座述善学堂,先由潘氏宣告《时事画报》之宗旨及章程。毕,来宾陈氏章甫演说电版之关系于国民,并举法败于普、画普人待法人惨状、卒收感化国民之效以为借镜。并有陈氏、罗氏、高氏等,均陈所见云。

《时事画报》创刊号里页有以《画报茶会》为题的文字一则并配有绘画一幅,其文字如下:

---

① 李默:《辛亥革命时期广东报刊录》,《新闻研究资料》第 1 辑,北京,中国社会科学出版社 1979 年 8 月第 1 版,第 143~171 页。

② 方汉奇等:《近代中国新闻事业史事编年》(十三),《新闻研究资料》第 21 辑,北京,中国社会科学出版社 1983 年 9 月第 1 版,第 241 页。

　　本报于是月初五,假城西述善堂开设茶会。到者二百余人,画界、学界人居其多数,内有女美术家三人。先由潘氏陈说本报宗旨、办法,次由陈君章甫演说图画之关系。后,来宾陆续演说图画之有益于社会,措词均恺切详明。至下午罢会。

从以上几条资料来看,《时事画报》至迟已于乙巳年七月中旬开始筹办,而在乙巳八月初五日尚未正式创刊。不然的话,乙巳八月初五日的茶会上,必然会向与会者赠阅创刊号,而从上述关于茶会的记述来看,并无赠阅之事;创刊号刊登《画报茶会》并配以图画,也说明乙巳八月初五日尚未正式出刊。乙巳八月初五日即 1905 年 9 月 3 日,那么在此日之前《时事画报》尚未问世是可以肯定的。

　　乙巳年八月二十九日《有所谓》报刊有一则《特告》,文云:

　　　　第壹期《时事画报》、第肆期《拒约报》俱已寄到。诸君购阅,快来快来,所到无多也。

乙巳年八月三十日《有所谓》报又刊有一则《特告》,文云:

　　　　第壹期《时事画报》寄到后,即日已沽楚。兹经函促,大约九月初一日可到。欲看此报者,祈预来挂号。肆期《拒约报》现存无多,欲购阅者,快来可也。

从这两则《特告》可知,至迟乙巳八月二十九日《时事画报》创刊号已经出版。然而,创刊号不可能是乙巳年八月二十九日出版的。因为,《有所谓》报出版于香港,《时事画报》由广州运至香港是需要时间的;乙巳八月二十九日的报纸刊出《特告》,则《时事画报》创刊号当已于乙巳八月二十八日运抵香港;加上运送途中所需时间,则《时事画报》创刊号出版时间当更早几日。

　　那么,究竟是哪一天呢? 笔者推测,当是乙巳八月二十五。这是由于,乙巳八月二十五日出版后,次日可以交邮运港;加上运寄途中所需时日,乙巳八月二十八日可运抵香港,《有所谓》报乙巳八月二十九日也就可以刊出《特告》。不仅如此,而且八月三十日广告云:《时事画报》寄到后,即日已沽楚;兹经函促,大约九月初一日可到。那么,八月二十八日到后当已售完,同日函促,估计九月初一日可到。从八月二十八日到九月初一日,恰好正与八月二十六日到八月二十九日相同,均为 4 天。另外,《时事画报》今存者的出版日期,除了因小月无三十日而致出版具体日期略有变动外,凡标明具体日期者,基本上都是全年或连续多期逢五或逢十出版,似乎编者对这两个日子有特殊的兴趣。①

　　当然,这还只是一个推测。这个推测是否可信呢? 有资料可以旁证,这个推测大致是可以成立的。资料之一是《有所谓》报关于《时事画报》第 2 期已运抵香港的一则启事,其文云:

　　　　第二期《时事画报》已到。有心购阅者,速来可也。

这则启事见于《有所谓》报乙巳九月十三日。既然如此,那么《时事画报》第 2 期当已于乙巳九月十二日运抵香港。《时事画报》这一期的出版时间,在该期封面上是标出了的,所标为乙巳九月初十日。如果这一期在出版的第 2 天运寄香港,那么在路上的时间共约两天,比本文上面所说创刊号由广州运抵香港路上的时间少了一天。这似乎于笔者的推测的可信性不利。然而,从广州运抵香港,路上的时间未必一定共约三天。即使一定共约三天,那也不妨碍笔者推测的可信性。因为,《时事画报》创刊号上还刊有一则启事,其文云:

　　　　本报创刊伊始,诸凡未备,深用抱歉。以后当陆续改良,以副诸君

---

① 《时事画报》乙巳、丙午、己酉本来阴历逢十出版,但若某月是小月,则可能提前到二十九日或推后到下月初一日出版。又比如,丙午年似应是阴历逢十出版,但今见之第 7 期和第 23 期却分别标明出版日为三月十一、七月二十五日,不知何故。但这种例外的情形并不怎么多见,一般还是阴历逢五或逢十出版的。

之望。第二期展限初十日出报,阅者谅之。……

在创刊号上刊出这样一则启事,看来创刊号出版之时第 2 期的编辑出版已在进行,但大约不能按照预定日期出版,故云"展限初十日出报"。既然说"展限初十日出报",则完全有可能初十日以前已经印制完成,而封面上仍标曰乙巳"九月初十日"出版。这也就是说,很可能九月初九日已印制完成。如此说大致不误,那么这一期就可以于九月初十日运寄香港。当然,也有可能是九月初十日上午印制完成的。如此说大致不误,那么这一期仍可以于九月初十日下午运寄香港。而无论是九月初九日还是九月初十日上午印制完成,总之,九月初十日都完全可以运寄香港,从广州到香港运寄途中的时间正好共约三天。由此也可以说明,笔者对创刊号出版日期的推测大致不差。资料之二是丁未年第 22 期《时事画报》所刊赖亦陶所写《本报出版第二周岁感事文》一文。该文本身并未写明《时事画报》究竟创刊于乙巳年八月的哪一天,但刊登该文的这一期《时事画报》在封面上标明出版日期是丁未年的八月二十五日,同笔者推测《时事画报》创刊号出版日期大约为八月二十五日,也许是个巧合。但是,恐怕也很难肯定仅仅是个巧合,而是很可能表明《时事画报》大约正创刊于乙巳年的八月二十五日。

总之,《时事画报》创刊的时间大约在乙巳年的八月二十五日前后,很可能就是八月二十五日。这一天,正是公历的 1905 年 9 月 23 日。

二、《时事画报》在香港

《时事画报》创刊之后,过了若干时日,因故停刊;不久之后,又在香港复刊。关于其停刊和复刊的时间,向来有不同的说法。究竟哪种说法正确,或是否均不正确? 为弄清这个问题,兹先将几种不同说法列举如下:

第一种说法:创刊后一年停刊,己酉年秋在香港复刊。类似的说法谓创刊后风行一时,旋以资金不继停刊。持此说法者,有冯自由、潘贤模、叶再生等先生。冯自由《中华民国开国前革命史》①云：

> 广州《时事画报》为鼓吹民族主义杂志之一，创于乙巳年，出版一年而停刊。己酉秋间，谢英伯、潘达微等以林直勉之助，重组该报于香港。

冯自由《华侨革命开国史》②云：

> 《时事画报》原在广州出版，发刊于乙巳年。……风行一时，旋以资乏停刊。
>
> 己酉年秋间，谢英伯、潘达微、何剑士、郑侣泉等得林直勉之资助，重组是报于香港，……

在《开国前海内外革命书报一览》③中，冯自由没有记载《时事画报》停刊时间，但却记载了该刊在香港复刊的时间为"己酉"年。潘贤模《鸦片战争后的香港报刊——近代中国报史初编》（第六章）④看来是承袭冯自由的说法的，其中说：

> 另外是潘达微所办的《时事画报》，于1905年创刊于广州，图文并茂，风行一时，旋以资金不继停刊。1909年，得林直勉资助，在香港复刊，……

---

① 冯自由：《中华民国开国前革命史》，杜元载主编《革命文献》第66辑，台北，中国国民党中央委员会党史委员会1974年6月第1版，第259~260页。

② 冯自由：《华侨革命开国史》，《华侨与辛亥革命》，北京，中国社会科学出版社1981年12月第1版，第16页。

③ 冯自由：《开国前海内外革命书报一览》，《革命逸史》第3集，北京，中华书局1981年7月第1版，第147页。

④ 潘贤模：《鸦片战争后的香港报刊——近代中国报史初编》（第六章），《新闻研究资料》第11辑，北京，展望出版社1982年5月第1版，第235~256页。

除潘贤模之外,冯秋雪的《辛亥前后同盟会在港穗新闻界活动杂忆》①、陆丹林等的《潘达微生平述略》②等也大致承袭冯自由之说,而叶再生在不久前出版的四卷本《中国近代现代出版通史》③第一卷中,则仅记载其创刊和停刊时间分别为"1905、9"和"1907、冬",既未及停刊原因,又未及复刊一事。

第二种说法:1907 年冬停刊,1908 年秋在香港复刊。李默和方汉奇等先生即持此说。李默《辛亥革命时期广东报刊录》④写道:

公元 1905 年 9 月(清光绪三十一年八月)《时事画报》在广州创刊。……

《时事画报》约于光绪三十三年冬停刊。

光绪三十四年秋间,谢英伯、潘达微等以林直勉之助,重组《时事画报》,编辑有郑侣泉、何剑士等。

后来,方汉奇等先生编《近代中国新闻事业史事编年》⑤时,大约就是以李默的说法为据的。他们的《近代中国新闻事业史事编年》在 1905 年、1907 年和 1908 年分别系《时事画报》创刊、停刊和复刊情形如下:

1905 年(光绪三十一年乙巳):

——————————

① 冯秋雪:《辛亥前后同盟会在港穗新闻界活动杂忆》,《广东文史资料·孙中山与辛亥革命专辑》,广州,广东人民出版社 1981 年 8 月第 1 版,第 102 页。

② 陆丹林等:《潘达微生平述略》,《广东文史资料·孙中山与辛亥革命专辑》,广州,广东人民出版社 1981 年 8 月第 1 版,第 223 页。

③ 叶再生:《画报类报刊》,《中国近代现代出版通史》第一卷第六章第二节《清末报刊一览》之十一,北京,华文出版社 2002 年 1 月第 1 版,第 937 页。

④ 见《新闻研究资料》第 1 辑,北京,中国社会科学出版社 1979 年 8 月第 1 版,第 165~167页。

⑤ 见《近代中国新闻事业史事编年》之十三、十七、十八,分别载《新闻研究资料》第 21、25、26辑,北京,中国社会科学出版社 1983 年 9 月、1984 年 5 月、1984 年 7 月第 1 版,分别见各辑第 241、217、239 页。

9月×日:《时事画报》在广州创刊。发起人高卓廷,编辑人潘达微、高剑父、何剑士、陈垣等。旬刊。

1907年(光绪三十三年丁未):
冬:广州《时事画报》停刊。

1908年(光绪三十四年戊申):
秋:广州《时事画报》在谢英伯、潘达微主持下复刊。由郑侣泉、何剑士等任编辑,……

第三种说法:创刊后过了几年,于1910年停刊,后在香港复刊。持此说者,据笔者所知,似仅彭永祥一人。他在《中国近代画报简介》①一文中写道:

(《时事画报》)潘达微、高剑父、陈垣、何剑士编辑,一九零五年创刊于广州,至一九一零年已出至总一三一期。……
……因财力不支,至一九一零年停刊。后得林直勉资助,又在香港复刊,……

这三种说法在《时事画报》创刊年份问题上的看法是一致的,也是正确的。然而,在广州《时事画报》停刊及其在香港复刊的时间问题上,看法就有分歧了。据笔者就有关资料的分析来看,第二种看法和第三种看法均是完全错误的;第一种看法则半对半错,错的是同样搞错了广州《时事画报》停刊的时间,对的是所说《时事画报》在香港复刊的年份。

《时事画报》并未完整地保存下来。不过,现在还能看到的,还是比较多的。笔者所见的《时事画报》,最早的是创刊号,最晚的是庚戌年即1910

---

① 彭永祥:《中国近代画报简介》,丁守和主编《辛亥革命时期期刊介绍》(四),北京,人民出版社1986年10月第1版,第659~660页。

年的第 4 期。这最末一期的封面今已不存,不知其具体出版日期以及是刊物的总第几期。但庚戌年第 2 期的封面是保存下来了的,其上标明该期出版于正月二十九日,是该刊的总第 127 期。如此,就可以推知,庚戌第 4 期当出版于二月二十日,是该刊的总第 129 期。又据彭永祥《中国近代画报简介》①云,《时事画报》至 1910 年已出至总第 131 期。那么,《时事画报》庚戌年至少出至第 6 期,即该刊的总第 131 期。不仅如此,而且很有可能这一期出版后,该刊便最后停办了。这就是说,《时事画报》从创刊到最后停办,连头带尾达六个年头,故该刊庚戌年第 2 期所刊《本报广告》和《特别增刊大祝典》启事,分别有"本报开办以来,六载于兹"、"本年七月为本报出版六週岁之期"这样的文字。《时事画报》创刊于乙巳八月,此云七月为出版六週岁之期,当是从乙巳七月已经开始酝酿和筹办算起。但究竟是否如此,在此无关紧要,总之是连头带尾存活了六个年头无疑。

在这六个年头中,今见丙午年最后一期是第 36 期,出版于十二月初十日;丁未年最后一期是第 33 期,出版于十二月十五日;戊申年最后一期是第 30 期,出版于十二月十五日。总之,这三年是连续出版至最后的②,今见乙巳年最后一期,是第 6 期,出版时间不详。从第 3 期出版于九月二十日来看,这一期当出版于十月二十日,显然并非乙巳最后一期。那么,乙巳年《时事画报》最后一期应是第几期呢? 按,戊申年第 3 期,封面标明系总第 80 期。那么,戊申年第 1 期当为总第 78 期。这就是说,丁未年最后一期应是总第 77 期。如上所述,丙午年共出 36 期,丁未年共出 33 期,丙午、丁未两年共出 69 期。据此算来乙巳年应出 9 期。如果第 6 期出版于十月二十日,则这最后的第 9 期应出版于十一月二十日。不过,乙巳年的情况如何,对笔者所要讨论的问题无关紧要,重要的是丙午、丁未和戊申这三年,《时事画报》是连续出版并出版至各年年末的。不仅如此,从创刊号起,《时事

---

① 彭永祥:《中国近代画报简介》,丁守和主编《辛亥革命时期期刊介绍》(四),北京,人民出版社 1986 年 10 月第 1 版,第 659～660 页。

② 《时事画报》丁未年第 33 期刊有《阅报诸君鉴》,内云:"现值岁暮,各美术家均欲小憩。是年由三十三期停派,明年再加改良,准正月二十日出版。想诸君届时必以先睹为快也!"丁未第 33 期出版于十二月十五日。由此看来,《时事画报》每年大约均在十二月十五日左右出版最后一期。丙午年第 36 期出版于十二月初十日,看来也当是最后一期。

画报》的总代理处一直在广州 18 甫 69 号门牌 2 楼,到戊申年的最后都未变动。这就是说,乙巳年创刊之后,丙午、丁未和戊申 3 年中,均未发生停刊以及在香港复刊的情形。

然而,到了己酉年,却不是这样。这一年的第 1 期是二月初十日出版的,系《时事画报》总第 108 期。这一年的第 8 期,是五月初一日即 1909 年 6 月 18 日出版的,系《时事画报》总第 115 期。从第 1 期到第 8 期,仍如前几年一样照常连续出版,总发行所即前面所说总代理处也仍然是广州 18 甫 69 号。第 9 期到第 14 期,现在大约已经无存,不知情况如何。但至迟到了第 15 期即总第 122 期,却出现了几个情况。首先是,这一期标出了总发行及总编辑人姓名,而该人姓名成了"谢英伯"三字。其次是,这一期出现了《迁舖》和《阅报及代理诸君注意》等启事,分别云"本报已迁往(香港)文武庙直街一百二十七号"、"本港阅报诸君则按址饬件送到"等;到了第 16 期即总第 123 期,则还非常清楚地标明编辑及总发行所是香港荷李活道 127 号。另外,从第 8 期到第 15 期,中间约有近两个月未曾出刊。因为,第 8 期出版于五月初一日,第 15 期出版于八月三十日;《时事画报》既是旬刊,那么从五月初一日到八月三十日期间,照例应出 11 期,而按照现在刊物的期号来看,却只有从第 9 期到第 14 期总共六期,少了五期。己酉年第 8 期到第 15 期中间出现的这些情况,应当怎样解释方为合理呢?看来,除用从第 8 期出版后、第 15 期出版前广州《时事画报》曾短时期停刊、然后又在香港复刊加以解释外,是再无更可以说服人的解释了。

从以上的论述可以看出,广州《时事画报》的停刊和在香港复刊,时间都在己酉年即 1909 年。不仅如此,而且己酉年的第 15 期,很可能就是在香港复刊后的第 1 期,这从该期特地标明总发行人及总编辑人是谢英伯以及特地刊出《迁舖》和《阅报及代理诸君注意》等启事、直到紧接着的第 16 期才清楚地标明编辑及总发行所是香港荷李活道 127 号等情形,完全可以想见。如果这一推测无误,那么也就可以进一步确定,《时事画报》在香港复刊的时间就是第 15 期出版的日子,即己酉年八月三十日,这一天是公历的 1909 年 10 月 13 日。冯自由等说广州《时事画报》创刊一年即停刊以及另外一些专家学者说该刊 1907 年或 1910 年停刊都是不对的,但冯自由等说

《时事画报》已酉年秋在香港复刊却是说对了的。

至于在香港复刊后的《时事画报》，从以上论述可以看到，大约总共出了十期，或更妥当地说大约至少出了十期。同时，自己酉年九月十九日出了该年的第 18 期即在香港复刊后的第 4 期以后，到年底之前并未继续出版；一直到庚戌年的正月二十日(1910 年 3 月 1 日)，才继续出版。从己酉年第 18 期为总第 125 期、庚戌年第 1 期即正月二十日出版的一期为总第 126 期，可以明白地看到这一点。看来，在香港复刊以后，编辑和出版进行得并不很顺利，因而不仅中间有中断，而且为时不久也就不得不最后停刊了。

三、黄世仲:《时事画报》的"本社撰述员"

《时事画报》在政治上属于晚清民主革命派刊物。创办人潘达微、高剑父以及后来在香港继续编辑出版该刊的谢英伯等人，都是当时的民主革命派人物。虽然创刊号所刊《本报约章》标示宗旨是"开通群智，振发精神"、"所有纪事著论，全主平和"，似乎民主革命派的倾向不那么鲜明，但整个刊物所载图画、文字，却都具有很明显的民主革命派倾向。冯自由在《开国前海内外革命书报一览》①、《中华民国开国前革命史》②、《华侨革命开国史》③等中将其作为民主革命性质的刊物加以记述，后来的许多研究者如李默、彭永祥等指其为民主革命派刊物，都是完全正确的。正由于此，作为晚清港穗地区民主革命派实际工作者、宣传家和小说家的黄世仲，与之有十分密切的关系，也就是十分自然的事情了。那么，黄世仲和《时事画报》的关系，究竟是怎样的呢?

黄世仲和《时事画报》的创办者如潘达微、谢英伯等，看来是交往颇多

---

① 冯自由:《开国前海内外革命书报一览》,《革命逸史》第 3 集,北京,中华书局 1981 年 7 月第 1 版,第 136～156 页。

② 冯自由:《中华民国开国前革命史》,杜元载主编《革命文献》第 66 辑,台北,中国国民党中央委员会党史委员会 1974 年 6 月第 1 版,第 251～261 页。

③ 冯自由:《华侨革命开国史》,《华侨与辛亥革命》,北京,中国社会科学出版社 1981 年 12 月第 1 版,第 1～92 页。

的朋友和同志。潘达微是 1908 年参加同盟会的，谢英伯也于同年加入同盟会。他们加盟前就是进步人士；加盟之后，均进行了许多革命活动，前者曾和《时事画报》的又一创办人高剑父共同建立实为革命活动的一个据点的守真阁，后者后来还是《中国日报》的记者和第三任社长，并兼任同盟会香港分会会长。在他们加入同盟会的前后，黄世仲正好先后担任同盟会香港分会的交际员和庶务员，因而可以想见他们之间关系当是密切的。当然，这种密切的关系，还不能说明黄世仲和《时事画报》也一定关系密切。然而，有一条资料，却可以说明这一点，这条资料就是《时事画报》所刊黄世仲小说《党人碑》连载广告。

《时事画报》丁未年第 21 期在刊出《本社小说廿载繁华梦全书出版预告》的同时，刊有《又有新小说出世名党人碑》这样一则广告，其文云：

> 迩者党祸多且烈矣。是书内容，历叙十数年来中国近事及党人起伏之情状，一一写出，祇作叙事，不加论断。是书于社会有绝大关系，不可不快睹也！著者即本社撰述员黄君小配，前著《廿载繁华梦》一书，其笔墨价值，久已有目共赏，今此书实后来居上。以著者透观近事十余年，积胸已久，然后下笔成文，其资料丰富，布局奇妙，及笔墨精当，自不待言。阅者各手一篇，当不以斯言为夸大也。
>
> 时事画报谨启

这则广告，在此后几期中还曾一再刊出。其中"著者即本社撰述员黄君小配"一语，清楚无误地告诉人们，黄世仲是《时事画报》的撰述员。这就不仅表明黄世仲和《时事画报》有一定关系，而且表明《时事画报》实际上也是把黄世仲当成自己的一员。事实上，黄世仲和《时事画报》的关系，并非一般的投稿者与用稿者之间的关系，而至少是长期为《时事画报》提供小说类稿件的一位重要撰述员。这从《时事画报》长期连载黄世仲的小说《廿载繁华梦》和《党人碑》就可以看出来。

四、从小说连载看黄世仲和《时事画报》

　　《廿载繁华梦》在《时事画报》连载,终止于丁未年九月二十五日(1907年10月31日)出版的第26期,这一期的出版时间是十月初五日。但是,开始于什么时候呢? 开始于乙巳年当是没有问题的,但开始于这一年的第几期,实在还是个问题。今存乙巳年的最后一期是第6期,这一期并无《廿载繁华梦》。这一年的第7期、第8期和第9期,现在已找不到,因而不知究竟从这3期的哪一期开始刊载。不过,今存之丙午年第4期是刊有《廿载繁华梦》的,所刊系第六回。那么,在此之前,《廿载繁华梦》当已刊出过五回。从今所见《时事画报》刊载《廿载繁华梦》的情形来看,该刊大致上是每期刊载一回。据此推算,则《廿载繁华梦》当是从乙巳年的第8期开始刊载的。每期一回,到丙午年的第4期,正好是第六回。乙巳年的第8期出版于何时,现在不能确知,但从乙巳年第3期出版于九月二十日来看,可能出版于十一月十日。事实上,《廿载繁华梦》主要是写周庸祐的,而周庸祐影射的其实是周东生。周东生被岑春煊查抄一事,发生于乙巳年九月初七日。《时事画报》对此曾有报道。查《时事画报》乙巳年第3期的《旬日要事记》中,有文字稿《周东生一梦》;乙巳年第4期《旬日要事记》中有文字稿《周东生事汇纪》;乙巳年第5期《旬日要事纪》中有文字稿《周荣曜革职查抄矣》,图画中有《查抄纪图》和《不忘故主》两幅。现在自然不知道黄世仲以《廿载繁华梦》名书,是否同乙巳年第3期中的《周东生一梦》这个篇名有关,但从事发之乙巳年九月初七日(1905年10月5日)到乙巳年第8期《时事画报》出版的十一月十日(1905年12月6日),中间有两个多月时间。这段时间对于黄世仲酝酿和开始创作《廿载繁华梦》来说,是既必要、又足够的。这就是说,从第8期开始,作家边写边送出发表,是完全可能的。而从此时起一直到丁未年的第26期,总共连载了64期,时间前后延续了近两年时间。不仅如此,而且从将要刊载完毕的丁未年第21期到第25期,反复地刊出《本社小说廿载繁华梦全书出版》广告;第26期刊出《廿载繁华梦》定期"本

月初十日"即丁未年十月十四日出版的广告;从 27 期起直到第 2 年的第 12
期,反复刊载《廿载繁华梦》已经出版的广告;从戊申年第 26 期到第 2 年的
第 8 期,反复刊载以出售《廿载繁华梦》作为"卖物助赈"方式的广告。在此
期间,戊申年的第 11 期和第 12 期《征童谣》广告中,还写明将赠予首名获
奖者《廿载繁华梦》一套。

在《廿载繁华梦》还未连载完毕的时候,《时事画报》在丁未年第 21 期
上就又刊出了《党人碑》出世的广告。之后,该广告在刊物上又至少连续 4
期被刊出。问题是,《党人碑》究竟是从何时起在《时事画报》上连载的呢?
许多年来,专家学者们的说法不一。有的专家学者说是从 1909 年 10 月开
始的①;有的专家学者先是说从 1909 年 10 月开始,后来又说是从 1907 年 8
月开始的②;笔者本人则曾认为是从 1905 年 10 月开始的③。其实,这几种
说法都是不正确的。经查,《党人碑》开始在《时事画报》连载,始于丁未年
八月二十五日(1907 年 10 月 12 日)出版的第 22 期。至于何时连载完毕,
现在不能准确回答。今见最后一次刊登《党人碑》的,是戊申年七月十五日
(1908 年 8 月 11 日)出版的《时事画报》第 17 期。这一期所载,标曰第二十
四回;经仔细检点,实际是第二十五回。这一回在该期当是刊完了的;遗憾
的是,这一回的后一半文字已佚,所以不能知道这一回是否系整个小说的最
后一回。不过,《时事画报》所刊《党人碑》出世广告中说该小说是"历叙十
数年来中国近事及党人起伏之情状"的,该广告刊出的时候是 1907 年,而现
在所看到的这一回实际上才写到康有为(书中作安思惠)到星架坡(今译新
加坡)进行保皇活动的 1900 年,距 1907 年还差许多年。因而,可以推测这
一回并非《党人碑》的最后一回。也就是说,刊出这一回的戊申年第 17 期,
并不是刊完《党人碑》的一期。那么,究竟是哪一期呢? 由于第 17 期之后

① 许翼心:《作为革命家和宣传家的黄世仲——近代革命派小说大家黄小配散论之一》,《香港笔荟》1997 年第 1 期;赵明政:《黄小配》,长春,春风文艺出版社 1999 年 1 月第 1 版,第 12 页。
② 许翼心先生就既说始刊于 1909 年 10 月,又在《关于黄世仲小说作品初刊版本的若干补正》(见《黄世仲与辛亥革命——辛亥革命九十周年纪念暨黄世仲投身革命百周年国际学术讨论会论文集》,香港,纪念黄世仲基金会 2001 年 8 月第 1 版,第 254 页)中说始于 1907 年 8 月。
③ 颜廷亮:《黄世仲作品诸问题小辨》,《文学遗产》1989 年第 2 期;又见《黄世仲与近代中国文学》,兰州,甘肃人民出版社 2000 年 9 月第 1 版,第 41~53 页。

的连续 7 期刊物今已不存,第 25 期可以看到而该期以及之后的刊物中均未再见到《党人碑》文字,故可以推知,《党人碑》之在《时事画报》刊载完毕当在戊申年的第 18 期至第 24 期中的某一期。但无论情形如何,都可以肯定,《党人碑》在《时事画报》连载至少也多达 29 期,时间延续则长达至少十个月的样子。

《廿载繁华梦》和《党人碑》合起来,去其二者同期均载的时间上的重复,在《时事画报》连载了至少 88 期、两年又九个月时间。无论从连载期数之多或连载时间之长来看,对《时事画报》来说,都是十分突出的,因为连载期数和连载时间都占了《时事画报》总期数和存续时间的五分之三以上。现在,笔者还不知道黄世仲在《时事画报》上还发表过什么文字。有一篇题为《卖烟》的板眼(曲艺形式之一),见于丁未年的第 2 期和第 4 期;从第 2 期发表时署名"簡人"、第 4 期续刊时署名"笑波"来看,有可能是黄世仲的作品。然而,这也只是推测,尚不能肯定其必是。但即使除去这一篇,黄世仲作品在《时事画报》、特别是在该刊文字稿中所占位置,也是够煊赫的了。考虑到《时事画报》还曾用了许多期刊登与《廿载繁华梦》出版和《党人碑》出世有关的广告,《时事画报》编者同仁心目中,《廿载繁华梦》和《党人碑》以及该两种小说作者黄世仲地位之重要,当也可以想见。这一切确实表明,黄世仲与《时事画报》的关系确非一般。

五、黄世仲和《时事画报》的特殊关系

还有一个情况也可以帮助人们进一步认识黄世仲与《时事画报》之间的关系。本文前面已经谈到《有所谓》报刊登《时事画报》创办的消息以及代售《时事画报》创刊号和第 2 期的《特告》。其实,《有所谓》报所刊的还不限于这些,而是还有不少。事实上,《有所谓》报的总发行处,也是《时事画报》在香港的代理处。《时事画报》创刊时,刊物上就写明香港荷李活道开智社为其所标诸代理处中在香港的唯一代理处,而开智社正是《有所谓》报的总发行所。后来,到了乙巳年底、丙午年初,《有所谓》报的总发行所迁到

了德辅道中,《时事画报》在香港的代理处也跟着迁到了德辅道中。当然,这时《时事画报》在香港的代理处有所增加,但这在此处无关紧要,重要的是《有所谓》报迁往德辅道中的总发行所开智社仍是《时事画报》在香港的一处代理处。由于《有所谓》报是郑贯公创办的,黄世仲是郑贯公的好友和创办该报的主要参与者,《有所谓》报和《时事画报》的上述这种重要关系,当也反映出黄世仲与《时事画报》关系之紧密。不过,黄世仲毕竟不是《有所谓》报的总编辑兼督印人,以之说明黄世仲与《时事画报》的关系毕竟还不很具说服力。然而,《少年报》和《时事画报》的关系却很具说服力。《少年报》是丙午年闰四月初六日创刊的,而今存距《少年报》创刊时间最近的一期即丙午年七月二十五日出版的第 26 期《时事画报》所列诸代理处中,有一个就是"干诺道少年报",而且一直到丙午年最后一期即第 36 期,也无变化。不仅如此,而且《少年报》还经常性地刊载《时事画报》到港的代售广告;据检点今存之《少年报》,即可看到这种代售告白十余次刊于报端。人们想必知道,《少年报》乃是黄世仲创办的,总编辑兼督印人也是黄世仲。既然如此,那么《少年报》与《时事画报》之间的关系,不正是很能说明黄世仲与《时事画报》之间关系之密切么?

是的,黄世仲既是《时事画报》文字类稿件的一个主要提供者,又是《时事画报》编辑发行的一个重要帮助者。尤其是他的《廿载繁华梦》和《党人碑》交由《时事画报》连载,既从一个方面增加了《时事画报》的光彩,提高了《时事画报》在读者中的欢迎度,又使《时事画报》在当年的民主革命事业中更加突出地发挥了舆论宣传方面的重要作用。《时事画报》刊登的《党人碑》出世广告称黄世仲为本社撰述员自然不错。但黄世仲不仅是《时事画报》的一般撰述员,而且是一位关系特别密切、发挥作用特别突出的民主革命派小说大家,对此未知读者诸君以为然否?

第十一章　从《粤东小说林》到《中外小说林》

——关于黄世仲创办的几种文学杂志

　　自其好友郑贯公于丙午四月十二日(1906年5月6日)病逝以后,作为同盟会香港分会领导人之一,在前后不到两年的时间里,黄世仲承继郑贯公精神,自树旗帜,与其兄黄伯耀先后创办了《香港少年报》、《粤东小说林》、《广东白话报》、《中外小说林》、《社会公报》等报刊。所创办的这些报刊中,《香港少年报》和《社会公报》系日报,前者创刊于丙年闰四月初七日(1906年5月29日),后者创办于丁未十一月初一日(1907年12月5日);另外的三种均为文学杂志,其中的《粤东小说林》和《中外小说林》还是专门的小说杂志。

　　关于《粤东小说林》、《广东白话报》和《中外小说林》,近一些年间,近代文学史以及近代新闻史研究界已有一些专家学者如李默、方汉奇、方志强、吴锦润等先生分别进行过论述和介绍,香港纪念黄世仲基金会还在香港特区政府有关部门支持下于前几年把所能见到的《粤东小说林》和《中外小说林》合编为《中外小说林》,分上、下两大册影印出版。这就使人们对这几种刊物的大致情况逐渐地有所了解。不过,专家学者们的论述和介绍给人们留下的问题还不少;影印出版的《中外小说林》不仅因原《粤东小说林》和《中外小说林》有些期今已无存而未能全数收入,而且今仍存世的各期也因有一些无法搜求而未能收入,而《广东白话报》则更是未见有人重印出版。因此,有必要进一步对这几种杂志进行研究。另有《岭南白话杂志》一种,虽系黄伯耀主编,但黄世仲是给予协助的,故亦附论于后。

一、黄世仲和《粤东小说林》

《粤东小说林》今所能见者,仅是其第 3 期、第 7 期和第 8 期。第 3 期的出版时间是丙午九月十九日(1906 年 11 月 5 日),第 7 期的出版时间是丙午十月二十九日(1906 年 12 月 14 日),第 8 期的出版时间是丙午十一月初九日(1906 年 12 月 24 日);其各期封面左上角特标有总发行处、省城分售处以及在香港设立的分局之街道和门牌号。至于主要内容,该三期除各刊有"外书"(实为小说理论文章)一篇(分别署"世次郎"或"拾言",该两署均即黄世仲)外,还连载有"近事小说"《黄粱梦》第二回、第六回和第七回(均署"世次郎",即黄世仲),实为剧本的"艳情小说"《南北夫人传奇》第三出和第七出(第 8 期暂停;均署"世次郎",即黄世仲)。从这三期的情况,可以知道《粤东小说林》创办者、参办者、创刊时间、刊期(当为旬刊,旧历逢九出版)、出版及发行地点以及内容和版式等一些方面的大致情形。但也只限于大致知道,至于确切的和更多的情况,则仍不知悉而有必要再事考辨。

诸家的研究和介绍　最早对《粤东小说林》进行较详介绍的,当推李默。还在 20 世纪 80 年代和 90 年代之交,他就发表有《辛亥革命时期广东报刊录》①一文,其中介绍《粤东小说林》时,除不够准确地引出该刊出世广告之主要文字外,谓该刊"公元一九〇六年九月十七日(清光绪三十二年八月二十九日)创刊。总发行所省城十八甫"。看来,李默不仅不可能见到今已无存的《粤东小说林》的创刊号,而且似乎未亲见今尚存世之《粤东小说林》;其对《粤东小说林》的介绍,当是据其介绍文字中所引的《粤东小说林》出版广告作出的。

在李默的介绍之后,方汉奇等先生《近代中国新闻事业史事编年》的

---

① 李默:《辛亥革命时期广东报刊录》,《新闻研究资料》第 2 辑,北京,中国社会科学出版社 1980 年 1 月第 1 版,第 162～171 页。

1906 年史事记述中①,也有对《粤东小说林》的介绍:

> 9 月 17 日:文学期刊《粤东小说林》旬刊在广州创刊(创刊日期一作 10 月 16 日)。发行所在广州十八甫。每期 3 万字左右一册,以刊载小说、谐文、诗歌等文艺作品为主。

看来,方汉奇等先生当是据上述李默的介绍而介绍的,唯括号内"创刊日期一作 10 月 16 日"一语是新增加的。这表明方汉奇等先生可能查对过光绪三十二年八月二十九日和公历的 1906 年 9 月 17 日是否对应并发现两者并不对应、光绪三十二年八月二十九日是公历的 1906 年 10 月 16 日,但又不能确定究竟光绪三十二年八月二十九日对,还是 1906 年 9 月 17 日对。于是便姑取公历 9 月 17 日说,而又并存中历八月二十九日说即公历 10 月 16 日说于括号之内。

再后,在《中国文学大辞典》②中,有《粤东小说林》词条,其释文云:

粤东新小说林 近代文学杂志。旬刊。光绪三十二年八月二十九日(1906 年 10 月 16 日)创刊于广州。黄世仲、黄伯耀兄弟编辑。停刊时间不详。其出版广告说:"近世纪中国人士沐染新风,稍知小说之益,故东京、上海亦有说部丛书问世。惟吾粤阙如,同人等深以为憾,爰组织此社。"并"以导引文明,启迪社会为方针"。该刊每期载文约 40 篇,共计 3 万馀言。内容以小说为主,兼涉谐文、讴歌、杂俎、嚎谈、翻译等。所刊主要作品是黄世仲的长篇小说《黄粱梦》前七回(后由《广东白话报》和《中外小说林》继续登完)。

---

① 方汉奇等:《中国近代新闻事业史事编年》(十五),《新闻研究资料》第 23 辑,北京,中国社会科学出版社 1984 年 1 月第 1 版,第 216 页。
② 马良春、李福田主编:《中国文学大辞典》,天津,天津人民出版社 1991 年 10 月第 1 版,第 5780 页。

这里,释文的作者似乎也未见到今存之三期《粤东小说林》,因而搞错了刊名;同时,释文作者大约是根据李默和方汉奇等先生的介绍写出的,因而与李默和方汉奇等先生的介绍相比大致相同。但也有变化,即除了增入谓《粤东小说林》连载了黄世仲《黄粱梦》前七回等内容外,还把《粤东小说林》的创刊日期定为光绪三十二年八月二十九日,并确定这一天是公历的10月16日。顺便要说的是,该词条释文的作者又是后出的《中国近代文学大辞典》①中同一词条释文的作者,但后出的释文与此处的相比却有重要变化;至于变化情况及得失,此处不赘,容后再述。

1999年3月,香港夏菲尔国际出版公司出版了方志强的《黄世仲大传》。方志强在其大著中对《粤东小说林》作较前更为详细的介绍时,详举了《香港少年报》在《粤东小说林》创刊前后刊登的数则该刊出版广告(按:引用时间有用字及出处说明方面的讹误),以明《粤东小说林》从开始筹办到终于创刊期间的曲折;又叙及《粤东小说林》的创办时间、创办者、内容(如刊有《黄粱梦》和《南北夫人传奇》等);还节录了《粤东小说林》今存之第3期所刊"外书"《〈水浒传〉于转移社会之能力及施耐庵对于社会之关系》一文。

再后,吴锦润在《〈中外小说林〉的编辑出版及其残本存世的意义》②一文中,对今存之三期《粤东小说林》的情况以及整个《粤东小说林》的情况,也略有涉及。

以上各位专家学者的介绍,使人们对仅从《粤东小说林》今存之三期难以知悉的许多情况有了较多了解,《粤东小说林》的大致情况可以说是较为清楚了。然而,上述各位专家学者的介绍,或仍显得简略,或互有出入,或有一些问题未能涉及,或引述有关资料时在出处和引文之准确性方面有所欠缺。比如,在《粤东小说林》创刊时间问题上,说法就并不一致:后出者对先出者俱有修正,而最早较详作出介绍的李默则仍坚持其说。他在《辛亥革

---

① 孙文光主编:《中国近代文学大辞典》,合肥,黄山书社1995年12月第1版,第980、128页。

② 吴锦润:《〈中外小说林〉的编辑出版及其残本存世的意义》,《香港笔荟》复刊号,1999年10月出版。

命时期广东报刊录》二十多年之后发表了《黄世仲与辛亥革命时期报刊》①
一文,其中介绍《粤东小说林》时,除引用该刊出版广告之主要文字外,先
是说:

> 1906 年 9 月 17 日(清光绪三十二年八月廿九日)创刊,为黄世仲
> 与其兄黄伯耀筹划创办。总发行所省城十八甫森宝阁,分局香港荷李
> 活道 92 号。旬刊每月逢九出版,王斧及树珊、拾言等参与撰稿。

后又说:

> 黄世仲之长篇小说《黄粱梦》和艳情小说《南北夫人传奇》在该刊
> 连载,并撰文艺理论《水浒传于转移社会之能力及施耐庵对于社会之
> 关系》。后更名为《中外小说林》。

与二十年前之介绍文字相比,显然增加了"为黄世仲及其兄黄伯耀筹划创
办……王斧及树珊、拾言等参与撰稿"等语和"黄世仲之长篇小说"云云一
段话,而所增加的这些话实际上当是对方志强《黄世仲大传》中相关文字略
加技术性变动后的引用。其中所提及"参与撰稿"的"拾言"实即黄世仲,将
其列入"参与撰稿"者名单并不妥当。不过,这倒并非什么要事,重要的是
"1906 年 9 月 17 日(清光绪三十二年八月廿九日)创刊"一语被原封未动地
保留了下来。这就是说,李默仍认为《粤东小说林》是清光绪三十二年八月
二十九日、公历 1906 年 9 月 17 日创刊的。

那么,情况究竟如何呢?

有关资料辑录 有关《粤东小说林》的直接资料,主要有如下一些:

第一,《香港少年报》丙午八月初五日(1906 年 9 月 22 日)刊有一条题
为《羊城将有小说报出世》的"羊城消息":

---

① 李默:《辛亥革命时期广东报刊录》,《新闻研究资料》第 2 辑,北京,中国社会科学出版社
1980 年 1 月第 1 版,第 162～171 页;《黄世仲与辛亥革命时期报刊》,《黄世仲与辛亥革命国际学术
研讨会论文集》第 2 辑,香港,纪念黄世仲基金会 2002 年 2 月第 1 版,第 30～44 页。

> 近闻有报界中人,创一旬报,名曰《粤东小说林》,内容著述以小说见长,余为文说、讴歌等等,准月内出世云。按:小说为开通民智之一大助力,此报一出,当获社会欢迎也。

这是今知有关《粤东小说林》将要创刊出版的最早的消息报道,也是和《粤东小说林》创办直接有关的第一件资料。

第二,《香港少年报》丙午八月初七、初九、初十、十八日(1906 年 9 月 24、26、27 日和 10 月 6 日)反复刊出题为《粤东小说林出世》的广告。其首次刊出者为:

> 小说一道,离奇变幻,体用兼赅,最宜于今日社会,泰东西各国至奉为教育专科,其价值可见。近世纪中国人士沐染新风,稍知小说之益,故东京、上海亦有说部丛书等问世,惟吾粤阙如,同人等深以为憾。爰组织此社,特聘出色小说家多人,分门担任,或著述近事,或翻译精本。如冒险、如侦探、如艳情,错综杂出;或章回、或短篇、或传奇,务臻美善;附以外书、谐文、白话、讴歌、杂俎、嚎谈等等。按期排刊成帙,颜曰《粤东小说林》,以飨我同胞,以导引文明、启迪社会为方针。月出三册,每册约四十篇,都三万余言。字画玲珑,装璜(潢)精美,取携最便,可传永久。定价每月四毫,零沽每册毫半,外埠邮费酌加,按月清数,不设年账。各处担任代理,例拨二成酹劳。准八月中旬出版,爱阅请到定购。
>
> 总发行所:省城十八甫
>
> 分局:香港荷李活道
>
> 丙午年八月初五日
>
> 粤东小说林普告

第二次及之后几次刊出时,尾部有关发行处所的文字略有增加:

> 总发行所:省城十八甫森宝阁

　　　　分售所:城里双门底森宝阁①

　　　　分局:香港荷李活道九十二号

这是《粤东小说林》将要创刊出版的广告。

　　第三,丙午八月二十二日(1906 年 10 月 9 日)的《香港少年报》刊出题为《小说林改期出版》的广告:

　　　　启者:本社因组织未定,特改期八月廿九日出版。此布。

　　　　　　　　　　　　　　　　　　　　　　粤东小说林披露

该广告后又在八月二十三、二十四、二十六、三十日(10 月 10、11、13、17 日)反复刊出。

　　第四,丙午九月初七、初八(1906 年 10 月 25、26 日)的《香港少年报》连续两次刊出题为《小说林广告》的广告云:

　　　　本报第一期经于八月廿九日出版。倘邀赐阅,请到荷李活道九十二号宝云楼二楼;挂号或嘱《少年报》代挂号亦可。此布。

　　　　　　　　　　　　　　　　　　　　　　粤东小说林披露

该广告刊登于报纸上时,按照该广告所说《粤东小说林》创刊号的出版时间,该刊的创刊号已经出版多日。

　　第五,丁未四月二十日(1907 年 5 月 30 日)的《广东白话报》创刊号刊有题为《请看本馆之小说特色》的广告,其中谈及《粤东小说林》。广告全文如下:

　　　　本报《黄粱梦》小说,系社员黄君世仲所撰,前曾在《粤东小说林》发刊数回,社会欢迎,脍炙人口,无俟赘言。兹抽回本刊续出,并将前在

---

① 　原作"分售省城处双门底森宝阁",应为"分售处　省城双门底森宝阁"。

《小说林》已刊之数回附刊诸卷末,俾缩阅者眼帘,不至有隔截之憾。诸君其亦先睹之为快乎!

《广东白话报》同期附刊《黄粱梦》之《楔子一回》时,标题"黄粱梦"三字下面注云:

照前在《粤东小说林》所出者,逐期补录,俾全真相。

第六,丁未八月初一日(1907年9月8日)出版的《中外小说林》该年第9期有《附告》一则,其中也谈及《粤东小说林》,其首段文字如下:

本社近事小说《黄粱梦》一书,原系自第八回接刊其前由《粤东小说林》已刊登之《楔子一回》及第一回至第七回。本社现已将全稿用单行本排印,俾爱阅之诸君毕窥全相。但此书共三万言,且用旁圈,工夫较多,未能急即出版。近接诸君函询,特此布复,祈原谅是荷!

上述这些,大约是今所能见的除《粤东小说林》本身以外的当年报刊所刊有关《粤东小说林》的重要资料的全部了。从当年的这些资料以及今存之三期《粤东小说林》中,可以得出一些什么样的结论来呢?

《粤东小说林》的创办过程和创办时间 《香港少年报》丙午八月初五日既然刊出《羊城将有小说报出世》这样一条消息,那么《粤东小说林》也就当在八月初五日前多日已在酝酿创办之中。至八月初七日《香港少年报》首次刊出涉及内容、刊期("月出三册")、定价、创刊号出版时间("准八月中旬出版")等问题的《粤东小说林出世》广告时,《粤东小说林》大约当已进入创刊号的编辑阶段。但是,创刊号并未在预定的八月中旬出版。大约到了八月二十二日《香港少年报》首次刊出《小说林改期出版》这条广告前夕,创刊号的出版时间才最终定了下来,即定为八月二十九日出版。从《香港少年报》九月初七和初八所刊《小说林广告》可知,《粤东小说林》的创刊号也确实已于丙午八月二十九日出版了。另外,《粤东小说林》既然是

"月出三册"的旬刊,那么从今存之第 3、第 7、第 8 期分别出版于丙午九月十九、十月二十九、十一月初九日也可以推知,创刊号应是在八月二十九日出版的。丙午八月二十九日相当于公历 1906 年 10 月 16 日。李默将这一天说成是公历 1906 年 9 月 17 日,那是搞错了的。方汉奇等先生未注明中历年、月、日,而只是说创刊时间是 1906 年 9 月 17 日,这大约是受了李默的影响。但方汉奇等先生似乎也查对过与丙午八月二十九日对应的公历年、月、日,且查对出是 1906 年 10 月 16 日,只是由于不能确定李默介绍的创刊时间中中历和公历何者正确,所以也就只好姑取李默的公历说,而又并存按照李默先生的中历说查对的创刊日当为公历 1906 年 10 月 16 日这个结果于括号之内。《中国文学大辞典》之《粤东小说林》词条释文的作者真正查清了《粤东小说林》创刊的中历年、月、日及与其相对应的公历年、月、日,遗憾的是将刊物名称标为《粤东新小说林》;在后出的《中国近代文学大辞典》中同一作者的笔下,刊物名称倒是标对了,但是关于刊物创刊时间,却又不知为什么和李默一样,写成"光绪三十二年八月二十九日(1906 年 9 月 17日)",闹错了中历和公历的对照,不免令人感到有些遗憾。

《粤东小说林》的创办者 最初,李默和方汉奇等先生均未指明《粤东小说林》是谁创办的。到了《中国文学大辞典》,其中的《粤东小说林》词条释文明确地说该刊物系"黄世仲、黄伯耀兄弟编辑";数年之后,方志强在上揭《黄世仲大传》中也说该杂志是"黄世仲与胞兄黄伯耀筹划创办"的;再后,李默在上揭《黄世仲与辛亥革命时期报刊》一文中当是采用了方志强的说法,谓《粤东小说林》"为黄世仲与其兄黄伯耀筹划创办"。现在,专家学者们似乎都不怀疑黄世仲与其兄黄伯耀是《粤东小说林》的创办者。然而,今存之《粤东小说林》三期以及上述当年报刊所载有关该刊物的资料,却均未明确地记录或指出这一点,专家学者们也未见有谁对创办者系黄世仲弟兄的说法进行过论证。所以,谓该刊物系黄世仲与其兄黄伯耀所创办,看来当系出于推测。不过,这个推测倒是有其合理性的。这是由于:①《香港少年报》是黄世仲与其兄黄伯耀等创办的,而有关《粤东小说林》创刊的首条消息以及几则广告又都刊登于《香港少年报》,其中有的广告还在《香港少年报》反复刊出。如果黄世仲与其兄不是《粤东小说林》的创办者,这种情形恐不大可能。②《粤东小说林》今存之三期中,第3期既刊有黄世仲所写"外书"《〈水浒传〉于转移社会之能力及施耐庵对于社会之关系》(署"世次郎"),又刊有黄世仲所写"艳情小说"(实为剧本)《南北夫人传奇》的第三出(署"世次郎")和"近事小说"《黄粱梦》的第二回(署"世次郎");第7期既刊有黄世仲所写"外书"《文言小说〈金瓶梅〉于人情上之观感》(署"世次郎"),又刊有黄世仲所写《南北夫人传奇》的第七出和《黄粱梦》的第六回;在第8期中,虽刊有"《南北夫人传奇》暂停一期"的广告,《南北夫人传奇》该期也确实未刊,而该期仍然既刊有黄世仲所写"外书"《论小说文字何为佳品何为劣品的比较》(署"拾言"),又刊有黄世仲所写《黄粱梦》第七回。由此不难知道,黄世仲当是《粤东小说林》居每期首篇位置的"外书"即小说理论文字的主要撰稿人,黄世仲的《黄粱梦》当从创刊号开始在《粤东小说林》上连载并是该刊所载的主要小说(《黄粱梦》有《楔子一回》,故《粤东小说林》第1期所刊《黄粱梦》当为此《楔子一回》,第2期所刊当为第一回,而第3、7、8期所刊也就自然只能分别是第二、六、七回),黄世仲的《南北夫人传奇》也当从创刊号开始在《粤东小说林》上连载并是该刊所载的主要剧作。此外,《粤东小说林》各期连载的"冒险小说"《美人计》署"著者玛利士雀庐树珊译意拾言润笔","拾言"即黄世仲;第8期刊载的"短篇小说"《狡骗》署"佩铿","佩铿"也是黄世仲。黄世仲在《粤东小说林》上发表的作品数量如此之多、在《粤东小说林》所刊全部作品中所占比重如此之大以及所占地位之重要,也使人不能不得出结论,即黄世仲当是《粤东小说林》的创办者,否则是不会有此情形的。至于黄伯耀,因系黄世仲之兄,又擅长小说创作和小说理论文字撰写,其与黄世仲一起创办《粤东小说林》,也就是十分自然的。事实上,现存的三期《粤东小说林》中也刊有出自黄伯耀之手的短篇小说《回生术》(署"放光")、《强骗》(署"放光")等作品。

《粤东小说林》的内容 前述李默、方汉奇、《中国文学大辞典》之《粤东小说林》词条释文的作者以及方志强等先生均指出《粤东小说林》乃文学杂志,后两位先生还或迳云《粤东小说林》"内容以小说为主,兼涉谐文、讴歌、杂俎、噱谈、翻译等",或引《香港少年报》所刊《羊城将有小说报出世》中语指出"内容著述以小说见长,余为文说、讴歌等等"。从现存之三期以及创刊前后报刊所刊有关消息、广告等来看,几位先生所说是否符合实际?《香港少年报》所刊《粤东小说林出世》广告中谈及创刊原因时曾说:"小说一道,离奇变幻,体用兼赅,最宜于今日社会,泰东西各国至奉为教育专科,其价值可见。近世纪中国人士沐染新风,稍知小说之益,故东京、上海亦有说部丛书等问世,惟吾粤阙如,同人等深以为憾。爰组织此社。"既以"小说一道"云云开篇,又谈及同人等以东京、上海有"说部丛书"即小说类杂志(按:当指创办于东京的《新小说》和创办于上海的《绣像小说》、《月月小说》、《小说林》)而广东尚无为憾,从而创办《粤东小说林》,可见所要创办的乃是小说杂志。经查今存之三期,知除每期各有"外书"即小说理论文字一篇外,所刊小说有连载之自著"近事小说"《黄粱梦》、译著"冒险小说"《美人计》、译著"政治小说"《并蒂莲》、译著"侦探小说"《梨花影》等以及自著"短篇小说"《回生术》、《强骗》、《狡骗》等,占去了每期刊物的绝大多数篇幅;其余戏曲(传奇、班本、粤讴等)、杂俎、谈风(谐文)等,篇数并不怎么多且多为短制。可见《粤东小说林》如刊名所示,确为出现在岭南地区的一份专门的小说杂志,也是继《新小说》、《绣像小说》、《月月小说》、《小说林》之后近代又一专门的小说杂志,几位先生所说不误。不过,由于黄世仲与其兄黄伯耀等是革命者,所以《粤东小说林》也应是与《小说林》一样的民主革命派的专门的小说杂志。事实上,现存三期《粤东小说林》所刊登的一些文字也透露出了民主革命派的思想政治倾向。比如,第 3 期所刊黄世仲的"外书"《〈水浒传〉于转移社会之能力及施耐庵对于社会之关系》中就有不少表面上称赞《水浒传》和施耐庵而实际上鼓吹民主革命的文字。其中颂扬施耐庵为"生非其时,锦绣江山,长罹阴魅,不能藉手而恢复版图,使重见衣冠之旧,满胸愁郁之气,仅借于'水浒'二字以发牢骚"的"英雄豪杰"、"固浑然一民族主义之大家",认为《水浒传》之写百单八人进入"水浒"乃多是"出于无道官吏之相逼"且表现出这些人皆有"自立之用心"。又比如第 3 期所刊署名"大榾"(按:当即黄伯耀)的"白话"《演时务》指出,人们应当做"识时务"的"俊杰",而"今日的俊杰,共古时的俊杰,大不相同","今日的俊杰"应当是"为着保护同胞,共大逆无道的皇帝开战"、"造出惊天动地的事,有益于全国同胞"的、如"法国的卢苏(按:今译卢梭)"那样的人物。不难看出,《粤东小说林》所主张和宣传的,正是当时民主革命派的思想政治主张。

《粤东小说林》的发行渠道 《粤东小说林》今存三期各期封面左上角均标曰:

> 总发行所 省城十八甫森宝阁
> 分售处 省城双门底森宝阁①
> 分局 香港荷李活道九十二号

又,今存之第 7 期第 73 页有《各处代理题名》:

> ○羊城 十八甫羊城报内钟叠记 老城德宣街口广顺内屈成记
> 黄沙中约中和西广中兴内黄明新 大马站林裕和堂
> ○佛山 雅巷中西医局内任信怀 富文里福昌兴
> ○陈村 新墟汇源街区福堂
> ○澳门 营地街国民兴 炉石塘源安
> ○梧州 文明阁
> ○星加坡 漆木街谢怡和内谢仪仲先生

加上前述《香港少年报》所载《粤东小说林出世》广告所列总发行所、分售所、分局,可知《粤东小说林》创办于广州且有一个发行网络。这个网络虽然主要限于两广及港、澳,却也还不算太小;特别是在星加坡(即新加坡)也有代理处,说明黄世仲与其兄创办的这个《粤东小说林》的影响,从地域方面看还是比较大的。

剩下的一个问题,是《粤东小说林》的停刊时间问题。关于这个问题,诸家均未说明,或只是说"停刊时间不详",如孙文光主编《中国近代文学大辞典》的《粤东小说林》词条释文②;方志强则还说"丁未年五月十日,《粤东

---

① 原作"分售省城处双门底森宝阁",应为"分售处 省城双门底森宝阁"。
② 孙文光主编:《中国近代文学大辞典》,合肥,黄山书社 1995 年 12 月第 1 版,第 980 页。

小说林》更名为《中外小说林》"①,李默在上揭《黄世仲与辛亥革命时期报刊》一文中也说《粤东小说林》"后更名为《中外小说林》"。情况究竟如何,容后再叙。

二、黄世仲和《广东白话报》

《广东白话报》是一个文学刊物,所刊作品主要是用广东方言写成的。因今存期数不多,其详细情况一直不甚清楚。但也有专家学者对之进行过一些研究和介绍。

诸家的研究和介绍 对之最早较详地加以研究和介绍的,据知当是李默在 20 世纪 70、80 年代之交所写《辛亥革命时期广东报刊录》②,其刊于《新闻研究资料》第 2 辑的部分中介绍《广东白话报》云:

> 公元一九〇七年五月二日(清光绪三十三年四月二十日)在广州创刊。编辑总发行所在广州靖海门外迎祥街。撰述人有黄世仲、欧博明、风萍旧主等。
>
> 广东白话报系民主革命派在广东创办的方言刊物之一。三十二开小册,每册一毫。其宗旨是宣传民主革命。其内容在创刊号《广东白话报内容浅说》一文中说明:……
>
> 广东白话报的政治态度鲜明,宣传资产阶级民主革命思想,……

又云:

> 广东白话报现仅见第一、二、五期,何时停刊未悉,想寿命亦不长。

---

① 方志强:《黄世仲大传》,香港,夏菲尔国际出版公司 1999 年 3 月第 1 版,第 65、71 页。
② 李默:《辛亥革命时期广东报刊录》,《新闻研究资料》第 2 辑,北京,中国社会科学出版社 1980 年 1 月第 1 版,第 162~171 页。

之后,方汉奇等先生的《近代中国新闻事业史事编年》(十六)①也有对《广东白话报》的介绍。文云:

> (1907年)5月2日:《广东白话报》在广州创刊。社址在广州靖海门外迎祥街。黄世仲、欧博明、风萍旧主等编撰。每旬出三十二开一小册。设有议事厅、大笪地、是非窦、地保戳、杂货铺、门官茶、亘戏台、时闻袋、影相馆等栏。刊载时评、杂文、小品文,及戏曲、小说等作品。全部用广州方言写作,以宣传民主革命为主要内容。是革命派在广东地区出版的通俗化革命报刊之一。

可以看出,方汉奇等先生的介绍实际上是对李默20世纪70、80年代之交介绍的约略化。

在再后出版的《中国文学大辞典》②中收有《广东白话报》词条,其释文云:

> **广东白话报**　近代文学杂志。旬刊。光绪三十三年四月(1907年5月)创刊于广州。黄伯耀(耀光)、黄世仲(世次郎)主编。未署发行单位。停刊时间不详,仅见一期。封面和刊内插图,题名《照妖镜》、《官场现形图》、《汉人惨状图》等,带有鲜明的反清思想和强烈的民族主义意识,反映了本刊的政治倾向。分设"议事亭"(论说)、"大笪地"(小说)、"是非窦"(杂文)、"亘戏台"(戏曲)、"好油喉"(词曲)等栏目。所刊主要作品,即黄世仲的小说《黄梁梦》(七回前登在《粤东新小说林》上,本刊自第八回起续登)。另有杂文……;论文……;戏曲……;以及若干时评、随笔、谐谈、笔记等。主要撰稿人还有庐亚、公壮、子胥等。

---

　　① 方汉奇等:《中国近代新闻事业史事编年》(十六),《新闻研究资料》第24辑,北京,中国社会科学出版社1984年3月第1版,第237~238页。
　　② 马良春、李福田主编:《中国文学大辞典》,天津,天津人民出版社1991年10月第1版,第323页。

这条释文当是根据上海图书馆编《中国近代期刊篇目汇录》第 2 卷中册①所收《广东白话报》第 1 期目录（该书仅收录了第 1 期的目录）以及编者所写有关注文写成的。其中"黄伯耀"一名后括号中的"耀光"一名，不仅第 1 期中没有，而且今存各期中也均未见，倒是在今存各期中的第 1 期中，有一篇以黄伯耀常用署名之一的"耀"字署名的文章；黄伯耀号"耀公"、"耀恭"，"耀光"二字当因"耀"与"耀公"和"耀恭"相涉，而"公"与"恭"和"光"音近致讹而来，故与实际情况未合。

方志强在 20 世纪末出版的《黄世仲大传》②中，对《广东白话报》也做了较为详细的介绍。他首先指出：

> 《广州白话报》（按：当为《广东白话报》之误）是光绪丁未三十三年四月二十日（1907 年 5 月 31 日）在广州创刊的。但早在丙午（1906）年十月初九日，黄世仲就已在《少年报》刊登广告"《喜喜将有广州白话报出现》：……约在十一月出版云。从此报界，又多一别开生面"。

接着谈及《广东白话报》之总发行所、编辑和撰述人、办刊宗旨以及刊登《黄粱梦》第八回等情况，末了写道：

> 丁未年五月十日，《粤东小说林》更名为《中外小说林》，又将《黄粱梦》抽回续登，故《广东白话报》至第二期只仅登《黄粱梦》的回目以饷读者了。

前几年，李默又写了《黄世仲与辛亥革命时期报刊》③一文，其中对《广东白话报》的介绍，较之他自己在 20 世纪 70、80 年代之交的介绍来，内容有

---

① 上海图书馆编：《中国近代期刊篇目汇录》第 2 卷中册，上海，上海人民出版社 1981 年 6 月第 1 版，第 2216、2273 页。

② 方志强：《黄世仲大传》，香港，夏菲尔国际出版公司 1999 年 3 月第 1 版，第 65、71 页。

③ 李默：《黄世仲与辛亥革命时期报刊》，《黄世仲与辛亥革命国际学术研讨会论文集》第 2 辑，香港，纪念黄世仲基金会 2002 年 2 月第 1 版，第 30~44 页。

所增加和变动。其所增之内容主要有三：

一是在上引叙述《广东白话报》创刊时间、地点及撰述人一段中的撰述人时增加了几个人名，使该段文字成为如下情形：

> 1907 年 5 月 31 日（清光绪三十三年四月二十日）创刊，编辑总发行所在广州靖海门外迎祥街。编辑撰述人有黄世仲、黄伯耀、欧博明、易侠、亚拙、庐亚、公壮。

二是增加了叙述关于黄世仲等创办《广东白话报》的直接原因的一段文字：

> 黄世仲以杭州、福州、山西皆有白话报，而广州独无，因而组织同人在广州创办，用广东白话出版刊物，名《广东白话报》。……

三是录出了前一文未能录出的《广东白话报》第 2 期的目录，以"概见其政治性与内容"。

其所做的变动，主要是先前的"公元一九〇七年五月二日（清光绪三十三年四月二十日）在广州创刊"，变成了"1907 年 5 月 31 日（清光绪三十三年四月二十日）创刊"。

应当说，上述诸先生的介绍，已把《广东白话报》的轮廓大致勾画出来了。不过，仔细推敲一下就可以发现，上述诸先生的介绍，不仅相互间有若干出入，而且有的先生的介绍中还有自相矛盾之处，从而也就表明他们的介绍未必就与实际情况完全相符。因此，仍有必要进一步进行研究。兹先缕述有关资料，然后进行必要的分析。

有关资料辑录　最重要的直接资料有如下一些：

一是《香港少年报》丙午十月初九日（1906 年 11 月 24 日）刊有题为《喜喜将有广州白话报出现》的消息一则，全文如下：

> 杭州、福州、山西皆有白话报，独广州无之，实为报界之缺点。近有

某氏等,组织同人,拟在羊城创办《广州白话旬刊》一间,论著、新闻纯用白话演出,附设讴歌、杂著,行文显浅,务令妇孺及粗识之无者,均能言下领悟,约在十一月出版云。从此报界又多一别开生面。

二是《广东白话报》创刊号刊有署名为"耀"即黄伯耀的短文《广东白话报内容浅说》,全文如下:

办报人脑力的进步,在著作之精神;阅报人眼力的进步,在解读之明白。今天本报发刊期也,试将内容名义说与诸君听听。诸君诸君,亦知立言之各有当乎!

广东地面,时事大难。触目惊心,图画非闲。当场块儡,绘影绘声。若"影相馆",无可遁形。

政界造事,纯以压力。人心懵昧,惴惴一息。救国主义,同胞猛听。有"议事亭",不明者明。

二十世纪,小说世界。如登舞台,影响实大。有"大笪地",讲古所在。诸君听古,智识日开。

世界人类,贤否不齐。评比得失,两无偏低。公是公非,诸君想吓。曰"是非窦",人人镜之。

地方风俗,各处不同。文明野蛮,见识交通。熟识地方,不啻掌管。有"地保戳",寓言当玩。

世道日降,世事日多。立立杂杂,满斗满箩。有闻必录,件件新鲜。如"杂货铺",堆摆面前。

烟云惨淡,下泪鸣咽。身世苍凉,拍案叫绝。拼博一笑,与君解颐。饮"门官茶",好笑嘻嘻。

少年身手,并肩登场。傀儡世界,须眉飞扬。铁板铜琶,悲歌声起。上"亘戏台",动听娓娓。

讴歌变俗,音韵移人。耳油听出,入化入神。无限感情,悲欢离合。顶"好油喉",不是乱嗡。

伤时之士,遇事感喟。记者于此,多重闭翳。言者无罪,听者有心。

入"时闻袋",敬告同人。

三是《广东白话报》创刊号刊有广告《请看本馆之小说特色》,全文如下:

> 本报《黄粱梦》小说,系社员黄君世仲所撰,前曾在《粤东小说林》发刊数回,社会欢迎,脍炙人口,无俟赘言。兹抽回本刊续出,并将前在《小说林》已刊之数回附刊诸卷末,俾飨阅者眼帘,不至有隔截之感。诸君其亦先睹之为快乎!

四是《广东白话报》创刊号在卷末附刊《黄粱梦》之《楔子一回》时,在标题"黄粱梦"三字下方有注文云:

> 照前在《粤东小说林》所出者,逐期补录,俾全真相。

五是《广东白话报》创刊号封里标示该刊之"编辑总发行所"云:

> 本报编辑总发行所在广州靖海门外迎祥街。

六是《广东白话报》第7期卷首插页之正面刊有题为《改良过好得多》的启事一则,全文如下:

> 本报向来十日出一期,太过吊瘾。而今从第七期起,改过逢礼拜日依期出版。
>
> 　　　　　　　　　　　　　　　　　广东白话旬报启

除上述这些以外,《广东白话报》今存各期自然是很重要的。但此外,便未见有当年形成的有关《广东白话报》的重要资料了。不过,从这些当年形成的有限资料中,仍然可以经过分析而得出若干结论。

　　《广东白话报》的现存情况和刊名　　上海图书馆编《中国近代期刊篇目汇录》第 2 卷中册①仅收《广东白话报》第 1 期篇目，看来编者所见之该杂志今存本仅此一期。《中国文学大辞典》②之《广东白话报》词条释文当系据此而云《广东白话报》"仅见一期"。前几年出版的郭天祥《黄世仲年谱长编》③未讲《广东白话报》今存情况，但从其仅介绍了创刊号的情况来看，似乎也以为今存仅第 1 期。其实，《广东白话报》今存并非只有创刊号。李默早已指出"广东白话报现仅见第一、二、五期"④；前几年，在上揭《黄世仲与辛亥革命时期报刊》一文中仍持此说。其实，《广东白话报》今存并非只有第 1、2、5 期，更非只有第 1 期。笔者据在广州中山图书馆所见，十多年前在《黄世仲作品诸问题小辨》⑤一文中实际述及之《广东白话报》今存者，在第 1、2、5 期之外，还有第 7 期。也就是说，《广东白话报》今存者至少共有四期。其中，第 1 期出版于丁未四月二十日(1907 年 5 月 31 日)；第 2 期出版于丁未四月三十日(1907 年 6 月 10 日)；第 5 期未标明出版日期，推测当出版于丁未五月二十九日(1907 年 7 月 9 日)；第 7 期出版于丁未七月初十日(1907 年 8 月 18 日)。这四期刊物之存世，对于研究《广东白话报》来说，无疑具有很重要的意义。

　　《广东白话报》的刊名，本来是《广东白话报》，现存各期均用此刊名。但方志强的《黄世仲大传》在介绍《广东白话报》时，该刊的刊名作《广州白话报》。⑥　看来方志强是根据《香港少年报》丙午十月初九日(1906 年 11 月 24 日)的消息《喜喜将有广州白话报出现》而书的。但《香港少年报》刊出有关消息时，《广东白话报》之创办还在酝酿之中，距其下文将要述说的创

　　①　上海图书馆编：《中国近代期刊篇目汇录》第 2 卷中册，上海，上海人民出版社 1981 年 6 月第 1 版，第 2216 页。
　　②　马良春、李福田主编：《中国文学大辞典》，天津，天津人民出版社 1991 年 10 月第 1 版，第 323、3696 页。
　　③　郭天祥：《黄世仲年谱长编》，北京，中国社会科学出版社 2002 年 10 月第 1 版，第 200 页。
　　④　李默：《辛亥革命时期广东报录》，《新闻研究资料》第 2 辑，北京，中国社会科学出版社 1980 年 1 月第 1 版，第 162～171 页。
　　⑤　颜廷亮：《黄世仲作品诸问题小辨》，《文学遗产》1989 年第 2 期；《黄世仲与近代中国文学》，兰州，甘肃人民出版社 2000 年 9 月第 1 版，第 41～53 页。
　　⑥　方志强：《黄世仲大传》，香港，夏菲尔国际出版公司 1999 年 3 月第 1 版，第 65、71 页。

刊号的出版时间还有半年时间。就是说,当时刊名还未定妥;甚至在该刊创刊号所刊当写成于刊物创刊号出版前不知何时的黄伯耀《广东白话报内容浅说》中,还将刊名说成《广东白话旬刊》。自然,方志强看来是知道《广东白话报》创刊后的名称的,所以在他笔下,刊名又作《广州(东)白话报》或《广东白话报》。① 然而,正式出版时既名《广东白话报》,那又有何必要既作《广州白话报》、又作《广州(东)白话报》或《广东白话报》,而不一律迳作《广东白话报》呢?

《广东白话报》的创刊时间和刊期 《广东白话报》之创办,如同《香港少年报》丙午十月初九(1906 年 11 月 24 日)所刊消息《喜喜将有广州白话报出现》所透露出的,当酝酿于丙午十月上旬(1906 年 11 月下旬)或再略早些。过了约六个月之后的丁未四月二十日(1907 年 5 月 31 日),创刊号出版。因此,其创刊时间是清楚的。但前述李默、方汉奇、方志强以及《中国文学大辞典》之《广东白话报》条释文诸作者对丁未四月二十日究竟是公历 1907 年何月何日问题,回答却有不同。概括起来,各位先生的回答有三种,即 5 月 2 日、5 月 31 日和只说是 5 月而未说是 5 月的哪一天。其中,持5 月 2 日说者,如方汉奇等②;持 5 月 31 日说者,如方志强;只说是 5 月而未明是 5 月何日者,如《中国文学大辞典》之《广东白话报》词条的作者③。另外,李默先是最早持 5 月 2 日说的,后来又改持 5 月 31 日说④。看米,方汉奇等是以李默原来所持 5 月 2 日说为据的,并未进一步查证;《中国文学大辞典》之《广东白话报》词条释文作者可能发现李默原把丁未四月二十日和公历 1907 年 5 月 2 日当成同一日是自相矛盾的,但大约由于未见原刊,不知所标出版时间是丁未四月二十日,还是与 5 月 2 日对应的中历月日,所以也就只好仅仅标出公历 5 月了事;方志强是看到原刊所标丁未四月二十日、

① 方志强:《黄世仲大传》,香港,夏菲尔国际出版公司 1999 年 3 月第 1 版,第 65、71 页。

② 方汉奇等:《中国近代新闻事业史事编年》(十六),《新闻研究资料》第 24 辑,北京,中国社会科学出版社 1984 年 3 月第 1 版,第 237 页。

③ 马良春、李福田主编:《中国文学大辞典》,天津,天津人民出版社 1991 年 10 月第 1 版,第 323 页。

④ 李默:《黄世仲与辛亥革命时期报刊》,《黄世仲与辛亥革命国际学术研讨会论文集》第 2 辑,香港,纪念黄世仲基金会 2002 年 2 月第 1 版,第 30~44 页。

查对过这一天是公历何月何日并查得正确的;李默大约是在看到方志强所持5月31日说之后,发现自己原持之5月2日说确实有误而改持5月31日说的。总之,《广东白话报》创刊时间是中历的丁未四月二十日,这一天是公历的1907年5月31日。

关于《广东白话报》的刊期,研究者们均说是旬出一期,即旬刊。如果仅就今存各期来看,此说倒是不错的。本来,《香港少年报》丙午十月初九日(1906年11月24日)所刊消息《喜喜将有广州白话报出现》中就已经说明将要创刊的《广东白话报》是旬刊。前已述及的今存《广东白话报》各期的出版时间,也表明其确是每月逢中历初十、二十、三十(小月当改为二十九)日出刊。不过,在出版了若干期之后,情况却有所变化。查今存之第7期,在卷首插页之正面有前已引出过的题为《改良过好得多》的启事一则,从该启示可知,《广东白话报》从该期起"改过逢礼拜日依期出版"。这就是说,《广东白话报》从这一期出版之后不再是旬刊,而是改为周刊了。至于确定逢星期日出版,则是由于第7期出版于丁未七月初十(1907年8月18日),这一天恰好是星期日。也就是说,第7期仍是旬刊,但因该期出版的日子恰好是星期日,所以也就决定以后也均逢星期日出版。而无论情况如何,《广东白话报》先是旬刊、从第8期起改为周刊,当是可以肯定的。遗憾的是,第8期及其以后的《广东白话报》迄今尚未发现,未知世间尚存与否。

《广东白话报》的内容 上揭该刊创刊号所刊黄伯耀《广东白话报内容浅说》,对此有全面的预告。从现在还能看到的几期来看,黄伯耀的预告也是变成了现实的。需要特别指出的是,该刊创刊时,是要把原在《粤东小说林》上已刊出数回的黄世仲著《黄粱梦》从第八回起连载下去,并以附刊方式重刊已在《粤东小说林》上刊出过的数回的,观创刊号所刊广告《请看本馆之小说特色》以及同期所附《黄粱梦》之《楔子一回》标题下方注文可知。然而,实际上却只在创刊号上续了第八回(该回回目为《弄珠花太监戏皇妃 营金屋和珍纳宫嫔》)和重刊了《楔子一回》(该回回目为《柯王爷愤死降和家 珍丞相穷奢倾帝室》),到了第2期则两者已均是有目而无文。不仅如此,而且创刊号所刊之第八回和《楔子一回》,实际上也都只是刊出大约一半的样子，并未刊完。创刊号所以会如此，该刊编者在所刊出的第八回前半部分文字之后有一个说明，谓"呢回小说本来唔止咁短嘅因为赶紧出版等第贰期定必多加几篇诸君见谅呀吓"。至于为什么第 2 期虽有目而实未连载，今已难详。猜想起来，很可能是由于：①《广东白话报》所用语言系广东方言，而《黄粱梦》所用语言乃全国通用语言，不合该刊规例；②《广东白话报》并非专门小说刊物，小说作品本来不应占过多篇幅，而在其第 2 期就要出版的四月三十日（1907 年 6 月 10 日），同是黄世仲与其兄黄伯耀创办的《中外小说林》这一专门的小说刊物恰好开始筹办，而且也确实在丁未五月十一日（1907 年 6 月 21 日）出版了创刊号，于是便将适于在《中外小说林》这样专门的小说连载的《黄粱梦》从《广东白话报》抽了出来。无论是什么原因，上揭《中国文学大辞典》之《广东白话报》词条释文谓《广东白话报》"所刊主要作品，即黄世仲的小说《黄粱梦》"，是欠准确的。

《广东白话报》的创办者　上海图书馆编《中国近代期刊篇目汇录》第 2 卷中册①在收入《广东白话报》创刊号之目录时加有一条注释，内云《广东白话报》"似为番禺黄伯耀（耀公）、黄世仲（世次郎）兄弟所主持"。看来，此说当是据《广东白话报》第 1 期所刊《广东白话报内容浅说》系黄伯耀所写、《黄粱梦》第八回和《楔子一回》系黄世仲所撰而推测出来的；特加"似为"二字，显示出加此注文者之审慎。到了李默和方汉奇等先生笔下，则未作推测，而是迳说编撰者有黄世仲、欧博鸣、风萍旧主等；李默后来在上揭《黄世仲与辛亥革命时期报刊》一文中开列的编辑撰述人名单中，又加上了黄伯耀等人。在《中国文学大辞典》的《广东白话报》词条释文作者笔下，情况大不相同，黄世仲、黄伯耀被说成是《广东白话报》的主编②；方志强的《黄世仲大传》虽云"编辑为黄世仲、黄伯耀，撰述人有欧博鸣、风萍旧主等"，未说黄世仲、黄伯耀是主编，但编辑与撰述人分举，显然也是以黄世仲

---

① 上海图书馆编：《中国近代期刊篇目汇录》第 2 卷中册，上海，上海人民出版社 1981 年 6 月第 1 版，第 2216、2273 页。
② 马良春、李福田主编：《中国文学大辞典》，天津，天津人民出版社 1991 年 10 月第 1 版，第 323 页。

和黄伯耀为主编的①。既云黄世仲、黄伯耀是主编,那也就等于说《广东白话报》是黄世仲与其兄创办的。然而,此说的提出者们均未举出证据,看来也是出于推测。实际上,迄今仍未发现任何可以证实此说的直接证据。不过,笔者还是以为有间接证据可以证明此说能够成立:①关于《广东白话报》将要创刊的最早的和唯一的消息是刊登于丙午十月初九日(1906 年 11 月 24 日)《香港少年报》上的,而《香港少年报》是黄世仲与其兄黄伯耀创办的。②《广东白话报》创刊号所刊《广东白话报内容浅说》,相当于发刊辞,当由创办人执笔撰写,而该篇的署名为黄伯耀常用署名之一的"耀"。③据创刊号所刊之广告《请看本馆之小说特色》,《广东白话报》可以将《粤东小说林》所刊《黄粱梦》抽至《广东白话报》连载,还可将《粤东小说林》已刊出的数回《黄粱梦》在《广东白话报》重载,如果《广东白话报》的创办者并非像《粤东小说林》的创办者一样是黄世仲和黄伯耀,这种情形当是很难发生的。④《广东白话报》创刊号所刊之广告《请看本馆之小说特色》称"本报《黄粱梦》小说,系社员黄君世仲所撰",则黄世仲乃《广东白话报》之"社员"。查黄世仲在与其兄创办的报刊或其他报刊所载自拟广告、启事等中凡出现自称时,均自称"本社撰述员"。此处自称"社员",当与之相类。其在所创办之报刊或其他报刊所登自拟广告、启事中既可自称为所创办报刊之"本社撰述员",则在上述广告中自称《广东白话报》之"社员",自然也是符合作为创办者自称之惯例的,而由此也推知其当为《广东白话报》之创办者之一。当然,笔者也注意到,今存《广东白话报》除创刊号刊有可以明确判定为黄世仲和黄伯耀所写的文字、第 2 期目录中出现过"《黄粱梦》(续)"和"续刊旧《黄粱梦》"外,第 5、7 期目录以及第 2、5、7 等三期正文中均未见有可以明确判定为黄世仲和黄伯耀所写的文字,这种情况似与黄世仲和黄伯耀作为创办者应有的情形不合。然而,一则作为创办者,未必一定要在其所创办的刊物的每一期中都发表自己所写的文字;二则不能说《广东白话报》今已不存的各期中,也一定没有可以明确判定为黄世仲和黄伯耀所写

---

① 方志强:《黄世仲大传》,香港,夏菲尔国际出版公司 1999 年 3 月第 1 版,第 65、71 页。

的文字；三则仔细研究即可发现今存四期中，除第一期有黄世仲和黄伯耀所写文字已如前述外，其余三期的每一期其实均有黄世仲或黄伯耀所写文字：该刊第 2 期中《黄粱梦》虽已有目无文，但毕竟有目；该期"议事亭"栏中署名为"奕"的《办呢间白话报嘅原故》，署名为"要咯"的《乜野为之系革命》等当均出自黄伯耀之手，而第 7 期"大笪地"栏中署名为"辑"的"趣致小说"《七姐》、"门官茶"栏中署名为"辑"的《一把扇吓到端方面都青》等则当是黄世仲的作品。即使三者中的第三种情况有的尚难完全落实，也并不可因有上述之不合而认为黄世仲和黄伯耀不会是《广东白话报》的创办者。实际情况很可能是这样：当《广东白话报》第 2 期已经编好而就要出版的时候，黄世仲和黄伯耀作为长于小说创作和小说理论文字写作的兄弟作家，希望有一个专门的小说杂志；而此时，《粤东小说林》可能已经停刊（详见下文），必须另外创办一家专门的小说刊物；于是，他们便又筹划创办《中外小说林》，且在《广东白话报》第 2 期就要出版的时候筹划停当、在与《广东白话报》第 3 期出版的大致同时出版了创刊号（详见下文）。在这种情况下，黄世仲和黄伯耀作为创办者，很可能进行了分工；从现存之创刊号所刊相当于发刊辞的《广东白话报内容浅说》系由黄伯耀撰写的情况分析，黄世仲主要负责《中外小说林》，《广东白话报》则主要由黄伯耀负责了。当然，这一切也还只是推测，尚待发现新的资料予以证实。

至于《广东白话报》何时停刊问题，研究者们或说"何时停刊未悉，想寿命亦不长"①，或说"停刊时间不详"②，或不予涉及③。情况究竟如何，亦请容后再叙。

① 李默：《辛亥革命时期广东报刊录》，《新闻研究资料》第 2 辑，北京，中国社会科学出版社 1980 年 1 月第 1 版，第 162～171 页。

② 马良春、李福田主编：《中国文学大辞典》，天津，天津人民出版社 1991 年 10 月第 1 版，第 323 页。

③ 方汉奇等：《中国近代新闻事业史事编年》（十六），《新闻研究资料》第 24 辑，北京，中国社会科学出版社 1984 年 3 月第 1 版。

三、黄世仲和《中外小说林》

《中外小说林》是晚清时期的重要小说刊物之一。但是,在相当长时间中,不仅对其加以研究的专家学者甚少,而且在晚清小说研究界许多人甚至连这一刊物的存在都不知道。只是到了近一些年,情况才有所变化,不仅研究者多了起来,而且还有了该刊物的汇辑重印本。

诸家的研究和介绍　20 世纪 80 年代初出版的上海图书馆编《中国近代期刊篇目汇录》第 2 卷中册①,收有中山大学中文系收藏的《中外小说林》第一年和第二年各八期的篇目,且有注文云:

> 《中外小说林》,约创刊于 1907 年 6 月(光绪三十三年五月),在广州出版。旬刊。由中外小说林社编辑及发行。第 17 期起,改由公理堂接办,刊名前加"绘图"二字。但前后编务似均为黄伯耀、黄世仲等所主持,内容有小说理论、小说、歌谣、剧本等,多用广东方言写作。停刊时间未详。本书收录第 5 ~ 6、9、11 ~ 12、15、17 ~ 18,第二年第 1 ~ 5、7 ~ 8、10 期。

这条注文大约是今人对《中外小说林》情况的最早的详细介绍。

在此后的好几年中,除了笔者在《晚清小说议琐》(十题)②和《黄世仲作品诸问题小辨》③中对《中外小说林》略有介绍外,似乎未见还有专家学

---

　　①　上海图书馆编:《中国近代期刊篇目汇录》第 2 卷中册,上海,上海人民出版社 1981 年 6 月第 1 版,第 2216、2273 页。

　　②　颜廷亮:《晚清革命派没有办过小说刊物吗?》,《晚清小说议琐》(十题),《关陇文学论丛》第 1 集,兰州,甘肃人民出版社 1982 年 3 月第 1 版,第 127 ~ 128 页。

　　③　颜廷亮:《黄世仲作品诸问题小辨》,《文学遗产》1989 年第 2 期;《黄世仲与近代中国文学》,兰州,甘肃人民出版社 2000 年 9 月第 1 版,第 41 ~ 53 页。

者进行介绍。直到 20 世纪 90 年代初出版的《中国文学大辞典》①中,才有《中外小说林》词条,其释文云:

> **中外小说林** 近代文学杂志。旬刊。光绪三十二年五月十一日(1907 年 6 月 21 日)创刊于广州。第 1 卷前 16 期署中外小说林社编辑及发行,自第 17 期起由公理堂接办,且刊名前加"绘图"二字。其实均由黄伯耀(耀公)、黄世仲(世次郎)兄弟主持。停刊时间不详,今见第 1 卷 18 期,第 2 卷 10 期,共计 28 期。该刊先后辟有外书、短篇小说、谐文、龙舟歌、粤讴、班本、南音、白话、木鱼、嚎谈等栏目,偶尔插有讽刺漫画。内容以小说理论、小说作品、歌谣和剧本为主。语言则多用广东方言。各类作品以暴露和讽刺社会黑暗现实为主要内容。所刊主要作品,长篇小说有世次郎的《宦海潮》、《黄粱梦》,钜鹿六郎的《冰炭缘》,荔浣的《妇孺钟》等;翻译作品有美国连著贻著、老奕润词、勇夫译意的《狡女谋》,英国希路著、亚猛译述的《难中缘》等;短篇小说有乱劈的《现形妖》、黄伯耀的《宦海恶涛》和《猛回头》、亦然的《昏庸镜》等;剧本有量拙的《妓侠》、庄的《旗民诉苦》等。

接着,释文指出《中外小说林》所刊谐杂文作品"具有尖锐泼辣的风格"和"表现了强烈的反清攘夷的民族主义倾向",并特别指出:

> 该刊最具特点的是在外书栏内发表了十几篇有关小说的论文……系统地阐明了诸多小说理论问题,为同类刊物所罕见。

此后,《中国近代文学辞典》和《中国近代文学大辞典》也均有《中外小说林》词条,其释文分别为:

---

① 马良春、李福田主编:《中国文学大辞典》,天津,天津人民出版社 1991 年 10 月第 1 版,第 791~792 页。

【中外小说林】 旬刊。1907 年 5 月创刊于广州。由中外小说林社编辑发行。第 17 期起改由公理堂接办,刊名前加"绘图"二字。前后编务由黄伯耀、黄世仲等主持。停刊期不详,今见断续的 12 期。内容有小说、理论、歌谣、剧本,多用广东方言写作。①

《中外小说林》 文艺刊物。光绪三十三年六月十一日(1907 年 7 月 20 日)在广州创刊。第 1 卷第 1 至 16 期署中外小说林社编辑及发行。自第 17 期起改由公理堂接办,刊名改为《绘图中外小说林》。实际编务由黄伯耀(耀光)、黄世仲(世次郎)主持。旬刊。停刊时间不详。所见第 1 卷出了 18 期,第 2 卷出了 10 期。设外书、短篇小说、谐文、龙舟歌、粤讴、班本、南音、白话、木鱼、嚛谈等栏目。内容突出小说理论、小说创作、歌谣和剧本。②

其中,后者接着还介绍了《中外小说林》所刊作品和小说理论文章的情况,并在末尾说主要撰稿人还有警庵、忏痴、厉剑四郎、亦笑、笑评等。又,后者的作者与《中国文学大辞典》中释文的作者为同一人,因而释文也就与《中国文学大辞典》的释文大致相同。

再后,便是方志强《黄世仲大传》中对《中外小说林》的介绍。③ 方志强把刊名没有"绘图"二字的《中外小说林》和加有"绘图"二字的《中外小说林》作为两个刊物进行介绍。其中,对前者,除介绍了刊期、出版日期、定价、社址、发行代理处等外,主要介绍了创刊号的情况;对后者,则着重介绍了由前者改为后者的情况。值得注意的是,方志强在介绍《广东白话报》的几段文字的末尾一段,有"丁未年五月十日,《粤东小说林》更名为《中外小说林》"一语。

---

① 魏绍昌、管林、刘济献、郑方泽主编:《中国近代文学辞典》,郑州,河南教育出版社 1993 年 8 月第 1 版,第 60 页。

② 孙文光主编:《中国近代文学大辞典》,合肥,黄山书社 1995 年 12 月第 1 版,第 128 ~ 129 页。

③ 方志强:《黄世仲大传》,香港,夏菲尔国际出版公司 1999 年 3 月第 1 版,第 65、69 ~ 70 页。

最近对《中外小说林》进行详细介绍的,是吴锦润。在方志强进行介绍之前,他在《〈中外小说林〉的编辑出版及其残本存世的意义》①等几篇文章中就已对《中外小说林》的情况有所涉及;在 2000 年所写《黄世仲的革命生涯、文学成就及其编辑的〈中外小说林〉》②,是其时所见对《中外小说林》的介绍最为详细的一篇专门论文。

对上述这些介绍加以分析,可以看出,《中外小说林》的大致轮廓可以说是勾勒出来了。然而,不难发现,各家的说法互相矛盾之处是不少的,与实际情况也都还有某些不合。那么,情况究竟如何呢? 为弄清这一点,有必要先就《中外小说林》今存情况加以考察。

《中外小说林》的今存情况　关于这一点,上述诸先生的说法显然是不同的。《中国近代期刊篇目汇录》是据中山大学中文系藏本收录的,其编者注文中指出所收录者为第一年的第 5、6、9、11、12、15、17、18 期和第二年的第 1、2、3、4、5、7、8、10 期,总计 16 期;其中,第一年第 1 ~ 16 期刊名为《中外小说林》,第一年第 17 期起刊名为《绘图中外小说林》。上引《中国文学大辞典》释文似乎是据《中国近代期刊篇目汇录》介绍的,然其作者谓"今见第 1 卷 18 期,第 2 卷 10 期",则今存者就有 28 期之多了;上引《中国近代文学大辞典》之《中外小说林》词条释文的作者与《中国文学大辞典》之《中外小说林》词条释文的作者为同一人,其说自然相同。到了上引《中国近代文学辞典》的释文中,《中外小说林》今存本被说成是"今见断续的 12 期"。方志强未谈今存情况。吴锦润先后有几种说法,其中最新的说法见《试论黄世仲〈黄粱梦〉残本的思想艺术及其意义》③一文,内除述及《粤东小说林》今存之三期外,谓《中外小说林》今存有丁未第 1 ~ 13、15、17 ~ 18 期和戊申第 1 ~ 8、11 期,共计 25 期。那么,情况到底如何呢?

《中外小说林》今已无全套存世,今存者也分藏于数处。上海图书馆编

---

① 吴锦润:《〈中外小说林〉的编辑出版及其残本存世的意义》,《香港笔荟》复刊号,1999 年 10 月出版。

② 吴锦润:《黄世仲的革命生涯、文学成就及其编辑的〈中外小说林〉》,《中外小说林》影印本上册导论部分,香港,夏菲尔国际出版公司 2000 年 4 月第 1 版,导论第 101 ~ 134 页。

③ 吴锦润:《试论黄世仲〈黄粱梦〉残本的思想艺术及其意义》,《黄世仲与辛亥革命国际学术研讨会论文集》第 2 辑,香港,纪念黄世仲基金会 2002 年 2 月第 1 版,第 27 ~ 28 页。

《中国近代期刊篇目汇录》时，当是据中山大学中文系藏本收录的；中山大学中文系所藏共 16 期，在各收藏处中收藏期数最多，上述《中国文学大辞典》和《中国近代文学大辞典》相关词条释文当以之为据，惜其误将今存第一年和第二年各自最后一期的序号当成了"今见"存世第一年和第二年各自的总期数；上述《中国近代文学词典》所谓"今见断续的 12 期"，估计当是对该系所藏共 16 期的误书，自然是不妥的。所藏期数仅次于中山大学中文系的是芜湖市图书馆；该馆所藏实为阿英所捐赠，曾有专家学者寓目，惜未公布其所藏究竟为哪些期；直到前几年，吴锦润才在查阅之后将其所藏情况公之于世，即所藏除《粤东小说林》第 8 期外，有第一年第 1～10 期和第 13 期①除上述两处外，还有两处藏有《中外小说林》。其一是李育中书室，其中除有《粤东小说林》第 7 期外，有《中外小说林》三期，即第一年第 5、17 期和第二年第 11 期。其二是香港大学冯平山图书馆，该馆所藏仅一期，即第一年第 14 期。该期首先由杨国雄发现并在《港台及海外图书馆所藏黄世仲著作初探》②一文中加以公布。笔者知道后，即在该馆热情帮助下从尚未上架之藏书中查得该期，从而证明这一期确实存世。按，该期封面标明"丁未年九月廿一日出版"；目录页未见，但内页保存得很完整，故可知该期所刊文字。为便于研究者了解其大概情形，兹据其内页录其所刊文字目录如下：

外　书	小说家对于英雄纪事当写其本真及其情理	耀　公
近事小说	黄粱梦	世次郎
	第二十回　报私仇改折复原官　讽阴谋贺书成怨府	
广东近事小说	宦海潮	世次郎撰
	第十四回　结权门投拜受知师　忆前尘同诉多情妓	

---

① 吴锦润公布的芜湖图书馆藏本除有《粤东小说林》第 8 期外，《中外小说林》有第一年第 1、2、3、4、5、6、7、8、9、10、13 期，其中《粤东小说林》第 8 期和《中外小说林》第 5、6、9 期在中山大学中文系和李育中先生自藏各期中有存，且已被收入香港夏菲尔国际出版公司 1999 年 3 月出版的《中外小说林》影印本中。

② 杨国雄：《港台及海外图书馆所藏黄世仲著作初探》，《黄世仲与辛亥革命——辛亥革命九十周年纪念暨黄世仲投身革命百周年国际学术研讨会论文集》，香港，纪念黄世仲基金会 2001 年 8 月第 1 版，第 265 页。

义侠小说	恩仇报			警庵著
	第五章　私遁			
侦探小说	狡女谋	美国连著贻原著	勇夫译意	公辅润辞
	第一章　宴客			
短篇小说	美团圆			江夏伯子
侦探小说	毒刀案	英国斐加士雄原著	亚猛译意	公裕润辞
	第十八章　假慈悲巧言瞒诡计　跟踪迹疑证类真情			
谐文	拟重修二世祖祠堂记			光　翟
短篇小说	近事小说花中刺			亚　钟
龙舟歌	追悼邬生员			笑　评
班本	梁启超被打			笑　评

注意注意　　特别广告

　　这样,迄今所知《中外小说林》之今尚存世者,除去各处所藏之重见者不计,就至少共有 26 期之多,即第一年的第 1～15、17～18 期和第二年的第 1～5、7～8、10～11 期。

　　不过,这并不是最后的结论。2000 年 4 月香港纪念黄世仲基金会主持编集的《中外小说林》影印本由香港夏菲尔国际出版公司出版。对黄世仲研究来说,这自然是一件很有意义的事情。但该影印本所收者除《粤东小说林》今存三期外,主要是刊名前未加"绘图"二字和加有"绘图"二字的《中外小说林》共 17 期,即第一年第 5、6、9、11、12、15、17、18 期和第二年第 1、2、3、4、5、6、7、8、11 期。这就出现了两个问题。其一是既未收入芜湖市图书馆有藏并独藏的各期,又未收入香港大学冯平山图书馆所藏的一期;其二是多出了第二年的第 6 期而少了第二年的第 10 期。要回答第一个问题较为容易:芜湖市图书馆所藏未收是由于当时虽知而因故未能收集到,香港大学冯平山图书馆所藏未收则是由于当时尚不知其存世。要回答第二个问题则较为费事。原来中山大学中文系所藏 16 期中,收藏时封面与内页多有脱离;整理者缺乏过细工夫,多有将并非同一期的封面和内页配为一期加以装订的情形。据笔者所见以及在中山大学中文系任教的吴锦润先生开列中山大学中文系藏本期数中戊申年有第 10 期而无第 6 期的《〈中外小说林〉的编辑出版及其残本存世的意义》一文①，其中的第二年第 10 期实际上仅存封面，内页实际上是第二年第 6 期。整理者按照内页收入，因而影印本中有了第二年第 6 期而无第二年第 10 期，笔者怀疑此系在对现存第二年第 10 期封面进行技术处理后，将其作为第 6 期的封面使用的结果。② 这样处理自然是可以的和必要的，惜其对此、特别是对第二年第 10 期封面尚存于世一事未做说明。但无论如何，并不影响将《中外小说林》今存情况归结如下：

第一年第 1、2、3、4、5、6、7、8、9、10、11、12、13、14、15、17、18 期；

第二年第 1、2、3、4、5、6、7、8、11 期；又，第 10 期（仅存封面）。

《中外小说林》的创刊　《中国近代期刊篇目汇录》编者注文谓《中外小说林》"约创刊于 1907 年 6 月（光绪三十三年五月），在广州出版"。《中国文学大辞典》谓《中外小说林》"光绪三十三年五月十一日（1907 年 6 月 21 日）创刊于广州"。《中国近代文学辞典》谓《中外小说林》同《中国近代期刊篇目汇录》，但未标明中历年月。《中国近代文学大辞典》同《中国文学大辞典》。方志强既说"丁未年五月十日，《粤东小说林》更名为《中外小说林》"，那么也就是把《中外小说林》的创刊时间定为丁未年五月初十日（1907 年 6 月 20 日）。吴锦润说《中外小说林》"出版时间为丁未五月的十一日当不谬"而出版地"移到香港了"③、"尔后改刊的《中外小说林》是一九

---

① 吴锦润：《〈中外小说林〉的编辑出版及其残本存世的意义》，《香港笔荟》复刊号，1999 年 10 月出版。

② 笔者所见中山大学中文系所藏有第二年第 6 期，但该期封面却标第二年第 10 期，其所标出版时间也为戊申年四月十日，与第二年第 10 期按例应在的出版日期相符。可见，这个封面确应是第 10 期的封面。《中外小说林》重印本将其作为第 6 期封面时，当是考虑到"戊申年四月十日"与第 6 期应标的出版时间不符而涂去所致。

③ 吴锦润：《〈中外小说林〉的编辑出版及其残本存世的意义》，《香港笔荟》复刊号，1999 年 10 月出版。

〇七年在香港出版发行的"①。诸说不一,但说《中外小说林》是丁未五月十一日(1907 年 6 月 21 日)创刊于香港当是可信的,现仍存世的创刊号所标出版时间正是丁未五月十一日(1907 年 6 月 21 日),而该期封底刊登的广告《本社要告》中云香港分局在上环大马路 233 号(据第一年第 14 期封里及第 79 页广告,从该期起改为上环大马路 313 号;又,据第一年第 17 期封里及封底广告,从该期即刊名前加"绘图"二字的一期起,香港有总发行所,设于德辅道中 161 号《世界公益报》)、又云"外埠定(订)阅及欲作代理,请付函至香港分局可也"等,则显然透露出其出版地不在广州。至于一些专家学者如上述方志强和吴锦润两位先生的相关说法,如称《中外小说林》系《粤东小说林》改名而来、或称《粤东小说林》乃是《中外小说林》之前身,以及以此说为据而将其与《粤东小说林》掇合起来并贯以《中外小说林》这样一个总名是否合适的问题,容后再论。

　　《中外小说林》的更名　对这个问题,《中国近代期刊篇目汇录》、《中国文学大辞典》、《中国近代文学辞典》、《中国近代文学大辞典》等均只是说《中外小说林》自第一年第 17 期起由公理堂接办、刊名前加"绘图"二字。直到吴锦润的《〈中外小说林〉的编辑出版及其残本存世的意义》②和方志强的《黄世仲大传》③,才先后对此有较详的考察。吴锦润的考察文字如下:

　　……丁未年十二月十五日(约是公元一九〇八年元月)出版的《绘图中外小说林》第十七期内,同时竟然新旧广告照登。封面的底页,上述旧广告(按:指《中外小说林》丁未第五期所刊的《本社披露》)照登不变,第十八期仍然同样不变。但是第十七期末尾自第七十一页开始,以两个印刷面刊登有关公益报社精制电版业务和接管并更名为《绘图中外小说林》有关发行等广告几则。全体以大字印出并前加两"⊙"标

　　①　吴锦润:《黄世仲的革命生涯、文学成就及其编辑的〈中外小说林〉》,《中外小说林》影印本上册,香港,夏菲尔国际出版公司 2000 年 4 月第 1 版,导论第 101~134 页。
　　②　吴锦润:《〈中外小说林〉的编辑出版及其残本存世的意义》,《香港笔荟》复刊号,1999 年 10 月出版。
　　③　方志强:《黄世仲大传》,香港,夏菲尔国际出版公司 1999 年 3 月第 1 版,第 70 页。

识:"香港代理处:德辅道中一百六十一号。"

之后,吴锦润录出公理堂《绘图中外小说林》披露的两则广告,即《快看快看绘图中外小说林出版广告》和署有"光绪三十四年二月初二日"日期的《紧要广告》。然后又写道:

> 这一期广告之所以多(其他有关报纸其他业务广告于此未录),主要是因为出版单位的变动。旧的发行渠道有许多帐(账)目收不上来,这从此前各期均刊登催代理发行者"清数"的告示没有停过可以见出。据前一则广告可以看出,是想借公益报的印刷技术,如绘图的彩色印刷和照片的制版技术,尽管是在世纪初,已是相当先进了。如香港皇家花园、苏州太湖山之暑山、圆明园内之凉亭,甚至袁世凯官服之坐照,现在看来还相当清晰。锐意改革,扩大发行,充实内容,但保持原价不变,看来并非完全是牟利的目的使然。从封面刊名已冠以"绘图"二字的十七期仍将旧广告照登看,其实十二月初五,即十六期尚未印出前,新旧出版单位已交割清楚了。但此期末的广告却署日期是光绪三十四年(一九〇八)二月初二日。这前后印刷出版和发行事务交割不到一个月时间,即从丁未年十六至十八期、戊申的一至三期共六期小说刊物竟然由公益报社印出来了,而且质量还要更高一档次。这交接事情的幕后人物活动之频繁,甚或资金之投入方面,笔者无从更多的史料详述了。总而言之,从《粤东小说林》到《中外小说林》,出版地从广州转到香港来是肯定无疑的,至于《世界公益报》接刊《绘图中外小说林》亦是无可改变的事实。

方志强的考察文字则是:

> 因资本绵薄等原因,《中外小说林》从丁未年十二月五日起由公益报公理堂顶受交割清楚,并将原招牌改为《绘图中外小说林》,又将总代理处迁寓香港中环德辅[道]中一百六十一号公益报社,省城总发行

所寓状元坊谦泰顾绣店后座李惠庭翁处,还在刊内登载《快看快看绘图中外小说林出版广告》。(另附广告原文)(引按:遍查《黄世仲大传》全书,并未见有所附广告原文。)

《绘图中外小说林》于十二月十日出版后,十七、十八期又分别改为十五、二十五日出版,且每回小说加绘画二幅,另于篇首插时谐漫画及名人胜迹等图像,以新阅者之眼廉(帘)。复加聘著作员以求材料丰富。世界公益报亦在十七期中刊登醒人眼目的配以图画的制造铜模电版广告,大开报刊印制之新风。

戊申(1908)年正月,《绘图中外小说林》又改为定期逢十出版,全月三册,封面配以风景名胜照片如香港上海银行外景,香港皇家公园内景,香港大花园门口及北京城内天坛塔,圆明园内之凉亭等,面目为之一新。

这里,两位先生所述之基本看法大致相同。而所谓大致相同,就是说并非全同,而是还有相异之处。相同之处是关于刊名更改的大致过程,即都认为丁未十二月初五日(1908 年 1 月 8 日),世界公益报公理堂顶受该刊的手续已经交割清楚,并将刊名改为《绘图中外小说林》;同时,又将总代理处改为中环德辅道中 161 号公益报社;丁未第 16、17、18 期的出版时间分别为丁未十二月十日、十五日、二十五日(1908 年 1 月 13 日、18 日、28 日)。不同之处则主要是在《中外小说林》究竟是从哪一期开始加上"绘图"二字的问题上,即:按照吴锦润的说法是第一年第 17 期,而方志强则说"《绘图中外小说林》于十二月十日出版后,17、18 期又分别改为十五、二十五日出版",是把开始加上"绘图"二字的一期定为第一年的第 16 期了。那么,情况究竟如何?

丁未年第 17 期现仍存世,其所标刊名确为《绘图中外小说林》。而丁未年第 16 期今已不存,其所标刊名是否也是《绘图中外小说林》呢?现已无法直接回答。不过,吴锦润所录的、包括方志强说是要附而实际上未附的那个广告在内的两个广告,是透露出了消息的。兹将这两个广告照录如下:

快看快看绘图中外小说林出版广告

　　启者:本堂顶受《中外小说林》,将原招牌改为《绘图中外小说林》开办。兹为扩充起见,拟大加改良,于每回小说加绘图画,另于篇首增插时谐漫画及名人胜迹等图像,以新阅者之眼帘。其旧日著作,舍精遗粗,取长弃短;复加聘著作员,以求材料丰富;并选上等纸张印刷,使臻完善。其未经发出之第十六期,即于十二月初十日出版;以后每月三册,即每月于初五、十五、廿五依期出版不误,银价仍每月收回四毫。以昔日《中外小说林》出世以来,久为社会欢迎,今更加改良,想阅者当以先睹为快也。此布。

　　再本堂于十二月初五日经已交易清楚,嗣后所有收银收货、汇借发单等项,均改用新人图章;其旧人图章,一概作废,合併声明。

　　〇总代理处:香港中环德辅道中一百六十一号公益报。

　　　　　　　　　　　　　　公理堂绘图中外小说林披露

紧要广告

　　启者:黄善良遇事过省,他所经手派出之《小说林》,间多未悉户口,未能派送,殊属歉甚。现第二年第一、二、三期,即十九、二十、廿一期,均已出版,仰经善良手阅书诸君,请将门牌住址函致德辅道中一百六十一号总发行处,俾得照送。切祷此布。

　　光绪三十四年二月初二日　　　　　　绘图中外小说林披露

　　从这两个广告可以看出,吴锦润和方志强两位先生关于更名过程的记述大致不差。详细说来,笔者以为应是:当《中外小说林》第16期编辑将成或虽已编成而由于资金不足而尚未印制出版的时候,公理堂顶受一事已开始酝酿且已倾向于达成协议,原应于丁未十月十一日(1907年11月16日)印制出版的丁未第16期的印制出版时间因之也就延后,以待达成协议后由公理堂印刷出版。丁未十二月五日(1908年1月8日),公理堂顶受协议已经达成且已完成顶受手续,于是公理堂便于丁未十二月十日(1908 年 1 月 13 日)出版了丁未第 16 期。丁未第 17、18 期虽分别标曰丁未十二月十日、二十日(1908 年 1 月 18 日、20 日)印制出版,而实际上当时尚未编成,自然也未在所标之印制出版时间印制出版,而是拖后印制出版的;真实的印制出版时间虽已难以确知,但从上引第二个广告的时间题署来看,和丁未第 17、18 期以及戊申第 1、2、3 期同时印制出版于戊申二月初二日(1908 年 3 月 4 日)以后数天之内,似无疑问。不过,丁未第 16 期虽然是由公理堂印制出版的,但这一期的刊名应仍是《中外小说林》而非《绘图中外小说林》。从上引第一个广告中所说"其未经发出之第十六期,即于十二月初十日出版"云云不难看出,丁未十二月初五日公理堂顶受之局已成时,丁未第 16 期已经编成而只待印制出版,公理堂谓"即于十二月初十日出版"而并未透露出要待更改刊名后方予印制出版的丝毫信息。公理堂何以采取如此做法,估计当同第 16 期脱期已近一月时间、如要更名则还需延后数日以补入图画并因而使脱期时间更长有关。但无论如何,丁未第 16 期并非开始更名的一期似可肯定。

《中外小说林》的内容   关于这一点,各家所据虽然大都是本来并非全套的今存本当中的一部分,而其介绍却不仅相互基本相同,而且与实际情况也大致相符。集各家之说,《中外小说林》所设栏目有外书、短篇小说、谐文、龙舟歌、粤讴、班本、南音、木鱼、白话、谐谈等,所刊具体作品有小说理论文字、小说作品、歌谣、剧本等,特别是基本上从头到尾连载有黄世仲的长篇小说《黄粱梦》和《宦海潮》(仅创刊号未刊《黄粱梦》),并从第一年第 17 期即开始更名为《绘图中外小说林》的一期起,差不多每期卷首均有漫画、每期所刊《黄粱梦》和《宦海潮》各自均配有两幅图画、每期封面也都印有名人胜迹图片。但各家的介绍并非没有需要再议者。笔者以为需要再议的,主要是《中外小说林》所设栏目。仔细分析各家的介绍即可发现,有的专家学者谈及《中外小说林》的内容时,正确地指出该刊刊有长篇小说等,而在谈及《中外小说林》所设栏目时,却没有谁指出该刊设有与之相应的栏目,有的甚至压根儿未谈及长篇小说。其实,《中外小说林》是设有与之相应的栏目的,这类栏目便是"广东近事小说"(《宦海潮》属之)、"近事小说"(《黄粱

梦》属之)、"艳情小说"(译作《难中缘》属之)、"侦探小说"(译作《毒刀案》
属之)、"家庭教育小说"(《妇孺钟》属之)等。或以为这些实为小说之类目
而非刊物之栏目。一般地说,这种看法自然不能说毫无道理。然而,具体到
各家所说的《中外小说林》栏目设置问题上,这种说法却值得斟酌。因为,
各家所说《中外小说林》设置的栏目如短篇小说、谐文、龙舟歌、粤讴、班本、
南音等,实际上均是类目名或体目名。既然这些类目名或体目名均被当成
栏目,那么同是类目名或体目名的"广东近事小说"、"近事小说"、"艳情小
说"、"侦探小说"、"家庭教育小说"等又为什么不可视为栏目呢? 退一步
说,即使"广东近事小说"、"近事小说"等都是长篇小说内部的分类而不是
如同谐文、龙舟歌等那样的类目名或体目名,因而不能与之同被视为栏目,
但短篇小说这个属于小说这个文学类别内部的体目名被列入《中外小说
林》所设诸多栏目之中,那又为什么不可以把明明是在刊物上连载的"广东
近事小说"《宦海潮》、"近事小说"《黄粱梦》、"艳情小说"译作《难中缘》、
"侦探小说"译作《毒刀案》、"家庭教育小说"《妇孺钟》等统称之为长篇小
说,并作为与短篇小说相对的一个栏目而加以介绍呢? 何况,长篇小说、特
别是《黄粱梦》和《宦海潮》,乃是《中外小说林》所刊全部作品中分量最重、
质量最高、最能代表刊物水平的作品呢! 总之,在谈及《中外小说林》所设
置的栏目时,应当补入长篇小说方面的栏目,即:或补入"广东近事小说"、
"近事小说"等作为栏目,或统称"广东近事小说"、"近事小说"等为"长篇
小说"并作为一个栏目。

《中外小说林》的创办者 据现在所知,可以直证《中外小说林》创办者
是谁的确凿资料实在不易觅得。各家或疑《中外小说林》系黄世仲弟兄创
办,或迳谓黄世仲弟兄为《中外小说林》的创办者,但均未进行论证,未知所
据究竟是些什么资料。但是,人们仍然可以相信黄世仲与其兄黄伯耀当是
《中外小说林》的创办者。笔者的理由是:①《中外小说林》现存于世的各
期,几于每一期都在具有重要地位的外书栏刊有一篇小说理论文章,而这些
小说理论文章的作者都分别是黄世仲或黄伯耀。同时,如前所说,《中外小
说林》除基本上从头至尾连载黄世仲的长篇小说《黄粱梦》和《宦海潮》外,
几乎每期都还刊有黄世仲和黄伯耀所写而署名不一的短篇小说、班本、粤

讴、龙舟歌、白话或谐文作品,有许多期往往还刊有他们各自所写的其他作品多件,他们的作品所占每期刊物的篇幅往往在一半以上,并成为每期刊物的主体。如果他们不是刊物的创办者,是不太可能出现这些情形的。②如前所述,《粤东小说林》和《广东白话报》都当是黄世仲与其兄黄伯耀创办的,而《粤东小说林》已刊载数回之《黄粱梦》竟可以被抽出移至《广东白话报》连载,又可在《广东白话报》向读者作出连载和附刊许诺而又仅在创刊号连载和附刊之后被抽出移至《中外小说林》连载,如果黄世仲弟兄不是《中外小说林》的创办者,那能行得通么?③《中外小说林》第一年第6期外书栏发表的署名"老棣"即黄世仲的小说理论文章《文风之变迁与小说将来之位置》,充分论述了小说在社会风气转变中的作用而以如下一段话作结:

> 当此文学变迁之时代,风气所趋,民智所系,以如荼如火之小说,际此潮流,宁有不占文坛上最优之位置者哉!是以吾同人创此《中外小说林》,著述必求其精,资料必求其富。且既精矣、既富矣、既已风行矣,而仍日事改良,以求进步者,非徒不负责任,实亦自信本社出世与世道殊有关系,固为目前药世之金丹,而尤为后来不可多得之活宝者欤!

显而易见,黄世仲是以刊物创办者的身份写下这段话的,所谓"吾同人创此《中外小说林》"、"实亦自信本社出世与世道殊有关系"云云,完全是创办者的口气。④《中外小说林》影印本第二年第6期的封面,实为第二年第10期封面,在未被技术处理前和被技术处理后,其下半部分有一题为《新小说出世预告》的广告,其文如下:

> 本社以小说为向导人群之引线,故力以搜罗佳构、逐次改良为宗旨。近复由本社撰述员续著《西林传》一书,将于此一二期内出版。是书于广东之近史、虎督之气焰、清国之政局,纪载靡遗,加以秾艳笔墨,阅者当以先睹为快也。
>
> 本社预告

该广告中所说的"本社撰述员"是谁呢？许翼心在《关于黄世仲小说作品初刊版本的若干补正》①一文中推测该广告中所说的《西林传》就是李育中在《〈洪秀全演义〉作者黄小配》②一文中所举黄世仲诸小说之一的《岑春煊》，因而也就推测所谓"本社撰述员"就是黄世仲。后来，郭天祥的《黄世仲年谱长编》③在系《西林传》于谱内时所加注文中也认为"许先生的意见，可能是对的"，并进行了一番论述。笔者以为，许翼心和郭天祥两位先生虽未察《中外小说林》影印本第二年第 6 期的封面实为第二年第 10 期封面被技术处理后的移植，但对《西林传》可能即黄世仲《岑春煊》的推测却还是颇有道理的。如果此说可以成立，那么广告中的"本社撰述员"自然就是黄世仲；考虑到黄世仲还曾被称为其与其兄所创办的《社会公报》、《新汉日报》等的撰述员④，其被称为《中外小说林》的"本社撰述员"一事似乎亦可证明黄世仲当为《中外小说林》的创办者之一。总之，谓《中外小说林》的创办者是黄世仲和黄伯耀，应是能够成立的。

剩下的一个问题，便是《中外小说林》停刊的时间问题。有关这个问题，请俟下文分析。

四、两《林》一《报》各自的停刊

在对《粤东小说林》、《广东白话报》和《中外小说林》进行了如上的考察之后，现在就来看看这三个刊物各自停刊的时间。应当说，由于这三个刊物今之存世者均非全套，有关的资料又甚缺，对其停刊时间进行考察确实不

---

① 许翼心：《关于黄世仲小说作品初刊版本的若干补正》，《黄世仲与辛亥革命——辛亥革命九十周年纪念暨黄世仲投身革命百周年国际学术研讨会论文集》，香港，纪念黄世仲基金会 2001 年 8 月第 1 版，第 253～254 页。

② 李育中：《〈洪秀全演义〉作者黄小配》，《广东小说家杂话》，《随笔》第 1 集，广州，广东人民出版社 1979 年 6 月第 1 版，第 97～200 页。

③ 郭天祥：《黄世仲年谱长编》，北京，中国社会科学出版社 2002 年 10 月第 1 版，第 222、200 页。

④ 参见本书上册第四章和第五章叙述《社会公报》和《新汉日报》部分。

易。不过,仔细分析现有的相关资料,还是多少可以理出一点头绪的。

《粤东小说林》的停刊时间　关于《粤东小说林》的停刊,研究者们或说"停刊时间不详",或不予涉及。只有方志强和郭天祥二位先生对之提供了与之有关的说法:前者在《黄世仲大传》中说"丁未年五月十日,《粤东小说林》更名为《中外小说林》"①,后者在《黄世仲年谱长编》中有关《中外小说林》创刊号的注文中则说"《中外小说林》的前身即《粤东小说林》"②。然而,他们的说法均无助于问题的解决。须知,今所见之《粤东小说林》最后一期即第 8 期出版于丙午十一月初九日(1906 年 12 月 24 日),而《中外小说林》创刊时间是丁未五月十一日(1907 年 6 月 21 日);即使《粤东小说林》第 8 期之后还继续出版过,那也出版不了几期,特别是不会继续出版至《中外小说林》创刊的时候,迄今未能发现从丙午十一月初九日到丁未五月十一日期间按照十日一期计算而应当出版的共计 17 至 18 期中的任何一期,就表明了这一点。③ 这也就是说,方志强所说的更名一事并不存在,《中外小说林》乃是另起炉灶创办的。倒是郭天祥谓《粤东小说林》乃《中外小说林》之前身大致不差,因为《粤东小说林》和《中外小说林》的创办者都是黄世仲和黄伯耀,其内容和版式也大致相同,黄世仲的长篇小说《黄粱梦》除中间曾在《广东白话报》上刊登过很少一点外,也是先在《粤东小说林》、后在《中外小说林》上连载的。但即使是郭天祥的说法,也并未提供出解决《粤东小说林》停刊时间问题的可能。因而,必须另找办法。办法就是要从《黄粱梦》在《粤东小说林》、《广东白话报》和《中外小说林》上的刊载情况入手。

笔者在前面介绍《粤东小说林》时曾经录引过的数条资料中,有三条资料与理清《黄粱梦》在几种刊物上连载的情况有关。其一是《广东白话报》创刊号所载 请 看 本馆之小说特色〉,内云将在《粤东小说林》已刊载数回的《黄粱梦》"抽回本刊续出,并将前在《小说林》已刊之数回附刊诸卷末";其二是

---

① 方志强:《黄世仲大传》,香港,夏菲尔国际出版公司 1999 年 3 月第 1 版,第 65 页。

② 郭天祥:《黄世仲年谱长编》,北京,中国社会科学出版社 2002 年 10 月第 1 版,第 200 页。

③ 《粤东小说林》今见最后一期即第 8 期出版于丙午十一月初九日(1906 年 12 月 24 日)。

《广东白话报》创刊号附刊《黄粱梦》之《楔子一回》时，标题"黄粱梦"三字下方的注文，内云"照前在《粤东小说林》所出者，逐期补录"；三是《中外小说林》丁未年第9期的一则《附告》，内云《中外小说林》"原系自第八回接刊其前由《粤东小说林》已刊登之《楔子一回》及第一回至第七回"。据此，《黄粱梦》在《粤东小说林》所刊出者就应是《楔子一回》和第一至第七回，《广东白话报》就应是在从第八回开始刊出的同时从《楔子一回》开始附刊，《中外小说林》也应是从第八回开始连载。经查，今尚存世的该三刊物也确实如此：《粤东小说林》创刊号已佚，而今尚存世之第3、7、8期所载《黄粱梦》分别为第二、六、七回，推算起来其创刊号所刊当为《楔子一回》；《广东白话报》第3、4、6期已佚，而今尚存世之创刊号在刊载《黄粱梦》第八回前半的同时又附刊《楔子一回》前半，第2期有目无文，第5、7期则并目亦无；《中外小说林》创刊号并未刊载《黄粱梦》，但从丁未第2期开始每期均载有《黄粱梦》一回，丁未第2期所载者为第八回。总之，《黄粱梦》在《粤东小说林》上仅刊至第七回，之后便先由《广东白话报》、后由《中外小说林》接续刊登了，尽管《广东白话报》实际上仅刊登了第八回的前半和附刊了《楔子一回》的前半。这种情况表明了什么呢？笔者以为，表明当是《粤东小说林》很可能在出版了第8期以后很快就停刊了。笔者的理由主要是：《黄粱梦》是在每期《粤东小说林》所刊的全部作品中最重要的作品，可以说如果没有《黄粱梦》，《粤东小说林》就无法让读者认可；既然在第8期刊出第七回以后《黄粱梦》即被抽出，那么《粤东小说林》要继续维系也就很困难了。此外，还有两个次要的理由。其一，迄今还未能发现从《粤东小说林》第8期以后的任何一期。如果《粤东小说林》在第8期出版之后还继续了很长时间、出版了很多期，这种情况是不大可能有的。其二，《粤东小说林》创办时所需资金是创办者自筹的，维系资金则要靠销售所得。然而，销售情况虽已难详，但收回报款的情况是清楚的。今存之《粤东小说林》第5、第7两期均在封底刊有一则《本社要告》，内云："全月三册，阅费四毫，零售每册毫半。按月清数，不设年账；先惠阅费，更为感激。盖愿力虽宏，而资本绵薄，不如此不足以资周转也。"到了第8期，还在第80页刊出大字排印的《催收报费要告》，内云："惟现际岁暮，尚多未交报费。兹陆续饬伴携单领到，请早赐交。至海内外阅报及代理诸君，亦望一律从速寄港分局为祷。"看来,报款收回相当困难,而这种情况必然会影响到刊物的继续存活。不过,这并不是说第 8 期当是最后一期。查《粤东小说林》第 8 期所刊作品,除《黄粱梦》外,还有连载译作《美人计》、《并蒂莲》、《梨花影》,水共六郎的短篇小说《捉鬼》,作者署名及前半已佚的连载班本《湖中美》等第 8 期也均未载完;关于第 7 期续载未完之《南北夫人传奇》,第 8 期第 50 页刊有广告称"暂停一期";上揭第 8 期所刊《催收报费要告》开端为"本社出版迟滞,皆因手民担(耽)误。今已改良,尽将若辈淘汰,务如期呈阅,以饷诸公雅爱"云云,这些情况表明第 8 期出版以后可能还继续编辑出版过。一方面是难以为继,另一方面是第 8 期当非最后一期,那么结论也就当是:大约就在第 8 期的出版时间丙午十一月初九日(1906 年 12 月 24 日)之后 10~20 天,即丙午冬、腊之交前后吧!

《广东白话报》的停刊 关于这个问题,专家学者们均未作出回答,在最好的情况下也只是说"何时停刊未悉,想寿命亦不长"①。确实,关于这个问题,现在还不能给予一个较为确切的说法,而只能进行一点推测。如前所述,《广东白话报》第 2 期出版于丁未四月三十日(1907 年 6 月 10 日)。该刊开始时系旬刊,那么其第 3 期也就应当出版于丁未五月初十日(1907 年 6 月 20 日)。而当此之时,《中外小说林》第二天就要出版它的创刊号了。在这种情况下,《广东白话报》自然仍可继续编辑出版,事实上也是继续编辑出版了的,不仅今尚存世有第 5、7 两期可以作证,而且其第 7 期上刊登的宣布将"改过逢礼拜日依期出版"的启事《改良过好得多》还可证明该刊至少是编辑出版了它的第 8 期的,这个第 8 期的出版时间当在第 7 期的出版时间丁未七月初十日(1907 年 8 月 18 日)之后一周,即丁未七月十七日(1907 年 8 月 25 日)。然而,《广东白话报》恐怕也不能支撑得太久。因为,当《广东白话报》创刊的时候,作为创办者之一的黄世仲于前一年创办的《香港少年报》虽已停办或未久即已停办,但一方面黄世仲作为同盟会香港分会的庶务,在民主革命实际活动、特别是武装活动处于高涨形势的情况下,精力当主要用于革命实际工作,另一方面黄世仲仍在从事长篇小说等的创作,因

---

① 李默:《辛亥革命时期广东报刊录》,《新闻研究资料》第 2 辑,北京,中国社会科学出版社 1980 年 1 月第 1 版,第 162~171 页。

而不大可能《中外小说林》和《广东白话报》兼顾，而只能舍其一、取其一；由于《中外小说林》既是后起的，又是与黄世仲专长于小说创作的特点相适应的专门的小说刊物，在舍取之际，也就自然是取《中外小说林》而舍《广东白话报》了。但这并不是说当《中外小说林》创刊的时候，就要停办《广东白话报》。实际上，《广东白话报》虽然是黄世仲与其兄黄伯耀一起创办的，但主要工作当是由黄伯耀做的，《广东白话报》创刊号所刊相当于发刊词的那篇《广东白话报内容浅说》系出自黄伯耀之手，以及该刊所刊作品中黄伯耀所写者较黄世仲为多等情况，就表明了这一点。当黄世仲不得不有所取舍的时候，很有可能《广东白话报》当从主要工作由黄伯耀负责变为基本上由黄伯耀负全责，《中外小说林》则主要由黄世仲负责而黄伯耀则只是予以帮助。黄伯耀其人虽然也是一位民主革命家、革命报人、革命作家，在民主革命中作出过一定的贡献，但相对地说，他不仅所参与的革命实际工作不如黄世仲那么多，而且在革命报刊宣传和革命文艺创作方面的贡献以及组织和交际能力也均逊黄世仲一筹。因而，由他负全责的《广东白话报》，也就不大可能维持得太久。事实上，迄今也未发现改为周刊的一期即第 8 期及其以后的任何一期《广东白话报》。看来，大约在改为周刊以后只出过很少几期，《广东白话报》也就停刊了，停刊时间则大约就在第 7 期的出版时间丁未七月初十日(1907 年 8 月 18 日)之后 20 天左右的七、八月之交(1907 年 8、9 月之交)前后。

《中外小说林》的停刊　关于这个问题，迄今也未能发现可以用为证据的直接资料，因而也只能依靠推测。由于该刊今尚存世的最后一期为第二年第 11 期，所以《中外小说林》至少出至该期的出版时间戊申四月二十日(1908 年 5 月 19 日)。是后是否还曾编辑出版过？研究者一般不予回答，甚至不予涉及。但也有专家学者论及这个问题，吴锦润就至少曾有两次给予推测性回答。他在《黄世仲的革命生涯、文学成就及其编辑的〈中外小说林〉》一文①中说，《中外小说林》第二年第 11 期刊登的《黄粱梦》第三十四

---

① 吴锦润：《黄世仲的革命生涯、文学成就及其编辑的〈中外小说林〉》，《中外小说林》影印本上册，香港，夏菲尔国际出版公司 2000 年 4 月第 1 版，导论第 101～134 页。

回回末"草草让和珍的家人忽然听说和相（按：小说原文作"球相"，指和球）死于军前了。这是小说林杂志草草停刊的一个刹车措施"；在《试论黄世仲〈黄粱梦〉残本的思想艺术及其意义》①一文中又说，"在尚未发现所有已出版的《中外小说林》杂志完整的期数之前，有人作这样的推测，存世戊申第11期也许是《中外小说林》最后一期了。这是李育中的判断，……实际上再出版两期，《宦海潮》就刊登完毕了，《黄粱梦》亦可草草收场。在尚未发现存世的同年第12、13期之前，种种推测是无以为据的"。吴锦润后一篇文章中的文字表述是不怎么明晰准确的，但总的看来似乎还是以为《中外小说林》在出版了第二年第11期之后有可能还曾继续编辑出版过两期。但这样一来，他前后两次的推测就互相矛盾了。那么，究竟哪一种推测对呢？从《中外小说林》连载《宦海潮》和《黄粱梦》等的情况看，笔者以为，后一种推测可能是对的，虽然尚需多少做些修正。

《宦海潮》有《世界公益报》出版的单行本。从单行本看，该小说共有三十二回。《中外小说林》今存最后一期即第二年第11期所载《宦海潮》，回次应为第二十九回而误标为第三十回，此因《中外小说林》在连载时有相邻两回共用同一回次序号或缺一回次序号等误标回次的情形所致。② 总之，截止第二年第11期，《宦海潮》并未载完。但截止第二年第11期，《中外小说林》连载的作品尚未载完者，不只是《宦海潮》，而是还有好几种。经查，未载完者不仅有连载译作《狡女谋》和《匣里亡尸记》，而且还有《黄粱梦》，特别是还有外书《历史小说〈东周列国演义〉与时局进化之关系》。有这么多作品，特别是外书《历史小说〈东周列国演义〉与时局进化之关系》尚未载完；其中《宦海潮》仅缺三回，再有三期即可刊完；第二年第11期所刊《黄粱梦》第三十四回回末既已叙及和球"死于军前"，那么全书大约再有几回文字就可结束，再有几期刊物，小说的连载也可画上句号。由此看来，刊物似

---

① 吴锦润：《试论黄世仲〈黄粱梦〉残本的思想艺术及其意义》，《香港笔荟》复刊号，1999年10月出版。

② 回次序号错乱情形如下：第二年第4期标第二十二回，而5期标第二十四回，实应为第二十三回；第7期标第二十五回，而第8期标第二十七回，第8期实应为第二十六回；第9、10、11期应为第二十七、二十八、二十九回，今第9、10两期已佚，第11期标第三十回，实应为第二十九回。

当不会停办。加上第二年第 11 期并未透露出不再续出的任何一丝信息,似乎更应相信刊物当会续出。

如果这个推测还有点道理的话,那么,究竟续出了几期呢?《宦海潮》单行本的出版时间,为回答这个问题提供了一点信息。按,该单行本的出版时间,今仅知其年份为戊申(1908)年而不知具体月份。但单行本中刊有作者黄世仲的《〈宦海潮〉叙》,其末署"时中历戊申仲夏番禺黄小配叙"。由此看来,单行本的出版月份当在仲夏即中历五月末或稍后;鉴于《宦海潮》已有《中外小说林》连载本,且其单行本的出版者《世界公益报》又是《中外小说林》的出版发行者,因而尽管今所见者尚缺三回,而出版单行本并不会怎么费事费时,则单行本的出版月份至迟也不会超过中历六月,也许就在中历五、六两月之交。而《中外小说林》第二年第 11 期出版后,再出刊完《宦海潮》例需的三期,即第 12、13、14 期,所需时间为一个月,推算下来出完这三期便到了中历五月二十日,这个时间与笔者所推测的单行本出版时间也并无矛盾。由此似乎也可以推知《中外小说林》可能是出至第二年第 14 期才停刊的,其停刊时间可能就是中历五月二十日(1908 年 6 月 18 日)。

五、黄世仲和《岭南白话杂志》

《岭南白话杂志》是晚于《粤东小说林》、《广东白话报》和《中外小说林》创刊的一个所刊作品主要用广东方言写成而以文艺为主的综合性杂志。在李默的《辛亥革命时期广东报刊录》①第二部分中,关于《岭南白话杂志》,有如下介绍:

公元一九〇八年二月九日(清光绪三十四年正月初八日)在广州创刊。总发行所在广州双门底岭南白话杂志社,三十二开,五十六页,

---

① 李默:《辛亥革命时期广东报刊录》,《新闻研究资料》第 2 辑,北京,中国社会科学出版社 1980 年 1 月第 1 版,第 162 ~ 171 页。

零售每册一毫。分局在香港荷李活道步英学校,总代理处荷李活道宝云楼。撰稿人有欧博明、黄耀公、白光明、萍寄生等。该刊内容分栏有:美术家、演说台、藏书楼、记事室、译学馆、俱乐部、游戏坊、洁净局、音乐房、跳舞会、宣讲堂、阅报社。

其宗旨是:"讲公理,正言论,改良风俗。"从其内容上看,此刊倾向民主革命。……

2001 年李默所写《黄世仲与辛亥革命时期报刊》①一文也有对《岭南白话杂志》的介绍,其内容无甚不同。

方汉奇等先生在《中国近代新闻事业史事编年》(十八)②中,关于《岭南白话杂志》,当系据李默之介绍而书,并无新意。到了《中国文学大辞典》③,其《岭南白话杂志》词条释文的介绍略详。文云:

岭南白话杂志 近代综合性杂志。周刊。光绪三十四年正月初八日(1908 年 2 月 9 日)创刊于广州。欧博明、黄伯耀等任编撰。岭南白话杂志社发行。停刊时间不详。今见前 5 期。该刊采用广东方言。内容分为美术家(图画)、演说台(论说)、藏书楼(科学知识)、记事室(小说)、译学馆(翻译小说)、俱乐部(杂记)、游戏场(谐文)、洁净局(卫生)、音乐房(歌曲)、跳舞会(戏曲)、阅报社(时事)等门类,而以文艺为主。所刊小说有欧博明的《学海潮》、耀公(黄伯耀)的《奸淫报》、俊三郎的《游会记》以及翻译小说《装愁屋》;剧本有萍寄生的《斩三蛇》班本、慧剑的《人间蠹》歌本;文学论文有黄伯耀的《改良新戏系转移社会的妙药》。

---

① 李默:《黄世仲与辛亥革命时期报刊》,《黄世仲与辛亥革命国际学术研讨会论文集》第 2 辑,香港,纪念黄世仲基金会 2002 年 2 月第 1 版,第 30～44 页。

② 方汉奇等:《中国近代新闻事业史事编年》(十八),《新闻研究资料》第 26 辑,北京,中国社会科学出版社 1984 年 7 月第 1 版,第 227 页。

③ 马良春、李福田主编:《中国文学大辞典》,天津,天津人民出版社 1991 年 10 月第 1 版,第 3696 页。

之后对《岭南白话杂志》加以介绍的,是方志强的《黄世仲大传》①。其介绍文字虽简短,却略有可注意之处:

> 戊申年正月初八日,黄世仲亦鼎助黄伯耀在广州创办《岭南白话杂志》(周刊),以"讲公理,正言论,改良风俗"为宗旨(分局在香港荷李活道步英学校),充分揭露清政府官吏的残暴腐败以唤醒国民。

方志强还在其书第 68 页附有该刊第 1 期封面和目录页书影。

以上各家对《岭南白话杂志》的介绍,大致是符合实际的。将其综合起来,可以知道:

《岭南白话杂志》系采用广东方言写作的周刊,戊申年正月初八日(1908 年 2 月 9 日)创刊于广州,总发行所在广州双门底岭南白话杂志社,香港分局设于荷李活道步英学校,总代理处在香港荷李活道宝云楼;内容门类颇多且包括有科学知识和卫生知识,但以文艺作品为主;存世之该刊物为第 1 至第 5 期,停刊时间未详。问题是:黄世仲、黄伯耀弟兄各自与该刊究竟有什么关系? 该刊与《广东白话报》有没有关系以及有什么关系?

关于前一个问题,各家的说法不同:李默说黄伯耀是撰稿人之一,《中国文学大辞典》说黄伯耀和欧博明等任编撰,方志强则说《岭南白话杂志》是黄世仲鼎助黄伯耀创办的。笔者以为,方志强的说法是有道理的,不过他并未做论证。其实,现存《岭南白话杂志》五期的情况就可以证明他的说法。其一,今存之《岭南白话杂志》五期中,第 1、2 两期连载有一篇《办白话杂志于各人好有关系》的长篇论说;从其内容来看,这篇文章不啻为一篇发刊词,而其作者不是别人,恰好是黄伯耀。如黄伯耀不是创办者,那能如此么? 其二,今存之《岭南白话杂志》五期中,不仅每期都连载有黄伯耀所写的小说《奸淫报》,而且每期的演说台栏几乎由他一人包揽,此外有几期还刊有黄伯耀所写的别的作品,包括刊于第 3 期的那篇其署名"白光明"被一些研究者当成另一人而实为黄伯耀的《避疫说》在内,其所写作品既在该刊

---

① 方志强:《黄世仲大传》,香港,夏菲尔国际出版公司 1999 年 3 月第 1 版,第 65、71 页。

所有作者中为数最多、又占有最重要的地位。这种情况不也表明黄伯耀当是该刊的创办者吗？至于黄世仲，自然会鼎力相助；鉴于他在创办许多报刊时都是与其兄共同筹办的，笔者也相信他是确实鼎力相助了的。事实上，在该刊所占地位也颇为重要的长篇连载翻译小说《装愁屋》，就是由"亚荛"即黄世仲"砌词"（即润笔）的。不过，他也只能是鼎力相助而已。由于其时不仅作为同盟会香港分会庶务，革命实际工作繁忙；由于《中外小说林》刚刚改名为《绘图中外小说林》，编务繁冗；由于与其兄黄伯耀在丁未十一月初一日（1907 年 12 月 5 日）创办的《社会公报》也要费去不少精力；由于这一切，他实在已不能在《岭南白话杂志》的编辑出版上和黄伯耀一样担任创办者角色，而只能起鼎助的作用了。

关于后一个问题，各家均未涉及。但在笔者看来，《岭南白话杂志》和《广东白话报》当是有某种关系的。如前所述，《广东白话报》大约停刊于丁未七、八月之交（1907 年 8、9 月之交）前后，这个时间距《岭南白话杂志》创刊的戊申正月初八日（1908 年 2 月 9 日）约五个月的样子。照此看来，两个刊物似无什么关系。然而，笔者注意到，这两个刊物的内容既大致相同，所用语言又均主要是广东方言，这就表明两者属于同类刊物。笔者还注意到，《岭南白话杂志》是周刊，而《广东白话报》从第 8 期起也改成了周刊；《岭南白话杂志》是逢周末出版的，《广东白话报》改为周刊后也逢周末出版。如果没有什么关系，能如此巧合吗？加上《广东白话报》由黄世仲和黄伯耀创办后可能主要由黄伯耀打理，而《岭南白话杂志》则是由黄伯耀创办、黄世仲只是给予鼎助的，那么似乎可以认为《岭南白话杂志》实际上当是《广东白话报》的隔时再生，两者之间有着一脉相承的关系，尽管两者并不全同。至于《岭南白话杂志》的停刊时间，今已难详。但从现仍存世之最后一期即第 5 期所刊好几种作品均未载完、其中藏书楼栏中的《普通制硷法》末尾还明确标有"未完"字样等情况来看，大约第 5 期之后还曾继续出版过。第 5 期出版于戊申二月初六日（1908 年 3 月 8 日），那么停刊之日当在此日之后，至少也当在戊申二月十三日（1908 年 3 月 15 日）之后。当然，情况究竟如何，那就有待于新资料的发现了。

第十二章　走在时代前列的小说理论探索

——关于黄世仲昆仲的小说理论

　　港穗地区是晚清革命派报刊宣传活动最为活跃的地区之一。和这种情况相应,革命小说创作和小说理论探讨也十分活跃,出现了不少在小说领域中辛勤耕耘的革命人士。其中,在小说创作方面既是整个革命派的代表作家,在小说理论探讨方面又很有建树的,便是黄世仲及其兄黄伯耀。

　　黄世仲的生平事迹本书上册已述。其兄黄伯耀,字耀公,笔名病国青年,又署翟、光翟、老伯等。1893 年,与其弟一起赴南洋谋生,并与其弟一起加入中和堂。在黄世仲离开《天南新报》返香港任职《中国日报》后,继任《天南新报》笔政,并继续从事革命活动,还曾充任陈楚楠在该地创办的革命报纸《图南日报》编辑。后回国,先后参与《世界公益报》、《广东日报》、《有所谓》报的编辑和撰稿工作,又和其弟一起创办《少年报》、《粤东小说林》、《广东白话报》、《中外小说林》、《岭南白话杂志》等报刊,还曾独自创办了作为中国最早宣传空想社会主义的报刊之一的《社会公报》。他与其弟一样,在文学创作和小说理论探讨方面也有显著成绩,曾写过《回生术》、《烟海回澜》、《长恨天》、《宦海恶涛》①等数量相当可观的短篇小说以及政论、诗文、戏曲等其他形式的文学作品和不少小说理论文章。辛亥广东光复后,和黄世仲一起创办《新汉日报》,并从事革命实际工作。据知辛亥革命后香港《世界公益报》出版过的一部长篇小说《武汉风云》,署"黄伯耀";从

---

　　① 这几种小说分别刊于《粤东小说林》第 3 期(出版于丙午九月十九、1906 年 11 月 5 日)和《中外小说林》第一年第 18 期、第 2 年第 1 期、第 4 期(分别出版于丁未十二月二十五、1908 年 1 月 28 日,戊申正月初十、1908 年 2 月 11 日和戊申二月初十、1908 年 3 月 12 日)。

出版者看,这个"黄伯耀"就是作为黄世仲之兄的黄伯耀。① 黄世仲遇害后,
黄伯耀避居香港,先后在圣保罗书院、兰芳书院等学校从教,不再与闻政治。
日军侵占东北后,他出于爱国热忱,送其独子国棉参加十九路军,后国棉在
保卫上海的战斗中牺牲。大约在1937年抗日战争开始的当年或第二年,他
回到原籍大桥居住,一、二年后病故,终年78岁。②

一、黄世仲昆仲的小说理论著作

黄世仲昆仲都是在旧民主主义革命中作出过重要贡献的人士,都曾饮
誉港穗地区。不过,现在看来,他们贡献最大的还是在小说领域。他们对有
关小说的一系列问题进行探讨的小说理论文章,除黄世仲为其所著小说所
写的序言、凡例以及黄伯耀为黄世仲的《宦海升沉录》所写序言等散见者
外,主要的集中见于他们创办的《粤东小说林》和《中外小说林》的"外书"
栏,其今所能见者有如下21篇:

《〈水浒传〉于转移社会之能力及施耐庵对于社会之关系》《粤东
小说林》第3期 丙午九月十九日(1906年11月5日) 署"世次郎"
(黄世仲)

《文言小说〈金瓶梅〉于人情上之观感》《粤东小说林》第7期
丙午十月廿九日(1906年12月14日) 署"世次郎"(黄世仲)

《论小说文字何为佳品何为劣品的比较》《粤东小说林》第8期
丙午十一月九日(1906年12月24日) 署"拾言"(黄世仲)

《文风之变迁与小说将来之位置》《中外小说林》第6期 丁未
七月初一日(1907年8月9日) 署"老棣"(黄世仲)

《中国小说家向多托言鬼神最阻人群慧力之进步》《中外小说

① 章开源编:《辛亥革命史主要中文书目》,见刘望龄编著《辛亥革命大事录》,上海,知识出
版社1981年11月第1版,第153页。按:《武汉风云》原书未见,详情俟考。
② 符实:《近代革命小说家黄伯耀》,《人物春秋》2000年第3期。

林》第 9 期　丁未八月初一日(1907 年 9 月 8 日)　署"棠"(黄世仲)

《小说之功用比报纸之影响为更普及》　《中外小说林》第 11 期丁未八月廿一日(1907 年 9 月 28 日)　署"亚荛"(黄世仲)

《探险小说最足为中国现象社会增进勇敢之慧力》　《中外小说林》第 12 期　丁未九日初一日(1907 年 10 月 7 日)　署"耀公"(黄伯耀)

《小说家对于英雄纪事当写其本真及其情理》　《中外小说林》第 14 期　丁未九月廿一日(1907 年 10 月 27 日)　署"耀公"(黄伯耀)

《小说之支配于世界上纯以情理之真趣为观感》　《中外小说林》第 15 期　丁未十月十一日(1907 年 11 月 16 日)　署"伯耀"(黄伯耀)

《淫词惑世与艳情感人之界线》　《绘图中外小说林》第 17 期　丁未十二月十五日(1908 年 1 月 18 日)　署"光翟"(黄伯耀)

《今日中国小说家当由因果主义而进以智慧思想》　影印本《绘图中外小说林》第 17 期"外书"附录　丁未十二月十五日(1908 年 1 月 18 日)　署"翟公"(黄伯耀)

　　按:从今所见的所有各期来看,《粤东小说林》和《中外小说林》及由其更名而来的《绘图中外小说林》每期"外书"栏当最多刊出小说理论文章一篇。影印本《绘图中外小说林》第 17 期"外书"栏刊有《淫词惑世与艳情感人之界线》,同时又将《今日中国小说家当由因果主义而进以智慧思想》作为附录刊出,与例未合,其中当有原因。影印本在附录一篇的栏目名称"外书"前面有说明曰:"此为另一印本同期的外书。"观此,那么第 17 期本来也就是只有"外书"一篇,而不会还有附录的了。问题是:究竟哪一篇应是第 17 期的"外书"、哪一篇不是呢? 从附录的一篇页码的标法是数字上面有"第"字、而另一篇则只有数字的情况来看,附录的一篇似应是第 17 期的外书,因为该期的所有页码标法均是数字上面有"第"字。至于现被置于外书正文的另一篇,则当是《粤东小说林》和《中外小说林》及由其更名的《绘图中外小说林》未存世之某期的外书。兹仍按该期"外书"附录处之。

《学堂宜推广以小说为教书》 《绘图中外小说林》第 18 期 丁未十二月十五日(1908 年 1 月 18 日) 署"老棣"(黄世仲)

《小说发达足以增长人群学问之进步》 《绘图中外小说林》第二年第 1 期 戊申正月初十日(1908 年 2 月 11 日) 署"耀公"(黄伯耀)

《改良剧本与改良小说关系于社会之重轻》 《绘图中外小说林》第二年第 2 期 戊申正月二十日(1908 年 2 月 21 日) 署"棣"(黄世仲)

《普及乡闾教化宜倡办演讲小说会》 《绘图中外小说林》第二年第 3 期 戊申正月三十日(1908 年 3 月 2 日) 署"耀公"(黄伯耀)

《小说风尚之进步以翻译说部为风气之先》 《绘图中外小说林》第二年第 4 期 出版时间未标,疑戊申二月初十日(1908 年 3 月 12 日)(?) 署"世"(黄世仲)

《小说与风俗之关系》 《绘图中外小说林》第二年第 5 期 戊申二月廿日(1908 年 3 月 22 日) 署"耀公"(黄伯耀)

《曲本小说与白话小说之宜于普通社会》 《绘图中外小说林》第 6 期 封面不存,疑戊申二月廿九日(1908 年 3 月 31 日)(?) 署"老伯"(黄伯耀)

《烟界嫖界两大魔鬼与人群之关系》 《绘图中外小说林》第 7 期 戊申三月初十日(1908 年 4 月 10 日) 署"公"(黄伯耀)

《著〈水浒传〉之施耐庵与施耐庵之著〈水浒传〉》 《绘图中外小说林》第二年第 8 期 戊申三月廿日(1908 年 4 月 20 日) 未署名;从文风看,似应为黄世仲写

《历史小说〈东周列国演义〉与时局进化之关系》(未完) 《绘图中外小说林》第二年第 11 期 出版时间未标,疑戊申三月廿日(1908 年 4 月 20 日)(?) 署"世"(黄世仲)

仅从现存专门的小说理论文章的数量上看,黄世仲 11 篇,黄伯耀 10 篇,均是当年此类文章最多者。如果加上今已不存者以及为小说作品所写序言、凡例等,那就更是如此了。这种情况本身就已显示出他们在晚清小说理论史上必定占有重要地位。

二、黄世仲昆仲小说理论的内容和意义

当然,要判定某一小说理论家的小说理论是否有价值及其价值之大小,更为重要的还是要看其小说理论的内容究竟如何。黄世仲和黄伯耀既是亲弟兄,又一起参加革命、一起创办包括小说刊物在内的报刊,且合作得甚好,他们的小说理论观点应当是一致的。事实上,从上述这些文章看,黄世仲与其兄黄伯耀的小说理论观点也确实完全一致,黄世仲的观点就是黄伯耀的观点,反之亦然。所以,在这一章里,笔者也就将他们两人的小说理论观点合起来一并论之,看看他们究竟涉及了一些什么问题、究竟怎样回答所涉及的问题。

黄世仲及其兄黄伯耀的小说理论涉及的问题相当广泛,诸如应当划清淫秽小说与艳情小说之界线(《淫词惑世与艳情感人之界线》)、反对表现因果报应(《今日中国小说家当由因果主义而进以智慧思想》)、推崇探险小说(《探险小说最足为中国现象社会增进勇敢之慧力》)以及对古代具体小说作品的专评(如《〈水浒传〉于转移社会之能力及施耐庵对于社会之关系》、《文言小说〈金瓶梅〉于人情上之观感》)等,均在其论述之中。但更应注意的是对一些重要问题所进行的论述,其中主要有以下几个方面:

第一,黄世仲昆仲对小说的社会作用,做了独到的论述。黄世仲指出:"一代之文学,即一代之风气所关焉;一代之风气,即一代之盛衰所系焉。"①这就指出了文学与时代社会生活的紧密联系。至于小说,他们认为这种联系更为密切。黄世仲指出:小说具有"启民智,壮民气"的重要作用;在我

---

① 棠(黄世仲):《中国小说家向多托言鬼神最阻人群慧力之进步》,《中外小说林》第 9 期。

国,小说一向没有地位,"发达独迟",从而"使社会知识无自而开",造成了
"开化最早之国民,至今而知识颓然落后",国势不强、列强纷乘的局面;在
东西洋各国,情形不同,"观各国诸名小说,……皆藉小说以振国民之灵魂,
甚至学校中以小说为教科书。故其民智发达,如水银泻地"①。因此,"各国
民智之进步,小说之影响于社会者巨矣"②。黄伯耀也说:"小说之于转移社
会,有特别之龙象力焉"③;"一国之风俗,视风气为转移;一国之风气,即视
文学为趋向","二十世纪开幕,为吾国小说发达之滥觞。文明初渡,固乞灵
于译本;迄于今,报界之潮流,更趋重于小说。……故小说一门,隐与报界相
维系,而小说之功用,遂不可思议矣"④。这样,他们便从中外小说与社会生
活,特别是与社会变革的关系的考察中,指明了小说所具有的重要社会
作用。

　　黄世仲昆仲还把小说与圣经贤传、佛典道书、报纸杂志等加以比较,认
为小说社会作用更大。黄世仲写道:"彼夫如佛如老,以至古称经传,手其
一篇,如坐深夜雾中,其闷欲死。忽有所谓小说者,如补元剂提其精神,如显
微镜增其眼光,斯诚快事哉,而谓其知识不从此而日进焉,吾不信也。"(《文
风之变迁与小说将来之位置》)他又写道:读史书不如读历史小说,"盖一则
令人奄奄欲睡,一则令人奕奕有神,而使读者开心胸、增见识,其进步当不止
五十步与百步而已矣"⑤。他还说:"报纸虽足以开拓心思,改良风俗,进化
人群,增长知识,而其影响,吾谓其不若小说之普及",因为两者虽"同为启
迪性灵之助",但"一则只言时事,一则考证古人;一则时势观摩,一则现身
说法;一则得诸采访,一则按之诗书;一则令人于时局世情感事抚时,一则令
人将物理人情神游目想","报纸上之情,移人者短,小说上之情,移人者长;
报纸耐人寻绎,而旧则厌弃,小说耐人寻绎,而旧仍喜读","报纸只以言导
人,而小说则直以身导人;报纸有监督权,足令人畏惧,小说则有兴起权,足

---

① 老棣(黄世仲):《文风之变迁与小说将来之位置》,《中外小说林》第 6 期。
② 世(黄世仲):《小说风尚之进步以翻译说部为风气之先》,《绘图中外小说林》第二年第 4
期。
③ 耀公(黄伯耀):《小说发达足以增长人群学问之进步》,《绘图中外小说林》第二年第 1 期。
④ 耀公(黄伯耀):《小说与风俗之关系》,《绘图中外小说林》第二年第 5 期。
⑤ 老棣(黄世仲):《学堂宜推广以小说为教书》,《绘图中外小说林》第 18 期。

令人涕泣"①。这里的比较,既有理性的思考,又有感性的体验,说服力是相当强的。

应当特别指出的是,他们还明确地指出:小说的社会作用有有益于或无益于社会进步两种性质。他们把剧本也看作"小说界之一部分",写道:"诚然,剧本之感人至矣! 顾其能感人心,究是否有益于人心,此则吾不敢言也。其剧本与人心之关系何如,须视其剧本制造文野之何如","当此斗智时代,竟无少补于风气之进步与民智之开通,则能感与不能感人等耳"②。就是说,如果小说不能起有益于社会的作用,那就等于没有小说。基于这种认识,黄伯耀郑重地指出:"信矣乎,风俗之开明,诚小说为之导师。然于此扶翊风俗之进步,则小说之命意、之行文,更未可苟然已也。"(《小说与风俗之关系》)和当时不少人只是笼统地强调小说如何重要相比较,他们的头脑要清醒得多。他们实际上是对当时一些小说作者浪用小说之名而粗制滥造进行批评,因而也就是对小说的社会作用的积极维护,当然也就是对晚清小说理论的一个发展。

第二,黄世仲昆仲要求小说具有革命思想倾向,重视从思想政治上评价和要求小说创作。同时,他们也认识到应当在注意思想政治倾向的同时,又注意提高艺术水准。他们不仅就小说的情节、结构、人物塑造、艺术虚构等发表过很好的见解,而且特别指出,进步的思想政治倾向,应当通过人物、情节、场面的描绘,自然地流露出来。黄世仲指出:小说与以言导人的报纸不同,是要"以身导人",即通过形象的描绘对读者起潜移默化的作用;小说之"言事"是"无一不以情传之",小说之"言情"也是"无一不以事附之",也就是说小说要带着情感进行描绘,通过描绘表现情感,把思想感情寓于形象描绘之中(《小说之功用比报纸之影响为更普及》)。黄世仲本人在小说创作中,就特别注意这一应当遵循的法则。比如,在《〈廿载繁华梦〉凡例》③中,他说:"凡寻常说部,每多断语。唯是书则不然,全作叙事体,而不断之断,已寓于其间。"

---

①　亚荛(黄世仲):《小说之功用比报纸之影响为更普及》,《中外小说林》第 11 期。
②　黄世仲:《改良剧本与改良小说关系于社会之重轻》,《绘图中外小说林》第二年第 2 期。
③　丁未(1907)秋《时事画报》本《廿载繁华梦》卷首。

　　以上还是就思想内容和艺术表现的关系方面说的。在有关人物形象塑造的问题上，黄世仲弟兄也有很好的见解。在《〈宦海潮〉凡例》①中，黄世仲就说过："寻常著书，褒贬过于渲染；或叙一先荣后辱之人物，写其人每视之太高，过为雕琢。是书却扫除此弊，故张氏为书中主者，亦在不褒不贬之间。"这其实正是要求人物形象塑造必须重视真实性，即使读者感到所塑造的人物形象有如现实生活中活生生的人一样真实可信，而"过于渲染"、"过为雕琢"则恰好会破坏真实性，因而是绝不可取的。特别是英雄人物形象塑造，更需作家努力追求真实性、避免"过于渲染"和"过为雕琢"，以致使自己笔下的英雄人物形象成为现实生活中不可能有的箭垛式人物形象。黄世仲弟兄深知个中三昧，黄伯耀还为此而写了题为《小说家对于英雄纪事当写其本真及其情理》的专论（因该文不易见到，为便于研究者使用，特将其校点附录于本章后面），其中指出：

　　　　回思汉、唐、宋诸时代，正吾国英雄荟萃之时代，即所谓英雄演义等等，亦如汗牛充栋，间巷小子，靡不手执一锅，藉为谈丛之资料。而究其所谓演义中内容之著述，则又未免崇拜英雄之太过。故铺叙种种事迹，不失诸幻，即失诸愚，甚而牵强其词，粘滞其义；不问是非，以天意为论断，不审轻重，以拼死为忠臣；不惟其人本真之失实，抑亦人事上情理之必不可者也。呜呼！吾国英雄崛起，列代恒不乏人，而社会观感力竟如是之薄弱者，则非小说无文之患，而患乎小说之失其本真、违于情理，致读小说者，群视陈编为游戏文字；此则吾国向来小说之弊窦也，世之小说家其知之。

在列举《隋唐演义》、《征西记》、《反唐记》、《征东记》、《瓦岗寨》、《杨家将》、《说岳》等小说写英雄人物"失其本真，而远情理"的实际情况后又说：

　　　　凡此等等，在著者或抬举其人之过高，曾不自知其铺叙之矫揉，而

_____

① 　光绪戊申（1908）铅印本《宦海潮》卷首。

识者探核所及,微特其人之本真,固不如是,而揆诸情理,更有大谬不然者。吾是以不得不为小说家之浪用笔墨者告也。

　　夫外国之文学士,所为舒眼光、绞脑计(汁)、日从事于小说笔墨,以为觉世之宝筏者,无论其人其事,要未有离其本真,而越出范围于情理外者。……本真描写,则人不以为夸,而准情酌理之笔,更有可以引人入胜,而枨触其油然向往之心经者。

显然,黄世仲、黄伯耀弟兄是力主把英雄人物写得真实可信、合于情理的。

　　总之,黄世仲弟兄对小说艺术性的论述,是一种对政治性与艺术性关系问题的正确论述;对人物形象、特别是英雄人物形象塑造所应遵循的追求本真描写和合乎情理的要求,更是建立在对小说艺术性的深刻认识基础上的。他们的论述,无疑是对改良派小说理论忽视艺术性的偏颇的一种反拨,具有非常重要的现实指导意义。

　　第三,黄世仲昆仲自幼喜读我国古代小说,他们对我国古代小说也是从总体上予以肯定的。黄世仲说:"吾国小说,至明元而大行,至清初而愈盛。昔之《齐谐志》、《山海经》,奇闻伙矣;《东周》、《三国》、《东西汉》、《晋》、《隋》、《唐》、《宋》诸演义,历史备矣;后之《水浒传》、《西厢记》、《红楼梦》、《金瓶梅》、《阅微草堂》、《聊斋志异》,五光十色,美不胜收"(《小说风尚之进步以翻译说部为风气之先》),这就对"奇闻"、"历史"以及描写普通社会生活的各种类型的古代小说都给予了赞扬。对《三国演义》、《金瓶梅》、《水浒传》、《红楼梦》,他们尤为推崇。黄世仲认为:"读《三国演义》者,当知其寓意尊汉统、排窃据;读《水浒传》者,当知其为独立喻言;读《金瓶梅》者,当知其痛骂世态炎凉;读《红楼梦》者,当知其警惕骄奢淫佚。"(《文风之变迁与小说将来之位置》)黄伯耀也说:"伊古以来,吾国人以小说名世者,亦几如汗牛之充栋。……其用意之关合,记事之寓言,要莫非根源于学问之讲求,而有益于人群观感之助力。"(《小说发达足以增长人群学问之进步》)

　　当然,他们也并没有盲目地肯定我国古代小说遗产中的一切,而是能够具体分析。他们认为,我国古代小说中,既有"发挥国家之思想、寓言民族之独立"的,也有"凭空杜撰,尽托其事于鬼神之造化"、使读者"安坐以听命于鬼神之祸福"、"阻碍进化之进步"的,指出后者乃是"无烟毒炮,无形砒霜"①。他们还认为,即使是古代的一些优秀小说,也有某种弊病:《三国演义》"深明尊汉之理、讨贼之义矣,而独于陇上妆神一段,反以神诸葛亮者污蔑诸葛亮,使后之读《三国》者,几以诸葛亮为怪物焉";《水浒传》"隐以满腔侠气,特借水浒一隅,寄在民独立之意表,其导民族之进步,良不少矣。而究其所谓三十六天罡、七十二地煞者,仍蹈于鬼神之臼里,使后之读《水浒》者,又以为天罡、地煞之英雄,非可以人事造焉"(《中国小说家向多托言鬼神最阻人群慧力之进步》)。

同时,对于外国小说,他们也并不排斥。黄世仲在同一篇文章《中国小说家向多托言鬼神最阻人群慧力之进步》中写道:

> 曩者游历海外,收吸文明风气,见其国之文人学士,类能本其高尚思想,发为言论,以文字之功臣,作国民之向导,而尤注意于小说一道,藉为鼓吹民族之先锋队。极而学堂教育,均编订小说,以为教科。要其内容,则为政治家者,著政治小说以促宪政之潮流,为宗教家者,著宗教小说以助民教之发达,为探险家者,著探险小说以振冒险之精神,比事属词,靡不关系于人群进化之趋向。

他还举出托尔斯泰、福禄特尔、莎士比亚等,与我国金圣叹、施耐庵、曹雪芹等相比,指出他们"皆以小说名重于时,则其受社会上之欢迎,与其为社会上之转移,则已中西无间,实为普天下人之所公认"(《小说之功用比报纸之影响为更普及》)。

正因为黄世仲昆仲对我国古代小说遗产和西方资产阶级小说的看法比较公允,有些观点还相当深刻,所以他们对那些如果"投以泰西译本及吾国向来稗官演义等之著述诸小说",便会"贸然鄙亵,不斥为荒唐之无稽,必虑为聪明之误用"的"嗜古之儒",采取坚决反对和严厉批评的态度,指出这些

---

① 棠(黄世仲):《中国小说家向多托言鬼神最阻人群慧力之进步》。

"嗜古之儒"实在"眼光如豆,灵魂早已锢闭之难凿,遑足与言学问哉"(《小说发达足以增长人群学问之进步》)。

第四,黄世仲昆仲对晚清小说的发展过程也有深刻的论述。当他们在《中外小说林》上一篇又一篇地发表他们的小说理论文章的时候,晚清小说著、译的繁荣,如果从梁启超在《清议报》发表日本政治小说《佳人奇遇》的译文算起的话,那么已经有近十个年头了。这近十年间,小说著、译究竟经历了一个什么样的过程、理论上究竟应当怎样认识这个过程,黄世仲很好地做了回答。他考察当时小说著、译的状况,清楚地看到,从戊戌政变以后开始的小说著、译,经历了这样一个过程:西方资产阶级小说译介大量出现在先,而我国小说家自著小说大量刊行紧随其后。他写道:"翻译小说昔为尤多,自著小说今为尤盛。翻译者如前锋,自著者如后劲。扬镳分道,其影响于社会者,殆无轩轾焉。"(《小说风尚之进步以翻译说部为风气之先》)他的认识,是符合实际的。他进而从理论上对这种情况做了相当合理的解释。他指出,小说译介之所以会先盛,是由于社会进步的需要,小说具有重要的社会作用,西方资产阶级小说具有先进的思想政治倾向。他在《小说风尚之进步以翻译说部为风气之先》中写道:

自西风东渐以来,一切政治习尚,自顾皆成锢陋,方不得不舍此短以从彼长,则固以译书为引渡新风之始也。

这里,他是就整个译介而说的。在同一篇文章中,他专门讲到小说译介:

良以开通时代,势不能不扫除隔膜者而使之交通,知其风俗,识其礼教,明其政治之源流,与社会之性质,故译书尚焉。然吾尝有言,读群书如观星,读小说如对月;读群书如在一室,读小说如历全球。彼声光电化政治历史宗教之书,可以开通上流士夫,而无补于普通社会。就灌输知识、开通风气之一方面而立说,则一切群书,其功用诚不可与小说同年语也。晚近以来,莫不知小说为瀹导社会之灵符。顾其始也,以吾国人士,游历外洋,见夫各国学堂,多以小说为教科书,因之究其原,知其故,活〔豁〕然知小说之功用。于是择其著名小说,足为社会进化之导师者,译以行世。

这就是说,了解和学习西方是时代社会的需要,小说在帮助人了解和学习西方方面具有特殊的作用,因而西方资产阶级小说译介盛行。那么自著小说为什么又会继之而兴呢? 黄世仲认为,也有主客观方面的原因。他分析道:

(译介小说)成效既呈,继而思东西洋小说家如柴四郎、福禄特尔者,吾中国未必遂无其人。与其乞灵于译本,诚不如归而求之,而小说之风大盛。盖历史小说耶,则何国无历史? 政治小说耶,则何国亡政治? 种族小说耶,又何国为〔无〕种族? 外人之可以为历史、政治、种族与种种小说者,吾中国何不可以为历史、政治、种族与种种诸小说? 实事耶,理想耶,说部丛书,为吾国文学士之骋才弄墨者,今已遍于城市。

这就是说:和西方资本主义国家一样,中国既有小说家,又有小说创作的种种材料,受到西方资产阶级小说译介刺激,自著小说当然就会日渐繁荣了。黄世仲实际上是从社会心理学的角度来分析这个问题的,他的分析也是颇有见地的。

第五,关于要不要进行和如何进行小说改良的问题,黄世仲昆仲,特别是黄世仲,是十分重视并进行了认真的探讨的。黄世仲先从剧本改良的必要性谈起,然后从几个方面论述小说更应改良。①"剧本者,小说界之一部分也。剧本既当行改良,即为小说当行改良之一证"(《改良剧本与改良小说关系于社会之重轻》);②小说和剧本相比,"效力同而效力之大小不同","观剧本者聚于一堂,而观小说者布诸四方;观剧本者在于一时,而著小说者行论百世,一书风行,无远弗届",可见"改良小说之效力,又更宏于改良班本也"(《改良剧本与改良小说关系于社会之重轻》);③"串剧本者,大半根源小说而来","有新小说而后有新剧本,犹有新事而后有新戏",可见"小说之改良,尤为首要矣"(《改良剧本与改良小说关系于社会之重轻》);④当时的新小说,虽然"原其宗旨、要其目的,总以求有益于人群之进化者为近是"(《中国小说家向多托言鬼神最阻人群慧力之进步》),而存在的问题也不少:"其间不无矫枉过正者,或文饰其词曰:'吾之笔法,自成一家!'否则曰:'新世界之文字,固当如是!'甚则满纸芜词,绝无意境开发,意则平平庸淡,而字句间或过为雕斫,将以是为矜奇;而一篇之中,有散漫无结束,有铺叙无主脑,有复沓无脉络,前后无起伏,穿插无回应,见事写事,七断八续。……如是而欲藉以开通国民之知识,乌夫信也!"(《改良剧本与改良小说关系于社会之重轻》)这也就是说,应当进行改良,使小说更上一层楼。那么,怎样改良呢?黄世仲指出:

> 今日之所谓改良剧本,不必在夫新奇,而如神权之迷信、仙佛之因缘、鬼魔妖怪之诞幻,与种种大同小异之桥段,势不能不先去之者也。骤演唱以科学之精深与法理之微妙,观者听者,尚如盲人夜里观花耳,无当也;但使去其锢习而导以新风,即足以开国民之脑慧。然持此以为第一级改良剧本,即可持此以为第一级改良小说:盖当此半开化之时代,国民之心思眼力,固宜顺其程度以致开通,即著作家宜顺其程度以为立论。(《改良剧本与改良小说关系于社会之重轻》)

这就从思想内容方面指出了小说改良的方向,即从社会上普通读者的思想觉悟程度出发,表现新的思想内容,使社会上普通读者去其锢习、导以新风、开其脑慧。此外,他们还从艺术形式方面对小说改良提出了要求。黄世仲说:"著者如何起,如何结,如建屋焉,间格贵精工,如绘事焉,点染求灵妙,皆贵惨淡经营;非借拾稗史一二事,得堆满若干字为一回,其淡如水,其直如线,便可以言著小说者也。"(《文风之变迁与小说将来之位置》)黄伯耀也指出,小说的艺术形式必须为社会上普通读者所易于接受。他特别重视曲本小说和白话小说,认为前者"能令人其娓娓而动听",后者"能令人其津津而有味",指出:"有曲本小说,则负贩之流,得以歌曲之唱情,生发思想也;有白话小说,则市井之徒,得以浅白之俚言,怅触观念也","鼓吹文明,陶淑蛮野,舍曲本小说、白话小说莫由"(《曲本小说与白话小说之宜于普通社会》)。

小说改良问题是黄世仲昆仲小说创作实践与理论中的一个重要问题。他们在自己的创作实践中,努力贯彻其改良主张,为资产阶级革命事业提供了为数相当可观的好的和较好的作品;他们在小说报刊的编辑出版方面,也努力贯彻他们的改良主张,声称创办《中外小说林》,就是为了促使小说创作沿着正确的方向前进。黄世仲说:"吾同人创此《中外小说林》,著述必求其精,资料必求其富,且既精矣、既富矣、既已风行矣,而仍日事改良,以求进步者,非徒不负责任,实亦自信本社出世,与世道殊有关系。"(《文风之变迁与小说将来之位置》)他们的这种精神,实在是令人赞叹的。

黄世仲昆仲的主要小说理论著作,写作于"小说界革命"已提出多年、他们自己也已有数年的小说创作实践之后。因而,他们的小说理论也就既包含有对"小说界革命"理论和实践的反思,也包含有对他们自己的创作经验的总结。他们的小说理论内容丰富,见解深刻,既对梁启超小说理论中的偏颇之处进行了反驳,又丰富了革命派的小说理论。

本章附录:

小说家对于英雄纪事当写其本真及其情理

耀　公　(黄伯耀)

时势者,铸英雄者也;英雄者,亦铸时势者也。世无英雄,则世局之据乱无由定;英雄不遇世,则英雄之名业无由彰。之二说者,其相须关系之故,天地若特奇其位置、其出处,以留传人群社会之记念,而生发个人奋励之感情。惟其然也,故古今无无情之英雄,而后之人情与相通者,遂无不富有崇拜英雄之观念。

读吾国旧有之小说演义,其对于英雄纪事,亦可谓铺张扬厉、尽态极妍矣。愿(顾)《钢鉴》也,《史记》也,汉、唐、宋诸传记也,于英雄之履历、之事业,岂不词富而论博?而转移社会之龙象力,恒不敌小说家之令人神往者,则岂非以小说家之播弄其笔墨、点缀其词藻、层累曲折其心思、涵蓄宕漾其神趣,足以输灌胸筋而活泼心坎哉!要(要)之,小说世界至今日而大放光彩。

回思汉、唐、宋诸时代，正吾国英雄荟萃之时代。即所谓英雄演义等等，亦如汗牛允（充）栋，间巷小子靡不手执一编，藉为谈丛之资料。而究其所谓演义中内容之著述，则又未免崇拜英雄之太过，故铺叙种种事迹，不失诸骄，即失诸幻；不失诸幻，即失诸愚，甚而牵强其讶（词），粘滞其义。不问是非，以天意为论断；不审轻重，以拼死为忠臣。不惟其人本真之失实，抑亦人事上情理之必不可者也。呜呼！吾国英雄崛起，列代恒不乏人，而社会观感力竟如是之薄弱者，则非小说无文之患，而患乎小说之失其本真、违于情理，致读小说者，群视陈编为游戏文字：此则吾国向来小说之弊渎也，世之小说家其知之？

吾国小说之发现于世界上，为时最早。至于今日，小说著作虽日就隆盛，尚必乞灵于各国名作之译本，以为吾国人增长小说智慧之导引线。即返求诸吾国之著名小说，如罗贯中之《三国演义》、施耐庵之《水浒传》、蒲留仙之《聊斋志异》等编外，其有关于英雄纪实之论著者，则莫过于晚周《列国》，及唐宋时代之神（稗）官传说，如《隋唐演义》、《征西记》、《反唐记》、《征东记》、《瓦岗寨》、《杨家将》、《说岳》等书目，几于罄竹难数（书）；就其中之推许英雄，与吾国人崇拜英雄之脑质，所爱戴而眷慕之者，亦屈指之难以详述。然吾窃思维其际，举吾国人之所纪为英雄者，则尤以著述尉迟恭、秦琼、杨宗保、岳飞等人为最。试略举之数人者之纪载，为借证谈判之杓本，则吾向者所谓失其本真而远于情理者，抑亦确有可见者矣：尉迟之隆也，必令世民俯过鞭下，已不伦不类矣；至征东则身为元帅，而一丁不识，竟以红白线为纪录功过之具，何儿戏若是哉？秦琼忘杀父之仇，甘投身为杨林太保，直至大反山东，而始为三挡九战以求走，吾恐烈士所不愿为也；迨助世民削平诸难，晚年休养，乃尚悻悻于尉迟之为帅，大为阵亡兄弟淘气，则秦琼直狭隘鄙夫矣，夫岂英雄大度之所为？至若演杨宗保者，少年登坛拜帅，何等尊重，乃一经临阵，致为韩延寿一声吓跌马下，造作亦太嬉弄矣；其后三关镇守，英雄无敌，而必死于薛德礼之一链，岂敌人无法术，杨宗保便与天同寿耶？演岳飞者，则以忠贞报国为岳飞一生之铁案，乃风波亭上，既甘自就死，而更牵及岳云、张宪之同死，何也？藉是惧云等二人之反动，则何不并岳雷等而亦先死之乎？凡此等等，在著者或抬举其人之过高，曾不知其铺叙之矫揉，而识者探核所及，微特其人之本真，固不如是，而揆诸情理，更有大谬不然者，则此外之英雄，更何论哉！吾是以不得不为小说家之浪用笔墨者告也。

夫外国之文学士，所为舒眼光、绞脑计（汁），日从事于小说笔墨，以为觉世之宝筏者，无论其人其事，要未有离其本真而越出范围于情理外者。此岂惟柴东海、俾相国之小说著作鼎鼎大名为然哉？即概而论一般之教育小说、政治小说、宗教小说，与夫种种之离奇侦探小说，亦无不追叙其事迹、布置其格局、切实其言论，足令读者想见其事其人之本真，而绅绎其情理兼尽之真趣。无他，本真描写，则人不以为夸，而准情酌理之笔，更有可以引人入胜，而枨触其油然向往之心经者，是岂神仙怪幻及诸般无理取闹之瞽说，所可同日而语哉？诚如是也！故外国之小说文而智，吾国之小说板而愚；外国之小说朴而巧，吾国之小说浮而夸；外国之小说，其取义也，作人类瀹智之功臣，吾国之小说，其售世也，作醒睡谈风之话本：相判诚天壤哉，夫亦于情理上求之已矣！

然或谓情理二字，为感被人心之妙药，此老生之常谈，亦夫人知之矣。惟窃以为有未尽然者，即外国著名小说如《佳人奇遇》、《宗教趣谭》、《航海述奇》各种之传颂于寰球上者，核其词笔之展布，亦从未有拘拘于绳尺之事实者，恶，是未可与言者也。夫所谓著名小说者，虽利用奇幻之笔墨，以醒读者之眼帘、开读者之悟境，而究其实事之装点，无不可竭个人之心思材力，以求臻造其域者。哲人之言曰，"情理之外无文章"，是诚得其要领矣！况英雄记事者，或叙其人之草庐奋起，或记其人之丰功伟烈，或扬美其人之捐躯赴难，昂七尺之须眉，享千年之名誉，伟矣大矣。故东洋之大和魂、武士道，论者多归功于柴四郎之小说，有以唤起国魂而致之。吾于是益信情理之入人为最深而最捷也。不其然者，鬼神也，梦魅也，以天时为品评也，以滥死为节义也，则人之读小说者，将以为世之英雄不过如是，其高视不察者，更误会其遭遇，以为大怪物，则小说功用且反为人事进步之阻力矣，又曷怪英雄之不出世哉！

今者二十世纪开幕，吾国文人学士，风气大变，洞知小说益人之旨趣，涵泳而渊永，群灿其蕊思、挥其花管，极力以鼓吹小说之新世界。故菌（萌）芽既茁，枝叶斯盛，将由是而泛溢，进化于文明，则为小说家者，亦惟是摭拾英雄轶事，相与璀璨琳琅，使英雄色相既不失其本真，而导以理之所有、情之所通，沈味转折而赴之，俾世之读小说者，即于情理上想其当然、开其觉悟，将一展卷间所心领神会者少数之英雄而未来多数之英雄，跃跃欲动，则又未尝非小说之吸电力，有以浸灌而孕育之也？准此而观，则吾之所言情理者，固英雄演义之要素。以今日人群智钥豁解之时期，小说之神趣，不啻水银泻地，无孔不入，即此入情入理之导线，已足潜移社会之慧质，而翘文坛之特帜矣，又何必侈语英雄之奇遇、诬古人而羞当世之士哉！懿夫，文运之丕亨，安得不推功于小说？

——《中外小说林》第 14 期，丁未年九月二十一日（1907 年 10 月 2 日）

第十三章　晚清民主革命派小说的杰出代表

——关于《洪秀全演义》

　　黄世仲的全部小说作品中，就现在还能完整见到的而言，《洪秀全演义》无疑是最成功的一部。这部小说既是黄世仲小说作品以及全部作品的代表作，又是晚清资产阶级民主革命派小说的代表作，在整个晚清小说作品中也是一流之作。因此，谈到黄世仲，就不能不谈《洪秀全演义》。

　　《洪秀全演义》在刚刚问世的时候，就已受到广泛的注意。当时，对小说本来并不怎么重视的章太炎在丙午九月（1906 年 10 月）就为之写了序文；冯自由也说《洪秀全演义》"出版后风行海内外，南洋美洲各地华侨几于家喻户晓，且有编作戏剧者"①。辛亥革命以后的中华民国时期几十年间，许多出版社都曾出版过《洪秀全演义》，介绍和论述这部小说的著作也出现了一些。中华人民共和国成立以来，特别是在最近的二十多年间，《洪秀全演义》的新版本固然很多，研究这部小说的论著也大大增多。《洪秀全演义》已经成为晚清小说史研究界和整个晚清文学史研究界最为重视的小说作品之一。

　　然而，时至今日，有关《洪秀全演义》的一系列问题，还不能说已经完全研究清楚了。翻阅一下包括最近二十来年间有关论介文字在内的历来的有关论著就可以发现，在许多问题上，各家的说法至今仍有出入。因此，有必要对《洪秀全演义》进行进一步的研究。

---

　　① 冯自由：《〈洪秀全演义〉作者黄世仲》，《革命逸史》第 2 集，北京，中华书局 1981 年 7 月第 1 版，第 42 页。

一、《洪秀全演义》创作的酝酿和开始

在历来的研究论著中,有一些认为黄世仲创作最早的一部小说是《廿载繁华梦》。比如,杨世骥的《黄世仲》①一文就说:

> 世仲的小说计有《廿载繁华梦》、《洪秀全演义》、《大马扁》三种。《廿载繁华梦》凡四十回,光绪乙巳连载香港《时事画报》,丁未港沪同时发行好几种单印本,……这是世仲最早的一部小说。

近一些年来,仍有持此说的。② 另外,还有专家学者以为《镜中影》有可能是黄世仲的处女作。③ 然而,仔细查考即可知道,此两种说法均不妥当。实际上,《洪秀全演义》不仅开始酝酿和创作于《廿载繁华梦》和《镜中影》之前,而且开始与读者见面于《廿载繁华梦》和《镜中影》之前。《洪秀全演义》才是黄世仲开始创作最早的一部小说。那么,《洪秀全演义》开始酝酿、创作和发表于何时呢?

曾有专家学者认为《洪秀全演义》写成于1898年。比如,还在20世纪60年代初,就有人说"根据作者自序,此书写成于1898年"④。到了70年

---

① 杨世骥:《黄世仲》,《文苑谈往》第1集,重庆,中华书局1945年4月第1版,第70页。

② 如李育中的《〈洪秀全演义〉作者黄世仲》(《广东小说家杂话》,《随笔》第1集,广州,广东人民出版社1979年6月第1版)和谷粱、惠之的《被陈炯明杀害的黄小配》(《青年评论家》,1985年3月10日)。

③ 欧阳健:《〈镜中影〉考论》,《黄世仲与辛亥革命——辛亥革命九十周年纪念暨黄世仲投身革命百周年国际学术研讨会论文集》,香港,纪念黄世仲基金会2001年8月第1版,第203~204页。

④ 北京大学中文系1955级:《讲史题材的革命小说》,《中国小说史稿》第十七章《资产阶级民主主义革命小说》第三节《其它革命小说》,北京,人民文学出版社1960年4月第1版;方志强:《黄世仲大传》,香港,夏菲尔国际出版公司1999年3月第1版,第483~485页。

代,仍有人持此看法。① 对这一看法,黄霖曾经进行过辨正。② 他指出:

> ……人们说他是 1898 年作品的根据恐怕就是作者的《〈洪秀全演义〉自序》:

> 洎夫乙未之秋,识璜山上人于羊垣某寺中。适是年,广州光复党人起义,相与谈论时局,遂述及洪朝往事,如数家珍,并嘱余为之书。余诺焉而叩之,则上人固洪朝侍王幕府也。积是所闻既伙,而今也文明东渡,民族主义既明,如《太平天国战史》、杨辅清《福州供词》及日人《满清纪事》诸书,相继出现,益知昔之贬洪王曰"逆"、曰"匪"者,皆戕同媚异忘国颂仇之辈,又狃于成王败寇之说,故颠倒其是非,此皆媚上之文章而非史笔之传记也。爰搜蒐旧闻,并师诸说及流风余韵之犹存者,悉记之。经三年而是书乃成,其中近三十万言,皆洪氏一朝之实录,即以传汉族之光荣。……时黄帝纪元四千六百零六年季夏禺山黄小配序。

> 这里的"乙未"就是公元 1895 年。粗略读来,"经三年"之后,当然是 1898 年了。但仔细一读,就发现这"经三年"并非是乙未之后三年,而是"悉记之"后三年,即是在积累资料的基础上着手写作,"经三年而是书乃成"。我这样理解,根据有三:第一,《自序》说明《太平天国战

---

① 北京大学中文系:《讲史题材的革命小说》,《中国小说史》第十八章《资产阶级民主主义革命小说》第六节《陈天华、黄小配的资产阶级革命小说》,北京,人民文学出版社 1978 年 11 月第 1 版,第 365～369 页。南开大学中文系编:《资产阶级民主主义的革命小说——民主革命的吼声》,《中国小说史简编》,北京,人民文学出版社 1979 年 5 月第 1 版。方志强:《黄世仲大传》,香港,夏菲尔国际出版公司 1999 年 3 月第 1 版,第 488～491 页。

② 黄霖:《清末革命派小说家琐记·最初发表的革命派小说》,《复旦学报》1981 年第 5 期。另外,阿英在商务印书馆 1937 年出版《晚清小说史》第十二章《讲史与公案》曾说:"相反的,当时为'仇'而写的小说也有不少,如吴兴待飞生的《国朝中兴记》四十回,……都是歪曲事实,向清廷献媚之作。其较同情当时农民革命的,只有黄小配的《洪秀全演义》,惜乎做到五十四回就中止了,且出版期已在清社覆灭以后。"(北京,人民文学出版社 1980 年 8 月新 1 版,第 167～168 页)后来,郑方泽《中国近代文学史事编年》(长春,吉林人民出版社 1983 年 11 月第 1 版)把《洪秀全演义》著录于"1911 年(宣统三年辛亥)"之"七、刊行的作品"末尾处(见第 313 页),所据当是阿英的说法。但这是明显不对的,后来的研究者已弃而不取,本书此处亦毋庸赘述。

史》等对他创作的指导思想是起作用的，……据查，《太平天国战史》初版于甲辰（1904 年或 1905 年）。可见，小说当最后完成于 1904 年后。……由此可见，《洪秀全演义》于 1898 年既未开始创作，更谈不上完成，……

黄霖的辨正，是有力的。就是说，写成于 1898 年的说法是不对的。

现在，已经可以肯定，《廿载繁华梦》的开始酝酿和开始创作，当在作为其主人公的周庸祐所影射的真实人物周东生被查抄的乙巳九月初七日（1905 年 10 月 9 日）之后大约一个月之内。①《镜中影》呢？开始酝酿和开始创作的时间不详。欧阳健"推想它的写作始于他（按：指黄世仲）返归香港前的 1902 年，待他回到香港，此书已经基本成稿，遂交《循环日报》刊印"②。这个推测看来自然还是有一定道理的，因为《镜中影》所写之事终止于辛丑十一月二十八日（1902 年 1 月 7 日）慈禧和光绪从西安返回北京之后，黄世仲当是在此日前后开始酝酿和开始创作的。不过，一部早期所写长达四十回的小说，从开始酝酿到开始创作，恐怕还是要有一段较长时间的。而且，《镜中影》单行本的正式出版，据杨国雄的可信考证，是在 1906 年 6 月。③ 既然如此，那么谓其在 1902 年开始写作、回香港时已基本成稿，恐未必然。在笔者看来，其创作的时间很有可能开始于《洪秀全演义》的写作已经开始且已稍具眉目之后，否则就不会迟到 1906 年的 6 月才正式出版。

那么，《洪秀全演义》究竟完成于什么时候呢？从上引黄霖文中所引《〈洪秀全演义〉自序》来看，《洪秀全演义》创作材料之积累，始于"乙未之秋"即 1895 年秋天；"爱搜蒐旧闻，并师诸说及风流余韵之犹存者，悉记之"后"经三年而是书乃成"，则开始进入创作的时间乃在"经三年"之头一年。

---

①　参见本书下册第十五章《晚清社会小说的巨擘——关于〈廿载繁华梦〉》。

②　欧阳健：《〈镜中影〉考论》，《黄世仲与辛亥革命——辛亥革命九十周年纪念暨黄世仲投身革命百周年国际学术研讨会论文集》，香港，纪念黄世仲基金会 2001 年 8 月第 1 版，第 205 页。

③　杨国雄：《港台及海外图书馆所藏黄世仲著作初探》，《黄世仲与辛亥革命——辛亥革命九十周年纪念暨黄世仲投身革命百周年国际学术研讨会论文集》，香港，纪念黄世仲基金会 2001 年 8 月第 1 版，第 263 页。

问题是,这头一年是哪一年？尚不详知。黄霖推测《洪秀全演义》"当最后完成于1904年后",虽然有理,却并未指明究竟完成于1904年后的哪一年。但《廿载繁华梦》的开始酝酿和开始创作是在乙巳九月初七日(1905年10月9日)之后的大约一个月之内。考虑到1905年的10月同盟会香港分会成立、黄世仲因被推举为分会交际员而事务必定很忙,《洪秀全演义》当已于此时大致完成,否则黄世仲当无写作大部头的《廿载繁华梦》的可能;如果此时还未大致完成的话,那么至迟当丙午九月(1906年10月)章太炎为之写序、《洪秀全演义》如同下文将要指出的那样在《有所谓》报连载二十九回后又移至《香港少年报》连载数月的时候之前,也当大致完成;另外,《香港少年报》丙午六月初六日(1906年7月26日)刊登的关于将《洪秀全演义》移至该报连载的广告《本社要告》中曾说《洪秀全演义》"全书约六十回",即其时已知全书当大约有六十回;尽管全书实际上只有五十四回,但如果此时《洪秀全演义》还未大致完成的话,大约也不会如此说的;至于全书实际上只写了五十四回,当有别因,此处姑且不说。据此看来,《洪秀全演义》大致应完成于1905年9月前后至1906年10月之前。如果这个推测不误,那么上推"经三年"中的三年,当为1902年的9月前后至1903年的10月之前;若照黄霖推测的时间计算,上推"经三年"中的三年,则还有可能更早一些,早到1901年春天。总之,《洪秀全演义》最后完成时间当在1904年后,也许就是在1906年10月之前不久;其开始酝酿和创作的时间则当分别始自1895年和1901年春天到1903年10月之前这段时间中。

如此看来,《洪秀全演义》的开始酝酿和开始创作,比起《廿载繁华梦》来,自然要早得多;比起《镜中影》来,也要略早一些,至少开始酝酿的时间比《镜中影》要早许多。这也就是说,《洪秀全演义》其实是黄世仲开始酝酿和开始创作最早的小说。

二、《洪秀全演义》的发表和原刊单行本

关于《洪秀全演义》最初在报纸上连载和最早单行本出版的时间问题,

在历来的有关论著中,也有不同的说法,因而有必要加以辨析。

关于《洪秀全演义》最初在报纸上发表的情况,论者一般均说最初是在《有所谓》报和《香港少年报》连载,这自然是不错的。但是,究竟是何时开始在《有所谓》报连载、何时又转由《香港少年报》连载的呢? 王俊年在上揭《关于〈洪秀全演义〉》中提供了两种互相矛盾的答案,其一为"《有所谓》报刊登《洪秀全演义》是丙午年正月初开始",其二以引上揭杨世骥《黄世仲》中所说"此书于光绪乙巳连续登载香港《有所谓》报及《少年报》"等语的方式出之,杨世骥说:

> 《洪秀全演义》是世仲作品中最有价值的一部。此书于光绪乙巳连载香港《有所谓》报及《少年报》,凡五十四回而止,越年香港中国日报社始发行完整的六十四回本。

这里就似又同意杨世骥的说法,认为是光绪乙巳已开始在《有所谓》报连载的了。其实,"丙午年正月开始"的说法是不正确的,《洪秀全演义》应是从《有所谓》报创刊之日即光绪乙巳五月初二日(1905 年 6 月 4 日)就开始在该报连载的。笔者的理由是:

第一,《有所谓》报创刊之日及之后数日,均刊有如下广告:

> 报内体例,先庄后谐。分门别论,只贵其精。一、题词;二、落花影,一切游戏之文属之;三、滑稽魂,一切笑谈属之;四、官绅镜;五、小说林;六、他山石或金玉屑或格化谭或前人史;七、新鼓吹;八、社会声;九、风雅丛。其余庄言、时事之门类如下:一、博议;二、短评;三、访稿;四、要闻;五、电音;六、调查。另附民族小说《洪秀全演义》一篇。

王俊年曾指出,《洪秀全演义》是发表于《有所谓》报以及《香港少年报》之附刊上的。① 从上引广告可知,《有所谓》报既有《小说林》专栏,又"另附民

---

① 王俊年:《关于〈洪秀全演义〉》,《文学遗产》1983 年第 3 期。

族小说《洪秀全演义》一篇",足证王俊年之说不误。然而,《有所谓》报在创刊日既已宣布"另附民族小说《洪秀全演义》一篇",那么也就绝对不可能拖至半年多时间之后的光绪三十二年正月才开始连载,而是必定会在创刊之时就开始连载的。

第二,《有所谓》报乙巳六月二十一日(1905年7月23日)有《更正》一则云:

昨日本报小说篇中第十二行内"萧朝贵"三字,误排作"韦昌辉",合并更正。

六月二十一日是《有所谓》报创刊之后的第50天。这就是说,《有所谓》报在创刊之后的第49天即六月二十日(1905年7月22日)刊有写有"萧朝贵"这个人物的小说,且该小说中又写有"韦昌辉"这个人物。显然,这一小说不会是别的什么作品,而必定是《洪秀全演义》。既然如此,那么《洪秀全演义》在《有所谓》报开始连载,也就必定至迟是乙巳年的六月二十日,而不会是丙午年的正月初。

第三,从乙巳六月二十日以前所刊总字数和每日刊登字数方面看,更可以肯定《有所谓》报之开始连载《洪秀全演义》必定是在刚刚创办的时候。《有所谓》报既然纠正"韦昌辉"为"萧朝贵",那么萧朝贵这个人物必定在纠正的当时已在小说中出现。查萧朝贵在小说中初出场于第三回。按,《有所谓》报从创刊到停刊改为《东方报》,共存活395天。除去朔、望及节日大约30天不出报外,共出报365号。365号刊出《洪秀全演义》共二十九回,那么每刊出一回约需12号到13号。到乙巳六月二十日,《有所谓》报虽已创刊49天,而实际所出报纸45号。① 照此计算,六月二十日所刊已接

① 《有所谓》报乙巳五月初五日有《蒲节停工广告》云:
开办数天,薪劳苦我。刚逢五月蒲节停工,虽属新张,当循旧例。谨于本月初五日停印一天,初六停派,特此佈闻。再者,本报定例,不停礼拜,祇停朔望。
开智社同人启
据此,到乙巳六月二十日,《有所谓》报按照旧例已有4天(五月初六日、五月十五日、六月初一日、六月十五日)未出报,而乙巳六月二十日所出乃该报之第45号。从近二十多年间所出《洪秀

近第四回的尾部。又,《洪秀全演义》从第一回到第二十九回约 21. 40 万多字,平均每回约 0. 74 万多字,而《有所谓》报从创刊到停刊改为《东方报》,存活约 395 天,除去期间逢朔逢望再加在诸如五月初五日这样的照例停出的节日共约 30 天,实际出报约 365 号,每号刊出者近 600 字。《有所谓》报乙巳六月二十日前连载《洪秀全演义》共 45 号,按每号 600 字计算,刊出者约为 2. 70 万字,所刊也应接近第四回的尾部。总之,乙巳六月二十日所刊已接近第四回尾部,此时及此前所刊《洪秀全演义》的字数大约应是 2. 80 万字左右,而现在所见到的《洪秀全演义》,从第一回到第四回,共计约有 2. 96 万字的样子,除去尾部 0. 1 至 0. 2 万字,也就是 2. 70 万至 2. 80 万字的样子。既然如此,那么说《有所谓》报从创刊之日起就连载《洪秀全演义》,看来也还是不会有什么太大的不妥的。

至于何时转到《香港少年报》连载,《香港少年报》丙午六月初六日(1906 年 7 月 26 日)所刊《本社要告》讲得很清楚:

> 《洪秀全演义》一书,为本报社员所撰,前应《有所谓》报之请,排刊问世,久为社会欢迎。全书约六十回,乃仅刊之半渡,而《有所谓》竟以无妄歇业。此书为近代民族上最有关系之纪念,且为太平天国一朝之历史,故不得不自行续刊,以竟全书。爰自六月初六日由三十回起,逐日随登于附张《学界现形记》之部位。其《学界现形记》一书,暂时抽起,俟他时再续。前经得阅《洪秀全演义》而欲窥全豹者,想当争先快睹也!

全演义》的各种版本,即按现在通用的标点符号标点、分段较多且段末均有空白和每回均新起一页、回末均有余纸的各种版本来看,至第四回末,共有约 2. 96 万字的样子。即使按每号刊出 700 字计算,2. 96 万字也大约需要 41 号,而乙巳六月二十日所刊并非第四回末尾,而只是接近尾部而已,估计此日之前所刊大约在 2. 70 万至 2. 80 万左右。而《有所谓》报每号所载,据推算大约近 600 字。据《香港少年报》丙午六月六日(1906 年 7 月 26 日)所刊《本社要告》云,《有所谓》报连载《洪秀全演义》至第二十九回时停刊而改为《东方报》,其停刊时间经查为丙午五月十二日(1906 年 7 月 3 日)。计算下来,从创刊到停刊共 395 天。除去逢朔逢望以及诸如五月初五日这样的节日共约 30 天不出报外,实际上《有所谓》报大约出至第 365 号时即停刊了。现在所见《洪秀全演义》前二十九回,共有约 21. 40 万字的样子。平均下来,每次所载,还不足 600 字。若按此平均字数计,那么乙巳六月二十日以前的约 2. 70 万至 2. 80 万字,就必需共 44 号至 45 号报纸才能载完。总之,无论当时每次刊载字数有多少,《有所谓》报从创刊之日起就连载《洪秀全演义》,当是可以肯定的。

由此可知,《香港少年报》并非从其在丙午闰四月初七日(1906 年 5 月 29 日)创刊时开始继续连载《洪秀全演义》第三十回及之后的文字,也不是从《有所谓》报在丙午五月十二日(1906 年 7 月 3 日)停刊后的第二天开始继续连载的;《香港少年报》之开始继续连载《洪秀全演义》,是在丙午六月初六日(1906 年 7 月 26 日)。《香港少年报》停刊时间不详,但冯自由先生说是"刊行一载而止"①,那么就当停刊于丁未三月或四月(1907 年 4 月或 5 月)以后了。既然如此,那么《洪秀全演义》就当在其上连载至少约在十个月以上。

最初在报刊上发表的情况弄清楚了,现在再来看最早单行本出版时间的问题。关于这个问题,20 世纪的 30 到 40 年代,在研究者们中间,说法即有不同。冯自由《〈洪秀全演义〉作者黄世仲》②云:

> 世仲所著《洪秀全演义》,即先后登载于《有所谓》报及《少年报》。戊申(1908)七月,复由《中国报》以单行本出世。

阿英《晚清小说史》③第 12 章《讲史与公案》则云:

> ……其较同情当时农民革命的,只有黄小配的《洪秀全演义》,惜乎做到五十四回就中止了,且出版期已在清社覆灭以后。

杨世骥则在上引《黄世仲》中的那段文字中说《洪秀全演义》先在《有所谓》报和《香港少年报》连载后,"越年香港中国日报社始发行完整的六十四回本"。此后,一直到近多年间,不仅不同的说法仍然存在,而且除了上述说法以外,还出现了新的说法。比如,胡从经在其编纂的《香港近现代文学书

---

① 冯自由:《〈洪秀全演义〉作者黄世仲》,《革命逸史》第 2 集,北京,中华书局 1981 年 7 月第 1 版,第 42 页。

② 冯自由:《〈洪秀全演义〉作者黄世仲》,《革命逸史》第 2 集,北京,中华书局 1981 年 7 月第 1 版,第 42 页。

③ 阿英:《晚清小说史》,北京,人民文学出版社 1984 年 8 月新 1 版,第 168 页。

目》中著录《洪秀全》(按:即《洪秀全演义》)时,即云《洪秀全演义》为"香港中国日报社光绪三十三年(1907)初版"①。之后,许翼心以之为据,也认为《洪秀全演义》最早的单行本是 1907 年出版的。② 还有人在同一部书中谈到《洪秀全演义》最早的单行本时,既说出版于 1908 年,又说出版于1906 年。③

这样看来,关于《洪秀全演义》最早单行本的出版时间问题,大致就有四种说法,即冯自由的 1908 年说、杨世骥的"越年"说、阿英的"清社覆灭以后"说和胡从经等先生的 1907 年说。这几种说法是否全部错误? 如果并非全错,那么哪一种正确呢? 笔者以为,并非全错。其中,冯自由、杨世骥两位先生的说法是正确的,另外几位先生的说法则不可取。

阿英的"清社覆灭以后"说,是在 30 年代提出的。当时,阿英大约只见到了民国以后的刊本而并不知道晚清时期实际上不仅有报纸连载本,而且还有单行本,于是便有了"清社覆灭以后"说的产生。后来,大约是由于见到了有关资料的缘故吧,在《晚清文学丛钞·小说三卷》④的《叙例》中他就说《洪秀全演义》"是在广州光复党人起义失败之后写的"。稍后,在《黄世仲的小说——辛亥革命文谈之四》⑤中他更清楚地注明《洪秀全演义》单行本是 1908 年出版的。因此,"清社覆灭以后"说实际上已被提出者自己放弃。

胡从经的 1907 年说,未知所据。或以为胡从经确实见到过 1907 年出版的单行本,但据笔者和别的一些专家学者在不少图书馆的多年查寻,并无此本存在,也从未见到证明此本存在的资料。笔者猜想,胡从经也并未见到过所说的 1907 年出版的单行本,他的说法当是来自杨世骥的"越年"说:杨

　　① 胡从经:《香港近现代文学书目》,香港,朝花出版社 1998 年 5 月第 1 版,第 2 页。另外,陈平原的《二十世纪中国小说史》第 1 卷(北京,北京大学出版社 1989 年 12 月第 1 版)所附《小说年表》(第 343～358 页),也将《洪秀全演义》单行本的出版时间系于 1907 年(第 351～352 页)。
　　② 许翼心:《关于黄世仲小说作品初刊版本的若干补正》,《黄世仲与辛亥革命——辛亥革命九十周年纪念暨黄世仲投身革命百周年国际学术研讨会论文集》,香港,纪念黄世仲基金会 2001 年 8 月第 1 版,第 252～253 页。
　　③ 赵明政:《黄小配》,长春,春风文艺出版社 1999 年 1 月第 1 版,分别见第 11、49 页。
　　④ 阿英:《晚清文学丛钞·小说三卷》叙例,北京,中华书局 1960 年 8 月第 1 版,叙例第 1 页。
　　⑤ 阿英:《黄世仲的小说——辛亥革命文谈之四》,《人民日报》1961 年 10 月 30 日。

世骧既说《洪秀全演义》"于光绪乙巳连载香港《有所谓》报及《少年报》",而《有所谓》报创刊于 1905 年、《香港少年报》创刊于 1906 年,那么"越年"也就是 1907 年。这样理解杨世骧所说的"越年"二字,虽然如同下文将要指出的那样并不准确,但胡从经先生可能正由于有此理解而提出了他的1907 年说。这自然仅是推测,实际情况未必就是如此。但无论如何,所持的 1907 年说看来是不大可信的。

阿英的"清社覆灭以后"说和胡从经的 1907 年说既然均不能成立,那么下剩的 1908 年说和"越年"说就需要加以考虑了。笔者以为,1908 年说和"越年"说不仅本来相互一致,而且均是正确的。冯自由说《洪秀全演义》最早单行本出版于 1908 年。由于冯自由自 1905 年起,有好几年时间和黄世仲同为同盟会香港分会的负责人,共同战斗,互相稔熟,因而其记述当是可信的。杨世骧的"越年"说呢? 20 世纪 80 年代初,王俊年在《洪秀全演义》校点本①的《校点后记》以及略早发表的《关于〈洪秀全演义〉》②中,在对全书回数进行考析时,对其单行本的出版时间以及杨世骧所说"越年"二字进行过分析,其中将杨世骧所说的"越年"理解为 1906 年,并在后一文中指出:杨世骧所见之《洪秀全演义》六十四回本,"如果真是标 1906 年出版,则确有可能是后人之伪作"。然而,这样理解"越年"二字,恐怕是误解了杨世骧。笔者早在 20 世纪 80 年代末就曾指出,在杨世骧的心目中,"越年"恐怕不是指 1906 年,而是指 1908 年。③ 这从杨世骧的行文中可以看出来。杨世骧先说《洪秀全演义》"于光绪乙巳连续登载香港《有所谓》报及《少年报》",后说"越年香港中国日报社始发行完整的六十四回本";而《有所谓》报创刊于 1905 年 6 月,出刊约一年左右,到 1906 年 7 月停刊改为《东方报》;《香港少年报》创刊于 1906 年 5 月,据冯自由《〈洪秀全演义〉作者黄世

---

① 王俊年校点本:《洪秀全演义》之《校点后记》,北京,人民文学出版社 1984 年 1 月第 1 版,第 583～590 页。

② 王俊年:《关于〈洪秀全演义〉》,《文学遗产》1983 年第 3 期。

③ 颜廷亮:《黄世仲作品诸问题小辨》,《文学遗产》1989 年第 2 期;《黄世仲与近代中国文学》,兰州,甘肃人民出版社 2000 年 9 月第 1 版,第 66～84 页。

仲》①说"刊行一载而止",则其停刊时间约在1907年4月至5月左右,而从1907年算起,"越年"正好是1908年。这就是说,杨世骥的记述,其实和冯自由的记述实际上是一致的,即他也认为《洪秀全演义》最早单行本出版于1908年,和冯自由的记述并无什么矛盾。这就更加证明《洪秀全演义》的最早单行本当出版于1908年。后来有些研究者仍未细察,继续以为"越年"乃是1906年,实在是很令人感到遗憾的。

三、《洪秀全演义》的回数辨

现在所见的《洪秀全演义》,除显系后人增加续作而成的百回以上本外,均系五十四回本。但上文所引杨世骥《黄世仲》一文的那段文字既说香港中国日报社出版的单行本为"完整的六十四回本",而上引《香港少年报》丙午六月初六日(1906年7月26日)所刊《本社要告》又说"全书约六十回"。这就提出了一个问题,即:《洪秀全演义》原来究竟写了多少回?

在上揭《关于〈洪秀全演义〉》中,王俊年曾仔细分析过有关资料和论著中对《洪秀全演义》究竟有多少回问题的记述,并说:

> 笔者疑《洪秀全演义》原作并未完成。理由是:(一)黄小配写这部小说的目的在于鼓吹和激励人们进行反清革命,但因为它是一部历史小说,在主要情节上必须符合历史真实,小说写到第五十四回李昭寿叛变投敌之后,接着便要进入太平天国败亡的悲剧结局,作者大概觉得这与原来的意图相悖,便因此而辍笔。(二)如果《洪秀全演义》写完,只是因为《少年报》停刊而止载,那么,1907年至1911年间,黄小配继续在广州主编《广东白话报》、《中外小说林》和参加《南越报》的工作,他在这些报刊上先后发表了《宦海潮》、《黄粱梦》和《五日风声》等小说,

---

① 冯自由:《〈洪秀全演义〉作者黄世仲》,《革命逸史》第2集,北京,中华书局1981年7月第1版,第42页。

并且有些小说如《黄粱梦》还在《粤东小说林》、《广东白话报》和《中外小说林》等几个刊物上重复登载,五十四回以后的《洪秀全演义》却为何不在这些报刊上发表?(三)小说作者在《自序》中说:"……经三年而是书乃成。其中近三十万言,皆洪氏一朝之实录,即以传汉族之光荣。"与黄小配同过事的冯自由也说"是书系撷拾太平天国遗事轶闻及故老传说,仿《三国演义》体编演而成,洋洋三十万言,章太炎为之序"。今五十四回本不计标点、序文和《例言》,共三十万八千来字,正与上说相合。(四)晚清作家写小说中途辍笔是屡见不鲜的事。……所以《洪秀全演义》不完也不是奇怪的事。(五)杨世骥所见六十四回本,如果真是标 1906 年出版,则确有很大可能是后人之伪作。

应该说,王俊年的怀疑是有道理的,分析也颇为精彩。不过,笔者以为,他的论述中也有可以讨论之处。

首先,王俊年谈及杨世骥所说六十四回本时说,"如果真是标 1906 年出版,则确有很大可能是后人之伪作"。其实,如同前文已经说过的,杨世骥所说"越年"六十四回本实际上乃是 1908 年本,很可能此本正是冯自由所说的"戊申(1908)七月"本。但杨世骥既说《洪秀全演义》在报刊上连载"凡五十四回而止",又说"越年"本为"完整的六十四回本",那么黄世仲是写了共六十四回的了。王俊年以为如果确如杨世骥所说的那样,即这个六十四回本标的是 1906 年出版,则"确有很大可能是后人之伪作",李育中《〈洪秀全演义〉作者黄小配》①也以为乃"是作者死后别人给他续的"。总之,虽然有所谓六十四回本,而《洪秀全演义》原来实际上只有五十四回,第五十五回及之后部分并未写出。这个结论,笔者以为是正确的。但笔者以为,连伪造的六十四回本本来也根本不存在。因为,对杨世骥所说"完整的六十四回本"一语,完全可以提出一个新的理解。杨世骥所说"完整的六十四回本"一语中的"六十四回",当系杨氏笔误或手民之讹排,本来当为"五

---

① 李育中:《〈洪秀全演义〉作者黄小配》,《广东小说家杂话》,《随笔》第 1 集,广州,广东人民出版社 1979 年 6 月第 1 版,第 197~200 页。

十四回"；至于"完整"二字，其实指的是把《有所谓》报和《香港少年报》长期分段分回连载、不易完整觅读的《洪秀全演义》所有文字加以整编，使其以"完整"面目呈现于读者面前，而不是指五十四回外加十回而成的所谓"完整"。迄今仍未见到有所谓"完整的六十四回本"存世本之发现，连在与杨世骥写出《黄世仲》一文的 20 世纪 30 至 40 年代就活跃于岭南文坛、并在其时对黄世仲的作品就很注意的李育中先生都未曾见到这个本子，当由于此。

其次，王俊年从字数方面进行推论，确实不失为一可行途径。王俊年拈出《洪秀全演义》作者《自序》中所说全书"近三十万言"、上揭冯自由《〈洪秀全演义〉作者黄世仲》中所说全书"洋洋三十万言"等记述，又计算《洪秀全演义》现有五十四回的字数"不计标点、序文和《例言》，共三十万八千来字"，谓这个数字与《自序》和冯自由之记述相合。这就是说，从字数上看，黄世仲当时只写出了五十四回。不过，王俊年似乎过于胶柱于"近三十万言"、"洋洋三十万言"了。实际上，当时的《有所谓》报和《香港少年报》在排印各种文字时，标点乃是均占一字空间或至少占半字空间的；后来民国时期的各种印本均不分段，每回均紧接前一回尾端排印，且凡用新式标点时，虽句号、逗号、分号等标于句字或逗字之旁，而引号却还是上、下引各占一字空间的。因此，计算字数时未必应当不计标点。如果计入标点，且按民国时期的各种版本即按不分段和每回均紧接前一回尾端排印的版本计算，那么《洪秀全演义》现有五十四回的总字数当在 35.30 万左右。作者自己和冯自由均说全书 30 万字左右，而五十四回的总字数实际上已超过此数，这就更可以说明《洪秀全演义》当只写了五十四回。

今所能见的《洪秀全演义》早期版本，除北京图书馆所藏者外，均是民国时期的版本，而北京图书馆所藏的一本，虽馆藏卡片称"清光绪三十四年戊申（1908 年）石印本"，但书内并未标明出版时地，估计可能是收藏时据某资料所称该书 1908 年由中国日报社出版单行本之记载而标，实际上未必就是 1908 年本；但也有可能确系 1908 年本，如是，则当为现存最早的版本，弥足珍贵了。又，民国时期坊间流行有一百二十回、一百四十回和一百七十四回本，均系原作加续书而成，唯续书与原作相比，思想观点和艺术风格俱不相侔,甚不足取。又,近三十年前长江文艺出版社所出《洪秀全演义》①虽也是五十四回,但开头与结尾之文字均有异于常见本,特别是使小说成为以太平天国之终于败亡作结的完本,但文字风格也与常见本甚不相侔且其中出现有"在下"这样的、黄世仲从未采用过的作者自称,显然并非出自黄世仲之手,而系后人为之,纪德君和龙志强两位先生在《黄世仲〈洪秀全演义〉版本与传播情况考论》②一文中似有道理地推测其当系陆士谔增改本。此本虽使小说以完本面目出现,而实际上此类增改似乎大可不必。

四、《洪秀全演义》的主题辨

《洪秀全演义》的题材,当然是近代中国历史上最为波澜壮阔的农民革命运动——太平天国革命。但是,书名既曰《洪秀全演义》,那么作家也就不是只截取这场革命运动中的某一片段,更不是只采撷这场革命运动中的某一浪花,而是主要以洪秀全的一生行踪作为作品的中心而结构全书、反映整个太平天国的盛衰兴亡史的。仅就这一点而言,不能不说黄世仲乃是有卓越的小说家的宏大气魄的,而《洪秀全演义》也因此而成为一部优秀的反映太平天国革命的巨著。

当然,仅仅有取材方面的优长,还不能决定一部作品必然优秀。实际上,在《洪秀全演义》出现之前及之后,都有以太平天国革命为题材的作品,其中包括《洪秀全演义》的续书在内的一些作品还是对太平天国革命加以诬蔑和攻击的。作为一位坚定的资产阶级民主革命家,黄世仲对于前他而出现的那些站在清朝政府立场上诬蔑和攻击太平天国革命的作品,当然是不会同意,而是要采取坚决反对的态度的。在《〈洪秀全演义〉自序》中,他就十分明确地说:

---

① 黄世仲:《洪秀全演义》,武汉,长江文艺出版社1981年5月出版,第1版。
② 纪德君、龙志强:《黄世仲〈洪秀全演义〉版本与传播情况考论》,《广州大学学报》2008年第1期。

　　吾观洪氏之起义师,不数年天下响应,发广西,趋两湖,克三吴,竟长江之极,下取闽、浙;燕、齐、晋、汴林凤翔叱咤之所及,望者如归。其间若冯云山、钱东平之观变况机,若李秀成、石达开之智勇气量,若陈玉成、林启荣、萧朝贵之勇毅精锐,人才彬彬,同应汉运,即汉、唐、宋、明之开国名臣,宁足多乎? 当其定鼎金陵,宣布新国,雅得文明风气之先:君臣则以兄弟平等,男女则以官位平权;凡举国政戎机,去专制独权,必集君臣会议;复除锢闭陋习,首与欧美大国遣使通商;文明灿物,规模大备,视泰西文明政体,又宁多让乎? 惜夫天未祚汉,馑疫洊臻,而贪荣慕禄、戕同媚异之徒,又从而推之,遂所事不终,半途失败,智者方悯焉。而四十年来,书腐忘国,肆口雌黄,“发逆”、“洪匪”之称,犹不绝耳。殆由曾氏《大事记》一出,取媚当王,遂忘种族,既纪事乖违,而《李秀成供状》一书,复窜改而为之黑白,遂使愤愤百年亡国之惨、起而与民族请命之英雄、各国所认为独立相与遣使通商者,至本国人士独反相没而自污之,怪矣!

作家的立场是十分鲜明、感情是十分强烈的。因而,他之创作《洪秀全演义》,在题材处理上也就必然会与那些诬蔑和攻击太平天国的文学作品和其他著作有所不同。在《〈洪秀全演义〉自序》中他就继续说道:

　　……而今也文明东渡,民族主义既明,如《太平天国战史》、《杨辅清福州供词》及日人《满清纪事》诸书,相继出现,益知昔之贬洪王曰“匪”曰“逆”者,皆戕同媚异、忘国颂仇之辈,又狃于成王败寇之说,故颠倒其是非,此皆媚上之文章,而非史笔之传记也! 爰搜蒐旧闻,并师诸说及流风余韵之犹存者,悉记之,经三年而是书乃成。其中近三十万言,皆洪氏一朝之实录,即以传汉族之光荣。吾同胞观之,当知虽无老成,尚有典型,祖宗文物,犹未泯也,亦伟矣乎!

在《〈洪秀全演义〉例言》中,黄世仲也说他之所以写这部作品,是要像《史记》那样“扫成王败寇之腐说,为英雄生色”,是“全从种族着想”。这就是说,他是要从资产阶级民主革命的立场上肯定和歌颂太平天国革命,翻视太平天国革命为"匪"和"逆"的案。事实上,在《洪秀全演义》中,这个案也是被彻底地翻了过来的。

《洪秀全演义》一书,作者虽只写了五十四回,但是却把太平天国革命从酝酿到发生到发展,直到定鼎金陵以及定鼎之后一段时间中的政治军事举措等,展现到读者面前,让读者看到了近代中国历史上的这场伟大农民革命运动的宏伟画面。作者在长期准备之后,经过长达三年的时间写成的这部作品,从正面热情地描写了这场革命斗争的正义性,歌颂了领导和参加这场革命斗争的诸多人物的胆略、智慧和思想观念以及广大群众的革命精神,展现了这场革命斗争摧枯拉朽、惊天动地的宏大的革命气势。与此同时,作品又写出了处于封建末世的清朝政府的反动腐朽以及在其统治下人民群众所遭受的灾难。

作品刚一开始,写的就是道光皇帝如何昏庸无道、朝政日非、听信谗言、踢死太子等情事。接着,作品便进入对太平天国革命酝酿过程的叙写,引出洪秀全、钱江、冯云山等后来成为太平天国革命领袖的人物的出场以及对他们如何分析形势、确定目标、创建组织、深入广西发动金田起义的过程的描写,使读者一下子就认识到太平天国革命乃是清朝政府的反动腐朽统治所导致的正义行动,或者是小说《自序》中所说的、和自古至今的英雄神圣"为种族争、为国民死"而奋然掀起的伟大斗争相同的正义行动。金田起义后,洪秀全为主名发布的檄文,又把这一点最为集中地表现出来。檄文云:

> 奉承天命吊民伐罪保良军大元帅洪,谨以大义布告天下:窃以朝上奸臣,甚于盗贼;衙门酷吏,无异豺狼。皆由利己殃民,剥闾阎以充囊橐;卖官鬻爵,进陷佞以抑贤才。以致上下交征,生民涂炭;富贵者稔恶不究,贫穷者含冤莫伸。言之痛心,殊堪发指。即以钱漕一事而论,近加数倍,三十年之税,免而复征,重财轻信。加以官吏如虎之伥,衙役凭官作势,罗雀掘鼠,挖肉敲脂,民之财尽矣!强盗四起,嗷鸿走鹿,置若罔闻;外敌交攻,割地赔钱,视为闲事,民之苦亟矣!朝廷恒舞酣歌,粉乱世而作太平之宴;官吏残良害善,讳涂炭而陈人寿之书。萑符布满江湖,荆棘遍了行路。火热水深,而捐抽不息;天呼地吁,而充耳不闻。我

等志士仁人,伤心触目,用是劝人为善,立保良会,乃复指为莠民,诬为
歹类,欲逞残民之势,遽操同室之戈。我等以同胞性命之关,黎庶身家
所系,因之鼓励团防,维持桑梓。刻下奸官败去,间里稍安,不得不再募
良民,共维大局。凡我百姓弟兄,不必惊惶;商贾农工,各安生业。富贵
助粮备饷,多寡数目,亲自报明,给回债券,以凭日后清偿。如有勇力智
谋,自宜协力同心,共襄义举,俟太平之日,各予荣封。现在各府、州、县
官员,顺吾者生,逆吾者死;其余虎狼差役,概行剿灭,以快人心。恐有
流贼土匪,借端滋事,准尔等指名投禀,俾加惩治。倘有愚民助桀为虐,
及破坏教堂、滋扰商务,天兵所到,必予诛夷。凛之慎之! 檄到如律令。

堂堂正正,大义凛然,道出了太平天国革命的性质。作品在写到金田起义以
后一直到建都金陵前后太平天国革命的发展时,写其仍大致遵循着这篇檄
文所宣示的精神,而这种精神其实正是广大人民群众所希望的,代表着广大
人民群众的意愿。因而,太平天国革命也就受到广大人民群众的拥护,队伍
迅速壮大;加上钱江、冯云山等的观变沉机,石达开、李秀成、陈玉成、萧朝贵、
林凤翔等的智勇坚毅,以及作为太平天国革命最高领导的洪秀全的领袖气
质、众多中下层骨干的同心协力,革命的烈火也就在中华大地上迅速燃烧起
来,不几年间即夺得半壁江山,使中外反动势力胆战心惊而令广大人民群众
扬眉吐气。作家对太平天国革命及其英雄人物的崇敬之情充分地流露出来,
使《洪秀全演义》成为第一部正面歌颂太平天国革命的优秀长篇小说。

五、《洪秀全演义》和"狭隘民族主义"

或以为《洪秀全演义》的思想内容有一个很明显的缺点,就是"以狭隘
的反满思想掩盖了反封建统治的思想"①、"太平天国起义反封建统治的思

---

① 钟贤培、汪松涛主编:《广东近代文学史》,广州,广东人民出版社 1996 年 1 月第 1 版,第
441 页。

想为狭隘的种族主义所掩盖"①。这种看法自然是事出有因的。不过,这种看法却未必准确。

所谓事出有因,是因为《洪秀全演义》确实不仅有反满思想内容或种族主义情绪,而且还相当突出。在小说中,当冯云山初次和钱江见面的时候,就说过"种族之界不辨,非丈夫也"这样的话。当钱江初次和洪秀全相会、见洪秀全因"不忍循异族剃发制度"而尚"完发蓬蓬"的时候,也说过"自甲申遭变以来,清初屡起革命,亦足见人心未忘祖国也"这样的话。紧跟着,当写洪秀全、钱江、冯云山等当天结义的时候,谓其誓词也是"誓要戮力同心,谋复祖国;若背此盟,天诛地灭"。特别是在写金田起义已经成功、就要宣檄召兵以图大举时,洪秀全和主笔草檄的胡以晃有如下对话:

> 胡以晃道:"大凡起义,必须布告天下,声动大义,方足以号召人心,哥哥以为然否?"秀全道:"何消说得。帷幄之事,某自主之;笔墨之才,兄弟当之可矣。但起事伊始,不宜急说满、汉界限,因二百年习染相忘,国民已不知有主奴之辨,故当从缓言之。不如先斥朝廷之无道与官府之苛民,较易激人猛省。兄弟以为如何?"以晃道:"此言正合某意。"

应当说,洪秀全这里的说法,是含有策略考虑的。因为,在此之前,小说曾写过洪秀全在教堂借宣讲教义而言国家大事,以致引起教堂喧闹的情节,而之所以致此,则是由于洪秀全当时是把种族问题放在首位的。现在,既要宣檄于众,他就自然不能不考虑檄文如何草写才能收得良好效果。上引的檄文以痛斥朝廷腐败无道和官府盘剥民脂之类为起事之由而号召人心,实由于此。而实际情况却是,在小说中的洪秀全等的心目中,满、汉之界问题是放在首位而加以考虑的。在小说此后的数十回中,人们仍然可以看到这一点。所以,《洪秀全演义》确实有如一些论者所说的"带有狭隘的种族主义情绪"②。然而,如果说《洪秀全演义》用狭隘的种族主义情绪掩盖了反封建

---

① 王俊年:《关于〈洪秀全演义〉》,《文学遗产》1983 年第 3 期。
② 郭延礼:《中国近代文学发展史》第 3 卷,济南,山东教育出版社 1993 年 4 月第 1 版,第 2027 页。

统治的思想内容,那么恐怕未必见得。实际上,反封建统治的思想内容在作品中还是得到了相当充分的表现的。

　　所谓反封建统治的思想内容,最直接的自然是有关民生问题的思想内容和有关民权问题的思想内容。就是说,人民群众要有地耕、有屋住、有饭吃、有衣穿,要享有民主的权利。然而,阻碍这种状况之出现或剥夺人民群众这一切的,在清朝,就是以满人为主体的反动腐朽的清朝政府及其官僚体系以及地主豪绅。因而,所谓反封建,就清朝统治之下的中国来说,就不能不反对和推翻以满人为主体的反动腐朽的清朝政府,而反对和推翻这个政府也就包含有反封建的思想内容,尽管其中当然也包含有民族问题的思想内容。因而,不能一看到反满或种族之类的字眼,就一概论定乃是"狭隘"的种族主义情绪,而应作具体分析。就《洪秀全演义》而言,也当如此。仔细分析一下就可以看到,尽管反满思想或种族主义情绪相当明显,但还没有明显到"狭隘"的地步。

　　在《洪秀全演义》中,太平天国人物的反满思想,实际上往往是和民生、民主问题同时存在、相提并论、有时甚至是只讲民生、民主问题的。上述洪秀全主名发布的檄文着重讲的是民生、民主问题,但因发布时有策略考虑,此处可以不论。但其他一些场合呢? 黄世仲在《洪秀全演义》的《自序》中已经讲到太平天国革命从上到下的各级领导是"为种族争、为国民死"的英雄神圣人物,既讲了"种族",又讲了"国民"。在作品本身,此种情况也屡见不鲜。比如,洪秀全在教堂宣讲教义并谈及国家大事时,作品就是这样讲的:

　　　　……讲了几句正经说话,就从国家大事上说道:"凡属平等的人民,皆黄帝子孙,都是同胞兄弟姊妹,各有主权,那里好受他人虐待? 巨耐满洲盘踞我们中国,我同胞还不知耻,既失了人民资格,又负上帝栽培。况且朝廷无道,官吏贪庸,专事抽剥,待我同胞全无人理,岂不可恨!"说罢不觉大哭起来。

洪秀全这里的几句话,当然有反满思想或种族主义情绪。但是,能说仅仅如此、而无别的什么吗？"况且朝廷无道……"云云，显然已不限于反满思想或种族主义情绪。因为，照此说来，即使不是以满人为主体的朝廷，那也是令人可恨、应予推翻的。又比如，小说写冯云山在让黄文金统领的保良会以及其余保良会抗拒官军、黄文金以恐人心有不服以及家室难免有危而尚有顾虑时说：

> 足下固英雄也，乃作此孩子语，实出某之意外。方今朝廷失道，官吏昏庸，盗贼频仍，捐抽日重。欲救民于水火之中，此其时矣，事成则举国皆安。今若不行，长此昏沉世界，即高堂大厦，能享几时？足下岂犹欲靠官场保身命耶？

冯云山这里的几句话，连反满思想或种族主义情绪的影子都没有，更不用说什么"狭隘"了。再比如，诗歌往往是肺腑之言，最能表达真实的思想感情，而《洪秀全演义》让洪秀全歌吟了这样一首诗：

> 崔苻满地纷披猖，民如蝼蚁官如狼。
> 携幼扶老属道路，相逢但说今流亡。
> 君王宫里犹欢宴，贰臣俯首趋金殿。
> 回望同胞水火中，闻如不闻见不见。
> 哀哉大陆昏沉二百秋，不作人民作马牛。
> 英雄一恸气将绝，何时剑溅匈奴血！

虽然归结到"剑溅匈奴血"上，但却从人民群众的痛苦流离写起。就是说，小说中的洪秀全乃是把人民群众的痛苦流离和清朝政府的反动统治联系起来，指出清朝政府之所以应予推翻，是因为这个政府是个专制腐败的政府，而并不完全是由于这个政府是以满人为主体的政府。退一步说，即使只提反对以满人为主体的清朝政府的统治，那也还是不能认为一定是"狭隘"的反满思想或"狭隘"的种族主义情绪，因为以满人为主体的清朝政府正是当时中国封建专制制度的代表者和维护者。当然，就《洪秀全演义》而言，并不存在这种只提反满或种族的情况,因而这里也就毋庸多说了。

还应当注意的是,所谓反封建统治的思想内容,最典型的当是资产阶级民主共和的思想内容。《洪秀全演义》所写的,本来是一场农民革命运动。但是,作家却在作品中增入了资产阶级民主共和思想内容的表现。在《自序》中,作家就已经说太平天国政权建立以后,"雅得文明风气之先:君臣则以兄弟平等,男女则以官位平权;凡举国政戎机,去专制独权,必集君臣会议;复除锢闭陋习,首与欧美大国遣使通商;文明灿物,规模大备。视泰西文明政体,又宁多让乎!"在《例言》中,作家又说:

> 是书有数大段,足见洪朝人物之真为豪杰者:君臣以兄弟相称,则举国皆同胞,而上下平等也;奉教传道,有崇拜宗教之感情;遣使通商,有中外交通之思想;行政必行会议,有立宪议院之体裁。此等眼光,固非清国诸臣所及,亦不在欧美诸政治家及外交家之下。

事实上,《洪秀全演义》也确实表现了这一切,并说:"时外人有旅居上海者,见洪秀全政治井井有条,甚为叹服。有美国人到南京谒见秀全,亦见其政治与西国暗合,乃叹道:'此自有中国以来第一人也!'遂请秀全遣使美国,共通和好。"还说:洪秀全遣洪仁玕为出使美国大臣,"美民主见了洪秀全的举动深合文明政体,不胜惊异,亦遣使来报聘"。

或以为此等描写不符合历史事实。这自然有一定道理。但此等描写并不完全是凭空虚构。因为,事实上当年太平天国政府确曾有过以西为法的考虑。洪仁玕曾写成《资政新编》上呈洪秀全,其中所缕陈的诸多意见中就多有有利于资本主义发展之条款,而洪秀全也曾于许多条款之上端批以"是"或"此策是也"一类字样。当然,洪仁玕的诸多意见,太平天国因形势已在危急之中而未能付诸实行,但无论如何,太平天国政府有过此等考虑,当是无疑的。《洪秀全演义》之写太平天国政府有资产阶级民主共和思想,恐与此有关。当然,这种写法不符合历史事实,当是确实的。黄世仲如此写法,实际上是站在资产阶级民主革命立场上有意增入的。如同有的专家学者曾经指出的,《洪秀全演义》的这种写法,其实是"资产阶级革命在'天国'

土地上的投影"①。虽然不符合历史事实,却更加清楚地表明《洪秀全演义》并非如一些论者所说的那样"以狭隘的反清思想掩盖了反封建统治的思想"、"太平天国起义反封建统治的思想为狭隘的种族主义所掩盖",而是反封建统治的思想内容也有相当充分的表现的。

在晚清资产阶级民主革命派内部,思想并不完全统一,而是存在着分歧的。孙中山提倡三民主义,而在当时的革命派队伍中,并不是所有的人都同意三民主义,而是还有二民主义者和一民主义者的。所谓一民主义者,即只主张民族主义的人们。民族主义是当时的革命派人士都主张的,也是当时革命派最大的思想基础。但是,如果只讲民族主义,认为革命就是排满、反满,那就是狭隘的民族主义或如论者所说的狭隘的种族主义了。那么,《洪秀全演义》作者黄世仲的情况如何呢?应当说,黄世仲既不是一民主义者,更不是狭隘的民族主义或种族主义者。他当然反对以满人为主体的清朝政府,但他又主张民主共和。他是属于冲破狭隘民族主义或种族主义范围的一位资产阶级民主主义革命家。因而,他的《洪秀全演义》也就不可能如论者所说的那样,是那种狭隘民族主义或种族主义式的作品。准确地说,《洪秀全演义》是一部虽然种族主义思想内容很明显,却又还相当充分地表现了反封建统治的思想内容的作品,因而也就是一部既正面歌颂轰轰烈烈的太平天国革命,又以资产阶级民主共和思想观照描写对象并为描写对象投下一抹资产阶级民主革命之影子的作品。冯自由先生说《洪秀全演义》"出版后风行海内外,……其发挥种族观念之影响,可谓至深且巨"②,说的并不全对。因为,《洪秀全演义》之风行海内外,当是既同其反对以满人为主体的清朝政府、又同其鼓吹资产阶级民主共和思想有关的。

---

① 齐裕焜:《资产阶级革命在"天国"土地上的投影》,《明清小说研究》第 3 辑,北京,中国文联出版公司 1986 年 4 月第 1 版;《独创与通观——中国古代小说论集》,上海,上海三联书店 2009 年 7 月第 1 版,第 291~303 页。

② 冯自由:《〈洪秀全演义〉作者黄世仲》,《革命逸史》第 2 集,北京,中华书局 1981 年 7 月第 1 版,第 42 页。

六、《洪秀全演义》的艺术真实

作为文学作品,《洪秀全演义》在艺术上也是有很高的成就的。这部小说虽然是黄世仲开始酝酿和开始创作最早的一部鸿篇巨制,但是由于黄世仲本人对中国古代小说的优良艺术传统有相当深的研究和体会,又由于这部小说开始创作前黄世仲的酝酿和准备时间比起他的其他任何一部小说均要长得多,因而这部小说在艺术上也就成为黄世仲所有小说中水平最高的一部小说,成为给中国近代小说史增添绚丽光彩的一流之作。

晚清时期盛行有所谓谴责小说。《官场现形记》等四大谴责小说往往被视为晚清小说的最高成就。无疑,谴责小说是有其重要的贡献的,四大谴责小说也应受到高度重视、享有重要地位。然而,谴责小说在艺术上是有其突出的缺点的,这就是它们往往"辞气浮露,笔无藏锋,甚且过甚其辞"①,缺乏艺术的真实性;加上往往采取"联缀"式的长篇结构,艺术上缺乏吸引力。《洪秀全演义》则正好相反。它能够遵循小说创作的应有规律,在客观描写中表现或透露作者的思想感情,具有很强的艺术真实性;它采取以某一人物为中心而构成的主线贯穿作品头尾的作品结构方式,也无形中增强了作品的吸引力。关于后一点,这里毋庸多说。关于前一点,则有必要多说一些。

《洪秀全演义》现在的五十四回,并未写到洪秀全之死,更未写到太平天国革命最终被中外反动势力联合扑灭。但就已写出的而言,那是把太平天国革命开始酝酿、发展壮大、达到顶峰、显出衰象这个过程,通过艺术描绘展示出来,并在这种艺术描绘中表现出作品的主题思想和作家的思想感情的。作家面对太平天国和清朝政府以及外国反动势力的尖锐复杂的矛盾斗争,尽管站在太平天国一边,对太平天国革命及其领袖人物和英雄人物充满了崇敬之情、对中外反动势力充满了刻骨的仇恨,但却既不直接站出来扬此抑彼,只是把自己的思想感情通过情节和细节的描绘自身显露出来,也不因

---

① 鲁迅:《中国小说史略》,北京,人民文学出版社 1973 年 8 月第 1 版,第 252 页。

为自己的爱憎而像谴责小说作家那样，写正面人物则全然是好、写反面人物则全然是坏，而是给予读者以符合生活本身逻辑的描写。这就使读者对所写太平天国革命的发生、发展以至最后走向失败的过程感到真实可信。唯一令人感到遗憾的，仅是对所增入的太平天国革命的资产阶级民主共和色彩的描写，给人以从外面生硬加入的印象，而这大约是同作家硬要增入而又无历史事实作为基础以及作家自己对资产阶级民主共和恐怕也不甚了解有关。不过，除此之外，艺术描写上的真实性那还确实是相当突出的。

写到这里，自然会碰到一个问题，即《洪秀全演义》是否符合历史真实的问题。有不少专家学者都批评《洪秀全演义》往往有不符合历史事实之处，也有专家学者认为《洪秀全演义》把本来的一场农民革命运动写成了一场资产阶级民主革命。总之，或认为有违背历史事实之处，或认为还有违背历史本质真实之病。应当说，这种看法并非无因。事实上，研究《洪秀全演义》确实会碰到这样的问题。比如，钱江这个在《洪秀全演义》所写太平天国革命中十分重要的人物，历史上其实不仅未参加太平天国革命，而且还是太平天国革命的敌人。又比如，杨秀清这个在《洪秀全演义》所写太平天国革命中出身富豪之家且属于反面角色的人物，历史上其实是出身为烧炭工人、在太平天国革命酝酿、发展、鼎盛过程中起过重要积极作用的人物。再比如，把太平天国革命政权写成带有资产阶级民主共和色彩的政权，那也是虽事出有因而在历史上查无实据的。关于这里的末一例，牵涉《洪秀全演义》是否写出了历史的本质真实问题。前文已经讲过，一方面，作者这样写并非毫无根据，而是抓住了一点影子而加以扩展、突出，而这其实倒是善于发现题材本身属于未来的萌芽的一种表现；另一方面，这样的扩展、突出，就《洪秀全演义》全书来说，并未达到掩盖历史上太平天国革命的本质真实的地步。这一点属于《洪秀全演义》的思想内容方面的问题，前面已经讲过，此处不再赘述。这里想着重谈的是违背历史事实方面的问题。由于有违背历史事实之处，因而，如果从史学角度讲，《洪秀全演义》就确实是有严重的缺点，不符合史学著作的规范了。然而，这样看《洪秀全演义》未必合适。因为，《洪秀全演义》是小说；即使说它是历史小说，那也还是承认其为小说。作家自己在小说《例言》中，将其或与"演义"相比、或与"说部"相比，实际上正表明他是视自己所写者为小说或历史演义小说的。既然如此，就应当严格地将其当成小说或历史演义小说来看待，而不应当搞混搞错了文体类别。而当从这样一个角度来看的时候，那就可以得出另外一个结论，即这样的不符合历史事实的描写，不仅未必是什么严重的缺点，而且未必不是一个优点、未必不是作家深知包括历史演义小说在内的小说创作特点的一个表现。小说创作是必须有虚构的。没有虚构，就写不出小说；即使勉强写了出来，那也不是小说，至少不是好小说。历史小说或历史演义小说，当然和一般小说有所不同，它所描写的主要人物和主要事件的基本线索、主体框架应当来自历史事实。然而，既然是小说，就不能像要求史学著作或像蔡东藩所写的那些作为历史著作普及本的历朝演义那样，要求一切都必须拘泥于史实而不能虚构。问题仅仅在于虚构得如何，是合乎情理呢，还是使人感到不自然、不真实。只要虚构得好，那就应当承认其艺术上的高或较高水准。《三国演义》"七实三虚"、不尽符合史实，但并不失为一部杰出的历史小说。对《洪秀全演义》，也应如是观之。作品中的钱江，就使人感到并非生硬插入的人物，而是感到其是和洪秀全、冯云山等一起共同奋斗的人物。作品把杨秀清写成反面人物，在不了解历史实际的人们看来，也并不觉得艺术上站不住。现在批评《洪秀全演义》有违背历史事实之病的，实际上是对太平天国历史有一定研究并自觉或不自觉地仅从历史角度看问题的专家学者，他们批评《洪秀全演义》有违背历史事实之病是很自然的。而在一般读者那里，《洪秀全演义》并不存在此病，而是完全可以接受的。

其实，即使是从历史的角度讲，《洪秀全演义》中的所谓不符合历史事实的问题，也并不是作家有意造成的。《洪秀全演义》作为小说，当然必须虚构。但是，它的作者本来并不一定是有意要在主要人物和主要事实上违背历史事实的。以钱江这个人物为例，就可以看到这一点。历史上的钱江不仅未参加太平天国革命，而且还是太平天国革命敌对阵营里的人物。但是，黄世仲当年却未必知道这一点。相反，他所见到或所依据的材料以及他所听到的传闻轶事，倒是以钱江为太平天国革命前期的重要人物的。黄世仲在作品《自序》中说他所取以为据的材料中有《满洲纪事》一书，而该书就说钱江曾上书洪秀全劝取南京并曾参加太平天国政府。① 黄世仲在作品《自序》中还说到《李秀成供状》（或曰《忠王李秀成自传》），而天京失陷后半年书贾翻刻的《李秀成供状》（书名作《忠王李秀成自传》）封面的标题正作：

> 同治三年孟冬新镌
>
> 　　　　洪秀全三人结拜
>
> 　　　　钱江演计取金陵
>
> 新刻　　永安州英推起义
>
> 　　　　曾大人克复金陵
>
> 　　　　生擒李秀成亲供

罗尔纲在《钱江考》②中就此写道："我们知道，《李秀成自传》没有半个字提及钱江，而书贾牟利翻刻此传，乃在封面上插入'钱江演计取金陵'一个标题以耸动读者，可知此传说在当时必定很盛传，然后书贾才用来做广告。"其实，不仅在当时，而且在后来的很长时间里，这一传说仍然流传。甚至在《洪秀全演义》已经出版单行本以至辛亥武昌起义以后，仍然如此，辛亥十一月初七日至初九日（1911 年 12 月 26 日至 28 日）的《民立报》所连载的、署名"大哀"的《洪杨时代伟人钱东平别传》就是明证，这篇应当看做史传性著作的文章所写钱江和太平天国革命的关系，虽和《洪秀全演义》所写并不完全相同，但却还是写其为太平天国革命初期的重要参加和领导者之一。而黄世仲在写《洪秀全演义》的时候，既没有条件研究这个传说的可信性，也没有怀疑这个传说的真实性，而是将这个传说当成历史事实写入作品，他在作品《自序》中说小说所写"皆洪氏一朝之实录"，就是明证。就是说，如果是那个时期的史学家或从历史角度进行评论的评论家，那么即使从历史

---

① 纪德君在不久前发表的《〈洪秀全演义〉史料来源补考》（《明清小说研究》2010 年第 3 期）中对此有较好的考证，可以参考。

② 罗尔纲：《太平天国史记载订谬集》，北京，生活·读书·新知三联书店 1955 年 3 月第 1 版，第 87 页。

事实是否真实方面要说《洪秀全演义》有缺点也会相当困难；相反，大约倒会相信《洪秀全演义》所写当符合历史事实。——当然，这是退一步的说法。今天，人们知道《洪秀全演义》所写有违背历史事实之处，也可以指出这一点，但是却不可以以之为什么大病。因为，《洪秀全演义》毕竟是小说。诚如明代酉阳野史在《新刻续编三国志引》中针对有人视《续编三国志》为"虚诳渺茫"而说的："大抵观是书者，宜作小说而览，毋执正史而观。"而当如此来看《洪秀全演义》的时候，那倒还是要为作者所据资料中有某些不符合历史事实之处而庆幸，因为这些不符合历史事实的资料一进入小说，倒是变成了小说创作中无意的虚构；加上其他那些非主要人物、非主要事件等方面必然会有的虚构，就使《洪秀全演义》倒是更像小说、更符合小说创作的特点。

七、《洪秀全演义》的英雄人物形象塑造

《洪秀全演义》在艺术上的又一值得注意之处，是成功地为读者塑造出了一系列在晚清小说史上前所未有的英雄人物形象。在前面曾经引述过的小说《自序》的一段话中，黄世仲就满怀激情地写道：

> 吾观洪氏之起义师，不数年天下响应，发广西，趋两湖，克三吴，竟长江之极，下取闽、浙；燕、齐、晋、汴林凤翔叱咤之所及，望者如归。其间若冯云山、钱东平之观变沉机，若李秀成、石达开之智勇气量，若陈玉成、林启荣、萧朝贵之勇毅精锐，人才彬彬，同应汉运，即汉、唐、宋、明开国名臣，宁足多乎？

这里，黄世仲对《洪秀全演义》中洪秀全及其以下主要英雄人物的形象特点进行了概括。这种概括既是作家在创作中力求赋予人物形象的特点，又是作品确实已经塑造出来的人物形象的特点。作者让这些英雄人物通过自己的言行举止表现自己的性格，使读者看到一个又一个生动鲜明有个性的英

雄人物形象。以林凤翔为例,其以老将神威,统军北征,所向无敌,直逼清朝政府所在地北京邻近,直是《洪秀全演义》中的老黄忠,正如作家在小说《例言》中所赞扬的:"历古用兵,未见有如是之锐者!"后来因后援不继、孤军深入,虽中弹而仍英勇对敌,直到被围困难脱而拔剑自刎,其临危不惧、视死如归的老将风采,真是跃然纸上。甚至连上引作者的话中未曾叙及的一些英雄人物形象,也都塑造得相当成功,洪宣娇即为一例。作家在全书中对之用笔并不怎么多,但仅仅一个主动请缨随林彩新攻取镇江的情节,就一下子将洪宣娇其人作为女英雄的才智和勇敢活生生地刻画了出来:

　　且说林彩新领兵来至镇江,便拟欲埋伏火药为轰城之计。洪宣娇道:"如此,则旷日持久矣。清军精锐,一归琦善,一归向荣;故镇江虽菁华之地,必无重兵把守。妾不才,愿为前部攻城。如其不克,再行尊策未晚也。"林彩新素知洪宣娇幼习枪术,能在马上转枪为左右击,且有一宗绝技,逾山上岭,矫捷异常;部下所领女兵一千名,皆平时所训练,指挥如意;自嫁与萧朝贵之后,人皆呼为萧王妃,或呼萧王娘,虽在王府中,犹常与部下练习枪术,并无少懈,故临阵未尝一挫。当下林彩新遂令洪宣娇攻头阵。……清军本无心御敌,只逼于邓万松之命,勉强在城上施放枪炮,故皆击不着洪军的要害。萧王妃看得亲切,又见本军攻城未甚得手,遂唤左右道:"你看我击城上戴顶子指挥军士的人。"左右还未深信,果然枪声响处,城上一名将军应声而倒,乃都司李守义也。清军大呼道:"彼军有如此能将,吾安能抵敌也!"都一齐溃散。萧王妃就夺了军中的司令旗,从马上跃起,早登在城垣之上,城上清军倒吓一跳。那时清军心里,一来怨恨邓万松,二来见萧王妃击死李守义,已呼他作神枪手女将军,当下见萧王妃登城,那有不惊?萧王妃就乘势手刃数人,并大呼道:"我已登城矣,三军速进!"洪军这时一声得令,都撑附登城,清兵不敢阻当(挡),一面开城门迎林彩新进去。……

真是英姿飒爽,活脱脱的一位巾帼英雄形象!
　　《洪秀全演义》在着力塑造英雄人物形象的同时,并没有把反面人物脸谱化,而是也很用心地进行塑造的。作品写出了反面人物的复杂性,并以之反衬英雄人物。杨秀清就是一个例子。尽管从历史事实角度讲,杨秀清并非纯然是反面人物,而作家在小说中将其当做反面人物处理,那还是可以的。只是,小说并未一味丑化杨秀清,而是写出了这个人物的复杂性格,既写出了他曾是革命者的一面,又写出了他从有个人野心到权欲膨胀到觊觎大位到再大闹内部矛盾,以致开启互杀之端的危害革命的一面。对清军将领的描写,也没有将其写成千人一面的酒囊饭袋,而是也注意写出其有才有智有勇的一面以及各人性格的不同。事实上,向荣、鲍超、张国梁乃至曾国藩等人物形象,也都给读者留下了比较深刻的印象。而惟其如此,才更加显示出太平天国英雄人物的高尚品格及其英雄才智,也才大大增强了作品的艺术力量。

塑造出一系列英雄人物形象,这也是《洪秀全演义》高出于当时一般小说的特点之一。总体上看,晚清的资产阶级改良派小说和资产阶级革命派小说,在人物形象塑造上是有不同的。一般地说,改良派小说往往只描写反面人物,革命派小说则往往注意正面人物乃至英雄人物的塑造。然而,即使是革命派小说,真正较为成功地塑造出正面人物、特别是英雄人物形象的实在不多,真正较为成功地在同一作品中塑造出一系列英雄人物的更是少见。《洪秀全演义》在这方面则可以说是鹤立鸡群。应当说这是黄世仲为晚清小说人物形象画廊所作出的一大贡献。读者将会看到,在后来的小说创作中,黄世仲一直注意英雄人物形象的塑造,从而使之成为他的小说创作的一个突出的特点。在晚清小说史上,再也没有哪个作家可以在这一方面能够与之相比。

八、关于《洪秀全演义》的"模仿"

《洪秀全演义》作为一部长篇小说,在结构上也是颇具匠心的。黄世仲在小说《自序》中说:

> 寻常说部,皆有全局在胸,然后借材料以实其中,如建屋焉,砖瓦木石俱备,皆循图纸间架而成。若此书,则全从实事上搬演而来,盖先留下许多事实以成是书者,故能俯拾皆是,皆成文章。

或以为这是黄世仲的自谦之辞,实际上"《洪秀全演义》堪称是有'全局在胸'的经过精心擘画的艺术精品"①。论者说《洪秀全演义》是"'全局在胸'的经过精心擘画的艺术精品",自然是说对了的。不过,谓黄世仲这段话乃是自谦之辞却未必准确。因为,所谓"全从实事上搬演而来",其实就是按照所要反映的历史事实本来的构成方式而并非按照纯粹虚构的方式结构作品,而这样的作品结构形式同样要有"全局在胸"的匠心,所不同的乃是这是另一种形式的"全局在胸",所需要的是对所要反映的历史事实的全盘把握。如果所要反映的是比较简单、相对短小的历史事实,那么结构起来倒还容易一些。而《洪秀全演义》所要反映的乃是太平天国革命这样历时很长而又重大复杂、矛盾纠葛纷乱如麻的历史事实,所谓"全从实事上搬演而来",比起纯粹出于虚构的"寻常说部"来,可就要困难得多了。总之,无论如何,《洪秀全演义》系作家"全局在胸"的匠心运筹之作,是毫无疑问的。

黄世仲是经过长时期的酝酿之后才开始进入创作过程的。他在大量掌握有关太平天国革命的各种记载和传闻的基础上,抓住太平天国革命酝酿、发动、发展、鼎盛和走向败亡这条情节主线,以冯云山、钱江、李秀成为英雄人物形象体系的主干并以钱江为其核心而让冯云山和李秀成分别跳动于主干的前后两端,然后把众多的英雄人物以及属于敌对阵营的人物有序地组织到主线中,其匠心经营之功夫赫然在目,其驾驭全局的能力令人佩服。也正由于此,《洪秀全演义》在结构上也就显得宏大细密,既有极大的容量,又有线条清晰、主次分明、前呼后应、纵横交错的上乘间架,甚至连一些似乎可以不予叙写的人物、事件,都有机地组织进来并对其有前后照应式的交代。

或以为《洪秀全演义》的结构有模仿《三国演义》之病。不错,《洪秀全

---

① 欧阳健:《晚清小说史》,杭州,浙江古籍出版社 1997 年 6 月第 1 版,第 283 页。

演义》的结构确实有模仿《三国演义》的明显迹象。冯自由早就说过,"是书系撮拾太平天国遗事轶闻及故老传说,效《三国演义》体编演而成"①。黄世仲自己在小说《例言》中曾说:

> 读此书如读《三国演义》。钱江、冯云山、李秀成三人,犹武侯、徐庶、姜维也。云山早来先死,则如徐庶早来先去也;钱江中来先去,如武侯中来先死;若以一身支危局,则秀成与姜维同也。观金陵之失,现绵竹之降,当同一般感情者矣。

这里以《洪秀全演义》之结构与《三国演义》相比,正透露出前者模仿后者的消息。不过,模仿并不一定就是什么缺点,问题只是在于如何模仿。不以题材为基础的简单照搬,自然是要不得的。如果能以题材为基础,适当参考《三国演义》的结构方式以进行构思,尽管仍然有模仿,却不仅不会成为什么缺点,而且相反倒可能是作家苦心孤诣地学习前人经验以结构自己作品的一种表现。《洪秀全演义》不仅不是《三国演义》,而且也不雷同于《三国演义》。凡是读过《洪秀全演义》的人都有体会。

《洪秀全演义》作为黄世仲开始酝酿和开始创作最早的一部小说,在近代中国小说史上写下了光辉的一页。仅此一作,就奠定了黄世仲在近代中国小说史乃至近代中国文学史上崇高的地位。事实上,《洪秀全演义》在当时和后来,社会影响也很大。不仅"出版后风行海内外,南洋美洲各地华侨几于家喻户晓,且有编作戏剧者"②,而且还曾被翻译为外国文字出版③。特别值得注意的是,连毛泽东在延安时期寄给远在苏联上中学的儿子岸英

---

① 冯自由:《〈洪秀全演义〉作者黄世仲》,《革命逸史》第 2 集,北京,中华书局 1981 年 7 月第 1 版,第 42 页。

② 冯自由:《〈洪秀全演义〉作者黄世仲》,《革命逸史》第 2 集,北京,中华书局 1981 年 7 月第 1 版,第 42 页。

③ 郭延礼在《20 世纪中国近代小说在全球的传播》(《中华读书报》2004 年 1 月 21 日)中说:《洪秀全演义》曾被译为印尼文,译者为印尼侨生华人王金铁,1917 年至 1921 年分 19 册陆续出版。

和岸青阅读的书籍中,都有这部小说①,足见毛泽东对《洪秀全演义》必定是很重视的。

　　当然,《洪秀全演义》只写到第五十四回李昭寿叛变投敌时为止,并未再写太平天国此后的英勇斗争及其最后的失败,给人以有头无尾的遗憾。但从全书的主旨及其结构来说,其实也还是基本完整的,既达到了主题思想表现的目的,又完成了作为全书英雄人物形象体系之核心的钱江形象的描写。如果再写下去,那对作家自己来说也许属于蛇足了。

---

　　① 　张铁民在《毛泽东送给儿子的书》(《中华读书报》2004年1月21日)中说:毛泽东曾两次寄书给在苏联上中学的儿子岸英和岸青,1939年第一次寄出的书未能寄达,1941年1月第二次寄出的书中,据邮寄时所附书单,内有"洪秀全2"。张铁民指出,此"洪秀全"即《洪秀全演义》,"2"即二册。按:所谓二册,当指上、下各一册。

第十四章　变幻社会变幻情状的留影

——关于《镜中影》

在一个很长的时期中，人们并不知道黄世仲写有《镜中影》。一直到1961年，阿英在《黄小配的小说——辛亥革命文谈之四》①中，才提及黄世仲的这部小说。然而，也只是顺便一提而已，并无什么介绍。到了1982年，柳存仁在《伦敦所见中国小说书目提要》②中，方对他在英国博物馆所见黄世仲的这部小说有较多的介绍。据他说：《镜中影》"是清末香港循环日报的排印本。封面洋纸，绿色楷书镜中影三字，镜字上双行近代小说四小字，作者署禺山世次郎"，"出版岁月，虽然不易知道，但决不出一九零一到一九零七这六年。书上有收入英国博物院的图记是一九零七年七月六日，却是最好的证据"。另外，他还对《镜中影》主题等略有述说。这样，人们才得以较多了解黄世仲的这部小说。

不过，《镜中影》一书，中国国内大约已无藏本。因而，究竟详情如何，仍难知悉。因此，当从柳存仁书中得知英国博物院有藏本之后，笔者便托瑞典朋友加惠子博士设法代为复印。由于她的努力，终于由她的英国朋友吴芳思（Frances Wood）女士将《镜中影》全部复印。这里，在对两位女士表示感谢的同时，特根据复印件对有关情况做一介绍。

---

① 阿英：《黄小配的小说——辛亥革命文谈之四》，《人民日报》1961年10月30日。
② 柳存仁：《伦敦所见中国小说书目提要》，北京，书目文献出版社1982年12月第1版，第161页。

一、《镜中影》的今藏本和创作时间

从复印件看,柳存仁对《镜中影》版本情况的介绍,大致可信而又略有出入:

(一)封面仅有楷书书名"镜中影"三个大字,再无其他字样;

(二)"近代小说"四字,见于目录页首页书名上方,又见于正文首回前书名上方,均系双行;

(三)作者署名见于正文首回前书名下方,作"禺山世次郎著";

(四)刊印者名见于目录页首页书名下方,作"香港循环日报刊印";

(五)除目录页共三页外,全书共427页,第427页末行为"镜中影卷终"五字,位置在该行底部。

该书无版权页,书中各处均未见刊印时间记载。柳存仁推测刊行时间"决不出一九零一到一九零七这六年"。这里,下限无误,而上限恐过早了些。因为,黄世仲正式开始从事小说创作,当在1902到1903年;他最初的小说,是大部头的《洪秀全演义》、《廿载繁华梦》、《党人碑》以及大约今已不存的《陈开演义》等。在从事小说创作的同时,黄世仲还从事革命的实际工作和报刊宣传活动。很难想象,在这种情况下,还能再从事大部头的《镜中影》的创作。所以,笔者原先联系英国博物馆收藏该小说的时间推测,《镜中影》的创作恐怕要迟到1906年,而刊印则可能就在1907年上半年。后来,欧阳健在其《〈镜中影〉考论》①一文中不同意笔者的这个推测,并推测《镜中影》"可能是黄小配的早期作品,甚至是踏上文学之路的处女作",

---

① 欧阳健:《〈镜中影〉考论》,《黄世仲与辛亥革命——辛亥革命九十周年纪念暨黄世仲投身革命百周年国际学术研讨会论文集》,香港,纪念黄世仲基金会2002年2月第1版,第203~205页。

"未在报刊上连载,可推想它的写作始于他返归香港前的一九○二年,待他回到香港,此书已经基本成稿,遂交《循环日报》刊印";杨国雄则根据港英政府所出《香港政府宪报》(Hong Kong Government Gaztte,又称《香港辕门报》)对送往登记的《镜中影》版本情况的记载,在其《港台及海外图书馆所藏黄世仲著作初探》①一文中指出《镜中影》单行本出版于 1906 年 6 月。对考析《镜中影》的创作和成书年代来说,欧阳健的看法自然具有重要的参考价值,而杨国雄以确凿资料指明的《镜中影》出版时间更是很有助益。

欧阳健指出《镜中影》是黄世仲早期作品,是很正确的。然而,关于《镜中影》甚至是黄世仲"踏上文学之路的处女作"、其"未在报刊上连载,可推想它的写作始于他返归香港前的一九○二年"等推测,却未必不可再行讨论。首先需要指出的是,说《镜中影》"未在报刊上连载",可能为时过早,因为从单行本出版者系《循环日报》来看,《镜中影》很可能是在《循环日报》上连载过的,只是由于当年的《循环日报》现在已无全套存世,此情无法确定,而无法确定并非不能确定。其次,从《镜中影》单行本的出版时间是 1906 年 6 月来看,其成书时间就不可能过早。因为,如果早已成书,以黄世仲其时在港穗地区的影响,找个出版处并非难事,《镜中影》的单行本当不会推迟至 1906 年 6 月才出版。最后,特别应当注意的是欧阳健也引及的《镜中影》第三十九回在写及名妓金小宝带头画兰花发卖募款以赈济因八国联军侵占而被难的京城难民时,作者的一段议论。这段议论是:

> 因这个女子,说书人犹想起当时赈济的事:当时南方有一个富户,在关库里起家的,积赀不下四五百万;因这件赈济的事,仅签助了五十块洋钱,后来竟有个抄家的日子。俗话说得好:"好事唔怕多。"你道这一个富户,查抄在生前,怎比得金小宝一名妓女,留个芳名后世呢?

按:这里所说的南方的"一个富户",指的是《廿载繁华梦》中所写的周庸祐,

① 杨国雄:《港台及海外图书馆所藏黄世仲著作初探》,《黄世仲与辛亥革命——辛亥革命九十周年纪念暨黄世仲投身革命百周年国际学术研讨会论文集》,香港,纪念黄世仲基金会 2002 年 2 月第 1 版,第 263 页。

而周庸祐之被抄家是在 1905 年 10 月初（详参本书下面一章）。这就是说，直到 1905 年 10 月初，《镜中影》虽已写至接近结束的第三十九回，但却还未写完。由此可以推想，《镜中影》之开始创作，必定不会太早，特别是不大可能早到黄世仲返归香港前的 1902 年。

当然，欧阳健作出他的推测，是有好几个依据的。其中一个重要的依据是"对慈禧和光绪之关系缺乏了解"，"通部作品所写，朝政的决策仍操在天子手中，……就是对真相不了解的表现"，而这则是由于黄世仲在创作时"因为（与慈禧太后、光绪西狩还京）时间隔得太近，加上又身处海外，才使作者怀有'事迹没处稽查，看来也像说谎'的心态"。其实，在《镜中影》中，"朝政的决策"并非"仍操在天子手中"或至少是并非完全"操在天子手中"。《镜中影》全书本来就是要写慈禧太后和李莲英如何由普道人士夤缘至政权顶层揽权秉政的；甚至连西狩以及朝廷大员的最终结局等也都是由慈禧太后最后决定的。细观全书，当不难了解这一层。抛开这一层不说，就算欧阳健所说属实吧，那也难以为据。黄世仲在南洋时，常阅《中国日报》等报刊，又和尤列等革命党人以及对国内情况甚为了解的邱菽园等人关系非同一般，对国内情况乃是很了解的；到了返归香港前，他早已于 1901 年加入《天南新报》且充当邱菽园的捉刀人，并于 1902 年 7 月间成为《天南新报》的笔政，撰写了大量政论。既在报界，又是笔政，其消息来源当是很多，谓其连对慈禧主政、光绪被排斥于一边这样的朝政大变故都不知道，是难以令人信服的。其在《镜中影》中写"朝政的决策仍操在天子手中"，其实是小说家法而已，无关乎对清朝政府最上层内情之是否了解，因而也难以据以判断作品创作之年代。不然的话，黄世仲在已回国几年、对慈禧和光绪的关系必有了解的 1905 年 10 月《镜中影》还未完成、更未出版单行本的时候，为什么仍然写"朝政的决策仍操在天子手中"呢？

在笔者现在看来，《镜中影》创作的酝酿，很可能是在 1902 年 1 月 7 日慈禧太后和光绪西狩还京之后，但其开始创作则要晚许多。从其 1905 年 10 月以后才写第三十九回来看，开始创作的时间很可能是在 1905 年春夏间（或再早些），并很有可能大致同时开始在《循环日报》连载。1906 年上半年连载完毕，连载者《循环日报》遂于 6 月间出版了单行本。

二、《镜中影》的思想内容和艺术水准

《镜中影》一书，大致如同柳存仁所指出的："主题是谈时事的，大约以热河西狩到庚子拳变议和做全书的纲领。"不过，正如黄世仲自己在小说第一回中所说的，他写作这部小说，是要给变幻的社会的变幻情状"留个影子，给后人看看"，"算是镜中照面，也有个影儿"。所以，作品对历史过程的处理，既注意到历史过程的脉络，又绝不拘泥于历史事实，而是既是写史，又是虚构，虚虚实实，镜中取影，纯然是小说家的家数。主要事件，难以作为历史事实来看；主要人物及其行事，也不是真人真事。

小说的基本线索，是吕思瀛和何珠儿先是如何平步青云地由普通人夤缘至政治舞台顶端、后又是如何身居高位而祸国殃民。基本情节是：吕思瀛荡尽家业，流落戏班，成为名角，艺名艳朵儿。开府陀城制置大臣何锐伦好观戏，何锐伦寿诞日，吕思瀛随戏班为其演戏祝寿。因演唱出色，深受何锐伦赏识，便乘机让何锐伦出钱从戏班中赎出，留制置府办事，并恢复本名。在制置府办事期间，与何锐伦之妾胡氏和原为丫环、后被胡氏视若生女的何珠儿厮混。有人参了何锐伦一本；其姻亲、枢密院大臣苏焜不仅给他通风报信，还替他出主意，让他速选美女入宫，以消帝忿。何锐伦即决定送何珠儿入宫，并让吕思瀛护送。途经大庾岭，被绿林豪客李大雄（铁头虎）劫至山寨。李大雄之女李翠花（小夜叉）无意中听到吕思瀛和何珠儿的悲泣，问清情由，劝其父放走何珠儿而留下吕思瀛，并与吕思瀛结为夫妻。何珠儿进京，入宫后受到天子宠幸，天子为其改名何如珠。她身怀有孕后，又讨好安皇后，由安皇后奏请天子封为西宫贵妃。吕思瀛与李翠花结婚十天后，便随后追赶何珠儿一行。因病，误过会合之机；又因遇盗，被抢劫一空，重又流落于途。碰巧，遇到姑丈、新任建康太守张道全，便随张道全先至建康任所，复又至河工任所，终又至京兆尹任所。因背着张道全参与科场舞弊，且为主犯之一，被判斩首。苏焜即请何如珠设法营救。何如珠便密示刑部大臣设法，刑部大臣果然私下买一死罪犯人顶替吕思瀛，苏焜则将吕思瀛送往炎河副

将军文国瑞处暂时藏身。不久,因西方两个国家借故兴师并攻入京城,何如珠随天子和安皇后等走避炎河。李翠花因吕思瀛离后杳无音讯,便扮作男装赴京寻找,又踪迹至炎河,劝吕思瀛逃离。吕思瀛不肯;李翠花即与之决绝,后来在太行山白文彪处落草,坐了一把交椅,并因无端受猜疑而自刎。天子在炎河病故;治丧其间,何如珠偶然得知吕思瀛在炎河,便示意苏焜将吕思瀛带回京中。从此,吕思瀛进入宫中。何如珠之子登位为新皇,她和安皇后均成了太后。新皇年幼,安太后主持政事。何如珠自然不高兴,便设法排挤安太后,终于将安太后气死;同时,她又把吕思瀛弄进銮仪院,后又把吕思瀛升入内府掌管事务,吕思瀛也更名吕登瀛。自此之后,何如珠既夺得大权,吕登瀛也渐涉政事,交通外官,买官鬻爵。何如珠为了巩固权力,设法让天子幽禁了曾经对吕思瀛和她的不端行为进行过斥责的余妃,又设法挟制对他和吕思瀛的不端行为不满的雍王。皇帝患痘而死,论理应立雍王之孙为天子;她却怕大权旁落,强立八皇叔之子为天子,并听从吕登瀛的主意,把雍王遣出京城。这样,何如珠既独揽朝政,吕登瀛也"更自用事,专权揽柄,较前益甚"。在他们狼狈为奸、执掌大权期间,发生了西方和东洋两国先后兴兵进犯的事件,特别是发生了邪教举事和多国联合发动战争并攻入京城的大事。他们和皇帝逃离京城,派李相与外国议和。和约签订之后,才回京城。吕登瀛因与企图篡权而支持邪教反对外国的宣王有勾结,也应受到处置;只是因他本与外国人多有往来,又有何如珠庇护,方得以保全。但吕登瀛自己心中,也自战战兢兢,"那夜竟得了一梦,见京城里旌旗纷起。忽然一阵大风,把宫殿摧塌了,隐隐有人对他骂道:'你罪恶贯盈了,还逃那里去?'说犹未了,见空中一把利剑飞下来,正中他的额上,吓得吕登瀛浑身冷汗而醒。"——小说至此结束。

显然,吕登瀛影射的是李莲英,而何珠儿影射的是慈禧太后。作者黄世仲是革命者。他写作《镜中影》,其笔锋主要是指向当时的最高统治者的。他告诉人们,正是平步青云升入政权顶端的慈禧太后(何如珠)、李莲英(吕思瀛),面对外敌入侵,却只知巩固自己的权力,胡作非为,从而给中国人民带来灾难。

作家还把笔锋指向当时的各级统治者,对官场的腐败和黑暗予以无情的谴责。小说开始几回中，作者写何锐伦庆贺寿诞，光是唱戏一项就花掉数万银子，而何锐伦属下所送寿礼也是金蟠桃、金拐杖、珊瑚树、珍珠花之类，"所费都不下数万金的"；小说第四回中，作者写盐政大臣朱光前殁后，何锐伦倚势越权，硬是要派自己的心腹、胡氏闺中密友之丈夫张成栋署理盐政，并因而与新任安抚张朝龙发生冲突。凡此，都把当时官场的奢靡腐化和任人唯亲之类，暴露得淋漓尽致。甚至参奏何锐伦的钦差李怀清，也是既为同宗的兄弟出气，又为自己"博得一个正直声名"，才上本参奏的。

小说中有关李大雄父女的情节，十分引人注目。作者既说他们是"强盗"，又称他们为"绿林豪客"，而实际上把他们写成有如梁山泊好汉一样的民间英雄人物。他们劫掠的是不义之财，从不胡乱杀人。李翠花在玄坛庙救下被该庙恶道士及其手下凶徒抢得的赵良子、贾佩兰等人时，曾对一凶徒说："你们是强盗出身，我也是强盗出身，今儿却丧在咱的手里，也该有个兔死狐悲。只是咱的作强盗，还是劫那不义之财，不像你们不分好歹，依仗着杀人纵火的手段。你试想想，这个清平世界，怎容得谋财害命的凶徒？就是姑娘不动手，恐老天还容不得汝！"看来，这可以算作他们父女行动的纲领。他们自然还算不上是革命者，而只能说是打富济贫、不遵王法的普通社会中的英雄。然而，作者却显然是站在他们一边的，是给予他们以热情的赞颂的。

作品中，作者并未站出来说什么慷慨激昂的话语，也未通过人物之口进行革命宣传。但是，作品却通过具体描写，显示出了资产阶级革命倾向。小说创作和刊印的那个时候，保皇派依然在鼓吹保皇而反对革命。小说却告诉人们，国家大权操之于慈禧太后（何如珠）、李莲英（吕思瀛）等人之手，内部矛盾丛生、纪纲败坏，朝廷小人当道、直道难行，政权顶端已腐烂不堪；即使有一个欲有作为的皇帝，不仅无力回天，而且自身难保，不是短命，便是只能做个傀儡，连皇后、皇妃都不能保护。作品把抨击的重点放在政权顶端，既使自身与那些谴责小说有所区别，又告诉人们保皇无用，只能起来革命。作品最后写的吕登瀛梦见京城里旌旗纷起、一阵大风把宫殿摧塌，正是作家所希望的革命风暴到来的预兆。

不过，小说中有几点很值得注意的情形。其一，作者压根儿未写及戊戌维新变法;其二,作品对义和团采取的是否定态度;其三,作者对多个外国联合发动战争时的侵略军似有回护之处。这里的后两点,似乎反映出当时革命党人中不少人的认识水平。至于第一点,则应同作者作为革命派而对改良派以及由改良派演化而成的保皇派持否定态度有关。因为,一旦写及戊戌维新变法,就势必要写及慈禧太后(何如珠)对维新变法的镇压;如果以否定态度写及戊戌维新变法,就会导致对慈禧太后(何如珠)之流的行径的肯定,而这是与创作主旨相悖的;如果以否定态度写及慈禧太后(何如珠)之流的行径,则又可能导致对戊戌维新变法的肯定,从而可能导致对改良派以及保皇派的同情,而这又是与作家的思想感情有矛盾的。当然,在今天看来,这一切并不难处理。但是,在当时,作家却大约遇见了难题,只好采取压根儿不予提及之一法了。这只是笔者的一种猜想,未必得当。但无论如何,整个小说有益于当时的资产阶级革命,却是毫无疑问的。

从艺术上看,《镜中影》也是写得相当好的。黄世仲至少写过二十多种中、长篇小说。这些小说大致可以分为两种类型。一是纯然小说写法之作,如《洪秀全演义》、《廿载繁华梦》、《吴三桂演义》等;二是虽名曰小说而实则近乎报告文学或者竟是报告文学写法之作,如《五日风声》、《朝鲜血》、《十日建国志》等。这两类中,后一类一般地说艺术上不怎么讲究小说写法,缺乏小说特点;前一类则不同,一般地说艺术水平比较高,在整个晚清小说中也算得上是上乘之作。《镜中影》即属于前一类,其艺术水平在该类著作中也并不为低。它结构严谨,情节曲折,善于刻画人物性格。有些章回写得还十分精彩。诸如叙写何锐伦寿诞庆贺的第二回,描述李翠花玄坛庙杀死恶道士以救赵良子、贾佩兰等人出离魔窟的第十一回,都给人留下很深的印象。

值得特别一提的是,《镜中影》在艺术上受《红楼梦》、《儿女英雄传》、《水浒传》等的影响,相当明显。比如,《红楼梦》首回有"冷子兴演说荣国府",通过冷子兴之口介绍了荣国府大势以及作品故事的总体轮廓;《镜中影》首回有"冷观时旅况谈世事",全书所写即冷观时之所谈;后者受前者影响是显而易见的。又比如,《镜中影》第十一回写李翠花在玄坛庙的义侠之举,先是入地穴杀死恶道士,后又在地上杀死恶道士手下的凶徒,从而救得赵良子、贾佩兰等人出离火海,就极像《儿女英雄传》第七回十三妹"探地穴辛勤救弱女"的情节,其受《儿女英雄传》影响之迹甚明。作者既借鉴于《红楼梦》、《儿女英雄传》等小说,又努力发挥自己的艺术独创性,从而使《镜中影》达到较高的艺术水准。《镜中影》不失为在晚清小说范围中思想性和艺术性都较高的一部作品。

第十五章　晚清社会小说的巨擘

——关于《廿载繁华梦》

和《洪秀全演义》一样，《廿载繁华梦》也是黄世仲所著诸多小说中早已众所周知的一部作品。因此，《廿载繁华梦》的新旧版本既相当多，有关《廿载繁华梦》的研究和介绍论著相对而言也不算少。然而，有关这部小说的各种问题，并非都已研究得很清楚。有鉴于此，笔者在这里拟以专家学者们的有关论著为基础，对有关问题再事论述和介绍。

一、《廿载繁华梦》的酝酿和创作

《廿载繁华梦》最初是连续发表于《时事画报》上的，连载完毕之后有单行本问世。因而，其开始创作，就自然在《时事画报》始刊之前。问题是，究竟是什么时候开始创作的呢？

在已往的有关研究和介绍论著中，有认为《廿载繁华梦》系黄世仲创作最早的小说者。比如，杨世骥的《黄世仲》①一文就说过：

> 世仲的小说计有《廿载繁华梦》、《洪秀全演义》、《大马扁》三种。《廿载繁华梦》凡四十回，光绪乙巳连载香港《时事画报》，丁未港沪同时发行好几种单印本，……这是世仲最早的一部小说。

---

① 杨世骥·《黄世仲》，《文苑谈往》，重庆，中华书局1945年4月第1版，第70页。

杨世骥此说影响很大,以致在几十年之后仍有持此一说的。比如,王长华为天津古籍出版社1986年12月出版的《廿载繁华梦》所写《前言》就说"《廿载繁华梦》约是黄小配创作的第一部长篇"。甚至在前几年,也还有专家学者称《廿载繁华梦》为黄世仲的"第一部小说作品",且认为"黄世仲从此亦以撰写小说有名于时"①。然而,如同笔者前在《黄世仲作品诸问题小辨》②等文、后在本书前面论述和介绍《洪秀全演义》时已一再指出的,黄世仲开始酝酿和开始创作最早的小说乃是《洪秀全演义》,而不是《廿载繁华梦》。为使读者相信这一点,兹对笔者前说进一步加以说明。

《廿载繁华梦》的主人公是周庸祐,而周庸祐所影射的,如同后文将会指出的,实即广东官僚买办式富豪周荣曜。黄世仲创作这部小说,直接的目的,如书名所示,是要通过描写周荣曜即书中的周庸祐廿载繁华、一朝败亡而表现富贵繁华不过一梦的思想的。小说的卷头诗云:

> 世途多幻境,因果话前缘。
> 别梦三千里,繁华二十年。
> 人间原地狱,沧海又桑田。
> 最怜罗绮地,回首已荒烟。

小说第一回开头也说:

喂! 近来的世界,可不是富贵的世界吗? 你来看那富贵的人家,住不尽的高堂大厦,爱不尽的美妾娇妻,享不尽的膏粱文绣,快乐的笙歌达旦,趋附的车马盈门。自世俗眼儿里看来,倒是一宗快事。只俗话说得好,道是"富无三代享",这个是怎么原故呢? 自古道:"世族之家,鲜克由礼。"那纨绔子弟,骄奢淫佚,享得几时? 甚的欺瞒盗骗,暴发家财,尽有个悖出的时候。不转眼间,华屋山邱,势败运衰,便如山倒,回

---

①　谢永光:《〈洪秀全演义〉作者黄世仲——香港小说家史话之一》,《香港笔荟》第11期。
②　颜廷亮:《黄世仲作品诸问题小辨》,《文学遗产》1989年第2期;《黄世仲与近代中国文学》,兰州,甘肃人民出版社2000年9月第1版,第85~104页。

头一梦,百年来闻的见的,却是不少了。

这些都是明白宣示创作这都小说直接的意图的。

既然如此,黄世仲之酝酿和创作这部小说,就当开始于周荣曜即周庸祐败亡之后。那么,周荣曜之败亡是在什么时候呢?当年港穗地区和黄世仲关系十分密切的《有所谓》报、《广东日报》、《时事画报》等多家报刊以及其他一些报刊,都曾刊登过不少有关周荣曜被岑春煊查抄家产及其前后情事的消息报道,从而记录下了有关周荣曜败亡的真实过程。为使人们对之有一个切实的了解,并为便于介绍起见,兹选录《时事画报》所载有关消息报道如下:

周东生一梦

历任海关库吏中饱甚钜,现归督辕兼管,极力整顿查追。本月初七日密札查封西关周氏兄弟大屋,及南关潘氏大屋。闻所封各屋,金银首饰衣服什物甚多,彻夜点灯登部,随由善后局分派委员前往看管;其宅内上下男女数十名口,均带进城,将周东生之姪周保安收押羁所,周东生之一女眷拨往旧大厅署暂住,周秩西之女眷拨往魁巷肇阳罗道行台。初八早又往素波巷查封傅姓住屋一间、逢源大街住屋一间、旧宝华周东生小眷屋一间,先派差勇多人驻守,然后查点家具;另用老媪搜检宅内各妇女身上有无私怀贵重物件;并执傅家泰一名,交番禺捕厅。自涌此大潮后,现在各海关清书,均有戒心云。

又闻某甲向在海关当差,利弊最悉。当岑督接办关务,锐志整顿,某甲即向周氏兄弟索借五万金;周吝而不与,某甲遂将库房积弊,和盘托出。八月初七,经岑督照会周东生赴(赶)紧清理,周置之不答;嗣又饬蓝巡捕往问,周仍然搪塞。未几周拜比国出使大臣之命,以为可保无事。不料言官参劾,收回成命,而岑督参摺亦到,内外夹攻,故有如此之剧烈。初拟俟其到京扣留解粤归案;嗣周以使差改派,逗留上海,岑督恐延时日、风声走漏,故一接密电,即日发作,一面查封产业,一面电饬上海道拘人。惟现在未接复电,未悉能否拿获耳!

      ——《时事画报》乙巳第 3 期

    乙巳九月二十日(1905 年 10 月 18 日)

周东生事汇纪

  连日府县查封周东生家产事,已纪前报。兹闻十三日善后局委员张令允桢、广府委员何令斌、南海县委员易蓉,会同神安司于式格驰往该司地方,何、易二委往大范乡查封公安当一间,张、于二委往松岗墟查封安福押一间,将两典货物点明,交差勇看守;即将司事周寿南、其子周卓,并部据带返赴府署审讯,饬令将周东生大沥附近产业共有多少,逐一开出。二人供称不知,即饬押候审所,以便递日再行核办云。又查封西关十二甫大屋一间,系苏姓与周秩西买受,已印契管业一月有余矣,亦被波及云。又查封光雅里周秩西大屋时,并将二妾二媳三女及婢仆七名,押留魁巷,身上一无携带。日昨朱道亲到该屋捡取各妇女身应用衣物,分给以示体恤云。又周东生之资财,多在其妻马氏掌握,风闻初四日正在大屋听留声机器,忽接电报,立命仆人弄饭,搭夜轮赴港,携带辎重;迨闻查封之耗,恐波及港业,复将港寓之夹万十余簦撬之,将金银珠宝转运别处安顿;已预请状师辩护,连打数电往上海,未接东生复电,随又〔遣〕专人赴申查其实落,以便密商云。又东生之第二妾,六月时曾将衣箱六十六件,寄存文昌巷高宅。现高姚氏闻周被查抄、岑督示谕商民将周之财物赴广府署报明,高特求总商会为之转报,当经商会总理函达府署;随接复函照准,并允嗣后首报此案,均准其自赴商会转报,日间呈报者络绎不绝云。又闻周已搭船往暹罗矣。

      ——《时事画报》乙巳第 4 期

    乙巳九月二十九日(1905 年 10 月 27 日)

所纪之周东生,如同后文将要指出的,即周荣曜。根据这些报道,周荣曜之被查抄,时间已是乙巳九月初七日(1905 年 10 月 5 日)。既然如此,那么黄世仲之开始酝酿和开始创作《廿载繁华梦》,就应当在乙巳九月初七日(1905年10月5日)之后,而此时《洪秀全演义》已在《有所谓》报连载四个多月,可见《廿载繁华梦》绝非黄世仲的第一部长篇小说。

实际上,黄世仲之正式开始创作《廿载繁华梦》,恐怕还不会是乙巳九月初七日(1905年10月5日)或之后一、二天,而当在乙巳九月初七日(1905年10月5日)之后多日。这是因为,《廿载繁华梦》既是长篇小说,其创作就得有准备的时间,包括搜集材料和总体构思的时间。当然,黄世仲可能本来对周荣曜其人有所了解,掌握若干有关情况;但是,既要写成长篇小说,就不可能不再行搜集材料;即使材料掌握得很多,而如何将其写成作品,特别是如何结构,也还是需要下一番工夫的。黄世仲自己在《廿载繁华梦》的《凡例》中曾说:"作书者须先有全局在胸,方能下笔。若见事写事,则必至散漫无纪。是书殆胸中先有全局在胸者。"要全局在胸,当然必须先掌握材料,然后还要有一个构思的过程。这自然是需要一定的时间的。没有个十天半月,是不易为功的。所以,估计黄世仲之正式进入创作过程,再早也当不会早过乙巳九月下旬(1905年10月下旬)。这样看来,在黄世仲创作的全部长篇小说中,《廿载繁华梦》当然不是第一部。

不仅如此,而且在黄世仲长篇小说中,《廿载繁华梦》也不是第二部,而是第三部。因为,如同笔者已经指出的,黄世仲的《镜中影》虽然不大可能是黄世仲的处女作,但开始酝酿和开始创作的时间却应比《廿载繁华梦》要早得多,应是黄世仲的第二部长篇小说。[①]

开始创作以后,《廿载繁华梦》当是边写边送往报刊连载的。小说的第四十回写"不觉到了七月时候,朝廷竟降了一张谕旨,把金督帅调往云南去了";又说"不想过了数日,一个电报传到,是因惠、潮乱事,金督再任粤督"。这里所说的"金督",指的是岑春煊,而岑春煊之被调任云贵总督是在丙午九月(1906年10月),再任两广总督是在丁未四月(1907年5月);这里所说的"惠、潮乱事",指的是同盟会发动的惠州七女湖起义和潮州黄冈起义,

---

① 颜廷亮:《晚清资产阶级民主革命派小说的杰出代表——黄世仲〈洪秀全演义〉考论》,《甘肃社会科学》2005年第4期。

而这两次起义分别是在丁未四月二十二日(1907 年 6 月 2 日)和丁未四月十一日(1907 年 5 月 22 日)。《廿载繁华梦》既然写及这一切,那么至少写及这一切的文字当写于其后。小说系边写边发表,乃是肯定无疑的。

　　至于《廿载繁华梦》最后完稿的时间问题,《时事画报》为研究者们留下了一件重要的资料。《时事画报》从丁未八月十五日(1907 年 9 月 13 日)的该年第 21 期起,连续数期刊出如下广告:

本社小说《廿载繁华梦》全书出版预告

　　是书详序周庸佑近事。第一回出世,已为社会欢迎。全书四十回,全稿已脱。本社今经发刊,准九月内出版。分三大册,价银九毫。用上好纸张,洋装精美。另有新闻画付印,届期出版,阅者幸留意焉。发行另议。

　　光绪三十三年丁未八月吉日　　　　　　　　　时事画报社谨告

八月吉日即八月初一日。这一天草写出来的广告既云"全稿已脱",那么《廿载繁华梦》就当在七月三十日(1907 年 9 月 7 日)前已经完稿。联系上文所说第四十回当写作于丁未四月(1907 年 5 月)以后加以考虑,那么《廿载繁华梦》之完稿时间,也就在丁未五月至七月(1907 年 6 ~ 8 月)间了。不仅如此,而且完稿时间可能还不会迟到七月(1907 年 8 月),而是还要再早些。因为据查,《廿载繁华梦》的赖应钧序原刊于《时事画报》丁未第 17 期,而这一期的出版时间是七月初五日(1907 年 8 月 13 日)。既然如此,那么《廿载繁华梦》也就至迟应在丁未六月(1907 年 7 月)间完稿了。如果再考虑到黄世仲又一长篇小说《党人碑》的连载广告紧接八月吉日草写的《廿载繁华梦》广告之后刊出、作品正文也于丁未八月二十五日(1907 年 9 月 17 日)出版的《时事画报》丁未第 22 期开始发表,而这一切又意味着《党人碑》至迟在丁未七月三十日(1907 年 9 月 7 日)之前已开始创作,那么《廿载繁华梦》在丁未六月间已经完成也当可肯定。

二、《廿载繁华梦》的发表和原刊单行本

如上所述,《廿载繁华梦》是边写边在《时事画报》连续刊发,然后出版单行本的。问题是,《廿载繁华梦》在《时事画报》上连载的情况及其单行本出版的情况如何呢?

先谈《廿载繁华梦》在《时事画报》上连载的情况。

前引杨世骥《黄世仲》一文最早谈及这个问题,指出《廿载繁华梦》"光绪乙巳连载香港《时事画报》"。此后,不少专家学者在谈及这个问题时,都沿袭此说。比如,《中国通俗小说总目提要》①的《廿载繁华梦》条释文,就是如此。还有一些专家学者谈及这个问题时,谈得更具体一些。笔者自己在《黄世仲作品诸问题小辨》②一文中,就既在正文中说过"《廿载繁华梦》之开始发表是在 1905 年 9 月才创办的《时事画报》上",又在文末附录之《黄世仲小说十六种系年》中说过"《廿载繁华梦》于是年(按:指 1905 年)九月开始创作,同月开始在《时事画报》连载"、"《廿载繁华梦》是年(按:指 1907 年)在《时事画报》连载完毕";方志强的《黄世仲大传》③也既说"乙巳(1905)年九月广州《时事画报》创刊,黄世仲则推出四十回长篇小说《廿载繁华梦》",又说"黄世仲自周东生被抄家后,便开始创作〔《廿载繁华梦》〕,在是年(按:指乙巳,即 1905 年)冬刊载",还说"小说连载至丁未(1907)年八月止"。郭天祥的《黄世仲年谱长编》④沿袭方志强的前一说法,也说乙巳八月(1905 年 9 月)《时事画报》创刊,黄世仲"随即在该报推出四十回长

---

① 江苏省社会科学院明清小说研究中心主编:《中国通俗小说总目提要》,北京,中国文联出版公司 1990 年 2 月第 1 版;方志强:《黄世仲大传》,香港,夏菲尔国际出版公司 1999 年 3 月第 1 版,第 454~457 页。

② 颜廷亮:《黄世仲作品诸问题小辨》,《文学遗产》1989 年第 2 期;《黄世仲与近代中国文学》,兰州,甘肃人民出版社 2000 年 9 月第 1 版,第 85~104 页。

③ 方志强:《黄世仲大传》,香港,夏菲尔国际出版公司 1999 年 3 月第 1 版,第 126 页。

④ 郭天祥:《黄世仲年谱长编》,北京,中国社会科学出版社 2002 年 10 月第 1 版,第 95 页。

篇小说《廿载繁华梦》连载"。还有一位申友良说得更明确,他在《报王黄世仲》①一书中说"黄世仲的《廿载繁华梦》随《时事画报》创刊号推出"。仔细分析所有这些论述和介绍即可发现,各人的说法有的不很具体;有的虽然具体,却又有与杨世骥的说法相异之处或相互矛盾。那么,情况究竟如何呢?

首先应当指出的是,杨世骥的说法是有不够准确之处的。其一,说《廿载繁华梦》"光绪乙巳"连载于《时事画报》是有欠准确的。因为,经查,《廿载繁华梦》实际上连载于光绪乙巳至丁未的《时事画报》,而不是只连载于"光绪乙巳"的《时事画报》。其二,说《廿载繁华梦》连载于"香港《时事画报》"也是不确切的。笔者曾经指出:"《时事画报》创刊的时间大约在乙巳年的八月二十五日前后,很可能就是八月二十五日。这一天,正是公历的1905年9月23日。"还曾指出:"广州《时事画报》的停刊和在香港复刊,时间都在己酉年即1909年。……《时事画报》在香港复刊的时间就是(己酉)第15期出版的日子即己酉年八月三十日,这一天是公历的1909年10月13日。"②而当广州《时事画报》停刊和在香港复刊的时候,《廿载繁华梦》此时早已连载完毕,与在香港复刊的《时事画报》无关。

其次应当指出的是,《廿载繁华梦》究竟是什么时候开始在《时事画报》连载的。论者谓开始于乙巳年即1905年,自然是对的。但是,开始于这一年的什么时候,实在是个问题。笔者所说乙巳年九月"开始在《时事画报》连载"、方志强说"乙巳(1905)年九月广州《时事画报》创刊,黄世仲则推出四十回长篇小说《廿载繁华梦》"、郭天祥说《时事画报》创刊时黄世仲"随即在该报推出"《廿载繁华梦》连载、申友良说《廿载繁华梦》"随《时事画报》创刊号推出",均是不怎么确切的;方志强另说《时事画报》刊载《廿载繁华梦》是在乙巳年冬,具体时间说得也不那么明确。实际上,笔者以为,《时事画报》既不是创刊于乙巳年九月,《廿载繁华梦》也没有从其创刊号或乙巳年九月出版的某期开始在其上连载。那么,是从哪一期开始的呢?

乙巳年的《时事画报》,据笔者的考辨,共出9期,即从创刊号到第9

---

① 申友良编著:《报王黄世仲》,北京,中国社会科学出版社2002年3月第1版,第90页。
② 颜廷亮:《黄世仲与〈时事画报〉》,《明清小说研究》2004年第2期。

期,其中第 9 期当出版于乙巳年十一月二十日,即公历 1905 年 12 月 16
日。① 这 9 期中,今所见者仅 6 期,即第 1 期至第 6 期,而这 6 期上均未刊载
《廿载繁华梦》。第 7 期至第 9 期未见,不知究竟是从哪一期开始刊发《廿载
繁华梦》的。笔者以为当是从第 8 期开始的。这当然仅仅是个推测。不过,
笔者相信这个推测当是符合实际的,理由是:今存之《时事画报》丙午年第 4
期是刊有《廿载繁华梦》的,所刊系第六回。既然如此,那么此前《廿载繁华
梦》在《时事画报》上当已刊出过五回。从今所见《时事画报》刊载《廿载繁华
梦》的情形来看,该刊大致是每期刊出一回。据此推算,则《廿载繁华梦》自然
应是从乙巳第 8 期开始连载的,这一期的出版时间当是乙巳年十一月初十日,
即公历的 1905 年 12 月 6 日。② 方志强另说《廿载繁华梦》在《时事画报》始
刊是在乙巳年冬,倒还是说对了的,惜其既欠具体,又持黄世仲于《时事画
报》创刊时即推出《廿载繁华梦》一说,使人不知究竟是何时始刊的。

需要补充说明的是,《时事画报》之连载《廿载繁华梦》,并不是始刊之后
每期均载。比如,丁未年第 1、2 期就未刊载。此中原因不明,这也许可能同刊
物版面有关,但更有可能同作家创作情况有关,即可能到某期就要定版时作
家尚未写出续稿。总之,无论情况如何,所谓连载,并非每期均载。另外,《时
事画报》也并非每期必载一回,而是有两期或多期连载一回以及同一期刊有
前回尾部和后回前部等情形的。比如,第三十一回就连载于丁未第 6 期和第
7 期,第四十回就连载于丁未第 22 期至第 26 期,而丁未第 13 期则刊有第三
十五回尾部和第三十六回前部。所以,笔者在上文也只是说"从今所见《时事
画报》刊载《廿载繁华梦》的情形来看,该刊大致是每期刊出一回"。

《时事画报》之刊完《廿载繁华梦》全稿,是在丁未第 26 期。这一期今
可见到,所刊为《廿载繁华梦》第四十回尾部,也是全稿尾部;这一期的出版
时间是丁未年十月初五日,即公历的 1907 年 11 月 10 日。

再谈《廿载繁华梦》单行本出版的情况。

20 世纪 40 年代,杨世骥在上揭《黄世仲》一文中就曾说:《廿载繁华

---

①　颜廷亮:《黄世仲与〈时事画报〉》,《明清小说研究》2004 年第 2 期。
②　颜廷亮:《黄世仲与〈时事画报〉》,《明清小说研究》2004 年第 2 期。

梦》"丁未港沪同时发行好几种单印本"。他虽未指明《廿载繁华梦》丁未港、沪所出单行本各是什么版本,但却肯定地指出丁未(1907)"港沪"同时出版有《廿载繁华梦》的单印本,这里可以姑且称其说法为"港沪"说。到了1949 年之后,有关《廿载繁华梦》单行本问题的说法却发生了变化,似乎无人再提杨世骥的"港沪"说。先是阿英的《晚清戏曲小说目》①在著录《廿载繁华梦》时,只著录了两个刊本,即汉口东亚印刷局1907 年巾箱本和上海书局 1908 年石印本。虽然阿英并未认定此二刊本是仅有的早期单行本,而此后很长时间中,研究者们却大都以为《廿载繁华梦》的早期单行本就是此二本。近多年间,甚至连一些颇有权威性的辞书,如《中国大百科全书·中国文学(一)》②等,也如此。总之,"港沪"说变成了"汉沪"说。此说当然并未明说汉口东亚印刷局本是最早的单行本,但汉口东亚印刷局本和上海书局本既是仅有的两个早期单行本,而汉口东亚印刷局本又较上海书局本为早,那么汉口东亚印刷局本自然就是最早的单行本了。冼玉清的《黄小配与〈廿载繁华梦〉》③说:"此书除《时事画报》本外,还有许多翻印本。较佳的有光绪三十三年(1907)汉口东亚印刷局所刊的线装巾箱本四册,光绪三十四年(1908)上海书局石印线装本三册。"所说"除《时事画报》本外"一语中的"《时事画报》本",猛看起来,似乎是说《时事画报》出有单行本,而仔细分析,所指似乎是《时事画报》连载本;她实际上好像也是以汉口东亚印刷局本为最早的单行本。

　　一直到 20 世纪 80 年代末、90 年代初,笔者才著文对《廿载繁华梦》的最早单行本问题提出不同的看法,认为最早的单行本并非汉口东亚印刷局本,而是《时事画报》社所印单行本。④ 但是,在此之后,这种说法虽渐被广

---

　　① 阿英:《晚清戏曲小说目》,上海,上海文艺联合出版社 1954 年 8 月第 1 版;上海,古典文学出版社 1957 年 9 月增订版第 1 版;北京,中华书局 1959 年 5 月第 1 版;《晚清小说大全》编印计划》(征求意见稿),上海,上海书店出版部 1985 年 8 月印行,第 1~44 页。

　　② 《中国大百科全书·中国文学(一)》,北京,中国大百科全书出版社 1986 年 11 月第 1 版;方志强:《黄世仲大传》,香港,夏菲尔国际出版公司 1999 年 3 月第 1 版,第 453~454 页。

　　③ 冼玉清:《黄小配与〈廿载繁华梦〉》,《羊城晚报》1962 年 7 月 6 日。

　　④ 颜廷亮:《黄世仲作品诸问题小辨》,《文学遗产》1989 年第 2 期;《黄世仲与近代中国文学》,兰州,甘肃人民出版社 2000 年 9 月第 1 版,第 85~104 页;方志强:《黄世仲大传》,香港,夏菲尔国际出版公司 1999 年 3 月第 1 版,第 474~475 页。

泛接受,而持汉口东亚印刷局本说者仍然有之。别的不说,单说一些重要辞书如《中国通俗小说总目提要》①、《中国文学大辞典》②、《中国近代文学辞典》③、《中国近代文学大辞典》④等吧,就无不如此;胡从经在《香港近现代文学书目》⑤中著录《廿载繁华梦》时还明白地宣称汉口东亚印刷局本是《廿载繁华梦》的"初版"。那么,情形到底如何呢?

　　笔者仍然以为,如同一些专家学者已经接受的,《廿载繁华梦》的最早单行本,当是丁未《时事画报》所出单行本。经查,当《廿载繁华梦》将要在《时事画报》上载完而还未载完的时候,《时事画报》就已准备出版单行本,并在前引《时事画报》丁未八月十五日(1907 年 9 月 13 日)所出第 21 期及之后数期所刊《本社小说〈廿载繁华梦〉全书出版预告》中预告"准九月内出版",而单行本确实也在丁未九月(1907 年 10 月)出版。现在广东中山图书馆就藏有该本,其版权页正作:

　　　　　　　　　　　　每套定价银九毫正

第七十七丁未九月出版

　　　　　　　　　　　著作者　禺山黄小配

　　版所翻必

　　权有刻究　　　发行者　广东时事画报

　　　　　　　　　　　　　　　　编译公司

　　　　　　　　　　　印刷者　广州

　　　　　　　　　　　　　　　澄天阁

　　　　　　　　　　　寄售处　各书坊

---

　　①　江苏省社会科学院明清小说研究中心主编:《中国通俗小说总目提要》,北京,中国文联出版公司 1990 年 2 月第 1 版,第 930～931 页;方志强:《黄世仲大传》,香港,夏菲尔国际出版公司 1999 年 3 月第 1 版,第 454～457 页。

　　②　马良春、李福田主编:《中国文学大辞典》,天津,天津人民出版社 1991 年 10 月第 1 版,第 765 页。

　　③　魏绍昌、管林、刘济献、郑方泽主编:《中国近代文学辞典》,郑州,河南教育出版社 1993 年 8 月第 1 版,第 53 页。

　　④　孙文光主编:《中国近代文学大辞典》,合肥,黄山书社 1995 年 12 月第 1 版,第 110 页。

　　⑤　胡从经:《香港近现代文学书目》,香港,朝花出版社 1998 年 5 月第 1 版,第 2 页。

该本卷首有岑学吕、麦仲华、赖应钧分别所写序文和作者自己所写《弁言》
和《凡例》。另外,笔者1985年曾目验过的李育中藏本《廿载繁华梦》与此
本同。不过,该本所标虽为"丁未九月出版",而实际上却是丁未十月初十
日(1907年11月15日)出版的。丁未十月初五日(1907年11月10日)出
版的《时事画报》丁未第26期有广告云:

> 《廿载繁华梦》小说定期本月初十日出版,爱阅者快来快来。
>
> 本社谨启

而《时事画报》载完《廿载繁华梦》,也是在该期。就是说,该《时事画报》单
行本出版时,《廿载繁华梦》在《时事画报》刚刚连载完毕,因而自然应是《廿
载繁华梦》的最早单行本。因为,只有《时事画报》有《廿载繁华梦》全稿,从
而才有可能在全稿刚刚载完的时候出版单行本,别的出版公司书店,特别是
广州以外地方的出版公司书店,则不可能做到这一点。

　　杨世骥"港沪"说中的丁未沪本,迄未一见,笔者估计大约属于误记,事
实上可能并不存在。其所说丁未港本,则当即丁未九月《时事画报》本,因
为当时广州并未见有其他单行本刊本。至于从阿英《晚清戏曲小说目》的
著录衍化出来的"汉沪"说中的沪本系1908年本,则其并非最早单行本是
毋庸多说的。其中的汉口东亚印刷局本呢? 该本笔者未见,各家均只说是
丁未刊本而未明其出版月份,故不知究竟出版于丁未年的某月,但可以推知
其出版时间绝不会早于《时事画报》单行本。按该本当是据《时事画报》连
载本刊行的,因为《廿载繁华梦》全稿并不在汉口东亚印刷局;《时事画报》
刊完全稿,如前所述,已是丁未第26期,这一期的出版时间是丁未十月初五
日,即1907年11月10日;因而,该本之出版必在此后许多日,至少也该在
五日之后。因为,《时事画报》丁未第26期出版之后,至少也该有好几日时
间才能到达汉口、上海;加上排版、印刷所需的时间,则书之出版至少要比五
天时间长多了。既然如此,那么该本就不可能是早于《时事画报》单行本的
最早单行本了。

　　今见《廿载繁华梦》的各种新旧版本,除最早单行本丁未《时事画报》单

行本外,均属汉口东亚印刷局本或与之大致相同的本子,其上均无赖应钧序文以及作者所写《弁言》和《凡例》。因而,即使是校点较好的本子,也均难称曰最完善的本子。如还有出版社出版该小说,最好还是要加上赖应钧序、作者《弁言》和《凡例》,这至少对研究该小说是很有好处的。

三、《廿载繁华梦》的选材

《廿载繁华梦》是以真人真事为题材创作出来的。小说的主人公周庸祐,别号栋臣。其人原是市井光棍,因荡尽祖上所遗财产,只得投靠在广东海关任库书的舅父傅成。当新任两广总督欲查办傅成的贪污舞弊时,周庸祐以欺诈手段,从傅成手中夺得库书职位并从此暴发。他的贪污舞弊,更甚于其舅父傅成。同时,他又巧取豪夺,当广东海关大臣晋祥病逝时,趁机夺其妾、谋其财;为了便于自己贪污舞弊、收受贿赂,用30万银子进京贿赂当道,使京官联元成为广东海关大臣,实际上也就是成为自己的保护伞。他用不义之财,广置产业,广纳姬妾;还行贿买官,由知府衔而指省道员而驻外公使头等参赞而四品京堂,并几乎成为驻外钦差大臣。他还把钱财转移到香港,在香港大置不动产并到洋行大买股票,实际上成为买办型官僚巨富的一个典型。然而,古语云"君子之泽,五世而斩",俗语亦谓"富无三代享"。周庸祐不仅不例外,而且一个"斩"字更是及身而受,繁华兴盛仅二十年即被参劾查抄,落得个妻妾反目、友朋成仇、家财一空、身败名裂,终于不得不孤身逃亡国外、不知所终,廿载繁华,终成一梦。问题是:作品所写这个周庸祐影射的究竟是谁呢?

符实说:"周庸祐确有其事,但其名是否周庸祐呢,未经考证。羊城故老对周家东华街及西关宝华正中约故宅言之凿凿。本书(按:指《廿载繁华梦》)序言中,苏曼殊将他与当时广州首富潘、叶、卢、伍作比较,……"①符实这里所说的序言,其作者为"曼殊",即麦仲华,符实以为是苏曼殊,有误。

---

① 符实:《小说名家黄世仲之死》,《羊城今古》1989年第2期。

但这一点倒无关大局。重要的是,符实虽云"周庸祐确有其事",且云"羊城故老……言之凿凿",却又说"其名是否周庸祐呢,未经考证"。其实,正如笔者前文已经指出过、不少专家学者现在也都已知道的,周庸祐确有其人。不过其人的原有姓名并非周庸祐,而是周荣曜。这个周荣曜,字东生,广东南海人,是清末岭南巨富;周庸祐升沉盛败、大起大落的二十年历史,正是周荣曜其人盛衰浮沉历史的真实写照。就是说,作为小说,《廿载繁华梦》难免、也必须有虚构,但总的说来,所写乃真人真事。黄世仲在为《廿载繁华梦》所写《凡例》中称:"是书纪事,非目击即耳闻,殆不尽虚,与《石头记》实不相类。"此说殆非虚语。事实上,作家基本上只是据实写来而自然成书。人物的名字,就明显地是从真实人物的名字衍化而来。在粤语中,周庸祐的"庸祐"二字显然与"荣曜"大致谐音,而"栋臣"二字则显然与"东生"读音相近;周庸祐同宗兄弟周乃慈字少西,而真实人物之此人则字秩西,"少西"显然与"秩西"义近。至于姓氏,则一仍其原而并无变化,连周庸佑的续弦和周荣曜的续弦的姓氏也都相同,均以马为姓。小说的基本情节线索,也符合周荣曜的兴衰升沉过程。别的不说,单说对周庸祐获命为驻某国钦差大臣而旋又成命收回、家产被查抄、本人隐匿于沪之过程的描写,就和当年《有所谓》等报有关周荣曜的连续报道所书大体一致。《有所谓》报的有关报道如下:

周东生出使比国之传闻(广东)

周东生为吾粤南海人。去年因事晋京,至月前始行返里。现闻官场人言:已奉到清谕,简周为出使比国大臣云。

乙巳八月十一日(1905年9月9日)

噫,富商真受骗矣(广东)

周东生奉清旨出使比国,经登报上。兹据官场传述,已改派李盛铎,闻因粤海关库书数目牵连、为岑督纠参云。

乙巳九月初五日(1905年10月3日)

周东生不派比使之原因(广东)

据官场人探闻清政府改派出使比国大臣之故:岑督所参海关原摺,中及周秩西亏空库项并牵连周东生,其语尚未激烈。其实比国以东生出身"并未保过使才,不谙交涉",故不认其为使臣,清政府遂改派李盛铎。计期东生日内方抵北京,真一场扫兴矣!

乙巳九月初八日(1905 年 10 月 6 日)

可怜哉,周东生竟有今日(广东)

周东生海关库房起家,积拥厚资,富酹王侯;近拜出使比国大臣,固一世之雄也。嗣闻因海关数目不符者一百三十余万,为岑督参揭,已收回出使成命。日昨岑督复密札将周〔氏〕兄弟屋宇查封。于是日,南海县陈令协同左堂西关汛,并续备军数十名,驰往城西光雅里,查封周德邻堂屋宇一区。广州府广州协番禺县,驰往城西宝华正中约,查封周荣禄第屋宇一区,先将名登簿,夜各门派人驻守点办各物,用书手多名签簿,夜深未散;适东生之妻落漏,祇余姨太、小姐及男女仆役赴,不许一人放出。并闻南关潘某大屋,亦因此案牵涉,同日被封云。

乙巳九月初九日(1905 年 10 月 7 日)

海关库房大风潮(广东)

历任海关库吏,中饱甚钜。现归督辕兼管,极力整顿查追。初七日密札查封西关周氏兄弟大屋及南关潘氏大屋,业详昨报。兹闻所封各屋金银首饰衣服什物甚多,澈(彻)夜点明登簿,随由善后局分派委员前往看管;其宅内上下男女数十名口,均带进城,将周东生之侄周宝安收押羁所、周秩西之女眷拨往魁巷肇阳罗道行台。初八日早又往查旧宝华六十一号门牌周东生小眷屋一间,同日复查封前届库房傅氏素波巷住屋一间、逢源大街住屋一间;先派差勇多人住守,然后查点家具,另用老媪搜检宅内妇女身上有无私怀贵重物件,并执傅家泰一名交番禺捕厅。自涌此大风潮,现在各海关清书,均有戒心云。

又,风闻风响岑督办理此案,经奏明奉准,已申饬上海道将周东生扣留,并照会港澳政府一律查封周之产业矣。

乙巳九月初十日(1905 年 10 月 8 日)

一世之雄而今安在(羊城)

初七日岑督命一府两县广协,到宝华正中约周荣禄第查封,已详前报。兹访得是日各官到周宅时,最握要觅该宅管家数部。(注意)刻闻岑督已电知港澳洋官,乞先查周某洋界产业,以便查抵。当各官到周宅时,周之西宾为张梅初,各官命其退出云。

初八日各官又驰往逢源大街傅宅查抄家产,亦因此案牵涉。

按周以海关书吏起家,赀拥百万。周性骄侈,其子女为所濡染。长女遇富户蔡某,当时奁具之盛,啧啧人口;迨入门后,藐视翁姑,骄傲之气,不可言状。翁姑怵于乃父之声势,迫得哑忍云。今乃父之下场如此,殆天道恶盈之一证欤。

乙巳九月十一日(1905 年 10 月 9 日)

周东生返港之传闻(香港)

闻刻周东生由沪附德邮船巴乍返港,随即附原船于前日启行,前往南洋云。

乙巳九月十八日(1905 年 10 月 16 日)

又,关于周东生到南洋后的情况,《华字日报》曾有报道,其一云:

槟角访移(按:原文如此。"移"字当为"稿"字之讹):周东生于十月十七日由星加坡到暹罗乃附山大根邮轮。初到之夕,无处投宿,与其同来之两人饮于四间庄瑞意楼。越日托新马路之马车站姓冯名马车佳者为之租赁新马路汩街市口、万春堂药材店楼上居住。一切皆由马车佳为之料理。周东生自认为姓何，又其同来肥而矮者自称姓黎。二人均已剪辫服西装，但举止不像。又有同来一人自称姓林，乃来自新加坡漆木街某缸瓦店者，却未剪辫。十八日夜宴饮于逸南楼洋菜馆，二十九夜（按：当为"十九夜"）则冯马车佳宴之于金珍酒楼。闻周东生许以银十余万元，与马车佳作本开设一木绞于内地，大约马车佳得此意外之财可以无庸业马车矣。①

乙巳十一月二十四日（1905 年 12 月 20 日）

将《廿载繁华梦》从第三十四回到第四十回的叙写与上述报道以及前引《时事画报》的有关报道相对照，就不难看到《廿载繁华梦》所写确实是真人真事了。

黄世仲选取这样一桩真人真事为题材且大致照实而写，本身就显示出作为晚清革命派杰出的政治家、宣传家和小说家所具有的很高很深的眼力，因为周荣曜的兴衰升沉史本身就是很有典型意义的。周荣曜由市井光棍起家，起家之地在广东，起家之处在广东海关，他的大起大落、骤兴骤崩与上上下下的官场、前后左右的商家平民以至洋人紧密地联系在一起，特别是与号称"天下第一美缺"的广东海关的命运紧密地联系在一起。因此，这个题材也就特别突出地成为清朝统治晚期整个社会的一个缩影，从中既可以看到处于季世的清朝政府的腐败已极，又可以看到行将崩溃的整个清末社会的腐烂不堪，当然还可以不同角度地从中得出应有的结论。以之作为题材，可以挖掘出十分丰富、十分深刻的思想内容在作品中加以表现。当年的《有所谓》报对周荣曜被查抄前后的情形之所以连续加以报道，正是由于清楚地看到了其事本身所体现的重要社会历史内容。《有所谓》报的创办者郑贯公乙巳九月十一日在自己的报纸上发表的短评《富商之趋附清廷者看

① 该报道笔者未见，此处转引自叶秀常《研究黄世仲的一些突破》注(12)，《黄世仲与辛亥革命国际学术研讨会论文集》，香港，纪念黄世仲基金会 2001 年 8 月出版，第 71 页。其中"移"字当为"稿"字，"二十九夜"当为"十九夜"。

看》即是例证。在这篇短评中，郑贯公就以周荣曜以及胡雪岩、潘仕诚为例，指出趋附清廷者乃"往作奴隶，欲荣身而转以倾家也"之举，并说：周荣曜之亏欠关款不自今日始，而必待今日而朝廷突然发难者无他，实是由于"以前之周荣曜，度其尚拥厚赀，遽然计及，则周氏无报效朝家之日矣。故延至今日，而后可以一网攫尽周氏之财也。其手辣，其计巧，然后知四品京堂、三品京堂，非所以福周氏而实以祸周氏也。嘉奖报效，分发使差，旨墨未干，而今安在？呜呼，已矣！清廷以此计饵富商，已非一日，周氏知而为之，又乌足为周氏惜呼！"这正是郑贯公从周荣曜盛极而衰一事中发掘出的一种思想内容。无论郑贯公的说法是否正确，而周荣曜盛极而衰一事具有典型意义，当是无疑的。黄世仲这位刚刚以太平天国革命这样的重大政治历史事件为题材创作了长篇小说《洪秀全演义》、以 19 世纪 50 年代至 19 和 20 世纪之交半个多世纪的近代中国历史为题材创作了长篇小说《镜中影》的作家，转过来以周荣曜及其家族的兴衰浮沉为题材进行新的长篇小说的创作，绝非无因的偶然之举。那么，黄世仲究竟从所选取的题材中看到了什么并在《廿载繁华梦》中加以表现呢？

四、《廿载繁华梦》主题思想辨

毫无疑问，廿载繁华、不过一梦的思想内容，在《廿载繁华梦》中是得到了表现的，从小说的名称就可以体察出这一点。当时就有人这样来看《廿载繁华梦》，赖应钧和麦仲华各自为小说所写序言就是例子。赖应钧序云：

> ……钧幼读孔氏书，至"富贵浮云"（《论语·述而》）一语，则喟然曰："此儒家矫饰论矣！当富贵时，畴辨其义与不义也？"则并孔氏而亦疑之。稍长，涉猎乎诸史诸子而上下其事实与理论，则稍稍惊："生前华堂，零落山邱，悲夫，古今人一辄也。逐逐者不悟，当其富贵时，以不可一日之概，夸耀流辈。其尤可嗤者，席祖若父之余荫，施施绔绔以为荣，不十年间，而虚憍以僵矣，宁待廿载乎哉、宁待廿载乎哉？"虽然，周

氏以一宴人子,而繁华廿载,虽一梦也,亦足以豪。且古今来帝王卿相,烟云过眼者,何可胜道,宁独一周氏? 桑田沧海,变局万状,后之视今,将不止如今之视昔。万古一梦,当作如是观也! 若是,则钧何暇哀周氏,更何暇哀不如周氏之纨绔儿?

麦仲华叙云:

> 吾粤溯殷富者,道咸间,曰卢、曰潘、曰叶。……以周比潘、卢、叶,则潘、卢、叶近文,而周鄙野也。……是以房屋一端而论,又潘、卢、叶广而周隘矣。呜呼,周之繁华,岂吾粤之巨擘哉? 但以官论,则周差胜。……虽然,其为南柯一梦,彼此皆同。……而计享用之久暂,则周甚暂,而潘、卢、叶差久,盖彰然明矣:此所以适成其为二十载繁华梦,而作书者于以有词也! ……曩有伍氏者,至今衰零虽过半,而园圃尚有存者。……顾今尚可以此傲庸人也,则胜于周之参革矣! 嗟夫,地球一梦境耳,人类胥傀儡耳,何有于中国、何有于中国广东之潘、卢、伍、叶及周氏? 然梦中说梦,亦人所乐闻。其有于酒后或作英雄梦、或作儿女梦、或作人间必无是事之梦,而梦境才醒之际,执此卷向昏灯读之,当有悲喜交集而歌哭无端者!

今天的研究者中,也有这样来看《廿载繁华梦》的。陈平原《出家容易归家难——〈廿载繁华梦〉》①就说:

> 黄小配的长篇小说《廿载繁华梦》,1905 年连载于《时事画报》,1907 年由汉口东亚印刷局出版单行本,后屡次重刊。小说写周庸祐接替娘舅当广州海关库书后,施展手段,扶摇直上,成为广东巨富,后被抄家通缉,只身出走暹罗。小说结尾诗云:"由来富贵浮云里,已往繁华

---

① 陈平原:《出家容易归家难——〈廿载繁华梦〉》,《陈平原小说论集》,石家庄,河北人民出版社1997 年8 月第1 版;方志强:《黄世仲大传》,香港,夏菲尔国际出版公司1999 年3 月第1 版,第687~688 页。

幻梦中。"既是想渲染"富贵浮云人生如梦",自然得来点佛、道。这也是中国小说的老规矩了。

这里,关于《廿载繁华梦》最早单行本等的说法之并不完全妥当,笔者不必再说什么,想说的是其视《廿载繁华梦》表现了二十载繁华不过一梦的思想内容,那是很清楚的。确实,《廿载繁华梦》中周荣曜的起结二十年,真是富贵浮云、繁华一梦,黄世仲也确实在一定程度上表现出了这一点。别的且不说起,单是"廿载繁华梦"五字以及陈平原先生所引小说结尾诗中的两句即可为证。

然而,如果《廿载繁华梦》表现的只是这样消极的思想内容,那就实在既无太大的社会价值,又与黄世仲其人作为一位坚定的民主主义革命家和同盟会香港分会领导人的思想状况太不协调。中国古代小说史乃至整个中国文学史上,表现此类消极思想内容的作品为数实在已不少,再写一部同类思想内容之作难道还会有什么太大的意义? 作为一位坚定的民主主义革命家和同盟会香港分会的领导人,黄世仲也许会在某一作品中某种程度上表现出或掺杂有此类消极的思想内容,但写出单纯地表现这样的思想内容的作品又怎么可能呢? 事实上,人们当能看到,黄世仲并未在《廿载繁华梦》中单纯地表现什么二十载繁华不过一梦这样的思想内容;他从自己所选取的题材中看到并在小说中加以表现的思想内容,较之富贵浮云、繁华一梦来,要深刻得多、积极得多。

首先,《廿载繁华梦》表现了清朝政府专制统治大厦将倾的必然趋势。作家所选取的题材本身,已提供了这种可能。周荣曜赖以起家的广东海关,在一定程度上是清朝政府专制统治的一个缩影。这里不仅是最易贪污舞弊的场所,而且既旁及广东官场,又上及朝廷王公大员,上下左右均可在这里演出腐败的活剧。事实上,这里确实也是一个烂摊子。周荣曜既靠种种阴谋欺诈手段在此起家,又于暴发之后继续以种种卑劣手段在此敛取钱财;既靠不义之财纵欲败度,又为了寻找保护伞而大肆行贿买官,直至几乎成为驻外钦差大臣;与广东海关直接有关的朝廷海关本身以及京中官员,也都视这里为敛财之所,或谋取这里的大小职位,或从这里收取贿赂。黄世仲是民主主义革命家,他站在民主革命的高度上处理自己的题材,挖掘题材所包含的丰富深刻的内容。他抓住这个题材,在作品中真实而深刻地揭示其中的种种鬼蜮伎俩。在他的笔下,广东海关贪污横行,舞弊丛生,上自监督,下至库吏,无一不藉此所以敛财起家,而这一切又还得到朝中王公大臣之类的庇护,这些王公大臣也从这里攫得好处。无疑,这是在揭露广东海关。但是,同时这也是在揭露清朝专制政府统治下政治的腐败和社会的腐烂,广东海关实际上是整个清朝政府及其统治下的社会的一个缩影。作家以此告诉人们,清朝政府专制统治已经维系不下去了,整个社会肌体已经腐烂得无法医治康复了,而周庸祐之终于富极而衰正表明清朝政府的专制统治大厦行将崩溃。作品深刻的认识意义之一,正在这里。

顺便需要指出的是,一些专家学者如方志强先生等认为《廿载繁华梦》中所写"牝鸡司晨"乃是影射慈禧太后之攘夺朝政。[1] 是的,在《廿载繁华梦》中,作家确实描写了周庸祐之二十载繁华终成一梦与其家庭内部"牝鸡司晨"的关系。周庸祐虽然既富又贵,可谓一代之雄,但是在其家庭内部却是其继室马氏当政。这位马氏自进入周府的时候起,不仅骄奢淫逸、挥霍无度,而且竭力维护自己的地位,千方百计地揽权私储。她不仅以毒辣手段排斥周庸祐诸妾,甚至率领亲信婢仆大闹周氏六姨太太王春桂所居别室,而且和先她而为周庸祐生子的周氏二姨太太伍氏势不两立,以致为了不使将来家产落入伍氏之子手中而不择手段地陷害伍氏之子;对周庸祐,她也是雌威频发,事事都要其遵从她的意愿,致使周庸祐家庭内部是名副其实的"牝鸡司晨"。本来,所谓家室不宁乃是此类家庭中必有或至少是常有之事,而周庸祐家庭内部你争我斗、鸡犬不宁式的家政腐败,则直接因这位马氏而生。问题是,黄世仲为什么要特意地写出这一切?小说《凡例》中曾说"全书主脑"是"在马氏";还说:"是书之警骄奢淫逸,首罪马氏,次罪周氏。"这就是说,作者要让读者明白:周氏之败,首先败在马氏、败在"牝鸡司晨",《廿载繁华梦》是以写"牝鸡司晨"为重要关节的。毋庸多说,这是题材本身已经

---

[1]　方志强:《黄世仲大传》,香港,夏菲尔国际出版公司1999年3月第1版,第143页。

提供了的,前引《时事画报》所刊《周东生事汇纪》、《有所谓》报所刊《一世之雄而今安在》等报道就透露出这种描写是符合周荣曜家庭内部实际的一种描写。然而,这种描写至少在客观上却必然会使人们联想到当时清朝政府内部慈禧太后独揽朝政正是"牝鸡司晨"。事实上,黄世仲也正是将慈禧太后的大权独握视为清朝政府专制统治透顶腐败的表现之一看待,并以对周庸祐家庭内部"牝鸡司晨"的描写而加以影射的。全书结尾诗二首之一系咏周庸祐,而之二则云:

> 势垮皇妃旧有名,檀床宝镜梦初醒。
> 妒工欲杀偏房宠,兴尽翻怜大厦倾。
> 空有私储遗铁匣,再无公论赞银精。
> 骄奢且足倾人国,况复晨鸡只牝鸣。

这是在咏马氏吗? 是咏马氏。但是,仔细一想,又何止于咏马氏? 明眼人读来,一下子就可以看出也是在咏慈禧太后,在咏清朝政府内部慈禧太后式"牝鸡司晨"之导致大厦必倾和将倾。当然,无论是周庸祐之终败或清朝政府专制统治大厦之必倾和将倾,根本原因并不是由于什么"牝鸡司晨"。但是,《廿载繁华梦》如此写来,却更使人们想到这部以周荣曜二十载繁华一朝倾覆的小说,确实也是要写清朝政府专制统治大厦必将崩塌的命运的。

五、《廿载繁华梦》小说类别辨

《廿载繁华梦》曾经被一些专家学者视为谴责小说,黑龙江人民出版社1995年5月出版的《谴责小说名篇系列》还将《廿载繁华梦》与《老残游记》等合为一册纳入其中。这里,且不说"谴责小说"这个概念是否科学,单说《廿载繁华梦》是否真正是一般所谓"谴责小说"吧,其回答也应当是否定的。实际上,《廿载繁华梦》并无所谓"谴责小说"的那种只是"谴责"的典型特点；它不仅是被冯自由早就指称过的"社会小说"①，而且还是一部在"谴责"之外实际上正面宣示出作者革命思想的社会小说。

广东《时事画报》社丁未年九月（1907年10月）版《廿载繁华梦》所载黄世仲所写而为该小说近几十年间所出诸多版本未录的《弁言》（尾题"时中历丁未九月世界之个人禺山黄小配序于香江寓楼"）云：

> ……吾人观人感事，气能忍，心能耐，笔不能曲，则以无事不可成书、无人不能立传。纪其人，书其事，质诸古人，问诸当世，赠诸后人，使慕善儆恶，趋智避愚，则亦圣贤文而豪杰事也。彼夫纨绔子之纵欲败度，养其祸而蒙其羞，用取败亡，宜矣。周氏，式微孤裔耳，甘苦固亦备尝。骤退贫贱而进富贵，宁不知所以自持，顾亦自得自失，败不旋踵，吾知必有纵欲败度，使之养其祸而蒙其羞者，周氏乃得而身受也。嗟呼，高明鬼瞰！稍一弗竞，火将及睫，况不读书、不知礼，国家观念彼弗闻、社会公益彼弗知，随纵欲败度以为终始如周氏者哉！君子曰，是可以为世镜也。吾乃究其原，尽其责任，微诸事，快诸谈，纪其人，书其事，以为是书，凡十五万言，以告后世。其有慕善儆恶、趋智避愚、奉以为家族师者，固吾生无涯之希望；而知我罪我之故，其亦以此乎！

这里，黄世仲说得很明白，即他之写周荣曜（周庸祐）之骤富骤贵而又败不旋踵，乃是要写出其根本原因而"以为世镜"、"以告后世"，使天下后世"慕善儆恶，趋智避愚"。那么，根本原因是什么？自然就是拒绝"慕善儆恶，趋智避愚"。而所谓善和智、恶和愚，又各是什么？黄世仲说："嗟乎，高明鬼瞰！稍一弗竞，火将及睫，况不读书、不知礼，国家观念彼弗闻、社会公益彼弗知，随纵欲败度以为终始如周氏者哉！"显然，所谓恶、所谓愚，就是不读书、不知礼，就是国家观念弗闻、社会公益弗知，就是一味纵欲败度，而与之相反的所谓善、所谓智，当然就是读书知礼，就是具有国家观念、热心社会公

---

① 冯自由：《〈洪秀全演义〉作者黄世仲》，《革命逸史》第2集，北京，中华书局1981年7月第1版，第42页。

益,就是不纵欲败度。这里,最核心的是具有国家观念、热心社会公益。是否具有国家观念、是否热心社会公益,实际上是黄世仲所说善和恶、智和愚的判别标准。而所谓"国家观念"、所谓"社会公益",当然是有其特定的内容的。前揭郑贯公在《有所谓》报所发表的短评《富商之趋附清廷者看看》中严厉地谴责了周荣曜之"趋附清廷",谓其行为乃"往作奴隶"。黄世仲是郑贯公的好朋友,他和郑贯公志同道合,既与之同为同盟会香港分会领导人,又是郑贯公办报宣传革命的得力助手。既然如此,那么郑贯公之所指责于周荣曜者,黄世仲当会认同。可见所谓"趋附清廷"、"往作奴隶",正是黄世仲所谓没有国家观念、不知社会公益的具体表现,而拒绝"趋附清廷"、"往作奴隶",则就是具有国家观念、热心社会公益了。事实上,《廿载繁华梦》所要表现和确实表现出来的,主要的也正是对周荣曜不择手段聚敛钱财而"趋附清廷"、"往作奴隶"以至数典忘祖、甘为洋奴的谴责,并通过这种谴责明示人们应当以国家民族的根本利益为重、应当支持乃至投身资产阶级民主革命事业。

《廿载繁华梦》是以 19 世纪末、20 世纪初为背景的。这既是清朝政府专制统治已经摇摇欲坠、国家外患频仍、民族危机极为严重的时期,又是中国人民起而进行社会变革,以使国家富强、民族独立、社会进步的时期,是戊戌维新变法、义和团运动、反美拒约运动、辛亥革命轰轰烈烈、前后相继地进行的时期。《廿载繁华梦》不是一部正面表现中国人民反帝反封建英勇斗争的作品,而是着重予揭露和抨击清朝政府专制统治的腐败及其时整个社会的腐烂。小说通过对周庸祐的暴发以及暴发之后继续千方百计聚敛钱财、买官求贵、大肆挥霍,而在善堂上门请其出资赈济八国联军侵华所造成的天津灾民时,却不仅一毛不拔,而且还以洋奴自居等的叙写,严厉地贬斥周庸祐式买办型官僚巨富之根本不以国家民族根本利益为意、甘当清朝政府和洋人奴隶、丝毫没有一点正直的中国人的气味的恶和愚。人们想必都知道,在中国旧民主主义革命时期,特别是在其从戊戌维新变革到辛亥革命的最后那一段时间中,除了先进的中国人和广大普通中国人民群众起而奋争外,许多富绅,特别是海外华侨以及其中的富商,都曾为了国家的富强和民族的独立,慷慨解囊乃至献出自己的生命。黄世仲之贬斥周庸祐式恶而愚的人物,正是以此为对照系的。他的贬斥是谴责吗? 确实是谴责。但是这种谴责是在革命思想指导下进行的。他实际上是通过对周庸祐的叙写,为资产阶级民主革命制造舆论,启示人们要以国家民族的根本利益为念,支持乃至投身到民主革命事业,而不可像周庸祐似的只图一己的富贵、趋附清廷和以洋奴自居,弄得个身败名裂、遗臭名于万世。这应当是、实际上也确实是黄世仲创作《廿载繁华梦》的基本立意之所在。比起所谓谴责小说来,作家站得更高,正面主张和提倡的东西表现得也更为明白。谓《廿载繁华梦》的思想内容更为积极、更为深刻,应当说是并不为过的。

总之,《廿载繁华梦》虽然和中国文学史上出现过的诸多以"梦"名篇的小说一样,不免有"富贵浮云"、"繁华一梦"的思想内容,但最主要的却并不在于着重地表现这种思想内容,而是通过叙写周庸祐的升沉盛衰,谴责那种不以国家种族根本利益为念而一味追求一己之荣华富贵、趋附清廷且以能成为清廷奴隶和取得洋人身份而自鸣得意、自我满足的人物,预示清朝政府专制统治大厦必倾的趋势,从而导引人们支持以至投入资产阶级民主革命事业。曾有专家学者称《廿载繁华梦》为"似《红楼梦》的广东小说"①,作家自己在小说《凡例》中也说"是书逼近《石头》"。此等说法,从其思想内容方面来说确实不无道理。

六、《廿载繁华梦》的艺术特点

其实,《廿载繁华梦》不仅从思想内容方面说"似《红楼梦》",而且在艺术形式方面也和《红楼梦》有某种相似之处。以周庸祐及其家庭的由盛而衰为主线,把周庸祐家庭琐事特别是周氏妻妾间的明争暗斗、周氏本人的对上巴结王公大员和对下的欺蒙诈骗以及附庸风雅、组织什么谈瀛社之类组织安插到主线之中的结构方式,就不免会使人想到《红楼梦》。看来,黄世

---

① 李育中:《一本似〈红楼梦〉的广东小说——黄小配作〈廿载繁华梦〉》,《羊城晚报》1980 年 8 月 20 日。

仲在创作是书的时候,对《红楼梦》当是有所模仿的。然而,《廿载繁华梦》却并不是《红楼梦》,并不是对《红楼梦》的简单模仿的产物。《廿载繁华梦》虽然艺术上显然不能和《红楼梦》相比,却也自有特点、自有成就。

在黄世仲的全部小说中,《廿载繁华梦》与以重大历史政治事件为题材的《洪秀全演义》等不同,而是和《镜中影》以及后来的《黄粱梦》、《宦海潮》等以某一人物的一生际遇为题材的小说有些近似。然而,无论题材有什么不同,在精心结构这一点上却都是相同的。黄世仲在小说《弁言》中一再谈及全书的主脑、脉络、每一回之深意、诸多情节之起结以及对题材的取舍等,所讲实即结构问题,足见其是十分重视小说的结构并确实在结构上下了工夫。比起《红楼梦》来,虚构的成分少一些,而是基本上写真人真事;从某种意义上说,这种基本上写真人真事的作品,更要有对题材的精心剪裁、精心组织工夫,绝不可单纯依照所写主要故事之自然状况进行叙写。作家也确实做到了这一点。在《廿载繁华梦》中,作家紧紧围绕周庸祐二十载繁华终成一梦这条主线,把种种人物和纷杂以至琐细的周氏家庭内外的事件、情节、细节组织到一个完整的故事中,并将整个故事分为三大段落进行叙写:先是写周庸祐这条光棍凭空而起,再是写周庸祐暴发以后家庭内外的骄奢淫逸、交通官场、明争暗斗之类,最后是写周庸祐盛极而衰。其间,题材中与主题思想无关的人和事均舍而不写。比如,作品虽在开始时说"若问这个人(按指周庸祐)生在何时何代,说书的人倒忘却了",有意模糊时代,但从书中所写却可以清楚地看出是以 19 世纪 80 年代到 20 世纪初期为背景的。在这二十多年间,两广总督换了一任又一任,而作品却并不把每一任都加以叙写,加以叙写的仅影射岑春煊的金督帅一人,其他的张督帅(影射张之洞)、李督帅(当是影射李瀚章)、谭督帅(影射谭钟麟)、德督帅(影射德寿)、周督帅(影射周馥)等人则往往只是提到而已。这就使作品叙写免致枝枝蔓蔓、重点转移。又比如,周荣曜任驻英参赞时,其妻马氏曾经随任,但在作品中写周庸祐任驻英参赞时,却说随任的是其三姨太太香屏。为什么要有此变动? 作者在《凡例》中写道:

是书有应纪而不纪者。当周庸祐任驻英参赞,马氏本随任,曾以水

> 洗缠足布晒于使署骑楼,新闻社会纷纷嘲笑之,谓那日为中国大庆日,故悬特别旂帜于署前,盖嘲缠足带为旂帜也。是书独不记此段,得毋笔墨不欲过为刻薄,且此事为国体所关系乎哉。或亦全书主脑,既在马氏,故割爱此段而留马氏于省中,庶写周府事不致寂寞,且较易调动笔墨耳。

诚如作者所说,这样处理题材,是深有用意的。特别是所说"留马氏于省中,庶写周府事不致寂寞,且较易调动笔墨",更是从结构方面考虑的。这种从全盘出发所做的深思熟虑,就使全书结构既不违背生活逻辑,又符合艺术要求,有利于充分展现作品主题。

在黄世仲的全部小说中,和《洪秀全演义》等主要塑造正面英雄人物形象的作品不同,《廿载繁华梦》属于和后来的《大马扁》相类似的、主要为读者提供反面人物形象体系的作品。不仅如此,而且在这部《廿载繁华梦》中基本上没有写正面人物。作品自然也写了几个正面人物,如周庸祐的元配邓氏和善堂中人,但这几个人物不是早死,就是偶尔出场、旋现旋去,总之均非重要角色。其余或多或少能给读者留下印象的,上自王爷(如宁王)、督帅(如金督帅)、海关监督(如联元),下至海关的一般职事以及周庸祐诸妾诸亲友(尽管其中有的人的命运还有值得同情之处),都是否定性角色;周庸祐及其续弦马氏,自然更纯然是反面人物。然而,无论人物形象体系有什么不同,在善于塑造人物形象这一点上,却是相同的。特别是周庸祐和马氏的形象,还写得相当成功。作者调动多种艺术手段来塑造这两个人物,使周庸佑成为一个卑鄙无耻、贪赃枉法、骄横奢侈而又倏然而起、倏然而落的买办型富豪,使马氏成为一个愚蠢无知、心狠手辣、挥霍无度、只会在家庭中弄权和排斥对自己构成威胁者的富家婆子。在清末小说中,当然也有一些作品写到过这样的人物。但是,却可以说以《廿载繁华梦》所写为最有性格深度。这应当说是《廿载繁华梦》艺术上的一个重要贡献。

《廿载繁华梦》和《洪秀全演义》、《镜中影》一样,都是黄世仲的早期作品。它的酝酿和写作时间稍后,但却和另外两部小说一样,属于黄世仲写得最为成功的作品。冯自由说:

　　该书(引按:指《廿载繁华梦》)演述富绅周某宦途及家庭琐事,绘声绘影,极尽能事,大受社会欢迎,在清季出版之社会小说名著中,实为巨擘。①

这是说得一点也不错的。

---

　　①　冯自由:《〈洪秀全演义〉作者黄世仲》,《革命逸史》第 2 集,北京,中华书局 1981 年 7 月第 1 版,第 42 页。

第十六章 《粤东小说林》和《中外小说林》上的两部长篇小说

——关于《宦海潮》和《黄粱梦》

《粤东小说林》和《中外小说林》上连载时间最长的小说,当推黄世仲的《黄粱梦》和《宦海潮》。笔者在这一章就来论述这两部小说以及与两者之一有特别密切之关系、且比两者发表要早的黄世仲的中篇小说《宦海冤魂》。

一、从《宦海冤魂》到《宦海潮》

在现知黄世仲所写至少二十二种小说中,有三种的书名是以"宦海"二字打头的,这三种便是《宦海冤魂》、《宦海潮》和《宦海升沉录》。《宦海升沉录》一名《袁世凯》,是写袁世凯的,几十年来论者颇多。《宦海冤魂》和《宦海潮》均是写晚清红员张荫桓的,仅在近十多年间才有论述介绍以及校点本。

《宦海冤魂》和《宦海潮》的面世情况 在写于二十多年前的《黄世仲作品诸问题小辨》①一文中,笔者在近代小说研究界首次指出黄世仲著有《宦海冤魂》这一小说。文云:

---

① 颜廷亮:《黄世仲作品诸问题小辨》,《文学遗产》1989 年第 2 期;《黄世仲与近代中国文学》,兰州,甘肃人民出版社 2000 年 9 月第 1 版,第 66～84 页。

《宦海冤魂》这一种同后面两种（按：指《朝鲜血》和《十日建国志》），也都是迄今无人提及的。这一种刊于《少年报》丙午（1906）八月，作者署名为一个"棣"字。从丙午八月初五日连载至八月十八日，共十一次（除始刊一次外，共计十次。八月十八日所刊标曰"九续"，实应为"十续"，盖因八月十三、十四两日所刊均标曰"七续"所致）。这一小说是否出过单行本，不详。

其实，《宦海冤魂》虽在《少年报》连载 11 次，而总字数并不多，比起今天许多所谓短篇小说作品还要短，因而当时也就不大可能出单行本。前些年，笔者和赵淑妍发现这一小说后，将其校点，发表于张正吾主编的《晚清民国文学研究集刊》第 2 辑（漓江出版社 1995 年版）中。

笔者在上揭《黄世仲作品诸问题小辨》一文中，对《宦海潮》最初在报刊上发表情况也做过简要介绍：

《黄粱梦》的大部分是与《宦海潮》一起刊载于黄世仲及其兄黄伯耀所创办的《中外小说林》上的。据柳存仁《伦敦所见中国小说书目提要》云：《宦海潮》共三十二回，分上、下两册装订，光绪三十四年戊申（1908）香港世界公益报刊行，作者署名黄小配，英国博物院 1909 年 10 月 1 日收藏。因此，单行本的情况是清楚的。但是，它最初在报刊上刊行的情况，却未见有人道及。最初连载它的《中外小说林》是专门的小说杂志，约创刊于光绪三十二年（1906）五月。……该刊当至少出二十八期。今存者共十六期。《宦海潮》在这二十八期中的刊载情况如何呢？……从今尚在的第二年的九期看，每期所载《宦海潮》文字均独立成回。从第二年第一、二期所载分别为第十九、二十回看，《宦海潮》当从《中外小说林》创刊号始载，至少共刊载二十八回，其总计三十二回之末四回是否刊出，不得而知。

按：今所知《中外小说林》出版之总期数以及今存期数，均已增多，此处不详述。所要指出的是，《宦海潮》的总字数与《黄粱梦》差不多，全书基本完稿似乎在丁未(1907)十一月或十二月(1907 年 12 月或 1908 年 1 月)。其单行本出版者是香港《世界公益报》;从黄世仲所写《〈宦海潮〉叙文》末尾的写作时间题记为"时中历戊申仲夏番禺黄小配叙"来看,出版时间当在戊申年五月(1908 年 6 月)或稍后。

《宦海冤魂》和《宦海潮》主题思想的同与异 在香港夏菲尔国际出版公司出版的方志强所著《黄世仲大传》①中,作者指出《宦海潮》是在《宦海冤魂》基础上写成的。但应看到,从《宦海冤魂》到《宦海潮》,作家事实上对同一题材的认识和处理发生了很大的变化。

《宦海冤魂》和《宦海潮》所写的张荫桓,在前者中仅称曰"乡先达某公",在后者中的姓名为"张任盘"(《中外小说林》连载时作"蒋任盆")。这位张荫桓,字樵野,广东南海人。年轻时纳资为知县,后不断升迁至户部左侍郎;曾充任出使美、日(日斯巴尼亚,即西班牙)、秘(秘鲁)三国大臣,办理华工被虐各案交涉事宜;又曾于中日甲午战争议和之初被派为全权大臣之一,还曾出使英、美、法、德、俄等国;戊戌维新变法期间,曾受命管理京师矿务、铁路总局,戊戌政变后受劾革职流放新疆,并于 1900 年被杀于流放地。黄世仲两种小说所写,与张荫桓的一生大致相符。然而,作家在这两种小说中对题材做了不尽相同的处理,从而表现出不尽相同的主题思想。

《宦海冤魂》的基本情节线索是:乡先达某公(张荫桓)少时怀有大志而偃蹇不售于时,遂放情诗酒、流连风月,其父谓为荡子而父执辈亦目为无赖。得所好妓女李银屏之助前往济南投靠母舅、山东泰武临道李君,先得李君之幕府钱某之重视,后以钱之誉扬而得李君之欢,继又因读得钱某《刑名要诀》、长于刑名而为李君所赏识。李君以其善弈而荐其为亦善弈之丁抚军为弈友,为丁抚军所优待,且由丁抚军纳粟报捐知县,又加捐道员,旋委权登青莱道事;复又荐其为随曾敏惠(曾纪泽)出使俄罗斯的头等参赞,和曾敏惠一起受到嘉奖,授其为太仆寺少卿。李君开缺山东藩缺后以办矿失利南归,公赠以三千金外,又以白金千元交李君代交银屏并携银屏入都。未几,拜出使美、日(日斯巴尼亚,即西班牙)、秘(秘鲁)大臣,托故不行以待银屏

---

① 方志强:《黄世仲大传》,香港,夏菲尔国际出版公司 1999 年 3 月第 1 版,第 153 页。

之至。然久等不至,遂赴使任。及解使任返都途中回籍修墓,方讯知银屏已逝,遂为诗悼之。返京后,累迁至户部左侍郎并受派为总理大臣。当中日甲午战争起时,曾拜尚书衔,为议和大臣。事未竟,回京兼佩七银印,一时称盛。时其子横行乡里,公知之而召其入京。恰京城方兴党狱,公以与党人同乡贯而为言路所衔,几不免。然其子却仍天天往来于兔子(男色)社会,因争一小兔子名小朵者而与荣相之子交恶,荣公子思中伤公。公遂设法与荣相订异姓交而逐其子回籍,然终因荣公子谮之于荣相而被革职充发新疆军台效力。义和团乱发生,新疆抚臣某出于好意奏请起复公出使俄国,掌朝事而排外之端王疑公与俄通,遂矫诏杀之。

在《宦海冤魂》中,作家对自己的主人公,明显地表现出一种肯定和同情的倾向。对其荣显腾达之前之后不忘风尘知己银屏的描写,实际上就是要把主人公写成一个正面人物。对其被冤杀而成"冤魂"的叙述,实际上就是在表达对主人公的同情。特别应当指出的是对主人公被视为"荡子"、"无赖"的年青时期的描写,甚堪注意:

> 乡先达某公,祖寓禅山,故家子也。比公长时,家道渐落。公怀大志,而偃蹇不售于时,遂放情诗酒,借风月以自娱。厥父薄之,谓为荡子,常叹曰:"有儿若此,振兴祖业其无望矣!"公既长,卓荦不凡。然父执辈世态炎凉,多以其父母鄙薄之故,并目为无赖,公益不得志。受聘于某分关为侦私员,岁中百什薪赀,聊以自给。

此乃小说刚开始的一段。公被其父视为"荡子"、被父执辈视为"无赖",而黄世仲却用"公怀大志"、"卓荦不凡"来写他笔下的主人公,根本没有对他的主人公加以鄙薄的影子。整篇小说,实际上也基本上是以肯定和同情的态度为他的主人公立传,通过其浮沉一生的描写表现世态之炎凉以及在世态炎凉社会中一个应予肯定和同情的人物的人生悲剧。

《宦海潮》与之相较,情况就不同了。从基本情节线索来看,框架大致依旧,但不仅有些细节有变化,而且增加了大量情节以及细节描写,插入了大量事件叙述。这自然同其系长篇小说有关。然而,更为重要的原因可见于作者在《〈宦海潮〉叙文》中所说:南海张氏属于"固有小才而未闻君子之大道"者;虽"未尝不善揣时势以取功名",而人们不能"骤以豪杰英雄相比例";其在"美雨欧风、外潮澎湃之日",虽位显权重,而"一切事功,抑何浅陋! 奉一差、订一约,不闻为国家争光荣,不闻为国民保权利";是以其死也,"人多哀之,吾独不以为奇异";而仅仅是因张氏一生际遇所表现出的"世态之炎凉,宦海之升沉,吾固不能无感"以及所表现出的"专制斧钺,生杀随意;纨绔子弟,动作无道,危及其亲,尤可悲也",这才创作这一作品的。在《〈宦海潮〉凡例》中,黄世仲也说:写作《宦海潮》既"不志在为张氏纪传,而特借张氏以写人情世故之变幻无常",又于描写人情世故之外"隐寓国势盛衰之感情",且谓"是书有国家种族之感情"。可见,当写作《宦海潮》的时候,黄世仲对自己的题材有了新的开掘和认识。作家站得更高,看得更深,并因此而产生了新的创作意图,即不仅要通过写张氏来写人情世故,而且要通过写张氏"隐寓国势盛衰之感情",写出"国家种族之感情"。当人们仔细研究《宦海潮》的时候,不难发现作家是达到了自己的目的的。从两个方面可以看出这一点。

第一、比起《宦海冤魂》来,《宦海潮》所反映的生活面大大地扩展了。作家充分发挥长篇小说容量大的优势,对《宦海冤魂》所写从情节、细节、事件描写上进行增、插,从而把许多在《宦海冤魂》中只是顺便一提或干脆未曾涉及的生活领域,诸如京中上层社会臣工和名士生活以及国中一般官僚社会的种种腐败卑劣、西方资本主义国家的物质文明和精神文明、中国皇权社会的专制淫威和落后闭塞、西方列强对中国的侵略和威压,等等,都在作品中盘托而出。

第二、比起《宦海冤魂》来,《宦海潮》的主题思想更有深度、更有意义。《宦海冤魂》自然也包含有对社会黑暗、政治腐败之类的揭露,但到了《宦海潮》中这种揭露却大大地得到加强。张任盘就是靠钻营行贿走门子之类手段腾达荣显起来并不断升迁的,而如张任盘者在在皆有。京中大佬身居要位,不思如何强国利民,而是沉湎于提倡旧学、嗜好括帖古董字体书画和流连诗酒,许多人行为不端而致身败名裂,互相倾轧、互相利用之事亦多有之。国势衰弱,民族危亡,在作家笔下正是与此有关的。特别是作品所写张任盘在纽约博物馆看到美国海军发展之速和战具日新月异,便有"中国现时还始创海军,哪里能够与人对敌"的感慨;在巴黎参观博物馆时看到法人将曾受耻辱之事绘成图画展出以激励民心,便兴"这等事若在我们国中,不特不绘这些画,若绘起来,怕还要骂他羞辱国体呢"的感叹;在华盛顿听到一桩命案之得破案系因有留声机留下作案人作案时的声音,便生"今有留声机报出案情,我们中国人哪里见过?可见西人考求技艺,没一件不精的了"的感怀等。很难说这一切在张荫桓出使美、日(日斯巴尼亚,即西班牙)、秘(秘鲁)三国期间确实发生过,而很可能出自作家的虚构或有作家的虚构成分。但无论如何,黄世仲将其写入自己的作品中,除了有让读者一开眼界的目的外,实际上还有以之与中国的情形相比较,在比较中使人们认识到专制腐败的清朝政府统治下的中国已远远地落在他人后面,不急起变革是绝对不行的了的目的。确实,《宦海潮》的主题思想,已远远超出了单纯表现世态炎凉的范围而具有更为重要的意义了。

《宦海冤魂》和《宦海潮》主要人物形象塑造比较 在《宦海潮》的《凡例》中,黄世仲写道:

> 寻常说部,褒贬过于渲染。或叙一先辱后荣之人物,写其人每视之太高,过于雕琢。是书却扫除此弊。故张氏为书中主者,亦在不褒不贬之间。盖是书不志在为张氏纪传,而特借张氏以写人情世故之变幻无常者也。

这是从小说创作的艺术性方面着眼,指出人物塑造应当注重真实性而不应人为地把人物写成好的全好、坏的全坏。细观《宦海潮》全书,不能不承认,在这方面,作家是严格地按照自己的主张描写他的主人公的。比起在《宦海冤魂》中之写"乡先达某公"来,对张任盘,作家确实是不褒不贬或曰又褒又贬,使之成为一个美丑兼具、善恶同一的人物的。如果说作为立传性很强的作品的《宦海冤魂》中的"乡先达某公"也是给人以相当真实的感觉的话,那么《宦海潮》中的张任盘就更是如此了。

笔者注意到,大部头的《中国通俗小说总目提要》①一书对《宦海潮》所作的提要,只是把张任盘当成一个纯粹的反面人物介绍给读者。然而,在《宦海潮》中,黄世仲对张任盘,正如在《宦海冤魂》中对"乡先达某公"一样,那是还给予肯定和同情的。譬如,作品写张任盘腾达荣显之后,不曾忘记曾经有恩于己的郑用、李成等人。又如,写张任盘出使美、日(日斯巴尼亚,即西班牙)、秘(秘鲁)三国时,既不忘维护国体,又不忘了解和学习西方文明,还能同情受虐华工。刚到旧金山受辱时能严斥关吏且坚拒关吏索阅国书,谓如允其索阅则"还有什么国体";听到一位华侨因美虐华工而连带骂到"中国做官的没点子心肝"时,能认识到华侨所说"究是实情,实怪他不得";在纽约、巴黎参观博物馆时,能为中国物质文明和精神文明之不如人而感慨;作为出使外国大臣,看到两位华人所呈华侨被虐的折子后,能够想到:"他们此举具有自爱同种的感情,可见自己来做钦差,这责任自是不能放弃的。只是外交情势,全靠自己国家里头兵力强盛,就易争胜;叵耐自己国势方弱,美人料自己不能奈得他何,竟把自己同胞百般虐待。此来若争气不得,那里对得国人住!"总之,绝非那些媚外卖国之流之所为,而是还有中国人的骨气的。

然而,比起《宦海冤魂》来,《宦海潮》对张任盘的否定和批判色彩却确实要突出得多。作家给予读者的绝非纯粹正面的人物形象,而是还写出了张任盘性格中的卑劣一面。这位张任盘年青困穷时为了弄到银两,可以不择手段;前往山东投靠利宗岳时,为了博得利宗岳的赏识,可以先以不正当手段结交利宗岳的幕僚钱东若、后又套取钱东若的《刑名要诀》秘本;一次路过上海时为了弄到银两作盘费,可以造出假汇单;在主持修炮台时,为了应付李相龙翔(李鸿章)的查验,可以弄虚作假;当充出使美、日(日斯巴尼亚,即西班牙)、秘(秘鲁)三国使任将要结束而京中有人参其"贻误外交、有伤国体"时,为向军机要人打点,可以偷取友人所藏古画;当因其子从他人处强买的古画丢失、怀疑系刚回国且与其子同住一店的出使德国大臣洪云

① 江苏省社会科学院明清小说研究中心编:《中国通俗小说总目提要》,北京,中国文联出版公司1990年2月出版;方志强:《黄世仲大传》,香港,夏菲尔国际出版公司1999年3月第1版,第462~464页。

所取时,可以抛却曾有之情谊而加以参劾;等等。一个美丑、善恶集于一身的人物形象,活生生地摆到了读者面前。

其实,黄世仲的小说创作,从最早的《洪秀全演义》到现在还能见到的最后的《五日风声》,在艺术上也是有一个变化过程的。一般地说,可以分为两个阶段,1907年以前为一大阶段,1908年以后为又一大阶段。在头一个大阶段中,黄世仲的小说如《洪秀全演义》、《廿载繁华梦》、《宦海冤魂》、《黄粱梦》、《宦海潮》、《镜中影》等,都大体上是依照小说家法撰写的,艺术水准相当高;这些作品放到整个晚清小说中也是可以算得上优秀之作的,《洪秀全演义》甚至可以说是晚清小说中的一流之作。然而,到了1908年以后,情况大变。这个时期的作品如今还可以看到的《大马扁》、《宦海升沉录》、《朝鲜血》(又名《伊藤传》)、《十日建国志》、《五日风声》、《吴三桂演义》等,而除了《宦海升沉录》、《吴三桂演义》等少数几种外,其余小说中有好几种在写作上已明显地离开了小说家法。黄世仲在创作这些小说的时候,大约是由于政治斗争既急需与读者见面,而又无较充裕的时间进行构思和创作,对于艺术上如何符合小说创作的要求考虑不多。这就造成这些小说艺术水准不高,甚至在艺术上完全失败。《朝鲜血》和《十日建国志》,就已有点像是报告文学了;《五日风声》是最早最快反映有名的黄花岗起义的,虽很有价值,但已经像不少专家学者所说的,名曰"近事小说",而实际上已是报告文学作品了。

如此看来,《宦海潮》在黄世仲的小说创作生涯中,应当说是有特殊的地位的。就是说,《宦海潮》乃是黄世仲小说创作第一大阶段结束的一个标志;此后,黄世仲的小说创作,总的说来,艺术上再也没有达到《宦海潮》及其以前诸作的高度。事实上,从《宦海冤魂》在报刊上开始刊载,到《宦海潮》在报刊上刊载,中间经过了大约九个月之久,作家当有较多的时间既完成《黄粱梦》全稿,又在《宦海冤魂》的基础上重新酝酿和写作《宦海潮》。这大约是《宦海潮》既较《宦海冤魂》为优、又成为作家第一大阶段小说创作中最后一部的根本原因。丙午八月(1906年9月),同盟会香港分会改选,黄世仲由原来的交际改为庶务。戊申正月(1908年2月),同盟会香港分会再次改选,黄世仲再次被推为庶务。此后,党务日繁,作为庶务的黄世仲担子很重。在这种情况下,他已不可能有更多的时间酝酿和创作符合小说家法的小说。所创作的小说,因而除少数几种外,一般地说也就不可能有多么高的艺术水准了。从小说发展的角度讲,也许这是令人惋惜的。然而,如果从整个反满革命事业发展的角度讲,那也许并非什么坏事,而至少是可以理解的了。

二、主题类乎《廿载繁华梦》的《黄粱梦》

《宦海潮》是黄世仲仅仅在《中外小说林》上连续发表的一部长篇小说,《黄粱梦》则是黄世仲在《粤东小说林》、《广东白话报》和《中外小说林》上连续发表的一部长篇小说。在刊物上连载时,书名上方双行标"近事小说"四字;作者署名为"世次郎"三字,其位置在书名下方近行底部位。

《黄粱梦》研究的基本情况 原先,研究者们并不知道黄世仲写有《黄粱梦》这部长篇小说。最早指出黄世仲写有这部小说的,是阿英发表于1961年的《黄小配的小说——辛亥革命文谈之四》①。遗憾的是,阿英不仅没有对之进行论述,而且没有指出其发表时地,只是说他"见到十九回",因而也就使研究者们难知其详。直到过了二十年之后《中国近代期刊篇目汇录》第2卷中册②出版,情况才有所变化,因为该《汇录》收入了编者当时所见现尚存世并分别存藏于中山大学中文系和中山图书馆的、连载有《黄粱梦》的《广东白话报》和《中外小说林》两种刊物的目录,从而使研究者们得知《黄粱梦》的发表时地和若干回的回目。尽管该《汇录》没有收入由中山图书馆、李育中个人和芜湖图书馆收藏的、最先连载《黄粱梦》的另一种刊物《粤东小说林》的目录,也未收入由李育中个人、芜湖图书馆收藏的《中外小说林》的目录,但毕竟收入了现仍存世的《中外小说林》各期中的大多数,因而也就十分有助于《黄粱梦》研究。笔者正是在看到该《汇录》以后,才根

---

① 阿英:《黄小配的小说——辛亥革命文谈之四》,《人民日报》1961年10月30日。

② 上海图书馆编:《中国近代期刊篇目汇录》第2卷中册,上海,上海人民出版社1981年6月第1版,第2216、2273页。

据其所提供的《广东白话报》和《中外小说林》收藏处线索进行查阅,并根据查阅中发现的新线索和新资料,在 1989 年撰写发表了内有专节文字论及《黄粱梦》的《黄世仲作品诸问题小辨》①一文,对《黄粱梦》的连载和存世情况进行了在当时当是最为详细的论述。不过,由于受到资料限制,因而笔者的论述不仅未及《黄粱梦》的思想内容和艺术特点等问题,而且对《黄粱梦》的连载及存世情况的论述,现在看来也不那么全面和准确。

　　1990 年 2 月,江苏省社会科学院明清小说研究中心编的《中国通俗小说总目提要》②出版,其中有周黔江和吴锦润为《黄粱梦》撰写的提要。这篇提要的作者根据原先所知对《黄粱梦》连载和存世情况及故事情节进行了介绍,还录出了《黄粱梦》各回回目。值得特别注意的是,这篇提要在介绍时,把原先学术界未知的芜湖图书馆藏《中外小说林》所连载而与原先所知者并不重叠的《黄粱梦》各回包括到其中,因而使《黄粱梦》研究又前进了一步。十年之后,香港、夏菲尔国际出版公司汇辑重印了《粤东小说林》、《中外小说林》存世各期(因故未汇入芜湖图书馆所藏,但汇入了李育中私人所藏)的《中外小说林》重印本上、下两大册③,从而使其所载《黄粱梦》现存各回的大多数,也随之重新与世人见面,这对《黄粱梦》研究来说无疑也是一个重要的贡献。2001 年 8 月,"辛亥革命九十周年纪念暨黄世仲投身革命百周年国际学术研讨会"在香港举行,吴锦润向大会提交了题为《试论黄世仲〈黄粱梦〉残本的思想艺术及其意义》④的论文。这篇论文对《黄粱梦》的存世情况、思想艺术及其意义进行了详细且有新意的论述,可以说是对其前《黄粱梦》研究的一个带有新见的总结。

　　然而,现在看来,吴锦润的这篇论文还是有着一些可以再行讨论的问题

　　①　颜廷亮:《黄世仲作品诸问题小辨》,《文学遗产》1989 年第 2 期;《黄世仲与近代中国文学》,兰州,甘肃人民出版社 2000 年 9 月第 1 版,第 66～84 页。

　　②　江苏省社会科学院明清小说研究中心主编:《中国通俗小说总目提要》,北京,中国文联出版公司 1990 年 2 月第 1 版,第 1010～1011 页;方志强:《黄世仲大传》,香港,夏菲尔国际出版公司 1999 年 3 月第 1 版,第 464～466 页。

　　③　《中外小说林》重印本上、下册,香港,夏菲尔国际出版公司 2000 年 4 月第 1 版。

　　④　吴锦润:《试论黄世仲〈黄粱梦〉残本的思想艺术及其意义》,《黄世仲与辛亥革命国际学术研讨会论文集》第 2 辑,香港,纪念黄世仲基金会 2002 年 2 月第 1 版,第 95～104 页。

的。特别是关于《黄粱梦》在报刊上的连载情况以及《黄粱梦》的存世情况，吴锦润的论述显然并不完全准确。

《黄粱梦》的报刊连载和存世情况　吴锦润的论文后面，有一个集中反映了他对《黄粱梦》连载和存世情况的看法的附录，题为《〈黄粱梦〉残本目录》。为论述方便，兹先将该附录全录如下（讹误之文字、时间正于其后括号或书名号内）：

《黄粱梦》残本目录　　世次郎撰

★第二回	徐继盛获罪发边疆　缙二爷过府会屏官	
	粤东小说林第三期丙午(1906)九月十九	(1)
★第六回	清(请)云娘球相感恩　修祖墓和珍领旨	
	粤东小说林第七期十月廿九	(2)
★第七回	伏邪魔李氏离魂　埋怨(冤)案和珍辣手	
	粤东小说林第八期十二月初九	(3)
(无连载)	中外小说林丁未(1907)第一期五月十一	(3)
★第八回	弄珠花太监戏皇妃　营金屋和珍纳妃嫔	
	第二期五月廿一	(3)
★第九回	遭奸臣张侯埋怨(冤?)狱　骂主人武直哭忠魂	
	第三期六月初一	(3)
★第十回	论诗章瀛仙詈杜甫　酿命案和奕陷监牢	
	第四期六月十一	(3)
★第十一回	弄情面独子出监牢　成谶语群芳占酒令	
	第五期六月廿一	(1)(2)(3)
★第十二回	恤贫穷缙爷怜弱婢　祝寿仪柯相戏娄臣	
	第六期七月初一	(1)(3)
★★第十三回	脱乐籍寿官留相府　浴恩波春燕进宫闱	
	第七期七月十一	(3)
★★第十四回	骂家仆云娘遭挫辱　建宫台和府动工程	

第八期七月廿日(廿一?) (3)

★第十五回 诬盗窃管家冤仆役 庆落成和府试文才

第九期八月初一 (1)(3)

★第十六回 陈药石怡妃恨宫主 题花园和缙惜云娘

第十期八月十一 (3)

★第十七回 蒙恩赏和府送皇妃 挟前仇管家逢刺客

第十一期八月廿一 (1)

★第十八回 论刺案御史骂奸臣 辨冤案缙爷怜义仆

第十二期九月初一 (1)

★第十九回 平刺案递折劾和珍 闯官仪执法鞭文瑞

第十三期九月十一 (3)

(缺二十回)

★第廿一回 俏姨娘情送素貂衣 惨宫主活吸砒鸩霜(药)

第十五期十月十一 (1)

★第廿二回 馈津梨感情牡丹亭(庄) 闹相公罪大(逮)军门署

绘图中外小说林丁未(1907)年

第十七期十二月十五 (1)(2)

(自此回起,回数序号出问题)

★★第廿四回 说情面语侵祁提督 换毛裘情感缙哥儿

绘图中外小说林丁未(1907)年

第十八期十一月廿五 (1)

★★第廿五回 查白贴姨娘搜相府 御(啣)冤情武直入刑牢

绘图中外小说林戊申(1908)年

第一期正月初十 (1)

★★第廿六回 听密言花前怜弱婢 受丰仪府里宴藩王

第二期正月二十 (1)

★★第廿七回 和相府宴(寡)妲惑邪魔 太湖石寿官谭别恨

第三期正月三十 (1)

★★第廿七回 成婚谶同咏牡丹庄 释冤情从剿越裳国

应当承认,吴锦润的这个《〈黄粱梦〉残本目录》,比较全面地把《黄粱梦》在报刊上连载的情况和存世情况展现了出来,给予研究者一个在当时最为完整的《黄粱梦》残本目录。然而,从这个《〈黄粱梦〉残本目录》,至少可以明显地看到两个问题。

　　关于《黄粱梦》在报刊上的连载情况所载不确。还是在 20 世纪 80 年代末,笔者就曾经根据当时所掌握的资料推测说:

　　　　《黄粱梦》单行本未见,亦不知是否出过单行本。其最初发表,涉
　　及好几个刊物。据《中外小说林》目录(《中国近代期刊篇目汇录》第二
　　卷中册)及今尚在之《中外小说林》第二年之八期看,该刊在刊载《宦海
　　潮》的同时,每期各刊《黄粱梦》一回;该刊第二年第一、第二期所刊,分
　　别为《黄粱梦》之第二十五、二十六回,故知《黄粱梦》当是从第七回开

始刊载的,其所刊载的最末一回至少也应为第三十四回。显然,在《中外小说林》连载之前,《黄粱梦》已在其他刊物上发表过一部分。经查,《广州白话报》(按:应为《广东白话报》)创刊号即发表有《黄粱梦》的第八回和楔子一回(均未完)。但《广东白话报》实际上也只刊登了这两回;到第二期中,《黄粱梦》已是有目无文,今还能见到的第五、七两期,则并其目亦无。但《广东白话报》却提供了一个重要的线索,使今天的人们得知《黄粱梦》在它——《广东白话报》之先发表的情形。《广东白话报》第一期今存本当中有一随意夹放的残页;细审之,当为该期之封底。该残页上有《□□本馆之小说特色》广告一件;"□□"当为"请看",已残。该广告全文是:

> 本报《黄粱梦》小说,系社员黄君世仲所撰,前曾在《粤东小说林》发刊数回。社会欢迎,脍炙人□,无俟赘言。兹抽回本刊续出,并将前在《小说林》已刊之数回刊诸卷末,俾屡阅者眼帘,不至有隔截之感。诸君其亦先睹之为快乎!

同期在附刊楔子一回的正文前面书名"黄粱梦"三字标题之下,又有注文曰:"照前在《粤东小说林》所出者,逐期补录,俾全真相。"从这两条资料不难看出:《黄粱梦》最初是在《粤东小说林》上发表的;《粤东小说林》除发表了楔子一回外,又发表了第一至第七回;《广东白话报》是紧接《粤东小说林》而从第八回开始刊载,并重登《粤东小说林》已登载的几回的,虽然只登了楔子一回和第八回就停止了。

如此看来,《黄粱梦》的发表,最初是在《粤东小说林》,然后是在《广东白话报》,最后是在《中外小说林》。①

由于当时所见资料有限,现在看来,以上推测中有不少是不确切的,其中有

---

① 颜廷亮:《黄世仲作品诸问题小辨》,《文学遗产》1989 年第 2 期;《黄世仲与近代中国文学》,兰州,甘肃人民出版社 2000 年 9 月第 1 版,第 66~84 页。

的已得到吴锦润的纠正。然而,在最基本的问题即《黄粱梦》在哪几个刊物上连载的问题上,笔者的推测还是完全正确的。而吴锦润在写于十多年后的文章中,却在有关《黄粱梦》最初在哪几个刊物上连载的问题上,没有注意到这一点,以致把《广东白话报》从曾连载过《黄粱梦》的刊物中排除在外,这不能不说是智者千虑中的一个疏忽。

与上述一点有关,在对《黄粱梦》存世情况的考察和记载方面,也有可以再行讨论之处。

当然,在这个方面,吴锦润显然是很有贡献的。这需要从现尚存世的《粤东小说林》、《广东白话报》和《中外小说林》各自连载《黄粱梦》各期的具体情况说起。原先,受到所见资料尚少的限制,笔者以为《黄粱梦》尚存世者只有在《中外小说林》第一年第 9 期、第二年第 1、2、4、5、6、7、8 期所刊之八回,外加在《广东白话报》第 1 期所刊之楔子一回和第八回各自的前半。① 后来,由于所见现存《中外小说林》的期数大大增加,又由于见到了笔者当时未见到的《粤东小说林》尚存世的三期,吴锦润在先后几种说法中的最新说法指出:《粤东小说林》今存之三期各刊一回;《中外小说林》今存丁未第 1～13、15、17～18 期和戊申第 1～8、11 期共计 25 期中,除创刊号并未刊出《黄粱梦》外,亦各刊一回。于是,《黄粱梦》现尚存世者,也就是变成上录《〈黄粱梦〉残本目录》中所列的二十七回了。这就使《黄粱梦》的现存回数由八回外加两个半回(楔子一回后半回和第八回后半回),一下子增加了一倍半还要多。然而,吴锦润的说法并不是最后的结论,显然仍还存在着疏忽和不足的问题。

首先,如同本书下册第十一章已经指出过的,香港大学冯平山图书馆藏有一期《中外小说林》,即其第一年第 14 期。由于《中外小说林》由香港纪念黄世仲基金会主持编集、夏菲尔国际出版公司影印时尚不知其存世,故未收入该期,而这一期照例刊登了《黄粱梦》的一回即第二十回,其回目为《报私仇改折复原官 讽阴谋贺书成怨府》。吴锦润在撰写其文时,并不知该期

---

① 颜廷亮:《黄世仲作品诸问题小辨》,《文学遗产》1989 年第 2 期;《黄世仲与近代中国文学》,兰州,甘肃人民出版社 2000 年 9 月第 1 版,第 66～84 页。

存世,故其《〈黄粱梦〉残本目录》未列出该回回目,不足为病。不过,当修改并发表其文章时,指出这一期仍然存世的杨国雄的论文已经发表①,故吴锦润当是已经知道了的,但不仅未在其《〈黄粱梦〉残本目录》中反映出来,而且在其文章中也未叙及或至少是指出这个第二十回可能存世。这自然是未免令人遗憾的了。

其次,吴锦润可能由于不知道《黄粱梦》曾在《广东白话报》上连载过,所以在《〈黄粱梦〉残本目录》中,他也就没有和不可能列入《广东白话报》所刊《黄粱梦》之楔子一回之前半,也未注明第八回的前半曾在《广东白话报》上刊出过。这虽然可能是由于刊登了第八回的《中外小说林》属于《中外小说林》仍然存世各期当中,因而不影响指出第八回仍然存世,但却使他在同一文章中讲到《黄粱梦》存世情况时径直宣称:《黄粱梦》楔子一回现已不存,因而在《〈黄粱梦〉残本目录》中也就当然未能将其列入。

将上述所说综合起来,可以看到:《黄粱梦》存世者,就不是二十七回,而是二十八回,又楔子一回的前半回;吴锦润的《〈黄粱梦〉残本目录》显然需要加以补充,其庋藏处自然也应同时增加。又,吴锦润虽正确地指出《中外小说林》从丁未第 18 期起所标《黄粱梦》回次"出问题",却未能加以梳理,故也应有加以梳理修订的工作。兹将在《〈黄粱梦〉残本目录》基础上补充和修订后的《黄粱梦》存世情况列表如下:

《黄粱梦》存世情况一览表

⊙楔子一回　　　柯王爷愤死降和家　珍丞相穷奢倾帝室

《广东白话报》创刊号　丁未四月廿日(1907 年 5 月 31 日)

(4)

　　　　　　　　按:该楔子一回仅存前半回。

★第二回　　　徐继盛获罪发边疆　缙二爷过府会屏官

---

① 杨国雄:《港台及海外图书馆所藏黄世仲著作初探》,《黄世仲与辛亥革命——辛亥革命九十周年纪念暨黄世仲投身革命百周年国际学术研讨会论文集》,香港,纪念黄世仲基金会 2001 年 8 月第 1 版,第 263~269 页。

⊙第二十回　　报私仇改折复原官　讽阴谋贺书成怨府

　　　　　　　同上第十四期　同上九月廿一日　　　　　　　　　　　(5)

★第廿一回　　俏姨娘情送素貂衣　惨宫主活吸砒鸩药

　　　　　　　同上第十五期　同上十月十一日　　　　　　　　　　　(1)

★第廿二回　　馈津梨感情牡丹庄　闹相公罪逮军门署

　　　　　　　《绘图中外小说林》第十七期　同上十二月十五日　(1)(2)

★★第廿三回　　说情面语侵祁提督　换毛裘情感缙哥儿

　　　　　　　同上第十八期　同上十二月廿五日　　　　　　　　　　(1)

★★第廿四回　　查白贴姨娘搜相府　唧冤情武直入刑牢

　　　　　　　同上第二年第一期　戊申(1908)正月初十日　　　　　(1)

★★第廿五回　　听密言花前怜弱婢　受丰仪府里宴藩王

　　　　　　　同上第二年第二期　同上正月二十日　　　　　　　　　(1)

★★第廿六回　　和相府寡妇惑邪魔　太湖石寿官谭别恨

　　　　　　　同上第二年第三期　同上正月三十日　　　　　　　　　(1)

★★第廿七回　　成婚谶同咏牡丹庄　释冤情从剿越裳国

　　　　　　　同上第二年第四期　(未署日期)　　　　　　　　　　(1)

★★第廿八回　　乘暖轿奸相闯宫廷　降銮舆皇妃归府第

　　　　　　　同上第二年第五期　(未署日期)　　　　　　　　　　(1)

★★第廿九回　　黑暗狱许武德失妻　白莲教王三槐作乱

　　　　　　　同上第二年第六期　(未署日期)　　　　　　　　　　(1)

★★第三十回　　贪财赂朱清逮公堂　守亡灵云娘恋僧寺

　　　　　　　同上第二年第七期　戊申(1908)三月初十日　　　　　(1)

★★第三十一回　俏云娘浴佛请斋宴　苦秋闲出闺悲噩讣

　　　　　　　同上第二年第八期　同上三月二十日　　　　　　　　　(1)

★★第三十三回　蓄孽缘佛殿遁邪魔　泄诗情姨娘谈劫案

　　　　　　　同上第二年第十一期　(未署日期)　　　　　　　　　(2)

　★《中外小说林》重印本上册　　　　　　庋藏处:(1)中山大学图书馆

　★★《中外小说林》重印本上册　　　　　　　　(2)李育中私家收藏

★芜湖图书馆未提供重印　　　　　　　　　(3)芜湖市图书馆

⊙《中外小说林》重印本未收　　　　　　　　(4)广州中山图书馆

　　　　　　　　　　　　　　　　　　　　(5)香港大学图书馆

《黄粱梦》的思想内容和艺术特色　《黄粱梦》在刊物上连载时,虽于书名上方双行标曰"近事小说",但其实应当称曰"历史小说",因其是以乾隆后期宠臣和珅家族由升而沉、由盛而衰的故实为题材而写出来的。不过,这一层倒不是什么要事,重要的是其思想内容和艺术特色,有些类乎《红楼梦》以及作者自己的《廿载繁华梦》。吴锦润在其文章中颇有道理地指出:《黄粱梦》仿《红楼梦》荣、宁二府里日常生活的叙述,于不知不觉间,侧面触及时弊。这有借鉴模仿的一面,又有创新的一面。黄世仲创作《黄粱梦》的出发点及其所关注的中心问题,乃是像《廿载繁华梦》写周庸祐以一库员起家、成为羊城西隅、终归南柯一梦那样,写和珅在乾隆后期直至嘉庆登位后权倾朝野,而亦不过是一枕黄粱,一旦乾隆驾崩即被抄家赐死。在以孙中山为代表的民主革命派将矛头指向清朝政府的当年,《黄粱梦》表现如此内容,显然有其配合反清革命的意义。又指出:《黄粱梦》的写法,既不像同时的谴责小说家那样辞气浮露、笔无藏锋、甚且过甚其辞的弊病,又成功塑造出了好几位确有特点的人物形象,具有既模仿《红楼梦》、又有自身艺术特色的作品。吴锦润的论述虽然还显得粗糙芜杂,但总的说来还是有道理的,故毋庸笔者多述。但鉴于对研究《黄粱梦》的思想内容和艺术特色来说,楔子一回仍然存世——尽管只存世前半,却很重要,又鉴于其存世仅前半、文字不多,兹特将其校点迻录于下,以便研究者参考并作为本节的结束(其中所写"文明国"当影指所说"及到一人崛起,日月同光的时代"即朱元璋创建的明朝政府统辖下的中国,"扶桑国"当影指努尔哈赤入关前在东北建立的后金政权,"伍文桂"当影指吴三桂,"柯尔文"当影指多尔衮,而被写成柯尔文"转轮再世"的"和珍"则当影指和珅)。

本章附录：

近事小说《黄粱梦·楔子一回》

（照前在《粤东新小说林》所出者，逐期补录，俾全真相）

世次郎

词曰：沧海桑田唤奈何，醒时一梦总南柯。百年筵席从头散，万丈风涛转眼过。思往事，付长歌，底事半销磨。扬州笙管今何在？只见秦淮旧日河。

右调(鹧鸪天)

楔子一回　柯王爷愤死降和家　珍丞相穷奢倾帝室

自来世族之家，鲜克由礼，奢侈之习，每中于纨绔子弟。但自古百年，无不散之筵席。倒是《金刚经》内里说得好，道是："如梦幻泡影，如电复如露。"故桑田沧海，华屋山邱，遍地繁华，转瞬间风流阒寂，可胜浩叹。推其故，由于盛极必衰，自是天地循环之理。其下焉者，挺(铤)而走险，流入绿林；上焉者，权势自豪，顿怀非望，其后每得个不良的结果：盖君子小人，相去祇争一间。就以帝王而论，刘邦、朱元章(璋)与黄巢、李闯，尧舜与王莽，实是千里毫厘，其后结局，一则千古流芳，一则万年遗臭，终有个尽头的。

而今且说五大部洲之内一个文明国，几千年来早开了文化。及到一人崛起，日月同光的时代，初犹是称雄世界。不想后来懦弱不振，弄得遍地干戈，少不免被外人窥视来了。同时又有一个扶桑国，千年上已经灭亡。还亏他们的子孙发奋为雄，先复了宗祖江山，又吞并邻近部落，渐渐强大起来，乘文明国的孱弱，就不时构兵，或战或和，已非一次。不料末次和议既成之后，那文明国竟被流寇发泄将来，致倾覆了京城，当时国势危弱得很。所以满朝大官，虽见着流寇凶横，倒(都)没有怎么法子。

这时就有一位将军唤做伍文桂，不分皂白，竟往扶桑国借兵，许他乱平之后，割地相酬。因此上，那扶桑王便派亲弟柯尔文，领大军来助剿流寇。那伍文桂见扶桑国已允起兵，又恐柯尔文不为尽力，便把好言对柯尔文说道:"那些流寇,全无纪律。可惜敝国力弱,要来仰仗贵国兵威。今以明公智勇双全,势不难平定。待平定之后,敝国既允以土地酬谢,若以明公之才,何至屈居人下?倘得所酬谢的土地,即以明公主之,有何不可?"柯尔文听罢大喜,便入辞扶桑国王。国王道:"贤弟领兵,恤灾救难。倘得文明国酬谢,当尽以赏赐贤弟。贤弟其勉之!"那柯尔文闻命之下,以既有伍文桂之言,又有扶桑王之语,好不喜欢,当下回府打点停当,次日就在较场点齐人马起程;用伍文程为乡(向)导,直抵文明国京城。果然那些流寇,自蹯了京城之后,日事荒淫,不管军事;今忽然扶桑国大兵已到,好像狂风扫残叶的一般,不消五七天,就把流寇平尽去了。

自古道:"人心不如其面。"那柯尔文见那文明国京城,如此易得,就怀了一个歹心,要把文明国江山併吞起来了。因此盘踞京城,不愿退出,先把捷音报到扶桑本国去。偏是那扶桑王,又见得了文明国的京城,差不多是得了文明国全国的一样,如何不起个雄心?于是立令第四太子陆续起兵前来,要谋夺文明国的大位,把从前对柯尔文的说话,道是所得酬谢土地尽以赏他的话也都忘却了。所以扶桑太子到了文明国京城,竟然登了帝位。那文明国的官员,自然不能奈得他何,也不消说,惟有柯尔文心中自是不服。扶桑太子亦知他的意思,即封他一个摄理政事大王。柯尔文欲待与他争论,只当时各省未曾平定,单怕同室操戈,反弄出事来,遂隐忍而罢。自此心中抑郁,气恼不过,竟成了一个症候,不觉叹道:"我乘人之危,夺人之国,我方负人,胡彼负前言、登大位,反来负我?今生不能雪这点仇,便是来世也要摆布他,方泄心头之恨!"说罢长叹一声,呜呼一命,敢是死了。自此冤魂渺渺在枉死城边历过一百余年,才转轮再世,生在一个姓和的人家。那和家虽非簪缨华胄,却仍是当时天子所谓天潢一派。他生时宅子里放点红光,霎时就不见了。他父亲和灵与母亲严氏,见这般奇异,早料儿子将来大贵,遂爱如珍宝,因取名单讳一人珍字。

那和珍生后,逾年父亲殁了,赖母亲抚养成人,后来生得气象魁梧,仪表超卓;谁(虽)然不甚念书识字,却也聪明过人,且口角伶俐,应对如流。到了二十岁的年纪,母亲也殁了;服满之后,由官学生出身。当时天子念亲亲之谊,特派他在銮仪卫里轿班当差。因当日正是那朝守文之世,去开创百年来,四海还幸平要,所以那朝天子都以游观取乐,闲暇就要出宫遊玩。那一日,天子正有事出宫门,方乘满銮舆,不料事有凑巧,偏忘却携带黄伞。当时天子心中大怒,顾左右说道:"如何朕出宫门,銮仪也不准备,究竟是谁之过?"左右听了,皆知这件事于銮仪使大有关系,只各人倒(都)是他的手下,怎敢道一声儿? 听罢只是面面相觑,天子心中愈怒。那和珍见了,就不慌不忙的,上前恭(躬)身说道:"这都是有职守的不能辞其咎。万岁爷若责成銮仪使,自不难查究的了!"

天子听罢,见他仪容秀美、举止安闲,且声音清亮,心中已自欢喜,便问他怎么(下缺)。

第十七章　从歌颂孙中山到直斥康有为

——关于《党人碑》和《大马扁》兼及《南汉演义》

《党人碑》和《大马扁》是黄世仲两部相互关系十分密切的长篇小说。《大马扁》是研究者们都知道的;《党人碑》虽写作在前,却是近三十多年间才发现并被校点重印的。在两者出世的时间之间,则有一部写南汉历史的《南汉演义》,亦系黄世仲所写。现在,就按照写作时间先后,对与这三部小说有关的问题加以考析。

一、《党人碑》:孙中山形象塑造的有益尝试

孙中山是中国民主革命的伟大先行者。还在晚清时期,就已有长篇小说写及孙中山及其革命活动,曾朴所著的《孽海花》即为一例。然而,真正专门地、通篇以孙中山为主人公而对之加以歌颂的近代长篇小说,却以黄世仲的《党人碑》为第一部。不仅如此,而且据笔者所知,黄世仲的这部小说,大约还是唯一的一部真正专门通篇碑赞孙中山及其革命活动的晚清长篇小说。《党人碑》的重要意义,于此可窥见一斑。

遗憾的是,在很长很长的一段时期中,中国近代小说研究界并不知道黄世仲的这部小说。20世纪的70年代和80年代之交,人们开始知道了这部小说的存在,然而迄今仍未见到有人对之校点重印,更未见到有人对之进行较为全面深入的研究论述。只是在最近的近十年间,黄世仲的外孙陈坚在得知笔者和赵淑妍从2000年到次年已经辑得《党人碑》现存文字并对之进

行了校点之后,才决定以"纪念黄世仲基金会"名义,将其与黄世仲的另外几种尚无重印本的小说合为两册予以重印。对黄世仲以及整个中国近代小说史研究来说,这无疑是一个很好的消息。

《党人碑》的报刊连载和今存情况　最早指出晚清时期有《党人碑》小说的,据笔者所知,是李默。他在《辛亥革命时期广东报刊录》①中介绍《时事画报》时说:

> 《时事画报》谐部,有连续刊登的长篇四十回小说《二十载繁华梦》,……《党人碑》反映十数年来革命党人起伏之情状。还转载了《三十三年落花梦》。

遗憾的是,李默未曾指明《党人碑》的作者是黄世仲。

最早指明《党人碑》小说的作者是黄世仲的,是王俊年。他在《"五四"以来中国近代文学研究之回顾和对今后工作的设想》②的注文中就已说到这一点,略谓"我最近又发现了一种他(按:指黄世仲)写的《党人碑》"。在大致同时发表的《关于〈洪秀全演义〉》③的注文中,他又进一步指出《党人碑》"连载于一九零五年十月在广州创刊的《时事画报》(旬刊)上"。

不过,王俊年并未说明《党人碑》究竟开始发表于《时事画报》何年何期。笔者未经查考,在《黄世仲作品诸问题小辨》④附录一《黄世仲小说十六种系年》中即说《党人碑》于1905年10月开始在《时事画报》连载,此说既与王俊年的说法不符,又实有违于事实。后来,许翼心在《作为革命家和宣传家的黄世仲——近代革命派小说大家黄小配散论之一》⑤的附录二《黄

①　李默:《辛亥革命时期广东报刊录》,《新闻研究资料》第1辑,北京,中国社会科学出版社1979年8月第1版,第143~171页。

②　王俊年:《"五四"以来中国近代文学研究之回顾和对今后工作的设想》,《中国近代文学研究》丛刊第1期,广州,广东人民出版社1983年11月第1版。

③　王俊年:《关于〈洪秀全演义〉》,《文学遗产》1983年第3期。

④　颜廷亮:《黄世仲小说十六种系年》,《黄世仲作品诸问题小辨》附录一,《文学遗产》1989年第2期;《黄世仲与近代中国文学》,兰州,甘肃人民出版社2000年9月第1版,第79~82页。

⑤　许翼心:《黄世仲主要著作目录》,《作为革命家和宣传家的黄世仲——近代革命派小说大家黄小配散论之一》附录二,《香港笔荟》1997年第1期。

世仲主要著作目录》中称《党人碑》"1909年10月在香港《时事画报》连载",其说也是不对的。再后,赵明政《黄小配》①一书第一节的附录未察许翼心先生之误而照录其说,自然也不足取。

实际上,《党人碑》始刊于在广州出版的《时事画报》丁未第22期,该期出版于丁未八月二十五日(1907年10月12日),之后陆续连载。今见最后一次刊载该小说的,是仍在广州出版的《时事画报》戊申第17期,其出版时间是戊申七月十五日(1908年8月11日)。该期所刊标明回次为"第二十四回",实际上应是"第二十五回";所以会标错回次,是由于《时事画报》在连载时多有误标回次所致。另外,戊申第17期所刊的这一回,从今见全书其他各回均各大约四页以及《时事画报》连载后期每期大约各刊出四页的情形来看,应有四页,而今所见者仅开头两页,后两页已残佚。又,该回回目是"助民主杞国逞奸谋,谒党魁东洋悲往事",而今存之两页并未写及"谒党魁东洋悲往事",因而亦可想见后两页已经残佚。因此,很难断定这一回是全书的最后一回,只能从所写内容方面推测全书至这一回未必已经结束。当然,小说到这一回全部结束的可能性也不是不存在,但尚待新资料的发现来加以证实。不过,无论如何,全书至少有二十五回是毋庸多说的了。兹将这二十五回中今存各回回目、存佚及见载于《时事画报》之期数列举如下:

第一回　　遇风潮扬帆登彼岸　　留京邸递信赚同门

　　　　　丁未第二十二期～二十四期

第二回　　伪圣人登山传道统　　真医士爱国鼓风潮

　　　　　丁未第二十四期～二十五期

第三回　　趁科名安氏中举人　　谋大事杨文充会长

　　　　　丁未第二十五期～二十七期

第四回　　举大事原武独施谋　　接急电杨文惊偾事

　　　　　丁未第二十七期～二十八期

第五回　　原党首计走陈村圩　　陆道中莽闹番禺署

---

① 赵明政:《黄小配》,沈阳,春风文艺出版社1999年1月第1版,第11~13页。

丁未第二十八期～三十期

第六回　　　闹衙署乱党首拼亡身　　论学海假圣人逢敌手

丁未第三十期～三十一期

第七回　　　安思惠遣徒寻革党　　张兆芬拒局抗同乡

丁未第三十一期～三十二期

第八回　　　余御史迁居避客踪　　安举人登舟逃妓债

丁未第三十三期

第十回　　　（回目及多数文字残佚,仅存尾部数百字）

戊申第三期

第十一回　　勉同胞发论上词坛　　闻虚传赚赀回祖国

戊申第三期

第十二回　　誓死生原武惩同党　　谭政治思惠进章京

戊申第四期

第十三回　　忌才用才网罗双志士　　将计就计褫革六堂官

戊申第五期

第十六回　　泄奸谋单车入京城　　罹死罪六人临菜市

戊申第八期

第十九回　　定狡计遗嘱赚华侨　　斥异籍投票争总理

戊申第十一期

第廿十回　　借他山阿坤谋独立　　寄倭寓王氏诉真情

戊申第十二期

第廿二回　　罹腐疾医士发良方　　庆欢迎华侨开大会

戊申第十四期

第廿五回　　助民主杞国逞奸谋　　谒党魁东洋悲往事

（存前半,后半佚）

戊申第二十五期

需要指出的是,从第一回到第二十五回,也没有完整地保存下来,而是残佚颇多。经检点,今所能见者仅第一回至第八回、第十一回至第十三回、第十六回、第十九回至第二十回、第二十二回以及第十回末尾的数百字和前已叙及之第二十五回的前半回,约占第一回至第二十五回五分之三的样子。

《党人碑》在《时事画报》连载时,书名上方标有双行"近事社会小说"六字。至于作者是谁,今见之文字各处均未有所透露。不过,《时事画报》自丁未第 21 期起,在连续数期刊出《本社小说廿载繁华梦全书出版预告》的同时,刊有《又有新小说出世名党人碑》广告,其中明确地说《党人碑》"著者即本社撰述员黄君小配"。那么,《党人碑》系黄世仲所著当可肯定。至于当年该小说是否有单行本行世,今已难详。

关于对《党人碑》的误解 关于《党人碑》的思想内容,最早发现晚清时期有此小说的李默,如前所说,曾说是"反映十数年来革命党人起伏之情状"的。李默大约是据前文所说《又有新小说出世名党人碑》广告而说的,该广告之全文如下:

> 迩者党祸多且烈矣! 是书内容,历叙十数年来中国近事及党人起伏之情状,一一写出,只作叙事,不加论断。是书于社会有绝大关系,不可不快赌(睹)也! 著者即本社撰述员黄君小配。前著《廿载繁华梦》一书,其笔墨价值,久已有目共赏,今此书实后来居上。以著者透观近事十余年,积胸已久,然后下笔成文,其资料丰富,布局奇妙,及笔墨精当,自不待言。阅者各手一篇,当不以斯言为夸大也!
>
> 《时事画报》谨告

十年过后,首先指出《党人碑》系黄世仲所著的王俊年在《黄世仲》①一文中说,《党人碑》"描绘晚清政治及党人起伏之情状",当和李默一样,也是据上引广告而言的。

20 世纪 90 年代开始之后,关于《党人碑》的思想内容,研究者中,有的

---

① 王俊年:《黄世仲》,《中国历代著名文学家评传》续编三,济南,山东教育出版社 1989 年第 1 版;方志强:《黄世仲大传》,香港,夏菲尔国际出版公司 1999 年 3 月第 1 版,第 642～649 页。

干脆不谈,张解民即为一例①;有的只是在谈到黄世仲多种小说时综述这些小说的思想内容,而未具体谈及《党人碑》的思想内容,钟贤培等先生即属于此种情形②;有的只是根据李默和王俊年两位先生的说法简略述及《党人碑》的思想内容,郭延礼就说《党人碑》"内容是歌颂为革命而死的先烈"③;还有研究者竟说《党人碑》"实即《大马扁》原刊本"④。总之,在最好的情况下,研究者也不过是重述李默和王俊年两位先生的说法而已,并未把《党人碑》的具体思想内容介绍给人们。只有方志强比较例外。他在《黄世仲大传》⑤中专门叙及《党人碑》时,倒只是全文引录了上述《党人碑》出世广告,而未有进一步的介绍;但在专论《大马扁》时,却写了如下一段话:

> 丁未(1907)年秋,黄世仲所撰刊的《党人碑》便有叙述党人乙未广州起义失败及此事的来龙去脉。此外其第八回"余御史迁居避客踪,安举人登舟逃妓账"中的安思惠举人,即是影射康有为。……但此书却没提及其真姓氏。而后,他所作《大马扁》,则指姓称作康无赖、康学究,并将《党人碑》第八回改写作"余御史割席拒狂生,黠娘儿登轮追荡子"(第四回),将这回安排在公车上书之后。

其中的"此事的来龙去脉"一语,从方志强书中的上文来看,指的是以孙中山为代表的民主革命派和以康有为、梁启超为代表的改良/保皇派之间对立和斗争的来龙去脉。整个说来,这里对《党人碑》思想内容的论述,虽非专门为之,却还是前进了一步的。不过,即使是方志强先生的论述,也还是并

---

①　张解民:《黄小配》,陈永正主编《岭南文学史》民主革命时期第五章第二节,广州,广东高等教育出版社 1993 年第 1 版;方志强:《黄世仲大传》,香港,夏菲尔国际出版公司 1999 年 3 月第 1 版,第 522～525 页。

②　钟贤培:《中国近代文坛二位广东籍小说大家》,日本,《清末小说》第 17 期。

③　郭延礼:《资产阶级革命小说家黄世仲及其它》,《中国近代文学发展史》第三卷第三十九章,济南,山东教育出版社 1993 年 4 月第 1 版,第 2005～2041 页。

④　许翼心:《关于黄世仲作品早期版本的再考证》,《黄世仲与辛亥革命——辛亥革命九十周年纪念暨黄世仲投身革命百周年国际学术研讨会论文集》,香港,纪念黄世仲基金会 2001 年 8 月第 1 版,第 254 页。

⑤　方志强:《黄世仲大传》,香港,夏菲尔国际出版公司 1999 年 3 月第 1 版,第 158～159 页。

不完整和不具体的。

造成十多年间如此这般情形的原因，其实很简单，就是：《党人碑》一直没有重印本，而当年连载该小说的《时事画报》，保存下来的既不完整，又因分藏于数处而不易全部觅读。在这种情况下，对《党人碑》进行全面而具体的论述，自然就不可能了。同时，未能觅读到者，只好对其思想内容避而不谈，或只能据当初李默、王俊年两位先生的说法一语带过；见到过今存文字中的某些部分者，如方志强，也无法就今存文字的完整的思想内容进行较为具体的论述。然而，无论如何，对今存文字的思想内容进行完整而具体的论述，却不仅是可能的，而且是必须的。那么，从今存文字来看，《党人碑》的思想内容究竟如何呢？

《党人碑》的思想内容 《党人碑》首回《遇风潮扬帆登彼岸 留京邸递信赚同门》一开始，有如下一大段文字：

> 看看看，沙尘滚滚，一阵一阵望东方去了！可不是西风么？怪得很，怪得很，向来西风是没有这般利（厉）害的，今这样，是天时也变了！又试看看，那大江之上，波浪也滚起来了，汹汹涌涌，连天拍岸，怪道是风起水涌，这风潮好不利（厉）害么！那时，老的少的、男的女的都来观看，连那睡在黑甜〔乡〕里鼾声如雷的也一齐惊醒，抓（爬）起来观看，但见：洪涛骇浪之中，有一只小舟，随波上下，险些沉没去了；幸亏舟中还有几人，当中一人牵着绳子，张起帆来，顺风而下，左右两人撑定那双桨，船后一人把定桡，几多辛苦，也渡过岸去，幸得没事。各人看的，都喝一声彩："不知高低！"忽人丛中有一人笑道："这叫做顺风驶船也，不算本事。若从逆水驶上的，才算真有手段呢！"各人听得，都觉此话无理。有忍不住气的，就驳他道："老哥，你这等说话，讲得容易，怕你当这等大风浪，在那一叶小舟，纵不至覆舟灭顶，怕总不免吓个半死了！"那人听得，只是满面通红，不敢则声，也与随行的两人悄悄地闪走去了。

这一大段可以视做中国古代小说中常用的或曰"入话"、或曰"引子"、或曰"楔子"的文字，以"汹汹涌涌，连天拍岸"的风潮，隐喻世界范围中的民族民主革命。紧接着描写的那个被人斥责得"满面通红"的人是谁？作者写他"姓安名思惠号伯道，本是个举人，现在广州城里教馆，是广东南海人氏。……他随行的两人，一个是唤做陈鸣球字符吉，是个生员，乃他的天字第一号门生、坐第二把交椅的；一位唤做梁子绍字继如，亦是个举人，乃他门下第二名好汉、坐第三把交椅的。他师徒中都念过好几年书，什么'公羊母羊'、'生记死记'，倒脱口说得出来的"；又写他赴京赶考后在京谬行连连、返粤后劣迹不断，特别是在第二回《伪圣人登山传道统　真医士爱国鼓风潮》中写他装模作样、深夜登山向林乔传什么道统。从这一切看来，那个因讥笑顺应风潮、驾舟勇进者而被斥责的"姓安名思惠"的，所影射的显然是康有为。那位顺应风潮、牵绳扬帆、勇登彼岸的人是谁呢？小说第二回末尾在写安思惠传道林乔之后写道：

> 这点风传出，就激出一个人来。你道那人是谁？却是姓原名武，亦是中国广府人氏。早上读过西文多年，然后习得中文，凡中外政治书说，看的不少，因此明得国家种族的大势。曾在省城一个医局学上了一名卒业医生，再在香港一间医院毕业。曾说道："丈夫不作良相，亦作良医，以能救人也。然与其医人，何如医国？"因此便怀了一个国家思想。这时年已二十七岁了，听得安思惠传道门生的事，便愤然道："安某这般行径，还待欺谁？话(活)是一个伪君子！待俺勉做些事业出来，看他称圣称贤的人有什么面孔！"说罢，便积怀大志，要与同气的誓干那惊天动地的事。因此之故，便鼓吹得无限风潮出来。

熟悉辛亥革命前后中国历史的人当能看到，所写那位顺应风潮、牵绳扬帆、勇登彼岸的，正是这里所写的"鼓吹得无限风潮出来"的"真医士"原武，而这个原武所影射的正是孙中山。这样一来，人们当可以看到，小说首回一开始的那一大段相当于中国古代小说中常有的"入话"、"引子"或"楔子"的文字，正隐括和预示了整个作品的思想内容，即整个作品所要写的是顺应历史潮流、进行资产阶级民主革命的原武——孙中山等革命者在与逆历史潮流而动的安思惠——康有为等改良/保皇派的对比和斗争中搏风击浪、勇往直前的伟大斗争。仔细研究一下小说中用于描写原武——孙中山的文字的多少,就可以看到,事实也的确如此。

作品在第二回末让原武——孙中山出场之后,从第三回开始,连续用了近四回的篇幅,叙写原武——孙中山联络同志、建立团体、举行起义以及起义失败后的革命活动。其中,第三回《趁科名安氏中举人 谋大事杨文充会长》主要写原武——孙中山联络陈虞(影射陈少白)、杨文(影射杨衢云)等在香港组织兴中会并让杨文充任会长;第四回《举大事原武独施谋 接急电杨文惊偾事》主要写原武——孙中山筹划并实施实际是影射乙未广州起义以及因消息泄露而致省城风声鹤唳的情形;第五回《原党首计走陈村圩 陆道中莽闹番禺署》主要写起义失败后原武——孙中山周密处理善后事宜、计逃陈村以及被捕诸革命志士受审时的英雄表现;第六回《闹衙署乱党首拼亡身 论学海假圣人逢敌手》前半回主要写被捕诸革命志士之英勇就义。总之,作品一开始的六回中,有近四回的篇幅,即第二回末和第三、四、五回整回以及第六回的前半回,都是叙写以原武——孙中山为代表的民主革命派的革命活动的。从第六回后半开始,作品转到对安思惠——康有为的种种荒唐行为的叙写上来。这种情形一直持续到第七回和第八回,其中第七回中插入了安思惠——康有为遣徒与原武——孙中山联系而后者客客气气地予以谢绝的情节。第九回今已不存。第十回只存尾端数百字,写的是杨文——杨衢云自庇能动身赴南非进行革命活动初到时的情形,看来作者的笔墨至少从这一回的后半开始又重新回到对原武——孙中山等的描写上来了。果然,在紧接着的第十一回《勉同胞发论上词坛 闻虚传赚赀回祖国》、第十二回《誓死生原武惩同党 谭政沿思惠进章京》中,作者所写的主要就是杨文——杨衢云在南非听到原武——孙中山募得巨款、欲图再举的谣传后赚赀回国以及原武——孙中山对杨文——杨衢云的诸多错误的严厉批评,又写到在京的安思惠——康有为为留后路而写信给在日本的原武——孙中山、原武——孙中山"只把好言语回复"一事。此后,作品有许多回文字已佚,致脉络断断续续。从现存诸回来看,作家既叙写了安思惠——康有为等的维新变法及其失败后保皇派活动,又叙写了原武——孙中山等对逃亡到日本的梁子绍(影射梁启超)等的救助活动以及对小吕宋革命者争取国家独立斗争的支持和帮助。其中,第十九回和第二十回曾数次叙及龚祺寅藏(或作宫崎寅藏)到天津营救安思惠——康有为一事。据此看来,作品在现已佚去的第十七回或第十八回中,即在继续叙写六君子遇难以后事态发展时,很可能有写及原武——孙中山派遣龚祺寅藏(影射宫崎寅藏)赴天津营救安思惠——康有为的情节。作品现存最后一回《助民主杞国逞奸谋谒党魁东洋悲往事》,前半仍写安思惠——康有为,所写安思惠——康有为保皇派活动的时间是 1900 年,地点是在新加坡一带;后半已佚,但从回目看,当是再次回到对原武——孙中山及其同志革命活动的描写上,联系历史事实来看,其具体所写也许是 1900 年的惠州起义以及史坚如刺杀德寿事件。

由此看来,《党人碑》现存十五回多一点文字中,除过首回姑且不说外,整回写原武——孙中山等的革命活动的,至少有五回;一半以上文字写原武——孙中山等的革命活动的,至少有四回;另外,还有三回也写及原武——孙中山等,虽然文字不多。总之,现存除首回外的十四回多一点文字中,就有十二回写及原武——孙中山及其同志的革命活动。这就是说,叙及原武—孙中山及其同志的革命活动的,占了现存总回数的绝大多数,其中全回和一半以上篇幅叙及的至少有九回。显然,正如作品开始时类似“楔子”的那段文字所隐括和预示的,《党人碑》的作者确实是以原武——孙中山领导的资产阶级民主革命从酝酿到发展的早期数年历史进程为基本情节线索,并在其与以安思惠——康有为为代表的改良/保皇派活动的对比与斗争中架构自己的作品的。

今天看来,如同《镜中影》首回中所说的,作者是要“把那些变幻情形留个影子,给后人看看”、“算是镜中照面,也有个影儿”,作品所写若干具体事件的情节和细节并不都那么符合历史事实,而是出之于虚构。然而,总的轮廓以及所写若干事件的基本轮廓,却大致上还是符合历史事实的。同时,作家在写这一切的时候,态度十分鲜明,感情十分强烈。作家对原武——孙中山等筹划和发动影射乙未广州起义前前后后的详细再现,这件事本身在中国近代文学史上就是一大创举。如同本文一开头就说过的,在《党人碑》出现之前,也有长篇小说如曾朴《孽海花》(小说中孙中山作“孙逸仙”)以及旅生《痴人说梦记》(小说中的"黎浪夫"系以孙中山为原型)等写及孙中山及其同志的革命活动,但这些小说只是以极少文字顺便写及而已。《党人碑》则通篇都是叙写孙中山——原武及其同志的革命斗争的,是为以孙中山——原武为代表的资产阶级民主革命派树立的一块丰碑。作家以这样一部晚清小说史上唯一的、专门以通篇篇幅赞颂孙中山及其革命战友的长篇小说来激励人们投身推翻清王朝的民主革命事业,不仅精神令人感佩,而且也使自己的这部小说在中国近代文学史上实在应当大书一笔。

《党人碑》的孙中山形象塑造 《党人碑》在艺术上也是较为成功的。当然,由于该小说残佚颇多,今已难窥全豹,对于其艺术上的特点和成就,也就难以十分准确地加以把握。但是,即使是从现存的十多回文字中,也还是可以得出应有的结论的。

今存黄世仲的全部小说,从艺术上讲,大致可以分为两类。其一是如同《洪秀全演义》这样的,其写法纯然是小说家家法的小说,这类小说一般都写得比较成功。其二是如同《十日建国志》这样的、其写法离开了小说家家法而类乎报告文学写法的小说,这类小说缺乏小说的特点而具有报告文学特点,作为小说并不成功而作为报告文学却不失为佳作。《党人碑》属于其中的前一类。

如同本文前面已经指出过的,《党人碑》在以一段隐括和预示全书思想内容的"楔子"式文字以及若干为原武——孙中山的出场提供背景的文字开头之后,先是用好几回文字集中叙写原武——孙中山及其同志最初的革命活动,然后又以三大起结结构作品,既突出地以原武——孙中山及其同志的革命活动为基本情节线索,又将与之对立和斗争的安思惠——康有为等的改良/保皇活动有机地组织到作品之中。这样的结构,应当说是颇具艺术匠心的。小说的作者又很注意通过场面、情节、细节、人物自己的语言和行动等来塑造人物、表达思想内容。这也是甚得小说艺术之法度的。作品对人物形象、特别是正面英雄人物形象的塑造,也比较成功。作品中的陆道中——陆皓东、杨文——杨衢云、陈虞——陈少白等人物,给人留下的印象都相当深刻,而原武——孙中山的形象塑造尤其如此。可以说,原武——孙中山的形象塑造,是对中国近代小说艺术画廊的一大贡献。

小说在开始时的"楔子"式的文字中就已经告诉人们,原武——孙中山乃是一位惊涛骇浪中顺应风潮、牵绳扬帆、团结同志、驾舟前进的英雄好汉。在第二回末尾叙写原武——孙中山登场的时候又告诉人们,原武——孙中山乃是一位怀有国家思想、"积怀大志,要与同气的誓干那惊天动地的事"的革命领袖。在此后的文字中,作家便通过具体描写,特别是通过原武——孙中山建立香港兴会、筹划和实行武装起义、起义后的善后工作、派人搭救安思惠——康有为出离险境、救助梁子绍——梁启超等逃亡到日本的流亡者、对杨文——杨衢云诸多错误言行出于爱护的严厉批评、对小吕宋革命者的支持和帮助等事件、情节和细节,多方面展示原武——孙中山性格的各个方面,展现其胸怀大志、矢志不渝,展现其坚持原则、胸襟开阔,展现其足智多谋、勇于奋斗,展现其临危不惧、舍己救人。兹举武装起义消息泄露、清朝政府已捕去党人数人且还继续进行搜捕时的如下描写:

原武在栈子里听得这点消息,一惊非小。恰可那间栈子在洲头咀,后门正通河面,急令人把储顿的旗帜、器械抛落海去了,一面穿衣,挈了百来块银子跑出来。有同在那栈子里的急问道:"先生今往那里去?"原武道:"事已破漏,也没得可说。惟梁堂那里,今天仍有三百人发下来。这时,那客栈及这栈子,都住不得了;在日里,犹自可;若夜里,叫他们往那里去? 我正要发遣他们,你们只管弃军械落海。倘我去后,或有差勇到来,便把住头门,总令凭据弃尽,方可让他进来查搜。"说了,正欲出门,忽见一个人露出暗号进来道:"不好了,弄坏了! 方才封了河北的那客栈,并挈了陆道中、朱亮、邱世民各人去!"原武急止道:"休要惊扬(慌),你只管镇镇静静的逃命罢了! 若些慌张,必致悮(误)了性命!"说着,那人蹋脚便去。

原武出门行不得百来步,回头已见差勇四五人闯到栈子来。还亏那位跟着原武干事的陈平,虽不识字,却有一点聪明,急阻道:"你们进来何事?"那差勇道:"你这里窝着歹人,我奉长官命要来搜查的!"陈平道:"糊(胡)说! 这是管商务的,有甚么歹人,你来骚挠(扰)我?"那差勇听得,心中甚怒,只〔暗忖〕:"他栈子是标明洋商的旗号;若弄错了,他的东家西人出头，还了得么？"只得与陈平再三辩论，〔道〕是奉长官令，一定要搜过，方能回复。陈平那里肯依？差不多辩了半个时辰。内里的人听得门前争论，早快手快脚，把凭据对象抛得干净了，然后出来诈问怎么嘈闹起来；陈平又源源（原原）本本告诉了，方才任他进去搜了一会，没些凭证。那差勇瞎闹了一场，又畏他东主是外国人，不敢则声也跑去。陈平和一班人便一齐闭了门，从后门〔一〕面唤艇去了。

　　且说原武见差勇闯到栈，又见陈平与他辩论，阻当（挡）他不能进门，就知可以无事，心里暗赞陈平会干事，自己却不便久停，先过了河北。但听路上行人都纷纷谈论此事；又见沿途遍贴了一张告示，道是"某某某等图谋不轨"的，上面大书了"赏格"两个字，还加上两个红笔圈的圈子，计开要挐的是杨文、原武、陈虞、邓文龙四人，下注明了年岁籍贯，单没有写明相貌。原武此时心中自觉危险，又忖："那陆、朱、邱、程几人被挐了，还幸杨文和邓文龙未有进来，又不知陈亮（虞）究有逃出没有！"一头想，一头心上不免打战。只细想："虽出花红要挐自己，究竟先到省城的，还有银子交过了他〔陈虞〕，可以见景逃走。单是今天由北江发来的人马，手上断没使用，是料不能逃走的，不可因自己危险，就不顾他人性命！"想到这里，更无退志，便由太平街直望西门外而行。果然北江后至的人马，正由第一津第二甫而下，三人一群，五人一队，都有自己暗号。原武沿途逢着，就各一队交给两三块银子，密着他们唤沙艇过夜——因省城海旁一带都有艇子，唤做沙艇，专接人寄宿的；因各人没行李，若进别间客栈，必被人思疑，反为不妙，故此原武指点他们住这里勾当。当下原武自太平街第八甫直至第二甫，约摸计过不下三百人，都已分发停妥，然后原武回转步来。

作家在这里并未自己站出来赞扬原武——孙中山如何如何，而只是叙述描写原武——孙中山的内心活动以及救助北江过来参加起义的人马出离险境的具体行为。然而，作为革命领袖的原武——孙中山性格中身处险境而镇静自若、忘己救人的一面，却跃然纸上，闪闪发光。

　　《党人碑》艺术上的缺点　　毫无疑问，《党人碑》并非黄世仲所写小说中艺术上最好的作品,更不能与中国古代小说中《红楼梦》等一流作品相提并论。事实上,大约同作者写作得相当匆促、边写边要送报刊发表有关,《党人碑》在艺术上是有明显的瑕疵的。读者当能看到,小说中显然有体例不一、人名和地名前后不一、情节和细节前后重复乃至矛盾之类不该出现的问题:

一是体例方面。小说前两回末尾均无两句七言结尾诗,而第三回至第六回却有;到第七回又没有了,而第八回以后,从今所能见者而言,却又都有。

二是人名地名方面。"王文韶"到后来成了"王文昭","谭治中"后来成了"谭嗣中","冯藻如"后来成了"冯祖如","星架坡"又作"星加坡"。

三是情节和细节的前后重复。最明显的一例是:第五回写布政使蒋安仁拜见利督帅,劝其勿多杀被捕党人,以免惊动人心;第六回又写这位蒋安仁拜见谈督帅,向其讲了大致相同的话。为什么会出现这种情况?从蒋安仁一次拜见的是利督帅、一次拜见的是谈督帅来看,大约是作者在写第五回时忙中有错,将乙未广州起义时的两广总督误写成了利督帅(影射李瀚章);发现此误之后,在第六回中略作变化地重写了同样情节,而把利督帅改正为谈督帅(影射谭钟麟);至于第五回,因已经发表,也就只好任其照样存在了。

四是情节和细节的前后矛盾。最典型的一例,是关于杨文——杨衢云出任香港兴中会会长一事的描写和叙述:小说第七回中写原武——孙中山等议及广州起义失败之由时,陈虞——陈少白曾说:香港同盟会成立时,本定原武——孙中山作会长,只因杨文——杨衢云以掌握财政而有谋作会长之心,为大局起见,原武——孙中山便把会长一席让给杨文——杨衢云。小说第十二回写原武——孙中山严厉批评杨文——杨衢云时,所批评的杨文——杨衢云的错误之一,也是杨文——杨衢云争做会长一事。然而,在第三回中写及香港兴中会成立时,却明明白白地说,杨文——杨衢云之能充任会长,乃是原武——孙中山等人极力推举的结果,并未透露半点杨文——杨衢云争当会长的消息。这种前后矛盾的写法,实际上对塑造原武——孙中山的形象是很不利的,会使人觉得原武——孙中山有无端诬人之嫌。然而,小说却确实是这样写的。其实,客观事实是杨衢云——杨文确曾争当会长、孙中山——原武为大局起见确曾让出会长一席。作家起初大约是为了表现原武——孙中山并非争权揽要之辈而有意违背客观事实进行写作的。但既不符合客观事实,又实际上不利于表现原武——孙中山性格中顾全大局的一面,所以到后来便据实书之;至于起初的不符合客观事实的写法,也许会在出单行本时加以修改。这自然只是推测,未必准确。但无论如何,情节和细节上的这种前后矛盾,毕竟会给作品的艺术性带来一定的损害。

除上述几点外,《党人碑》对反面人物的描写,也有突出的缺点,即脸谱化。对安思惠——康有为的描写,就是如此。作家把许许多多恶行都加到安思惠——康有为身上;尽管有些恶行可能有客观事实作依据,但将安思惠——康有为整个儿写成一个伪圣人真骗子、假道学真无赖,却既不完全符合客观事实,又犯了作家自己所反对的"褒贬过于渲染"①这样的大忌。后来,作者写《大马扁》、指名道姓写康有为时,这种脸谱化发展得更为严重,致使在艺术上基本失败。

不过,这一切并不妨碍人们从总体上给予《党人碑》的艺术水准以较好的评价。尤其是小说中原武——孙中山艺术形象相当成功的塑造,实为中国近代小说中孙中山的形象塑造的有益尝试,为中国近代小说正面人物艺术形象的画廊增加了从未有过的民主革命领袖人物的相当成功的艺术形象,从而既为中国近代小说艺术形象的画廊增添了耀目的光彩,又为后来的作家艺术家塑造孙中山的艺术形象提供了一个良好的开端。从这一点来说,《党人碑》也许应是黄世仲全部小说中最应引起重视的一部长篇小说。

二、立意独特的《南汉演义》

黄世仲写有长篇小说《南汉演义》,原先并不为包括笔者在内的几乎所有黄世仲研究者所知悉。2001 年 8 月,纪念黄世仲基金会等在香港联合举

---

① 赵明政校点本:《宦海潮》卷首,杭州,浙江古籍出版社 1995 年 3 月第 1 版,凡例第 1 页。

办"辛亥革命九十周年纪念暨黄世仲投身革命百周年国际学术研讨会",叶秀常向大会提交了以其写于 20 世纪 70 年代初的、由三个子题构成的硕士论文稿本《黄世仲及其〈廿载繁华梦〉》中的第三题《研究黄世仲的一些突破》①,马楚坚更提交了其题就是《黄世仲与〈南汉演义〉》②的长篇论文。这样,黄世仲写有《南汉演义》这部长篇小说,才为研究者们所共知。笔者的论述,也是以两位先生的论文为基本依据的。

从叶秀常和马楚坚两位先生的论文可知,《南汉演义》原连载于 1908 年 11 月至 12 月的香港《世界公益报》,凡三十回,作者署名为"世次郎",小说名前面题"广东历史小说"。是否有单行本,情况不明,可能没有;罗香林藏有剪报本,叶秀常和马楚坚二位博士早先正是据此剪报本进行研究和论述的,惜其今已不知去向;又,据马楚坚称,罗香林尚藏有手抄本,惜其今亦已不存。不过,叶秀常和马楚坚两位不仅阅读和研究过剪报本,而且还分别摘引或节录过小说中的不少文字。其中,马楚坚不仅节录得尤多,而且还将所节录之文字及其所属回次全部公布于其上揭论文中;据此可知所录文字除卷首词及其后的开场语外,分属第二、三、五、六、九、十、十一、十二、二十一、二十四、二十五、二十八、二十九、三十等十四回。叶秀常、特别是马楚坚的这一工作,使得今天的研究者不仅能够知道《南汉演义》的概貌,而且可以读到其中的许多文字。此真是所谓不幸中之大幸也!

南汉是五代十国时期的十国之一。其始建历史可追溯至唐天祐四年、后梁开平元年即 907 年。后梁乾化元年即 911 年,刘隐去世,其弟刘巖继立并于后梁贞明三年即 917 年自立为帝,国号越,后改汉,史称南汉。刘巖死后,其子弘度和弘熙、孙刘𬬮先后继位。宋开宝四年即 971 年,宋兵南下,兵薄广州,刘𬬮俯首出降,南汉历史宣告终结,计立国首尾共 55 年。《南汉演义》演义的正是南汉立国后这 55 年的历史,当然在演义时必然会涉及其前

---

①　叶秀常:《研究黄世仲的一些突破》,《黄世仲与辛亥革命——辛亥革命九十周年纪念暨黄世仲投身革命百周年国际学术研讨会论文集》,香港,纪念黄世仲基金会 2001 年 8 月第 1 版,第 65～72 页。

②　马楚坚:《黄世仲与〈南汉演义〉》,《黄世仲与辛亥革命——辛亥革命九十周年纪念暨黄世仲投身革命百周年国际学术研讨会论文集》第 2 辑,香港,纪念黄世仲基金会 2002 年 2 月第 1 版,第 115～162 页。

史。问题是,黄世仲为什么要演义南汉历史呢? 这里就从叶秀常和马楚坚两位先生所引、录的《南汉演义》中的文字(有对标点符号的改动,也有对错讹字的校正)来谈这个问题。

《南汉演义》卷首词〔鹧鸪天〕云:

> 五(按:马楚坚录作"玉",疑误)岭纵横表大风,斜阳半壁问遗踪。空闻唐鹿争河朔,曾见神龙起粤东。悲故国,吊英雄,铜驼荆棘镇南宫。千年王气今何在? 珠海云烟总渺漾。

其后的开场语云:

> 嘻,俺广东可不是一个紧要的地方么? 前襟江河,后枕山岭,户口这般多,人口这般众,地利这般富饶,天时这般和煦,居然是有个自立资格的了。这是今日十八行省中,好容易比得上我们广东么? 看官,你休道说书的是广东人,就要把广东来夸耀;若这样说来,那就是错了。因为说书人道广东有自立的资格,原是有个大大的证据,因为广东地方,古人曾经做过自立的来了。
>
> 说书人先问一句:比如河南的郊坛顶、素馨坟、马聪桥,北亭洲的刘王冢,省城里头的拱北楼,北门外的流花桥、东西得胜里,西门外的荔枝湾,究竟是什么地方呢? 不知的就当他是个寻常地名罢了,知道的就道秦、汉之间南粤王赵陀及五代时南汉王刘铱的遗迹呢! 就说到河南的海幢寺,想那一个不到过来? 岂知这一间海幢寺,就是当南汉时建做的千秋报国寺。想到过海幢寺里,及登过拱北楼上的,看看那残碑遗碣,料然没有不知的了。这样看来,广东地方称王称帝的,早有多人了。
>
> 说书的不是教人要称王称帝,只是就历史看来,有了土地、称得帝王、传至数代的,岂不是已成了一个国家么? 可知我们广东就说他有自立的资格,便不是说谎的了。可惜秦、汉时的南粤王时代太远,考据渐少,倒不如从近些谈起,如残唐五代间,至今不过千年上下,把那些故事来说说,给我们广东人听听,教广东同胞一来不至数典忘祖,二来又想

起当时可以自立、今时又当要甚么样呢？放开耳孔听听，振起精神想想，这就是说书人的厚望了。

显然，黄世仲之写《南汉演义》，就是要广东同胞仿效南汉之自立于中原王朝的统治之外，而进行反清革命、脱离清朝政府统治、谋求广东自立。叶秀常写道：

> 黄世仲写《南汉演义》的政治背景，是借此小说来鼓励及激发广东同胞，谋求取得广东之独立，脱离满清之统治，……

马楚坚也写道：

> 文中有"说书的不是教人要称王称帝"、"数典忘宗"、"当时可以自立、今时又当要甚么样呢"，其蕴勉诸汉族同胞，吾等祖先为汉族、而非满清，故应本民族主义，效法南粤、南汉昔豪，利用广东特殊优越条件，齐起来革命，反清复汉，以保土独立，谋求今时最当要之民主共和政体之旨，已悠然彰现，若予读者一把打开解读之钥匙也。

两位先生的分析是很有道理、符合实际的。

黄世仲之写《南汉演义》，如同写《洪秀全演义》、《镜中影》、《宦海潮》、《党人碑》等一系列小说一样，完全是从民主革命的利益和需要出发的，是为了宣传民主革命、鼓动民主革命。不同的仅是，《南汉演义》取材于距今已经一千多年的广东地区的古往历史，是以演义广东地区的古往历史来服务于现实的民主革命的。从取材和立意来说，在黄世仲所有中、长篇小说中，《南汉演义》的立意确实是很独特的。

不过，以南汉之脱离中原王朝统治，来表达谋求广东同胞效之以争取实现对清朝政府统治的革命独立这样的主题，虽然不失为一种选择，却也似乎不尽妥当。因为，历史上的南汉在广东建国称帝，毕竟和民主革命派谋求广东对清朝政府统治的革命独立，是不可相提并论或类比互鉴的同类情事，本质上是不能用以激励人们进行革命独立的民主革命斗争的。如果作者能从虽不直接而却更为深刻的、比如总结南汉兴衰55年的历史教训的角度来演义南汉历史,那么倒是可能更有意义一些。事实上,从叶秀常和马楚坚两位博士的论文中,也可以看到《南汉演义》是包含了这方面的思想内容的。可惜的是,作者并未以这方面的思想内容为中心来构思自己的作品,这不能不说是《南汉演义》的一个较为明显的缺憾。

三、矛头直指康有为的《大马扁》

在论述《党人碑》时,笔者已叙及黄世仲的长篇小说《大马扁》。这部《大马扁》,实际上是研究界较早知道的黄世仲长篇小说之一。阿英不仅早在《晚清小说史》①中就曾有两段约六百字论及,而且在其于20世纪50年代末所编《晚清文学丛钞·小说三卷》②中将其收入,使其成为在其后很长时期中研究者能够较为容易看到的黄世仲长篇小说之一。因而,不仅对之进行研究论述者较多,而且一般均是将其作为黄世仲重要作品之一必加论述或至少是必会叙及的。然而,诸家看法不一,甚至长时期中还搞错了这部小说单行本的出版年份。因而有必要再行论述。

《大马扁》的原刊本　《大马扁》的原刊本,笔者未见。关于其出版时间,据知最早谈及的是杨世骥,他在《黄世仲》③一文中说:

> 《大马扁》一名《大马骗》,凡十六回。不知有否续集。系日本三光堂排印本,注明明治四十二年九月出版,正当光绪戊申(1908)之时。

---

① 阿英:《晚清小说史》,北京,作家出版社1955年8月第1版,第82～83页。
② 阿英:《晚清文学丛钞·小说三卷》,北京,中华书局1960年8月第1版,第213～312页。
③ 杨世骥:《黄世仲》,《新中华》复刊第1卷第12期;《文苑谈往》,重庆,中华书局1945年4月第1版,第73页。

阿英在上揭《晚清小说史》中还未谈及这一点,但他在《晚清戏曲小说目》①
中著录了《大马扁》,其文云:

　　大马扁　　　黄小配著。十六回。宣统元年(一九〇九)刊。

这里说《大马扁》出版于 1909 年。但到了上揭《晚清文学丛钞·小说三卷》
的《叙例》中,他又注明《大马扁》是 1908 年出版的,看来阿英还是以为《大
马扁》出版于 1908 年。原来,吾庐主人梭功氏(卢信)在为《大马扁》所写的
序文尾题为“戊申八月二十日吾庐主人梭功氏谨序于海外”,所以如果稍有
疏忽,那就很容易以为“明治四十二年”就是戊申即 1908 年;后来的长时期
中,包括笔者在内的研究者们也均从杨世骥和阿英两位先生之说,大约也均
由于此。其实,所说“明治四十二年九月”虽然不错,但相当于“明治四十二
年”的公历年份是“1908”,却是并不妥当的。因为“明治四十二年”乃是公
历的 1909 年,而指出这一点的则是日本学者樽本照雄。还是在 1988 年 3
月发行的《清末民初小说目录》中,他就已经注明“明治四十二年”是 1909
年;在 1997 年 10 月发行的《新编清末民初小说目录》、1999 年 10 月发行的
《清末民初小说年表》中,依然如此。可惜的是,包括笔者在内的研究者一
般均未注意及此,而仍然把公历年份说成是 1908 年;只有关志昌(关国瑄)
先后所写《黄世仲传略》②和《黄世仲(1872～1912)传略》③是个例外,他虽
未说明其所据者何,却如同樽本照雄一样,指出《大马扁》单行本的出版年
份是 1909 年。现在,应当是按照樽本照雄和关志昌的说法纠正原先看法的
时候了。

---

　　①　阿英:《晚清戏曲小说目》,上海,上海文艺联合出版社 1954 年 8 月第 1 版;上海,古典文学
出版社 1957 年 9 月增订第 1 版;北京,中华书局 1959 年 5 月第 1 版;《〈晚清小说大全〉编印计划》
(征求意见稿),上海,上海书店出版部 1985 年 8 月印行,第 1～44 页。
　　②　关志昌:《黄世仲传略》,《传记文学》,台北,1980 年版;《香港笔荟》1997 年第 1 期。
　　③　关国瑄:《黄世仲(1872～1912)传略》,《黄世仲与辛亥革命——辛亥革命九十周年纪念暨
黄世仲投身革命百周年国际学术研讨会论文集》,香港,纪念黄世仲基金会 2001 年 8 月第 1 版,第
39 页。

顺便应当指出的是,方志强的《黄世仲大传》①说,

> 明治四十二年九月五日,《大马扁》由日本东京市三光堂白士章力在神田美士代用品町二目一番地印刷发行。

方志强未说明其根据,很可能根据的是原版单行本,因而当是可信的。只是,方志强在隔了几段话后又说:

> 《大马扁》在日本出版,这时上距戊戌政变已有十年。

既然如此,那么方志强也是以"明治四十二年"为1908年的了。就是说,方志强也搞错了《大马扁》单行本出版的公历年份。

现在所见的《大马扁》第十六回即末回尾端说"要知后事如何,且听下回分解"。后面部分呢?阿英在上揭《晚清小说史》中说:"这是上卷,下册大概没有续出。"杨世骥在上引一段话中也说"不知有否续集"。总之,后续文字未见,可能并未续写出来。至于今见部分是否曾在报刊连载,现在也不清楚,也许是并未连载过吧!

《大马扁》和《党人碑》 许翼心先生在提交给在香港举行的"辛亥革命九十周年纪念暨黄世仲投身革命百周年国际学术研讨会"的论文《关于黄世仲小说作品初刊版本的若干补正》②的第二题第四条的小标题为《〈党人碑〉实即〈大马扁〉原刊本》,其中在论述了《党人碑》后说:

> 年前查阅部分《时事画报》的原本,细读之下,不禁大吃一惊:原来《党人碑》实即是《大马扁》的原刊本!除了书中的主要人物姓名有别(《党人碑》用化名,《大马扁》改用真名,如康有为化名为安思惠)之

---

① 方志强:《黄世仲大传》,香港,夏菲尔国际出版公司1999年3月第1版,第156、158页。

② 许翼心:《关于黄世仲小说作品初刊版本的若干补正》,《黄世仲与辛亥革命——辛亥革命九十周年纪念暨黄世仲投身革命百周年国际学术研讨会论文集》,香港,纪念黄世仲基金会2001年8月第1版,第254页。

外,两者的回目如出一辙(如第四回回目为《余御史割席拒狂生 黠娘儿登轮追浪子》),其内容和文字也大致相同。(篇幅所限,这〔里〕不作详细比较。)当时的报刊往往将其所连载的小说汇印成单行本出版,如同《廿载繁华梦》一样。《时事画报》社也很可能在广州汇印出版过《党人碑》的单行本。至于在海外出版的修改本《大马扁》,作者将书中的主要人物改回真实姓名,则很可能出于当时革命派和保皇派斗争的需要。

这就提出了一个问题,即《党人碑》是否是《大马扁》原刊本,或《大马扁》是否是《党人碑》的修改本的问题。有关这个问题,实际上许翼心在会议上已纠正了自己的上述说法。但由于他的文章已经公之于世,而他本人的纠正却并未形诸文字和见诸公开出版物,故这里还是应当议议,以使读者能够有一个符合实情的结论。

《大马扁》和《党人碑》显然是有紧密的关系的。两部小说都写到了康有为以及梁启超等:《党人碑》全书有很多回都写到康有为以及梁启超,《大马扁》更是全书都是写康有为以及梁启超的。不仅如此,而且《大马扁》的一些回实际上来自《党人碑》,有的有较多修改,有的基本上没有多少修改。如同许翼心正确地指出的,《大马扁》第四回就基本上是搬取《党人碑》第八回《余御史迁居避客踪 安举人登舟逃妓债》而成的。另如《大马扁》第七回后半《诈传道踏月涉荒山》和第八回前半《谈圣道即景触风情》所写康有为月夜观音山传道林魁,就基本上是《党人碑》第二回《伪圣人登山传道统》除尾端一段文字外几乎全回的、轮廓和细节基本相同的改写;《大马扁》第八回后半《为金钱荣归争局董》和第九回前半《据局戳计打康圣人》所写康有为争当十三乡局绅,就基本上是《党人碑》第七回后半《张兆芬拒局抗同乡》轮廓和细节基本相同的改写;等等。

然而,《大马扁》和《党人碑》毕竟是不同的。这不仅表现为两书主要人物一用假名、一用真名,——这其实并非主要的不同。更重要的是两书的主旨以及与主旨有关的内容有重大差别:前者的主旨是揭露康有为假圣人、真骗子的面目,后者的主旨是歌颂孙中山(书中作"原武")及其革命同志为革命事业艰苦奋斗、不怕牺牲的革命精神,为之树起一块丰碑;与此相关,前者全书叙写的都是康有为,后者虽也用了不少篇幅叙写康有为,但更多的是叙写孙中山的革命活动、叙写孙中山战友的献身革命乃至壮烈牺牲,而叙写康有为则只是为了在对比中更好地表现孙中山及其战友,或者说是为了陪衬。所以,充其量也只能说《大马扁》是截取《党人碑》中叙写康有为的那些回的文字加工修改而成的;说《党人碑》是《大马扁》的原刊本,并不符合实际。

《大马扁》的思想内容　现在所看到的《大马扁》十六回,其内容显然是关于康有为其人的,小说的中心人物也是康有为。如同笔者在谈《党人碑》的艺术水准时已经说过的,作家把许许多多恶行都加到康有为身上,将其整个儿写成一个伪圣人、真骗子、假道学、真无赖。作家为作品取名《大马扁》,而"马扁"由"骗"字拆字而来,"大马扁"者,大骗子也。显然,作家本来就是有意要告诉读者,康有为乃是一个伪圣人、真骗子、假道学、真无赖;作家确实也实现了自己的这个意图。阿英在上揭《晚清小说史》中早就指出了这一点:

> 《大马扁》演康有为事,自非完全真实,从把许多恶劣的事件,附到有为身上一点,可以想见小配(按:即黄世仲)对其人憎恶之深。而写谭嗣同,则处处为之开脱,说明他的入京,目的是在革命,他的牺牲,完全受了康有为的骗。到京以后,即知康有为不足与有为,因病又不果行,遂及于难。书里并写着康有为在当时与孙中山一班党人的往还。大概康有为的一生,在黄小配的笔下,祇是一个无赖,一个招摇撞骗的恶徒,无往而不施其诈伪手段。诈伪的窃取他人的《新学伪经辨》,改名《新学伪经考》,署上自己的名字;诈伪的以《公羊》学获得功名,结识翁同龢;诈伪的谋山长,公车上书,要帝宠;诈伪的骗谭嗣同入京,骗他说是联络革命党起事;逃到日本,还要诈伪的欺骗日本朝野,致遭驱逐。黄小配把康有为写成一个极大的马骗。

阿英的这一论述,不仅时间上最早,而且也甚具概括性和代表性,后来的研究者大都大体上沿袭了其说。确实,这样的论述乃是符合《大马扁》的实际的,因而也就毋庸笔者再费笔墨。所应补充的是,作品除了把康有为写成一个出于欺世盗名、贪慕名利之心而无时无事不行其诈伪之术的大骗子外,如同欧阳健的《晚清小说史》①所指出的,还把康有为写成一个个人生活"狂荡不检、品质恶劣"的流氓式人物。在黄世仲笔下,康有为从学朱次琦时,就因受不了管束而在夜里偷偷溜出去;但又怕被发现受责有损名声,所以便刻意伪饰所住床帐并把鞋子放到门口,以蒙骗朱次琦及同学;及自己开馆授徒之后,表面上装得十分老成,实际上却是日日眠花、夜夜宿柳,被学生发现后还强自辩解;入京会试、孙山名落、买棹返粤、道经上海时流连忘返,差不多天天寻花、夜夜问柳,欠下妓债后竟然偷偷买了船票逃走。

黄世仲对康有为作这样的描写,当然是有其原因的。《大马扁》当写作于 1908 年后半年至 1909 年夏秋间。其时,一方面是清朝政府大搞假立宪丑剧,身在海外的康有为和梁启超等由改良派演化而来的、认为"与政府死战,犹是第二义;与革命党死战,乃是第一义。有彼则无我,有我则无彼"②的立宪派雀跃欢腾,成立政闻社并在国内加强活动;另一方面是以孙中山为首的革命派发动的多次武装起义接连失败,身在新加坡的立宪派核心骨干分子之一徐勤等人再次乘机对革命党人发起挑战,在其所办报纸上发表文章攻击革命派,叫嚷什么"革命必不能行于今日"、"革命足以召瓜分"。《大马扁》创作和出版于这样的背景上,其作者的写作目的也就可想而知。阿英在《晚清小说史》中说:

　　(《大马扁》)卷首诗云:"保国保皇原是假,为贤为圣总相欺。未谙货殖称商祖,也学耶稣号教师。"这就是《大马扁》里所写的康有为。不过黄小配对康有为虽也采取着反对的态度,可并不是从专制思想出发,他反对人身,也反对立宪,他是为着种族革命的利益而作此。③

　　①　欧阳健:《晚清小说史》,杭州,浙江古籍出版社 1997 年 6 月第 1 版,第 323 页。
　　②　梁启超:《与夫子大人书》(光绪三十一年十一月、1906 年 12 月),丁文江、赵丰田编《梁任公先生年谱长编》,上海,上海人民出版社 1983 年 8 月第 1 版,第 373 页。
　　③　阿英:《晚清小说史》,上海,商务印书馆 1937 年第 1 版;北京,作家出版社 1955 年 8 月第 1 版,第 83 页。

这是说得很对的。确实，黄世仲是为了揭露和抨击保皇派、回击其对革命派的攻击，让读者看清保皇派的丑恶行径，从而站到革命派一边、支持乃至投身革命事业而写的。这种写作目的，当然是应当肯定而无可指责的。

《大马扁》的艺术成败　黄世仲的意图虽然无可指责，但他在《大马扁》中对康有为的描写，却存在着严重的问题，如同阿英所指出的"自非完全真实"，即缺失真实性。这不仅表现为情节和细节失实颇多，而且更重要的是表现为在对康有为其人的总体描写方面有严重偏颇。小说史上曾经有过一些把正面人物写成箭垛式人物的作品，尽量把美丽的色彩涂给所要称颂的人物，使其高大完美。《大马扁》也把康有为写成一个箭垛式人物，不同的是它尽量把污水往康有为身上泼洒，使其成为一个完完全全的坏蛋。然而，康有为其人无论其人品方面有多少可以訾议之处，也无论其后来反对革命、大搞保皇活动的言论行动如何使其成为阻挡历史车轮滚滚向前的挡路石，却毕竟曾是中国历史上旧民主主义革命时期的一位先行者，其公车上书之举，特别是其所领导的维新变法活动，乃是在中国近代史上所留下的具有应当大书特书的爱国进步意义的辉煌一笔。要写康有为，无论如何是不能不写这一切并不能不给予肯定的。而《大马扁》却不是这样，而是对康有为完全加以否定，连其历史上曾经建立过的辉煌功绩也是不仅一概抹杀，而且加以歪曲和丑化，认为不过是康有为个人为了博取虚名、出人头地、挤进社会顶层而采取的卑劣行动。这就从根本上使作品违背了历史的真实性。有的研究者看不到这一点，而是在作品的若干情节和细节是否符合历史实际上做文章，不惜寻找资料、花费笔墨证明其所写诸如诱骗谭嗣同入京、月夜上山传道、个人生活狂荡不检、偷偷地乘船离沪以逃妓债等等确有某种事实根据，其实不妥，也是大可不必的。

不过，能否因此就如同一些研究者所说的那样，认为《大马扁》是一部失败之作、其客观效果与作者的意图适得其反呢？笔者以为，恐怕还不能简单地认定必是如此。较为妥当的看法应当是：《大马扁》是一部艺术上有严重缺陷的长篇小说，但它还是在一定程度上起到了作者所望起到的作用的，因而不可一笔抹杀。须知，即使是在今天，也很难说专门研究者们所掌握的历史知识，是一般读者也掌握的；对于当年来说，那就更是如此了。《大马扁》主要是写给当年的读者看的,而当年的读者却未必有多少人熟稔历史、熟稔康有为其人;以为当年的读者都如同今天的专门研究者一样,对康有为的个人历史和是非功过知之甚多,很难说是切合实际的。因此,当年的读者中的大多数视作品所写的一切为真实,从而受到作品或多或少的影响,在某种程度上摒弃康有为及其所鼓吹从事的保皇立宪活动那一套而支持乃至投入革命活动,必定难免,正如今天的普通读者观众读了看了那些《话说某某》、《某某大帝》之类历史题材的小说影视作品之后,会相信其所写所演就是历史实况一样。

第十八章　创作于己酉年的两部长篇小说

——关于《义和团》和《宦海升沉录》

一、最新发现的《义和团》

黄世仲的小说之作,在20世纪30年代,研究界仅知四种,即《洪秀全演义》、《廿载繁华梦》、《大马扁》和《宦海升沉录》。到20世纪60年代,研究界所知者增加了六种,即《陈开演义》、《岑春煊》、《五日风声》、《镜中影》、《宦海潮》、《黄粱梦》。到了20世纪80年代,研究界所知者又增加了六种,即笔者所发现的《朝鲜血》、《十日建国志》、《广东世家传》、《新汉建国志》、《宦海冤魂》和王俊年所发现的《党人碑》。到20世纪末和本世纪初,人们所知的黄世仲小说已至少有二十一种,包括笔者在内的黄世仲研究界曾以为很难再有新的发现了。不料,到了2003年12月,笔者又意外地从香港友人处见到了一种,即《义和团》。

《义和团》的发现　《义和团》的发现,应当归功于香港大学中文系教授杨玉峰。多年前,由于一个偶然的机会,杨玉峰发现了黄世仲的这部小说,而笔者也是由于一个偶然的机会,才得以见到黄世仲的这部《义和团》。

2003年12月10日,纪念黄世仲基金会主席、黄世仲的外孙陈坚在香港大学毕业生议事厅举办黄世仲遗著赠书仪式;由香港大学举办、陈坚资助的白先勇的讲学活动,也于同日开始。笔者有幸受邀赴港参加该二活动,并应邀于当天晚上出席香港大学在金龙船海鲜酒家举办的欢迎白先勇的宴会;香港大学中文系主任单周尧、教授杨玉峰和纪念黄世仲基金会秘书长胡志伟等也均在座。宴会进行中间,单周尧告诉胡志伟,杨玉峰藏有一本黄世仲的小说。于是,在宴会结束、与宴者将要离开的时候,胡志伟便找到杨玉峰询问有关情况。当时,笔者正巧从他们旁边经过,听到他们交谈的片断,不过不知道他们交谈的详情。杨玉峰离开后,胡志伟即将询问情况告诉我:"杨玉峰说他确实藏有一本黄世仲小说,是大家都还不知道的,书名《义和团》。如需一阅,他愿意把藏本拿出来。"

说真的,当时笔者当然是很高兴的。不过,高兴之余,对杨玉峰所藏《义和团》是否系黄世仲所写还是心存疑问的,很希望能够通过目验加以证实。恰好,杨玉峰原已约定次日中午要为笔者设欢迎便宴,是个机会。于是,便请胡志伟打电话给杨玉峰,请其届时将藏本带至席间;杨玉峰不仅欣然答应,而且在席间出示了所藏《义和团》,还简单地介绍了收藏经过。他说:"该藏本是《义和团》的第 4 本,1997 年前在一小书摊上偶然见到,便立即购藏。购买时,小书摊主人只有该本,没有第 1~3 本,因而也就只购得该本。"席间,笔者自然来不及细读,因而便请求杨玉峰允许将其带至寓所初步加以研究。杨玉峰说:"我过去没有研究过黄世仲,现在也没有时间研究。你是研究黄世仲的,当然应当让你看看,带去好了。"便宴结束回至寓所后,笔者立即将其打开细读一遍。果然,如同杨玉峰所说,《义和团》确系黄世仲所著。

杨玉峰是个有心人。由于他在小书摊上的偶然发现和购藏,使《义和团》得以进入研究界之藏书,也使现在所知之黄世仲所著中长篇小说又增加了一种,从至少二十一种增加到了至少二十二种。对黄世仲研究来说,这无疑是一大幸事。

那么,杨玉峰购藏的这本《义和团》,情况究竟怎样以及从中可以得出一些什么样的结论呢? 这就需要从他收藏的这本《义和团》的情况谈起。

现存《义和团》剪报本及创作时间　关于杨玉峰所收藏的这本《义和团》,最容易看到的是以下一些具体情况:

一是今存本按线装书样式装订。封面系原先的收藏人后加,其上有不知何人毛笔书写的"义和团"三字,左上角标有毛笔书写的"肆"字;另外还加盖有两方椭圆形印章,其一模糊不清,另一方有"香港光华中学校图书馆置"等字样。其最末一回系第四十回,正文页最后一页加盖有"香港光华中学校图书馆置"等字样的椭圆形印章,最后一行上端有"义和团全书终"六字。

二是今存部分按线装书版式排印。每版标为一页,所存为第247~354页,共108页。每页以书口为界分为两面,每面9行,每行26字。计算下来,每面234字,每页共468字,全本共约50000字。

三是书口有双鱼尾。上鱼尾上方象鼻标有小说名"历史小说义和团"七字,其中"义和团"三字字体较大,"历史小说"四字则系双行小字(行二字);下鱼尾下方象鼻标有双行(行四字)"公益报刊翻印必究"八字(或误排为"公益究报翻刻必刊"、"公益刊报翻刻必究");双鱼尾内,上半部分标有"著者小配"四字,下半部分右半标有页码如"二百四七"、"二百七三"等。

四是今存本每页背面均有与《义和团》无关的、诸如广告之类的文字;有些页正面右半面顶端有"公益报第四篇"、左半面顶端有"西历一千九百零九年十二月廿八日"或"西历一千九百零九年十二月廿九日"等似为剪辑时残留的字样,背面顶端还有似为剪辑时残留的《世界公益报》报名"世界公益报",以及互不相同而又有连续性的报纸出刊中历日期如"中历庚戌年四月十五日"等字样。

由以上所述至少可以明确地得出以下结论:

第一,其封面和正文末页既均加盖有"香港光华中学校图书馆置"印章,则该本原来应是香港光华中学藏书;后来不知何故,流落到了社会上。

第二,其封面既标有"肆"字,其正文末页最后一行上端有"义和团全书终"字样,那么《义和团》全书当是分四册装订的,现在看到的这一本应是《义和团》的最后一本,其前三本当已散佚。

第三,从上述第三条和第四条所列情况看来,《义和团》显然是在《世界公益报》上连载的,其连载时采用的是线装书书页式排印,即每日接续前一日所载排刊完整的一页,直至最后。现在看到的《义和团》,既然每页背面均有与《义和团》无关的文字,且有些页正面或背面顶端还残存有"世界公益报"、"公益报第四篇"、"中历庚戌年四月十五日"、"西历一千九百零九年十二月廿九日"等字样,那么也就当是《世界公益报》所刊该小说的剪辑本,而非另行排印的单行本。

第四,书口双鱼尾内上半部分既标"著者小配",则《义和团》确实是黄世仲的作品,因为"小配"正是黄世仲写作时常用署名之一。

第五,全书共四十回,不计标点,每页 468 字;全书 354 页,那么全书当有大约 16 万多字。

第六,双鱼尾的上鱼尾上方所标小说名既为"历史小说义和团",那么《义和团》也就应归类为"历史小说"。

第七,今存本每页正面或背面顶端既残存有中、西历日期如"中历庚戌年四月十五日"、"西历一千九百零九年十二月二十九日"等,那么《世界公益报》连载《义和团》的时间,就大致应在己酉、庚戌即 1909～1910 年间。

应补充的是关于第七点所说《世界公益报》连载《义和团》的起讫时间和开始创作时间问题。应当说,具体的讫止时间是清楚的,因为第 354 页即最后一页左面顶端标有日期,所标为"中历庚戌年四月十五日",这一天是西历 1910 年 5 月 23 日。至于起始时间,虽然现已难详,但还是可以推知其大概。按:今存之《义和团》第 247 页左面的背面顶端标有日期"中历酉年十一月十五日"(此日为西历 1909 年 12 月 27 日),第 251 页同一部位标有日期"中历酉年十一月十九日"(此日为西历 1909 年 12 月 31 日),第 252 页同一部位标有日期"中历酉年十一月二十日"(此日为西历 1910 年 1 月 1 日),第 253 页同一部位标有日期"中历酉年十一月二十三日"(此日为 1910 年 1 月 4 日);又,第 248 页左面顶端标有日期"西历一千九百零九年十二月廿八日"(己酉年十二月初六日),第 249 页左面顶端标有日期"西历一千九百零九年十二月廿九日"(己酉年十二月初七日),第 252 页左面顶端标有日期"西历一千九百一十年正月一日"(己酉年十一月二十日)。从这些情况可知,《世界公益报》刊载《义和团》,是每日连载的。既然如此,那么连载全部 354 页《义和团》就需要 354 天,而刊出 253 页自然需要 253 天。第 253 页刊出于 1910 年 1 月 4 日,上推刊出 252 页所需的 252 天,其始刊日期就大约是 1909 年 4 月 27 日。然而,实际始刊应比 4 月 27 日再早些日子。因为,《世界公益报》并不是每日都出报的。当时港穗地区的许多报纸,定例每旬停报一日。《世界公益报》也不例外,其具体停报日期是中历逢一的一天。另外,《世界公益报》每逢节日,当也和其时的其他报纸一样停报。从上面所列资料中就可以发现,《世界公益报》西历 1910 年的元月 2日和 3 日就未出报,因为第 252 页出版于"中历酉年十一月二十日"即 1910年的 1 月 1 日,而第 253 页却是"中历酉年十一月二十三日"即 1910 年 1 月4 日出版的。可见每逢节庆如五月节、中秋节、孔子诞日以及春节、元旦等,《世界公益报》可能都是要停报的。如此看来,《世界公益报》之连载《义和团》,就当始于 1909 年 4 月中、下旬之交前后。从此时开始,到 1910 年 5 月23 日,《义和团》在《世界公益报》上连载达一年之久。

既然如此,那么,黄世仲开始创作《义和团》的时间,就不可能迟于 1909年的 4 月中、下旬之交,而应当是在 1909 年春天或更早一些的 1908 年冬天。

《义和团》和《镜中影》 黄世仲的这部小说既取名曰《义和团》,顾名思义,自然是写义和团的。那么,黄世仲是怎样写义和团的呢? 由于其今仅见第四册,很难确切地加以回答。不过,从现存的这一部分,还是可以推知其大概的。

今存之《义和团》第四册,初看之下,共有十回,即从第三十一回到第四十回。但仔细一看,却并非如此,而是共有十一回,即从第三十回到第四十回。这是因为,《世界公益报》在连载时,当是回次标写有误,将第三十回标成了第三十一回,致使与本来的第三十一回的回次发生重复,出现了两个第三十一回。这十一回的回目如下:

第三十回　　信堪舆赵尚书看地　受方物孙太监贪赃
(原标第三十一回)

第三十一回　捐赏财富户赈灾　办罪魁庄王赐死

第三十二回　闻谴旨赵尚书惊心　受监禁英左都入狱

第三十三回　演重刑荣禄骂抚台　伏死罪毓贤归地府

　　这十一回所写,起于八国联军藉义和团事侵华后慈禧太后和光绪皇帝等仓皇西逃中途、终于慈禧太后和光绪皇帝等从西安回銮京城。其间写及李鸿章奉旨谈签约及老死,刚毅、赵舒翘、端王、英年、庄王、荣禄、毓贤、启秀、徐承煜等一班朝廷大员各自的结局,两宫西行及在西安处理与签约有关之政事,还插写了陆部郎设救济会,以及上海名妓金小宝画兰赈济八国联军抢掠烧杀所造成的京城灾民,李莲英、孙太监、王文韶、开封知府文悌等的种种丑恶不法行径,张荫桓之无辜被诛。特别要指出的是,义和团运动起来以后,沙皇俄国在第一个提出帝国主义列强共同出兵进行镇压的倡议,并于1900年6月中旬从旅顺口调遣军队到达北京、8月4日派出军队4800人与其他七个列强组成八国联军从天津向北京进攻的同时,又在7月间制造借口,单独派遣步兵和骑兵177000人进犯我黑龙江爱晖等地,并在12月中旬进一步侵占我东北许多主要城市和主要交通线;当时的黑龙江将军寿山面对强敌,奋起抗击,但由于力量对比悬殊而于战败后刚烈自杀,其副都统凤翔也于战斗中壮烈牺牲。这一历史事件,在前面已经论述过的、曾以较大篇幅写及义和团的《镜中影》中并未提及,而在《义和团》中却不仅写到了,而且还写得酣畅淋漓,基本符合历史事实。

　　黄世仲的早期小说《镜中影》,曾用从第二十六～四十回共十五回的篇幅写义和团。现存《义和团》的这十一回所写,相当于《镜中影》的末两回,即第三十九回《画兰花女豪仗义　怨飘蓬江相捐生》和第四十回《和各国大杀奸臣　返京城再延统绪》。就是说,《义和团》的这十一回,实际上乃是《镜中影》末二回的扩写。由此也可以推想,整个《义和团》实际上是由《镜中影》从第二十六回至第四十回的十五回进一步演义而成的,或者说是《镜中影》第二十六~四十回的扩写,而演义扩写的结果则是使字数由《镜中影》中的大约四万多增至大约十六万多,而本来仅是《镜中影》全书一部分的文字也一变而成完全独立的一部小说。所谓扩写,就是《镜中影》情节中原已有之者详化之、原来没有而又有用者增加之。其详化者主要有描叙江危——刚毅自杀和魏秀——启秀、英贤——英年、隋文玉——徐承煜、邵子乔——赵舒翘等被赐死或处死的情节。比如,写邵子乔——赵舒翘随两宫西逃至西安以后的行事及其结局的文字,在《镜中影》中大约有 3000 多字(第三十九回约 2000 多字,第四十回约 1000 多字),而在《义和团》中则大约有 6700 多字(第三十回约 1700 多字,第三十二回约 5000 多字);新增者主要有描叙原在《宦海冤魂》约略叙及而在《宦海潮》较详叙写过的张荫桓之无辜被诛的情节(第三十四回后半回以及第三十八回中间的两行,共约 3500 多字),特别是上述历史上确有其事的黑龙江将军寿山奋起抗击沙俄军队且终于因兵败而刚烈自杀、其副都统凤翔也于战斗中壮烈牺牲的情节(第三十五回尾部至第三十八回前半回,共约 13000 多字)。

另外还应指出的是,《镜中影》中的人物姓名均非实际生活中人物的真实姓名,而在《义和团》中则基本上全用真姓实名,如《镜中影》中的余禄、江危、康王、陆贤、隋文玉、邵子乔、英贤、魏秀、金安抚、李崇良等,到了《义和团》中分别写成真实姓名荣禄、刚毅、毓贤、庄王、徐承煜、赵舒翘、英年、启秀、岑春煊、李鸿章等,而慈禧太后和李莲英在《镜中影》的第二十六回至第四十回中是分别称为太后和吕思瀛的,在《义和团》中则分别称为清太后和李莲英。看来,这大约是同黄世仲以为《义和团》所写乃是客观历史事实的"历史小说",而不像《镜中影》那样所写仅是镜中之影有关吧!

《义和团》的思想内容 《义和团》既然是由《镜中影》第二十六~四十回进一步演义而成的,那么就有一个问题需要回答,就是:黄世仲为什么要这样演义呢? 这就牵涉到《义和团》的思想内容问题,或者说牵涉到《义和团》和《镜中影》有无不同的问题了。

毫无疑问,《义和团》和《镜中影》在思想内容方面是有不同的。这种不同,除了属于艺术性方面的详化情节和新增情节可以而且事实上确实增加了作品描写的生动性外,最明显的有二:一是《镜中影》所写思想内容的时限长达数十年之久,较诸《义和团》要广阔得多;二是《镜中影》虽基本上把握住了历史过程的大致脉络,却又虚虚实实,镜中取影,可称为社会小说,而《义和团》虽不免仍有虚构,却是"历史小说",所写纯为真实历史,连所写一系列重要人物都取用了所写历史人物的真实姓名。问题是,除此之外,还有没有更重要的不同呢?

从现存的这十一回来看,二者所表现出来作家的思想倾向总体上说是一致的。笔者在《〈镜中影〉校点后记》①中曾经指出:《镜中影》作者的"笔锋主要是指向当时的最高统治者的。他告诉人们,正是平步青云升入政权顶端的慈禧太后(何如珠)、李莲英(吕思瀛),面对外敌入侵,却只知巩固自己的权力,胡作非为,从而给中国人民带来灾难";"还把笔锋指向当时的各级统治者,对官场的腐败和黑暗予以无情的谴责";"作品中,作者并未站出来说什么激昂慷慨的话语,也未通过人物之口进行革命宣传。但是,作品却通过具体描写,显示出了资产阶级革命倾向"。与这一切相关,《镜中影》不仅对帝国主义列强没有进行谴责,而且还似乎抱有好感或存有幻想,把八国联军侵华说成是由于义和团盲目排外、仇杀洋人引起的。《义和团》呢? 由于现在所见到的只是其末十一回,自然难以对其思想内容的整个情况确切地加以概括叙述。然而,即使只看这末十一回,也可以说其思想内容,与《镜中影》相比,乃是大致相同的。作者在作品中对以慈禧太后为首的清朝政府高中级官吏进行了严厉的谴责,描写了在逃亡西安、国事不堪言说的情况下,慈禧太后仍然是对外国侵略者俯首屈膝地答应其霸王条款以保住自己的大位,仍然是为过腐化生活而听任手下大兴土木、点缀园囿的讨好行径,仍然是保护自己民族满族的利益而把数额甚大的全部赔款重担分摊到汉族地区百姓身上,甚至因怕路途炎热而将回京日期推迟数月之久;太监如孙太监等的借机贪赃枉法和胡作非为,大臣如陕西巡抚岑春煊等对已赐死者搞"两重死法"的那种残酷和愚昧、刑部尚书赵舒翘的迷信风水和八股文

---

① 颜廷亮:《〈镜中影〉校点后记》,《重印黄世仲小说六种》(上),香港,纪念黄世仲基金会2003年2月第1版,第344~350页。

章式的顽固不化、开封知府文悌的借机钻营和未达目的后的无赖行径、大阿哥载儁驰马猎射伤毙民命的荒诞不经。特别是在《镜中影》中并未写及、在《宦海冤魂》中仅有短短数语叙及、在《宦海潮》中连标点一起计算也只有大约2000多字叙及的清末"外交能手"张荫桓被端王矫诏在流戍地新疆处死的情节,本发生在戊戌政变之后、《义和团》第三十九回和第四十回所写诸事发生之前,而在《义和团》该两回中却以追叙的方式写出了连标点计算大约3500多字。应该一提的是,其中还增加了梁丕毓诬陷张荫桓的情节,这个梁丕毓本是个因曾有不端行为而被张荫桓加以责备后予以使用的人物,但因其干没了张荫桓被流戍前托其转交其家乡的大量衣箱银两而惧怕张荫桓重被起用,于是在新主子端王跟前诬称张荫桓为"奸猾的小人,专一向外人讨生活,自发谴(遣)新疆而后,还常常交通俄人",而端王也因听信此一诬陷而更加下定了杀掉张荫桓的决心。这当然更是对端王载漪草菅人命、枉杀于国家有用之外交人才的严厉谴责。如此之类,和《镜中影》的思想倾向显然是一脉相承的。

然而,《义和团》毕竟不是《镜中影》,其思想倾向并不与《镜中影》全同。应当说,作家对义和团的态度并无根本性的变化,小说最后所说慈禧太后"即布告国中,……自不必说。由是那义和团一役搅得天崩地裂,至此费了几百兆脂膏,损了几十万民命,复得回大位,即为了结",就是证明。然而,在《义和团》中,情况却发生了变化。这主要表现在对帝国主义列强的态度方面。《义和团》在写及《镜中影》中因支持义和团而曾经加以谴责的人物如陆贤——毓贤和邵子乔——赵舒翘等的结局时,作者既写前者斥告其子道:"吾儿哭怎(甚)么?为父见危授(受)命,宜也。国家如此,生复何益?只望你们他日尽力为国家任事,使国家复见强盛,就好了!"又写后者告诉其夫人道:"朝廷为外人所逼,不能自主。……我这会必死无疑。此后家事,全在太太身上。须留心教训儿子,俾他养成个英雄人物,方替我死后争一口气!"就似乎已表示了对人物的某种同情和对外国侵略者一定程度的愤懑。而所写沙俄在参加八国联军入侵我国的同时又制造事端,单独兴兵入侵我东北、残杀我华侨,黑龙江将军寿山奋起抗击并终于刚烈自尽而死、副都统凤翔战死沙场的情节所表现出的反对帝国主义侵略者的态度,就似乎更为强烈了。本来,在《镜中影》中,作者并未写及此一事件。到了《义和团》中,却以寿山为主角,洋洋洒洒地写了13000多字。当然,其中也有对寿山不察形势、不听谏言、刚愎自用、性情暴烈一面的责备。然而,更多的还是对沙俄军队入侵我东北并残杀海兰泡我华侨男女老幼数千人的强烈谴责,是对寿山及其副都统凤翔抗击侵略者的英雄行为和刚烈献身精神的赞扬。《义和团》如此这般的描写,表明其在思想内容上较诸《镜中影》来确有一定的进步,也表明其作者黄世仲对帝国主义列强的认识,比其写《镜中影》的时候来已经发生了一定程度的变化。这种变化虽然还不怎样大,但是对于黄世仲研究来说,却还是很值得注意的。作为一部与《镜中影》中有关部分题材相同的小说,《义和团》独立存在的主要意义,除了为中国小说史提供第一部专门描写义和团的长篇小说之外,似乎就在这里。

二、《宦海升沉录》:又是一部《宦海潮》

和《洪秀全演义》、《廿载繁华梦》、《大马扁》一样,《宦海升沉录》也是一部研究者知道较早的黄世仲的长篇小说,因而有关的研究论著也就相对较多。据现在所知,其中最早进行专门论述的当推阿英发表于《好文章》第5期的《宦海升沉录》①和初版于1937年的《晚清小说史》②第11章《官僚生活的暴露》中的大约2800字。此后,专门论述《宦海升沉录》的,基本上都出现在新中国建立以后,其中主要的有:北京大学中文系1955级《中国小说史稿》③的有关章节、复旦大学中文系1956级《中国近代文学史稿》④的

---

① 阿英:《宦海升沉录》(论文),《好文章》1937年第5期;《1919～1949中国近代文学论文集·小说卷》,北京,中国社会科学出版社1988年5月第1版,第516～518页。

② 阿英:《晚清小说史》,上海,商务印书馆1937年版;北京,作家出版社1955年8月出版;北京,人民文学出版社1980年8月第1版,第135～138页。

③ 北京大学中文系1955级《中国小说史稿》编辑委员会:《中国小说史稿》,北京,人民文学出版社1960年4月第1版;1973年2月第2版,第401～404页。

④ 复旦大学中文系1956级中国近代文学史编写小组:《中国近代文学史稿》,北京,中华书局1960年5月第1版,第306～308页。

有关章节、张正吾《〈宦海升沉录〉校点附白》①、郭延礼《中国近代文学发展史》第 3 卷②中的有关章节、欧阳健《晚清小说简史》③和《晚清小说史》④各自的有关章节、方志强《黄世仲大传》第 13 节《革命小说的大家》第 5 小节《革命清议的〈春秋〉〈宦海升沉录〉》⑤;一些重要文学辞典和小说书目提要,如马良春和李福田主编的《中国文学大辞典》⑥和江苏省社会科学院明清小说研究中心编的《中国通俗小说总目提要》⑦等,均有《宦海升沉录》词条释文,其中有的还比较重要。所有这些论著,在《宦海升沉录》的版本情况、思想倾向和艺术水准等问题上的看法,虽然大都与当年阿英的看法相同或相近,但也有持不同意见者。

《宦海升沉录》的初版时间　在上揭《晚清小说史》中,阿英写道:

> 《宦海升沉录》二十二回,一名《袁世凯》,黄帝嫡裔(黄小配)作,宣统己酉(一九○九)香港实报馆印行。此书在形式上看,似为专写袁世凯一人,实则祇是以袁氏为全书骨干,写自甲午战争前夜,至光绪、慈禧逝世,十余年间的中国政治。这十数年间的大事,如甲午中日战争、维新运动、义和团之变、中俄问题、向英大借款,都一一的写到,联系得很自然,盖无一事不与袁世凯有关涉也。
>
> 此书值得注意的有两方面,其一,就是这纵的史实,其二,就是满人官员对汉人官员的排斥。袁世凯在晚清十余年间,在政治军事上的地位的发展,是可惊的,故满员对之,无时不加以防范,终至被逼下野。

---

① 张正吾校点本:《〈宦海升沉录〉校点附白》,《宦海升沉录》,长沙,湖南文艺出版社 1988 年 5 月第 1 版,第 1~7 页。

② 郭延礼:《中国近代文学发展史》第 3 卷,济南,山东教育出版社 1993 年 4 月第 1 版,第 2005~2027 页。

③ 欧阳健:《晚清小说简史》(下),沈阳,辽宁教育出版社 1992 年 10 月第 1 版,第 264~274 页。

④ 欧阳健:《晚清小说史》,杭州,浙江古籍出版社 1997 年 6 月第 1 版,第 324~332 页。

⑤ 方志强:《黄世仲大传》,香港,夏菲尔国际出版公司 1999 年 3 月第 1 版,第 166~174 页。

⑥ 马良春、李福田主编:《中国文学大辞典》,天津,天津人民出版社 1991 年 10 月第 1 版,第 4567 页。

⑦ 江苏省社会科学院明清小说研究中心:《中国通俗小说总目提要》,北京,中国文联出版公司 1990 年 2 月第 1 版,第 469~473 页。

《宦海升沉录》暴露得最有价值的,也是李伯元、吴趼人所不曾写到的,主要的是这一点。

……

《宦海升沉录》的内容大抵如此。这本书在当时的暴露官场小说里,是很优秀的。第一,在组织上,他用了一个很强的干线,沿着干线的发展,写了晚清十余年的中国军事政治,缺点是,袁世凯这个人物,被写得过于英雄。第二,一般的暴露官僚小说,祇暴露他们的丑态,而《宦海升沉录》却把重心放在政治方面。第三,作者是把满、汉界线划清,极写清廷对汉人官员所能容纳的最高限度,以及他们是怎样的防范排斥。作者恭维袁世凯,其因当是在此。第四,文字很简炼(练)。有此四因,《宦海升沉录》便自有其独特存在的价值,而成为暴露官场小说另一倾向的代表了。

即使是在现在看来,阿英的论述和介绍应当说仍是较为稳妥的。不过,仍有必要再事补充。

首先是关于《宦海升沉录》的初版版本问题。如同上文已经说过的,在上引阿英的论述与社会见面后,包括笔者在内的研究者们一般都沿袭其说,对《宦海升沉录》的版本情况未有进一步的介绍。其实,阿英的论述不仅过于简括,而且有不够准确之处。只是到了上揭张正吾的《〈宦海升沉录〉校点附白》里,才说得比较详细一些。张正吾写道:

(《宦海升沉录》)这部小说最早由香港实报馆印刷、发行,署名禺山黄小配,三十二开本,直行,封面为深兰(蓝)色,封面标题为"宦海升沉"四字,眉题标"近世小说";但在原书目录、版权页以及黄耀公的《序》中,书题均为《宦海升沉录》,在第一回回目之前,在书题《宦海升沉录》之下,更有"一名袁世凯"副题,作者署名则为"黄帝嫡裔"。原书未标明出版年月,如根据小说所写内容、黄耀公《序》中所记载的时间,以及黄世仲被杀害的时间来推断,应为一九〇九年冬至一九一二年之间。

这里的版本情况介绍,是迄今最为详细的。顺便说一句:其中所说黄耀公即黄世仲之兄,《宦海升沉录》序文末署"宣统己酉季冬黄耀公序"中的黄伯耀,"近世小说"当为"近事小说"之误。

此外,应当注意的是,张正吾对《宦海升沉录》初版时间的推断,则与研究者们都加以承袭的阿英的说法有别。前几年,郭天祥的《黄世仲年表长编》①"1910 年"就《宦海升沉录》的初版时间加有注文,其中在引述张正吾的说法之后说:

> 笔者认为,由黄耀公"宣统己酉季冬"作序的时间看,《宦海升沉录》首次出版的时间当在 1910 年上半年。

这样一来,关于《宦海升沉录》初版时间问题,就有了三种说法,即自阿英以来的"宣统己酉(1909)"说、张正吾的"1909 年冬至 1912 年之间"说和郭天祥的"1910 年上半年"说。另外,关国煊《黄世仲(1872～1912)传略》②云:

> 宣统元年……十二月,兄伯耀为《宦海升沉录》撰序,同月出版暴露官僚小说《宦海升沉录》(一名《袁世凯》,香港实报馆版……)

那么,哪种说法更为合理呢？应当认为,张正吾的说法较诸阿英的说法来,是前进了一步的。因为,黄耀公的《序》写于宣统己酉季冬,并不表明《宦海升沉录》初版时间是宣统己酉季冬,更不表明《宦海升沉录》初版时间是宣统己酉。不过,说《宦海升沉录》初版于 1909 年冬至 1912 年之间,上、下限似乎也还不够确切。因为,黄耀公写《序》的宣统己酉季冬,实际上已经进入了 1910 年(季冬指阴历十二月,而己酉十二月相当于 1910 年 1 月 11 日至 2 月 9 日),而《序》既写于宣统己酉季冬,则出版时间不可能拖后太多,以致拖到 1912 年。既然如此,那么剩下的郭天祥的"1910 年上半年"说,也

---

① 郭天祥:《黄世仲年谱长编》,北京,中国社会科学出版社 2002 年 10 月第 1 版,第 236 页。
② 关国煊:《黄世仲(1872～1912)传略》,《辛亥革命九十周年纪念暨黄世仲投身革命百周年国际学术研讨会论文集》,香港,纪念黄世仲基金会 2001 年 8 月第 1 版,第 39～40 页。

就可能是最符合实际的了。但黄伯耀既在己酉季冬即宣统元年十二月已写了序文，那么《宦海升沉录》之单行本也就应在此时或稍晚些，也就是在1910年的1月中旬至2月初，"1910年上半年"说的下限似乎仍嫌晚了些，关国煊的说法当可成立。

　　顺便要说的是《宦海升沉录》的开始创作和是否曾在报刊连载的问题。按，黄世仲的好几部作品，如《镜中影》、《廿载繁华梦》、《朝鲜血》、《十日建国志》、《五日风声》等，都是由于某一重大政治事件或某一重要人物的命运发生了重大变故而立即酝酿并开始创作的。光绪三十四年十二月十一日（1909年1月2日），时身为军机大臣兼外务部尚书的袁世凯被以所谓"患足疾，步履维艰，难胜职任"为名"开缺回籍养疴"。对袁世凯来说，这自然是其官场命运的一大挫折，是其不断"升"后的"沉"。黄世仲当是有鉴于袁世凯的这一"沉"而立即酝酿和开始创作《宦海升沉录》的。就是说，《宦海升沉录》的开始创作，当在此后不久。又，黄世仲一些小说的单行本都是由连载其小说的报刊出版的，《宦海升沉录》单行本既是由香港《实报》馆出版的，那么也就可能出版前曾在《实报》连载过。只是，由于《实报》今已严重残佚，因而研究者们现已无法窥知究竟了。

　　《宦海升沉录》的思想内容　《宦海升沉录》可以认为是作家笔下的又一部《宦海潮》。当然，正如一些研究者已经明确指出的，《宦海升沉录》所写并不像《宦海潮》写张荫桓那样基本上符合客观事实，所写袁世凯在一系列重大事件中的表现，多有违背史实、抑扬失当乃至是非倒置的问题。诸如对袁世凯在中日战争、戊戌变法、庚子国变、拒俄运动等重大事件中的表现的描写，均是如此。欧阳健在上揭《晚清小说史》中即说，在作者笔下，袁世凯乃是一位能够正面看世界、反对守旧派盲目自大的排外倾向、主张立宪并敢于和善于办理新政、甚至对革命派也显得开明通达宽容大度的人物；阿英在上揭《晚清小说史》中也说，在《宦海升沉录》中，"袁世凯这个人物，被写得过于英雄"。之所以会如此，当然不太可能是由于黄世仲对袁世凯的行事不太了解使然。可能的是，黄世仲本人就是反对义和团和戊戌变法中的康有为的，因而感情上和同样反对义和团和康有为的袁世凯有相通之处；袁世凯的罢官并非其政治生命的终结，其在后来重被起用、特别是窃夺辛亥革命果实甚至大搞帝制的行径,在《宦海升沉录》写作的当时尚未发生,其奸雄面目和反动本质尚未完全暴露,因而黄世仲也就无法完全认识袁世凯其人。当然,这并不是说黄世仲对袁世凯的奸雄面目和反动本质丝毫没有认识。正如一些研究者所指出的,黄世仲在《宦海升沉录》第十五回末尾部分就在写欧洲中国的留学生见袁世凯"一味揽权树党,只道他有个独立思想,凑着当时民党的风潮,一天膨胀一天,以为袁世凯有点意思"时写道:"不知袁世凯固是无此思想,且他向做专制官吏,便是独立得来,终不脱专制政治,于国民断无幸福,也并不想到此层……"黄世仲有这种认识,当然很可贵;他的一系列中长篇小说中,绝大多数的政治倾向也显然都是宣传民主革命、反对封建专制的清朝政府的。然而,具体到《宦海升沉录》这部作品上来,情况略有不同。黄世仲创作这部小说的本意,并未放在专制与共和的矛盾方面,而是放在满、汉矛盾方面,其对袁世凯的描写也就基本上不涉专制与共和之矛盾,而是专从满、汉矛盾着眼;从《宦海升沉录》全书来看,黄世仲也是着眼于满、汉矛盾,而袁世凯不仅是汉族大员,而且是受朝廷满族大员排斥的汉族大员,因而主张反满革命的黄世仲的同情,也就在袁世凯一边。事实上,当清朝政府搞假立宪的时候,权势已经很大很重的袁世凯其人无论其动机如何,当时也主张立宪并一度成为立宪"急进派",这显然与清朝政府的本意不合;其所主张的取消例由皇族控制的军机处、设不必再由皇族出任内阁总理的责任内阁的官制改革,更是为满族权贵所不容。因而,也就不能不受到朝廷满族权贵的嫉恨和排斥。黄世仲对此自然有清醒的认识;他在发表于丙午九月初四日、1906 年 10 月 21 日《少年报》的政论《袁世凯之前途》中曾就袁世凯与朝廷满族权贵的这种矛盾说过:"夫今日之大冲突,非区区一、二人意见之冲突也,即为满、汉冲突之影子也。"正如阿英在上揭《晚清小说史》中所说的,"作者是把满、汉界线划清,极写清廷对汉人官员所能容纳的最高限度,以及他们是怎样的防范排斥"。事实上,清朝政府是满族建立和控制的政府,对于清朝政府来说,满、汉界线始终是存在的,各种权力、特别是军权是必须由满族大员、特别是满族贵胄掌握,而不能落于汉族大员手中的;否则,无论其是否曾经为清朝政府效过力、建立过什么功勋,都必定会被排斥。权力不断膨胀的袁世凯其人之被罢官,正是这方面的一个典型事例。正由于此，黄世仲在小说中对袁世凯才会有违背史实、抑扬失当乃至是非倒置的描写，才会使之成为一个至少是基本上属于当今所谓统战对象式的人物，"被写得过于英雄"。不过，值得注意的是，《宦海升沉录》中的袁世凯，是一个复杂的人物。作者实际上并未完全肯定和褒扬袁世凯，而是还写出了袁世凯作为奸雄而应予谴责的一面。诸如写其在戊戌政变中权衡利害得失后向慈禧密报维新派运动其围攻颐和园、以欺骗手段对付在日本的拒俄义勇队派来的二位代表而终使轰轰烈烈的拒俄运动归于沉寂等，都足见其奸雄面目。不过，总的看来，作品对袁世凯的描写，还是肯定多于否定、同情多于谴责的。

　　然而，能否因此就否定《宦海升沉录》呢？看来是不能说"否"之一字的。因为，满、汉矛盾既然是客观存在的事实，而这种客观存在的满、汉矛盾，对于革命派来说，又无疑是应当加以利用，以惊醒清朝政府中的汉族大员，从而至少使之不再忠实地为清朝政府卖命效力的。因而，黄世仲对青云直上、称雄国中的袁世凯因满、汉矛盾而在当时落得个被排斥罢黜的升沉命运的描写，尽管并未抓住更为重要的专制与共和的矛盾，却无疑还是抓住了当时的一个重要矛盾，因而仍是于革命事业有益、应予肯定的。何况，《宦海升沉录》是小说，尽管是"近事小说"，但毕竟和《镜中影》一样，不是历史著作，因而不能按历史著作的标准来要求，而只能按照小说标准来要求。其中有违背史实的描写，从小说创作的角度讲，未必就是什么大病。上揭黄耀公为《宦海升沉录》所写的《序》谓其作者"俾世之读者，亦忽焉而欢，忽焉而悲，忽焉而艳其合，忽焉而怜其离，盖恍焉于高官厚禄，名动中外，所为媚朝家而忘种族者，一旦冰山失势，其结局亦不过如斯也"，称该小说为"个人之《纲鉴》"、"宦海中人之唯一龟鉴"，实在是较为得其要领、抓住了本质的。

　　不仅如此，而且袁世凯与朝廷满族权贵的矛盾冲突，实际上也多少包含着真、假立宪的矛盾冲突；袁世凯式立宪虽然很难说是真立宪，但既然连袁世凯式的立宪都为朝廷满族权贵所不容，那么真正的立宪自然就更难以实现。因而，从革命派主张民主革命、反对立宪，特别是对朝廷所谓立宪之假进行揭露的角度讲，袁世凯之被排斥一事自然是可以和应当利用的；黄世仲以之为题材，从满、汉矛盾的角度进行写作，也是无可指责且有更为深进一层的意义的。在发表于丙午十月初九日、1906 年 11 月 24 日《少年报》的政论《袁世凯殆不能自安矣》中,黄世仲说:"权重即忌如袁世凯者,且难自全,安望其设内阁总理、安望其改良官制? 官权重犹抑之,又安望其立宪予民权? 吾愿一般官吏听之,尤愿一般国民思之!"由此观其写于该政论之后近约两年的《宦海升沉录》,那么也就可以体察到作品更深一层的意义,即作者不仅是要表现"媚朝家而忘种族者,一旦冰山失势,其结局亦不过如斯",而且还要揭示清朝政府的所谓立宪之假,启发人们对立宪派、特别是对清朝政府假立宪应有正确认识而绝对不可抱有幻想。对这一层,历来的论者似乎都未曾注意,看来是一个较大的疏忽。

至于《宦海升沉录》的艺术水准,阿英在上揭《晚清小说史》中说其"在当时暴露官场的小说里,是很优秀的",既讲的是思想内容,又说的是艺术水准,指出其在结构上"用了一个很强的干线,沿着干线的发展,写了晚清十余年的中国军事政治"、"文字很简炼(练)";裴效维在为上揭马良春等主编的《中国文学大辞典》所写《宦海升沉录》词条的释文中说"作品没有把袁世凯简单化,而是写出了他的多侧面,从而塑造了一个阴险狡诈、权术百出的奸雄的形象。这与那些一味被谴化、丑化的晚清官吏形象相比,显得更为真实可信"。将他们的看法合起来,对《宦海升沉录》的评价已经比较全面准确,笔者于此就不再说什么了。

第十九章　黄世仲的三种报告文学式小说

——关于《朝鲜血》、《十日建国志》和《五日风声》

一、《朝鲜血》:赞颂朝鲜爱国志士的最强音

《朝鲜血》是黄世仲总计大约十年左右小说创作历程中的晚期小说之一,原连载于《南越报》,连载时标题上方标有双行小字"近事小说"四字。大约自笔者在 1989 年第 2 期《文学遗产》发表了《黄世仲作品诸问题小辨》以后,黄世仲有此一作,方为世人所知。

《朝鲜血》的报纸连载和创作时间　在《黄世仲作品诸问题小辨》①一文中,笔者曾很简括地对《朝鲜血》在报刊上发表的情况作过介绍。该文收入《黄世仲与近代中国文学》②一书时,笔者对文中介绍《朝鲜血》的文字进行了修改,修改后的文字如下:

> 《朝鲜血》又名《伊藤传》,刊载于《南越报》谐部,作者署名为"世次郎"。今所见为庚戌(1910)正月初五日至是年三月二十八日第六十二次至第九十九次所刊部分。始刊时间不详,估计当为己酉(1909)年

① 颜廷亮:《黄世仲作品诸问题小辨》,《文学遗产》1989 年第 2 期;《黄世仲与近代中国文学》,兰州,甘肃人民出版社 2000 年 9 月第 1 版,第 65～84 页。

② 颜廷亮:《黄世仲与近代中国文学》,兰州,甘肃人民出版社 2000 年 9 月第 1 版,第 132～138 页。

十月底或十一月初。因第九十九次所刊部分之文末另行注有"全套已完"字样,则终刊时间当为庚戌三月二十八日。是否有单行本,亦不详。

另外,方志强的《黄世仲大传》①中也有对《朝鲜血》在报刊上发表情况的介绍,文云:

> 己酉十一月初,黄世仲又以世次郎之笔名很快地在《南越报》刊出近事小说《朝鲜血》(又名《伊藤传》)。该小说共十六章,约六万字,分九十九节,改于三月廿八日连载完。(引按:末句中的"改"字,当系赘字,应删。)

以上大约是迄今对《朝鲜血》在报刊上发表情况进行较多介绍的仅有文字了。

今所见之《朝鲜血》仅为庚戌正月初五日(1910 年 2 月 14 日)至同年三月二十八日(1910 年 5 月 7 日)在《南越报》所刊部分,正月初五日所刊系第 62 次;三月二十八日所刊标曰第 99 次,而经检点实际上应是第 100 次,且整个作品共有 17 章而不是共有 16 章。这就是说,《朝鲜血》实际上在《南越报》连载了 100 次;但前面大约三分之二的内容现在还未找到,令人甚为遗憾。

《朝鲜血》又名《伊藤传》,是写伊藤博文被朝鲜爱国志士安重根刺杀一事的。伊藤博文于己酉九月十三日(1909 年 10 月 26 日)到哈尔滨,同俄罗斯财政大臣(今译戈果甫佐夫)会商,并拟进一步进行吞并我国东北地区的阴谋活动,其被安重根刺杀,也正在这一天。有关此一事件的消息,次日即见诸报端,在全世界引起震动。《朝鲜血》当是因此而开始创作的。试观今所见之《朝鲜血》第 62 次以后所刊部分一再提及伊藤被刺,并在第 15 至 17 章专写安重根之筹划刺杀,以及伊藤被刺后安重根之被捕受讯和伊藤丧事

---

① 方志强:《黄世仲大传》,香港,夏菲尔国际出版公司 1999 年 3 月第 1 版,第 217 页。

之办理等情形,并在一些地方叙及伊藤之死,而并未详细叙及伊藤被刺当时之情况,即可知《朝鲜血》之开头部分,当是从伊藤被刺的那一霎间写起的,黄世仲之因伊藤被刺而创作《朝鲜血》毋庸置疑。而《朝鲜血》之在《南越报》开始刊载,如前所说,乃是在己酉十月底或己酉十一月初。由此看来,《朝鲜血》之开始创作,也就应当在己酉九月十四日至十月底、十一月初这段时间中。

查安重根之真实姓名,并不是在其被捕之后就立即为人所知的。据《民吁日报》关于伊藤被刺一案的多日报道,刺杀伊藤的朝鲜爱国志士的姓名,先后有"殷砒"、"埃太南"、"温太南"、"殷铓"、"安应七"、"安荫接"、"阴成安盖"等写法;一直到己酉年九月二十七日(1909 年 11 月 9 日),《民吁日报》才有题为《刺客之姓名与家世》的报道:

> 韩国刺客之名,由韩语而俄语、日语、汉语,译音不一,不得其真。昨得日本报称:其所谓安应七者,为伪名;其真名曰安重根。姑译之如左:
>
> 日本报云:暗杀伊藤公者,相传名安应七,其实名安重根,幼名安多默。其父名安泰混,为庆尚南道镇海郡守,六年前因起事下狱死。安重根遂匿平壤田舍间,其后移住间岛,更移浦盐,假名安应七入李相窝之部下,李即海牙事件发起人。

据此,安重根之真名是己酉九月二十七日(1909 年 11 月 9 日)方才为众所知的。在此日之前,我国并无人知道杀伊藤者的真实姓名为安重根。而《南越报》在第 85 次(当为第 86 次)刊载《朝鲜血》时,文中出现安重根一名,且括号内加注云:"即前纪之严太南。"第 85 次(当为第 86 次)刊出的日期,是庚戌三月十一日(1910 年 4 月 20 日)。但这并不是说黄世仲此时才知道朝鲜爱国志士的真实姓名;作为一位著名报人和反清革命家且要写又名《伊藤传》的小说《朝鲜血》的小说家,黄世仲当会在安重根一名为我国众所周知之日即已知之,而之所以直到庚戌三月十一日(1910 年 4 月 20 日)发表的《朝鲜血》的文字中才使用安重根一名并加注,当是由于从己酉九月二十七日(1909 年 11 月 9 日)起所写《朝鲜血》文字中未曾叙及朝鲜爱国志士。由此可见,《朝鲜血》之开始创作,必是在己酉九月二十六日(1909 年 11 月 8 日)之前和己酉九月十四日(1909 年 10 月 27 日)之后的这段时间中。

如再进一步考察,那就可以看到,始写的时间段之上限,还可以再推后一点。查《民吁日报》报道伊藤被刺案,至己酉九月十七日(1909 年 10 月 30 日)的一则专电中,才有刺杀伊藤的朝鲜志士姓名为"殷碰"的说法;到了第二天即己酉九月十八日(1909 年 10 月 31 日)的一则专电中,才有"埃太南"这个刺杀伊藤者的姓名。据上述《南越报》第 85 次(当为第 86 次)所刊《朝鲜血》文字中的注文,黄世仲在写《朝鲜血》之初,是以"严太南"为刺杀伊藤者的姓名的。黄世仲所据之报纸,当非《民吁日报》,而很可能是《南越报》。但所据报纸为何,无关紧要,重要的是"严太南"当即"埃太南"之又一汉语音译,两者实际上是一样的。就是说,当开始写《朝鲜血》的时候,黄世仲已知刺杀伊藤的朝鲜爱国志士名为"埃太南"或"严太南"。既然如此,那么,黄世仲之开始创作《朝鲜血》,就不当在己酉九月十八日(1909 年 10 月 31 日)报刊已云志士名"埃太南"或"严太南"之前,而应在此之后。于是,也就可以认为,黄世仲之开始创作《朝鲜血》,当在己酉九月十八日至九月二十六日(1909 年 10 月 31 日至 11 月 8 日)之间。当然,这并不排斥黄世仲在己酉九月十七日及之前的几天中已有所酝酿和准备。

开始创作以后,黄世仲并未采取全稿完成、一次送交报纸连载的办法,而是边写边送出发表。上面所述《朝鲜血》先用"严太南"一名、后用安重根真实姓名的情形,已经表明,当开始用"安重根"一名时,《朝鲜血》中用"严太南"一名的部分已经发表,否则黄世仲就肯定会把"严太南"三字改为"安重根"三字,用不着耗费笔墨于括号中加注以说明"安重根"即"严太南"。还有一点可以说明黄世仲必定是边写边发表的,这就是《朝鲜血》庚戌三月十七日(1910 年 4 月 26 日)在《南越报》第 89 次(当为第 90 次)刊出的文字中写到"安氏等以公历一千九百零十年二月七日九点二十分钟即受讯于旅顺口之日本法庭",而到 1910 年 2 月 7 日(己酉十二月二十八日)这一天,《朝鲜血》在《南越报》已连续刊载五十多次了,而《南越报》第 89 次(当为第90次)既写到安重根之受讯时间,则显然写于安重根受讯之后。还有一点似乎也可证明《朝鲜血》必定是边写边发表的,这就是《朝鲜血》自庚戌二月初六日(1910年3月16日)刊出第83次(当为第84次)之后,直到庚戌三月初十日(1910年4月19日),才接着刊出第84次(当为第85次),中间间隔一个多月。按第83次(当为第84次)所刊系第十四章《伊藤之艳福》的最后部分,而第84次(当为第85次)所刊则为第十五章《暗杀之组织》的开头部分。为什么这中间要停一个多月? 当然不是《南越报》不想连载,而是必定另有原因。究竟是什么原因,现已难以确知。但很有可能是黄世仲当时尚未写出第十五章开头与之后部分,致使《南越报》在刊出第十四章末尾部分之后,不得不暂时停刊《朝鲜血》。如果这一推测不误,那么《朝鲜血》系边写边发表就又可得一个证据了。

至于黄世仲完成《朝鲜血》全稿的具体时间,现在已很难确知。但《朝鲜血》既已在庚戌三月二十八日(1910年5月7日)刊载完毕,则其完稿时间也就当在三月的中下旬,而且很有可能是在三月下旬开始的几天之中了。

《朝鲜血》的思想内容 《朝鲜血》今所见部分即第62次至第100次所刊部分的章次、章目及各章的思想内容,大致如下:

第十一章 章目不详,今存仅该章之最后部分即《南越报》第六十二至第六十三次所刊部分。从这两次所刊文字来看,该章当是叙述甲午战争以及之后伊藤博文在《马关条约》签订过程中的行止的。

第十二章 章目为《伊藤之和俄》。写的是《马关条约》签订之后,伊藤博文以老谋深算之身,沉机观变,应付日本国内浅薄激烈之辈因对《马关条约》尚未完全达到其独霸中国之目的而进行的围攻,以及以俄为敌、挑起日俄战争并以战胜国之地位迫俄订立和议的种种情况。

第十三章 章目为《驻韩统监时代之伊藤》。所写系伊藤博文出任日本驻韩统监时强迫韩皇订立多项日韩条约,使朝鲜主权丧尽、完全成为日本奴役下的殖民地的军国主义强盗行径。

第十四章 章目为《伊藤之艳福》。所写系伊藤成名后花天酒地的腐化生活。

第十五章　章目为《暗杀之组织》。写的是在日本奴役下的韩国人民群众组织政党进行反抗和安重根等筹划刺杀到满洲进行阴谋活动的伊藤的情况。

第十六章　章次、章目未标。写的是安重根被捕后作为朝鲜民族英雄和爱国志士的英雄表现及其壮烈牺牲的情形。

第十七章　章次误标为第十六章，章目为《伊藤死后之谈判》。写的是伊藤被刺后日、韩、中、俄等各方的交涉以及伊藤的丧事，以及对伊藤和安重根的评论，末尾处谓："一则才且德，一则勇且烈。伊藤也，安重根也，其亦双绝乎！"

由此看来，安重根刺杀伊藤博文的情景以及伊藤在甲午战争以前的经历，本来应当大写特写，而在第 62 次以后所刊部分中却并未出现：虽提到安重根刺杀伊藤，却只是一语带过，重在写安重根被捕及其以后的表现；对甲午战争以前伊藤博文的经历，也是并未专门叙及。这就不能不使人推想，这些内容必定是在《南越报》第 61 次及之前所刊部分中叙述过的。不仅如此，而且如同前文已说过的，《朝鲜血》必定是一开始就写伊藤被刺，然后再叙伊藤在甲午战争以前的情事，一直写至伊藤在甲午战争及其以后任驻韩统监，并到满洲进行阴谋活动且被狙击丧命的情况的。总之，《朝鲜血》是以伊藤博文的一生际遇以及被安重根刺杀为内容的，既为伊藤博文纪传，又为以安重根为代表的朝鲜人民的反抗斗争谱写历史。

黄世仲在写这样的内容时，作为民主革命阵营中的重要成员之一，他带着强烈的革命感情来表现伊藤的一生和安重根作为朝鲜民族英雄和爱国志士的行为和品格，因而实际上给予了伊藤和安重根以不同的评价。他在作品第十五章《暗杀之组织》中写道：

以勋业言，则伊藤为世界之伟人；以身份言，则伊藤为世界之呆子。其未统监韩京以前，以伊藤之和各国、覆幕府、废诸藩、定宪法、县琉球、取台湾、破俄国，于东洋史上，此名字已十色五光。必欲立没世之勋名、增晚年之声誉，为祖国收朝鲜，使大韩国大皇帝之名隶诸日本陪臣之列,卒至能制韩帝,而不能制韩民,坐使韩乱日增,所志未终,而已不得其死。今后乃知二十世纪之民气,虽亡国遗裔,而终不可轻视也。

在作品之末尾,他又写道:

> ……伊藤昔为日本兴亡所关系,安重根今亦为朝鲜兴亡所关系。苟因安重根故,并触日人之怒,实行并韩之策,则安氏为亡韩之罪人;若以安重根故,而日人不敢谓韩无人,为韩稍留余地,则安氏为朝鲜之功狗。故闻安氏受刑后,有为安氏饰墓留碑者,是伊藤有遗爱,安氏亦有遗爱。惟安重根乃足致伊藤之性命,非伊藤不足以受安重根之药弹:一则才且德,一则勇且烈,伊藤也,安重根也,其亦双绝乎!

这里的两段引文,前者是作者对伊藤一生的总评,后者是作者在对比中对安重根一生的总评。可以看出,在黄世仲笔下,伊藤虽然是"世界之伟人",称雄一世,但其晚年还是"所志未终"且"不得其死",阻挡不住 20 世纪之民气。而安重根则虽系一介草民,却能致"世界之伟人"伊藤之性命,足见其乃是一位立志报国、视死如归、为朝鲜民族和国家之自由独立而英勇牺牲的民族英雄和爱国志士,足见其是胜利者。黄世仲说伊藤、安重根"其亦双绝乎",并不是说这两人可以并列起来受到肯定,而是说这两人虽各有奇绝之历史,但毕竟作为日本军国主义急先锋和重要代表的一代枭雄伊藤,终于还是死于作为一介草民的安重根这样的千古英雄之手。表面上看,似乎很客观;本质地看,倾向是很鲜明的。《朝鲜血》实为赞颂朝鲜爱国志士的一曲最强音。

黄世仲之所以要写这样一部作品,自然是有其深刻的原因的。实际上,他并不是就事写事,而是要通过这部作品,来为推翻清朝腐败政权大造舆论,大长革命者的志气,藉以揭露日本军国主义者的罪恶阴谋和强盗行径,鼓舞和当年的朝鲜人民一样饱受日本军国主义以及其他列强欺凌的中国人民的斗争精神,如同他之写作其他小说一样。小说第十五章《暗杀之组织》开头不久,有这样一段话:

> 弹药轰开新世界，风潮造出好男儿。既有一专制韩国之伊藤，而对
> 待专制韩国者之安重根亦乘时而出；既生一伊藤以对待朝鲜，复生一安
> 重根以对待伊藤：此造物之巧也！

说的是日本军国主义和韩国、伊藤和安重根，但无疑也是在告诉我国人民：
既有封建专制和外国侵略者，就必然会有革命者起而进行革命斗争，这是天
经地义的正义事业。而所谓"今后乃知二十世纪之民气，虽亡国遗民，而终
不可轻视也"云云，更是在为推翻清朝政权大声疾呼、擂鼓助战。《朝鲜血》
发表的时候，震撼世界的伟大的辛亥革命风暴就要到来，故这部小说无疑对
辛亥革命起了积极的催生作用。

报告文学创作的意外收获 《朝鲜血》作为黄世仲小说创作历程中的
晚期作品之一，和其他一些晚期小说在艺术上必然会有共同之处。事实上
也的确如此。艺术上的这种共同之处使之与黄世仲小说创作历程中的早期
作品有明显的不同，也使之与黄世仲中期及之前的小说有所区别。

黄世仲的晚期小说，今所能见者，《朝鲜血》之外，有《十日建国志》、《五
日风声》、杨国雄首次揭出其作者为黄世仲的《吴三桂演义》以及《孽债》和
《妾薄命》，其中末两种现仅见残篇，《吴三桂演义》已有重印本；另有《新汉
建国志》一种，今已难以见到。在今所能见的这几种小说中，除《吴三桂演
义》写得较好外，《孽债》因今存文字甚少而不知其写得如何，《妾薄命》也因
仅见开头若干文字而不知全书写得怎样；至于《朝鲜血》、《十日建国志》和
《五日风声》三种，写法大致相同，体现了黄世仲晚期小说的一般特点。《朝
鲜血》的发表情况前文已述；《十日建国志》、《五日风声》和《朝鲜血》一样，
俱连载于《南越报》，前者始刊于庚戌九月三十日(1910 年 11 月 1 日)，后者
始刊于辛亥五月十八日(1911 年 6 月 14 日)。《朝鲜血》系"近事小说"，所
写内容已如上述；《十日建国志》和《五日风声》两种书名上方分别标曰"最
新历史小说"和"近事小说"，似乎后者同《朝鲜血》而前者不同，但前者所写
乃是发表时刚刚发生的葡萄牙共和党革命，后者所写乃是发表时发生才一
个多月的黄花岗起义，因而实际上也都是"近事小说"。在这一点上，三者
是完全相同的。

这三部小说都是相当严格地以事实为据而写的,基本的人物、事件、情节均无虚构。《朝鲜血》实际上就是依据当时报纸上陆续刊载的有关安重根刺杀伊藤以及安重根、伊藤二人的历史的种种报道,忠实地写出来的。比如,小说写安重根刺杀伊藤后"可逃不逃,犹揭手而呼曰:'大韩万岁!大韩独立万岁!'"的情节,就确曾见诸报端;《民吁日报》己酉九月二十二日(1909年11月4日)第二页所载《伊藤统监暗杀案》所录东北访函五通,以及节自《远东报》的一则纪事,就两次记述了这一情节,谓安重根"捕获时犹高呼'韩国万岁'"、"当时被捕之人,屡呼'韩国万岁'"。又比如,"安重根"一名的使用情况,也表明黄世仲是严格地按照报纸披露的有关材料写作的,否则不会先用"严太南"一名,而后来又用"安重根"一名且括号内加注说明。

还应看到的是,《朝鲜血》和《十日建国志》、《五日风声》的语言,基本上都不是小说语言,而是和报告文学乃至史传文学、政论文字相类乃至相同的语言。上引《朝鲜血》第十五章《暗杀之组织》开头不久的"弹药轰开新世界……"一段就是例子,而《朝鲜血》全稿的许多自然段也都是这样的以两句七言对称句为段首、接着叙事或议论的写法。《十日建国志》也是如此(方志强先生《黄世仲大传》所附《十日建国志》回目以每一自然段段首的两句七言对称句为章下所分之节目,是不对的)。《五日风声》虽然有所不同,未以两句七言对称句为每一自然段之段首,但全稿也还是使用叙事式语言的。

这样一来,也就可以说,《朝鲜血》和《十日建国志》、《五日风声》,虽然名曰"近事小说"或"最新历史小说",而实际上并不是严格意义上的小说。近若干年来,有一些专家学者称《五日风声》为报告文学,那是有道理的,因为《五日风声》确实有报告文学的新闻性和纪实性特点。《五日风声》如此,《朝鲜血》和《十日建国志》又何尝不如此!事实上,黄世仲晚期小说中的这三种小说,艺术上确实既不像《洪秀全演义》等早期小说,又不像《大马扁》等中期小说。它们既不是严格意义上的好小说,又谈不上是艺术上不怎么成功的小说,因为小说是必须有重要人物、事件、情节上的虚构和描写式的语言的。而之所以会如此,当是同黄世仲虽有意写小说而又革命实际事务缠身,因而无暇按照小说家法进行创作有关。

然而,黄世仲却无意中为人们贡献出了包括《朝鲜血》在内的几种优秀的报告文学作品。大约由于《五日风声》所写的黄花岗起义黄世仲是以非亲赴广州的方式参与的,《五日风声》写得最好。但《十日建国志》,特别是《朝鲜血》,写得也不差。《朝鲜血》在艺术上,也是很有特点的。全稿在结构上就很巧妙、严密。作家一开始就把安重根刺杀伊藤的情节和场面展现在读者面前,然后从头叙述伊藤的一生和朝鲜爱国者酝酿并组织反抗日本侵略者以及刺杀伊藤的准备工作,最后又回到伊藤被刺、安重根被捕和受讯受刑上来,既有悬念和曲折,又条理清楚,使读者既看到刚刚发生的事件,又看到事件发生的深刻的历史必然性和来龙去脉。作品最后把伊藤和安重根并列起来加以叙写,而又在并列叙写中扬安而贬伊藤,那也是很见艺术构思之巧的。全稿在人物性格的刻画上也是很成功的。伊藤博文作为一代枭雄之老谋深算、沉机观变和骄横霸道,就写得很突出。安重根作为朝鲜民族英雄和爱国志士的那种“国家有难,匹夫有责”的理念和大义凛然、视死如归、从容受捕、英勇就义的品质,也活生生地呈现了出来。试看对安重根受捕、受讯情况的叙述:

> ……花车既至,伊藤甫下,衣冠跄跻之际,方气象严肃,环立以接此一代伟人。安重根固亦杂于人丛中,而伪为迎候者,初不辨其为刺客也。无奈手枪一鸣,连珠并发,适中伊藤之要害,而伊藤不得不死。此际之安重根,犹神色自若也,可逃不逃,犹揭手而呼曰:“大韩万岁!大韩独立万岁!”以安氏平日之主旨及其组织与其临时之言论,此举殆为韩耳,未尝以一语及私也!于是晏然就捕,犹矫矫以自豪。
>
> 法庭既开,问官高坐,衙役鹄立,陪审员坐于东偏,即提安重根,禹连俊、曹道先若有悲愁之态。安重根见而斥之,曰:“大丈夫为国而死,死有余荣。人生朝露耳!天下无不死之人,即吾人无不死之日,死则死矣,何悲为!”闻者皆为感动,曰:“安重根诚男儿哉!”
>
> 问官叩安重根平时之宗旨,安氏曰:“吾务欲扶大韩独立耳!”……言时双目炯炯,旁若无人。安重根复慷慨言曰:“日本犹是船坚炮利,

犹是将勇兵强,而前任驻韩日员,其压服韩人,终不及伊藤收效之速者,非不能也,不忍为也。伊藤以垂耋雄心,慨然愿为驻韩统监,自知非以庄严手段,不足以镇慑韩人,使人就范。故自抵韩以后,一是以威力求政治之进行,先后结五款条约及七款条约,要皆独自主裁,以勒令三韩君臣之签押;韩皇稍有抗衡,即责为无道,而君位亡于旦夕;韩民稍有举动,即称为暴徒,而民命等诸草菅;蔑视朝鲜之主权,蹂躏朝鲜之人道。君非土木,安得无情? 余维曩者日本天皇之诏敕,一则曰维持朝鲜之独立,言犹在耳,而伊藤独推翻日皇之诏书,以施展威寒之手段。以是料伊藤之对韩之行状,当非日皇之本心。"

安氏对簿之际,绝无遁烁,畅所欲言,讯已,歌曰:"风萋萋兮易水寒,壮士一去兮不复还!"骤变微声,四座感慨,安氏犹顾盼自若也! 当其下法庭,复入羁囚之处,……安重根怡然曰:"吾死亦幸矣哉! 吾闻之,为自由而死,则死者躯壳耳,灵魂犹未灭也! 吾以完吾之气节,而争吾韩国之光荣,又何惜为?"闻者未有不泣数行下者。

黄世仲在这里通过写安重根的言行举止,写出了一个顶天立地、为自己民族和国家的独立自由而不惜牺牲生命的民族英雄和爱国志士的光辉形象,为中国近代文学英雄人物画廊增添了成功的典型。

总之,作为小说之不成功,并不能掩盖作为报告文学之成功。黄世仲自己大约没有料到,他会在无意中在我国报告文学的历史上占有重要的地位,成为我国第一位成绩卓著的报告文学作家。

二、《十日建国志》:唯一歌颂葡萄牙共和革命的近代小说

《十日建国志》原连载于《南越报》,是中国近代文学史上唯一的一部以葡萄牙 1910 年资产阶级共和革命为题材的中篇小说,因而也就是理应受到重视的一部近代小说。然而,在很长时间中,中国近代文学研究界并没有人知道黄世仲的这部小说。直到 20 世纪 80 年代末,黄世仲的这部具有特殊

意义的中篇小说才被笔者和赵淑妍共同发现,并由笔者在《黄世仲作品诸问题小辨》①一文中公之于世。

《十日建国志》的报纸连载及其章目　笔者在上揭《黄世仲作品诸问题小辨》一文中,对《十日建国志》的刊载情况有如下的简要介绍:

> 《十日建国志》刊载于《南越报》,署名"世次郎小配"。今见从庚戌(一九一○)年九月三十日至十月二十九日所刊,共刊二十五次。第二十五次所刊部分之末括号内注有"仍未完"字样,十月三十日以后报纸未见,故不知其共刊多少次。是否有单行本,同样不详。

此后,赵明政、许翼心、方志强等先生在各自的有关著作中也曾简略述及《十日建国志》的刊载情况,有的还涉及作品的思想内容。

赵明政在其所著《黄小配与〈洪秀全演义〉》和《黄小配》二书②中,均曾述及《十日建国志》。在前一书中,他写道:

> 黄小配还有不少作品反映了近代史上志士仁人为了寻求救国救民的真理而进行的斗争,歌颂他们的英雄业绩,总结失败的经验教训,如《洪秀全演义》、《陈开演义》、《党人碑》、《新汉建国志》、《十日建国志》、《五日风声》等。在近代小说史上,没有第二个作家像黄小配这样,创作如此繁富的作品来正面反映反清斗争。

在后一书中,他除写有与上引一段大致相同的文字外,在全书第一部分的附录《黄小配主要著作目录》之一《黄小配的小说作品目录》中著录了《十日建国志》,其文字是:

---

① 颜廷亮:《黄世仲作品诸问题小辨》,《文学遗产》1989 年第 2 期;《黄世仲与近代中国文学》,兰州,甘肃人民出版社 2000 年 9 月第 1 版,第 65～84 页。

② 赵明政:《黄小配与〈洪秀全演义〉》,沈阳,辽宁教育出版社 1992 年 10 月第 1 版,第 45 页;《黄小配》,沈阳,春风文艺出版社 1999 年 1 月第 1 版,第 12 页。

　　《十日建国志》，署"世次郎小配撰"，一九一〇年十一月起在广州《南越报》连载。

许翼心在其早于赵明政《黄小配》一书而写的《作为革命家和宣传家的黄世仲——近代革命派小说大家黄小配散论之一》①一文的正文中并未叙及《十日建国志》，但在该文的附录《黄世仲主要著作目录》之二《小说》中却著录了《十日建国志》，其文字也是：

　　《十日建国志》署"世次郎小配撰"，一九一〇年十一月起在广州《南越报》连载。

方志强在其皇皇巨著《黄世仲大传》②的第十四部分第五小节《广州黄花岗起义前后的活动》中，专列《再在〈南越报〉连载最新历史小说〈十日建国志〉》一题，其文开头云：

　　是年九月三十日起，至十二月，又以世次郎小配之笔名，在《南越报》谐部连载最新历史小说《十日建国志》。

接着，简要地介绍了作品的思想内容，主要是作品对布勒格（按：今译布拉加）领导葡萄牙共和党人于长期准备之后在 1910 年 10 月进行武装起义、推翻文鸟路（按：今译曼努埃尔）二世统治、建立共和政府的叙述。另外，《黄世仲大传》还附有《十日建国志》第一至第九章的章目。

　　上述各位先生对《十日建国志》刊载情况以及思想内容的介绍，当然都是很可贵的。然而，现在看来，又都有应商榷和修正之处。赵明政和许翼心两位先生看来均未目验《十日建国志》。因而，许翼心云"署'世次郎小配撰'"，赵明政跟着也说"署'世次郎小配撰'"，都衍一"撰"字。赵明政还将

---

　　①　许翼心：《作为革命家和宣传家的黄世仲——近代革命派小说大家黄小配散论之一》，《香港笔荟》1997 年第 1 期（总第 11 期）。
　　②　方志强：《黄世仲大传》，香港，夏菲尔国际出版公司 1999 年 3 月第 1 版，第 225 页。

《十日建国志》与《洪秀全演义》、《五日风声》等,一并视为"正面反映反清斗争"的作品,更加证明赵明政并未阅读《十日建国志》。方志强显然是读过《十日建国志》的。但是,他似乎并未读到小说的最后两章。因而,他对《十日建国志》刊载情况的介绍虽然大致正确,而所附《十日建国志》章目却缺了第十和第十一两章的章目。至于笔者对《十日建国志》刊载情况的介绍虽有意义,但却也有应予修改之处,因为笔者和赵淑妍后来又一起查到了《南越报》庚戌十月三十日以后所刊《十日建国志》的文字,从而也就弄清了连载的总次数和作品的全貌。

那么,《十日建国志》的刊载情况究竟如何呢? 兹略述如下:

《十日建国志》原连载于庚戌九月三十日至庚戌十二月十六日(1910 年11 月 1 日至 1911 年 1 月 16 日)广州《南越报》。庚戌十二月十六日所刊标次为"五十八",有误;经校订,实应为"五十九"。全书共有十一章;《南越报》连载时,最后一章的章次标作"第十章",经查对,有误。全书十一章的章目是:

> 第一章　　民气发达之原因
> 第二章　　前王文鸟路之无道
> 第三章　　专制政体之变相
> 第四章　　共和党派之运动
> 第五章　　葡国革命前之内势
> 第六章　　专制君主之下场
> 第七章　　葡王殁后之戒严
> 第八章　　共和党人之革命运动
> 第九章　　革命军人之发难
> 第十章　　党军战时之情状
> 第十一章　　共和政府之成立

《十日建国志》在报纸上连载时,每次均于书名上方标曰"最新历史小说";作者署名见于刊次下方括号内,系"世次郎小配"五字。仔细查看,可知该小说存世情况良好,除第 2 次和第 26 次所刊部分有残佚外,其余均保存了下来。至于是否有单行本行世,今已难详,估计当时未出版过单行本。

《十日建国志》和葡萄牙共和革命　前文说过,赵明政是将《十日建国志》归之于黄世仲"正面反映反清斗争"的作品之列的。但这是不对的,因为,如同本文一开头就说过的,《十日建国志》是写 1910 年葡萄牙资产阶级共和革命的,其题材实与反清斗争无涉。方志强对《十日建国志》思想内容的介绍,则相对地说要准确得多。不过,方志强的介绍,仍失之于简略,使人读后仍难得其要领,更难得其全貌。所以,这里有必要就《十日建国志》的思想内容加以述说。但在此之前,有必要先介绍一下葡萄牙 1910 年共和革命的情况及其历史和现实原因。

12 世纪 20 年代(1128 年)才真正立国的葡萄牙,立国之后一直处于君主政体之下。进入 19 世纪以后,葡萄牙开始出现宪政运动。1820 年和 1826 年还先后出现了两部宪法,前者称曰宪法,后者称曰宪章。其中,前者在 19 世纪 30 至 40 年代被遵行。进入 19 世纪 50 年代之后,出现了两个实际上均为君主派的政党———复兴党和进步党;1826 年宪章被修改为宪法且被遵行至 20 世纪之初;与此同时,还产生了与真正的议会制度相类似的议会制度。不过,无论如何,葡萄牙实际上仍然是一个君主制国家。

19 世纪 70 年代,葡萄牙国内发生了一个重要变化,即出现了共和主义思潮和萌芽状态的共和主义政党组织。刚刚进入 80 年代,葡萄牙共和党即于 1881 年正式成立,并在布拉加等的领导下不断发展壮大。进入 90 年代以后,共和党人数迅速增加,共和主义运动也有了一定的发展。在刚刚进入 20 世纪的 1891 年 1 月 31 日,共和党甚至还在波尔图举行起义并建立共和国。尽管这次起义及其所建立的共和国很快就被镇压下去,但却说明共和主义运动已成气候。之后,面对这个已很成气候的共和主义运动,首相因特泽·里贝罗向国王卡洛斯建议宣布实行独裁;不久后,卡洛斯也确实将因特泽想要得到而未能得到的独裁权交给了新的首相、复兴党首领若奥·佛朗哥。于是,佛朗哥及其总后台卡洛斯国王,便更加为共和党人所憎恨。其结果是 1908 年 2 月 1 日卡洛斯国王及其长子和王位继承人被共和党人暗杀,佛朗哥也因此而既受共和党人反对,又为王室所不容,不得不下台并逃往国外。

卡洛斯之被暗杀和佛朗哥之垮台,显然并不等于君主制的结束。但是,共和党人却因此而受到鼓舞,而君主制则濒于死亡。"人们知道共和党的革命已近在眼前。到 1910 年,人们已完全可以肯定革命在年终以前必将到来。"①果然,到了 1910 年 10 月 4 日夜,共和革命终于爆发。主张共和的军队在里斯本居民支持下举行起义。新的国王曼努埃尔二世及其母亲亚美利亚前王后逃往英国。共和国于次日宣告成立;同时,以布拉加为首的资产阶级临时政府接管了国家政权。

《十日建国志》就是反映 1910 年 10 月 4 日葡萄牙资产阶级共和党所领导的这次成功的共和革命的。小说从 10 月 4 日夜里斯本(小说中作李士滨)街道上革命者的枪炮声和欢呼声写起,然后立即转入对这次革命的历史和现实的原因的叙写,特别是对布拉加(小说中作布勒格)的成长过程和以之为代表的共和主义思潮的传播,以及共和党人活动的历史和现实的描述。接着,小说便转入对这次革命的过程、共和政府的成立及其最初的保卫革命成果的若干举措的叙写。贯穿全书的主线,是布拉加(布勒格)先是如何在家庭及社会逆境中成长为一位有学问的共和主义者,后又如何厕身于新闻社会鼓动风潮、下共和种子于国民之脑筋,并著《共和政论》一书言说专制之非、共和之利以唤醒国人,再后又如何组织共和党进行共和革命以至暗杀国王卡洛斯(小说中误作今译曼努埃尔的文鸟路),最终进行武装起义建立共和政府的全过程。与此主线交织在一起的,则是葡萄牙君主政府面对共和主义思潮日益广泛的传播和共和主义运动的日益发展壮大,所采取的或公然压制、或阳言变法而实则图谋巩固君主政体的种种步步为营的举措,以及终于被推翻的全过程;其中还有一些文字追述葡萄牙布拉甘沙(小说中作蒲纳甘查)王统千年君主统治的历史,以说明葡萄牙长期的君主制度到了 19 和 20 世纪之交,实际上已走到了自己的末日阶段。总体上说,

---

① 〔美〕查·爱·诺埃尔(Charles . E. Nowell):《葡萄牙史》(《A History of Portugal》),D. Van Ivostrand Compony Luc. Newyork,1952,212. 本文有关葡萄牙共和革命情况及其历史与现实原因的叙述,参考了该书以及苏联大百科全书《西班牙·葡萄牙》中译本中的有关论述(北京,三联书店 1957 年 5 月出版,第 206—209 页)。

《十日建国志》的叙写,是符合葡萄牙共和革命的实际的。

　　黄世仲的家乡和从南洋回国后从事革命活动及小说创作的香港和广州地区,与当时已被葡萄牙先后强行租借和侵占了三百多年之久的澳门相距甚近,黄世仲早年还曾往来于家乡和香港、澳门一带经商;在从海外回国之后从事革命活动的过程中,黄世仲既身处同盟会香港分会的领导核心,并是港穗革命报刊界的重要人物,又和港穗革命报刊界有亲密的关系,曾创办和参办过一系列革命报刊,还曾亲往澳门进行过革命活动,和澳门的革命人士和报界有密切的联系。因而,他也就可能很早就对葡萄牙的历史有所关注,更可能很早就关注葡萄牙共和革命的进展,从而对葡萄牙共和革命的进程有较为详细的了解。这大约是他能够在1910年10月4日发生的葡萄牙共和革命胜利不足一个月的时候,就开始创作并在报纸上连续发表以之为题材的《十日建国志》的原因,也是《十日建国志》所写符合葡萄牙共和革命实际的原因。

　　黄世仲是一位坚定的资产阶级民主革命家。他在叙写葡萄牙共和革命的这一切的时候,立场全在以布拉加(布勒格)为代表的葡萄牙共和党人一边,感情也是十分强烈而鲜明的。他在作品中对葡萄牙国王卡洛斯(小说中误作文鸟路)、首相佛朗哥(小说中作佛郎高)以及被共和党人暗杀的卡洛斯的王后亚美利亚等给予了无情鞭笞,而对以布拉加(布勒格)为首的共和党人则充满了尊敬和称颂,赞扬布拉加(布勒格)等不仅是"以草泽英雄,愤然肩国家之重任"、以阿林斯"为自由而死,为国民而死,死且不朽"为宗旨的英雄人物,而且是善于审时度势、抓住时机采取行动推翻君主政体、巩固新生政权的领袖人物。小说最后写道:

　　　　噫嘻,蒲纳甘查千年王统一朝坠地,谁谓非专制之刻酷使然? 于革命事业,不三日而成功,不十日而定国,其平日组织及其运动之精神,可以想见矣! 他日铜像千秋,高立云表,后人犹将得指而数之曰:"此一千九百零十年葡国共和革命之伟人也!"

其于布拉加(布勒格)及其所代表的共和党人的崇敬和赞颂之情,溢于纸面,彰然在目。

人们知道,作家选取什么人和事作为自己创作的题材,并不是毫无意识,而是有其原因和目的的。黄世仲也是这样。事实上,他的每一作品的选材,都是由于从所要写的人物和事件中看到了可以从中发掘出某种重要的社会意义、某种于中国资产阶级民主革命的发展有益的东西。《洪秀全演义》、《宦海潮》、《廿载繁华梦》等,均是例证。《十日建国志》的创作,自然也不例外。作为一位中国资产阶级民主革命家和作家,却以葡萄牙资产阶级共和革命作为题材,必定是有自己的原因和目的的。

毫无疑问,黄世仲之以葡萄牙资产阶级共和革命为题材进行创作,必定同葡萄牙共和革命是资产阶级民主革命性质的革命有关,必定同葡萄牙共和革命是当时世界范围内最新一次获得胜利的资产阶级和共和革命有关。这一革命虽然发生于葡萄牙,但是它的性质正与黄世仲自己所主张和从事的中国资产阶级民主革命相同,其结果也是黄世仲和所有中国资产阶级民主革命者正在全力争取的。这种相同点,自然会引起黄世仲的注意。

当然,革命作家未必一定要以革命人物和事件作为创作的题材。黄世仲的全部创作中,有不少作品就不是写革命人物和事件的。《宦海冤魂》、《宦海潮》、《宦海升沉录》、《廿载繁华梦》等的题材,均非革命的人物事件。只有《党人碑》、《朝鲜血》等,或直接写以孙中山为代表的中国资产阶级民主革命派的斗争,或写与中国有直接关系的朝鲜爱国者的民族解放斗争。然而,无论如何,革命者写革命人物事件——即使是发生在国外的革命人物事件,却是很自然的事情。

特别应当看到的是,葡萄牙资产阶级共和革命的对象、任务、方法等,都与中国资产阶级民主革命相近和相类。葡萄牙虽然是一个殖民名国,曾经抢夺到包括我国澳门在内的许多殖民地,但是到了 20 世纪初,实行的仍是君主政体,和中国清朝政府相近相类。葡萄牙的这个君主政体,面对不断发展的共和主义运动,采取的是两手并用的手法,或干脆宣布独裁,或搞假变法真专制,和中国清朝政府面对资产阶级民主革命派的斗争所采取的手法相近相类。到了 1908 年,国王卡洛斯被暗杀,原定王位继承人同时被戕,卡洛斯幼子成为新国王,而实权则握在卡洛斯的王后亚美利亚手中,和中国清朝政府实权先是握在慈禧太后手中、宣统皇帝在位时政府实权又握在其父醇亲王载沣手中相近相类。这是从革命对象方面的情况说的。从革命者一面说,葡萄牙共和党人从舆论宣传开始,进而组织政党、募集经费、运动军队、进行武装起义;在此过程中,葡萄牙共和党人还曾组织暗杀党并成功地进行了暗杀国王的活动。这一切又同中国资产阶级民主革命派十分相近和相类。不同的仅是,到了1910年,葡萄牙共和革命取得了胜利,而中国的资产阶级民主革命则还未胜利,特别是这年2月9日至2月13日的新军起义在清朝政府的镇压下遭到失败。大约正是由于看到了这种相近和相似,黄世仲才特别地关注葡萄牙的共和革命,并以之为题材写成了《十日建国志》。因为,有了这种相近相似性,才更容易从中引出于中国资产阶级民主革命有益的经验教训,写成作品以后才更容易使人们从中取得他国取得革命胜利的教益,同时也才更易从他国革命的胜利中受到鼓舞。事实上,黄世仲的《十日建国志》也充分表明了这一点。黄世仲在作品中清楚地告诉人们,葡萄牙共和革命之终于胜利,乃是由于葡萄牙共和党人"运动既备"、"手段之灵锐"、特别是"平日组织及其运动之精神"之成熟。作品的开场诗云:

> 世局沉沉事已非,醒余狂笑醉余悲。
> 况当沧海横流日,正值民潮沸鼎时。
> 专制渐衰成覆辙,共和有幸遍扬旗。
> 遥知机熟成功易,葡国前事最可思。

显而易见,黄世仲正是看到葡萄牙共和革命所包蕴的成功的经验教训对中国民主革命党人有启迪作用、葡萄牙共和革命的胜利对中国革命党人有鼓舞作用,才以之为题材进行创作的。

事实上,《十日建国志》也至少是在客观上起到了配合1911年黄花岗起义的作用的。黄世仲开始创作和发表《十日建国志》时,新军起义失败已九个多月,有名的黄花岗起义则还未正式酝酿和准备。由于新军起义失败,在革命党人中弥漫着一股气馁情绪,急需鼓舞士气,以便继续奋斗。黄世仲其时也许还不知道黄花岗起义的动员和准备很快就要进行,但他显然知道鼓舞士气的紧迫性,他的《十日建国志》的开始创作和发表显然有助于鼓舞士气。《十日建国志》开始发表十多天后,1910 年 11 月 13 日,孙中山在南洋庇能召集秘密会议,既进行思想动员,又部署一次更大规模的武装起义,即后来的黄花岗起义;《十日建国志》发表完毕的时候,黄花岗起义的准备工作正在紧张的进行当中。在这样一个背景上继续发表并发表完毕的《十日建国志》,自然会成为资产阶级民主革命、特别是黄花岗起义的号角。考虑到连载《十日建国志》的《南越报》实际上是同盟会南方支部的机关报,而同盟会南方支部又实际上具体领导着黄花岗起义的准备工作,人们完全可以想见《十日建国志》已从开始时的一般的鼓舞士气之作,一变而为直接配合黄花岗起义的作品了。《十日建国志》作为唯一的一部反映葡萄牙资产阶级共和革命的近代中篇小说,其重要的现实意义正在这里。

黄世仲的又一报告文学式小说 黄世仲自称《十日建国志》为"最新历史小说"。这里,"最新历史"四字是不假的。葡萄牙共和革命发生于 10 月 4 日,而《十日建国志》从 11 月 1 日起即开始在《南越报》连载,两者相距不到一个月。说《十日建国志》所写乃"最新历史",当然是很有道理的。然而,"最新历史小说"中的"小说"二字,却不好落实。实际上,《十日建国志》和黄世仲的《朝鲜血》、《五日风声》一样,很像是报告文学作品;一定要说是小说的话,那也只能说是报告文学式的小说。因为,人们面前的这部作品,具有报告文学所必须有的新闻性和纪实性,而缺乏小说所应具备的特点,特别是艺术虚构、情节和细节描写以及描写性语言。

仔细看来,《十日建国志》所写,并不完全符合客观事实。最明显的例子之一,就是把 1908 年 2 月 1 日被暗杀的国王错写为"文鸟路"(今译曼努埃尔),而实际上应是"卡洛斯"。其余事实上的不确,也还有一些。比如,佛朗哥(佛郎高)实为复兴党人,而作品却说他是进步党人。又比如,佛朗哥(佛郎高)之实行独裁当在卡洛斯(小说中作文鸟路,今译曼努埃尔)被暗杀之前,即在 1908 年 2 月 1 日之前,而作品却说是在 1908 年之末。总之,事实方面有些地方有出入。这些出入并非由于小说艺术需要虚构所致,而是由于时间仓促而本来并未完全弄清史实有关。无论出于什么原因,作品所写并不完全符合史实,是可以肯定的。不过,总体说来,作品所写还是符合客观事实的,有出入之处毕竟是比较少的。熟悉葡萄牙共和革命以及之前历史的人们,当会看到这一点。这也就是说,《十日建国志》既具有新闻性,又具有纪实性,而新闻性和纪实性正是报告文学作品所应具备的最主要的特点。

当然,这并不是说《十日建国志》就没有一点小说的味道。第二章《前王文鸟路之无道》写尚未继承王位的文鸟路(按:实应是卡洛斯)追求亚美利亚的文字,就基本上是小说写法,颇具小说特点。但是,这样的文字并不太多。总体上说,既缺乏艺术的虚构,又缺乏情节和细节的描写,所用语言也多是记叙性乃至论说性的。试读如下一段文字:

> 豪杰挺生为国用,斯人不出奈民何。以法兰西之革命而有拿破仑,以美利坚之独立而有华盛顿,盖天地之所诞生,即国民之所倚赖者也!布勒格(今译布拉加)者,葡国中圣米希岛人也。家本寒微,而世有清德,论者每许是家当出伟人。故布勒格(布拉加)自冲年间即生角岩露,不屑与群儿为嬉戏,见者莫不器重之。乃天造伟人,必多磨折,行年三岁,所恃即殂,父复营商于外。继母复虐,每从而苛之,而布勒格(布拉加)恒弗较也。继母亦产一儿,性情复妒,其待二子,恒有厚薄之殊。邻有请其继母苛虐之情节者,布勒格(布拉加)犹力辨其非,日惟周旋继母之前。久之,继母亦微悟,以故布勒格(布拉加)六龄得进小学堂中,虽零(伶)仃孤苦,而性殊刻励。年九岁,即能下笔为文,由是相许以神童之目。噫嘻,彼能为制造时势、挽救同胞、巩固国家者,其人格固与寻常异也宜矣!

这样的文字,显然不是小说所应采用的,而不幸的是,《十日建国志》的文字大都类乎此。

因此,《十日建国志》名为小说,而实为报告文学。黄世仲大约是想要写成小说的,但奉献给读者的却是报告文学作品。从小说角度看,应当说是不成功的。从报告文学角度看呢? 毫无疑问,作为报告文学作品,《十日建国志》是有缺点的。除前述在客观事实记述方面有时有出入外,作者对布拉加(布勒格)、对共和党人、对其所建政权等的叙写也过于理想化,因为事实上布拉加(布勒格)、共和党人及其所建政权等,并不如作品所写那样完善。但是,总的说来,从报告文学角度看,《十日建国志》仍不失为一部佳作。黄世仲于无意之中以这部作品,与《朝鲜血》、《五日风声》一起,为中国近代报告文学的发展作出了重要贡献。

三、《五日风声》:辛亥革命的响亮号角

现在,晚清文学研究界大约没有人不知道黄世仲的这部《五日风声》。然而,在其面世后长达半个世纪的时间中,黄世仲的这部作品并不为研究界所知悉。直到1963年李育中《五十二年前的一篇报告文学》①一文发表以后,情况才开始改变。不过,研究者们还是很难读到这部作品,更不知道这部作品的基本情况。直到1985年收有王俊年校点的《五日风声》的《近代文学史料》②出版,研究者们才得以方便地看到《五日风声》,并对其进行研究。事实上,在此之后也确实出现了钟贤培、谢飘云等先生撰写的如《中国最早的报告文学——黄小配〈五日风声〉浅论》③、《中国报告文学的力作——〈五日风声〉》④、《武昌起义前的枪声》⑤、《黄小配:报告文学的奠基人》⑥等颇有分量的研究文章,还出现了《五日风声》的新校点本⑦和单行

---

① 李育中:《五十二年前的一篇报告文学》,《南方日报》1963年4月14日。
② 王俊年校点:《五日风声》,《近代文学史料》,北京,中国社会科学出版社1985年12月第1版,第152~192页。
③ 钟贤培、谢飘云:《中国最早的报告文学——黄小配〈五日风声〉浅论》,《广州研究》1986年第6期。
④ 谢飘云:《中国报告文学的力作——〈五日风声〉》,澳大利亚,《汉声杂志》第78期。
⑤ 钟贤培主编:《武昌起义前的枪声》,《中国文学知识宝库》(近代卷),广州,广东人民出版社1996年9月第1版;方志强:《黄世仲大传》,香港,夏菲尔国际出版公司1999年3月第1版,第685~686页。
⑥ 谢飘云:《黄小配:报告文学的奠基人》,《中国近代散文史》,北京,中国文联出版公司1997年8月第1版,第353~359页。
⑦ 《五日风声》的新校点本有曹飘宗校点本,见华南师范大学近代文学研究室编《中国近代文学评林》第2辑,广州,广东高等教育出版社1986年7月第1版,第340~382页。

本①。从这些论文和校点本可知,《五日风声》原连载于《南越报》,共十一章,约 32000 字,对有名的黄花岗起义的全过程进行了较为详细的记述。

不过,所有这些校点者和研究者都承袭李育中的说法,把《五日风声》看做报告文学。这种看法当然是有道理的。不过,黄世仲本人是将其当做小说的,在报纸上连载时,如同《朝鲜血》和《十日建国志》在报纸上连载时标题上方分别标有"近事小说"和"最新历史小说"一样,标题上方也标有双行小字"近事小说"四字。仔细读之,也可以看到其中某些部分确实也有一定程度的小说写法。因此,笔者以为,既可以将其当成报告文学,又不妨将其视为报告文学式小说。

《五日风声》的发表和单行本　关于《五日风声》原刊本的情况,王俊年在上揭《五日风声》校点本前面的一段按语中首次加以叙述:

> 《五日风声》原标"近事小说",署"世次郎著",实际上是黄小配的一篇报告文学。全文三万二千余字,具体地记述了辛亥广州起义即黄花岗之役的全部过程。它连载于当时在广州出版的《南越报》上。该报现已很难见到(笔者多方查索,仅见其一九○一年六月、十一月和一九一一年十一月、十二月的附张),故小说刊载的日期不详,估计是在一九一一年三月二十九日之役以后不久。今从广州博物馆仅存的一个剪报本转录。剪报本有三处缺页,一处误剪他文相接,共约缺文七、八百字。因找不到原刊校补,只能暂付缺如。小说原不分段,每次以三至六百字的篇幅在报上分五十七次载完。

这里的叙述是大致不差的。不过,需要加以补充。后来,谢飘云和方志强等先生也略有涉及。谢飘云在上揭中国近代报告文学的力作——〈五日风声〉》中说:

---

① 《五日风声》有与《血泪黄花》的合刊本《五日风声·血泪黄花》,南宁·漓江出版社 1988 年 1 月第 1 版。

　　《五日风声》发表于一九一二年,距离它所反映的"辛亥广州起义"事件还不到一年。

方志强在《黄世仲大传》①中说:

　　距黄花岗起义失败约四十八天,即五月十八日(1911 年 6 月 14 日),黄世仲便以世次郎的笔名在广州出版的《南越报》谐部上刊出近事小说《五日风声》,共连载五十七天,以数万字详述起义的经过,……

在所附《五日风声》全文之末又加注说:

　　原文从辛亥年五月起在《南越报》谐部连载。原标"近事小说:五日风声,著者世次郎。"1985 年王俊年教授"从广州博物馆仅存的一个剪报转录",进行整理标点(但找不到原刊校补)……今次本人[从]广东省革命博物馆所藏的《南越报》(《五日风声》)共 23 日张(每日刊一节)对王俊年教授所校《五日风声》进行了增补疏漏和订正。

以上三位先生的叙述,显然并不一致。

　　首先,关于《五日风声》在《南越报》连载的时间,王俊年说"刊载的日期不详,估计是在一九一一年三月二十九日之役以后不久",谢飘云说"发表于一九一二年,距离它所反映的'辛亥广州起义'事件还不到一年",方志强说刊出的时间是"距黄花岗起义失败约四十八天,即五月十八日(1911 年 6 月 14 日)"、"共连载五十七天"。按,王俊年所说"一九一一年三月二十九日之役"云云有误,应是"辛亥年三月二十九日之役"或"一九一一年黄花岗之役"。不过,其误可能是一时疏忽所致,倒不很影响其说之大致符合实际,可惜的是未能指出准确的刊载时间。谢飘云的说法,显然搞错了《五日风声》在报纸上连载的年份;后来,他本人也发现了这个错误,所以在后来出版的上揭《黄小配:报告文学的奠基人》中就改变了说法,谓"《五日风声》发表于一九一一年五月"。方志强的说法,是最为确切、最为具体的。就是说,《五日风声》是从辛亥五月十八日(1911 年 6 月 14 日)起开始在《南越报》连载的。

其次,关于《五日风声》在《南越报》连载了多长时间,方志强说"共连载五十七天"。但这也是需要讨论的。方志强查出了之前其他研究者未能查到的连载《五日风声》的《南越报》"共 23 日张",其认真查阅之功确不可没。但如同王俊年所说的,《五日风声》是"分五十七次载完"的,并不是"共连载五十七天",因为《南越报》和当时的许多报纸一样,并不是每天都出报,而是有些天并不出报的。比如,庚戌十月初六、十月二十六等日就未出报。现在,还不知道从辛亥五月十八日起的 50～60 天中哪几天不出报,但估计会有某几天不出报的情形,因此刊出 57 次所用时间当多于 57 天;即使天天出报,那也未必天天都连载《五日风声》。比如,据知,《南越报》第二十九次刊出《五日风声》是辛亥六月二十三日(1911 年 7 月 18 日),如其每天都出报且刊出《五日风声》,那么始刊《五日风声》的时间就当是五月二十一日,而不是五月十八日。所以,不能因为连载了 57 次,就说连载了 57 天。顺便还要说一下:方志强说《五日风声》在《南越报》"每日刊一节"也不确切,因为正如王俊年所说,"小说原不分段",而是"每次以三至六百字的篇幅在报上分 57 次载完",并无所谓"每日刊一节"的情况。

最后,还有一个问题需要考虑。阿英在《辛亥革命书徵》[①]中曾经著录过一本包括笔者在内的黄世仲研究者均未讲到过的其名为《广州乱事记》的小说:

> 广州乱事记无名氏著。十回。宣统辛亥(一九一一年)香江图书馆刊。演黄花岗起义事。广州印本。为事变失败后,赞扬党人之作。一册。

---

① 阿英:《辛亥革命书徵》,《晚清文艺报刊述略》,北京,中华书局 1959 年 8 月第 1 版,第 133 页。

后来,在《晚清戏曲小说目》①中,阿英又有著录云:

> 广州乱事记佚名著。十回。宣统辛亥(一九一一)香江图书馆刊。

看来阿英也未细加考析,并未指出其与《五日风声》有什么关系。然而,这本《广州乱事记》却确实与《五日风声》有关,许翼心最早指出了这一点。原先,许翼心就曾在电话中告诉笔者,《广州乱事记》就是《五日风声》,笔者于兴奋之余又曾把他的说法转告给日本清末小说研究专家樽本照雄;后来,许翼心在《关于黄世仲小说作品初刊版本的若干补正》②中有题为《〈五日风声〉出单行本时被改题〈广州乱事记〉》的一节,其中在引述阿英《晚清小说目》中的著录后写道:

> 此后又有多种书目照录这段文字,但都没有提及作品内容,看来并没有读过原书。我一直很注意此书,但久访未得。近日终于设法找来一读,原来就是黄世仲的《五日风声》的单行本。全书共十一章(不是十回),章目同《五日风声》完全一致,连《南越报》连载时重复两次"第九章"序号的错误也照录不误!这肯定不是黄世仲本人校阅过的版本。其实当年香港也没有一家"香江图书馆"。这大概是书商为了炒卖新闻而赶印出来的"盗版书"。不过,它的大量翻印发行,当时在客观上还是起了宣传民主革命的作用。

笔者迄今仍未能见到这本《广州乱事记》,但相信许翼心既然目验过《广州乱事记》,那么他的说法当是符合实际的。他的发现,对《五日风声》研究来说,无疑是一个重要贡献。所应补充的是,阿英谓《广州乱事记》系"广州印

---

① 阿英:《晚清戏曲小说目》,上海,上海文艺联合出版社 1954 年 8 月第 1 版;北京,古典文学出版社 1957 年 9 月增订第 1 版;北京,中华书局 1959 年 5 月第 1 版;《〈晚清小说大全〉编印计划》(征求意见稿),上海,上海书店出版部 1985 年 8 月印行,第 1~44 页。

② 许翼心:《关于黄世仲小说作品初刊版本的若干补正》,《辛亥革命九十周年纪念暨黄世仲投身革命百周年国际学术研讨会论文集》第 1 辑,香港,纪念黄世仲基金会 2001 年 8 月第 1 版,第254 页。

本"，那么所谓"香江图书馆"当是伪托，而伪托者既不必是香港书商，也未必一定是广州书商，倒完全有可能就是在连载该小说的《南越报》中的诸革命同人或黄世仲本人。因而，其所出单行本自然不必是《五日风声》的"盗版书"，而倒可能就是《五日风声》的原刊本；至于所以改名为《广州乱事记》，则当是由于其出版地广州当时正处于黄花岗起义失败之后的形势使然。

又，阿英所说《广州乱事记》共有"十回"，与现有《五日风声》校点本共有"十一章"有两点不同。其一，《广州乱事记》及其《南越报》连载本均不分回而分章，阿英所谓"十回"应是"十章"之讹。其二，《广州乱事记》及其《南越报》连载本都是共有十一章而不是十章。阿英谓《广州乱事记》共有"十回"即"十章"，当是由于未察其中所标章次有误所致。原来，《南越报》在连载时，就把第十章和第十一章的章次误标为第九章和第十章，致使第九章和第十章的章次均为"第九章"、第十一章的章次成了"第十章"；如不细察，全书的章数自然也就成了"十回"即"十章"。王俊年在上揭《五日风声》校点本前面的一段按语中曾经指出《南越报》连载本有"把第十章的'十'误为'九'、第十一章的'十一'误为'十'"等排印方面的错误，许翼心在上揭《关于黄世仲小说作品初刊版本的若干补正》的《〈五日风声〉出单行本时被改题〈广州乱事记〉》一节中也有"全书共十一章（不是十回）"一语。他们所说是符合实际的。看来，如同在连载《朝鲜血》和《十日建国志》时也有错排刊次等情形一样，《南越报》在连载《五日风声》时也有同类错讹，而《广州乱事记》的出版者未察《南越报》连载本之讹而照样出版，大约是为了赶时间以尽快让读者读到吧！是否如此，姑不作论，这里所要做的是将十一章章目录之如下：

第一章　　革党发难

第二章　　革命运动及组织

第三章　　举事之定期及其暗号

第四章　　督署之被炸及革党之失机

第五章　　夜后巷战之状况

　　辛亥革命的响亮号角　仅从以上章目也可以看出,《五日风声》确实如同专家学者们所说,"具体地记述了辛亥广州起义即黄花岗之役的全部过程"①、"为事变失败后,赞扬党人之作"②。事实上,《五日风声》把黄花岗起义的酝酿、准备、发动、巷战、失败及失败后被捕党人的英勇就义,以及就义党人被未罹难党人营葬黄花岗的全过程,展现到了读者面前。而且,作家并不像史家那样以史著笔墨对起义进行记述,而是以"小说"笔墨进行叙写,因而叙写更为详尽,其中不乏具体情节和细节的描写,这就使作品更适合于广大读者阅读、更受广大读者欢迎,从而更有社会影响力。作为在武昌起义前约两个多月才发表完的作品,无疑是辛亥革命的响亮号角,对因黄花岗起义失败而必然会有的士气低落的革命党人的士气有重要的振奋作用,对武昌起义的爆发也必定有舆论准备作用。钟贤培称其为"武昌起义前的枪声"③,是很有见地的。

　　《五日风声》和其前的《朝鲜血》、《十日建国志》一样,是报告文学或报告文学式小说,而且写作时间基本上是先后相续的,它们有着共同的特点:纪实性和新闻性。不过,《五日风声》和《朝鲜血》、《十日建国志》相比,是有自己的特点的。这主要表现在这样两点上:①《朝鲜血》和《十日建国

---

　　①　木讷:《〈五日风声〉标点本按语》,《近代文学史料》,北京,中国社会科学出版社 1985 年 12 月第 1 版,第 152 页。

　　②　阿英:《辛亥革命书徵》,《晚清文艺报刊述略》,北京,中华书局 1959 年 8 月第 1 版,第 133 页。

　　③　钟贤培主编:《武昌起义前的枪声》,《中国文学知识宝库》(近代卷),广州,广东人民出版社 1996 年 9 月第 1 版;方志强:《黄世仲大传》,香港,夏菲尔国际出版公司 1999 年 3 月第 1 版,第 685~686 页。

志》,一写朝鲜志士为争取朝鲜民族独立而刺杀伊藤,一写葡萄牙共和革命,而《五日风声》写的是中国革命本身,因而就更为贴近中国革命,因而也就能更为直接地适应中国革命的需要。②《朝鲜血》和《十日建国志》均用大量笔墨追述所写事件发生前许多年的事态发展,以明事件发生的前因。《五日风声》却不然。在《五日风声》中,作者也追述过黄花岗起义之前多年广东境内发生的革命党人的武装斗争,但只是用不到两百字极其简略地提及,以表明黄花岗起义乃"乙未而后,此其再矣"而已,其全部笔墨都用于描述黄花岗起义本身。这就使《五日风声》内容更为集中,主题更为鲜明,其新闻性也更为突出。

总之,《五日风声》是一部优秀的报告文学作品和报告文学式小说。它和《朝鲜血》、《十日建国志》一起,是我国报告文学的奠基之作,也是后来所谓纪实小说的滥觞。在中国散文史上有其不容忽视的地位。

第二十章　晚清最后一部杰出的
历史小说

——关于《吴三桂演义》

《吴三桂演义》，又名《明清两国志》或《明清两国志演义》，四卷四十回，是黄世仲完整存世的最后一部小说，也是晚清时期最后一部杰出的历史小说。然而，在很长时期中，学术界不仅没有给予这部小说以应有的重视，而且连这部小说的作者是谁也不知道。因此，在将这部小说归于黄世仲名下的时候，有必要就有关问题略事论述。

一、《吴三桂演义》的多种版本

最早著录《吴三桂演义》的，据现在所知，当是北京图书馆编《西谛书目》①。此后，先后又有韩锡铎和王清原编的《小说书坊录》②、江苏省社会科学院明清小说研究中心编的《中国通俗小说总目提要》③、孙文光主编的《中国近代文学大辞典》④等许多辞书，以及日本学者樽本照雄先后编成的

---

① 北京图书馆编：《西谛书目》，北京，文物出版社1963年10月第1版。此处据日本学者樽本照雄编、山东教育出版社2002年4月汉译版《新编清末民初小说目录》第682页引述。
② 韩锡铎、王清原编：《小说书坊录》，沈阳，春风文艺出版社1987年11月第1版，第114、123页。
③ 江苏省社会科学院明清小说研究中心：《中国通俗小说总目提要》，北京，中国文联出版公司1990年2月第1版，第1253～1254页。
④ 孙文光主编：《中国近代文学大辞典》，合肥，黄山书社1995年12月第1版，第434页。

《清末民初小说目录》①、《新编清末民初小说目录》②、《清末民初小说年表》③,也都著录了这部小说。

至于对《吴三桂演义》的思想内容和艺术特点或详或略地加以论述、介绍或对作品的基本内容作提要的著述,最早的据知当为上揭江苏省社会科学院明清小说研究中心编纂《中国通俗小说总目提要》中署名"吴敢"的《吴三桂演义》内容提要。此后,上揭马良春和李福田任总主编的《中国文学大辞典》、《中国古代小说百科全书》编辑委员会编写的《中国古代小说百科全书》、孙文光主编的《中国近代文学大辞典》、刘叶秋等主编的《中国古代小说大辞典》等,也均有"吴三桂演义"词条释文。而真正较为细致地对《吴三桂演义》加以细致研究和论述的,则当首推欧阳健《晚清小说史》第五章第三节《讲史新篇〈吴三桂演义〉》④以及新疆人民出版社和新世纪出版社共同出版的《吴三桂演义》的前言⑤等,篇数以及字数有限的这几篇论述均给予《吴三桂演义》以相当高的评价。

然而,所有这些著录和论述介绍,都没有将《吴三桂演义》和黄世仲联系起来,都没有指明《吴三桂演义》的作者就是黄世仲。在最好的情况下,也只是据小说作者自序中"余近十年来喜从事于说部,尤喜从事于历史说部"一语,推测其作者"似为一多产之小说家"而仍"难度其为何人"⑥。原因很简单,就是上述所有的著录者和论述介绍者,在著录和论述介绍的时候所看到并以之为据的《吴三桂演义》版本都没有署作者黄世仲的姓名或常用署名,而署有黄世仲常用署名之一"小配世次郎"的《吴三桂演义》原刊本

---

① 〔日本〕樽本照雄编:《清末民初小说目录》,日本,清末小说研究会1988年3月第1版,第765页。

② 〔日本〕樽本照雄编:《新编清末民初小说目录》,日本,清末小说研究会1997年10月第1版;济南,山东教育出版社2002年4月汉译版第1版,第682页。

③ 〔日本〕樽本照雄编:《清末民初小说年表》,日本,清末小说研究会1999年10月第1版,第58a页。

④ 欧阳健:《晚清小说史》第五章第三节《讲史新篇〈吴三桂演义〉》,杭州,浙江古籍出版社1997年6月第1版,第390~398页。

⑤ 黄世仲:《吴三桂演义》,乌鲁木齐,新疆人民出版社和新世纪出版社2002年1月第1版,前言第1~6页。

⑥ 欧阳健:《晚清小说史》第五章第三节《讲史新篇〈吴三桂演义〉》,杭州,浙江古籍出版社1997年6月第1版,第390页。

则谁也未能见到,或根本上就不知道还有这一原刊本的存世。

《吴三桂演义》的版本比较多。据现在所知,国内各图书馆所藏1911~
1949年中华人民共和国成立为止的38年间,其版本至少有近十种①,大约
均是盗版或盗版的盗版,而非原刊本。而所谓原刊本,就是辛亥季夏香
港循环日报活版本,该本现由原属英国博物馆书籍收藏部门的英国图
书馆收藏。过去,不仅一般研究者无人知道这一情况,而且连20世纪
50年代曾在当时的英国博物院东方书籍及珍本部集中阅读旧刻本中国
小说、后来还写有《伦敦所见中国小说书目提要》②的柳存仁,于此似乎
也并不知情,否则他的书中就不会没有关于原刊本《吴三桂演义》的
文字。

那么,最早知道这个原刊本之存在并指明其作者是黄世仲的是谁呢?
不是别人,而是原在香港大学孔安道图书馆工作、退休后移民加拿大并出任
加港文献馆馆长的杨国雄。

二、《吴三桂演义》原刊本的发现和作者认定

当香港纪念黄世仲基金会与其他几个单位和团体一起在2001年上半
年筹办"辛亥革命九十周年纪念暨黄世仲投身革命百周年国际学术研讨

---

① 国内各图书馆所藏1911~1949年数十年间的《吴三桂演义》版本,据笔者所知,大约有如
下一些:

上海书局本	宣统辛亥孟冬;梁启超
上海华明书局本	1911年11月(?);梁启超
上海铸记书局本	1921年;梁启超
上海海左书局本	1911年12月;梁启超
上海锦章图书局本	约民国年间;梁启超
上海会文堂本	约民国年间;梁启超
上海云记书庄本	约民国年间;梁启超
上海沉鸿记书局本	约民国年间
上海广益书局本	1948年7月新1版

② 柳存仁:《伦敦所见中国小说书目提要》,北京,书目文献出版社1982年12月第
1版。

会"的时候,受邀将要出席会议的杨国雄在准备向大会提交一篇论文的过程中,发现了内有关于《吴三桂演义》原刊本情况、包括其作者系黄世仲的记载的《香港政府宪报》(Hong Kong Government Gazette)。这当然是黄世仲研究中的一个重要发现。大约是为了慎重起见吧,杨国雄一方面电函英国图书馆查询这个原刊本,并请将其复制成缩微胶卷,另一方面将有关情况告诉给研讨会筹备委员会的委员兼秘书长胡志伟。胡志伟得知有关情况后,在未看到原刊本的情况下,对近多年来内地一些出版社出版的、作者名题作"不著撰人"或于作者情况干脆不加任何标记的《吴三桂演义》诸多版本中某一本所载的作者自序和小说凡例进行研究,发现其中有多处的用语与《洪秀全演义》的作者自序和小说例言相同或相近,从而判断杨国雄的发现是可信的,因而也就把杨国雄的发现以及他自己的推断向笔者和另外几位先生做了通报。

对《吴三桂演义》这部小说,笔者原先自然是知道的。不过,由于和大家一样,不知道其作者就是黄世仲,在研究黄世仲、特别是在钩稽黄世仲作品的过程中,并未想过《吴三桂演义》和黄世仲有什么关系。电话上接到胡志伟的情况通报后,自然感到很高兴,同时也就翻开内地一家出版社前几年出版的《吴三桂演义》,希望能从中再发现一点可以证实情况通报所说情况的哪怕是非常细小的信息。结果,果然有一点收获,就是发现《吴三桂演义》的自序和凡例喜欢使用先果后因式句子结构,而这种句子结构恰好在黄世仲的一系列政论文、小说理论著作、报告文学作品以及其他杂著文字中常可见到。比如,《吴三桂演义》自序的头一句话,句子结构是这样的:

> 余近十年来喜于从事说部,尤喜从事于历史说部,以有现成之事实,即易为奇妙之文章,而书其事、纪其人,勿论遗臭流芳,皆足以动后人之观感也。

"历史说部"四字及之前为果,"以有现成之事实"七字及之后为因。《吴三桂演义》凡例之第13则中也有这样的句子:

> 吴氏兴于滇,亡于滇,不能逃越半步,盖藏地已不通,而缅甸又吴氏
> 先自绝其路者也。

"不能逃越半步"六字及之前为果,"盖藏地已不通"六字及之后为因。这样的句子结构,在阅读黄世仲的各种著作时既然常可碰到,那也就完全可以说这种句子结构的使用正是黄世仲著作语言上的一个突出特点。比如,《洪秀全演义》自序中就有这样的句子:

> ……而四十年来,书腐忘国,肆口雌黄,"发逆""洪匪"之称,犹不
> 绝耳,殆由曾氏《大事记》一出,取媚当王,遂忘种族,既纪事乖违,而
> 《李秀成供状》书,复窜改而为之黑白。

《洪秀全演义》例言中也有这样的句子:

> 司马光书五代事,次第书五代纪元,而各国纪元单列其下,盖彼已
> 成独立体段,不能媚于一尊,而称为"伪"、为"匪"、为"逆"也。

黄世仲著作的有些点校者不了解这一点,往往在这类句子的中间加句号点断,致使本来的一句话变成两个甚至三个单独的句子,实无必要,实不可取。这一层姑且不论,单说《吴三桂演义》自序和凡例中这种句子结构的使用吧,那确实是与黄世仲一贯的语言习惯一致的。因而,笔者也就推测杨国雄和胡志伟两位先生的说法,当是可以成立的。不过,由于既不了解《香港政府宪报》及其有关《吴三桂演义》之记载的详情,又毕竟未曾目睹原刊本,所以对把黄世仲确定为《吴三桂演义》的作者,总觉得有点不大放心。

2001 年 8 月 24 日至 25 日,"辛亥革命九十周年纪念暨黄世仲投身革命百周年国际学术研讨会"在香港举行。8 月 23 日笔者到达香港后,胡志伟即向笔者出示了北京华夏出版社出版的、他在其自序与凡例上画出了与《洪秀全演义》的自序和例言语句相同或相似之处的《吴三桂演义》。稍后,

他又把事先出版的研讨会论文集《黄世仲与辛亥革命——辛亥革命九十周年纪念暨黄世仲投身革命百周年国际学术研讨会论文集》①送给笔者,这本论文集中收有杨国雄的论文《港台及海外图书馆所藏黄世仲著作初探》以及胡志伟自己的论文《黄世仲研究的艰难历程与现况》②。杨国雄的论文首先详细地介绍了1888年港英政府制定并实施的一条书籍登记法例,根据这一法例,香港地区每一书籍出版后均应送港英政府登记,而港英政府则在书籍送来登记后,每季在《香港政府宪报》(又称《香港辕门报》)将书籍登记情况表列公布一次,还将送来登记的每种书籍一本送往其时的英国博物馆的书籍收藏部门收藏。然后,杨国雄记述了《香港政府宪报》公布的书籍登记表中所载送往登记的黄世仲小说三种,其中记第三种云:

> 第三本是在一九一一年六月至九月期内送往登记的《吴三桂演义》,著者署小配,别名世次郎,循环日报刊(引按:"刊"字当为"社"字之讹)出版,日期一九一一年八月十五日,一套两册,五四七页,印数二○○○,售价六角。经电邮英国图书馆询问,证明该书是按书籍登记法例入藏该馆,现已接洽复制显微胶卷。黄世仲这本小说还未有人提过,可能同《镜中影》一书同是孤本。

胡志伟的论文除介绍了杨国雄发现《吴三桂演义》作者是黄世仲等情况外,还特地写了有关《吴三桂演义》作者问题的一条颇长的注文。注文全文如下:

> 杨先生从英国订购的缩微胶卷至本届研讨会开幕之日尚未运抵香港,然笔者手头有一本北京华夏出版社一九九五年七月出版的《辽海

---

① 《黄世仲与辛亥革命——辛亥革命九十周年纪念暨黄世仲投身革命百周年国际学术研讨会论文集》,香港,纪念黄世仲基金会2001年8月第1版。
② 杨国雄《港台及海外图书馆所藏黄世仲著作初探》、胡志伟《黄世仲研究的艰难历程与现况》,均见《黄世仲与辛亥革命——辛亥革命九十周年纪念暨黄世仲投身革命百周年国际学术研讨会论文集》,香港,纪念黄世仲基金会2001年8月第1版,第263~269、280~292页。下文所引两位先生文字,分别见第264、292页。

丹忠录·吴三桂演义》合刊本（属于《中国古典小说名著百部丛书》），其中《吴三桂演义》占二百三十二页、二十三万字，署名〔清〕不著撰人著。此书的编者对"不著撰人"系何许人不置一字，但从此书的自序、凡例所用词汇成语与《洪秀全演义》的自序、例言相比，至少有四处是相同的：（一）"故俯拾即是，皆成文章"与"故能俯拾即是，皆成文章"；（二）说吴三桂兵败时自饰"此天亡我，非战之罪也"，太平天国人才济济然事卒不成"或亦非战之罪欤？"（三）在吴传中评吴三桂的败因"观后来洪秀全，既据金陵，不思北进，情势相同"；在《洪秀全演义》中也谈及"洪王之败实由于所得土地尺寸不舍……不退北上"；（四）吴传自序一开头就批驳"成王败寇之说"，《洪秀全演义》例言头一段就盛赞太史公"真能扫成王败寇之腐说，为英雄生色者"。

从两部书自序与凡例的文章风格和气势看，"不著撰人"当系黄小配无疑。由此可见，黄世仲尚有一些笔名未为人知，而逐一发掘这些笔名将有助于进一步搜寻他的遗著。

杨国雄所谓英国图书馆藏《吴三桂演义》"可能同《镜中影》一书同是孤本"的说法似乎并不准确，准确地说应是英藏《吴三桂演义》的原刊本"可能同《镜中影》一书同是孤本"；胡志伟似乎将"不著撰人"四字当成黄世仲的笔名之一，也不怎么妥当。但这些似乎不妥之处均无关大局，可不置论。重要的是，杨国雄和胡志伟二位先生实际上在这里把他们各自先前所作通报的内容具体化、论证化和书面化了。这无疑大大提高了所说黄世仲系《吴三桂演义》作者这一判断的可信度。不过，由于未能见到原刊本，笔者仍然不能完全放心。

令人十分高兴的是，在研讨会 25 日下午举行的大会上，杨国雄出示了他刚刚收到的英国图书馆电传的《吴三桂演义》书影复印件，其封面为：

　　　　宣　统　辛　亥　季　夏

吴　三　桂　演　义

　　　　香　港　循　环　日　报　活　版

其正文页首页首行为：

　　歴　史吴　三　桂　演　义　　　　　　小配世次郎
　　小　说

看到这个复印件以后,笔者和与会的专家学者当然也就完完全全地相信:《吴三桂演义》的作者就是小配世次郎,就是黄世仲。不仅如此,而且结合杨国雄关于《香港政府宪报》上记载《吴三桂演义》情况的介绍,还可以知道《吴三桂演义》的出版时间是与书影复印件封面所标"宣统辛亥季夏"相符的 1911 年 8 月 15 日,这一天是辛亥闰六月二十一日,比一般所说的"宣统辛亥孟冬"即农历十月要早三个多月。

　　确实,这是黄世仲研究的一大收获,是晚清小说史研究的一大收获。当然,这也是杨国雄以及胡志伟两位先生为黄世仲研究和晚清小说史研究作出的一个贡献。后来,与会的欧阳健在为 2002 年 8 月举办于安徽芜湖的"中国近代文学学会第十一届年会"撰写的论文《黄小配小说考证的新突破》中,将这一发现作为 2001 年香港研讨会上黄世仲小说考证几多新突破中的第一个,介绍给出席年会的全体专家学者,那是很有道理的。

三、《吴三桂演义》的思想和艺术

　　自然,对黄世仲研究来说,关于黄世仲和《吴三桂演义》的关系的这一发现也许是来得晚了一点。不过,《吴三桂演义》研究却未因此而开始得也较晚。事实上,如前所述,早在 20 世纪的 90 年代,就已有专家学者开始对《吴三桂演义》的思想内容、艺术特点以及在晚清小说史上的地位等问题进行研究,先后出现了一些内容提要、情况介绍和比较深入地对之加以论述的文字。现在看来,尽管那时候人们并不知道其作者就是黄世仲,而一些研究者还是有着很敏锐的学术洞察力的,其对《吴三桂演义》的论述应当说也大致符合作品的实际。

《吴三桂演义》是以明末清初李自成起义、清兵入关、明清易代、清初治乱的大约半个多世纪的历史时期为背景,描写了其时的一些重大历史事件的小说;其另有《明清两国志》或《明清两国志演义》书名,概由于此。但是,《吴三桂演义》并不是像蔡东藩等所写那些演义历史过程、朝代更替的历朝演义那样的小说,而是以某一重要历史人物为中心、演义其一生所事并在这一过程中挖掘其心灵世界的小说。用现在人们常说的话来说,就是写人的小说、写人的命运的小说、写以人为中心而展示广阔的历史画面的小说。具体到《吴三桂演义》这部小说,那就是写吴三桂其人在明末清初历史舞台上的种种际遇以及隐藏在其内的精神世界的小说。作品当然要写历史,事实上也写了历史,写了明清易代以及清初的重大历史事件,如农民起义、明亡清立、三藩之乱等。但是,作品所写均是与吴三桂有直接关系以及与表现吴三桂这个人物的性格和命运有关的重大历史事件。人们当然可以如同作者所判归的那样,将其称为历史小说。但是,当给《吴三桂演义》以这样的归类的时候,必须看到这部小说是以写吴三桂为中心、在写吴三桂的时候客观上写出了明末清初历史的一个重要侧面的历史小说。正由于此,小说取名《吴三桂演义》是正确的,而为其改名《明清两国志》或《明清两国志演义》则未必可取。从香港循环日报活版本看,《明清两国志》之类的书名实际上也并非作者自取,而是他人强加上的,这种强加表现出的其实是对《吴三桂演义》缺乏真知。

不过,《吴三桂演义》不是主要写正面历史人物,而是以历史上的一位重要反面人物为主人公的历史小说。其主人公吴三桂出身明末仕宦之家,受到明王朝的重用,被倚为长城般地任用为对京城之安危有举足轻重作用的山海关守将。时逢农民起义,李自成攻入北京,吴三桂以其父死于起义军之手、其妾陈圆圆被李自成部下掠占而引清兵入关驱走李自成,致清兵顺利入京、清廷全国政权建立,而他自己也由明臣一变而成为清廷爪牙。之后,吴三桂又奉清廷之命,先是追剿李自成残部以及各地反清力量,后又追剿南明残存势力,直至进军缅甸、擒获永历并在昆明将其绞死,而吴三桂也受封为平西王。此时的吴三桂,野心膨胀,先是割据一方,后又打出颇受当时作为不愿被异族政权统治的广大汉人欢迎和支持的反清旗号,联合平南王尚可喜、靖南王耿继忠以及远在台湾的郑经,起而反清,并先是自称"周王",继又称尊于衡州。然而,吴三桂至此也到达了他青云直上的一生的顶点。此后,在康熙闻变后迅速决策、以重兵靖逆的情况下,吴三桂很快走向末路,死于郧阳军中,其子其孙及其部下未久也全部被剿灭。《吴三桂演义》大致符合事实地描写了吴三桂这个重要反面人物的一生。

《吴三桂演义》出版以前,以重要反面人物如隋炀帝、魏忠贤等为主人公的历史小说曾出现过一些,《吴三桂演义》在这一点上与之相同。然而,《吴三桂演义》却自有其特点。其最重要的特点之一,便是用一种在其时颇具进步意义的历史观来观照所要描写的历史人物,从中总结和吸取经验教训。作者在小说自序中于前已引述的"余近十年来……无关于成败故也"一段之后,又写道:

> 吴三桂以一代枭雄,世受明恩,拥重兵,绾重镇,晚明末造,倚为长城。顾唯敝屣君父,袖手视国家之丧亡,是故明之亡也,人为李自成罪,余并为吴三桂诛。余观秦汉之交,刘邦曰:"丈夫当如是!"项羽曰"彼可取而代也!"专制之尊,九五之荣,人所共趋,乌足为自成罪,而罪夫受明恩、食明禄而坐视明危耳。视君父曾不若一爱姬,北面敌国以取藩封,三藩中吴氏其首也。然使吴氏长此而终,则遗臭万年,抑犹可说。乃之惧藩府不终,兵权之不保,始言反正,以图一逞,卒也哭陵易服,无解于缅甸之师,亦谁复有为吴氏谅者?

就是说,作者一是不把天下视为某姓一家的私产,也未以狭隘种族主义思想审视历史,而是把包括满人政权清廷代汉人政权明廷而为全国政权在内的历史上的朝代更替仅仅视为正常的易姓代祚;其二是破除"成王败寇"的陈腐观念,而不以成败判别是王是寇,认为"王者自王,寇者自寇";其三是以揭竿而起或拥兵称尊之类行止为在历史上专制政体下"人所共趋"之事,而并不因有此类行止便一律将其送上历史的审判台。作者的这种历史观在晚清时期自然带有一定程度的进步色彩。因而,他也就既不因吴三桂北面事敌而大张挞伐,也不因吴三桂起而反清而改变对其人否定性的总体看法,更未因吴三桂终于失败而视其为"寇",而仅仅是由于这个吴三桂作为明臣而坐视明危且北面敌国、特别是惧权位之不保方起而反清以图一逞等,才对之加以否定和谴责。总之,作者并没有把《吴三桂演义》写成一部单纯的狭隘种族主义式的反清政治号筒,也没有由于吴三桂终于败亡而视其为"伪"、为"逆"、为"寇",而是把吴三桂其人放到历史的大潮中加以观察和描写,表现其作为那个时代的一位有谋略、有武艺、受器重的重要人物从如日中天到终于败亡的一生的根本原因。事实上,小说也相当成功地把根本原因揭示了出来。

《吴三桂演义》整个来说是要以吴三桂的一生来揭示这一点的。然而,在吴三桂一生的全部行止中,最能揭示这一点的,自然首推从举起反清旗号到建号称尊再到终于败亡。黄世仲对此了然于心,并在作品凡例中清楚无误地说:"读是书者,须有大关键,即吴氏之兴亡是也。"作者也确实是抓住了这个"大关键"来揭示其兴也勃然、亡也忽然之个中情由的。这个个中情由是什么? 这就是作者自己在小说自序中概括的:

> 故夫吴氏,非无雄材也;其佐命,非无伟器也;耿尚之降附、郑经之交通、六省之沦陷,其势力非不巨大也;顾天或瘕之,若有命焉。胜负之机,巧而且幻,则以吴氏非误之于终,而误之于始也。假恢复明祚之说以愚黔首,为德不终,大势遂去,此其兴亡之原因乎? 意者吴氏或预知其败,乃以日暮途远,窃号自娱,因而沉迷放弃,未可知矣。不然则几见有开创之君,创业仅半而即沉迷放弃者乎? 使其亲见成都之陷、湘黔之失、滇京之亡,吾知其将引项羽之言以自饰曰"此天亡我,非战之罪也",特乌足以欺天下后世耶! 君子是以知吴氏召亡之道,固在彼不在此也。

或者如作者自己在小说凡例中更为简括地指出的：

> 其兴也以易服哭陵感动人心，其亡也由忘背明裔称帝自尊，读者当
> 于此注意。

实际上，吴三桂整个一生都以攫取和维护个人的利益权势地位为中心而决
定行止取舍，从而表现出露骨的欺世盗名、反复无常、食言自肥、行无定准，
并导致其终于败亡。他之所以视敌若父、引清兵入关，他之所以甘充鹰犬、
追剿李自成和各地反清力量，他之所以挥师缅甸追捕永历并甘冒"历朝鼎
革不除旧君"这个约定成俗之礼处永历以绞杀之刑，均由于此。作者对他
的这一切也是持严厉批判和抨击态度的。然而，作者却并未平均使用力量，
并未因此而忘记对更为重要的、可藉以更好地揭示吴三桂兴亡原因的事件
的描写，而是把主要的笔墨放在作者所说的"大关键"上。因为，从寻找吴
三桂失败的根本原因、总结经验教训的角度来看，作者并不认为明亡即国
亡，虽也抨击吴三桂之背明事清，表现出作者的民族感情，却又并不以为吴
三桂在那风云变幻时代从明之重臣一变而为清廷鹰犬为太过值得注意之
事。在黄世仲看来，倒是建号称帝前后的盛衰兴亡所表现出的"假恢复明
祚之说以愚黔首，为德不终"值得特别予以关注。当然，这只是吴三桂个人
恶劣鄙陋品质的表现之一。然而，这又是其最为典型的表现之一。毫无疑
问，吴三桂的失败，原因是多方面的。客观上因清廷经过几十年的经营而使
得敌我力量对比于吴三桂不利之类且不去说，单从他个人主观方面看，虽有
坐踞湖南、久不北上等军事路线方面的原因，但更主要的则是他的假复明祚
相号召而实则"忘背明裔称帝自尊"这样的政治路线方面的错误及其所反
映的欺世盗名、愚弄人心式的为德不终，以及事业未成即追求享受、沉迷放
弃的精神世界，而并不单纯是由于他的建号称尊，更不单纯是由于他早年的
事清背明。作者把吴三桂作为反面历史人物而加以谴责的，正在于他的欺
世盗名、愚弄人心式的为德不终，以及由之而生的政治路线上扯下可以号召
人心的旗帜。作者所谓"吴氏召亡之道，固在彼不在此"，实亦此意。
　　顺便应当指出的是，黄世仲作为晚清资产阶级民主革命家，具有男女平

权思想而抛弃了历来"女人祸国"的陈腐偏见,并因此而在《吴三桂演义》中描写了莲儿、特别是陈圆圆这样的与"女人祸国"完全相反的、有胆有识富正气的妇女形象,从而也使作品多多少少地成为晚清妇女解放思潮的折射。

黄世仲一贯重视人物描写的真实性,反对"褒贬过于渲染"①。在描写吴三桂这个反面历史人物时,也是如此。这就带来了作品在描写反面历史人物时的又一重要特点,即把吴三桂作为一个活生生的、内心充满矛盾的复杂人物加以描写,从而也就避免了反面人物描写上的简单化、公式化、脸谱化。如同欧阳健所说的,作品写出了人物性格的复杂性②,即在写出其所具有的作为人物性格基本面的否定因素的同时,又挖掘其在客观上可能或多或少地符合人们某种愿望的成分,并通过情节和细节加以描写,使之显得丰满、真实。黄世仲当然知道吴三桂北面事敌、引狼入室、直接导致明政权灭亡以及后来擒杀永历等举动历来受到谴责,作品也以带有切齿之痛的否定性笔墨写出了这一切。但是,吴三桂其人毕竟是一个生活在现实社会中的活人。他无疑是个反面历史人物,他的基本面无疑是否定性的。然而,却不能认为他从来没有过任何客观上与当时人们意愿相符合的思想和行动,也不能认为他任何时候、任何地方的任何一种客观上与当时人们意愿相一致的思想和行动主观上都必定是假装给人看的。比如,他的易服祭陵,恐怕就很难说一定是在演戏。甚至他的起兵反清,一开始恐怕也是出于真心,尽管他的出发点未必和当时人们面对清廷所实行的民族高压政策而产生的反清心理相同。因此,要写好吴三桂这个历史人物,使人感到真实可信,就必须在把握其基本面的同时,尽可能展示其所具有的复杂性,挖掘并描写其性格中所具有的与其基本面不一致、甚至完全矛盾的内心深处真实的隐秘及其外在表现。在《吴三桂演义》中,黄世仲也正是这样做的。读者当可看到,小说在总体上对吴三桂持批判态度的同时,在写及吴三桂的大周军队与清兵的众多战事时,给人的印象却是作者总是站在吴三桂军队一边,为其获胜而高兴,为其战败而叹息。小说写吴三桂易服祭永历陵这一重要情节的情

---

① 黄世仲:《〈宦海潮〉凡例》。
② 欧阳健:《晚清小说史》第五章第三节《讲史新篇〈吴三桂演义〉》,杭州,浙江古籍出版社 1997 年 6 月第 1 版,第 391~394 页。

形时写道：

> 到那一日，即与诸将共诣永历陵前。三桂先服明朝衣冠，自夏国相、马宝以下，皆一律穿戴明装，共至陵前。三桂并指其首谓诸将道："我先朝曾有此冠乎？"又指其身道："我先朝曾有此衣乎？"说罢，泪如雨下；诸将闻三桂之言，皆互相观看其衣冠，见三桂泪下沾衣，诸将一齐伤感。三桂见诸将感动，即含泪对诸人道："孤今日不得已之苦衷，尚难向诸君缕述。然孤此心此意，他日诸君必知之。孤今日将羞见先陵也！天乎，何牵孤至此？"言罢，又向诸将道："孤今日易服祭谒先陵，皆诸君目睹。人不可忘故君，亦不可忘故国也。诸君其预图之！"诸将听得，皆为应诺。正是：
>
> 昔已借兵残故国，今何易服祭先朝！

末尾的两个七言句虽有责备吴三桂早年行止之意，而描写易服祭陵时吴三桂的语言行动乃是出自一时良心发现而非矫饰，还是可以看得出来的。至如小说第十九回写吴三桂致尚之信的手谕中有"孤自念有生数十年，既负明室，又负国民，意欲图抵罪，死里求生，乃首倡大义。幸天尚爱明，人方思汉，义师一起，四方向附，指日大好河山，复归故主"云云，诚如上揭欧阳健先生文章所说"确有一股快爽之气"，也确实是在挖掘作为反面人物的吴三桂身上尚未完全泯灭的一丝尚可反映当时人们意愿的心理活动。

《吴三桂演义》出版的时候，辛亥武昌起义的枪声很快就要打响。《吴三桂演义》的上述特点，使其成为晚清最后一部杰出的历史小说。黄世仲曾经为晚清资产阶级民主革命派小说以及整个晚清小说贡献过很多杰出的作品。现在，他又以在有清一代的历史就要终结时候写成的这部小说，为晚清资产阶级民主革命派小说乃至整个晚清小说增添了最后的光彩。在晚清小说史上，黄世仲确实是值得大书特书的。

第二十一章　几多残佚过甚的黄世仲小说

——关于《孽债》、《妾薄命》及其他

一、残存文字甚少的《孽债》

　　《孽债》原连载于《南越报》，作者署名为"世次郎"。今所见者为辛亥九月初六日（1911 年 10 月 27 日）第 22 次至辛亥九月二十三日（1911 年 11 月 13 日）第 28 次（原标第 27 次；因辛亥九月初九日所标刊次为"二十三"，九月初十日所标刊次又为"二十三"，故第 27 次实际上应为第 28 次）刊出部分。始刊时间不详，估计始刊于辛亥八月中旬（1911 年 10 月上旬）。是否载完亦不详，估计九月二十三日第 28 次（原标第 27 次）刊出时已是广东独立后数日，广东独立前所写已刊完，广东独立后又无时间续写，致使该作品写至此日所刊即止而再无后文，很可能黄世仲并未写完。连载时作品名上方标曰"近事小说"，实际上写法也符合小说家法。现存部分从蔡长辉如何以军伍生涯中的抢掠库银行为致富，以充先为江左廉访使、后擢迁江宁布政使的中表黄中元幕僚而得势走红、被视为"第二蕃司"写起，引出以道员当差于江宁、善逢迎好任事、与蔡长辉拜把结义的俞明雷，再写俞明雷如何得被某军门所遗宠妾袁丽桃所接纳。但由于今存文字甚少，实难知其究竟要写什么和作家的创作意图，只能推测很有可能是要写俞明雷、蔡长辉和某军门所遗宠妾袁丽桃的纠葛悲剧。前不久出版的《黄世仲弟兄反清文集》①

---

　　① 《黄世仲弟兄反清文集》，香港，纪念黄世仲基金会 2003 年 2 月第 1 版，第 296～300 页。

收有其残存文字的录校本，惜有讹夺。好在其残存文字不多，为方便专家学者研究，特重新校点如下：

孽　债

（此前所刊已佚）蔡长辉既以不知外情，小觑（觑）日军，以为营任（伍）可以图功名也，既之台湾，而日军已至。以满洲之战，集中国全力，而不足以拒日人，何况区区台湾一岛？而日人以和议既成，因移驻满洲之兵备，尽以对付台湾也，故日人赴台之兵力实雄，而台军遂尔失利。维台湾改立民主，台民自筹守护，人心未尝不壮。然小固不可以敌大，弱亦不足以敌乘胜之威。时日人以水师先发，基隆守兵先溃，日兵即行登岸。

先是，有都司吴国华者，号文卿，粤人也，寥落羊垣，非已（已非）一日；不知何故，为台湾总统唐景崧所赏识，竟电粤抚马丕瑶访之，令其带兵赴台效力。吴国华乃募兵五营，渡台应召。顾吴国华性固贪暴，而卒又新募，类皆市井游猾，固不能战，且嗜抢掠，所过村落，鸡犬不宁。以故台人多恨之；以其为粤勇也，乃并迁怒粤人，以粤人为盗贼不若，逢者必击，于是并击粤勇。惟粤勇以枪械在手，每杀台民，遂使台兵亦为之愤，因之台兵与粤兵，又互相冲突。以台、日比较，势已不敌，况大敌当前，自相内讧，不败何待？故自基隆守兵既溃之后，吴国华所统粤勇，亦不战而互相逃窜，沿途抢掠，直奔台湾府城，图掠库款。时台湾库款方厚，盖未割与日人之前，既有款项存库，自筹办海防后，所增更多；及其拒日独立，以义愤激人，冀集赀以备粮械，台民以自保桑梓，皆踊跃捐输，而台库遂积数千万。故凡与相抢掠库银者，无不各得巨赀。台军既溃，唐元龙、刘全义、吴明良又相继遁，员弁与军人互相乘机抢掠库银，以谋私利。

蔡长辉以此次赴台，本欲以营伍取功名，今既如此，不特官阶绝望，即身命亦危，亦惟有相同染指于库银，以走为上着。故当时台中，除极极先逃者外，于库银莫不各分一脔，自饱私囊，累累争战；且日人既入台北,祇大索军官,而于平民不大殻(杀)戮。是以蔡长辉得易服而逃,归囊故充,手头自阔。北回天津而后,中表黄宗元谓之曰:"汝寒滞科场,今又困顿营伍。然功名顾亦多术,何必于场屋与人角胜负也!"蔡生深然之,乃出其宦囊,纳粟以观察使衔补用。时则其中表黄中元,亦陞授江左廉访使,蔡长辉乃随之赴任。然蔡固聪明,临事亦机警,其中表深赖之,诸事皆就商焉,以故任上事多荦。蔡生志亦豪,尤具胆汁,遇事敢作敢为,以助其中表。因之其中表黄宗元,为上台赏识,且负能员之望,蔡生故有力焉。黄宗元以此故,不欲蔡远离,乃为蔡复纳粟,得指省江左,为补用道员,蔡遂留而候差于江左间矣!

江左通商地,有集商总局者,盖官商合办之大航业公司也。先是,王守良为南海令。会有谭麟书者,以军营积功,为兼圻大吏,朝廷适命其总督广东。王守良固善逢迎,遂为谭麟书所器重,许为能员。至是乃知南海令事,以道员兼权数差,继而复有总理集商总局之命。蔡长辉者,固与王守良结不解仇者也;闻王守良将为集商局总理,将到江左,恐将来见面,亦不雅观,遂谋改指省四川,以四川固为优腴地,固为蔡所垂涎。然蔡生虽非有长才,要其聪明机警,诚官场中之庸中皎皎,故亦为上游所赏识,而蔡之官运乃雄于川中。会其中表黄宗元,以政声为上游奏奖,至是擢迁江宁布政使,自念理烦治剧,欲得蔡而佐理焉,乃函至蔡生曰:"今王守良,固留守广东补抽厘局,未到江左也。即不然,同是道台耳,奚畏彼为?君若来宁,则互有依赖,较稳便也!"蔡生得书,遂辞差遄返江宁。

无如官场积习,虽有如何才力,靡有不靠金钱为运动者。以故蔡生日对以挥霍运动,至是亦觉宦囊拮据,不免为金钱计。顾蔡自抵江宁,居中表黄宗元幕中,最有势力,因黄宗元无不唯蔡言是听,故尽操黄宗元之大权,宁人遂认为第二藩司。夫藩司者,固经理财政,而文员中命差委缺,皆经其手者也。于是,凡候补人员求差缺者、豪劣绅商谋承捐者,无不走于蔡长辉之门,而蔡才亦足以济奸;惟贿赂公行,人民侧目,无有不能掩饰。黄宗元虽有所闻,然倚之以办事,亦不为责;且蔡复善奔走,当时江督亦重视之,官场中亦无有议蔡者,而蔡之宦囊又复充溢。

乃复出赀纳粟,加三品顶戴并赏花翎,蔡遂红于江宁,同僚皆乐交之,而俞道之一段冶情秽史,遂从此发现矣。

时有俞明雷者,以道员当差于江宁,善逢迎,好任事,为大吏所赏识,号为能员;要其胸中有无干略,实无从知之。然身兼数要差,故奔走于门者,争先恐后;独与蔡生长辉有莫逆交,以同为道班,又同是红员,声应气投,固意中事。自来官场例俗,好为拜把,犹言结义兄弟也;大都道府为一辈,州县又为一辈,以互为势力。然祇以势结,非以情结,其交情易浓亦易淡,其拜把人中,或有一人陞迁,则恒视昔之拜把者如路人,故不转瞬而顿露炎凉之态。官情薄如纸,习为故常。若当日蔡生与俞明雷,则正在密交时也;蔡生每日不与俞过从,恒有抑郁色,料其必有不可告人之隐衷,然亦不敢过问。

盖俞明雷者,湘人也。先是有提督某军门者,亦湘人,少有膂力,早失怙恃,不读书,不识字。当其未达时,好与无赖狎;寻流为盗,聚众数百人,横行乡里。及道咸间,洪杨事起,一二年间,连陷各省。湘省为战事之冲,官绅办民团,或办军务,募勇益急。某军门亦于是时投诚,先以千总补用。唯赋性粗憨(悍),以既得千总为毕世之荣,益切于效力,每战必身先士卒,积功浔升,遂至以提督记名简放。顾当洪秀全抚有东南半壁,清廷急欲平定以存帝业,乃以用人之际,不惜以名器假人,某军门遂得赏戴花翎,世袭骑都尉,究未尝一任实职也。及洪杨既覆,东南底平,昔则征兵选帅,唯恐不多,事平而后,凡所谓某提督、某总兵,已人多如鲫,几无位置。盖当时识提镇记名简放者,不下数百人,然每省提镇,恒不过数缺,以至人浮于位,一切情而不深、夤缘无路者,恒遭弃置,某军门因是亦落拓家居。特其生平用兵好抢劫,由是金黄积厚,虽不能官居专阃,即补团团作富家翁矣。某军门性好挥霍,喜渔色,后房蓄声妓迨十余人。解兵权之后,治第于长沙城外,宽逾十亩;第中苑囿池塘、亭台楼阁,亘矗霄汉;陈设各事,又悉美焉。每值暇冕,恒集声妓,拥前簇后,歌衫舞扇,辉映堂前;夜则遊宴笙歌,通霄(宵)达旦。某军门顾而乐之,谓风烛残年,惟自娱乐,虽南面王不与易也。其或夕阳西下,漫遊晚眺,则于祠前树下,向人丛中手绰白髯谈当年战状,若甚自得者。歌妓中有袁丽桃者焉,苏产也,美姿容,善音律,日工媚;以父商于汉,遂家焉;父中落,遂流为土妓。某军门偶游汉皋,见而艳之,遂狎焉;寻为脱火受籍,载之而归。一声一色,凡军门诸歌妓中,无出其右者;复善周旋,某军门大嬖之,遂擅专房之宠,所请必允,所言必从。某军门乃盛为装饰,明瑞翠袖,珠环金钗,无一不备。时军门年已七十许,袁姬年才二十许,惧老夫已耄,难得少姬欢,乃事事悉如其意,复拨金钱,为袁姬体己资,故袁姬所积殊厚。如是数年,不意繁华易散,曾无几时,而某军灯已盖先朝露矣。

某军门既殁,身前百万巨资,以挥霍故,殁后所存,十不一二。独袁丽桃拥私蓄近十万,诸子皆涎之。所遗诸姬,以袁丽桃最少,颇不安于其室,又惧私蓄为诸儿强占,遂尽携所有,窃自私遁,税居于武昌,出赀万余,为购大第以居,门外就榜名为"振威将军之第",过者咸知为某故军门之宠妾之住宅也。时袁丽桃年未三十,以美故,复绰绰如二十许人;以其既富而艳,诸恶少多涎之。袁姬蓄婢仆颇盛,皆慧黠者流,时假以招引恶少,常有灭烛留髡之举。然袁姬独具眼光,举轻薄少年,时或与之欢会,然罕假以金钱,盖袁丽桃不特容貌娉婷,亦心手灵厉者也。

初,俞明雷家本中赀,自应童军屡试不售,乃乞父假赀,纳粟为县丞,听鼓湖北。无如宦囊羞涩,无法趋承于上游,以故数年不得一差,年逾三十,落拓不可名状。旅馆偶暇,有客谈及袁丽桃既美且富,力与铺扬,俞明雷亦涎之,而意难自白,每微服过袁氏门,冀得一见。日者,袁姬将外出,停舆门前。明雷踯躅其间,适相巧遇,睨之,盖仙人也。俞亦翩翩少年,袁姬以其于门外踯躅往来,颇异之,亦还以目。俞明雷始去,心中犹称美弗衰,自念苟得与袁姬交,则富贵盖不难至也。顾筹思百计,终不如愿,又自以身居仕版,不敢过为放荡,致受弹参,故每游于袁姬门前,屡与相遇,终不能通一语。蓝桥无路,徒叹缘悭,固如是其难哉!

俞明雷既眷恋袁姬,然无法自荐。适一日,遇邻媪自袁姬门内出,乃曰:"得之矣,媪固惯说媒者也!"返寓后,邀邻媪至,饵以贿,为询袁姬状甚悉,并诘袁之所欢。媪曰:"彼所交,固有一二少年,然皆为目前淫乐，未肯托以终身也！"言已，复道袁氏如何风流及如何富厚。俞曰："如以吾遇之，管教此佳人为吾有矣！苟为吾致意于袁姬，他日稍有所得，断不相负也！"媪曰："诺！"为许他日酬谢，相订约而归。

次日，媪为俞通殷勤于袁姬，力言"俞已数遇于其门，不交一语"，且言"俞为宦海中人，年仅三十许"。袁姬至是，乃知数遇于门外者，为何如人。袁固淫冶，本无不合，且念："俞已数诣其门，显已钟情于己。况以只身女流，芳年已寡，恐易为强暴者凌虐。"又念己以挟资外逭，防为夫族所寻，亦思得一有力者以为庇护，盖但知俞为仕宦中人，而不知其仅为县丞末秩也。媪复力为之揄扬，袁姬心已许之，乃谓媪曰："渠既多情，妾何忍过拒？唯伊以居仕途，妾为寡妇，若蒙不弃，固慎以夜来，毋为众目睹也！"媪领之，为告俞。俞喜甚，乃修整以待日落，浼媪导至袁姬家。俞极力趋承，且以"夫人"称之，甫相见，即长揖曰："某渴慕芳容，已非一日。然不敢造次以谒夫人者，为夫人名誉计也！今使登堂得谒左右，愿已足矣！"袁姬听已，喜形于色，以所交诸人，未尝有如俞之尊重己者。遂不胜感激，先为谢媪，使之归；即具膳款俞，缠卷备至，而俞遂得处此温柔乡中，几乐不思蜀矣！

（未完，续文未见）

二、《妾薄命》小识

2001年春天，笔者应黄世仲外孙、纪念黄世仲基金会主席陈坚之邀，到香港参观访问。离港返兰时，顺便在广州中山图书馆进一步查阅有关黄世仲生平及其创作的资料。就在这次查阅的过程中，笔者非常意外地发现了黄世仲所写从来没有人提及的小说《妾薄命》。

当发现这部小说的时候，笔者正在对黄世仲的《镜中影》、《党人碑》等五种未见重印本的小说进行校点，并拟由纪念黄世仲基金会出版。负责规划出版事宜的胡志伟先生得知消息后，让尽快把《妾薄命》校点出来；后来，他又建议将《妾薄命》和《镜中影》、《党人碑》等五种一起出版。笔者觉得胡志伟的意见有道理,于是便将《妾薄命》校点后交由胡志伟全权处理。2003 年 2 月,《妾薄命》和《镜中影》、《党人碑》等一起由香港纪念黄世仲基金会出版,取名《重印黄世仲小说六种》(上、下册),《妾薄命》即收于其下册中。现就这部小说的存世情况以及思想内容等,略加介绍,以供研究者参考。

《妾薄命》的报纸连载和今存情况 从庚戌九月三十日(1910 年 11 月 1 日)开始在《南越报》连载的黄世仲所著《十日建国志》,到庚戌十二月十六日(1911 年 1 月 16 日)刊载完毕。隔了一天,即从庚戌十二月十八日 (1911 年 1 月 18 日)起,《南越报》便又推出了黄世仲所著的又一部小说,即我们所要介绍的《妾薄命》。

这部小说在《南越报》究竟连载了多少次,现已不知。今所见者,为辛亥二月初九日(1911 年 3 月 9 日)以前所刊部分。辛亥二月初九日所刊,标次为"三十二"。但由于《南越报》在连载时,庚戌十二月二十四日和辛亥正月初五日两日所刊文字前后相接而标次均为"六",辛亥正月初八日和辛亥正月初十日两日所刊文字前后相接而标次均为"八",辛亥正月二十五日和辛亥正月二十六日两日所刊文字相接而标次分别为"二十一"和"二十三"即漏掉了"二十二"这一编次号,所以辛亥二月初九日所刊的标次实应是"三十三",而不应是"三十二"。又,辛亥二月初七日应刊出一次,按《南越报》之刊次编号应为第三十次,实际上应为第三十一次;但这一天的报纸今已不存,致使这一次的文字残佚。据此来说,今所能见之《南越报》辛亥二月初九日以前刊出《妾薄命》,实应有三十三次,而今存者为三十二次。可以说是略有残缺,大致完整。至于辛亥二月初十日以后所刊,则恐怕很难再见得到了。

《妾薄命》和《十日建国志》一样,是以"章"为单位,而不是以"回"为单位写成的。全书有多少章,现在也是不清楚的;但从现所能见的文字可知,至少有五章。这五章中,第一章至第四章,章目章次俱有,第五章则只有章目而未标章次。兹将这五章的章目章次列之如下:

第一章　　意外奇缘

第二章　　良朋邂逅

其中,第五章除残去辛亥二月初七日刊出的一次约数百字外,又残去章末大约数百以至上千字。不过,这一章的思想内容,从残存的文字中还是可以完整地猜想出来的。

《妾薄命》在《南越报》连载时,每次均于书名上方双行标曰"奇情小说",而在书名左下方有作者署名"世次郎小配"五字,"世次郎小配"即黄世仲。

"奇情小说"的奇情所在　黄世仲既称《妾薄命》为"奇情小说",那么《妾薄命》的思想内容自然应当是与"奇情"二字有关的了。当然,由于《妾薄命》之全豹今已难窥,其思想内容到底如何,尚难论定。不过,就现在所能看到的部分而言,《妾薄命》所写,的确与"奇情"二字有关。

小说的现存部分写的是:荆南诸生老兆书于一疏林环绕之村落税屋设塾教授村中小儿,暇时则以写梅之擅长稍助薪火。由是,得与所税屋之主人、饶有产业之张氏子相过从;张氏子殁后,其继室遗孀刘氏慕其既处淡泊而意态自如、未尝以奔竞自污之情操,以婢喜儿为介而欲再托终生于老兆书。经再三考虑,老兆书应允之,但因畏物议而在与刘氏商议后徙荆南城中,肄业于石鼓精舍,且与刘氏约以成名之后"方敢言婚事"。石鼓精舍有同学罗生荫东,亦荆南人,以雅重老兆书之为人而与订莫逆交。此罗生为郡学弟子员,与老兆书同赴秋闱取应时,罗生获售而老兆书下第。罗生既举贤书,乃设帐于荆垣。老兆书往访之,而得悉罗生昔在中表李氏家与诸中表同学时受表妹玉芝器重,虽玉芝诸兄泥于内戚有婚媾之嫌而意殊不愿,而终因其师从中转圜而得以订婚,之后即以已定名为夫妇而过从不便为辞,徙至石鼓精舍并从而与老兆书定交之详情。罗生举贤书后辞石鼓精舍而设帐授徒,老兆书以屡举不售而心尤抑郁。刘氏乃函劝老兆书弃儒就贾于荆垣。此时,粤中熊汉元与马镇寰起事于广西并以大军向荆南进发,荆南全局为之戒严,已有草木皆兵之势,朝廷大员先后败至,张巡按亦不知应何所为,人心益骇。丁艰在籍之文部副大臣邓维屏受命举办乡团,锐意搜罗荆南知名士,罗荫东遂为邓维屏网罗对象,邓维屏且亲往劝其出山。——小说现存部分至此结束。

从中可以看出,《妾薄命》的确是写老兆书与刘氏以及罗荫东与玉芝两对男女各自的"奇情"的。然而,小说现存部分,看来还只是写了个开头;主要部分还未写到,实在不知道作者究竟还要写什么、怎么写和为什么写。从小说名曰"妾薄命"来看,也许是要写刘氏、玉芝或二者中的某一人在老兆书、罗荫东或二人中的某一人成名之后的不幸命运:或者是不幸早逝,或者是不幸遭弃,或者是别的什么不幸之结局。究竟如何,无由猜知。不仅如此,而且还很有可能是表面写"奇情",而实际上是写重要社会政治斗争情事的。

《妾薄命》和重大政治题材 之所以说《妾薄命》有可能是表面上写"奇情"、实际上是写重要社会政治斗争情事,那是由于该小说看来实际上是以太平天国革命作为历史背景、其主要人物老兆书和罗荫东也是影射太平天国革命时期清廷一方的重要政治人物的。

《妾薄命》中所写的起事广西的熊汉元和马镇寰,显然影射的是洪秀全和冯云山,和他们一起起事并挥师荆南的杨柳花、石智远、卫光荣、萧荣绶、李全忠等则显然分别影射杨秀清、石达开、韦昌辉、萧朝贵、李秀成等太平天国领袖人物。而受命举办乡团、丁艰在籍的文部副大臣邓维屏,熟知当年历史的人一眼就可知道,实际上影射的就是曾国藩。由此可见,《妾薄命》所写情事的历史背景,就是太平天国革命。那么,小说的主要人物老兆书和罗荫东呢?

老兆书其人,小说说是荆南人,字侣琴,系诸生,擅画梅花,设帐授徒时得屋主张氏子遗孀刘氏之爱,屡举不售后因刘氏劝说而弃儒从贾。那么,此人究竟影射的是谁呢?恰好,《洪秀全演义》中写曾国藩兴办团练之后被太平天国军队打败、退驻衡阳、军粮缺乏、急欲筹措时,有如下一大段叙写:

> 罗泽南道:"以弟愚见,石达开行军甚缓,未必志在攻取衡阳,但众寡不敌,亦不得不避之!惟日下军粮要紧,屡催长沙运粮不至,不如就

在城里富商谋借五六千,较为稳便。"曾国藩道:"城内并无知己,借粮二字,如何说得这般容易?"罗泽南道:"以老兄乃是一个本籍大绅,凭个名目借贷,或能如愿,也未可定。"曾国藩乃点头称善。是时,打听得城内一间当铺,素称殷富,是个有名的谦裕饷当字号,曾国藩便穿过袍服,望谦裕饷当而来。到时把一个名刺差人投进去,说称要与司事人会面。那伙计见有曾国藩三个字,自不敢怠慢,忙代转传去了。原来那司事人姓彭名玉麟,别字雪琴,乃本籍一个诸生。为人外貌却甚刚严,只心里上却是好名不过的。自因功名不得上进,因此闷闷不乐,又因家道困难,还亏平日有个刚直的虚名,就挽亲朋荐到这店子里司事。这会听得曾国藩要到来相见,还不知有甚事故,只得迎接他进来:"当这干戈撩乱之时,好歹口上谈兵,说个天花模样,或凭这个机会,有个好处,也未可知。"想罢,觉得不错,便请曾国藩进至里面坐定,……

作者在写曾国藩得到借款后退往长沙、石达开率军进驻衡阳之后,又写道:

　　且说彭玉麟尚在衡阳城里,单恐洪军知道借款与曾国藩的事情,发作起来,有些不便。欲单身逃走往寻曾国藩,讨个好处,只还有一件事,心上还不安。原来彭玉麟前年已经丧偶,只留下二子。未进店以前,曾在邻乡设帐授徒,适馆邻一个孀妇徐氏,差不多二十来岁的年纪,姿色颇佳。徐氏常见彭玉麟外貌端庄,心里早自属意,只难以启口。探得彭玉麟生平好画梅花,笔法却有一种劲气,便遣丫环递上一扇,求玉麟代画梅花,故意露其芳名示意。……

以下又写彭玉麟与徐氏以此而有了白头之约以及因避人言之啧而改业从贾。显然,老兆书和刘氏,乃彭玉麟和徐氏之影子,虽事迹不尽相合而大致还是相同的。这就是说,老兆书实际上影射的就是彭玉麟。

罗荫东呢?虽然还无从查知小说所写其与玉芝之事迹是否即罗泽南其人之事迹,但从其姓罗名荫东而罗泽南姓罗名泽南,"荫东"与"泽南"语意相关,且均湖南人氏、均被召入邓维屏——曾国藩军幕来看,影射的是罗泽南,当无疑义。

　　彭玉麟和罗泽南均是曾国藩麾下的重要将领,在中国近代史上都赫赫有名。《妾薄命》既以太平天国革命为历史背景,又以影射彭玉麟和罗泽南的老兆书和罗荫东为主要人物,那么也就可以想见,它恐怕绝对不会只是写什么"奇情"的小说,而很可能是表面写"奇情"而实际上是要写社会政治重大题材的。

　　《妾薄命》的哀婉悱恻风格　《妾薄命》大体上是一部以近乎文言的语言写成的小说。在黄世仲的今存全部小说中,只有《宦海冤魂》语言上与之相同。不仅如此,而且虽可能所写系社会政治重大题材,而毕竟标曰"奇情小说",其笔调之哀婉悱恻亦与写张荫桓悲剧一生的《宦海冤魂》有相似之处。因此,《妾薄命》也就展现出了黄世仲小说创作中一向不为人所知的另一种色调,展现出了黄世仲艺术功底的多面性。

　　由于今所见者仅是《妾薄命》的开头部分,对该小说的艺术成就还难以全面地加以评述。不过,即使从今所能见的这一部分来看,那也应当承认,《妾薄命》的艺术水准还是相当高的。作家善于以镜中取影的方法进行创作。所写虽未必尽合历史事实,但却善于以历史事实作为基本叙述线索来架构作品,显示出作家高超的结构功力。主要人物老兆书、刘氏、罗荫东、玉芝等的形象塑造也给人留下了相当深刻的印象。细节描写乃至景物描写,也都颇为成功。

　　只是由于今所见者仅为开头部分,此后情形如何已无从知道,所以对于《妾薄命》的艺术成就以及思想内容,也就只能如此简单地加以介绍。对此,只能请读者诸君原谅了!

三、黄世仲之未见中长篇小说和仅见之数篇短篇小说

　　笔者从本书下册第十三章起,对黄世仲今仍全部或部分存世的 17 部中、长篇小说,大致按照其创作、发表和出版时间先后,依次进行了考析,而对其今已不存世或虽可能存世而迄今仍未找到的中、长篇小说和今尚能见

的短篇小说,则未论及。为使读者对黄世仲的小说创作全貌有一个完整的印象,这里对尚未论及者做一简要介绍。

黄世仲的几部未见中长篇小说　现知黄世仲的中、长篇小说中,有四部是今已不存世或虽可能存世而迄今仍未发现者。这四部作品是《广东世家传》、《岑春煊》、《陈开演义》和《新汉建国志》。其大概情况如下:

《广东世家传》　黄世仲写有《广东世家传》,是笔者最先发现的。在分别发表于 1985 年和 1989 年的《黄世仲小传》[①]和《黄世仲作品诸问题小辨》[②]二文中,笔者就已指出这一点,后一文还有较长一段文字叙及根据。那么,根据是什么呢? 根据就是《中国日报》丁未十月二十三日(1907 年 11 月 28 日)和丁未十月二十七日(1907 年 12 月 2 日)均有载的《社会公报》出刊广告《快看快看〈社会公报〉出世》。该广告在介绍《社会公报》的宗旨、代价、办法之后,以大号字另行标明"另附刊章回新小说《广东世家传》",实际上是广告中的广告标题,其文云:

> 是书内容丰富、网罗靡遗、笔墨灵警。阅者手执一篇,当不以斯言为大谬也。粤谚云:"富无三代享。"盖其中娇(骄)奢淫逸,固所不免,而纨绔子弟,隳其先业,非无因也。然如卢氏之尊儒重学、潘氏之慷慨好施、因之后起有人,不无可爱。是书以述古之幽情,为讽古之深意,取材纪事,无美不收。著者为本社撰述员黄君小配,即世次郎。其于著小说之价值如何,不待赘述矣!

从这则广告可知,黄世仲确有《广东世家传》小说。因遍查广州、上海、香港及他处一些图书馆、博物馆而未见单行本;仅得《社会公报》之残存者数张,其上亦未见载有《广东世家传》。故该小说的发表情况不详;单行本情况及

---

① 颜廷亮:《黄世仲小传》,《中国近代文学研究》第 3 期,广州,中山大学出版社 1985 年 12 月第 1 版;《黄世仲与近代中国文学》,兰州,甘肃人民出版社 2000 年 9 月第 1 版,第 62~65 页;张正吾校点:《宦海升沉录》附录,长沙,湖南文艺出版社 1988 年 5 月第 1 版。

② 颜廷亮:《黄世仲作品诸问题小辨》,《文学遗产》1989 年第 2 期;《黄世仲与近代中国文学》,兰州,甘肃人民出版社 2000 年 9 月第 1 版,第 41~53 页。

是否出版过单行本,亦不得而知。但《社会公报》曾经至少连载过一部分,看来是大体上可以肯定的;其开始连载的时间,当在《社会公报》创刊的时候或稍后一些。至于其内容,从广告所示可以猜想,当是叙写广东世家卢、潘二氏的,但并非写"富无三代享"式的繁华一梦,而是以正面笔墨写其尊儒重学、慷慨好施,因而"后起有人"的。情况究竟如何,有待进一步查考。

《岑春煊》 黄世仲写有《岑春煊》小说,首见于宋平1960年发表的《黄世仲的几种革命历史小说》①一文。但宋平并未明示所据,该小说也迄今未见。因而,笔者以及别的一些研究者曾经怀疑《岑春煊》可能并非小说,而是在《香港少年报》连载了许多天的同名长篇政论《岑春煊》。② 一直到2001年8月,许翼心在提交在香港举行的"辛亥革命九十周年纪念暨黄世仲投身革命百周年国际学术研讨会"的论文《关于黄世仲小说作品初刊版本的若干补正》③中提出:《绘图中外小说林》戊申第6期封面广告《新小说出世预告》中所说的小说《西林传》可能就是李育中先生最早提到的《岑春煊》。按:最早提到黄世仲有《岑春煊》小说的是宋平先生,而不是李育中,许翼心的说法不确;又,所说广告所在封面在重印本《中外小说林》中,被当做戊申第6期的封面而与该期内页合印④,但其实应是第10期封面⑤,许翼心谓其在第6期封面,亦不确。该广告云:

---

① 宋平:《黄世仲的几种革命历史小说》,《羊城晚报》1960年11月11日。

② 颜廷亮:《黄世仲研究漫议四题》注(21),《兰州教育学院学报》1998年第1期;《黄世仲与近代中国文学》,兰州,甘肃人民出版社2000年9月第1版,第220页。按:《黄世仲研究漫议四题》的该条注文云首先提到黄世仲有《岑春煊》小说的是陈华新的《黄世仲与〈洪秀全演义〉》一文,然此说有误。最先指出黄世仲有《岑春煊》小说的应是宋平的《黄世仲的几种革命历史小说》(《羊城晚报》1960年11月11日)。

③ 许翼心:《关于黄世仲小说作品初刊版本的若干补正》,《黄世仲与辛亥革命——辛亥革命九十周年纪念暨黄世仲投身革命百周年学术研讨会论文集》,香港,纪念黄世仲基金会2001年8月第1版,第254页。

④ 《中外小说林》重印本,香港,夏菲尔国际出版公司2000年4月第1版。

⑤ 请参看本书下册第十一章考析《中外小说林》存世情况的文字及其注释,该条注释是:"笔者所见中山大学中文系所藏有第二年第6期,但该期封面却标第二年第10期,其所标出版时间也为戊申年四月十日,与第二年第10期按例应在的出版日期相符。可见,这个封面确应是第10期的封面。《中外小说林》重印本将其作为第6期封面时,当是考虑到"戊申年四月十日"与第6期应标的出版时间不符而涂去所致。"

本社以小说为向导人群之引线，故力以搜罗佳构、逐次改良为宗旨。近复由本社撰述员续著《西林传》一书，将于此一、二期出版。是书于广东之近史、虎督之气焰、清国之政局，记载靡遗，加以称艳笔墨，闻者当之先睹为快也！

本社预告

许翼心在引出该广告后说：

《西林传》一书，从来未见著录，亦未见有人提及，这真是闻所未闻！从所预告的内容看，与"清国之政局"和"广东之近事"联系在一起的"气焰"嚣张之"虎督"，不正是离任才一年多的两广总督岑春煊么？我甚至怀疑"虎督"二字乃"岑督"的误植！可惜《中外小说林》在此后一两期内并没有刊登，而且在三个月后便停刊了。不知该作品有否转至其他报刊发表？看来，《西林传》很可能就是李育中所提的小说《岑春煊》。

其实，岑春煊系广西西林人，故习称"岑西林"；《西林传》之"西林"当系岑春煊无疑；广告中所说《西林传》作者"本社撰述员"，则如同吴锦润在《试论黄世仲〈黄粱梦〉残本的思想艺术及其意义》①中所说，当指黄世仲。因而，所谓《西林传》，也就可以改称为《岑春煊传》。问题是：《西林传》是否就是小说《岑春煊》呢？许翼心加上"可能"二字，乃学者审慎之表现，但他的猜想确实是有道理的。只是，由于迄今未见《西林传》，无法证实许翼心的猜想可以成立，所以仍然只能说《西林传》可能就是小说《岑春煊》。如果这个猜想不误，那么还可以推想黄世仲酝酿创作《岑春煊》的起始时间。黄世仲的不少中、长篇小说如《廿载繁华梦》、《宦海升沉录》、《朝鲜血》等，都是由于所写人物的命运发生了由升到沉的巨大变化而开始酝酿创作的。《西林

---

① 吴锦润：《试论黄世仲〈黄粱梦〉残本的思想艺术及其意义》，《黄世仲与辛亥革命国际学术研讨会论文集》第 2 辑，香港，纪念黄世仲基金会 2002 年 2 月第 1 版，第 100 页。

传》的出版预告刊登于《绘图中外小说林》戊申第 10 期的封面,这一期的出版时间是戊申四月初十日,即 1908 年 5 月 9 日。那么,黄世仲酝酿创作《岑春煊》的时间自当在此之前。前到什么时候?看来当前到 1907 年 6 月或之后不久。因为,1907 年 5 月,深得慈禧太后信任的岑春煊被袁世凯等施离间计从邮传部尚书外调云贵总督;赴任路上刚到上海,其靠山军机大臣瞿鸿禨即于五月初七日即 6 月 17 日被罢免;紧接着,袁世凯等又伪造岑春煊与梁启超合照,称岑春煊与康有为、梁启超勾结谋归政光绪,遂被信以为真的慈禧太后开缺,从而一下子由升而沉,从政权顶端沉落下来。本来就一直反对岑春煊的黄世仲,如同后来因袁世凯被罢斥而写《宦海升沉录》一样,因此而酝酿写先是取名《西林传》、后又改名《岑春煊》的又一部《宦海升沉录》,对岑春煊及其所代表的清朝政局进行抨击,也就是完全有可能的了。当然这也只是个推测,写出来仅供参考。

《陈开演义》 陈开是由天地会 1854 ~ 1861 年在佛山及其周围一带发动的、和太平天国革命大致同时的红巾军起义的领导人物,《陈开演义》当是描写和歌颂陈开所领导的起义的。关于这部小说,笔者在《黄世仲作品系年》①中将其系于 1905 年,并加按语如下:

> 陈开起义发生在太平天国起义的初期,《洪秀全演义》内有好几回曾叙及陈开。故《陈开演义》当是《洪秀全演义》创作中的副产品,其创作时间亦不会过晚于《洪秀全演义》。据华南师范大学李育中教授面示:50 年代尚可见到《陈开演义》的单行本;其篇幅较小,远非大部头书。据此,《陈开演义》可能创作于《洪秀全演义》的创作已有眉目而略有余暇的时候。现暂系于是年,确情俟考。

按:《洪秀全演义》第三、四、十、十一、二十四回写及陈开其人,其中第二十四回还写及陈开起义。现在看来,上引《黄世仲作品系年》中的推测虽未必

---

① 颜廷亮:《黄世仲作品系年》,《明清小说研究》1992 年第 3、4 期合刊;《黄世仲与近代中国文学》,兰州,甘肃人民出版社 2000 年 9 月第 1 版,第 85 ~ 104 页。

全无可取之处，而将《陈开演义》暂系于1905年却确实未必妥当，因为马楚坚以肯定的语气说黄世仲"小说之撰尚有《陈开演义》于一九〇八年"①。马楚坚虽未示其所据，但想来当有根据，且与笔者所说《陈开演义》"可能创作于《洪秀全演义》的创作已有眉目而略有余暇的时候"的推测并无太大的矛盾，所以姑取马楚坚之说。

《新汉建国志》　这是今天所知黄世仲所写的最后一部小说。黄世仲写有这部小说，也是笔者在《黄世仲作品诸问题小辨》②中首先披露的，笔者的根据是前述《新汉日报》创刊号所刊启事《本报唯一小说出世预告》。该启事全文是：

本报唯一小说出世预告

新汉建国志

　　　　是书为本报总司理兼撰述员黄君世仲所著，将廿年来中国革命之运动及其一切历史，源源本本，据实详叙，俾成信史。著者阅此数十年，所见所闻，固多且确。凡我同胞，留心国事者，皆当各手一篇，则于新汉建国源流，自不至数典忘祖，同胞幸勿忽之也！准于廿二日即礼拜一出版，逐月排刊报端，以供众览。至于著者所著说部之价值，阅者久已知之，无庸赘述矣！

　　　　　　　　　　　　　　　　　　辛亥年九月十九日
　　　　　　　　　　　　　　　　　　香港新汉日报启事

按：预告称"准于廿二日即礼拜一出版，逐日排印报端"。"廿二日"系礼拜日，"礼拜一"系廿三日，该预告中所说"廿二日"和"礼拜一"必有一误。但这并不是什么了不起问题。值得注意的是，由于自创刊之第二天起的《新

---

① 马楚坚：《宣传辛亥革命之文字功臣：黄世仲行实考》，《黄世仲与辛亥革命国际学术研讨会论文集》第2辑，香港，纪念黄世仲基金会2002年2月第1版。

② 颜廷亮：《黄世仲作品诸问题小辨》，《文学遗产》1989年第2期；《黄世仲与近代中国文学》，兰州，甘肃人民出版社2000年9月第1版，第41~53页。

汉日报》今已基本残而不存,未知《新汉建国志》是否确在其上连载,当然更不知《新汉建国志》是否出版有单行本。但《新汉日报》既已预告不几天后开始在报端连载《新汉建国志》,那么黄世仲当是动笔写作了的,《新汉日报》也当是开始连载了的。当然,由于辛亥九月二十日即 1911 年 11 月 10日黄世仲随胡汉民赴广州并在广东军政府中任职,事务日繁,恐怕并未最终完成该小说的写作,《新汉日报》大约也未连载许久。可惜的是,今天已经无法得知其详,只能从前引该书出世预告中得知,黄世仲是要为资产阶级民主革命留下信史,以使读者"于新汉建国源流,自不至数典忘祖"的。不过,本书下册第十二章介绍黄世仲之兄黄伯耀时,曾说辛亥革命后香港《世界公益报》出版的长篇小说《武汉风云》的作者"黄伯耀"就是黄世仲之兄黄伯耀,也许正是在黄世仲未能写完的《新汉建国志》的计划或已写出部分的基础上写出来的。这一推测自然仅供参考;至于是否能够成立,则有待于进一步的考证分析了。

《梨春梦》小识　现知黄世仲所著中、长篇小说中今仍未见者,除上述四部外,据吴锦润《试论黄世仲〈黄粱梦〉残本的思想艺术及其意义》①说,还有一部,即《梨春梦》。他的根据是《中外小说林》创刊号所刊介绍《宦海潮》的一则文字《广东近事小说〈宦海潮〉》,这则文字开头的百余字云:

> 世次郎向著小说或署名小配,均为社会所欢迎。其已出版者如《镜中影》,将次出版现在刊刷中者如《洪秀全演义》及《廿载繁华梦》,待刊者如《梨春梦》及《黄粱梦》,类皆脍炙人口,……

此处标点略有改动,但无关大局。重要的是其中出现了"待刊者如《梨春梦》……"一句,而正是这一句透露出黄世仲还曾创作过名为《梨春梦》的小说。吴锦润说:"至于《梨春梦》一书,至今尚未见有文字介绍,究竟曾否面世,尚待识者。"笔者并非"识者",自然难以回答吴锦润提出的问题。不过,

---

① 吴锦润:《试论黄世仲〈黄粱梦〉残本的思想艺术及其意义》,《黄世仲与辛亥革命国际学术研讨会论文集》第 2 辑,香港,纪念黄世仲基金会 2002 年 2 月第 1 版,第 97 页。

从上引百余字将其置于《宦海潮》之前,且云其系"待刊者"来看,黄世仲似乎是在创作《黄粱梦》之前,也许就是在 1906 年夏、秋间,就创作了《梨春梦》,或至少是写出了大部分的。情况究竟如何,套用吴锦润的话,也只能是"尚待识者"了。

黄世仲的短篇小说创作　黄世仲除了写有大量中、长篇小说外,当还写了不少短篇小说。可惜的是,由于当年黄世仲可能在其上发表短篇小说的报刊今已全套不存或残佚严重,现已难以知道黄世仲短篇小说之全数,而只能知其极少一部分。兹将笔者所见之数篇列目如下:

《狡骗》《粤东小说林》第 7 期　丙午十月廿九日(1906 年 12 月 14 日)　署"佩铿"

《寒丐》《社会公报》 丁未十一月七～八日(1907 年 12 月 11 ～ 12 日)连载　署"菀"

《幻境》《社会公报》 丁未十一月十五～十六日(1907 年 12 月 19 ～ 20 日)连载　署"菀"

《大觉悟》《绘图中外小说林》戊申第 1 期　戊申正月初十 (1908 年 2 月 11 日)　署"菀"

《无名之富翁》《绘图中外小说林》戊申第 5 期　戊申二月二十 日(1908 年 3 月 22 日)(?)　署"菀"

《沉醉生》《绘图中外小说林》戊申第 8 期　戊申三月二十 (1908 年 3 月 22 日)　署"菀"

《淘古井》《南越报》 庚戌十二月十一～十二日(1911 年 1 月 11 ～ 12 日)　署"健儿"

结　束　语

如同在本书卷首的代绪论《黄世仲研究及其对中国近代小说史研究的启示》中说过的，"本书重在考证辨析，即在尽可能全面地掌握学术界已有研究成果和新挖掘发现出的新资料的基础上，力求对在历来的黄世仲研究中未曾涉及或虽已涉及而各家观点不一的、包括学术史在内的各种问题进行梳理辨析，以提出笔者以为可能较为符合实际的看法"。据此，笔者也就在上册和下册中分别对黄世仲的革命生涯和小说生涯进行考辨，大致完成了原定任务、实现了原定目标，本来可以就此打住而不必再说什么了。然而，笔者对黄世仲革命生涯和小说生涯的考辨，所费篇幅均甚长，读者读后可能难以形成一个明晰的总体印象。为弥补这一不足，特别是为使读者对作为民主革命派小说家的黄世仲怎样以自己的小说创作为民主革命制造舆论有一个明晰的总体了解，有必要对黄世仲的革命生涯和小说生涯做一总体观照，形成一些基本结论。那么，笔者的总体观照所得出的基本结论是有哪些呢？

第一，黄世仲是清末著名的民主革命派小说家，但他首先是一位民主革命家，他的贡献首先是在辛亥革命的政治和思想理论宣传方面。

黄世仲先后作为尤列在新加坡建立的兴中会外围组织中和堂的组建者之一、冯自由奉孙中山之命在香港所建立的同盟会香港分会主要领导人之一和同盟会南方支部联络员，进行了大量革命政治和思想理论宣传活动，参与或独自创办了一系列革命报刊，创作了大量各种形式的革命文学作品，在民主革命中作出了多方面的卓越贡献，最后又因为坚持民主共和理想而被本来属于同一战壕中的战友以莫须有的罪名杀害，成为中华民国建立后第一个大冤案的受害者。他把自己的一生贡献给了辛亥革命的伟大事业。

第二，黄世仲是从粤中名门望族末世走出来的一代民主革命英才。

黄世仲祖上耕读传家，故童稚时期既受到良好的家庭教育，又接受了普通社会的通俗教育。稍长，家道衰落，其父辈又以食指繁而分爨，然其父仍忍贫训子笃于学行，故其仍能在不得不力所能及地帮助其父维持家庭生计的情况下受到良好的家庭教育，还被送入佛山书院接受正规学校教育，但因祖上有仇满复南明、于清无仕的家族风节而"未预科举"。大约从 18 岁时开始，走了一条与曾经同学于佛山书院的梁启超不同的生活道路，一边为生计而奔波，一边仍然坚持读书自学。在整个早年时期，黄世仲生活在孕育了从洪秀全到孙中山等许多民主革命家和英雄人物的珠江三角洲。曾经发生在这里的风起云涌、浪涛滚滚的近代中国反帝反封建斗争故事及其英雄人物事迹，在这里广泛流传，熏陶着这里人们的心灵，也深深地影响着黄世仲。加上家族风节之承袭延续，其幼小的心灵深处，就已经蕴蓄有反帝反封建斗争之民主革命的种子，特别是对以洪秀全为领袖的太平天国革命，甚感兴趣、甚为崇敬。1893 年，年仅 22 岁的黄世仲就带着这样的革命种子，离乡背井、前往南洋谋食，开始了为期十年的异国生活，期间因经常阅读《中国日报》而接触到民主主义革命思想，又因受兴中会会员尤列到南洋开展革命活动、宣传革命排满思想的影响，心灵深处本已蕴蓄着革命种子的黄世仲与之一拍即合，思想为之一变，从此走上革命道路，终于成为一名自觉而坚定的民主革命家。

第三，黄世仲是民主主义革命卓越的政治活动家和思想理论宣传家，在辛亥革命政治和思想理论宣传战线上坚持不懈地进行了长期的斗争。

还是在海外时期，他就参与了尤列创设中和堂的活动，可以说是新加坡中和堂的创办者之一。1903 年的 3 月回到香港后，一直到蒙冤被杀的近十年间，他更是始终置身于辛亥革命斗争的漩涡，直至为之献出生命。

从离新返港到同盟会香港分会成立，作为民主革命思想理论宣传战线上的一名战士，黄世仲主要是以笔为武器、以报纸为阵地进行斗争。他先是到孙中山委派陈少白创办的兴中会机关报《中国日报》担任笔政，并参与兴中会机要之筹措、联络、文书工作，"遂晋会中决策层"；期间，作为笔政之一,发表了不少宣传革命、反对保皇的文章,使《中国日报》成为民主革命的一个重要阵地,建立了重要的功绩。接着,又先后到郑贯公先后另组的民主革命报纸《世界公益报》、《广东日报》和《有所谓》协助办报,成为郑贯公的得力助手和该三报的骨干,在当年岭南地区民主革命事业的发展中发挥了重要作用,从而和郑贯公一起成为"兴中会后期及同盟会时代华南进步报人中之两员闯将";还曾参与宣传民主革命的《时事画报》的创办工作,且是《时事画报》的重要撰述员。此外,他还参与了港穗地区的反美爱国运动,特别是在思想理论宣传战线上的斗争,其所奋起撰写的长篇政论《辨康有为政见书》,不仅是批判康有为《最近政见书》的第一篇甚有份量的重要文字,而且和大致同时而稍晚出现的章太炎《驳康有为论革命书》一样,是对以康有为为代表的保皇派从思想理论上较早进行的极有份量的大清算,既拉开民主革命派对保皇派思想理论斗争序幕,又为他本人赢得了作为资产阶级民主革命派一位重要思想理论宣传家的崇高地位。

从同盟会香港分会成立到同盟会南方支部成立,黄世仲作为领导人之一,积极参与了分会的各项工作和港穗地区的群众性进步活动。黄世仲1905 年 10 月中旬初加入同盟会,旋参与同盟会香港分会的成立,并成为该分会的领导成员之一,先是担任交际员,后又担任仅次于会长职务的庶务员。期间,作为分会领导集体之重要一员,黄世仲责无旁贷地参与进行了分会所进行的、包括军事活动在内的各项工作;继续把报刊宣传作为动员群众、打击敌人的手段之一,创办了《香港少年报》和《粤东小说林》、《中外小说林》,参办了《广东白话报》、《社会公报》、《南越报》,在报刊宣传方面做了大量工作,成为同盟会成立以后港穗地区乃至海内外有名的革命报人和宣传家;积极参加了一系列党务和群众性爱国进步活动,特别是追悼冯夏威、陈天华、郑贯公的活动和"反郑风潮",并继续参加反美爱国运动。

从同盟会南方支部成立到广东光复的武昌起义前后两年间,黄世仲为在中国摧垮两千多年封建帝制、建立民主共和制度而进行了他革命生涯中最后的斗争。作为同盟会南方支部的联络员,黄世仲站在第一线,在革命的军事、政治、党务、舆论宣传和文艺创作等方面都进行了大量工作,并以许多新的重要建树迎来了两千多年的封建帝制终于退出历史舞台、民主共和制

度的曙光终于开始照耀中华大地的历史新局面。特别应当指出的是:他以
自己擅长的方式参加了与黄花岗起义的直接战斗有关的工作,其在《南越报》
发表实为报告文学的"最新历史小说"《十日建国志》,实为鼓舞革命党人士
气、吹响黄花岗起义的号角之作;其在黄花岗起义失败后第 48 天即开始在
《南越报》连载的实为报告文学的"近事小说"《五日风声》,既客观地参与革
命党人痛定思痛、回思事态发展和总结失败教训的工作,又热情地歌颂为革
命而英勇斗争乃至壮烈牺牲的革命党人。此外,黄世仲还积极参与了广东的
保路运动,并是其中一位起主导性核心作用的重要人物;参与了舒民气等暗
设机关进行的运动清缉私兵舰反正的工作;广东光复前夕在广州设立机关,
参与组织和指挥过民军起义;巧妙运用舆论工具,在《世界公益报》上刊登李
文卿所发以"京陷帝崩"为主要内容的电报新闻,瓦解广东官场意志,鼓舞群
众革命精神,对广东事态向顺利光复方向发展起到了积极的作用;在广东独
立当日创办了一家报纸《新汉日报》,为广东光复献上了一份厚礼。

第四,黄世仲是民主革命的政治家和思想理论宣传家,同时又是著名的
民主革命派文学家。

黄世仲与其兄黄伯耀一起,除在其参办或创办的非文学类报刊上十分
重视开办文学类副刊或专栏,并专门创办有通俗文学刊物《广东白话报》和
《岭南白话杂志》等外,还创作和发表了大量他自己撰著的各种形式的革命
文学作品。其成绩辉煌的小说创作姑不说起,但就戏曲、曲艺、散文等而论,
他就撰写和发表有《辨康有为政见书》、《敬告澳门提倡抵制禁工诸君》、《斥
醒报污蔑游学界之荒谬》、《萍乡乱事感言》、《印度之同盟罢工感言》、《瑞
澂今昔观》、《呜呼,赌无禁期冬防可虑矣》等大量在当时民主革命斗争中起
到了重要作用的政论和时评作品,以及《张妾警局夜叹》、《梁启超被打》、
《黄召顶走汕头》、《奈何天》、《兴师北伐》等许多广受欢迎的戏曲作品,《烟
魔狱》、《寒天雁》、《粤汉铁路历史》、《颐和园消夏》等曲艺作品,《代保妖致
革命等谢恩启》、《办送某大吏离任文》、《最淫先生传》、《戏拟妖党布告天
下书》、《出山》、《国会》等许多谐文、笑话类作品,还编有一部选收了当年港
穗许多报刊所载谐文、诗歌、小说、曲艺等类作品的《时谐三集》。在当时的
文学界,可以说是卓有成就、鲜有能比者。

第五,黄世仲多方面的文学成就中,以在小说领域的成就为最突出,他本人也以之名世。

还是在十年异域漂泊间,黄世仲就已经开始了《洪秀全演义》创作的酝酿;回香港后,更是一发不可收拾,徜徉于小说海洋,既参与《时事画报》的创办,并充任该刊的一位发挥作用特别突出的撰述员和小说类稿件的主要撰写者,又与其兄黄伯耀一起创办了专门的小说刊物,为民主革命派提供了小说创作的园地,还与其兄黄伯耀发表了其数量在晚清所有小说理论家中可称最多的小说理论著作,既对梁启超小说理论中的偏颇之处进行了反驳,又丰富了晚清革命派的小说理论,是晚清革命派小说理论的代表人物,和徐念慈、黄人等一起代表了晚清小说理论在近代化道路上的新阶段、新水平。在小说创作的实践方面,黄世仲的成就更大。就现在所知,在短短不到十年间,其所创作的中、长篇小说,除《洪秀全演义》外,还有《镜中影》、《廿载繁华梦》、《宦海冤魂》、《黄粱梦》、《宦海潮》、《党人碑》、《南汉演义》、《大马扁》、《义和团》、《宦海升沉录》、《吴三桂演义》、《孽债》、《姜薄命》以及报告文学式小说《朝鲜血》、《十日建国志》和《五日风声》等;加上今虽知其名而尚未发现的《广东世家传》、《岑春煊》、《陈开演义》、《新汉建国志》、《梨春梦》等,并合《洪秀全演义》而计之,其总数至少有 22 种之多。其中,《镜中影》、《廿载繁华梦》、《党人碑》、《宦海升沉录》、《五日风声》、《吴三桂演义》等,均是整个晚清小说中的一流之作;结构严谨、气派宏大的《洪秀全演义》,不仅是晚清革命派小说的杰出代表,而且在整个晚清小说中也是最为优秀的作品之一。

第六,自觉地以小说为武器,高唱时代的主旋律,为民主革命事业呐喊助威,是黄世仲小说创作最为突出的特点。

黄世仲小说生涯中创作最早的长篇小说是《洪秀全演义》;虽然当其创作开始酝酿的时候,黄世仲还不具备民主革命思想,但当其进入创作过程的时候,已经成为民主革命家的黄世仲,就是为民主革命制造舆论的了。事实上,他也确实为民主革命事业贡献出了一部自觉地以近代中国历史上最为波澜壮阔的农民革命运动——太平天国革命为题材,并以民主共和思想观照描写对象,从民主革命的立场上肯定和歌颂轰轰烈烈的太平天国革命的杰出的长篇小说,在国内乃至海外都产生了重要的革命性影响。之后,他的从未间断的小说生涯,仍然紧紧地和民主革命联系在一起,致力于揭露清朝政府统治下社会的黑暗和政治的腐败,批判以康有为、梁启超为代表的改良派/立宪派,宣传民主革命的正义性和必要性,歌颂轰轰烈烈、艰苦卓绝的民主革命斗争及其中那些为建立民主共和新国家而抛头颅、洒热血、英勇战斗的英雄人物。黄世仲确实是近代中国以小说为武器的民主革命的歌者。

第七,黄世仲的全部小说,无论是以什么为题材的,都无不直接或间接地和近代中国民主革命紧密地联系在一起。

黄世仲除《梨春梦》等个别现在尚不知其情、姑不置论的小说外,他的全部小说,从取材方面说,大致可以分为历史小说和近事小说,历史小说主要有《南汉演义》、《吴三桂演义》、《黄粱梦》,其余如《洪秀全演义》、《义和团》、《陈开演义》、《廿载繁华梦》、《镜中影》、《党人碑》、《宦海冤魂》、《宦海潮》、《大马扁》、《宦海升沉录》、《朝鲜血》、《五日风声》、《岑春煊》、《广东世家传》、《新汉建国志》、《孽债》、《妾薄命》和《十日建国志》①等,均可归之于近事小说。而所有这些小说,从其和民主革命的关系方面看,则大致可以分为两大类:第一类是直接以反帝反封建的民主革命斗争为题材、正面宣传和歌颂民主革命的一类,属于这一类的有《洪秀全演义》、《党人碑》、《义和团》、《陈开演义》、《朝鲜血》、《十日建国志》、《五日风声》、《新汉建国志》;第二类是以与民主革命并无直接关系的历史或现实事件和人物为题材、但对民主革命不无益处的一类,黄世仲全部中、长篇小说中,除《黄粱梦》、《南汉演义》、《吴三桂演义》可以归入此类外,还有《镜中影》、《廿载繁华梦》、《宦海冤魂》、《宦海潮》、《大马扁》、《宦海升沉录》、《岑春煊》等。②

---

① 《十日建国志》,作者自称为"最新历史小说",而"最新历史"者,也就是"近事",故可归入"近事小说"。

② 1905年6月4日《有所谓》所刊该报体例和内容广告内云"另附民族小说《洪秀全演义》一篇"。可见,黄世仲本人只是把《洪秀全演义》称为"民族小说",而未将其称为"历史小说"。但现在看来,就黄世仲从题材时代角度为自己的小说所作分类而言,实际上应归于他所说的"近事小说";《陈开演义》同此。又,黄世仲自己把《南汉演义》、《义和团》、《吴三桂演义》称为"历史小说"或"广东历史小说",但《义和团》所写事件和人物,就黄世仲而言,实际上属于"近事",故应归入"近事小说";被黄世仲自己归入"近代小说"的《镜中影》亦然,可称为"近事小说"。倒是被作者归入"近事小说"的《黄粱梦》,因其所写和珅兴衰沉浮发生于乾隆时期,故和《南汉演义》、《吴三桂演义》一样,应当归于"历史小说"。

但不管是哪一类,黄世仲都是从民主革命的立场和需要角度选取题材、处理题材,并善于从题材中挖掘其所蕴涵的意义的。

他的第二类作品就是如此。这类作品有的取材于历史,有的取材于现实,其题材基本上都与辛亥革命乃至整个反帝反封建的民主革命无什么直接关系,但却或揭露社会黑暗,或抨击朝廷及其各级官吏以及买办,或批判改良/保皇/立宪等,至少客观上是有利于革命事业的,有的实际上也是因此而创作的,都可以从某个角度启示人们进行民主革命的必要性、坚定地走民主革命道路或至少是有益于民主革命的进行的。比如,《镜中影》是以热河西狩到庚子拳变议和期间的时政为题材、以慈禧太后(书中作何珠儿、何如珠)和李莲英(书中作吕思瀛、吕登瀛)为主要人物的,似与民主革命无关,但却告诉人们,政权顶端已腐烂不堪;即使有一个欲有作为的皇帝,不仅无力回天,而且自身难保,因而保皇无用,只能起来革命。又如,《廿载繁华梦》是写清末岭南巨富周荣曜(周庸祐)升沉盛败、大起大落的二十年,着重揭露和抨击清朝政府专制统治的腐败及其时整个社会的腐烂的,也与民主革命似无直接关系,但作家却不仅表现了富贵繁华不过一梦的思想和清朝政府专制统治大厦将倾的必然趋势,而且还启示人们要以国家民族的根本利益为念,支持乃至投身到民主革命事业,而不可像作品中的周庸祐似的只图一己的富贵、趋附清廷和以洋奴自居,弄得个身败名裂、遗臭名于万世。《宦海潮》是以张荫桓的一生为题材写成的,把京中上层社会的种种腐败卑劣、西方资本主义国家的物质文明和精神文明、中国皇权社会的专制淫威和落后闭塞、列强对中国的侵略和威压等,都盘托而出,还在中外比较中使人们认识到专制腐败的清朝政府统治下的中国已远远地落在他人后面,必须急起变革。《南汉演义》是一部很特别的小说,写的近千年之前的南汉兴亡史,但作者的立意是激励广东同胞仿效南汉之自立于中原王朝的统治之外,而进行反清革命、脱离清朝政府统治、谋求广东自立,总之完全是从民主革命的利益和需要出发的。至如晚清时期最后一部杰出的历史小说《吴三桂演义》,作品以有谋略、有武艺、受器重的历史人物吴三桂的一生为题材,揭示其之所以从如日中天到终于败亡,乃是由于其在建号称帝前后的盛衰兴亡中所表现出的欺世盗名、愚弄人心式的为德不终以及由之而生的政治路线上扯下可以号召人心的旗帜,而这对当年的革命党人坚定革命立场、高举革命旗帜来说,无疑有重要的教育作用。

第二类作品如此,他第一类作品就更是如此了。这些作品不仅正面写反帝反封建的民主革命、抨击君主立宪派,从总体上说是为民主革命而写的,而且有的还是直接配合民主革命的实际斗争的。《洪秀全演义》已如前述,不必再赘。其余《党人碑》,是以原武——孙中山领导的乙未广州起义这一兴中会刚刚成立就举行的民主革命早期的重要革命斗争为基本情节线索,并在其与以安思惠——康有为为代表的改良/保皇派活动的对比与斗争中架构而成的,作者着力塑造孙中山及其战友光照千秋的形象,其目的显然是要以这样一部晚清小说史上唯一的、专门以通篇篇幅赞颂孙中山及其革命战友的长篇小说,激励人们投身推翻清王朝的民主革命事业。《义和团》是最新发现的黄世仲长篇小说,其中不仅表示了对义和团人物的某种同情,而且还以较多篇幅,描写了沙俄不仅入伙八国联军发动侵华战争,而且还独自制造海兰泡惨案、侵我东北的罪恶行径,歌颂了奋起抗击的黑龙江将军寿山和副都统凤翔战死沙场的英雄行为,而这客观上也是符合反帝反封建的民主革命的利益和需要、有着激励人们奋起反抗侵略者的作用的。特别是黄世仲的三种报告文学式小说《朝鲜血》、《十日建国志》和《五日风声》,就更是直接因具体的革命斗争需要而写的,有着报告文学所应具有的纪实性和新闻性,是直接配合民主革命的实际斗争的作品。其中,《朝鲜血》和《十日建国志》均是写国外题材的,但前者显然是赞颂朝鲜爱国志士的一曲最强音,作家所以要写这样一部作品,显然是要通过这部作品,来为中国人民推翻清朝腐败政权大造舆论、大长革命者的志气,鼓舞和当年的朝鲜人民一样饱受日本军国主义以及其他列强欺凌的中国人民的斗争精神,无疑对辛亥革命起了积极的催生作用;后者对葡萄牙共和革命的描写和歌颂小说,从其写作和发表的时间看,至少在客观上是要鼓舞刚刚发生的新军起义失败后革命党人的士气、配合就要举行的黄花岗起义的。而《五日风声》更是直接反映黄花岗起义的,其开始在《南越报》连载,距辛亥广州起义即黄花岗起义仅48天,其中把黄花岗起义的酝酿、准备、发动、巷战、失败及失败后被捕党人的英勇就义及其被未罹难的党人营葬黄花岗的全过程展现到了读者面前;作为在辛亥武昌起义前约两个多月才发表完的作品,无疑是辛亥革命的响亮号角,对因黄花岗起义失败而必然会有的士气低落的革命党人的士气有重要的振奋作用,对武昌起义的爆发也有重要的舆论准备作用,因而被认为《五日风声》是辛亥革命的响亮号角。

总之,完全可以说,黄世仲在其成为民主革命家之后,在从事政治和思想理论战线上的革命实践的同时,始终未曾忘记以自己最得心应手的小说为武器,自觉地为民主革命服务。直至辛亥革命胜利、广东光复而其生命已临近终结之时,他还创作了今天所知其最后一部小说《新汉建国志》,该小说虽迄今仍未发现,但从《新汉日报》创刊号所刊该小说之出版预告可知,作者之所以创作这部小说,乃是要为资产阶级民主革命留下信史,以使读者"于新汉建国源流,自不至数典忘祖",起而巩固和保卫辛亥革命的胜利果实的。黄世仲的小说,是民主革命家的小说,是有所为而为的小说,是为民主革命而写的小说。黄世仲是自觉地把小说创作同民主革命的利益和需要紧密地联系在一起,高唱时代主旋律的杰出典范。

第八,黄世仲的小说创作具有突出的艺术特点和很高的艺术成就。

黄世仲的小说理论本来就是重视小说艺术性的小说理论,在小说创作中也努力实践自己的小说理论。当然,黄世仲的全部小说,艺术水准并不一致,有的艺术性很高,有的则要次一些。这大约同他的革命生涯有关系。当其革命实际工作相对而言尚不怎么紧张繁复的时候,他有较为充裕的时间来构思自己的作品,其所写小说艺术水准较高;当其革命实际工作紧张繁复的时候,就不同了。事实上,他的小说生涯大致可以分为三个阶段。第一阶段是以小说家法为主的阶段,这就是同盟会成立前的阶段,其所写小说主要的就是从1895年就开始酝酿的《洪秀全演义》,此外还有酝酿时间也当较长的《镜中影》,而这两部小说,艺术水准都比较高,尤其是《洪秀全演义》,更是其全部小说中艺术成就最高者。第二个阶段是在同盟会香港分会担任领导工作的阶段,其时革命政治、军事、思想理论和党务工作繁忙,黄世仲已不能如前段那样以较充裕的时间用于小说创作,因而这个阶段上所写小说虽不少,但艺术上相对而言就不如前一阶段了。第三阶段是担任同盟会南方支部联络员阶段,也是辛亥武昌起义和广东光复前后阶段,革命政治、军事、思想理论和党务工作更为繁忙,黄世仲更不能如第一阶段那样以较充裕的时间用于小说创作,以致有时不得不迅速地把刚刚发生的革命事件形诸笔墨,从而产生了诸如《朝鲜血》、《十日建国志》和《五日风声》等离开了小说家法的小说,从小说角度看显然是不成功的(尽管从中国散文史的角度看,作家是于无意中创作了中国最早的三部成功的报告文学作品)。但总的说来,黄世仲的全部小说中,大都着重反映现实,而且重真实、有蕴藉,重构思、讲结构,重人物性格刻画,尤其重正面英雄人物塑造,因而写得比较好,为近代小说贡献了许多当时的一流作品。

黄世仲小说创作的最大最突出的贡献在于:除了《黄粱梦》、《南汉演义》、《吴三桂演义》以及《朝鲜血》、《十日建国志》等外,他的所有近事小说都取材于他所生活的那个时代中包括民主革命斗争在内的重大的历史事件,以及具有某种重要典型意义的社会人物兴衰沉浮史,从而艺术地展现了从鸦片战争到辛亥革命这段今天称之为近代的时期中国政治和社会变革史,尤其是太平天国革命、辛亥革命等革命史和第二次鸦片战争、八国联军侵华和中日甲午战争中中国人民反抗外国侵略者的波澜壮阔的斗争。他的小说实际上构成了近代中国社会、尤其是中国人民反帝反封建斗争历史的宏伟的文学画卷。

与此同时,黄世仲的小说创作成功地塑造了一大批上至最高统治者慈禧、光绪、咸丰、同治等及其各类高层臣工、下至各级各类官吏和著名历史人物、普通人士的人物形象,特别是正面英雄人物形象,为中国文学建构了近代中国历史丰富的人物形象长廊。《洪秀全演义》塑造了以洪秀全等为代表的太平天国革命英雄群像,在中国近代小说史上是塑造正面英雄人物群像的创举。《党人碑》是唯一以全部篇幅碑赞孙中山的近代长篇小说,作品在孙中山形象塑造上做了有益的尝试,塑造了以孙中山为代表的辛亥革命领袖和英雄人物群像。《朝鲜血》中朝鲜爱国志士安重根形象的塑造、《十日建国志》中布拉加等葡萄牙共和革命领导人和英雄人物形象的塑造、《五日风声》中以黄兴为代表的中国民主革命领导人和英雄人物形象的塑造,也都相当成功。黄世仲的小说大大地丰富了近代小说中近代中国人物、尤其是正面英雄人物形象的历史画廊。

第九，黄世仲无论在民主革命小说史或整个近代小说史上都占有十分崇高的地位。

黄世仲小说理论之高度、作品数量之多、优秀作品之多、正面英雄人物形象之多，尤其是中国人民反帝反封建斗争历史的宏伟的文学画卷之构筑、以洪秀全和孙中山等为代表的民主革命领袖和英雄人物群像之塑造，均为近代小说史上无人可以与之相比。长期以来，晚清小说史研究界一向有大小说家乃李伯元、吴趼人、曾朴、刘鹗四家之说，黄世仲被置诸大小说家之外。然而，这四大小说家，有哪一位能够在这些方面与黄世仲相比呢？别的且不说，单说与社会现实的关系吧，乙未广州起义发生于1894年，而直到辛亥武昌起义发生，十六七年过去了，所谓晚清四大小说家是写了不少小说的，但他们当中有谁专门用小说反映这一伟大事件呢？不仅没有，而且恐怕没有一个人曾经想到过这一点，更不用说会正面对之加以歌颂。太平天国革命、陈开红巾军起义等，对四大小说家来说，也是如此；至于安重根刺杀伊藤博文、葡萄牙1910年共和革命等发生于国外的反帝反封建革命斗争，对晚清四大小说家来说，当然更是不必说起了。在他们那里，基本上只是谴责、谴责、谴责，社会生活中存在的代表未来的人和事，对他们来说似乎是并不存在的。只有革命派小说家，特别是黄世仲，才看到了，才重视了，才以小说形式反映和歌颂了，而且做得相当成功，从而也就显示出了以黄世仲为代表的革命派小说家站立的思想高度确实是所谓四大小说家所不及的。所以，黄世仲实为与所谓四大小说家相比至少是并不逊色的一大小说家，更是晚清革命派小说的杰出代表。

第十，黄世仲的死，是一位民主共和崇高理想追求者的悲壮的死。

辛亥九月十九日（1911年11月9日），广东光复并建立了新的民主共和政权——广东军政府。作为一位坚定的民主革命党人，黄世仲站在建设和巩固新生民主共和政权这一斗争的最前列。但由于对陈炯明在民军编遣中背离民主共和精神、裁撤异己民军、扩充自己实力，并武力镇压王和顺等所部民军的专擅自为行径进行坚决的斗争，又由于在都督人选推举问题上成为陈炯明的心头之患，因而为陈炯明所忌恨，在民主共和政权建立仅半年时间之后的1912年4月9日，就被本属同一营垒却又心萌异志的陈炯明以莫须有的罪名拘押于狱,并在孙中山、胡汉民在和陈炯明之间的政治博弈中,被胡汉民循陈之愿于 5 月 3 日枪杀,为新生的民主共和政权献出了自己尚处英年的生命。

黄世仲离去了,黄世仲眼看着自己为之奋斗的崇高的民主共和理想的破灭悲愤地离去了。他的一生是追求民主共和崇高理想的一生,是一位气节高洁、意志坚定、正气浩然、人格伟大的杰出民主革命家的光辉的一生。他的死,既是我国近代民主革命的政治和思想宣传事业的巨大损失,又是中国近代文学界特别是中国近代小说界的一大损失。今天,当回顾当年那一段历史时,人们当会得出一个结论:在中国近代历史上,黄世仲确实是杰出民主革命家和民主革命派首屈一指的小说家,人们应当和必定会永久地纪念这位为了捍卫民主共和理想而蒙冤被杀的辛亥革命功臣。

附　录

一、黄世仲生平及小说年表简编

编写说明

（一）笔者此前编写的《黄世仲作品系年》和《黄世仲作品系年补遗》①，实际上都属于黄世仲生平年表性质。现据近几年来专家学者和笔者的考析，对其进行增删，修订其中的若干不确之处，并定名为《黄世仲生平及小说年表简编》。

（二）本年表简编所及，仅为黄世仲生平重要事项。其中所及事件及其发生时间，凡学界已形成共识者，据共识系之；凡迄今仍未形成共识或尚未涉及者，则按照笔者的看法或推测系之。因系简编，故无论看法取自学界之定论或笔者的看法和推测，原则上不再注明所据以节省篇幅。

（三）黄世仲在发表和出版著作时，除署"黄世仲"、"黄小配"二名外，还有许多。这些署名，据笔者所知和罗香林、马楚坚等先生研究，有世、棠、棣、隶、辕、荪、芫、健、儿、驾、箫、棣荪、配工、佩铿、老棣、黄棣、

---

① 颜廷亮：《黄世仲作品系年》，《明清小说研究》1992 年第 3、4 期合刊；《黄世仲与近代中国文学》，兰州，甘肃人民出版社 2000 年 9 月第 1 版，第 85～104、105～114 页。

棣荪、辕孙、黄裔、亚尧、世郎、世颂、健儿、拾言、腾澜、驾箫、简人、笑评、世次郎、禺世郎、黄世颂、黄棣荪、黄帝嫡裔、禺山次郎、禺世次郎、黄谟世仲、禺山道人、世界之个人、禺山世次郎、世次郎小配等。本年表简编即以之为据系其作品。

（四）黄世仲短暂一生中撰写和发表、出版的著作甚多，这些著作有许多现在已因历史的原因而难以看到。但是现在还能看到的仍然为数不少，不可能在本年表简编中悉数志之，除小说作品、小说理论文章及特别重要者外，其余只能列举一二，分别系于有关年份之下以明之。

（五）黄世仲主要是以小说创作名世的。他的小说创作生涯，大致说来可以分为三个时期：①早期，即同盟会香港分会成立以前时期（1905 年 10 月以前）。其小说创作主要有《洪秀全演义》，另外还有在这个时期开始创作的《镜中影》和《廿载繁华梦》。②中期，即从同盟会香港分会成立到同盟会南方支部成立时期（1905 年 10 月至 1909 年 10 月）。这是其小说创作成果最多的时期，所写小说除继续早期而成的《镜中影》和《廿载繁华梦》外，还有《宦海冤魂》、《黄粱梦》、《宦海潮》、《党人碑》、《南汉演义》、《大马扁》以及当在本期开始创作的《宦海升沉录》等。另外，还在本期创办了专门的小说刊物《粤东小说林》和《中外小说林》，发表了一系列小说理论文章。③后期，即从同盟会南方支部成立到被冤杀时期（1909 年 10 月至 1912 年 5 月）。其主要作品有三部报告文学式小说《朝鲜血》、《十日建国志》、《五日风声》以及《义和团》、《宦海升沉录》、《妾薄命》、《吴三桂演义》和创作于辛亥广东光复之后而迄未一见的《新汉建国志》等。其所创作的中、长篇小说（包括迄今尚未找到者），据知至少在二十二种以上。此外，还发表有若干短篇小说。凡此，本年表简编尽可能悉数志之。

（六）关于黄世仲生平，方志强著有《黄世仲大传》①一书，郭天祥著有《黄世仲年谱长编》②一书。关于黄世仲在南洋及港穗所发表的政论和其他

---

① 方志强：《黄世仲大传》，香港，夏菲尔国际出版公司 1999 年 3 月第 1 版。
② 郭天祥：《黄世仲年谱长编》，北京，中国社会科学出版社 2002 年 11 月第 1 版。

诗文杂著,辜美高的《黄世仲昆仲在〈天南新报〉所发表的社论、诗歌探索》、张克宏的《黄世仲与〈天南新报〉》、谢飘云等先生的《黄世仲政论散文补正、辑佚与解读》①、罗衍军的《黄世仲、黄伯耀弟兄笔穗港诗文系目》②曾分别加以著录;之后,香港,纪念黄世仲基金会出版了张克宏的《黄世仲黄伯耀弟兄南洋诗文集》③,又编印了收有黄世仲及其兄黄伯耀在港穗所发表的政论和短篇文艺作品的《黄世仲弟兄反清文集》④。本年表简编在志黄世仲生平及诗文时,认真参考了上述著作。

(七)本年表简编所纪黄世仲岁序,遵从传统纪岁法,即诞生当年为一岁,诞生次年为二岁,余类推。系事则以所系之事发生的年月日为序;具体日期不详者,置于可定年月之后或适当地方。

(八)本年表简编虽以笔者《黄世仲作品系年》及其补遗为基础并吸收了不少专家学者的研究成果,但仍然不够成熟,肯定还会存在不少问题,诚祈专家学者和广大读者批评指正。

1872 年　　清同治十一年　　壬申　　一岁

是　年　黄世仲生于广东省番禺县茭塘司崇文二十四乡大桥(今广州市芳村区西塱村大桥)。

1877 年　　清光绪三年　　丁丑　　六岁

是年至次年　黄世仲高祖为黄世仲开蒙。

---

① 辜美高《黄世仲昆仲在〈天南新报〉所发表的社论、诗歌探索》、张克宏《黄世仲与〈天南新报〉》和谢飘云等的《黄世仲政论散文补正、辑佚与解读》,《黄世仲与辛亥革命——辛亥革命九十周年纪念暨黄世仲投身革命百周年国际学术研讨会论文集》,香港,纪念黄世仲基金会 2001 年 8 月第 1 版,分别见第 220～226、243～250、83～88 页。
② 罗衍军:《黄世仲、黄伯耀弟兄穗港诗文系目》,《黄世仲与辛亥革命国际学术研讨会论文集》第 2 辑,香港,纪念黄世仲基金会 2002 年 2 月第 1 版,第 64～81 页。
③ 张克宏编:《黄世仲黄伯耀弟兄南洋诗文集》,香港,纪念黄世仲基金会 2002 年 2 月第 1 版。
④ 《黄世仲弟兄反清文集》,香港,纪念黄世仲基金会 2003 年 2 月第 1 版。

1879 年　　　清光绪五年　　己卯　　八岁

　　是　年　黄世仲已读《通鉴纲目》、《通鉴纪事本末》。

1880 年　　　清光绪六年　　庚辰　　九岁

　　是　年　黄世仲已读《史记》、《汉书》乃至《通鉴》。

　　童稚时期　黄世仲常随父兄出入剧场看戏,并喜听长辈讲述洪秀全和太平天国故事、阅读稗史小说。

1881 年　　　清光绪七年　　辛巳　　十岁

　　是　年　黄世仲祖父遭土匪绑票,家道中落。

1882 年　　　清光绪八年　　壬午　　十一岁

　　约是年　黄世仲高祖、曾祖、祖父去世,父辈以食指繁而约于是年分家。

　　约是年或次年　黄世仲与兄黄伯耀一起到由其父被委打理的佛山某纸厂商店助父收账记账。

1883 年　　　清光绪九年　　癸未　　十二岁

　　是　年　黄世仲已能诵读《文选》和唐宋八大家古文。

1885 年　　　清光绪十一年　　乙酉　　十四岁

　　是　年　黄世仲入佛山书院受业于陈坪梅。

1889 年　　　清光绪十五年　　己丑　　十八岁

　　是　年　黄世仲开始一边自学,一边为生计奔波,往来于粤、港、澳间。

1890 年　　　清光绪十六年　　庚寅　　十九岁

　　是　年　黄世仲娶麦村麦氏成家。

1891 年　　清光绪十七年　　辛卯　　二十岁

　　约是年　黄世仲到兄黄伯耀在麦村开设的私塾协助教学。长子福荫出生。

1893 年　　清光绪十九年　　癸巳　　二十二岁

　　是　年　黄世仲与其兄等赴南洋谋生,登陆马六甲,旋至吉隆坡某赌间充书记。

1895 年　　清光绪二十一年　　乙未　　二十四岁

　　秋　黄世仲曾返乡探亲,期间曾游广州某寺,与寺中高僧璜山上人谈论时局及太平天国历史。

　　是　年　黄世仲的长篇小说《洪秀全演义》创作的准备工作开始。

1896 年　　清光绪二十二年　　丙申　　二十五岁

　　约年初　黄世仲先后被新加坡侨商陈楚楠、张永福聘为文案,又义务兼充华侨各工界团体文书。

　　4 月 16 日　长女黄福莲出生。

1898 年　　清光绪二十四年　　戊戌　　二十七岁

　　5 月 26 日　侨商邱菽园创办的《天南新报》创刊。黄世仲当于其创刊后投稿该报,并受邱菽园赏识。

1900 年　　清光绪二十六年　　庚子　　二十九岁

　　是　年　《中国日报》在香港创刊。黄世仲因常读该报而受其革命排满思想影响。

1901 年　　清光绪二十七年　　辛丑　　三十岁

　　约 9 月　黄世仲最迟于此时加入《天南新报》,充当以病不能视事的邱菽园的幕后捉刀人。

4 月下旬　兴中会会员尤列从日本到南洋开展革命活动。黄世仲受其革命排满思想影响,民主革命思想更为牢固。

约 10 和 11 月之交　尤列在新加坡创设兴中会外围中和堂,黄世仲加入为会员,并当参与其创设活动。

是年春(或略早些)至 1903 年秋　黄世仲当开始创作《洪秀全演义》。

1902 年　　清光绪二十八年　　壬寅　　三十一岁

2 月 7 日(辛丑除夕即腊月二十九日)　黄世仲的政论《除旧说》在《天南新报》发表,惜该文现已难以觅得。

7 月 18 日　黄世仲的政论《作气论》在《天南新报》发表,署"世仲稿"。这是目前所见有黄世仲署名的第一篇著作。是后,黄世仲又连续在《天南新报》发表政论以及诗歌[①]。

8 月 1 日(或略早一、二日)　黄世仲与《天南新报》原主笔林紫虬一起充任该报主笔。

10 月 2 日　邱菽园在《天南新报》发表表明与康有为彻底绝交的《论康有为》一文,疑捉刀者即黄世仲[②]。

1903 年　　清光绪二十九年　　癸卯　　三十二岁

春节前后　黄世仲当曾返乡探亲一段时间。期间,春节前夕洪全福等计划的广州起义即大明顺天国事件失败,广州《岭报》主笔胡衍鹗借题著论报端,对革命党人进行攻击。黄世仲在《中国日报》著论,对其进行严正驳斥。这是黄世仲首次直接参加革命派对改良派的论战。

3 月 25 日后数日　黄世仲离开新加坡赴香港加入《中国日报》,和陈春生、陈诗仲一起担任笔政并充任兼印人,从而结束了他的十年南洋生活。

---

①　张克宏编:《黄世仲黄伯耀弟兄南洋诗文集》,香港,纪念黄世仲基金会 2001 年 11 月第 1 版。

②　马楚坚:《宣传辛亥革命之文字功臣:黄世仲行实考》,《黄世仲与辛亥革命国际学术研讨会论文集》第 2 辑,香港,纪念黄世仲基金会 2002 年 2 月第 1 版,第 168 页。

春夏间　黄世仲的长篇政论《辨康有为政见书》始写并大致同时开始在《中国日报》连续发表,其单行本于是年冬在香港出版。

1904 年　　清光绪三十年　　甲辰　　三十三岁

1 月 27 日　郑贯公创办的《世界公益报》创刊。此前的 1 月上旬,黄世仲离开《中国日报》协助郑贯公筹办《世界公益报》,并于《世界公益报》创刊后担任编辑。

3 月 31 日　郑贯公创办的《广东日报》创刊,黄世仲在此前后协助郑贯公的创办工作,并于《广东日报》创刊后担任编辑。

是　　年　黄世仲与秦力山等谋划运动驻粤湘军反正。

1905 年　　清光绪三十一年　　乙巳　　三十四岁

春　黄世仲接待并保护因在广西从事武装起义失败而避至香港的王和顺。

春　黄世仲介绍秦力山赴新加坡往访尤列、黄伯耀、陈楚楠等,从事革命活动。

5 月　黄世仲在香港发起成立开智社,黄世仲当最早加入。

6 月 4 日　郑贯公以开智社名义创办的《唯一趣报》即《有所谓》报创刊,黄世仲参与其事,并担任该报名誉记者。

6 月 4 日　黄世仲的《洪秀全演义》开始在《有所谓》报连载。

7 月　黄世仲和郑贯公等一起参加反美禁约的爱国运动。

8 至 11 月　原籍南海的菲律宾华侨、人镜学社社员、反美禁约运动积极参加者冯夏威 7 月 17 日在美国驻沪总领事馆门前自杀以励国人后,粤、港、澳地区至少举行了四次追悼活动,黄世仲不仅支持,而且参加了其中的几次活动。

是　　年(或再早些)　黄世仲的长篇小说《镜中影》开始创作并疑在《循环日报》开始连载。

9 至 11 月　黄世仲参加了同盟会香港分会的筹建工作。期间,黄世仲于 10 月中旬由孙中山主盟加入同盟会;10 月中旬末同盟会香港分会成立后,被推举为分会交际员。

约 9 月 23 日　潘达微等创办的《时事画报》在广州创刊,黄世仲系其撰述员。

10 月 5 日至当月下旬　黄世仲的长篇小说《廿载繁华梦》开始创作,并从 12 月 6 日出版的乙巳年第 8 期《时事画报》起开始连载。

是　年　黄世仲在《广东日报》发表《沈传义与刘能之撤任》(4 月 27 日,署"黄裔")、《六榕寺僧与阻学之官绅》(5 月 5～6 日,署"黄裔")等政论①;在《有所谓》报发表政论《敬告澳门提倡抵制禁工诸君》(10 月 1 日,署"辕孙")以及多篇文艺杂著②。

1906 年　　　清光绪三十二年　　　丙午　　　三十五岁

4 月 1 日　香港学界在杏花楼举行的追悼因欲激励国人把反对日本文部省颁布的《清国留学生规则》坚持到底而于上年 12 月 8 日投日本大森海自杀的陈天华大会,黄世仲与郑贯公等一起参加。

4 月 16 日　孙中山在香港约见《中国日报》和《有所谓》报负责人陈少白、郑贯公等,调解该二报因对抵制美约运动意见不一而在报纸上进行笔战一事,黄世仲应约参加。

5 月 6 日　黄世仲好友、同盟会香港分会庶务员、《有所谓》报创办者和总编辑郑贯公病逝于故里。黄世仲与《有所谓》报同人一起决定休业三天以志哀思,并于 5 月 8 日赴郑贯公故里香山县雍陌乡吊唁和送葬;又于 5 月 20 日与开智社同人一起在香港杏花楼举行公悼郑贯公大会。

5 月 28 日　黄世仲创办的《香港少年报》创刊,黄世仲充任总编辑兼督印人。

6 月　黄世仲的长篇小说《镜中影》单行本由香港《循环日报》出版。

6 月 30 日　黄世仲任总编辑兼督印人的《香港少年报》与《中国日

---

①　张克宏编:《黄世仲弟兄反清文集》,香港,纪念黄世仲基金会 2003 年 2 月第 1 版,第 19～33 页。

②　张克宏编:《黄世仲弟兄反清文集》,香港,纪念黄世仲基金会 2003 年 2 月第 1 版,第 34、214～223 页。

报》、《世界公益报》、《有所谓》报、《珠江镜报》联名致电上海"欢迎章太炎出狱"。

7 月 26 日　《洪秀全演义》从《有所谓》报移至《香港少年报》连载。

8 至 9 月间　康同璧控《中国日报》"毁谤名誉"案发生,涉讼经年,作为同盟会香港分会领导成员之一,黄世仲当和同盟会香港分会、《中国日报》领导人一起,参加卫护《中国日报》的斗争。

9 月　同盟会香港分会干事部改选,黄世仲被推举为因郑贯公病逝而空缺的庶务员。

9 月 22 日至 10 月 6 日　黄世仲的中篇小说《宦海冤魂》在《香港少年报》连载。

10 月 16 日　黄世仲与其兄黄伯耀创办的《粤东小说林》创刊。

同　日　黄世仲的长篇小说《黄粱梦》在 10 月 16 日创刊的《粤东小说林》创刊号开始连载。又,黄世仲似乎在此之前的夏、秋间创作了长篇小说《梨春梦》。

10 月至 11 月　章太炎在日本为黄世仲的《洪秀全演义》写序,末题"丙午九月章炳麟序"。

是　年　黄世仲以《香港少年报》为阵地,发表《铁路代表员又谋对待所谓总副坐办》(6 月 29 日,署"棣")、《广生隆与郑官应之交涉》(9 月 18 至 19 日连载,署"棣")、《岑春煊》(9 月 22 日至 10 月 17 日连载,署"棣")等大量政论以及文艺杂著,配合被史家称曰"反郑风暴"的反对粤路官办斗争,并参与反对岑春煊制造的马达臣、潘信明、夏仲文被捕案的斗争,支持黄晦闻等创办《拒约报》的工作①。

是　年　黄世仲在发表大量配合"反郑风暴"的政论和文艺杂著的同时,又发表《斥驳中国报捏登名利栈预日密谋汇款之破露之谲辞》(《有所谓》报 1 月 5 ~ 6 日,署"黄辕")、《袁张二督对于学生之政策》(《有所谓》报 2 月 2 日,署"辕裔")、《咄咄香山郑令果贿沈命案耶》(《香港少年报》6 月

---

①　颜廷亮、赵淑妍:《黄世仲和 1906 年的"反郑风暴"》,《纪念郑观应学术研讨会文集》(1992 ~ 2001),澳门,澳门历史学会、澳门历史文物关注协会 2002 年 6 月第 1 版,第 132 ~ 153 页。

22 日,署"棣")、《斥醒报污蔑游学界之荒谬》(《香港少年报》6 月 24 日,署"棣")、《袁世凯殆不能自安矣》(《香港少年报》11 月 24 日,署"棣")、《萍乡乱事感言》(《香港少年报》12 月 13 日,署"棣")等与"反郑风暴"无直接关系的政论以及《颐和园消夏》(扬州调,《香港少年报》8 月 11 日至 16 日,署"棣")、《陈听香闻有出狱消息》(班本,《少年报》12 月 25 日,署"棣")等短篇文艺作品①;在《粤东小说林》上除连续发表长篇小说《黄粱梦》外,又发表《〈水浒传〉于转移社会之能力及施耐庵对于社会之关系》(第 3 期,署"世次郎")、《文言小说〈金瓶梅〉于人情上之观感》(第 7 期,署"世次郎")等小说理论文章和《南北夫人传奇》(剧本,第 1 期至第 7 期连载,未完;署"世次郎")、《狡骗》(短篇小说,第 7 期,署"佩铿")等文艺作品。

是　年　黄世仲送子女入读澳门新式学堂。

1907 年　　清光绪三十三年　　丁未　　三十六岁

是　年　黄世仲参与与孙中山和同盟会香港分会在西南地区分别直接指挥的潮州黄冈起义(2 月至 5 月)、惠州七女湖起义(6 月)、王和顺钦廉防起义(9 月)和黄明堂镇南关起义(12 月)等军事工作有关的后方工作。

5 月 31 日　黄世仲与其兄黄伯耀创办的《广东白话报》在广州创刊。

同日,黄世仲的长篇小说《黄粱梦》从第八回起在《广东白话报》连载;其在《粤东小说林》已连载的《楔子一回》至第七回也在《广东白话报》重新连载。然而,《广东白话报》实际上只在创刊号刊出了第八回和《楔子一回》各自的大约一半,是后未见续载。

6 月 21 日　黄世仲与其兄黄伯耀创办的《中外小说林》在香港创刊。

同日,黄世仲的长篇小说《宦海潮》在《中外小说林》第 1 期开始连载。

7 月 1 日　黄世仲的长篇小说《黄粱梦》从第八回起在《中外小说林》连载。

7 月　港英政府华民政务司诬《中国日报》"煽动暗杀"案和清政府驻菲律宾领事杨士钧控《中国日报》"赔偿名誉损失"案大致同时发生,黄世仲

---

① 《黄世仲弟兄反清文集》,香港,纪念黄世仲基金会 2003 年 2 月第 1 版。

当和同盟会香港分会、《中国日报》领导人一起,参加卫护《中国日报》的斗争。

10 月 12 日 黄世仲的长篇小说《党人碑》在《时事画报》丁未第 22 期开始连载。

10 月 黄世仲的长篇小说《廿载繁华梦》由《时事画报》出版单行本。

11 月上、中旬之交 黄世仲与黄鲁逸、黄轩胄等一起,在大约成立于上年 8、9 月间的"优天社"剧团的基础上组成"优天影"剧社,并参与其剧本润色和剧团演出活动。

12 月 5 日 黄世仲协助其兄黄伯耀创办的《社会公报》在香港创刊。

12 月 黄世仲开始创作长篇小说《广东世家传》,惜今已难以觅读。

是 年 黄世仲编成并刊行《时谐三集》,其叙末题"光绪三十三年禺山道人叙"。

是 年 除连续发表《宦海潮》、继续发表《黄粱梦》等长篇小说外,又先后发表《粤路公司欲煽动股东以为抵制查数之狡谋》(《香港少年报》1 月 4 日,署"棣")、《粤澳地界之缪辖》(《社会公报》12 月 12 至 13 日,署"世")等政论,《文风之变迁与小说将来之位置》(《中外小说林》丁未第 6 期,署"老棣")、《小说之功用比报纸更为普及》(《中外小说林》丁未第 11 期,署"亚荛")等小说理论文章,《卖烟》(板眼,《时事画报》丁未第 2 期和第 4 期连载,署"箇人")、《禁烟笑柄》(龙舟歌,《中外小说林》丁未第 11 期,署"笑评")、《寒丐》(短篇小说,《社会公报》12 月 11 至 12 日连载,署"荛")、《幻境》(短篇小说,《社会公报》12 月 19 至 20 日连载,署"荛")等文艺杂著。

1908 年　　清光绪三十四年　　戊申　　三十七岁

1 月 18 日 《中外小说林》丁未第 17 期出版,并从该期开始更名为《绘图中外小说林》。

2 月 9 日 黄世仲协助其兄黄伯耀创办的《岭南白话杂志》在广州创刊。

2 月 同盟会香港分会干事部改选,黄世仲仍任庶务员。

是 年 黄世仲参与与孙中山和同盟会香港分会分别在西南地区直接

指挥的黄兴钦州马笃山起义（3 月）和黄明堂、王和顺河口起义（4 月）等军事工作有关的后方工作。

5 月　疑初名《西林传》的黄世仲中篇（或长篇）小说《岑春煊》开始创作且之后可能出版有单行本，惜今已难以觅读。

6 月或稍后　黄世仲长篇小说《宦海潮》由香港《世界公益报》出版单行本。

8 月　黄世仲的长篇小说《洪秀全演义》由香港《中国日报》排印单行本。

约 11 至 12 月　黄世仲的长篇小说《南汉演义》在香港《世界公益报》连载，惜今仅可见其若干片断①。

是　年　因几年来年初及之前的多次武装起义失败，军事行动暂停约一年，同盟会香港分会遂得专心党务，广收同志加盟。作为在分会领导集体中地位仅次于会长的庶务员，黄世仲当亦参与该项工作。

是　年　黄世仲除继续发表《宦海潮》和《黄粱梦》、创作并发表《岑春煊》和《南汉演义》等长篇小说外，又先后发表《学堂宜推广以小说为教书》（《绘图中外小说林》丁未第 18 期，署"老棣"）、《改良剧本与改良小说关系于社会之重轻》（《绘图中外小说林》戊申第 2 期，署"棣"）等小说理论文章，《大觉悟》（《绘图中外小说林》戊申第 1 期，署"尧"）、《无名之富翁》（《绘图中外小说林》戊申第 5 期，署"尧"）、《沈醉生》（《绘图中外小说林》戊申第 8 期，署"尧"）等短篇小说，《最淫先生传》（谐文，《绘图中外小说林》丁未第 17 期，署"亚尧"）、《奈何天》（新串出头，《中外小说林》丁未第 15 期——《绘图中外小说林》戊申第 11 期，署"笑评排演"）、《烟魔狱》（南音，《绘图中外小说林》第二年第 1、3 期，署"棣"）等文艺杂著。

是　年　中篇小说《陈开演义》创作于是年②，惜今已难以觅读。

---

①　叶秀常：《研究黄世仲的一些突破》，《黄世仲与辛亥革命——辛亥革命九十周年纪念暨黄世仲投身革命百周年国际学术研讨会论文集》，香港，纪念黄世仲基金会 2001 年 8 月第 1 版，第 67 页；马楚坚：《黄世仲与〈南汉演义〉》，《黄世仲与辛亥革命国际学术研讨会论文集》第 2 辑，香港，纪念黄世仲基金会 2002 年 2 月第 1 版，第 122 页。

②　马楚坚：《宣传辛亥革命之文字功臣：黄世仲行实考》，《黄世仲与辛亥革命国际学术研讨会论文集》第 2 辑，香港，纪念黄世仲基金会 2002 年 2 月第 1 版，第 178 页。

是　年　长篇小说《义和团》于是年冬或次年春开始创作。

1909 年　　清宣统元年　　己酉　　三十八岁

1 月 2 日　袁世凯被以"患足疾"为由罢斥回籍,黄世仲当在此后不久即开始创作长篇小说《宦海升沉录》。

4 月中、下旬之交　《义和团》开始在《世界公益报》连载,至次年 5 月 23 日载完。

5 月下旬至 6 月中旬　黄世仲与冯自由等观看来港的醒天梦剧团的演出,对之大为惊赞,交口称甚善。

6 月 22 日　苏棱讽、卢博郎、李孟哲、杨计伯、欧博明等创办的《南越报》在香港创刊,黄世仲以同人身份参与了创办活动。

10 月　同盟会南方支部在香港成立,黄世仲任联络员。

11 月　陈炯明加入同盟会,并在香港结识黄世仲,其后两人结为换帖兄弟。

约 11 月下旬至 12 月上旬　黄世仲的报告文学式长篇小说《朝鲜血》在《南越报》开始连载。

是　年　黄世仲的长篇小说《大马扁》由日本东京三光堂出版(原标明治四十二年,即 1909 年)。

1910 年　　清宣统二年　　庚戌　　三十九岁

春　黄世仲的长篇小说《宦海升沉录》约于春天由香港《实报》馆出版单行本。

2 月　黄世仲当参与与新军起义有关的幕后工作。

2 月底至 3 月初　冯自由辞同盟会香港分会会长和《中国日报》社长职务赴加拿大,分会干事部改组,黄世仲当不再担任分会领导工作。

6 月 13 日　黄世仲在《南越报》发表《本报开创一周年纪念文》。

11 月 1 日　黄世仲的报告文学式小说《十日建国志》在《南越报》开始连载。

冬　同盟会澳门分会成立,黄世仲参与了创建工作。

1911 年　　清宣统三年　　辛亥　　四十岁

1 月 11～12 日　黄世仲在《南越报》发表短篇小说《淘古井》。

1 月 18 日　黄世仲的中篇（或长篇）小说《妾薄命》在《南越报》开始连载。

4 月 27 日　黄花岗起义爆发,黄世仲参加了与直接战斗有关的工作。

6 月 14 日　黄世仲的报告文学式小说《五日风声》在《南越报》开始连载。

8 月 15 日　黄世仲的长篇小说《吴三桂演义》由香港《循环日报》出版单行本。

9 月 3 日　黄世仲参加在香港举行的广东保路会成立大会,并在大会上起核心作用。

9 月　黄世仲和舒炳荣、刘古香、黄明堂等一起策划和运动清缉私兵舰反正。

10 月上旬　黄世仲的中篇（或长篇）小说《孽债》在《南越报》开始连载。

广东光复前夕　黄世仲以同盟会南方支部联络员身份在广州设立机关,参与组织和指挥民军起义。

广东光复前夕　黄世仲巧妙运用舆论工具,瓦解广东官方意志,鼓舞群众革命精神。

广东光复前夕　黄世仲据云尝电请尤列回粤主持粤省大计。

11 月 9 日即广东光复当日　黄世仲在香港创办《新汉日报》并任总司理兼撰述员。

同日,《新汉日报》预告黄世仲将推出长篇小说《新汉建国志》。

11 月 10 日　黄世仲随已在前一日被举为广东都督的胡汉民由香港至广州组建广东军政府。

11 月 17 日　黄世仲经胡汉民提议,被各界代表大会举为广东军政府枢密处 17 名组成人员之一,参与军政府有关财政整顿、军队整顿、北伐军派遣、民军编遣等一系列重大决策的策划和实施。

12月1日 黄世仲在《南越报》发表谐文《戏拟满清乞师邻国文》(署"驾")。

12月6日 陈炯明一手组织的广东军团协会成立,黄世仲出任副会长。

12月7日 黄世仲本日起在《南越报》发表《戏拟民国军政府檄汉贼袁世凯文》(署"驾")、《拟北伐誓师文》(署"驾箫")等偕文和《刘团长告诫民军》(班本,署"腾澜")、《袁贼自危》(班本,署"腾澜")等戏曲作品。

12月19日(或次日) 黄世仲继刘永福任广东民团总局总长。

12月21日 胡汉民随由国外回到香港的孙中山赴沪,据云孙中山北上之际曾荐黄世仲为粤督备选人员。此前,黄世仲经胡汉民同意为王和顺惠军等民军购买枪械以备北伐。

1912年　　中华民国元年　　壬子　　四十一岁

1月1日 黄世仲和沈孝则、李孟哲等共同倡议为史坚如铸造铜像、建纪念堂、封墓树碑并搜讨遗著。

1月27日 黄世仲和陈炯明联署《致孙大总统电》,该电刊于2月1日出版的《南京临时政府公报》第4号。

约1月底至2月初 民军遣散正式提上日程,陈炯明的专制独裁面目和谋成广东王的野心日益暴露,黄世仲反对陈炯明扩充自己实力、裁撤他人军队的民军编遣计划。黄世仲和陈炯明的矛盾冲突由是爆发。

2月1日 黄世仲为绍字营民军苏汉雄签发退伍优待执照。

3月10~12日 自3月7日起,陈炯明以重兵对不满其民军裁撤计划和专制独裁行径的王和顺等所部民军形成包围之势并一再对之进行挑衅,从而激起王和顺等所部民军的反抗;于是陈炯明便下令镇压其反抗,诬称其为"叛军"。双方激战期间,黄世仲任总长的民团总局曾派员进行调解。又据云黄世仲曾为王和顺等所部民军进行过"擘划",王和顺等民军也曾喊出过"打倒陈炯明,拥护黄世仲"的口号。黄世仲以是被陈炯明视为自己成为广东王的最大障碍。

3月中、下旬 为试探孙中山对粤督人选之态度,陈炯明曾推举黄世仲等人,谓皆可使治粤。

4月上旬某日　陈炯明曾到黄世仲家晤谈,企图拉拢黄世仲以取得黄世仲对自己的支持。黄世仲表示拒绝,明示"唔入陈党"即不和陈炯明同气合流,陈炯明愈决意除之。

4月9日　黄世仲明知危险,仍前往都督府替民军索要军饷,并与陈炯明发生冲突。陈炯明罗织罪名拘押黄世仲并发出《拿办黄世仲令》。

4月25日　已辞中华民国临时大总统职务的孙中山偕胡汉民等到达广州;当晚陈炯明不告而别,前往香港,临行留下应枪毙黄世仲的手令。

4月30日　法务局判处黄世仲死刑;黄世仲被迫写出"愿报效军政府壹拾万元"的字据。

5月1日　法务局令宪兵枪毙黄世仲,因黄世仲表示"吾尚有说话,须向局长陈诉"而中止。

5月3日　香港《华字日报》刊出《黄世仲在押留中遗书》(未刊完)。

同日,黄世仲被重任广东军政府都督的胡汉民下令枪毙。为追求民主共和崇高理想,黄世仲献出了自己的生命。

二、《黄世仲黄伯耀弟兄南洋诗文集》和《黄世仲弟兄反清文集》未收之黄世仲非中长篇小说知见录

《除旧说》　政论　《天南新报》辛丑十二月二十九日(1902年2月7日)(?)　(署名不详)

　　按:该文未见。详参本书上册第二章。

《世仲战争新法论》　政论　《经世文潮》第7期　光绪二十九年八月朔日(1903年9月21日)　世仲

　　按:该文即黄世仲连载于《天南新报》1902年10月14日和16日的政论《战争新法论》(署"世仲"),可见黄世仲的政论在当时是颇有影

响的。又，黄世仲的兄长黄伯耀在《天南新报》1903 年 7 月 6 日和 7 月 21 日分别发表的政论《论水师之特色当法泰西为进步》（署"黄伯耀稿"）和《论允许俄约而中国瓜分之势迫》（署"黄伯耀稿"），也分别被光绪二十九年七月朔日（1903 年 8 月 23 日）出版的《经世文潮》第 5 期和同年七月二十一日（1903 年 9 月 12 日）出版的《选报》第 55 期收录，其题分别为《黄伯耀论水师之特色当法泰西为进步》和《天南新报论中国瓜分之势迫》。

《美术之润例》 广告 《有所谓》报 乙巳六月十七日（1905 年 7 月 19 日）及之后数日 黄棣荪等

> 按：该广告署名共四人，即郑贯公、潘兰史、马秀峰和黄棣荪（黄世仲）。

《本报抵制美约非常广告》 广告 《有所谓》报乙巳六月二十日（1905 年 7 月 22 日）及之后数日 本社同人郑贯公等披露

> 按：黄世仲系《有所谓》报名誉记者，故此非常广告之末署"本报同人"当包括黄世仲。

《欢迎王宠惠先生》 广告 《有所谓》报乙巳九月十六日（1905 年 10 月 14 日） 黄世仲等

> 按：该广告联署者共五人，即颜悠父、黄世仲、冯自由、李自重、郑贯公。

《追悼冯夏威挽联》 初一日香港追悼冯夏威先生挽联汇志 《广东日报》乙巳十月初三日（1905 年 10 月 30 日） 黄世仲

《追悼陈天华挽联》 招魂语——香港学界追悼陈天华挽联汇录 《有所谓》报丙午三月初九日（1906 年 4 月 2 日） 开智社同人

> 按：黄世仲系开智社成员，故此挽联末署"开智社同人"当包括黄世仲，且当出黄世仲之手。详参本书上册第四章。

《亚斧写字》 广告 《有所谓》报丙午二月初九日（1911 年 3 月 3 日） 黄棣荪等

> 按：署名者共六人，即：黄棣荪、胡骏男、劳慧公、郑贯公、陈猛进、易次乾。

《〈水浒传〉于转移社会之能力及施耐庵对于社会之关系》 小说理论 《粤东小说林》第 3 期 丙午九月十九日（1906 年 11 月 5 日） 世次郎

《文言小说〈金瓶梅〉于人情上之观感》 小说理论 《粤东小说林》第

7 期　丙午十月廿九日(1906 年 12 月 14 日)　世次郎

《论小说文字何为佳品何为劣品的比较》　小说理论　《粤东小说林》第 8 期　丙午十一月九日(1906 年 12 月 24 日)　拾言

《狡骗》　短篇小说　《粤东小说林》　丙午十一月九日(1905 年 12 月 24 日)　佩铿

《卖烟》　板眼　《时事画报》丁未第 2 期　丁未一月廿九日(1907 年 3 月 13 日)　箇人

《时谐三集》　光绪三十三年(1907 年)　禺山道人

《〈时谐三集〉序》　《时谐三集》　光绪三十三年(1907 年)　禺山道人

《文风之变迁与小说将来之位置》　小说理论　《中外小说林》第 6 期　丁未七月初一日(1907 年 8 月 9 日)　老棣

《中国小说家向多托言鬼神最阻人群慧力之进步》　小说理论　《中外小说林》第 9 期　丁未八月初一日(1907 年 9 月 8 日)　棠

《小说之功用比报纸之影响为更普及》　小说理论　《中外小说林》第 11 期　丁未八月廿一日(1907 年 9 月 28 日)　亚荛

《禁烟笑柄》　龙舟歌　《中外小说林》第 11 期　丁未八月廿一日(1907 年 9 月 28 日)　笑评

《唔怕丑》　粤讴　《中外小说林》第 11 期　丁未八月廿一日(1907 年 9 月 28 日)　笑评

《登高感怀》　南音　《中外小说林》第 12 期　丁未九月初一日(1907 年 10 月 7 日)　笑评

《愁闺怨》　班本　《中外小说林》第 12 期　丁未九月初一日(1907 年 10 月 7 日)　笑评

《追悼邬生员》　龙舟歌　《中外小说林》第 14 期　丁未十月初一日(1907 年 11 月 6 日)(?)　笑评

《梁启超被打》　班本　《中外小说林》第 14 期　丁未十月初一日(1907 年 11 月 6 日)(?)　笑评

《奈何天》　《中外小说林》第 15 期至《绘图中外小说林》第二年第 11 期　丁未十月十一日(1907 年 11 月 26 日)至戊申三月廿日(1908 年 4 月

20 日)(?)　笑评

《最淫先生传》　谐文　《绘图中外小说林》第 17 期　丁未十二月十五日(1908 年 1 月 18 日)　亚荛

《海水反江》　木鱼　《绘图中外小说林》第 17 期　丁未十二月十五日(1908 年 1 月 18 日)　荛

《学堂宜推广以小说为教书》　小说理论　《绘图中外小说林》第 18 期　丁未十二月十五日(1908 年 1 月 18 日)　老棣

《贺王子某二爷抢得南妓洪阑舫书》　谐文　《绘图中外小说林》第 18 期　丁未十二月十五日(1908 年 1 月 18 日)　荛

《大觉悟》　离奇小说　《绘图中外小说林》第二年第 1 期　戊申正月初十日(1908 年 2 月 11 日)　荛

《新年说》　短论　《绘图中外小说林》第二年第 1 期　戊申正月初十日(1908 年 2 月 11 日)　荛

《改良剧本与改良小说关系于社会之重轻》　小说理论　《绘图中外小说林》　第二年第 2 期　戊申正月二十日(1908 年 2 月 21 日)　棣

《烟魔狱》　南音　《绘图中外小说林》第二年第 1、3 期　戊申正月初十日、正月三十日(1908 年 2 月 11 日、1908 年 3 月 2 日)　棣

《小说风尚之进步以翻译说部为风气之先》　小说理论　《绘图中外小说林》第二年第 4 期　戊申二月初十日(1908 年 3 月 12 日)(?)　世

《光棍皮考》　谐文　《绘图中外小说林》第二年第 4 期　戊申二月初十日(1908 年 3 月 12 日)(?)　荛

《无名之富翁》　短篇小说　《绘图中外小说林》第二年第 5 期　戊申二月二十日(1908 年 3 月 22 日)(?)　荛

《拟特别笔单》　谐文　《绘图中外小说林》第二年第 7 期　戊申三月初十日(1908 年 4 月 10 日)　荛

《沈醉生》　谐文　《绘图中外小说林》第二年第 7 期　戊申三月初十日(1908 年 4 月 10 日)　荛

《历史小说〈东周列国演义〉与时局进化之关系》　小说理论　《绘图中外小说林》第二年第 11 期　戊申三月廿日(1908 年 4 月 20 日)(?)　世

《好官难做》　短论　《南越报》　庚戌十月初七日（1910 年 11 月 8 日）　健儿

《寒天雁》　粤讴　《南越报》　庚戌十月十二日（1910 年 11 月 13 日）　健

《呜呼,赌无禁期冬防可虑矣》　时评　《南越报》　庚戌十一月廿二日（1910 年 11 月 23 日）　健儿

《勉哉,〈瀛洲报〉》　时评　《南越报》　庚戌十二月初二日（1910 年 12 月 23 日）　健儿

《赌可禁乎》　时评　《南越报》　庚戌十二月初三日（1911 年 1 月 3 日）　健儿

《万金一见》　时评　《南越报》　庚戌十二月初六日（1911 年 1 月 6 日）　健儿

《淘古井》　短篇小说　《南越报》　庚戌十二月十一～十二日（1911 年 1 月 11～12 日）　健儿

按:此作估计连载两日,笔者手头仅有续文,前部未见。

《庚戌停工序》　短论　《南越报》　宣统二年十二月二十四日（1911 年 1 月 24 日）　健儿

《拟出卖土地衣广告》　谐文　《南越报》　宣统二年十二月二十四日（1911 年 1 月 24 日）　健儿

《拟出卖土地衣广告》　谐文　《南越报》　宣统三年二月初二日（1911 年 3 月 2 日）　健儿

《瑞澂今昔观》　时评　《南越报》　辛亥九月初二日（1911 年 10 月 23 日）　健儿

《出山》　笑话　《南越报》　辛亥九月初二日（1911 年 10 月 23 日）　健

《国会》　笑话　《南越报》　辛亥九月初二日（1911 年 10 月 23 日）　儿

《代保妖致革命军谢恩启》　谐文　《南越报》　辛亥九月十三日（1911 年 11 月 3 日）　健儿

《香港〈新汉日报〉招股简章》 广告 《南越报》 辛亥九月十八日（1911 年 11 月 8 日）

按：该件未署作者，但《新汉日报》系黄世仲创办故此件当出于其手。

《汪兆铭与陈敬岳》 短论 《南越报》 辛亥九月十八日（1911 年 11 月 8 日） 健儿

《本报唯一小说出世预告·〈新汉建国志〉》 广告 《新汉日报》 创刊号 辛亥九月十九日（1911 年 11 月 9 日）

按：黄世仲系《新汉日报》总司理兼撰述员，故该广告当由其撰写。

《戏拟妖党布告天下书》 谐文 《南越报》 辛亥九月二十七日（1911 年 11 月 17 日） 驾

《广东都督一》 笑话 《南越报》 辛亥九月三十日（1911 年 11 月 20 日） 健

《广东都督二》 笑话 《南越报》 辛亥九月三十日（1911 年 11 月 20 日） 儿

《清政府一线之生机》 时评 《南越报》 辛亥十月初三日（1911 年 11 月 23 日） 健儿

《袁贼毕竟要食炸弹》 时评 《南越报》 辛亥十月初九日（1911 年 11 月 29 日） 健儿

《私见与利心召亡之道也》 时评 《南越报》 辛亥十月十一日（1911 年 12 月 1 日） 健儿

《陈炯明何以不赴欢迎会乎》 时评 《南越报》 辛亥十月十五日（1911 年 12 月 5 日） 健儿

按：尾端未见。

《兴师北伐》 剧本 《南越报》 辛亥十月初九日（1911 年 11 月 29 日） 腾澜

按：正文仅见首行。

《喻土匪檄》 谐文 《南越报》 辛亥十月十五日（1911 年 12 月 5 日） 腾澜

按：本文未完，续文未见。

《最特别之北伐储才馆》 时评 《南越报》 辛亥十月十八日（1911年12月8日） 腾澜

《广东军团协会简章》《南越报》辛亥十月十九日（1911年12月9日）

> 按：黄世仲系广东军团协会副会长，故疑此简章当由其与陈炯明等一起草拟。姑系于黄世仲名下，详情俟考。

《拟民国海军舰队覆袁贼书》 谐文 《南越报》 十月二十三日（1911年12月13日） 驾萧

《讨冯国璋檄》 谐文 《南越报》 辛亥十月二十六日（1911年12月16日） 驾萧

《勗哉代议士》 时评 《南越报》 辛亥十一月初一日（1911年12月20日） 健儿

《阴论一》 笑话 《南越报》 辛亥十一月初一日（1911年12月20日） 澜

《阴论二》 笑话 《南越报》 辛亥十一月初一日（1911年12月20日） 澜

《阴论三》 笑话 《南越报》 辛亥十一月初一日（1911年12月20日） 腾澜

《郎唅唱》 粤讴 《南越报》 辛亥十一月初六日（1911年12月25日） 健儿

《拟妖党投降书》 谐文 《南越报》 辛亥十一月初七日（1911年12月26日） 驾萧

《祭满贼端方文》 谐文 《南越报》 辛亥十一月初八日（1911年12月27日） 驾萧

《否议员之行贿　劣言官之受贿》 时评 《南越报》 宣统二年十二月二十一日（1911年1月21日） 健儿

《功狗》 谐谈 《南越报》 辛亥十一月初九日（1911年12月27日） 腾

《腥膻》 谐谈 《南越报》 辛亥十一月初九日（1911年12月27日）

澜

《致孙大总统电(民国元年1月27日)》 电报 **《南京临时政府公报》**
第4号 辛亥十二月十四日(1912年2月1日)

　　按:与陈炯明联署发出,陈炯明署衔为"粤都督",黄世仲署衔为"民军
　　总务"。署名后题明韵目代日为"感","感"代27日。

三、黄世仲研究论著资料选目

《〈辨康有为政见书〉弁言》
　　禺山世次郎(黄世仲)　　《辨康有为政见书》单行本,香港,1930年冬
　　　　　　　　　　　　　　印行,上海图书馆藏

《本社同人题名》
　　《有所谓》报　　　　　　《有所谓》报乙巳年五月初二日(1905年6
　　　　　　　　　　　　　　月4日)

《请看本报之趣旨、内容、天职和特色》
　　《有所谓》报　　　　　　《有所谓》报乙巳年五月初二日(1905年6
　　　　　　　　　　　　　　月4日)

《本报抵制美约要告》
　　《有所谓》报同人郑贯公等　《有所谓》报乙巳年六月二十日(1905年7
　　　　　　　　　　　　　　月22日及之后数日)

《再改报格广告》
　　《有所谓》报　　　　　　《有所谓》报丙午年正月初八日(1906年2
　　　　　　　　　　　　　　月1日)

《请看本报小说之特色》
　　《有所谓》报　　　　　　《有所谓》报丙午年正月二十七日(1906年2
　　　　　　　　　　　　　　月20日)

《看看〈少年报〉出世之广告》
　　《少年报》　　　　　　　《有所谓》报光绪三十二年四月十九日(1906

年 5 月 12 日)

《招魂语——公悼郑贯公挽联》

　　黄世仲　　　　　　　　《有所谓》报丙午年四月二十八日(1906 年 5
　　　　　　　　　　　　　月 21 日)

《本社要告》

　　《少年报》　　　　　　《少年报》丙午年六月初六日(1906 年 7 月
　　　　　　　　　　　　　26 日)

《羊城将有小说报出世》

　　《少年报》　　　　　　《少年报》丙午年八月初五日(1906 年 9 月
　　　　　　　　　　　　　22 日)

《〈粤东小说林〉出世》

　　《粤东小说林》　　　　《少年报》丙午年八月初七日、初八日(1906
　　　　　　　　　　　　　年 9 月 24 日、25 日)

《喜喜将有广州白话报出世》

　　《少年报》　　　　　　《少年报》丙午年十月初九日(1906 年 11 月
　　　　　　　　　　　　　24 日)

《看看本报之小说特色》

　　《广东白话报》　　　　《广东白话报》第 1 期,丁未年四月三十日
　　　　　　　　　　　　　(1907 年 6 月 10 日)

《〈中外小说林〉趣旨》

　　《中外小说林》　　　　《中外小说林》创刊号,丁未年五月十一日
　　　　　　　　　　　　　(1907 年 6 月 21 日)

《〈廿载繁华梦〉序》

　　赖应钧　　　　　　　　《时事画报》第 17 期,丁未年七月初五日
　　　　　　　　　　　　　(1907 年 8 月 13 日);《廿载繁华梦》,
　　　　　　　　　　　　　广东《时事画报》社丁未年九月(1907
　　　　　　　　　　　　　年 10 月)出版

《〈廿载繁华梦〉序》

　　华亭过客学吕(岑学吕)　《廿载繁华梦》,广东《时事画报》社丁未年

九月(1907 年 10 月)出版;阿英:《晚清文学丛钞·小说三卷》,北京,中华书局1960 年 8 月出版

《〈廿载繁华梦〉叙》

曼殊庵主(麦仲华) 　《廿载繁华梦》,广东《时事画报》社丁未年九月(1907 年 10 月)出版;阿英:《晚清文学丛钞·小说三卷》,北京,中华书局1960 年 8 月出版

《〈廿载繁华梦〉弁言》

黄世仲 　《廿载繁华梦》,广东《时事画报》社丁未年九月(1907 年 10 月)出版

按:该《弁言》末题"世界之个人番禺黄小配"。

《〈廿载繁华梦〉凡例》

黄世仲 　《廿载繁华梦》,广东《时事画报》社丁未年九月(1907 年 10 月)出版

《〈廿载繁华梦〉凡例》

黄世仲 　《廿载繁华梦》,广东《时事画报》社丁未年九月(1907 年 10 月)出版

《又有新小说出世名〈党人碑〉》

《时事画报》 　《时事画报》丁未年第 21 ~ 25 期(1907 年9 ~ 10 月)

《快看快看〈社会公报〉出世》

《社会公报》同人 　《中国日报》丁未年十月二十三日(1907 年11 月 28 日)

《快看快看〈绘图中外小说林〉出版广告》

《绘图中外小说林》 　《绘图中外小说林》第一年第 16 期(丁未年十二月十日、1908 年 1 月 13 日)及之后几期和第二年第 1 期(戊申年正月初十日、1908 年 2 月 11 日)

《〈洪秀全演义〉序》

　　章炳麟　　　　　　　　　　《洪秀全演义》,《中国日报》1908 年出版

　　按:《中国日报》该本未见。此后《洪秀全演义》的不少版本以及有关中
　　国古代小说理论资料性专著和论文均刊录该序。

《〈洪秀全演义〉自序》

　　黄世仲　　　　　　　　　　《洪秀全演义》,《中国日报》1908 年出版

　　按:《中国日报》该本未见。此后《洪秀全演义》的不少版本以及有关中
　　国古代小说理论资料性专著和论文均刊录该自序。

《〈洪秀全演义〉凡例》

　　黄世仲　　　　　　　　　　《洪秀全演义》,《中国日报》1908 年出版

　　按:《中国日报》该本未见。此后《洪秀全演义》的不少版本以及有关中
　　国古代小说理论资料性专著和论文均刊录该凡例。

《〈宦海潮〉序》

　　林筑琴　　　　　　　　　　《宦海潮》,香港,《世界公益报》光绪三十四
　　　　　　　　　　　　　　　年戊申(1908)年刊行

《〈宦海潮〉叙文》

　　黄小配(黄世仲)　　　　　　《宦海潮》,香港,《世界公益报》光绪三十四
　　　　　　　　　　　　　　　年戊申(1908)年刊行

《〈宦海潮〉凡例》

　　黄小配(黄世仲)　　　　　　《宦海潮》,香港,《世界公益报》光绪三十四
　　　　　　　　　　　　　　　年戊申(1908)年刊行

《〈大马扁〉序》

　　吾庐主人梭功氏(卢信)　　　《大马扁》,日本,东京三光堂明治四十二年
　　　　　　　　　　　　　　　(1909)年出版

　　按:此三光堂本未见。此后《大马扁》的多种刊本均刊录此序。

《〈宦海升沉录〉序》

　　黄耀公(黄伯耀)　　　　　　《宦海升沉录》,香港,《实报》馆宣统己酉
　　　　　　　　　　　　　　　(1909)年出版

《广州保路大会详情》　　　　《申报》辛亥七月十九日(1911 年 9 月 11 日)

《本报唯一小说出世预告·〈新汉建国志〉》

    《新汉日报》   香港,《新汉日报》辛亥九月十九日(1911 年
                                11 月 9 日)

《广东新纪事》   《申报》辛亥十月初六日(1911 年 11 月 26
                                日)

《广东独立后之大会议》   《神州日报》辛亥十月初八日(1911 年 11 月
                                28 日)

《光复后之大会议》   《民立报》1911 年 11 月 29 日

《粤省之大会议》   《申报》辛亥十月初八日(1911 年 11 月 28
                                日)

《吴三桂演义》广告   《民立报》辛亥十月二十日(1911 年 12 月 10
                                日)

《粤人议铸史烈士铜像》   《申报》1912 年 1 月 8 日

《决定民军编制》   香港,《华字日报》辛亥十二月十八日(1912
                                年 2 月 5 日)

《民军总务处作何策》   香港,《华字日报》辛亥十二月二十一日
                                (1912 年 2 月 8 日)

《王和顺一面之词 持之有故 言之成理》

                        《神州日报》1912 年 3 月 23 日

《粤都督之威权》   《时报》1912 年 4 月 9 日

《黄世仲在押留中遗书》(未完)

    黄世仲   香港,《华字日报》1912 年 5 月 3 日

《关于黄世仲被枪毙之〈大陆报〉香港电》(拟题)

                        《民立报》1912 年 5 月 5 日

《西报记黄世仲之伏法》   《神州日报》1912 年 5 月 5 日

《关于黄世仲被枪毙的香港专电》(拟题)

                        《时报》1912 年 5 月 5 日

《关于黄世仲被枪毙的广州专电》（拟题）

　　　　　　　　　　　　　《时报》1912 年 5 月 5 日

《粤督枪毙黄世仲详情》　　《时报》1912 年 5 月 7 日

《粤省又诛三军官》　　　　《申报》1912 年 5 月 8 日

《粤督枪毙黄世仲等续志》　《时报》1912 年 5 月 9 日

《粤督枪毙黄世仲三志》　　《时报》1912 年 5 月 10 日

《三罪犯同日枪毙》　　　　《民立报》1912 年 5 月 10 日

《通告粤中父老昆弟书》

　　孙中山　　　　　　　　《民生日报》1912 年 6 月 8 日

《黄世仲伏法后之尸棺》　（照片）

　　　　　　　　　　　　　《真相画报》1912 年第 11 期

　　按：原有文字说明。

《黄世仲身后之劫及其定谳之铁证》（照片）

　　　　　　　　　　　　　《真相画报》1912 年第 11 期

　　按：即黄世仲遗墨照片，另有文字说明。

《黄世仲家之被劫》（照片）　《真相画报》1912 年第 11 期

《澄清吏治大文章》　　　　《民立报》1912 年 11 月 5 日

《广州光复记》

　　郭孝成　　　　　　　　中国史学会编：《中国近代史资料丛刊·辛
　　　　　　　　　　　　　　亥革命》（七），上海，上海人民出版社
　　　　　　　　　　　　　　1957 年 7 月出版

《陈炯明叛国史》

　　鲁直之、谢盛之、　　　《陈炯明叛国史中山先生亲征录》，《近代史
　　李睡仙　　　　　　　　　料笔记丛刊》，北京，中华书局 2007 年 6
　　　　　　　　　　　　　　月出版

《香港〈中国日报〉及同盟会》

　　冯自由　　　　　　　　《中华民国开国前革命史》上编第三十二章，
　　　　　　　　　　　　　　革命史编辑社 1928 年 11 月发行

《兴中会革命史别录》

　　陈少白　　　　　　　　　中国史学会编:《中国近代史资料丛刊·辛
　　　　　　　　　　　　　　　亥革命》(一),上海,上海人民出版社
　　　　　　　　　　　　　　　1957年7月出版

《舒炳荣同志事略》

　　陈春生　　　　　　　　　《庚戌新军举义记》附录,中国史学会编:《中
　　　　　　　　　　　　　　　国近代史资料丛刊·辛亥革命》(三),
　　　　　　　　　　　　　　　上海,上海人民出版社1957年7月出版

《〈洪秀全演义〉和〈廿载繁华梦〉著录》(拟题)

　　孙楷第　　　　　　　　　《中国通俗小说书目》,北京,作家出版社
　　　　　　　　　　　　　　　1957年1月出版;北京,人民文学出版
　　　　　　　　　　　　　　　社1982年12月出版

《七十年来之香港报业》

　　麦思源　　　　　　　　　张静庐辑注:《中国近代出版史料补编》,北
　　　　　　　　　　　　　　　京,中华书局1957年5月出版

《黄小配》(词条释文)

　　谭正璧　　　　　　　　　《中国文学大辞典》,上海,光明书局1934年
　　　　　　　　　　　　　　　12月出版;上海书店1981年3月出版

《〈洪秀全演义〉新序》

　　柳亚子(?)　　　　　　　《革命历史说部洪秀全》,上海,大达图书供
　　　　　　　　　　　　　　　应社1934年(?)出版

《〈廿载繁华梦〉小引》

　　佚名　　　　　　　　　　《廿载繁华梦》,上海,大达图书供应社1934
　　　　　　　　　　　　　　　年(?)出版,1935年1月再版

《〈廿载繁华梦〉附志》

　　佚名　　　　　　　　　　《廿载繁华梦》,上海,大达图书供应社1934
　　　　　　　　　　　　　　　年(?)出版,1935年1月再版

《尤列事略》

　　冯自由　　　　　　　　　《革命逸史》初集,北京,中华书局1981年7

月出版

《香江之革命楼台》

马小进

杜元载主编：《革命文献》第 64 辑《兴中会革命史料》，台北，中国国民党中央委员会党史委员会 1973 年 12 月编辑发行

《中日战争在文学上的反映》

张于英（阿英）

《光明》一卷四号，1936 年 7 月出版

《秦力山事略》

冯自由

《革命逸史》初集，北京，中华书局 1981 年 7 月出版

《广东报纸与革命运动》

冯自由

《革命逸史》初集，北京，中华书局 1981 年 7 月出版

《宦海升沉录》

阿英

《好文章》第 5 期，1937 年 2 月出版

《新加坡〈图南日报〉》

冯自由

《革命逸史》初集，北京，中华书局 1981 年 7 月出版

《郑贯公事略》

冯自由

《革命逸史》初集，北京，中华书局 1981 年 7 月出版

《立宪运动面面观》

阿英

《晚清小说史》第七章，北京，人民文学出版社 1980 年 8 月出版

《官僚生活的暴露》

阿英

《晚清小说史》第十一章，北京，人民文学出版社 1980 年 8 月出版

《讲史与公案》

阿英 　　　　　　　　　《晚清小说史》第十二章,北京,人民文学出
　　　　　　　　　　　　版社 1980 年 8 月出版

《黄小配》

姜亮夫 　　　　　　　　《历代人物年里碑传综表》,北京,中华书局
　　　　　　　　　　　　1959 年出版

《〈洪秀全演义〉作者黄世仲》

冯自由 　　　　　　　　《革命逸史》第 2 集,北京,中华书局 1981 年
　　　　　　　　　　　　7 月出版

《评黄著〈洪秀全演义〉》

郭青山 　　　　　　　　《大风》第 23 期,1938 年 10 月 15 日出版

《辛亥革命书微》

张于英(阿英) 　　　　　张静庐辑注:《中国近代出版史料初编》,北
　　　　　　　　　　　　京,中华书局 1957 年 12 月出版;阿英:
　　　　　　　　　　　　《晚清文艺报刊述略》,北京,中华书局
　　　　　　　　　　　　1959 年 8 月出版

《星加坡南洋支部》

邹鲁 　　　　　　　　　中国史学会编:《中国近代史资料丛刊·辛
　　　　　　　　　　　　亥革命》(二),上海,上海人民出版社
　　　　　　　　　　　　1957 年 7 月出版;《中国国民党史稿》,北
　　　　　　　　　　　　京,中华书局 1960 年 5 月出版

《香港党务》

邹鲁 　　　　　　　　　中国史学会编:《中国近代史资料丛刊·辛
　　　　　　　　　　　　亥革命》(二),上海,上海人民出版社
　　　　　　　　　　　　1957 年 7 月出版

《广东戏剧家与革命运动》

冯自由 　　　　　　　　《革命逸史》第 2 集,北京,中华书局 1981 年
　　　　　　　　　　　　7 月出版

《〈洪秀全演义〉自序及章序说明》（拟题）

　　陆曼炎　　　　　　　　　《中华民国开国前革命文献》,名山出版公司
　　　　　　　　　　　　　　　1944 年 12 月出版

《黄世仲》

　　杨世骥　　　　　　　　　《新中华》复刊第 1 卷第 12 期;《文苑谈往》第 1
　　　　　　　　　　　　　　　集,重庆,中华书局 1945 年 4 月出版

《兴中会时期之革命同志》

　　冯自由　　　　　　　　　《革命逸史》第 3 集,北京,中华书局 1981 年
　　　　　　　　　　　　　　　7 月出版

《中和堂小史》

　　冯自由　　　　　　　　　《革命逸史》第 3 集,北京,中华书局 1981 年
　　　　　　　　　　　　　　　7 月出版

《开国前海内外革命书报一览》

　　冯自由　　　　　　　　　《革命逸史》第 3 集,北京,中华书局 1981 年
　　　　　　　　　　　　　　　7 月出版

《香港同盟会史要》

　　冯自由　　　　　　　　　《革命逸史》第 3 集,北京,中华书局 1981 年
　　　　　　　　　　　　　　　7 月出版

《革命诗人廖平子》

　　冯自由　　　　　　　　　《革命逸史》第 3 集,北京,中华书局 1981 年
　　　　　　　　　　　　　　　7 月出版

《南洋各地革命党报述略》

　　冯自由　　　　　　　　　《革命逸史》第 4 集,北京,中华书局 1981 年
　　　　　　　　　　　　　　　7 月出版

《廿载繁华梦》（短论）

　　陈汝衡　　　　　　　　　陈汝衡:《说苑珍闻》,上海,上海古籍出版社
　　　　　　　　　　　　　　　1981 年 12 月出版

《香港之部》

　　冯自由　　　　　　　　　《华侨革命开国史》之一,《近代史资料专

刊·华侨与辛亥革命》,北京,中国社会
科学出版社1981年12月出版

《南洋英荷二属之部》

冯自由　　　　　　　《华侨革命开国史》之五,《近代史资料专
刊·华侨与辛亥革命》,北京,中国社会
科学出版社1981年12月出版

《开国前革命党人的文学》

陆丹林　　　　　　　《革命史话》,大东书局1947年出版

《中国革命二十六年组织史》

冯自由　　　　　　　北京,商务印书馆1948年1月出版

按:该书内之革命运动第十三、十五、十八、二十、二十一、二十二年下,
均述及黄世仲或与其有关之史实。

《胡汉民自传》

胡汉民　　　　　　　《近代史资料》1981年第2期,北京,中国社
会科学出版社1981年8月出版;《广东
文史资料·孙中山与辛亥革命史料专
辑》,广州,广东人民出版社1981年8月
出版

《晚清戏曲小说目》

阿英　　　　　　　　上海,上海文艺联合出版社1954年8月
出版

《黄小配的生平、思想、作品》

苏兴　　　　　　　　《清代文学》第四节《黄小配和曾朴》,长春,
东北师范大学1956年1月内部排印

《中国近代文学的社会基础及其特征》

陈则光　　　　　　　《中山大学学报》1959年第1、2期;中国社
会科学院文学研究所近代文学组编
《1949~1979中国近代文学论文集·概
论卷》,北京,中国社会科学出版社1981

年 7 月出版

按:该文首次引及"世"即黄世仲有关小说的理论著述中的观点。

《资产阶级民主主义革命小说》

北京大学中文系 1955 级　《中国小说史稿》第七编第十七章,北京,
《中国小说史稿》编辑　　　人民文学出版社 1960 年 4 月第 1 版,
委员会　　　　　　　　　1973 年 12 月第 2 版

《黄小配》

复旦大学中文系 1956 级　《中国近代文学史稿》第四章第一节《资产阶
中国近代文学史　　　　　级民主主义革命中的文学活动》,北京,
编写小组　　　　　　　　中华书局 1960 年 5 月出版

《〈晚清文学丛钞·小说三卷〉叙例》

阿英　　　　　　　　　　《晚清文学丛钞·小说三卷》,北京,中华书
　　　　　　　　　　　　局 1960 年 8 月出版;阿英:《小说四谈》,
　　　　　　　　　　　　上海,上海古籍出版社 1981 年 12 月
　　　　　　　　　　　　出版

《黄世仲的几种革命历史小说》

宋平　　　　　　　　　　《羊城晚报》1960 年 11 月 11 日;中国社会科
　　　　　　　　　　　　学院文学研究所近代文学组编:《1949 ~
　　　　　　　　　　　　1979 中国近代文学论文集·小说卷》,
　　　　　　　　　　　　北京,中国社会科学出版社 1983 年 4 月
　　　　　　　　　　　　出版

《黄世仲的小说——辛亥革命文谈》

阿英　　　　　　　　　　《人民日报》1961 年 10 月 30 日;中国社会科
　　　　　　　　　　　　学院文学研究所近代文学组编:《1949 ~
　　　　　　　　　　　　1979 中国近代文学论文集·概论卷》,
　　　　　　　　　　　　北京,中国社会科学出版社 1981 年 7 月
　　　　　　　　　　　　出版

《广东"瀛字敢死军"纪略》

胡汉贤　　　　　　　　　政协广东省委员会文史资料研究委员会编:

《广东辛亥革命史料》,广州,1962 年 2 月
印行;广州,广东人民出版社 1981 年 7 月
出版

《王和顺惠军与陈炯明循军冲突内幕》

李蘅皋　　　　　　　政协广东省委员会文史资料研究委员会编:
《广东辛亥革命史料》,广州,1962 年 2 月
印行;广州,广东人民出版社 1981 年 7 月
出版

《黄世仲与〈洪秀全演义〉》

陈华新　　　　　　　《南方日报》1962 年 5 月 20 日;《广东历史
人物志》,《随笔》第 2 集,广州,广东人
民出版社 1979 年 7 月出版

《黄小配与〈廿载繁华梦〉》

冼玉清　　　　　　　《羊城晚报》1962 年 7 月 6 日;中国社会科学
院文学研究所近代文学组编:《1949 ~
1979 中国近代文学论文集·小说卷》,
北京,中国社会科学出版社 1983 年 4 月
出版

《辛亥革命时期重要报刊作者笔名录》

张静庐、李松年　　　《文史》第 1 辑,北京,中华书局 1962 年 10
月出版;中国社会科学院文学研究所近
代文学组编:《1949 ~ 1979 中国近代文
学论文集·概论卷》,北京,中国社会科
学出版社 1981 年 7 月出版

《五十二年前的一篇报告文学》

李远(李育中)　　　《南方日报》1963 年 4 月 14 日;中国社会科
学院文学研究所近代文学组编:《1949 ~
1979 中国近代文学论文集·小说卷》,
北京,中国社会科学出版社 1983 年 4 月

出版

《戏班和戏院》

刘国兴　　　　　　　　　《广东文史资料》第 11 辑,广州,政协广东省
委员会文史资料研究委员会 1963 年 7
月编印

《对〈戏班和戏院〉一文的补充》

陆丹林　　　　　　　　　《广东文史资料》第 13 辑,广州,政协广东省
委员会文史资料研究委员会 1964 年 6
月编印

《有关孙中山先生史实的点滴回忆》

邓警亚　　　　　　　　　《广东文史资料》第 15 辑,广州,政协广东省
委员会文史资料研究委员会 1964 年 10
月编印

《八十年来广东的"禁赌"和开赌》

卫恭　　　　　　　　　　《广东文史资料》第 16 辑,广州,政协广东省
委员会文史资料研究委员会 1964 年 11
月编印

《清末民初广东报业杂忆》

沈琼楼　　　　　　　　　《广东文史资料》第 17 辑,广州,政协广东省
委员会文史资料研究委员会 1964 年 12
月编印

《拿办黄世仲令》

陈炯明　　　　　　　　　《有关陈炯明资料》,广州,政协广东省委员
会文史资料研究委员会、中国科学院广
州哲学社会科学研究所 1965 年内部编
印(油印本)

《尤列》

黄季陆主编　　　　　　　《革命人物志》第 1 集,台北,中国国民党中
央委员会党史史料编辑委员会 1969 年

1 月编辑发行

《王斧》

黄季陆主编　　　　　　　《革命人物志》第 1 集,台北,中国国民党中央委员会党史史料编辑委员会 1969 年 1 月编辑发行

《黄世仲在香港所著小说研究》

李明棠　　　　　　　　　1972 年香港大学硕士论文

《黄世仲及其廿载繁华梦》

叶秀常　　　　　　　　　1972 年香港大学硕士论文

《舒炳荣》

舒炳荣记述　　　　　　　黄大汉:《兴中会各同志革命工作者史略》十二,丘权政、杜春和编:《辛亥革命史料选辑》上册,长沙,湖南人民出版社 1981 年 9 月出版

《中国同盟会成立初期(乙巳、丙午)之会员名册》

丘权政、杜春和编　　　　《辛亥革命史料选辑》上册,长沙,湖南人民出版社 1981 年 9 月出版

《开国前广东革命报刊》

佚名　　　　　　　　　　《开国前广东革命宣传工作》,杜元载主编:《革命文献》第 65 辑《中国同盟会革命史料》(二),台北,中国国民党中央委员会党史委员会 1974 年 6 月编辑发行

《〈洪秀全演义序〉说明》

汤志钧　　　　　　　　　《章太炎政论选集》,北京,中华书局 1977 年 11 月出版

《陈天华、黄小配的资产阶级革命小说》

北京大学中文系　　　　　《中国小说史》第五编第十八章第六节,北京,人民文学出版社 1978 年 11 月出版

《民主革命的吼声》

南开大学中文系　　　　　《中国小说史简编》近代部分之十五,北京,
人民文学出版社 1979 年 5 月出版

《"我佛山人"吴趼人》

李育中　　　　　《广东小说家杂话》,《随笔》第 1 集,广州,广
东人民出版社 1979 年 6 月出版

《〈洪秀全演义〉作者黄小配》

李育中　　　　　《广东小说家杂话》,《随笔》第 1 集,广州,广
东人民出版社 1979 年 6 月出版

《小说中的失真》

吴有恒　　　　　《榕荫杂记》,《随笔》第 1 集,广州,广东人民
出版社 1979 年 6 月出版

《资产阶级民主革命小说》

十三所高等院校《中国　　《中国文学史》(下册),南昌,江西人民出版
文学史》编写组编　　　社 1979 年 7 月出版

《辛亥革命时期广东报刊录》

李默　　　　　《新闻研究资料》第 1～3 辑,北京,中国社会
科学出版社 1979 年 8 月、1980 年 1 月、
1980 年 5 月出版

《〈章太炎年谱长编〉卷三"光绪三十二年丙午(1906)"》(拟题)

汤志钧　　　　　《章太炎年谱长编》,北京,中华书局 1979 年
10 月出版

《我国近代文学期刊编目》

阮恒辉　　　　　《文献》1979 年第 2 辑,北京,书目文献出版
社 1979 年 12 月出版

《湘军平"逆"传》

戴不凡　　　　　《小说闻见录》,杭州,浙江人民出版社 1980
年 2 月出版

《第一部反映黄花岗起义的小说》

　　杨绍练　　　　　　　　《广州日报》1980 年 5 月 26 日

《章太炎和〈洪秀全演义〉》

　　周中民　　　　　　　　《书林》1980 年第 5 期

《一部似〈红楼梦〉的广东小说——黄小配作〈廿载繁华梦〉》

　　李育中　　　　　　　　《羊城晚报》1980 年 8 月 20 日

《广东才子黄小配》

　　山风　　　　　　　　　《广州日报》1980 年 10 月 19 日

《晚清文艺报拾零》

　　胡绳武　　　　　　　　《文献》1980 年第 3 辑,北京,书目文献出版
　　　　　　　　　　　　　社 1980 年 10 月出版

《资产阶级民主主义革命派的小说》(拟题)

　　六省市十一院校　　　　《中国文学简史》(下册)第九编第五章第三
　　　　　　　　　　　　　节,哈尔滨,黑龙江人民出版社 1980 年
　　　　　　　　　　　　　10 月出版

《〈洪秀全演义〉出版说明》

　　江苏人民出版社　　　　《洪秀全演义》,南京,江苏人民出版社 1981
　　　　　　　　　　　　　年 2 月出版

《略谈清末资产阶级革命小说》

　　黄霖　　　　　　　　　《书林》1981 年第 2 期

《〈洪秀全演义〉前言》

　　湖南人民出版社　　　　《洪秀全演义》,长沙,湖南人民出版社 1981
　　古籍编辑室　　　　　　年 5 月出版
　　　按:该书 1984 年 6 月又以岳麓书社名义出版,其前言作者署名改作"喻
　　　　岳衡"。

《〈洪秀全演义〉前言》

　　长江文艺出版社　　　　《洪秀全演义》,武汉,长江文艺出版社 1981
　　　　　　　　　　　　　年 5 月出版

《兴中会的第一个机关报〈中国日报〉的创刊和香港地区的其他革命报纸》

　　方汉奇　　　　　　　　《中国近代报刊史》第四章第二节,太原,山
　　　　　　　　　　　　　　西人民出版社 1981 年 6 月出版

《震撼人心的革命小册子》

　　方汉奇　　　　　　　　《中国近代报刊史》第四章第三节,太原,山
　　　　　　　　　　　　　　西人民出版社 1981 年 6 月出版

《香港地区的革命报刊宣传活动》

　　方汉奇　　　　　　　　《中国近代报刊史》第五章第九节,太原,山
　　　　　　　　　　　　　　西人民出版社 1981 年 6 月出版

《清季革命保皇两党冲突始末》

　　冯自由　　　　　　　　《革命逸史》第 6 集,北京,中华书局 1981 年
　　　　　　　　　　　　　　7 月出版

《中国同盟会员大会最初三年会员人名册》

　　冯自由　　　　　　　　《革命逸史》第 6 集,北京,中华书局 1981 年
　　　　　　　　　　　　　　7 月出版

《南洋华侨与革命运动》

　　冯自由　　　　　　　　《革命逸史》第 6 集,北京,中华书局 1981 年
　　　　　　　　　　　　　　7 月出版

　　按:第 6 集中华人民共和国成立前商务印书馆已付型而未及印出。

《〈洪秀全演义〉出版说明》

　　上海古籍出版社　　　　《洪秀全演义》,上海,上海古籍出版社 1981
　　　　　　　　　　　　　　年 8 月出版

《辛亥前后同盟会在港穗地区新闻界活动杂忆》

　　冯秋雪　　　　　　　　《广东文史资料·孙中山与辛亥革命史料专
　　　　　　　　　　　　　　辑》,广州,广东人民出版社 1981 年 8 月
　　　　　　　　　　　　　　出版

《陈炯明依附和背叛孙中山的始末》

　　丁身尊　　　　　　　　《广东文史资料》第 31 辑,广州,广东人民出
　　　　　　　　　　　　　　版社 1981 年 8 月出版

《陈炯明》

丁身尊、宋志文、　　　　　《民国人物传》第 3 卷,北京,中华书局 1981
朱信泉主编　　　　　　　　年 8 月出版

《辛亥革命时期的文学》

茅金　　　　　　　　　　《文学报》1981 年 10 月 8 日

《最早发表的革命派小说》

黄霖　　　　　　　　　　《清末革命派小说家琐记》,《复旦学报》
　　　　　　　　　　　　1981 年第 5 期

《辛亥革命时期杰出的小说家黄世仲》

颜廷亮　　　　　　　　　《兰州报》1981 年 11 月 5 日

《中国近代期刊篇目汇录》(第 2 卷中册)

上海图书馆　　　　　　　上海人民出版社 1981 年 6 月出版

按:内有《中外小说林》和《广东白话报》见知各期目录。

《广东折中派两画家陈树人与高剑父》

黎葛民　　　　　　　　　《广东文史资料》第 33 辑,广州,广东人民出
　　　　　　　　　　　　版社 1981 年 11 月出版;《文化史料》第 6
　　　　　　　　　　　　辑,北京,文史资料出版社 1983 年 6 月
　　　　　　　　　　　　出版

《〈洪秀全演义〉前言》

羊阜　　　　　　　　　　《洪秀全演义》,广州,广东人民出版社 1982
　　　　　　　　　　　　年 1 月出版

《晚清小说议琐》(十题)

任几(颜廷亮)　　　　　　《关陇文学论丛》第 1 集,兰州,甘肃人民出
　　　　　　　　　　　　版社 1982 年 3 月出版

附:子目

《孙中山和小说》

《〈自由结婚〉作者的真姓名》

《关于〈黄绣球〉的作者颐琐》

《给〈惨社会〉以应有的历史地位》

《〈黄金世界〉的政治倾向》

《王无生并非改良派》

《晚清革命派没有办过小说刊物吗?》

《黄世仲〈康有为政见书弁言〉》

《章太炎的〈洪秀全演义序〉》

《〈民报〉关于斧军说部的广告》

《鸦片战争后的香港报刊》

潘贤模　　　　　　　　《新闻研究资料》第 11 辑,北京,中国展望出
　　　　　　　　　　　版社 1982 年 5 月出版

《近代中国新闻事业史事编年》

方汉奇、谷长岭、冯迈　　《新闻研究资料》有关各辑,先后由中国展望
　　　　　　　　　　　出版社、中国社会科学出版社、中国新闻
　　　　　　　　　　　出版社出版

按:该编年系连载。其中第 13 辑(1982 年 6 月出版)、第 18 辑(1983 年
3 月出版)、第 20～22 辑(1983 年 7 月、9 月、11 月出版)、第 24～25
辑(1984 年 3 月、5 月出版)、第 29 辑(1985 年 2 月出版)等,均有有
关黄世仲的资料。

《〈洪秀全演义自序〉注释和说明》(拟题)

曾祖荫、黄清泉　　　　《中国历代小说序跋选注》,武汉,长江文艺
周伟民、王先霈　　　　　出版社 1982 年 8 月出版

按:该书据以收录的《〈洪秀全演义〉自序》石印本《洪秀全演义》,行序
错简,末行"典型,祖宗文物,犹未泯也,亦伟矣! 于时皇帝纪元四
千六百零六年季夏禺山黄小配序"错置于"如《太平天国成史》、杨
辅清《福州"供词"》及日人《满清纪事》诸书……"句"供"字与
"词"字之间,而编者不察,照录未改,致语义不畅。

《王斧》(词条释文)

陈旭麓　　　　　　　　《中国近代史词典》,上海,上海辞书出版社
　　　　　　　　　　　1982 年 10 月出版

《洪秀全演义》（词条释文）

　　陈旭麓　　　　　　　　　《中国近代史词典》，上海，上海辞书出版社
　　　　　　　　　　　　　　1982 年 10 月出版

《黄世仲》（词条释文）

　　陈旭麓　　　　　　　　　《中国近代史词典》，上海，上海辞书出版社
　　　　　　　　　　　　　　1982 年 10 月出版

《中国日报》

　　丁守和　　　　　　　　　《辛亥革命时期期刊介绍》（Ⅱ），北京，人民
　　　　　　　　　　　　　　出版社 1982 年 10 月出版

《论辛亥革命时期的广东民军》

　　丁身尊　　　　　　　　　《近代史研究》1982 年第 4 期，北京，中国社
　　　　　　　　　　　　　　会科学出版社 1982 年 10 月出版

《镜中影》（书目提要）

　　柳存仁　　　　　　　　　《伦敦所见中国小说书目提要》，北京，书目
　　　　　　　　　　　　　　文献出版社 1982 年 12 月出版

《宦海潮》（书目提要）

　　柳存仁　　　　　　　　　《伦敦所见中国小说书目提要》，北京，书目
　　　　　　　　　　　　　　文献出版社 1982 年 12 月出版

《还须手下留情词》

　　陈新　　　　　　　　　　《读书》1983 年第 2 期

《洪秀全演义》（词条释文）

　　孙家富、张广明　　　　　《文学词典》，武汉，湖北人民出版社 1983 年
　　　　　　　　　　　　　　4 月出版

《关于〈洪秀全演义〉》

　　王俊年　　　　　　　　　《文学遗产》1983 年第 3 期，北京，中华书局
　　　　　　　　　　　　　　1983 年 9 月出版

《黄世仲》

　　　　　　　　　　　　　　《新闻界名人介绍》，《中国新闻年鉴》（1983
　　　　　　　　　　　　　　年），北京，中国社会科学出版社 1983 年

10 月出版

《黄伯耀》

《新闻界名人介绍》,《中国新闻年鉴》(1983
年),北京,中国社会科学出版社 1983 年
10 月出版

《中国近代文学史事编年》

郑方泽　　　　　　　长春,吉林人民出版社 1983 年 11 月出版

按:是书之 1895、1901、1907、1909、1911、1913 等年下,均有对黄世仲或
与之有关的情况记述。

《岭南小说家黄小配》

李松庵　　　　　　　《广州日报》1984 年 1 月 10 日

《〈洪秀全演义〉校点后记》

王俊年　　　　　　　《洪秀全演义》,北京,人民文学出版社 1984
年 1 月出版

《〈金田起义〉题叙及注释》(拟题)

钟贤培、管林　　　　《中国近代文学作品选》,广州,广东人民出
谢华、谢飘云　　　　版社 1984 年 4 月出版

按:《金田起义》系《洪秀全演义》之节录,题目系节录者拟加。

《被陈炯明杀害的黄小配》

谷粱、慧之　　　　　《青年评论家》1985 年 3 月 10 日

《〈洪秀全演义〉章序说明及注释》(拟题)

黄霖、韩同文　　　　《中国历代小说论著选》(下册),南昌,江西
人民出版社 1985 年 5 月出版

《晚清革命派和我国小说理论的近代化》

颜廷亮　　　　　　　《甘肃教育学院学报》1985 年第 1 期;《黄世
仲与近代中国文学》,兰州,甘肃人民出
版社 2000 年 9 月出版

《黄世仲生平诸问题小辨》

颜廷亮　　　　　　　《近代文学史料》,北京,中国社会科学出版

社 1985 年 12 月出版

《黄世仲与近代中国文学》

颜廷亮　　　　　　　兰州,甘肃人民出版社 2000 年 9 月出版

《〈五日风声〉按语》(拟题)

木讷(王俊年)　　　《近代文学史料》,北京,中国社会科学出版
　　　　　　　　　　社 1985 年 12 月出版

《黄世仲小传》

颜廷亮　　　　　　　《中国近代文学研究》第 3 辑,广州,中山大
　　　　　　　　　　学出版社 1985 年 12 月出版;《宦海升沉
　　　　　　　　　　录》附录,长沙,湖南人民出版社 1988 年
　　　　　　　　　　5 月版;《黄世仲与近代中国文学》,兰
　　　　　　　　　　州,甘肃人民出版社 2000 年 9 月出版

《黄世仲昆仲的小说理论》

颜廷亮　　　　　　　《宁夏社会科学》1986 年第 2 期

《资产阶级革命在"天国"土地上的投影——评〈洪秀全演义〉》

齐裕焜　　　　　　　《明清小说研究》第 3 辑,北京,中国文联出
　　　　　　　　　　版公司 1986 年 4 月出版

《〈五日风声〉说明》(拟题)

曹飘宗　　　　　　　《五日风声》,华南师范大学近代文学研究室
　　　　　　　　　　编:《中国近代文学评林》第 2 辑,广州,
　　　　　　　　　　广东高等教育出版社 1986 年 7 月出版

《旅港番禺工商公所致孙中山、胡汉民电》

黄彦、李伯新编　　　《孙中山藏档选编(辛亥革命前后)》,北京,
　　　　　　　　　　中华书局 1986 年 9 月出版

《姚秉钧呈孙中山陈述解散所部民军经过折》

黄彦、李伯新编　　　《孙中山藏档选编(辛亥革命前后)》,北京,
　　　　　　　　　　中华书局 1986 年 9 月出版

《关于中国文学近代化过程的几个问题》

颜廷亮　　　　　　　《中国近代文学的特点性质和分期》,广州,

中山大学出版社 1986 年 10 月出版;《黄
世仲与近代中国文学》,兰州,甘肃人民
出版社 2000 年 9 月出版

《黄小配》(大百科全书词条释文)

侯忠义　　　　　　　　《中国大百科全书·中国文学》(Ⅰ),北京,
中国大百科全书出版社 1986 年 11 月
出版

《〈廿载繁华梦〉前言》

王长华　　　　　　　　《廿载繁华梦》,天津,天津古籍出版社 1986
年 12 月出版

《艺林散叶续编》

郑逸梅　　　　　　　　北京,中华书局 1987 年 4 月出版

按:该书之第 1724、2096 两条叙及黄世仲。

《小说书坊录》

韩锡铎、王清源　　　　沈阳,春风文艺出版社 1987 年 11 月出版

《关于黄世仲生平的笔者考误辨正》

颜廷亮　　　　　　　　日本,《清末小说》第 10 期,1987 年 12 月
出版

《〈五日风声〉校点后记》

王俊年　　　　　　　　《血泪黄花·五日风声》,南宁,漓江出版社
1988 年 1 月出版

《〈五日风声〉出版说明》

　　　　　　　　　　　《血泪黄花·五日风声》,南宁,漓江出版社
1988 年 1 月出版

《黄世仲的小说理论和小说创作》

赵明政　　　　　　　　《明清小说研究》1988 年第 1 期

《〈宦海升沉录〉校点附白》

张正吾　　　　　　　　《宦海升沉录》,长沙,湖南文艺出版社 1988
年 5 月出版

《资产阶级革命派——黄摩西、徐念慈、金松岑、黄小配、章太炎》

  王先霈、周伟民　　　　　　《明清小说理论批评史》第十二章第四节,广
　　　　　　　　　　　　　　　州,花城出版社 1988 年 10 月出版

《黄世仲的〈洪秀全演义〉》

  任访秋主编　　　　　　　　《中国近代文学史》下编第四章第三节,开
　　　　　　　　　　　　　　　封,河南大学出版社 1988 年 11 月出版

《晚清著名小说家黄世仲》

  黄鉴泉　　　　　　　　　　《芳村文史》第 1 辑,广州市芳村区政协文史
　　　　　　　　　　　　　　　资料委员会 1988 年 11 月编印

《黄世仲小传》

  关志昌　　　　　　　　　　台北,《传记文学》,1989 年 3 月出版;《纪念
　　　　　　　　　　　　　　　黄世仲殉难八十五周年特辑》,《香港笔
　　　　　　　　　　　　　　　荟》第 11 期

《黄世仲作品诸问题小辨》

  颜廷亮　　　　　　　　　　《文学遗产》1989 年第 2 期;《黄世仲与近代
　　　　　　　　　　　　　　　中国文学》,兰州,甘肃人民出版社 2000
　　　　　　　　　　　　　　　年 9 月出版

《小说名家黄世仲之死》

  符实　　　　　　　　　　　《羊城今古》1989 年第 2 期

《资产阶级民主革命小说》

  黄钧、黄清泉主编　　　　　《中国文学史》元明清时期第五节,武汉,华
　　　　　　　　　　　　　　　中师范大学出版社 1989 年 5 月出版

《洪秀全演义》（词条释文）

  孙欣　　　　　　　　　　　《古代小说鉴赏词典》,北京,学苑出版社
　　　　　　　　　　　　　　　1989 年 10 月出版

《廿载繁华梦》（词条释文）

  赵炎　　　　　　　　　　　《古代小说鉴赏词典》,北京,学苑出版社
　　　　　　　　　　　　　　　1989 年 1 月出版

《〈宦海潮·凡例〉附识》

　　赵明政　　　　　　　　《明清小说研究》1989 年第 3 期

《荣庆和〈廿载繁华梦〉》

　　欧阳健　　　　　　　　《明清小说研究》1989 年第 3 期

《胡汉民为什么要杀黄世仲》

　　王晓吟　　　　　　　　《羊城今古》1989 年第 5 期

《对"黄世仲之死"的补遗》

　　吴彬　　　　　　　　　《羊城今古》1989 年第 5 期

《黄世仲》

　　王俊年　　　　　　　　《中国历代著名文学家评传》续编三,济南,
　　　　　　　　　　　　　　山东教育出版社 1989 年 12 月出版

《大马扁》(书目提要)

　　江苏省社会科学院　　　《中国通俗小说书目提要》,北京,中国文联
　　明清小说研究中心编　　　出版公司 1990 年 2 月出版

《廿载繁华梦》(书目提要)

　　江苏省社会科学院　　　《中国通俗小说书目提要》,北京,中国文联
　　明清小说研究中心编　　　出版公司 1990 年 2 月出版

《洪秀全演义》(书目提要)

　　江苏省社会科学院　　　《中国通俗小说书目提要》,北京,中国文联
　　明清小说研究中心编　　　出版公司 1990 年 2 月出版

《宦海升沉录》(书目提要)

　　江苏省社会科学院　　　《中国通俗小说书目提要》,北京,中国文联
　　明清小说研究中心编　　　出版公司 1990 年 2 月出版

《宦海潮》(书目提要)

　　江苏省社会科学院　　　《中国通俗小说书目提要》,北京,中国文联
　　明清小说研究中心编　　　出版公司 1990 年 2 月出版

《镜中影》(书目提要)

　　江苏省社会科学院　　　《中国通俗小说书目提要》,北京,中国文联
　　明清小说研究中心编　　　出版公司 1990 年 2 月出版

《黄粱梦》(书目提要)

　　江苏省社会科学院　　　　《中国通俗小说书目提要》,北京,中国文联
　　明清小说研究中心编　　　　出版公司1990年2月出版

《清末民初著名报人、小说家黄世仲之死》

　　王晓吟　　　　　　　　　广州,《历史大观园》1990年第8期

《晚清著名小说家生平》

　　符实　　　　　　　　　《芳村文史》第3辑,广州市芳村区政协文史
　　　　　　　　　　　　　　资料委员会1991年2月编印

《石达开真伪诗文考》

　　史式　　　　　　　　　《太平天国史实考》,重庆,重庆出版社1991
　　　　　　　　　　　　　　年6月出版

《〈洪秀全演义〉的思想倾向》

　　管林、钟贤培　　　　　《中国近代文学发展史》(上)第二编第四节
　　　　　　　　　　　　　　《新体小说的复兴》(下),北京,中国文
　　　　　　　　　　　　　　联出版公司1991年6月出版

《黄小配》

　　管林、钟贤培　　　　　《中国近代文学发展史》(下)第三编《作家
　　　　　　　　　　　　　　传》(下),北京,中国文联出版公司1991
　　　　　　　　　　　　　　年6月出版

《大马扁》(词条释文)

　　马良春、李福田主编　　《中国文学大辞典》,天津,天津人民出版社
　　　　　　　　　　　　　　1991年10月出版

《廿载繁华梦》(词条释文)

　　马良春、李福田主编　　《中国文学大辞典》,天津,天津人民出版社
　　　　　　　　　　　　　　1991年10月出版

《洪秀全演义》(词条释文)

　　马良春、李福田主编　　《中国文学大辞典》,天津,天津人民出版社
　　　　　　　　　　　　　　1991年10月出版

《宦海升沉录》(词条释文)

　　马良春、李福田主编　　　《中国文学大辞典》,天津,天津人民出版社
　　　　　　　　　　　　　　　1991 年 10 月出版

《粤东小说林》(词条释文)

　　马良春、李福田主编　　　《中国文学大辞典》,天津,天津人民出版社
　　　　　　　　　　　　　　　1991 年 10 月出版

《中外小说林》(词条释文)

　　马良春、李福田主编　　　《中国文学大辞典》,天津,天津人民出版社
　　　　　　　　　　　　　　　1991 年 10 月出版

《黄世仲》(词条释文)

　　马良春、李福田主编　　　《中国文学大辞典》,天津,天津人民出版社
　　　　　　　　　　　　　　　1991 年 10 月出版

《黄小配》(《攻占督署》作者介绍)

　　管林、钟贤培主编　　　　《中国近代文学作品选》,北京,中国文联出
　　　　　　　　　　　　　　　版公司 1991 年 10 月出版

《〈攻占督署〉说明》

　　管林、钟贤培主编　　　　《中国近代文学作品选》,北京,中国文联出
　　　　　　　　　　　　　　　版公司 1991 年 10 月出版

《〈金田起义〉说明》

　　管林、钟贤培主编　　　　《中国近代文学作品选》,北京,中国文联出
　　　　　　　　　　　　　　　版公司 1991 年 10 月出版

《稀见小说〈镜中影〉》

　　颜廷亮、赵淑妍　　　　　《明清小说研究》1992 年第 2 期

《辛亥革命宣传家黄小配》

　　司徒彤　　　　　　　　　《白云文史》第 7 辑,广州市白云区政协文史
　　　　　　　　　　　　　　　资料研究委员会 1992 年 8 月编印

《孙中山等资产阶级革命派的早期宣传活动和〈中国日报〉的诞生》

　　方汉奇主编　　　　　　　《中国新闻事业通史》第一卷第六章第四节
　　　　　　　　　　　　　　　(二),北京,中国人民大学出版社 1992

年 9 月出版

《洪秀全演义》（词条释文）

齐裕焜、何满子、　　　　《明清小说鉴赏辞典》,杭州,浙江古籍出版
李时人主编　　　　　　　社 1992 年 9 月出版

《黄世仲被杀的前因后果》

赵立人　　　　　　　　　《羊城今古》1992 年第 4 期

《近事小说——革命清议的〈春秋〉和〈纲鉴〉》

欧阳健　　　　　　　　　《晚清小说简史》五《晚清小说第二个高峰》
　　　　　　　　　　　　（二）,沈阳,辽宁教育出版社 1992 年 10
　　　　　　　　　　　　月出版

《黄小配与〈洪秀全演义〉》

赵明政　　　　　　　　　沈阳,辽宁教育出版社 1992 年 10 月出版

《民国时期总书目（文学理论·世界文学·中国文学)》》（下）

北京,书目文献出版社 1992 年 11 月出版

《〈镜中影〉小议》

颜廷亮　　　　　　　　　日本,《清末小说》第 15 期,1992 年 12 月
　　　　　　　　　　　　出版

《黄世仲作品系年》

颜廷亮　　　　　　　　　《明清小说研究》1992 年第 3、4 期合刊;《黄
　　　　　　　　　　　　世仲与近代中国文学》,兰州,甘肃人民
　　　　　　　　　　　　出版 2000 年 9 月出版

《黄世仲与黄伯耀》

黄霖　　　　　　　　　　《近代文学批评史》第七章第六节（三）,上
　　　　　　　　　　　　海,上海古籍出版社 1993 年 2 月出版

《黄世仲》（词条释文）

颜廷亮　　　　　　　　　《中国古代小说百科全书》,北京,中国大百
　　　　　　　　　　　　科全书出版社 1993 年 4 月出版

《大马扁》（词条释文）

颜廷亮　　　　　　　　　　《中国古代小说百科全书》,北京,中国大百
　　　　　　　　　　　　　科全书出版社 1993 年 4 月出版

《廿载繁华梦》（词条释文）

颜廷亮　　　　　　　　　　《中国古代小说百科全书》,北京,中国大百
　　　　　　　　　　　　　科全书出版社 1993 年 4 月出版

《洪秀全演义》（词条释文）

颜廷亮　　　　　　　　　　《中国古代小说百科全书》,北京,中国大百
　　　　　　　　　　　　　科全书出版社 1993 年 4 月出版

《宦海升沉录》（词条释文）

颜廷亮　　　　　　　　　　《中国古代小说百科全书》,北京,中国大百
　　　　　　　　　　　　　科全书出版社 1993 年 4 月出版

《资产阶级革命小说家黄世仲及其他》

郭延礼　　　　　　　　　　《中国近代文学发展史》(3)第三编第三十
　　　　　　　　　　　　　九章,济南,山东教育出版社 1993 年 4
　　　　　　　　　　　　　月出版

《大马扁》（词条释文）

魏绍昌、管林、刘济献、　　　《中国近代文学辞典》,郑州,河南教育出版
郑方泽主编　　　　　　　　社 1993 年 8 月出版

《宦海升沉录》（词条释文）

魏绍昌、管林、刘济献、　　　《中国近代文学辞典》,郑州,河南教育出版
郑方泽主编　　　　　　　　社 1993 年 8 月出版

《洪秀全演义》（词条释文）

魏绍昌、管林、刘济献、　　　《中国近代文学辞典》,郑州,河南教育出版
郑方泽主编　　　　　　　　社 1993 年 8 月出版

《中外小说林》（词条释文）

魏绍昌、管林、刘济献、　　　《中国近代文学辞典》,郑州,河南教育出版
郑方泽主编　　　　　　　　社 1993 年 8 月出版

《廿载繁华梦》(词条释文)

    魏绍昌、管林、刘济献、   《中国近代文学辞典》,郑州,河南教育出版
    郑方泽主编   社 1993 年 8 月出版

《论二十世纪初我国小说观念及理论批评的发展》

    陈永标   《中国近代文艺美学论稿》,广州,广东人民
                    出版社 1993 年 9 月出版

《黄小配》

    张解民   陈永正主编《岭南文学史》民主革命时期第
                    五章第二节,广州,广东高等教育出版社
                    1993 年 9 月出版

《黄小配》

    赵明政   《中国通俗小说家评传》,郑州,中州古籍出
                    版社 1993 年 9 月出版

《俄国文学和近代中国的文学探索》

    颜廷亮   《兰州教育学院学报》1994 年第 2 期;《黄世
                    仲与近代中国文学》,兰州,甘肃人民出
                    版社 2000 年 9 月出版;《周绍良先生欣
                    开九秩庆寿文集》,北京,中华书局 1997
                    年 3 月出版

《中国近代文坛二位广东籍小说大家——吴趼人与黄世仲略论》

    钟贤培   日本,《清末小说》第 17 期,1994 年 12 月
                    出版

《黄世仲和他的〈洪秀全演义〉》

    张福裕等   《中国近代文学家》(重要人物),北京,北京
                    科学技术出版社 1995 年 1 月出版

《中国近代报告文学的力作——〈五日风声〉》

    谢飘云   澳大利亚,《汉声杂志》第 78 期,1995 年 3 月
                    出版

《黄小配 TOSON 小说〈五日风声〉》

〔韩国〕崔桓　　　　　　韩国,《中国小说研究会报》第 21 号,1995
　　　　　　　　　　　　　年 3 月 25 日

《钱江与〈洪秀全演义〉》

欧阳健　　　　　　　　《明清小说研究》1995 年第 2 期

《黄小配と〈廿载繁华梦〉》

〔日本〕森川登美江　　日本,《大分大学经济论集》第 47 卷第 2 号
　　　　　　　　　　　　别刷,1995 年 7 月出版

《洪秀全演义》

〔日本〕森川登美江　　日本,《大分大学经济论集》第 47 卷第 4 号
　　　　　　　　　　　　别刷,1995 年 11 月出版

《黄世仲》(词条释文)

孙文光主编　　　　　《中国近代文学大辞典》,合肥,黄山书社
　　　　　　　　　　　　1995 年 12 月出版

《廿载繁华梦》(词条释文)

孙文光主编　　　　　《中国近代文学大辞典》,合肥,黄山书社
　　　　　　　　　　　　1995 年 12 月出版

《大马扁》(词条释文)

孙文光主编　　　　　《中国近代文学大辞典》,合肥,黄山书社
　　　　　　　　　　　　1995 年 12 月出版

《宦海潮》(词条释文)

孙文光主编　　　　　《中国近代文学大辞典》,合肥,黄山书社
　　　　　　　　　　　　1995 年 12 月出版

《宦海升沉录》(词条释文)

孙文光主编　　　　　《中国近代文学大辞典》,合肥,黄山书社
　　　　　　　　　　　　1995 年 12 月出版

《洪秀全演义》(词条释文)

孙文光主编　　　　　《中国近代文学大辞典》,合肥,黄山书社
　　　　　　　　　　　　1995 年 12 月出版

《中外小说林》(词条释文)

  孙文光主编　　　　　　《中国近代文学大辞典》,合肥,黄山书社
　　　　　　　　　　　　1995 年 12 月出版

《广东白话报》(词条释文)

  孙文光主编　　　　　　《中国近代文学大辞典》,合肥,黄山书社
　　　　　　　　　　　　1995 年 12 月出版

《宦海冤魂》(校点)

  颜廷亮　　　　　　　　《晚清民国文学研究集刊》(2),漓江出版社
　　　　　　　　　　　　1995 年 12 月出版;《黄世仲与近代中国
　　　　　　　　　　　　文学》,兰州,甘肃人民出版社 2000 年 9
　　　　　　　　　　　　月出版

《黄世仲及其〈中外小说林〉研究》

  刘静儒　　　　　　　　台北,国立中央大学 1995 年硕士学位论文

《革命派小说家黄世仲、梁纪佩》

  钟贤培、汪松涛主编　　《中国近代文学史》第七章第五节,广州,广
　　　　　　　　　　　　东人民出版社 1996 年 1 月出版

《〈南越报〉与早期报告文学〈五日风声〉》

  陈思　　　　　　　　　《羊城今古》1996 年第 1 期

《〈廿载繁华梦〉前言》

  司马丁　　　　　　　　《廿载繁华梦》,《中国古代新编四大谴责小
　　　　　　　　　　　　说·〈宦海钟·廿载繁华梦〉》,北京,中
　　　　　　　　　　　　国文联出版公司 1996 年 5 月出版

《黄世仲和他的〈洪秀全演义〉》

  叶春生　　　　　　　　《岭南俗文学简史》,广州,广东高等教育出
　　　　　　　　　　　　版社 1996 年 6 月出版

《黄世仲著〈大马扁〉における康有为像》

  〔日本〕森川登美江　　日本,《大分大学经济论集》第 48 卷第 1～2
　　　　　　　　　　　　号别刷,1996 年 7 月出版

《〈廿载繁华梦〉前言》

崔广社　　　　　　　　　《廿载繁华梦》,石家庄,花山文艺出版社
　　　　　　　　　　　　　1996 年 8 月出版

《黄世仲、黄伯耀的小说理论》

颜廷亮　　　　　　　　　《晚清小说理论》下篇第四章,北京,中华书
　　　　　　　　　　　　　局 1996 年 8 月出版;《香港笔荟》复刊
　　　　　　　　　　　　　号,1999 年 10 月出版

《武昌起义前的枪声》

钟贤培主编　　　　　　　《中国文学知识宝库》(近代卷),广州,广东
　　　　　　　　　　　　　人民出版社 1996 年 9 月出版

《怀念我的外祖父——黄世仲》

陈坚　　　　　　　　　　香港,《文汇报》1997 年 1 月 31 日;《纪念黄
　　　　　　　　　　　　　世仲殉难八十五周年特辑》,香港,《香港
　　　　　　　　　　　　　笔荟》第 11 期

《黄世仲》

裴效维、梁淑安主编　　　《中国文学家大辞典·近代卷》,北京,中华
　　　　　　　　　　　　　书局 1997 年 2 月出版

《〈洪秀全演义〉作者黄世仲——香港小说家史话之一》

谢永光　　　　　　　　　《纪念黄世仲殉难八十五周年特辑》,香港,
　　　　　　　　　　　　　《香港笔荟》第 11 期

《作为革命家和宣传家的黄世仲——近代革命派小说大家黄小配散论之
一》

许翼心　　　　　　　　　《纪念黄世仲殉难八十五周年特辑》,香港,
　　　　　　　　　　　　　《香港笔荟》第 11 期

《黄小配的代表作及其总体风貌》

赵明政　　　　　　　　　《纪念黄世仲殉难八十五周年特辑》,香港,
　　　　　　　　　　　　　《香港笔荟》第 11 期

《〈香港笔荟〉编者的话》

胡志伟　　　　　　　　　《纪念黄世仲殉难八十五周年特辑》,香港,

《香港笔荟》第 11 期

《黄小配的近事小说》

　　欧阳健　　　　　　　《晚清小说史》第三章第二节, 杭州, 浙江古
　　　　　　　　　　　　　籍出版社 1997 年 6 月出版

《辛亥革命的重要策源地——香港爱国人士对辛亥革命的支持》

　　苏涌　　　　　　　　《光明日报》1997 年 6 月 26 日

《关于黄世仲的存世小说〈黄粱梦〉(残)》

　　吴锦润　　　　　　　《明清小说研究》1997 年第 2 期

《〈廿载繁华梦〉前言》

　　高仁　　　　　　　　《廿载繁华梦》, 上海, 上海古籍出版社 1997
　　　　　　　　　　　　　年 7 月出版

《〈洪秀全传〉出版说明》

　　洛溪　　　　　　　　《洪秀全传》, 北京, 京华出版社 1997 年 8 月
　　　　　　　　　　　　　出版

　　按:《洪秀全传》即《洪秀全演义》。

《出家容易归家难——〈廿载繁华梦〉》

　　陈平原　　　　　　　《陈平原小说史论集》, 石家庄, 河北人民出
　　　　　　　　　　　　　版社 1997 年 8 月出版

《报告文学的奠基人——黄小配》

　　谢飘云　　　　　　　《中国近代散文史》, 北京, 中国文联出版公
　　　　　　　　　　　　　司 1997 年 8 月出版

《新编清末民初小说目录》

　　〔日本〕樽本照雄　　日本, 清末小说研究会 1997 年 10 月出版

《〈宦海升沉录〉出版说明》

　　　　　　　　　　　　《宦海升沉录》, 沈阳, 春风文艺出版社 1997
　　　　　　　　　　　　　年 10 月出版

《〈大马扁〉出版说明》

　　　　　　　　　　　　《大马扁》, 沈阳, 春风文艺出版社 1997 年 10
　　　　　　　　　　　　　月出版

《黄世仲之死》

　　宋位　　　　　　　　　　《羊城晚报》1997 年 12 月 12 日

《黄世仲研究漫议四题》

　　颜廷亮　　　　　　　　　《兰州教育学院学报》1998 年第 1 期;《黄世
　　　　　　　　　　　　　　　仲与近代中国文学》,兰州,甘肃人民出
　　　　　　　　　　　　　　　版社 2000 年 9 月出版

《小说亦作革命言——清末小说家黄世仲》

　　陈泽泓　　　　　　　　　《广东历史名人传略》,广州,广东人民出版
　　　　　　　　　　　　　　　社 1998 年 3 月出版

《革命小说先行者黄小配》

　　卢润祥　　　　　　　　　《新民晚报》1998 年 4 月 13 日

《略论黄世仲小说理论批评》

　　刘凌凤　　　　　　　　　《广东民族学院学报》1998 年第 2 期

《黄世仲疑案新探》

　　姚福申　　　　　　　　　《复旦学报》1998 年第 2 期;香港,《香港笔
　　　　　　　　　　　　　　　荟》第 12 期

《民元广东奇冤——也谈黄世仲之死兼与宋位、陈华新先生商榷》

　　方志强　　　　　　　　　《广东史志》1998 年第 3 期

《关于黄世仲所著之稀见小说〈镜中影〉》

　　赵淑妍　　　　　　　　　《兰州教育学院学报》1999 年第 1 期;香港,
　　　　　　　　　　　　　　　《香港笔荟》第 12 期

《〈黄世仲大传〉序》

　　胡志伟　　　　　　　　　方志强:《黄世仲大传》,香港,夏菲尔国际出
　　　　　　　　　　　　　　　版公司 1999 年 3 月出版

《〈黄世仲大传〉序》

　　李育中　　　　　　　　　方志强:《黄世仲大传》,香港,夏菲尔国际出
　　　　　　　　　　　　　　　版公司 1999 年 3 月出版

《〈黄世仲大传〉序》

　　方志钦　　　　　　　　　方志强:《黄世仲大传》,香港,夏菲尔国际出

版公司 1999 年 3 月出版

《〈黄世仲大传〉序》

陈基　　　　　　　　　方志强:《黄世仲大传》,香港,夏菲尔国际出

版公司 1999 年 3 月出版

《〈黄世仲大传〉序》

陈基、陈坚　　　　　　方志强:《黄世仲大传》,香港,夏菲尔国际出

邓卫中、方滨生　　　　版公司 1999 年 3 月出版

《辨康有为政见书》(校点)

颜廷亮　　　　　　　　方志强:《黄世仲大传》,香港,夏菲尔国际出

版公司 1999 年 3 月出版;《黄世仲与近代

中国文学》,兰州,甘肃人民出版社 2000

年 9 月出版

《大浪淘沙丰碑巍然——纪念外祖父黄世仲先生》

陈坚　　　　　　　　　香港,《文汇报》1999 年 4 月 26 日《怀念民

主革命先驱、文坛巨匠黄世仲先生》特刊

《黄世仲的卓越历史贡献》

胡志伟　　　　　　　　香港,《文汇报》1999 年 4 月 26 日《怀念民

主革命先驱、文坛巨匠黄世仲先生》特刊

《关于黄世仲及其事迹陈列馆》

香港,《文汇报》1999 年 4 月 26 日《怀念民

主革命先驱、文坛巨匠黄世仲先生》特刊

《黄世仲事迹陈列馆筹备委员会名单》

香港,《文汇报》1999 年 4 月 26 日《怀念民

主革命先驱、文坛巨匠黄世仲先生》特刊

《文化启蒙运动的先行者——纪念外祖父黄世仲先生》

陈坚　　　　　　　　　香港,《大公报》1999 年 5 月 15 日《民主革

命卓越文化战士黄世仲事迹陈列馆隆重

开幕》特刊

《王斧》

范运晰 　　　　　　　　《琼籍民国人物传》,海口,南海出版公司
　　　　　　　　　　　　1999 年 6 月出版

《本世纪最具影响力的文学家——介绍八十万言的〈黄世仲大传〉》

吕尚 　　　　　　　　　香港,《春秋杂志》1999 年 6 月号

《关于黄世仲所著之稀见小说〈镜中影〉》

赵淑妍 　　　　　　　　香港,《香港笔荟》复刊号, 1999 年 10 月
　　　　　　　　　　　　出版

《〈中外小说林〉的编辑出版及其残本存世的意义》

吴锦润 　　　　　　　　香港,《香港笔荟》复刊号, 1999 年 10 月
　　　　　　　　　　　　出版

《关于黄世仲的存世小说〈黄粱梦〉》

吴锦润 　　　　　　　　香港,《香港笔荟》复刊号, 1999 年 10 月
　　　　　　　　　　　　出版

《黄世仲研究的艰难历程与现状》

缪群飞 　　　　　　　　香港,《香港笔荟》复刊号, 1999 年 10 月
　　　　　　　　　　　　出版

《黄世仲、黄伯耀的小说理论》

颜廷亮 　　　　　　　　香港,《香港笔荟》复刊号, 1999 年 10 月出
　　　　　　　　　　　　版;《黄世仲与近代中国文学》,兰州,甘肃
　　　　　　　　　　　　人民出版社 2000 年 9 月出版

《〈大马扁〉:一部失败之作》

魏文哲 　　　　　　　　《明清小说研究》1999 年第 4 期

《报人黄世仲、陈听香遇害经过》

刘小青、刘晓滇编著 　　《中国百年报业掌故》,南京,江苏人民出版
　　　　　　　　　　　　社 2000 年 1 月出版

《陈少白与革命党人机关报》

刘小青、刘晓滇编著 　　《中国百年报业掌故》,南京,江苏人民出版
　　　　　　　　　　　　社 2000 年 1 月出版

《〈有所谓报〉反清立场旗帜鲜明》

    刘小青、刘晓滇编著   《中国百年报业掌故》,南京,江苏人民出版

                            社 2000 年 1 月出版

《康有为之女诉〈中国日报〉案》

    刘小青、刘晓滇编著   《中国百年报业掌故》,南京,江苏人民出版

                            社 2000 年 1 月出版

《从〈宦海冤魂〉到〈宦海潮〉》

    路明(颜廷亮)   香港,《香港笔荟》第 16 期,2000 年 9 月出

                            版;《重印黄世仲小说六种》下,香港,纪念

                            黄世仲基金会 2003 年 2 月出版

《关于黄世仲的〈朝鲜血〉》

    苏言(赵淑妍)   香港,《香港笔荟》第 16 期,2000 年 9 月出

                            版;《重印黄世仲小说六种》下,香港,纪念

                            黄世仲基金会 2003 年 2 月出版

《黄世仲纪念馆落成一周年庆典》

    《香港笔荟》编辑部   香港,《香港笔荟》第 16 期,2000 年 9 月出版

《缅怀先烈弘扬爱国精神》

    陈坚   香港,《香港笔荟》第 16 期,2000 年 9 月出版

《读黄世仲集》

    周锡䪖   香港,《香港笔荟》第 16 期,2000 年 9 月出版

《1949 年以来黄世仲小说新版本知见录》

    明政(颜廷亮)   香港,《香港笔荟》第 16 期,2000 年 9 月出版

《黄世仲作品系年补遗》

    颜廷亮   《黄世仲与近代中国文学》,兰州,甘肃人民

                            出版社 2000 年 9 月出版

《黄世仲研究论著资料选目》

    颜廷亮   《黄世仲与近代中国文学》,兰州,甘肃人民

                            出版社 2000 年 9 月出版

《近代革命小说家黄伯耀》

符实　　　　　　　　　广州,《人物春秋》2000 年第 3 期

《民军的编遣与黄世仲之死》

郭天祥　　　　　　　　香港,《香港笔荟》第 17 期,2000 年 12 月出
　　　　　　　　　　　版;《湛江师范学院学报》2001 年第 1 期

《黄世仲生平诸问题再辨——兼与颜廷亮先生商榷》

郭天祥　　　　　　　　《湛江师范学院学报》2001 年第 1 期

《黄世仲与〈中国日报〉》

曾建宁　　　　　　　　《湛江师范学院学报》2001 年第 1 期

《从〈辨康有为政见书〉看黄世仲的政治思想》

赖琼、李巧玲　　　　　《湛江师范学院学报》2001 年第 1 期

《浅议黄世仲政论》

王显成　　　　　　　　《湛江师范学院学报》2001 年第 1 期

《黄世仲学术讨论会综述》

郭天祥　　　　　　　　《社科研究动态》2001 年第 2 期

《论黄世仲的传记小说理论和他的传记小说创作》

周伟民　　　　　　　　《古代文学理论研究》第 19 期,上海,华东师
　　　　　　　　　　　范大学出版社 2001 年 7 月出版

《晚清著名小说家黄世仲》

王国伟　　　　　　　　山东大学 2001 年硕士学位论文

《唯一反映葡萄牙共和革命的近代小说——黄世仲〈十日建国志〉略论》

赵淑妍　　　　　　　　《重印黄世仲小说六种》下,香港,纪念黄世
　　　　　　　　　　　仲基金会 2003 年 2 月出版

《在"辛亥革命九十周年纪念暨黄世仲投身革命百周年国际学术研讨会"上
的讲评稿》(拟题)

颜廷亮　　　　　　　　《黄世仲与辛亥革命国际学术研讨会论集》
　　　　　　　　　　　第 2 辑,香港,纪念黄世仲基金会 2002
　　　　　　　　　　　年 2 月出版

《黄世仲的文艺思想》

唐玲玲 　　　　　　　　《海南师范学院学报》2002 年第 1 期

《辛亥革命的卓越宣传家黄世仲》

郭天祥 　　　　　　　　《西安教育学院学报》2002 年第 1 期

《黄世仲之报业观评析》

张克宏 　　　　　　　　香港,《中教学报》2002 年第 28 期

《黄世仲的小说理论及其在中国近代小说史上的地位》

郭延礼 　　　　　　　　《齐鲁学刊》2002 年第 2 期

《试论黄世仲新小说的艺术特色和创作理论》

刘济远 　　　　　　　　《湖南社会科学》2002 年第 6 期

《黄世仲和 1906 年的"反郑风潮"》

颜廷亮、赵淑妍 　　　　《兰州教育学院学报》2002 年第 3 期;《纪念
　　　　　　　　　　　　郑观应学术研讨会文集》,澳门,澳门历
　　　　　　　　　　　　史学会、澳门历史文物关注协会 2002 年
　　　　　　　　　　　　6 月出版

《郭天祥〈黄世仲年谱长编〉序》

颜廷亮 　　　　　　　　《黄世仲年谱长编》,北京,中国社会科学出
　　　　　　　　　　　　版社 2002 年 10 月出版

《〈镜中影〉校点后记》

颜廷亮 　　　　　　　　《重印黄世仲小说六种》上《西太后李莲英艳
　　　　　　　　　　　　史(原名〈镜中影〉)》,香港,纪念黄世仲
　　　　　　　　　　　　基金会 2003 年 2 月出版

《关于重印黄世仲小说六种》

颜廷亮 　　　　　　　　《重印黄世仲小说六种》下《宦海冤魂·党人
　　　　　　　　　　　　碑·朝鲜血·十日建国志·妾薄命》,香
　　　　　　　　　　　　港,纪念黄世仲基金会 2003 年 2 月出版

《〈妾薄命〉小识》

颜廷亮、赵淑妍 　　　　《重印黄世仲小说六种》下《宦海冤魂·党人
　　　　　　　　　　　　碑·朝鲜血·十日建国志·妾薄命》,香

港,纪念黄世仲基金会 2003 年 2 月出版

《首部通篇碑赞孙中山的近代长篇小说——黄世仲〈党人碑〉略论》

颜廷亮　　　　　　　　《重印黄世仲小说六种》下《宦海冤魂·党人碑·朝鲜血·十日建国志·妾薄命》,香港,纪念黄世仲基金会 2003 年 2 月出版

《〈重印黄世仲小说六种〉校点后记》

颜廷亮　　　　　　　　《重印黄世仲小说六种》下《宦海冤魂·党人碑·朝鲜血·十日建国志·妾薄命》,香港,纪念黄世仲基金会 2003 年 2 月出版

《晚清最后一部杰出的历史小说——关于黄世仲的〈吴三桂演义〉》

颜廷亮　　　　　　　　《真本吴三桂演义》,香港,纪念黄世仲基金会 2003 年 2 月出版;《甘肃社会科学》2003 年第 2 期

《黄世仲研究近况》

胡志伟　　　　　　　　《文汇报·学林》2003 年 2 月 9 日

《不该被忘记的〈中外小说林〉》

郭延礼　　　　　　　　《文汇读书周报》2003 年 2 月 17 日

《辛亥名人黄世仲旅港 8 年　陈坚结集出版先辈遗作》

黄启明　　　　　　　　《香港商报》2003 年 3 月 3 日

《黄世仲遗作出版发行》

郑群　　　　　　　　　香港,《文汇报》2003 年 2 月 25 日

《公关小姐缤纷笔:革命家推重小说》

珠珠　　　　　　　　　香港,《成报》2003 年 4 月 9 日

《〈中外小说林〉及其理论与创作路向》

郭延礼　　　　　　　　《山东社会科学》2003 年第 2 期

《黄世仲和他的小说理论》

周锡馥　　　　　　　　2003 年打印本

《民国第一政治冤案:辛亥革命功臣黄世仲之死》

胡志伟　　　　　　　　香港,《明报》2003 年 7 月 6 日;《参考消息》

2003 年 7 月 15 日（转载）

《以身相许民主　以书开启民智》

　　蒯威　　　　　　　　　　《南方都市报》2003 年 7 月 29 日

《黄世仲基金筹款助港大》

　　郑群　　　　　　　　　　香港，《文汇报》2003 年 12 月 9 日

《黄世仲遗著赠书暨筹款捐港大》

　　郑群　　　　　　　　　　香港，《文汇报》2003 年 12 月 11 日

《毛泽东送给儿子的书》

　　张铁民　　　　　　　　　《中华读书报》2004 年 1 月 21 日

　　按：内云 1941 年 1 月毛泽东寄给儿子书的书目中有"洪秀全 2"，并指

　　　　出此处所列"洪秀全"即《洪秀全演义》。

《20 世纪中国近代小说在全球的传播》

　　郭延礼　　　　　　　　　《中华读书报》2004 年 1 月 21 日 19 版

《晚清小说中孙中山形象塑造的成功尝试——黄世仲〈党人碑〉略论》

　　颜廷亮　　　　　　　　　《社科纵横》2004 年第 2 期

《黄世仲与〈时事画报〉》

　　颜廷亮　　　　　　　　　《明清小说研究》2004 年第 2 期

《重新认识中国近代小说》

　　郭延礼　　　　　　　　　《厦门教育学院学报》2004 年第 3 期

《广东民国史》

　　丁身尊主编　　　　　　　广州，广东人民出版社 2004 年 4 月出版

《广东报人黄世仲被冤杀案》

　　韩淑芳　　　　　　　　　《民国杀害案》，北京，群众出版社 2004 年 7

　　　　　　　　　　　　　　月出版

《黄世仲"罪案"揭秘——兼与姚福申先生商榷》

　　郭天祥　　　　　　　　　《复旦学报》2004 年第 3 期

《黄世仲》

　　钟贤培　　　　　　　　　毛庆耆主编《岭南学术百家》，广州，广东人

　　　　　　　　　　　　　　民出版社 2004 年 12 月出版

《晚清社会小说的巨擘——〈廿载繁华梦〉创作、出版和类别等问题考辨》

　　颜廷亮　　　　　　　《甘肃社会科学》2004 年第 6 期

《黄世仲研究及其对中国近代小说史研究的启示》

　　颜廷亮　　　　　　　韩国,《东亚人文学》第 6 辑,2004 年 12 月出
　　　　　　　　　　　　版

《晚清革命派小说的杰出代表——黄世仲〈洪秀全演义〉考论》

　　颜廷亮　　　　　　　《甘肃社会科学》2005 年第 4 期

《从粤中名门望族末世走出的一代英才——黄世仲的家世和早岁生活》

　　颜廷亮　　　　　　　日本,《清末小说》第 28 期,2005 年 12 月
　　　　　　　　　　　　出版

《斯土斯人:黄世仲志士兼小说家》(上)

　　周锡䪖　　　　　　　香港,《文汇报》2005 年 10 月 26 日

《斯土斯人:黄世仲其人其文》(下)

　　周锡䪖　　　　　　　香港,《文汇报》2005 年 10 月 28 日

《"现实主义"和"现代主义"——黄世仲与高行健文学观念比较》(一)

　　周锡䪖　　　　　　　香港,《星岛日报》2005 年 12 月 5 日

《"现实主义"和"现代主义"——黄世仲与高行健文学观念比较》(二)

　　周锡䪖　　　　　　　香港,《星岛日报》2005 年 12 月 8 日

《"现实主义"和"现代主义"——黄世仲与高行健文学观念比较》(三)

　　周锡䪖　　　　　　　香港,《星岛日报》2005 年 12 月 12 日

《矫枉不须"过正"——高行健文学创作观念辨析》

　　周锡䪖　　　　　　　香港,《星岛日报》2005 年 12 月 19 日

《关于〈粤东小说林〉和〈中外小说林〉的几个问题》

　　颜廷亮　　　　　　　韩国,《东亚人文学》第 8 辑,2005 年 12 月出
　　　　　　　　　　　　版

《廿载繁华梦》(词条释文)

　　朱一玄、宁稼雨、　　《中国古代小说总目提要》,北京,人民文学
　　陈桂声编著　　　　　出版社 2005 年 12 月出版

《洪秀全演义》(词条释文)

朱一玄、宁稼雨、 　　《中国古代小说总目提要》,北京,人民文学
陈桂声编著 　　　　　　出版社 2005 年 12 月出版

《官海潮》(词条释文)

朱一玄、宁稼雨、 　　《中国古代小说总目提要》,北京,人民文学
陈桂声编著 　　　　　　出版社 2005 年 12 月出版

《大马扁》(词条释文)

朱一玄、宁稼雨、 　　《中国古代小说总目提要》,北京,人民文学
陈桂声编著 　　　　　　出版社 2005 年 12 月出版

《宦海升沉录》(词条释文)

朱一玄、宁稼雨、 　　《中国古代小说总目提要》,北京,人民文学
陈桂声编著 　　　　　　出版社 2005 年 12 月出版

《黄粱梦》(词条释文)

朱一玄、宁稼雨、 　　《中国古代小说总目提要》,北京,人民文学
陈桂声编著 　　　　　　出版社 2005 年 12 月出版

《镜中影》(词条释文)

朱一玄、宁稼雨、 　　《中国古代小说总目提要》,北京,人民文学
陈桂声编著 　　　　　　出版社 2005 年 12 月出版

《黄小配近事小说研究述要》

梁冬丽、纪德君 　　《湛江师范学院学报》2006 年第 1 期

《〈香港少年报〉的革命宣传刍论》

罗衍军 　　　　　《北京科技大学学报》(社会科学版)2006 年
　　　　　　　　　　第 3 期

《黄世仲小说观念刍论》

文际平 　　　　　《佛山科学技术学院学报》2006 年第 3 期

《黄世仲近事小说的创作意图》

梁冬丽、纪德君 　　《广州大学学报》2006 年第 5 期

《黄小配近事小说研究》

梁冬丽 　　　　　广州大学 2006 年硕士学位论文

《黄小配近事小说中的戏曲描写》

　　梁冬丽　　　　　　　　《阅读与写作》2007 年第 5 期

《〈朝鲜血〉刍论》

　　罗衍军　　　　　　　　《湖南第一师范学报》2007 年第 4 期

《黄世仲〈辨康有为政见书〉刍论》

　　罗衍军　　　　　　　　《兰州学刊》2007 年第 12 期

《〈洪秀全演义〉研究》

　　龙志强　　　　　　　　广州大学 2007 年硕士学位论文

《章回小说体式衰落与蜕变的实证——试论清末广东小说家黄小配近事小说的艺术特色》

　　梁冬丽、纪德君　　　　《百色学院学报》2008 年第 2 期

《黄世仲〈洪秀全演义〉版本与传播情况考论》

　　纪德君、龙志强　　　　《广州大学学报（社会科学版）》2008 年第
　　　　　　　　　　　　　　　1 期

《〈中外小说林〉研究》

　　缪海荣　　　　　　　　扬州大学 2008 年硕士学位论文

《黄世仲与〈中外小说林〉》

　　李秀清　　　　　　　　《新闻爱好者》2008 年第 9 期

《黄小配近事小说中的广府风情》

　　梁冬丽、纪德君　　　　《近代广州城市文学与文化资源》,天津,天
　　　　　　　　　　　　　　　津古籍出版社 2009 年 3 月出版

《〈大马扁〉:"假小说以施诬蔑"的巅峰之作》

　　汤克勤　　　　　　　　《嘉应学院学报》2010 年第 3 期

《试论黄小配的小说理论》

　　成艳芬、吴应党　　　　《漯河职业技术学院学报》2010 年第 1 期

《〈洪秀全演义〉史料来源补考》

　　纪德君　　　　　　　　《明清小说研究》2010 年第 3 期

《武汉风云》

　　黄伯耀　　　　　　　　香港,世界公益报辛亥革命后不久（1912

年)出版

《黄小配与洪秀全演义》

赵明政　　　　　　　　　沈阳,辽宁教育出版社 1992 年 10 月出版

《黄小配》(插图本中国文学小丛书第 5 辑)

赵明政　　　　　　　　　沈阳,春风文艺出版社 1999 年 1 月出版

《黄世仲大传》(黄世仲研究丛书之一)

香港,夏菲尔国际出版公司 1999 年 3 月出版

《中外小说林》(上、下)(黄世仲研究丛书之二)

香港,夏菲尔国际出版公司 2000 年 4 月出版

《黄世仲与近代中国文学》

颜廷亮　　　　　　　　　兰州,甘肃人民出版社 2000 年 9 月出版

《第一届黄世仲学术研讨会文集》

湛江师范学院黄世仲研究所　湛江师范学院黄世仲研究所 2000 年 12 月编印

附:该文集目录

一、陈坚先生、黄克明等领导讲话及黄世仲研究计划

1. 陈坚先生在黄世仲研究所成立大会上的讲话

2. 湛江市统战部部长黄克明先生讲话

3. 主持人陈瑜总支书记的讲话

4. 黄世仲研究所研究计划

二、黄世仲生平考证

1. 郭天祥:黄世仲生平诸问题再辨——兼与颜廷亮先生商榷

2. 郭天祥:民军的编遣与黄世仲之死

3. 曾建宁:黄世仲与《中国日报》

三、黄世仲思想研究

1. 周妤:黄世仲思想探微

2. 赖琼、李巧玲:从《辨康有为政见书》看黄世仲的政治思想

3. 王显成:浅议黄世仲政论

4. 廖怡两:浅议黄世仲民主革命思想的形成

四、黄世仲贡献及评价

1. 刘佐泉:"黄花碧血"长存世《五日风声》记当年

2. 郭天祥:黄世仲的革命生涯及其历史贡献

3. 申友良:论黄世仲在中国近代革命中的贡献

4. 庞天佑:论黄世仲在民主革命宣传方面的贡献

5. 翟麦玲:宣传家与革命家黄世仲

6. 李巧玲、赖琼:浅议黄世仲的革命活动

7. 曾建宁:辛亥革命时期著名革命报人黄世仲

《黄小配与洪秀全演义》(古代小说评介丛书)

赵明政　　　　　　　　　沈阳,辽宁教育出版社2000年12月出版

按:此书实即辽宁教育出版社1992年10月出版的《黄小配与洪秀全演义》第3次印刷本。

《黄世仲与辛亥革命——辛亥革命九十周年纪念暨黄世仲投身革命百周年国际学术研讨会论文集》(黄世仲研究丛书之三)

香港,纪念黄世仲基金会2001年8月出版

附:该论文集目录

大会架构:

香港广东社团总会简介

纪念黄世仲基金会简介

香港大学中文系简介

香港历史博物馆简介

会议程序:

余国春主席致开幕词

李绰芬副校长致词

李萍副校长致贺词

贺词与贺联

大会论文：

《黄世仲(1872～1912)传略》(关国煊)

《黄世仲与辛亥革命》(周伟民)

《关于拟即重印的黄世仲小说五种》(颜廷亮)

《黄世仲研究的一些突破》(叶常秀)

《追求崇高——纪念革命小说家黄世仲的现实意义》(黄霖)

《试论黄世仲辛亥革命时期的政论散文》(谢飘云、詹文理、王敏)

《黄世仲政论散文补正、辑佚与解读》(谢飘授、王敏、詹文理)

《不若歌谣谱出,讲过大众听闻——黄世仲、黄伯耀〈中外小说林〉粤讴试解》(施议对)

《试论黄世仲小说理念及其作品的文化内涵》(萧承罡)

《黄世仲的小说理论及其在中国近代小说理论史上的地位》(郭延礼)

《黄世仲的文艺思想》(唐玲玲)

《雅文俗语,皆可成檄——评黄世仲"谐文"和"木鱼"》(方志钦、蔡惠尧)

《略论黄世仲的民主革命思想——以〈辨康有为政见书〉为中心》(宋德华)

《黄世仲的太平天国观——辛亥革命前的民族主义宣传》(刘路生、骆宝善)

《读懂黄世仲的革命精神》(姚福申)

《黄世仲在晚清小说史上的地位》(齐裕焜)

《黄世仲对中国近代小说发展的贡献》(张振金)

《黄世仲笔下之康有为》(邓昭祺)

《论黄世仲的民族民主革命观——〈辨康有为政见书〉的评述》(朱新镛)

《对晚清时期革命与保皇思想的评述——兼论黄世仲〈辨康有为政见书〉的地位》(林家有)

《〈中外小说林〉的女权宣传》(方志钦、罗衍军)

《〈小说林〉中的小说与革命》(陈志宏)

《诗与史辉映,虚与实相间——〈洪秀全演义〉叙事艺术论兼谈黄世仲历史小说的"小说性"》(钱虹)

《从〈洪秀全演义〉、〈大马扁〉两书看黄世仲的政治思想》(赵春晨)

《在历史真实与艺术形象之间——评〈宦海潮〉中的张任磐》(李吉奎)

《中国报告文学的先声——香港作家黄世仲写辛亥广州起义的〈五日风声〉》(黄维樑)

《〈镜中影〉考论》(欧阳健)

《唯一反映葡萄牙共和革命的近代小说——黄世仲〈十日建国志〉略论》(赵淑妍)

《黄世仲昆仲在〈天南新报〉所发表的社论、诗歌探索》(辜美高)

《文章如旅动潇池——黄世仲与〈香港少年报〉政论评析》(王杰、罗衍军)

《黄世仲与〈天南新报〉》(张克宏)

《关于黄世仲小说作品初刊版本的若干补正》(许翼心)

《革命志士　英年沉冤》(杨万秀)

《从一张照片看黄世仲之死》(胡林玉)

《港台及海外图书馆所藏黄世仲著作初探》(杨国雄)

《黄小配论》(欧阳健)

《黄世仲研究的艰难历程与现况》(胡志伟)

《黄世仲黄伯耀弟兄南洋诗文集》(黄世仲研究丛书之五)

张克宏编　　　　　　　香港,纪念黄世仲基金会 2001 年 11 月出版

《黄世仲与辛亥革命国际学术研讨会论集》第 2 辑(黄世仲研究丛书之四)

香港,纪念黄世仲基金会 2002 年 2 月出版

附:该论文集目录

百人合影

衣香鬓影冠盖云集

陈鹏仁教授贺词

陈坚主席谢词

陈坚主席在香港大学中文学会辛亥革命讲座之演讲词

论文及讲评：

《批倒了皇帝,没有打倒专制独裁统治——我对黄世仲之死的看法》(王俊年)

《周伟民论文注释》

《黄世仲与辛亥革命时期报刊》(李默教)

《略论黄世仲的小说创作、理论与艺术特色》(徐松荣)

《理论与实绩——黄世仲、高行健比较研究之一》(周锡馥)

《辛亥革命的卓越宣传家黄世仲》(郭天祥)

《黄世仲与〈香港少年报〉的革命宣传——纪念黄世仲诞生130周年、殉难90周年》(罗衍军)

《黄世仲、黄伯耀弟兄穗港诗文系目》(罗衍军)

《黄世仲所著〈洪秀全演义〉中的反清革命思想》(严昌洪)

《黄世仲〈洪秀全演义〉与李秀成行谊之扬榷》(司徒国健)

《试论黄世仲〈黄粱梦〉残本的思想艺术及其意义》(吴锦润)

《孙中山〈祭明太祖文〉与〈谒明太祖陵文〉考论》(许振兴)

《黄世仲与〈南汉演义〉》(马楚坚)

《宣传辛亥革命之文字功臣:黄世仲行实考》(马楚坚)

《叶秀常论文修订》

《胡志伟论文补充》

韩文甫讲评

颜廷亮讲评

容若讲评

胡志伟讲评

齐裕焜讲评

赵春晨讲评

郭延礼讲评

周锡馥讲评

谢飘云讲评

严昌洪讲评

本论文集附录：

岭南大学罗香林教授论黄世仲

香港主流报刊有关（本届研讨会的）报道：

《民国肇建后第一宗大冤案获平反昭雪——黄世仲与辛亥革命国际研讨会侧记》

　　　　　　　　　　　　　　　　香港，《信报》2001 年 10 月 10 日

《广东社团总会香港大学等合办研讨会各地学者在港纪念黄世仲》

　　　　　　　　　　　　　　　　香港，《大公报》2001 年 8 月 25 日

《五、六十年代专栏辑佚》：

《黄世仲被陈炯明枪毙之里因》（玉壶）

《广东反正初期杂记》（劳纬孟述、莫冰子记）

《黄世仲》（佚名）

《黄世仲笔下的周庸祐》（邹冬笙）

《黄世仲的□□小说》（佚名）

《章太炎氏作序推许的黄世仲及其〈洪秀全演义〉》（胡霖易）

《黄世仲的小说》（南宫博）

《〈廿载繁华梦〉〈洪秀全演义〉的作者黄世仲及其笔下之康有为》（陆步诗）

《冯自由与〈革命逸史〉》（简又文）

《黄世仲》（鳌洋客）（按：即吴灞陵）

《陈炯明叛国的深层原因》

按：该文系《陈炯明叛国史》中的一篇。作者署名为"张继"。

《陈炯明怎样诬陷黄世仲》

按：该文系《陈炯明叛国史》中的一篇。作者署名为"鲁直之、谢盛之、李睡仙编著"。

《陈炯明纵兵殃民烧杀奸淫掳掠实录》

按：该文系《陈炯明叛国史》中的一篇。作者署名为"鲁直之、谢盛之、

李睡仙编著"；末二字应为"之罪恶"。

《黄世仲年谱长编》（黄世仲研究丛书之九）

    郭天祥   北京，中国社会科学出版社 2002 年 10 月出版

《重印黄世仲小说六种》上册《镜中影》（黄世仲研究丛书之六）

    颜廷亮、赵淑妍校点   香港，纪念黄世仲基金会 2003 年 2 月出版

《重印黄世仲小说六种》下册《党人碑·宦海冤魂·朝鲜血·十日建国志·妾薄命》（黄世仲研究丛书之七）

    颜廷亮、赵淑妍校点   香港，纪念黄世仲基金会 2003 年 2 月出版

《黄世仲弟兄反清文集》（黄世仲研究丛书之八）

    胡志伟编校   香港，纪念黄世仲基金会 2003 年 2 月出版

《真本吴三桂演义》（黄世仲研究丛书之十）

                   香港，纪念黄世仲基金会 2003 年 2 月出版

《黄花岗外:〈党人碑〉与孙中山首次起义》

    廖书兰   香港，商务印书馆有限公司 2009 年 10 月出版

参考文献

1. 清末民初报刊：

《天南新报》(新加坡)

《华字日报》(香港)

《中国日报》(香港)

《广东日报》(香港)

《时事画报》(广州～香港)

《有所谓》报(香港)

《香港少年报》(香港)

《粤东小说林》(广州)

《广东白话报》(广州)

《中外小说林》(香港)

《社会公报》(香港)

《南越报》(广州)

《申报》(上海)

《时报》(上海)

《民立报》(上海)

《南京临时政府公报》(南京)

2. 阿英：《晚清小说史》，上海，商务印书馆1937年版；北京，作家出版社1955年版；北京，人民文学出版社1980年版。

3. 邹鲁：《中国革命党史稿》，长沙，商务印书馆1941年版；重庆，商务印书馆1944年版；上海，商务印书馆1947年版；北京，中华书局1960年版。

4. 杨世骥:《文苑谈往》第 1 集,重庆,中华书局 1945 年版。

5. 冯自由:《中国革命二十六年组织史》,上海,商务印书馆 1948 年版。

6.《中国近代史资料丛刊·辛亥革命》(二),上海,上海人民出版社 1957 年版。

7. 罗家伦主编:《革命文献》第 3 辑,台北,中国国民党中央委员会党史资料编纂委员会 1953 年印行。

8. 中国科学院近代史研究所史料编译组编:《辛亥革命资料》(《近代史资料》1961 年第 1 号),北京,中华书局 1961 年版。

9. 中国人民政治协商会议广东省委员会文史资料研究委员会编:《广东辛亥革命史料》,广州,政协广东省委员会文史资料研究委员会 1962 年印行;广东人民出版社 1981 年版。

10. 中国人民政治协商会议广东省委员会文史资料研究委员会编:《广东文史资料》第 11 辑,广州,政协广东省委员会文史资料研究委员会 1963 年印行。

11. 中国人民政治协商会议广东省委员会文史资料研究委员会编:《广东文史资料》第 13 辑,广州,政协广东省委员会文史资料研究委员会 1964 年编印。

12. 中国人民政治协商会议广东省委员会文史资料研究委员会编:《广东文史资料》第 15 辑,广州,政协广东省委员会文史资料研究委员会 1964 年编印。

13. 中国人民政治协商会议广东省委员会文史资料研究委员会编:《广东文史资料》第 16 辑,广州,政协广东省委员会文史资料研究委员会 1964 年编印。

14. 中国人民政治协商会议广东省委员会文史资料研究委员会编:《广东文史资料》第 17 辑,广州,政协广东省委员会文史资料研究委员会 1964 年编印。

15. 杜元载主编:《兴中会革命史料》,《革命文献》第 64 辑,台北,中国国民党中央委员会党史委员会 1973 年印行。

16. 杜元载主编:《中国同盟会革命史料》,《革命文献》第 65 辑,台北,中国国民党中央委员会党史委员会 1974 年印行。

17. 中国社会科学院新闻研究所编:《新闻研究资料》第 1～3 辑,北京,中国社会科学出版社 1979～1980 年版。

18. 中国社会科学院新闻研究所编:《新闻研究资料》第 11 辑,北京,中国展望出版社 1982 年版。

19. 冯自由:《革命逸史》第 1～6 集,北京,中华书局 1981 年版。

20. 方汉奇:《中国近代报刊史》,太原,山西人民出版社 1981 年版。

21. 中国社会科学院文学研究所近代文学组编:《1949～1979 中国近代文学论文集·概论卷》,北京,中国社会科学出版社 1981 年版。

22. 中国人民政治协商会议广东省委员会文史资料研究委员会编:《广东文史资料·孙中山与辛亥革命史料专辑》,广州,广东人民出版社 1981 年版。

23. 中国人民政治协商会议广东省委员会文史资料研究委员会编:《广东文史资料》第 31 辑,广州,广东人民出版社 1981 年版。

24. 中国人民政治协商会议广东省委员会文史资料研究委员会编:《广东文史资料》第 32 辑,广州,广东人民出版社 1981 年版。

25. 柳存仁:《伦敦所见中国小说书目提要》,北京,书目文献出版社 1982 年版。

26. 黄彦、李伯新编:《孙中山藏档选编(辛亥革命前后)》,北京,中华书局 1986 年版。

27. 段云章、陈敏、倪俊明:《陈炯明的一生》,郑州,河南人民出版社 1989 年版。

28. 江苏省社会科学院明清小说研究中心编:《中国通俗小说书目提要》,中国文联出版公司 1990 年版。

29. 马良春、李福田主编:《中国文学大辞典》,天津,天津人民出版社 1991 年版。

30. 方汉奇主编:《中国新闻事业通史》(第 1 卷),北京,中国人民大学出版社 1992 年版。

31. 欧阳健:《晚清小说简史》,沈阳,辽宁教育出版社 1992 年版。

32. 赵明政:《黄小配与〈洪秀全演义〉》,沈阳,辽宁教育出版社1992年版。

33.《中国古代小说百科全书》编辑委员会、中国大百科全书出版社编:《中国古代小说百科全书》,北京,中国大百科全书出版社1993年版。

34. 郭延礼:《中国近代文学发展史》,济南,山东教育出版社1993年版。

35. 颜廷亮:《晚清小说理论》,北京,中华书局1996年版。

36. 欧阳健:《晚清小说史》,杭州,浙江古籍出版社1997年版。

37. 方志强编:《黄世仲大传》,香港,夏菲尔国际出版公司1999年出版。

38. 赵明政:《黄小配》,沈阳,春风文艺出版社1999年版。

39. 黄世仲、黄伯耀编:《中外小说林》(上、下册)(重印本),香港,夏菲尔国际出版公司2000年4月出版。

40. 颜廷亮:《黄世仲与近代中国文学》,兰州,甘肃人民出版社2000年版。

41. 纪念黄世仲基金会编:《黄世仲与辛亥革命——辛亥革命九十周年纪念暨黄世仲投身革命百周年国际学术研讨会论文集》,香港,纪念黄世仲基金会2001年出版。

42. 纪念黄世仲基金会编:《黄世仲与辛亥革命国际学术研讨会论集》第2辑,香港,纪念黄世仲基金会2002年出版。

43. 张克宏编:《黄世仲黄伯耀弟兄南洋诗文集》,香港,纪念黄世仲基金会2001年出版。

44. 郭天祥编:《黄世仲年谱长编》,北京,中国社会科学出版社2002年版。

45. 颜廷亮、赵淑妍校点:《重印黄世仲小说六种》(上、下册),香港,纪念黄世仲基金会2003年出版。

46. 胡志伟编校:《黄世仲弟兄反清文集》,香港,纪念黄世仲基金会2003年出版。

47. 〔日本〕深町英夫:《近代广东的政党·社会·国家——中国国民党

及其党国体制的形成过程》,北京,社会科学文献出版社2003年版。

48. 段云章、沈晓敏编:《孙文与陈炯明史料编年》,广州,广东人民出版社2003年版。

49. 丁身尊主编:《广东民国史》(上、下册),广州,广东人民出版社2004年版。

50. 鲁直之、谢盛之、李睡仙:《陈炯明叛国史》,1922年8月编成,同年11月印于上海,福建《新福建报》经售;《陈炯明叛国史 中山先生亲征录》,《近代史料笔记丛刊》,北京,中华书局2007年版。

51. 廖书兰:《黄花岗外:〈党人碑〉与孙中山首次起义》,香港,商务印书馆有限公司2009年版。

后　记

　　当这部《黄世仲革命生涯和小说生涯考论》终于完稿并将很快出版的时候,想说的话实在太多太多,以致一时真不知该从何说起。然而,还是得说一说。从何说起呢? 我想,还是从头说起吧!

　　还是在读大学中文系的时候,我已经知道有这么一位写过《洪秀全演义》的作家,就是本书所要研究的黄世仲。然而,当时对这位黄世仲的了解并不多,也从来没有对其进行研究的兴趣和打算。那么,为什么竟然研究起黄世仲呢? 原来,还是在"文化大革命"刚刚开始不久,正在兰州大学任教的我,意外地得到了一本20世纪30年代上海大达图书供应社出版的《洪秀全演义》(书名作《革命历史说部洪秀全》)上册。那时候,学校的教学已经完全停止,大家都忙着"造反"、"破四旧"。我呢? 除了有时不得不有点糊里糊涂、不知所以地跟着瞎起哄外,无事可做。当然可以偷偷读书,但真要读书嘛,想来也只能读"革命"的书,以免发生什么意外。恰好,《洪秀全演义》不仅是写洪秀全闹革命的近代革命派小说,而且我所得到的这一本的书名上还有"革命"二字,读起来自然不会惹什么麻烦。所以,也就读了起来。这一读不打紧,却对黄世仲的这部《洪秀全演义》发生了兴趣,因为觉得这部小说既是一向似乎并不为绝大多数研究者怎么在意的革命派小说,又不像《官场现形记》、《二十年目睹之怪现状》之类所谓谴责小说那样读起来令人生厌。于是,便萌发了对这本小说及其作者进行研究的念头,并由此而开始注意收集有关资料进行研究。

　　当然,那时候是很难收集到资料进行研究的,我也确实没有收集到多少资料,更没有进行怎么有效的研究。只是到了"文化大革命"结束以后,在进行和我原来从事的文学理论教学有关的晚清小说理论研究的同时,才真正把黄世仲研究提上日程。但也不曾全身心地进行这一工作。因为,当时我已调入甘肃省社会科学院文学研究所工作,需要以更多精力开展和甘肃关系更为密切的敦煌学等方面的课题研究,黄世仲研究因而也就只能时断时续地进行。直到我退休的年龄已到、敦煌学等方面的研究已大致搞了一个段落以后,特别是1991年退休以来,这才把主要精力放到黄世仲研究上来。说起来也十分凑巧和幸运,其时的黄世仲研究碰到了一个很好的机遇,这就是身在香港的黄世仲的外孙陈坚先生凛遵母训,在香港著名作家胡志伟先生等热心人士的辅助下,大力开展纪念黄世仲的一系列活动,并以私蓄支持黄世仲研究工作,而我又经由广东省社会科学院许翼心先生的引见,得以有幸拜识陈坚先生,并在后来参加了他组织的几次有关活动,在他的支持下进行有关研究。现在,终于拿出了这部书稿,也算是了却了一桩为时久长的心愿。

屈指算来,从萌发研究黄世仲的兴趣至今,已经四十多个年头了。这中间,我的指导思想自然有一些变化。刚开始的时候,我还不到三十岁,当时对作家及其作品重在从思想政治方向方面进行评价;也从艺术方面考虑,但考虑得并不怎么多。我之所以对《洪秀全演义》及其作者发生兴趣并萌发研究念头,当同此有关。现在看来,这也未见得有什么大错。然而,仅仅如此,显然是并不十分妥当的。所以,到了后来,我也就很注意从艺术方面来审视黄世仲及其作品、特别是他的小说作品。而当如此审视的时候,也就发现,黄世仲的小说,虽然并非中国小说史上的一流之作,但若放在整个晚清特殊社会、特别是小说发展的背景上来看的话,却不能不说大都是当时的一流之作。特别是他写得最好的《洪秀全演义》,不仅是当年民主革命派小说的代表作,而且是晚清小说发展史上为数并不怎么多的最优秀的成果之一。研究黄世仲,从其作为小说家的角度来说,对于正确地描述和廓清晚清小说的发展历程,认识晚清革命派在晚清小说史上的地位,都是不可或缺的。所以,对于用断断续续达四十年之久的时间来研究黄世仲,我不仅绝不后悔,而且自以为十分值得。至于现在拿出来的这部书稿,作为断断续续四十多年黄世仲研究的一个小结,我不敢说写得多么好、水平多么高,但却不仅敢说自己尽心尽力地做了一件自以为应当做的事,而且相信这部书稿至少是有益于学术、有益于黄世仲研究进一步深入的。

1999 年 1 月,应许翼心先生之邀到广州出席"黄世仲历史评价座谈会"时,我有幸拜识了陈坚先生。同年 5 月,陈坚先生在黄世仲故乡广州芳村筹建的"黄世仲事迹陈列馆"落成,我又应邀出席开馆仪式。当时,我已经计划写一部《黄世仲评传》。出席开馆仪式期间,我把这一计划告诉陈坚先生,还在陈坚先生在佛山举行的招待与会各界人士的大型宴会上即席讲话时宣布了这一计划。当时我说,拟撰写的《黄世仲评传》大约是我此生要写的最后一部书,因而想争取写得尽可能好一些。

回到兰州以后,在完成所承担的既是国家社科基金项目、又是季羡林先生主编的《东方文化集成》中的一卷的《敦煌文化》的修改定稿工作的同时,我便开始考虑《黄世仲评传》的撰写工作。首先是把之前所撰写的或已发表、或还未发表的有关黄世仲的论文编为一册,取名《黄世仲与近代中国文学》。然后,着手评传的撰写工作。

然而,在动手写起来并写出部分章节后,便觉得事情并不像想象中那么简单。主要的困难是,黄世仲革命生涯和小说生涯的不少环节因缺少必要的资料而还不怎么清楚;已大致清楚的一些环节,学术界看法上的分歧还相当大。就是说,写评传显然还不到时候。所以,有必要尽可能地重新挖掘资料和对已知资料进行新的审视释读、对各家的看法进行梳理辨析,而之后写出来的一些章节,其写法实际上也是考析性质的,和评传的写法有很大的不同。我以为这样写很有必要,所以想继续按照这个写法写完全书。我把这个情况告诉陈坚先生和胡志伟先生,希望听听他们的意见。陈坚先生和胡志伟先生知道后均表示同意;胡志伟先生还强调指出:这个写法不错,比写评传更有意义。于是,我也就按照这个写法写了下来。也正由于此,书名也就改成了现在所用的这个书名了。

2005 年春节前夕,本书的初稿写成,共约四十来万字。当时想再改一改即可送请出版。只是,初稿主要是对黄世仲的革命生涯进行考证论述的;由于在动手写作之初就已知道,已有某先生正在组织力量撰写主要论述黄世仲小说创作的专著,因而对其小说生涯只是在考证论述中顺便叙及而未专门进行考论。一些朋友知道这个情况后不以为然,认为黄世仲虽然也是一位民主革命战士,在革命政治和宣传工作方面很有贡献,但主要还是以小说名家的,因而应当有较多的专门篇幅对其小说生涯进行考证论述。我以为朋友们所说有理,加上已知某先生的计划似乎中途停止,所以便又着手撰写有关黄世仲小说创作的章节。结果,又写成了几十万字;与原有的部分合起来,再加上本拟删去而又觉得保留下来更好的附录,共计近 80 万字。鉴于字数甚多,印为一册不便读者阅读,故分为上、下两册,成为现在这个样子。

当然,书中对问题的分析判断,尽管是本着求真求实的科学精神而进行的,但是,由于水平有限,加上许多有关问题的资料难以寻得,笔者自知本书肯定还会存在若干不足乃至错误。对黄世仲生平的一些问题仍未涉及,对涉及的问题的看法可能并不妥当或者还包含着未必准确的推测成分。我期待着读者的补充和批评。

至于原先计划的《黄世仲评传》,由于年逾古稀,精力受限,笔者恐怕是难以写出来了。如果有哪位先生有兴趣将其写出来并在其中纠正本书肯定会存在的错误、弥补本书明显存在的不足,那当再好不过。我热切地期待着这一天的尽早到来。

现在,这本书就要出版了。当此之际,我当然不会不想起四十多年黄世仲研究历程中许多前贤时哲的研究成果给予我的启发和帮助。当然,本书对他们的某些看法进行了讨论、提出了异议,但这不仅对学术研究来说实属必要,而且他们的此类看法对笔者得出自己的结论往往还很有启迪,何况他们的不少看法还都为本书所吸收了呢!所以,这里我要对他们表示真诚的谢意。

同时,我也当然不会不记起四十多年黄世仲研究历程中许多单位和众多师友给予我的支持和帮助。没有这些单位和师友的支持和帮助,我不可能写出这样一部书来。所以,这里我也要向这些单位和师友表示衷心的谢意。这些单位和师友主要有:

香港大学冯平山图书馆、上海图书馆、广州中山图书馆、广州革命历史博物馆、北京大学图书馆、首都图书馆、浙江省图书馆、甘肃省图书馆、广州芳村区图书馆等单位和向读者推出本书的出版者人民出版社;

邓绍基荣誉学部委员、李育中教授、方汉奇教授、单周尧教授、杨玉峰教授、马楚坚教授、周锡𫐓教授、叶秀常女士、张克宏先生、尹耀全馆长、陈桂英女士、张慕贞女士、宁希元教授、王俊年研究员、裴效维研究员、黄霖教授、袁进教授、张正吾教授、管林教授、钟贤培教授、谢飘云教授、王劲教授、陈永标教授、龚喜平教授、许翼心研究员、张奇慧研究员、林子雄先生、倪俊明先生、肖相恺研究员、欧阳健研究员、王学钧研究员、郝树声研究员、孙文光教授、张涌泉教授、赵明政教授、程翔章教授、郭天祥教授、青年研究者管华女士、巨虹女士、梁冬丽女士和詹素娟女士等许多师友,以及樽本照雄、森川登美江、加惠子和吴芳思等外国朋友;其中,中国社会科学院荣誉学部委员邓绍基先生不顾年高体弱为拙著赐序,不仅给予拙著以很高的评价,而且深情地回顾了和我数十年之久的笔墨之交;管林、黄霖和郭延礼三位教授在我就黄世仲研究申报国家社科基金后期资助项目时,给予了热情的支持并认真地加以推荐;人民出版社詹素娟女士在本书出版中付出了使本书大大增色的大量心血。这里,我要向以上各位师友以及未能提及的其他师友表示我诚挚的谢意。

还有几位师友未能看到本书之出版即已魂归道山,他们是梁思庄先生、张锡厚研究员、陈进波教授和方志强先生。这里,我特别要请他们的在天之灵接受我深深的感念之情。

就我个人来说,进行黄世仲研究遇到的诸多困难中,经费短缺始终是最现实的困难,长时期中不仅为成果的出版经费问题担忧,而且连外出查阅和复印资料也总是受到经费短缺问题的困扰。然而,到了20世纪末和本世纪初,这方面的困难终于有幸在香港纪念黄世仲基金会的帮助下得到解决。所以,我还特别不会忘记纪念黄世仲基金会主席陈坚先生、副主席陈基先生和董事陈撷盈先生、陈撷理先生、陈撷萃女士、陈永芬女士以及纪念黄世仲基金会秘书长胡志伟先生。正是由于有他们的支持和帮助,我和赵淑妍女士校点的《重印黄世仲小说六种》上、下两册,我自己撰写的《黄世仲与近代中国文学》，才得以顺利完成和出版，其中陈坚先生还为我本书的撰写以多次指点并赐写了序文。这里，我对他们表示深深的感谢之意。

需要说明的还有两点：其一是，这部书稿有幸于 2010 年 8 月获准立项，成为国家社会科学基金后期资助项目并于今年 9 月结项，且是在国家社会科学规划办公室的大力支持下得以出版的。其二是，在对《洪秀全演义》开始发生兴趣以后不久，我便离开了兰州大学，经过一段非教育和学术研究生活后，被调到甘肃省社会科学院从事研究工作。我的黄世仲研究，主要也是在甘肃省社会科学院进行的，现在这部书稿也完全是在这里完成的，期间得到过一些领导、部门和同仁的热情鼓励和诸多帮助。这里我对国家社会科学规划办公室、对甘肃省社会科学院的领导、部门和同仁，也要表示诚挚的谢意。

最后，我还要表达对我的妻子赵淑妍女士的感谢。多年来，她不仅支持我的黄世仲研究，而且还参加了研究工作，本书所用部分资料实际上是她和我一起查找到的，本书的几处文字实际上也是改写她在报刊上发表的文章而成的。没有她的支持，这本书的完成当会推迟许多时日。

颜廷亮

2011 年 10 月于兰州

责任编辑:詹素娟
装帧设计:安　卓
责任校对:史　伟

图书在版编目(CIP)数据

黄世仲革命生涯和小说生涯考论/颜廷亮 著.
　-北京:人民出版社,2012.4
ISBN 978-7-01-010766-0

Ⅰ.①黄…　Ⅱ.①颜…　Ⅲ.①黄世仲(1872~1912)-人物研究②黄世仲
　(1872~1912)-小说研究　Ⅳ.①K827=6②I207.41

中国版本图书馆 CIP 数据核字(2012)第 051611 号

黄世仲革命生涯和小说生涯考论

HUANGSHIZHONG GEMING SHENGYA HE XIAOSHUO SHENGYA KAOLUN

颜廷亮　著

人民出版社 出版发行
(100706　北京朝阳门内大街 166 号)

北京新魏印刷厂印刷　　新华书店经销

2012 年 4 月第 1 版　2012 年 4 月北京第 1 次印刷
开本:710 毫米×1000 毫米 1/16
印张:51　字数:830 千字

ISBN 978-7-01-010766-0　定价:98.00 元

邮购地址 100706　北京朝阳门内大街 166 号
人民东方图书销售中心　电话 (010)65250042　65289539